中国快递年鉴
（2007－2011）

《中国快递年鉴》编辑部　编

人民交通出版社

内 容 提 要

本年鉴客观记载、全面反映了我国快递行业诞生之初至2011年末止的发展情况以及各地区的最新进展和主要成就，侧重于2007－2011年，并以2011年为主。全书共11部分，分别为：发展综述、发展足迹、发展环境、行业指数、人才建设、重点企业、协会活动、人物志、各地纵览、行业展望和附录。

本书为我国快递领域具有权威性的综合性、资料性、史册性工具书，是读者全面了解我国近些年来快递领域发展情况的翔实史料，可供快递行业相关人员及其他社会各界人士阅读参考。

图书在版编目(CIP)数据

中国快递年鉴. 2007－2011/《中国快递年鉴》编辑部编. —北京：人民交通出版社，2012.12
ISBN 978-7-114-10240-0

Ⅰ.①中… Ⅱ.①中… Ⅲ.①邮件投递—中国—年鉴—2007～2011 Ⅳ.①F632.3-54

中国版本图书馆CIP数据核字(2012)第292591号

广告许可证号：京朝工商广字第8042号(1-1)

书　　名：中国快递年鉴(2007－2011)
著 作 者：《中国快递年鉴》编辑部
责任编辑：孙　玺　黎小东
出版发行：人民交通出版社
地　　址：(100011)北京市朝阳区安定门外外馆斜街3号
网　　址：http://www.ccpress.com.cn
销售电话：(010)59757969，59757973
总 经 销：人民交通出版社发行部
经　　销：各地新华书店
印　　刷：北京市密东印刷有限公司
开　　本：880×1230　1/16
印　　张：26
插　　页：9
字　　数：710千
版　　次：2012年12月　第1版
印　　次：2012年12月　第1次印刷
书　　号：ISBN 978-7-114-10240-0
定　　价：228.00元

《中国快递年鉴》编委会

李惠德　上海市邮政管理局局长

张水芳　江苏省邮政管理局局长

杨世忠　浙江省邮政管理局局长

方晓潜　安徽省邮政管理局局长

江明发　福建省邮政管理局局长

彭志先　江西省邮政管理局局长

赵　民　山东省邮政管理局局长

杨汉振　河南省邮政管理局局长

李庭中　湖北省邮政管理局局长

周国繁　湖南省邮政管理局局长

罗建青　广东省邮政管理局局长

梁　勤　广西壮族自治区邮政管理局局长

吴铁砚　海南省邮政管理局局长

袁祖伟　重庆市邮政管理局局长

戚兰州　四川省邮政管理局局长

李云山　云南省邮政管理局局长

徐文葛　贵州省邮政管理局局长

唐顺益　西藏自治区邮政管理局局长

申来安　陕西省邮政管理局局长

张玉虎　甘肃省邮政管理局局长

孙海伟　青海省邮政管理局局长

李洛郑　宁夏回族自治区邮政管理局局长

董党生　新疆维吾尔自治区邮政管理局局长

特邀委员：王　彪　中国邮政速递物流股份有限公司总经理

王　卫　顺丰速运（集团）有限公司董事长

陈德军　申通快递有限公司董事长

喻渭蛟　上海圆通速递有限公司董事长兼总裁

聂腾云　韵达快递集团董事长兼总裁

赖梅松　中通速递服务有限公司董事长兼总裁

周韶宁　百世集团董事长兼总裁

陈显宝　北京宅急送快运股份有限公司董事长

张建卫　中国外运长航集团董事、中国外运股份有限公司总裁、中外运空运发展股份有限公司董事长

温伟才　能达速递董事长

余联兵　广东优速物流有限公司总裁

饶国荣　上海龙邦速递有限公司总裁

黄子杰　广东快捷快物流有限公司董事长兼总裁

王　树　联昊通速递有限公司董事长

《中国快递年鉴》编辑部

主　　任:钟奇志　国家邮政局新闻宣传中心副主任

副 主 任:沙　迪　中国快递协会副秘书长

　　　　　邵钟林　中国快递协会副秘书长

成　　员:(按姓氏笔画排序)

王　毅　王　思　乌妮娅　付　嘉　任国平

任惠林　刘良一　刘　莹　刘　向　权琪人

阴志华　张小宁　张　俐　张亚妮　余　艳

李隽琼　李永松　杨永春　沈晓燕　陈　斌

金京华　聂　伟　夏建华　郭荣健　曹　丹

翟潇潇

编 辑 说 明

《中国快递年鉴》是我国快递领域具有权威性的综合性、资料性、史册性工具书，旨在客观记载、全面反映我国快递领域发展情况以及各地区每年度的最新进展和主要成就，可为读者全面了解我国快递领域的发展提供翔实的史料。

《中国快递年鉴（2007—2011）》是本年鉴首次出版，所以书中所涉时间涵盖我国快递领域诞生之初至2011年末止，侧重于2007—2011年中国快递领域的发展情况，并以2011年为主。

《中国快递年鉴（2007—2011）》的内容包括11部分，具体介绍如下。

1.发展综述：包括领导重要指示、重要专文、重要访谈，以及“十一五”、2011年我国快递领域发展情况概述；

2.发展足迹：我国快递领域发展大事记，以及各省（区、市）快递发展大事记；

3.发展环境：包括我国快递领域的法律规章、重要规划、行业标准、行业政策以及法规政策解读；

4.行业指数：我国快递行业及快递企业年度经营数据、快递服务公众满意度调查结果通告；

5.人才建设：快递行业各级人才队伍建设的政策及实施情况；

6.重点企业：我国快递市场19家重点企业发展情况；

7.协会活动：中国快递协会及各省（区、市）快递协会自成立以来主要工作情况；

8.人物志：我国快递领域企业代表人物介绍；

9.各地纵览：全国各省（区、市）快递市场发展及市场监管情况，并介绍了中国著名的快递之乡桐庐；

10.行业展望：我国快递领域发展的基本趋势；

11.附录：与快递领域有关的重要文件、国家邮政局机构职能介绍、快递企业数据库、重要论文名录等。

《中国快递年鉴（2007—2011）》刊载的内容分别由国家邮政局有关部门、各省（区、市）邮政管理部门、中国快递协会及有关省（区、市）快递协会、有关快递企业提供，在此，我们对所有为本年鉴编辑出版作出贡献的单位和个人表示衷心感谢。

本年鉴资料内容未包括香港特别行政区、澳门特别行政区和台湾省。

本年鉴是《中国快递年鉴》的首次出版，如在内容结构、资料完整、文字处理、排版印刷等方面有疏漏或不妥之处，敬请各位领导、各界专家和广大读者批评指正并提出宝贵意见，以使其后的年鉴更加完善、成熟。

《中国快递年鉴》编辑部

2012年10月

2007年9月18日，党和国家领导人胡锦涛、李长春等在人民大会堂亲切接见王顺友等全国道德模范

2009 年 5 月 25 日－26 日，中共中央政治局委员、国务院副总理张德江出席全国推广山东邮政发展农村物流经验现场会，强调发挥优势，服务三农，做大做强农村邮政物流

2008 年 4 月 3 日，交通运输部党组书记、部长李盛霖到国家邮政局调研，听取工作汇报

2009 年 5 月 25 日，交通运输部副部长冯正霖调研邮政发展农村物流情况

2009年2月18日－20日，全国人大常委会委员、常委会副秘书长、法律委员会副主任委员乔晓阳和全国人大常委会法制工作委员会副主任安建率领调研组，在国家邮政局局长马军胜的陪同下，就《邮政法》修订在湖北进行调研

国家邮政局2010年工作会议提出，以贯彻实施《邮政法》为主线，促进邮政业又好又快发展

2011年9月8日，国家邮政局局长马军胜在信息监控中心了解快递业务旺季服务保障工作

2009 年，国家邮政局领导调研山东邮政农村物流发展情况

2010 年 2 月 25 日，上海世博会组委会委员、国家邮政局副局长徐建洲前往世博园区上海邮政服务网点视察

2010 年 1 月 26 日晚，国家邮政局副局长苏和带队检查指导春节期间快递服务工作

2011 年 6 月 16 日，国家邮政局副局长王渝次赴吉林调研快递企业，了解其服务能力、内部管理、业务发展、航空合作及科技投入等情况

2009 年 9 月 9 日，国家邮政局党组成员、纪检组长张绳华一行在四川邮政速递物流中心调研

2011 年 11 月 17 日，由中华全国总工会组织部副部长粟斌、国家邮政局纪检组长解畅带队的快递企业工会组织体制建设工作调研组来到上海，组织召开了座谈会

2011年12月10日，国家邮政局副局长王梅视察中级快递业务员职业技能鉴定考试

2007年1月29日，重组后的国家邮政局和新组建的中国邮政集团公司，在人民大会堂举行揭牌典礼，这标志着邮政体制改革取得重要的阶段性成果，今后政府将依法监管，企业将自主经营

2009年2月12日，中欧邮政改革和快递服务研讨会在北京召开

2009年4月24日，全国人大常委会办公厅召开新闻发布会，宣布修订后《中华人民共和国邮政法》通过审议，正式颁布

2009年5月26日，全国推广山东邮政发展农村物流经验现场会召开

2009 年，全国 11 个试点省份相继启动快递业务员职业技能鉴定培训和考试。截至 2011 年底，全国累计鉴定总人数已达 245731 人，合格 197666 人

2010 年 1 月 5 日，国家邮政局为民航快递有限责任公司等 4 家企业颁发国际快递业务经营许可证。图为中外运空运发展股份有限公司获得国家邮政局首批核准颁发的国际快递业务经营许可证

2010 年 1 月 9 日，在快递领域第一份权威行业杂志——《快递》的创刊仪式上，国家邮政局副局长、《快递》杂志编委会主任徐建洲（左三），国务院参事任玉岭（右三）、中国出版集团公司党组书记王涛（左二）、中国快递协会副会长达瓦（右二）、中国邮政速递物流公司副总经理裴立娟（左一）、圆通速递有限公司董事长喻渭蛟（右一）共同启动《快递》杂志书模

2010 年 7 月，中国邮政速递物流股份有限公司挂牌，全国 31 省（区、市）子公司同日宣告成立，图为 31 家子公司之一的北京邮政速递物流有限公司揭牌典礼

2010 年 9 月 18 日，纪念《邮政法》修订实施一周年座谈会在人民大会堂隆重召开

2011 年 8 月 9 日，国家邮政局召开电视电话会，宣贯实施《邮政业发展"十二五"规划》

2011年9月6日，第四届中日邮政政策对话在京举行

2011年10月13日，第五届中美邮政改革和快递服务研讨会在南宁举行

2011 年 11 月 22 日，第一届中国快递论坛举办

2010 年 9 月 15 日，我国全国规模以上快递企业日快件处理量突破 1000 万件，成为继美国和日本之后第三个快件日处理量突破千万件的国家。2011 年 12 月 12 日，全国快递处理量达 1800 万件，创造单日快件处理最新记录

在以“快件”为接力棒的赛程中，借助空中运力，中国邮政速递物流和顺丰等公司已实现国内指定范围内的跨区域“次晨达”服务

随着快递业务量的不断增长，快递公司开始自购或租赁飞机来提高效率。2009 年 12 月，顺丰航空公司拿到拿到民航局运营许可证，正式投入运营

目 录

第一篇 发展综述

第二篇　发展足迹

第三篇　发展环境

第四篇　行业指数

第五篇　人才建设

第六篇　重点企业

第七篇 协会活动

第八篇 人物志

第九篇 各地纵览

第十篇　行业展望

附录

第一篇 发展综述

第一章 特载、专文、专访

第一节 特 载

胡锦涛总书记视察广西南宁邮件处理中心

2008年2月7日，胡锦涛总书记在视察广西南宁邮件处理中心时指出："邮政事业关系到千家万户，关系到人民群众的切身利益。在这场雨雪冰冻灾害面前，邮政职工迎难而上，奋力拼搏，克服了种种困难，保持了邮路基本畅通。我们要更好地发展邮政事业，为人民群众提供优质的邮政服务。"

温家宝总理在2011年政府工作报告中强调加快邮政体制改革

温家宝总理在2011年政府工作报告第一部分谈到"十一五"时期国民经济和社会发展的回顾时强调指出："国有企业公司制股份制改革、国有资产监管体制改革取得积极进展。邮政体制改革加快推进。制定实施促进中小企业发展和民间投资的一系列政策，非公有制经济发展环境不断改善，多种所有制经济共同发展。"

黄菊、曾培炎副总理致信祝贺国家邮政局重组

2007年1月29日，在重组后的国家邮政局和新组建的中国邮政集团公司揭牌典礼上，中共中央政治局常委、国务院副总理黄菊，中共中央政治局委员、国务院副总理曾培炎致信祝贺。

张德江副总理对国家邮政局工作作重要批示

2009年1月24日，中共中央政治局委员、国务院副总理张德江在审阅《国家邮政局党组贯彻落实科学发展观分析检查报告》后作出重要批示。

张德江副总理致信祝贺中国快递协会成立

2009年2月11日下午，中国快递协会成立大会暨第一次会员大会在京召开。中共中央政治局委员、国务院副总理张德江致信祝贺。

张德江副总理在山东邮政发展农村物流经验现场会上作重要指示

2009年5月25日至26日，全国推广山东邮政发展农村物流经验现场会在青岛召开。中共中央政治局委员、国务院副总理张德江在会议上强调，要深入贯彻落实科学发展观，认真总

结推广山东发展农村邮政物流的经验做法，充分发挥邮政优势，积极服务"三农"，深化改革、加快发展，做大做强农村邮政物流，为建设社会主义新农村和保持经济平稳较快发展作出更大贡献。

张德江充分肯定了山东邮政的做法和经验，并指出：各地区、各部门和邮政企业要充分认识推动农村邮政物流发展的重要意义，切实使邮政物流成为我国物流业的生力军和服务"三农"的骨干力量。要认真抓好新修订的邮政法的学习宣传和贯彻落实，把支持邮政物流发展的各项政策措施落到实处。要大力推进邮政基础网络建设，继续加大投入，提升网络服务能力，提高邮政物流信息化、机械化、自动化水平。要进一步深化邮政改革，坚持普遍服务业务与快递物流等竞争性业务的分业经营、分账核算，坚持转变企业经营机制，拓宽邮政物流领域，做大做强农村邮政物流。努力提高服务水平和质量，创新管理方式和服务方式，增强邮政企业竞争力，为"三农"提供及时、安全、便捷、廉价的物流服务。要切实加强组织领导，积极支持农村邮政物流发展，尽快制定和完善各项配套政策，加强督促、检查和指导，推进农村邮政物流加快发展。

李盛霖部长视察甘肃邮政工作并作重要指示

2008年10月23日下午，在甘肃考察工作的交通运输部部长李盛霖专程前往兰州邮区中心局看望慰问一线员工。在兰州邮区中心局分拣车间，李盛霖部长向随行人员仔细询问了包裹、信函分拣流程，并亲自查看了分拣各个环节工作情况。

李盛霖部长对甘肃邮政管理部门提出要求，李盛霖指出，邮政行业历史悠久，与百姓生活密切相关。省邮政管理部门承担着政府对邮政业监督管理的重要职能，要牢固树立国家意识、行业意识、服务意识，努力构建"公开公正、竞争有序"的市场环境。坚持依法行政，强化对行业的指导、协调和调控，提高邮政监管的公信力。按照党的十七大精神和中央部署，要在全党开展好深入学习实践科学发展观的活动。他要求邮政部门要认真贯彻落实张德江副总理关于发展邮政事业，做大做强邮政速递物流业务的重要批示精神，以科学发展观为指导，采取具体行动，促进邮政业又好又快发展。

李盛霖部长到国家邮政局调研并作重要指示

2009年5月31日上午，交通运输部部长李盛霖到国家邮政局调研，听取了国家邮政局马军胜局长、徐建洲副局长和中国邮政集团公司刘明光副总经理关于贯彻落实全国推广山东邮政发展农村物流经验现场会精神和邮政法宣贯工作的情况汇报。

李盛霖指出，交通运输是现代物流发展的重要载体，党中央、国务院将发展邮政物流作为交通运输行业推进现代物流体系建设的切入点，方向正确，意义深远。

李盛霖强调，邮政部门要继续以中央确立的"保增长、保民生、保稳定"为工作主线，采取积极措施，化解国际金融危机的影响，努力保持行业平稳较快发展。要将应对当前问题与解决行业发展的深层次问题结合起来，推动行业的科学发展。近期，邮政部门要认真学习、深刻领会张德江副总理重要讲话精神，抓紧落实国务院办公厅《关于推动农村邮政物流发展的意见》（国办42号文件），不断提高对邮政发展农村物流重要意义的认识。要以农村邮政为切入点，发挥自身优势，抓住重点领域、重点区域、重点环节，推动邮政快递物流业务的发展。

第二节 专文

信息产业部部长王旭东在国家邮政局2007年工作会议上的讲话(摘要)

2007年3月23日

过去的一年,在党中央、国务院的正确领导下,信息产业继续保持快速协调健康发展,实现增加值1.52万亿元,占GDP的比重达到7.5%,实现了“十一五”规划的良好开局。信息产业的发展,为推进经济结构调整、转变经济增长方式、建设创新型国家、构建和谐社会,以及改善和提高人民生活质量,发挥了越来越重要的作用。

作为信息产业的重要组成部分,邮政业是国家重要的社会公用事业,邮政网络是国家重要的通信基础设施。改革开放以来,特别是近年来,邮政部门认真践行“三个代表”重要思想,全面贯彻落实科学发展观,坚持“以加快发展推进改革、以深化改革促进发展”,求真务实,开拓进取,加快推进邮政改革发展步伐,取得了明显成效。邮政业务收入快速增长,经济效益明显提高,基础设施不断完善,服务质量稳步提升。2006年,国有邮政企业业务总量完成728.9亿元,增长16.9%;业务收入完成636.8亿元,增长10.8%。综合能力提升明显,基础设施建设进一步加强,实物网得到优化调整,信息网建设应用步伐加快。服务质量和水平不断提高,认真解决热点难点问题,加大邮储资金的支农力度,自2003年以来累计向农信社提供了近46亿元资金,每年通过邮储和汇兑向农村回流资金1.3万亿元以上。认真落实中央关于深化邮政体制改革、实行政企分开的重大战略决策,邮政体制改革取得重大进展,政企分开顺利完成,政府监管体系和企业运营体系分别开始独立运行,邮政储蓄改革迈出实质性步伐,为推进我国邮政业持续快速协调健康发展奠定了良好的基础。

当前,我国正处于全面建设小康社会的关键时期,也是邮政业发展的重要机遇期。经济社会的持续较快发展,以及国家关于调整经济结构、建设社会主义新农村、构建和谐社会等战略决策的实施,为邮政业发展提供了良好的机遇和广阔的市场。同时,日趋激烈的市场竞争和日新月异的信息通信技术也使邮政业面临着严峻挑战。我们必须认真贯彻十六大、十六届三中、四中、五中、六中全会精神,全面落实科学发展观和构建和谐社会的重大战略思想,采取切实有效的措施,抓住机遇,应对挑战,推进我国邮政业又好又快发展,有效满足社会各方面对邮政业务服务的多样化、个性化需求。今天,新的国家邮政局在这里召开组建以来的第一次工作会议,研究部署全年邮政监管工作。会议很重要。要认真抓好各项工作任务的贯彻落实。这里,我就做好邮政监管工作谈几点意见。

第一,加强政策规划指导,加快推进邮政业发展步伐。发展是我们党执政兴国的第一要务。要着眼于我国经济社会发展大局,加强宏观规划指导和政策引导,综合运用经济、法律以及信息发布、资金投入等手段,着力提高指导行业发展的水平,扎实推进邮政业综合实力不断提高,充分发挥邮政业传达国家政令、服务经济发展、沟通城乡联系、保持社会稳定、维护国家安全等作用。目前,信息产业“十一五”规划已经颁布实施。要做好规划的宣传和贯彻落实。要适应当前实际需要，加强邮政行业中长期规划的研究制定与落实，引导行业健康发展。要按照国务院有关要求，进一步深化邮政体制改革，推进邮政体制机制创新。要结合“十一五”规划的实施，加强与相关部门的沟通协作，及时研究制定、推动出台扶持邮政发展的政策措施，不断优化、完善行业发展政策环境，加大投入力度，加强邮政基础设施建设，优化邮政通信网络，推进邮政业务创新、服务创新、管理创新，进一步提高邮政业服务经济社会发展的能力和水平。要加强对邮政经济运行情况的分析、研究、预测和信息发布，增进企业对市场、业务发展变化等情况的了解和把握，为市场主体做好服务。

第二，树立“以人为本、监管为民”理念，不断提高邮政服务质量和水平。邮政业是服务业，服务是邮政业永恒的主题。邮政服务涉及社会方方面面，与老百姓生活和利益息息相关。要站在贯彻落实科学发展观、构建和谐社会的高度，充分认识加强邮政服务工作的重要意义，牢固树立“以人为本、监管为民”的理念，把行业发展与服务改善高度统一起来，从人民群众最关心、最直接、最现实的利益问题为切入点，加大工作力度，切实维护用户的合法权益，使人民群众真正享受到邮政改革发展的成果。要加强相关政策法规、标准的制订、完善与落实，着力推进邮政服务工作的制度化、规范化。建立健全“政府监管、企业自律、社会监督”服务工作机制，加强与相关政府部门、邮政企业、相关中介组织、新闻媒体及社会各界的沟通协作，充分发挥各方面的作用和积极性。认真做好用户申诉受理工作，畅通渠道，完善机制和流程，积极解决用户的合理诉求。要积极推进邮政普遍服务和特殊服务工作，力争使邮政普遍服务水平与经济社会发展和人民群众的需求相适应，切实维护国家信息安全。加强对当前邮政服务中存在的突出问题的治理，推动快件丢失、损毁、延误及邮件投递不到户等问题得到逐步解决。抓好信息产业推进新农村建设工作指导意见的落实，加大邮政服务“三农”工作力度，不断拓展服务的领域和范围，积极推进社会主义新农村建设。

第三，坚持依法行政，切实加强邮政市场监管。公平公正、有效有序的市场竞争环境是企业和整个行业健康发展的前提和基础。要以实现社会利益最大化为目标，正确处理改革、发展、稳定的关系，正确处理国家、企业、用户的关系，积极探索和创新监管的手段和方法，切实加强市场监管，努力营造良好的市场竞争环境。要加强法制建设，积极推进《邮政法》修订工作，加强配套法规的研究制定，健全和完善邮政法律法规体系。全面推进依法行政，严格按照法律授权和法定权限认真履行职责，做到合法行政、合理行政、程序正当、高效便民、诚实守信、权责统一。加强执法工作，做到有法必依，执法必严，违法必究。邮政监管工作刚刚起步，面对的矛盾和问题很多。工作中要统筹兼顾，突出重点，全面推进，着力加强快递、集邮、邮政用品用具市场监管，严肃查处市场违规行为，规范市场竞争行为。企业是市场竞争的主体。要引导企业自觉依法经营、规范经营，共同营造良好的市场秩序。

第四，加强自身建设，不断提高监管工作能力和水平。新的国家邮政局组建以来，采取扎实有效的措施，在机构组建、建章立制、人员培训、加强与相关各方的沟通协作等方面，做了一系列工作，取得了明显成效。但也应该清醒地看到，邮政监管是一项全新的工作，各级邮政监管部门的人员也大部分来自原来政企合一的邮政部门，我们思想观念、工作方式方法、综合素质等等，都还有许多不适应的地方。当前，要把政府自身建设摆在突出重要的位置，加大工作力度，着力提高监管工作能力和水平。要理顺工作思路，认真解决监管管什么、为谁管、怎么管的问题，加强对邮政市场的分析研究，加强监管手段建设，以扎实有效的工作不断提高政府监管部门的威望和公信力。要加强领导班子和队伍建设，认真学习贯彻党的一系列路线、方针、政策，学习经济、法律、管理、技术等方面的知识，用马克思主义中国化的最新成果武装头脑，增强贯彻落实科学发展观、指导行业发展的能力。要加强作风建设，贯彻落实胡锦涛总书记在中央纪委第七次全会上的重要讲话精神，倡导八个方面的良好风气，牢固树立大局意识、法制意识、责任意识和服务意识，努力建设一支政治坚定、业务精湛、作风过硬、社会满意的邮政监管队伍。邮政监管工作涉及社会方方面面，要加强与相关政府部门、地方党委政府、企业、中介组织及社会各界的沟通协作，争取理解和支持，凝聚各方的智慧、力量和资源，形成推进各项工作的合力。

交通运输部部长李盛霖在国家邮政局2011年工作会议上的讲话(摘要)

2011年1月11日

同志们：

很高兴出席国家邮政局2011年工作会议。党中央、国务院十分关心我国邮政事业发展，国务院领导同志多次就深化邮政改革、加快邮政发展作出重要批示，为邮政改革发展指明了方向。2008年国务院实行大部门体制改革以来，交通运输部党组按照中央的要求，积极创造条件支持邮政改革发展。会前，我和正霖同志及部有关司局同志到国家邮政局做了调研，看了军胜同志的工作报告，完全赞同。借此机会，我代表部党组讲几点意见，仅供参考。

"十一五"是我国交通运输发展历程中极不平凡、极为重要的五年，也是我国邮政事业改革发展取得显著成就的五年。五年来，邮政管理部门深入贯彻落实科学发展观，按照党中央、国务院决策部署，在国家邮政局党组的领导下，认真履行行业管理职能，不断深化邮政体制改革，政企分开取得重大阶段性成果，邮政主业改革取得突破；以《邮政法》为核心的邮政法规体系初步建立，行业发展环境持续优化；各级政府对邮政普遍服务支持力度加大，邮政普遍服务保障监督机制不断完善，空白乡镇局所补建取得突破性进展；快递市场准入制度顺利实施，市场秩序逐步规范，邮政市场监管管理不断加强；行业安全监管信息系统初步建成，邮政安全监管机制日益健全，邮政通信与信息安全得到有效保障。"十一五"期间，邮政行业业务总量年均增长17%，业务收入年均增长15%，其中，快递业务量年均增长22%，快递日业务量突破1000万件，继美国、日本之后排名世界第三。邮政行业发挥着越来越重要的基础产业作用，为保持经济平稳较快发展、促进社会和谐稳定作出了重要贡献。这些成绩的取得，是党中央、国务院正确领导的结果，是国务院各有关部门、各级党委政府和全社会大力支持的结果，是邮政系统广大干部职工努力拼搏、无私奉献的结果。这里，我代表部党组，向你们并通过你们，向邮政系统广大干部职工致以崇高的敬意和亲切的慰问！

"十二五"时期是全面建设小康社会的关键时期，是深化改革开放、加快转变经济发展方式的攻坚时期。做好"十二五"期间邮政工作，确保今年邮政工作开好局、起好步，对于进一步巩固和深化邮政改革成果，不断提升服务经济社会发展能力，具有十分重要的意义。党的十七届五中全会深刻分析了国际国内形势，明确了"十二五"经济社会发展的指导思想、主要目标、重要任务和重大措施，要求以科学发展为主题、以加快转变经济发展方式为主线，更加奋发有为地推进我国改革开放和社会主义现代化建设。去年12月召开的中央经济工作会议，对做好今年各项工作进行了全面部署。去年底，我们召开了2011年全国交通运输工作会议，总结了“十一五”交通运输工作，明确“十二五”交通运输发展总体思路和主要任务，安排2011年交通运输工作，明确提出到2015年，初步形成涵盖公路水路民航邮政的安全畅通便捷绿色的交通运输体系。邮政业是我国重要的基础性产业和公共服务业，是综合运输体系的重要组成部分。希望邮政系统干部职工认真贯彻落实党的十七届五中全会和中央经济工作会议精神，按照全国交通运输工作会议和这次会议的部署，振奋精神，再接再厉，不断提高邮政行业服务国民经济和社会发展全局、服务社会主义新农村建设、服务人民群众不断增长用邮需求的能力和水平，努力开创邮政行业科学发展新局面。

当前和今后一个时期的邮政工作，军胜同志将作全面部署，我重点从以下五个方面谈一些意见：

第一，切实加快发展方式转变，推动邮政行业科学发展。要认真贯彻落实中央关于转变经济发展方式的决策部署，按照部党组提出的转变交通运输发展方式的要求，结合邮政发展实际，加快转变邮政发展方式，提高发展的全面性、协调性和可持续性。要坚持科学发展主题，紧紧抓住战略机遇期，继续推动邮政行业加快发展。要深化邮政主业改革，完善体制机制，加快结构调整，着力优化邮政市场主体结构、网络结构、业务结构和区域发展结构，实现邮政普遍服务业务、快递物流业务和邮政金融业务以及国际与国内、城市与农村、不同区域邮政业务的协调发展。要做强邮政企业，鼓励企业调整运营模式、网络结构和产品结构，推进社会化公共服务平台建设，推动产业升级、实现绿色环保低碳运营。要做大快递企业，推动快递服务大发展、上水平，加大产业培育，优化政策环境，提高自动化、标准化和信息化应用水平；依托综合运输体系调整和优化快件运输网络，打造具有影响力的快递服务品牌，构建便捷高效、竞争有序、技术先进、服务优质的快递服务体系。

第二，认真做好邮政普遍服务，为保障和改善民生作出积极贡献。邮政普遍服务是国家基本公共服务的重要组成部分，也是保障民生的重要领域。行业管理部门和邮政企业都要把做好邮政普遍服务作为重要任务。要以推进公共服务均等化为目标，适应经济社会发展对邮政发展的新要求，顺应人民群众对邮政服务的新期待，逐步构建覆盖城乡、惠及全民、水平适度、可持续发展的邮政普遍服务体系。要按照《邮政法》和《邮政普遍服务标准》要求，始终把便民、利民、惠民的服务理念贯穿于经营中，提高网点覆盖率，完善网点服务功能，加快邮件传递时限，完善安全保障措施，不断提高邮政普遍服务的质量和水平。要进一步完善普遍服务保障机制，推进建立普遍服务质量与财政补贴挂钩、邮政普遍服务与邮政企业负责人考核挂钩的机制，支持各地制订邮政普遍服务具体办法。大力发展农村邮政物流，落实好全国空白乡镇局所补建项目，继续推进“村邮户箱”工程建设。

第三，不断加强行业监督管理，更好维护用户合法权益。要进一步强化服务意识，坚持“管理就是服务”的理念，把政府职能转变到主要为市场主体服务和创造良好发展环境上来，在服务中实施管理，在管理中体现服务，不断健全政府监管、行（企）业自律、社会监督三位一体的邮政行业监管体系。切实加强政府监管力度，强化对行业安全监管和应急管理，加强普遍服务配套法规制度建设，完善快递市场准入、退出和日常监管制度，加强机要通信监督管理，做好邮票发行监管工作，加强对集邮市场、邮政用品用具市场管理。加强行（企）业自律，重视发挥行业协会和申诉中心的作用。积极探索社会监督的途径和方法，充分发挥社会监督的作用。

第四，深入贯彻实施《邮政法》，努力提高依法

行政能力。修订后的《邮政法》为我国邮政事业又好又快发展提供了重要法律保障。当前和今后一个时期，要继续把贯彻落实《邮政法》作为整个行业的重要任务，并以此为契机，全面推进邮政行业法制建设。要进一步落实好《邮政法》各项规定，建立健全权责明确、廉洁高效的邮政管理体制。要继续完善邮政法律法规体系，加快配套法规制度建设。要切实加强执法工作，善于运用法律手段加强管理、化解矛盾、推进工作，不断提高依法监管、依法行政水平。

第五，继续加强队伍建设，为邮政事业科学发展提供坚强保障。围绕建设一支特别能战斗、特别能奉献的干部职工队伍，进一步推进机关党的建设、行业精神文明建设、反腐倡廉建设。深入开展创先争优活动，推进学习型党组织建设，不断提高机关党建工作科学化水平。进一步深化行业文明“学树建创”活动，继续深入开展向东四邮电局和王顺友、尼玛拉木等先进典型学习活动，形成学习模范、崇尚模范、关爱模范、争当模范的氛围。高度重视并大力推进反腐倡廉建设，贯彻落实党风廉政建设责任制，健全惩治和预防腐败体系，认真落实《廉政准则》，促进领导干部廉洁自律，不断取得党风廉政建设和反腐败工作新成效。经过不懈努力，建设一支政治强、素质高、有能力的干部队伍，作风好、纪律严、服务优的行政执法队伍，业务精、技术尖、善创新的专业人才队伍。

同志们，做好“十二五”期邮政行业改革发展工作，任务艰巨、使命光荣。交通运输部党组将一如既往地大力支持邮政工作，特别在法制建设、规划衔接、政策协调等方面做好服务，支持国家邮政局履行好职责、开展好工作。希望邮政系统广大干部职工，在以军胜同志为班长的国家邮政局党组的领导下，以科学发展观为指导，抓住机遇、开拓创新，埋头苦干、再创佳绩，为我国经济社会发展作出新的更大的贡献！

新春佳节将至，借此机会向大家拜个早年，祝大家新春愉快，工作顺利，身体健康，阖家幸福！

广泛深入地宣传《邮政法》、贯彻《邮政法》（摘要）

——交通运输部副部长高宏峰在贯彻实施《邮政法》会议上的讲话

2009 年 9 月 22 日

《邮政法》的修订，体现了党中央、国务院对邮政行业工作的一系列指示精神，体现了各地、各部门以及专家、社会公众的意见，体现了近年来邮政工作的实践经验。《邮政法》修订案强化了政府职能、强化了部门职责、强化了法律责任，充分依据了我国的基本国情，具有鲜明的时代特征和现实操作性。

在国务院法制办公室的组织协调下，在有关部门的大力支持下，《邮政法》修订历时 10 年时间，经历了多次征求意见、论证和反复修改，凝聚着方方面面的智慧。下面，我讲三点意见：

一、开展宣传教育，努力营造贯彻实施《邮政法》的舆论氛围

《邮政法》颁布后，国家邮政局及时组织了分层次、分阶段、有重点、成系统的培训和学习活动。下一步，我们要继续充分发挥报刊、广播、电视、网络等媒体的作用，广泛深入地宣传《邮政法》，为贯彻实施《邮政法》营造良好的舆论氛围和社会环境。要突出宣传重点，提高宣传的针对性；要创新宣传方式，扩大宣传的覆盖面；要注重互动交流，确保宣传取得实效。要将宣传工作与监管工作有机结合起来，让邮政企业、快递企业充分了解《邮政法》的重大现实意义和赋予邮政管理部门的监管职责，努力使企业的法律意识转化为依照《邮政法》履行企业责任和义务的行为，增强守法经营的自觉性。按照法律规定，邮政企业承担邮政普遍服务的义务，这是一个光荣而神圣的使命。党的十七大要求我们积极构建社会主义和谐社会，注重实现基本公共服务均等化。邮政企业一定要努力做好普遍服务，始终把便民、利民、惠民的服务理念贯穿于经营中，体现行业主力军和骨干作用，进一步深化改革，加快发展，加强服务质量管理，完善安全保障措施，切实为用户提供迅速、准确、安全、方便的服务。要让广大人民群众充分了解其享有的权益以及维护权益的途径。还要紧密围绕大家关注的重点、热点问题做好有针对性的宣传解释工作，及时化解误解和疑虑。

二、立足行业实际，积极推进配套法规和技术标准的制订工作

为了深入贯彻实施《邮政法》，要不断加强配套制度建设，进一步修改、完善配套的法规、规章和规范性文件。这是今后一个时期的重要任务。在邮政行业管理部门的全力推动下，目前，配套法规标准制订工作取得了突破性进展，《快递业务经营许可管理办法》、《邮政普遍服务标准》等多个配套法规标准已于近期颁布。今后，我们还要加紧工作，增强工作的预见性，根据邮政事业发展的需要，继续研究制定、修改、完善相应的法规或者规章，对需要进一步明确的配套措施办法，要抓紧制定出台。各地邮政管理部门也要结合本地实际，加强与各部门和地方政府的协调，完善相应的地方性法规、规章。同时，还要切实加强对相应的规章和规范性文件的备案审查和监督，以保证国家法制的统一，更好地贯彻落实《邮政法》确立的各项基本制度。交通运输部法制工作部门对邮政法制建设要给予更多的关心和指导，抓紧组织与邮政管理工作有关的行政规章的拟订和审查工作。只有不断建立健全《邮政法》的配套制度，才能真正贯彻落实《邮政法》，把邮政事业纳入科学发展的轨道，运用法律制度引导、规范、保障和促进邮政事业的发展。

三、切实履行职责，全面提高邮政管理部门依法行政能力

《邮政法》的颁布实施，对邮政管理部门提出了新的更高要求。我们要深入开展多种形式的《邮政法》学习活动，熟悉《邮政法》，深刻领会《邮政法》的精神实质，全面把握《邮政法》的主要内容，牢固树立“邮政行政机关的权力来自法律，邮政行政行为应当遵守法律、邮政行政违法必须承担责任、邮政行政管理要提供优质服务”的观念，严格按照《邮政法》依法行政，自觉维护法律的权威，确保政令畅通。

新法明确，邮政管理部门负责全国的邮政普遍服务和邮政市场的监督管理工作，同时确立了邮政行业的基本法律制度。我们要按照合法行政、合理行政、程序正当、高效便民、诚实守信、权责统一的要求，规范行政行为，提高行政效能。要建立普遍服务的保障和监督机制，推动建立公平公正、惠及全民、水平适度、可持续发展的普遍服务体系，切实保障邮政普遍服务，切实维护人民群众基本通信权利。要建立快递市场准入制度，抓紧贯彻实施好不久前颁布的《快递业务经营许可管理办法》、《快递业务经营许可条件审核规范》以及《快递业务员职业技能鉴定办法》，加强市场监管，促进行业公平竞争和健康发展，切实保障行业安全，维护消费者的合法权益。要建立邮政管理制度，以建设法制政府、责任政府和服务型政府为目标，依靠法规、规划、政策和标准等引领行业发展，进一步加强公共服务和社会管理职能。

国家邮政局局长马军胜在贯彻实施《邮政法》会议上的讲话(摘要)

2009 年 9 月 22 日

修订后的《中华人民共和国邮政法》将于 2009 年 10 月 1 日起正式施行。这是我国邮政业的一件大事,是邮政业发展史上的重要里程碑。对于保障邮政普遍服务,加强邮政市场监督管理,维护邮政通信与信息安全,保护通信自由与通信秘密,保护用户合法权益,具有十分重要的意义。

下面我就贯彻实施《邮政法》讲四点意见。

一、深入贯彻实施《邮政法》,增强改革发展的紧迫感和责任感

邮政业是国家重要的基础性产业,广泛服务于经济建设、社会发展和人民生活。发展邮政业,对于保障公民的基本通信权利、适应经济社会协调发展、促进我国现代化进程具有重要的支撑和保障作用。

改革开放以来,我国邮政业发展迅速,取得了巨大成就。当前,国际国内经济环境发生深刻变化,邮政业正处在重要的战略转型期和发展机遇期:信息技术飞速发展和经济全球化,对传统的邮政发展模式提出严峻挑战;我国工业化、信息化、城镇化、市场化和国际化进程加快,邮政业发展面临新的考验;党的十七大确定的促进基本公共服务均等化的目标,对邮政服务提出了更高的要求;全面落实中央应对国际金融危机的决策和部署,加快行业创新提升,着力提高可持续发展的能力,任务十分紧迫艰巨。

面对新形势、新任务,我们深深感到,邮政业发展面临着突出的矛盾和问题:行业规模偏小、基础设施不足、服务水平不高、竞争能力不强,可持续发展的问题尚未得到有效解决。我国邮政业发展的主要矛盾仍然是发展能力、发展水平不能满足人民群众不断提升的用邮需求,不能适应社会主义现代化建设的新需要。邮政业的第一要务仍然是发展,邮政业还有巨大的发展空间,应当而且能够为国民经济的持续发展作出更大贡献。我们深深感到,要提升邮政业的发展能力和发展水平,就必须按照中央确定的方针政策,加快邮政业的改革创新。只有改革创新,才能不断提出符合发展规律,符合人民群众愿望,符合经济社会要求的发展目标和发展举措,为行业加快发展、科学发展提供坚实的思想保障;只有改革创新,才能不断破解行业发展中的深层次矛盾和问题,不断形成符合当代世情、国情、业情、充满生机活力的新的体制和机制,为行业加快发展,科学发展提供有力的体制保障。改革创新是邮政业发展的根本动力。

法是党的主张和人民意志相统一的体现,是一切国家机关、公民和法人必须遵守的行为规范。修订后的《邮政法》,把党和国家长期以来对邮政业的成熟政策上升为法律制度,创设了大量的制度性规定,充分体现了改革发展的精神,内容丰富,规定明确,具有很强的操作性和前瞻性,为推动整个行业可持续发展提供了坚实的制度保障。各级邮政管理部门要始终坚定不移地以科学发展观统领邮政工作,支持邮政企业按照《邮政法》的有关规定,认真履行邮政普遍服务义务。坚持市场化的改革方向,实行邮政普遍服务业务与竞争性业务的分业经营,做强做大邮政快递物流,增强国有经济的活力和影响力。支持快递企业推进技术改造和产业升级,发展规模经济、重组网络资源,建立现代企业制度,加快形成有效应对市场波

动和外部影响的体制和机制，不断增强企业活力。

全行业一定要站在讲政治的高度，站在促进邮政业科学发展、服务经济社会发展全局的高度，充分认识《邮政法》修订颁布的重要意义，切实增强学习、宣传、贯彻《邮政法》的责任感和使命感，切实增强改革创新的紧迫感，自觉承担起应有的社会责任，确保《邮政法》的贯彻实施。

二、深入贯彻实施《邮政法》，保障邮政普遍服务

邮政普遍服务是国家基本公共服务的重要组成部分。保障邮政普遍服务是邮政业实现好、维护好、发展好最广大人民利益的具体体现。长期以来，邮政企业认真履行普遍服务义务，为保障广大人民群众的基本通信权利、党和国家的政令畅通，作出了突出贡献，涌现了一大批像王顺友、尼玛拉木一样的可歌可泣的英模人物，得到了社会的认可和肯定。

党和国家一直高度重视邮政普遍服务，大力支持邮政普遍服务工作。修订后的《邮政法》以保障邮政普遍服务作为首要的立法宗旨，用四个篇章、三分之二的条款专门作出规定，内容十分全面、要求十分具体。特别是在邮政普遍服务保障方面规定："国家保障中华人民共和国境内的邮政普遍服务"；"国务院和地方人民政府及其有关部门应当采取措施，支持邮政企业提供邮政普遍服务"；"省、自治区、直辖市应当根据本地区的实际情况，制定支持邮政企业提供邮政普遍服务的具体办法"；"国家设立邮政普遍服务基金"；"国家对邮政企业提供邮政普遍服务、特殊服务给予补贴"，并在邮政设施、邮件运输、邮件投递等多方面给予特别保障。在明确保障措施的同时，修订后的《邮政法》还明确规定了邮政普遍服务的业务范围、服务规范、质量要求、赔偿标准，规定了各级邮政管理部门监督管理邮政普遍服务的职责。这些规定，充分体现了广大人民群众的利益和要求，体现了党的主张、国家意志与人民利益的统一。

邮政管理部门成立近三年来，为保障邮政普遍服务做了大量的工作。推动国家有关部门和部分省级人民政府出台了支持保障邮政普遍服务的政策文件。积极协调有关部门解决普遍服务实施中的困难和问题。在全国县级以上地区构建了普遍服务监督网络，充分发挥社会监督的作用。下一步，要继续配合有关方面逐项落实《邮政法》规定的各项保障措施，加快研究出台具体的实施意见。继续推动"村邮户箱"工程。贯彻落实国务院办公厅转发交通运输部等六部门《关于推动农村邮政物流发展的意见》，协调有关部门，编制空白乡镇邮政局所补建规划。推动地方政府将邮政设施布局和建设纳入城乡规划。重点扶持农村边远地区邮政设施的规划建设。依法对撤销提供邮政普遍服务营业场所以及停止或限制办理邮政普遍服务业务和特殊服务业务进行严格审批。

承担邮政普遍服务义务，是邮政企业的历史责任，也是邮政企业的核心价值。邮政企业要继续高举普遍服务的旗帜，为用户提供"迅速、准确、安全、方便"的服务。要按照《邮政法》的规定和《邮政普遍服务标准》，不断推进邮政普遍服务的均等化进程，保证邮政普遍服务水平的不断提升。

做好邮政普遍服务，需要全社会的充分理解和大力支持。机关、企事业单位应当设置接收邮件的场所。城镇居民楼应当设置接收邮件的信报箱。较大的车站、机场、港口、高等院校和宾馆应当设置提供邮政普遍服务的邮政营业场所。农村地区应当逐步设置村邮站或者其他接收邮件的场所。建设城市新区、独立工矿区、开发区、住宅区或者旧城区进行改建，应当同时建设配套的提供邮政普遍服务的邮政设施。

我们相信，在国家各部门和社会各方面的大力支持下，在邮政企业、邮政管理部门的共同努力下，通过贯彻实施《邮政法》，不断完善邮政普遍服务的实现、保障和监督机制，将会建立起覆盖全国、惠及全民、水平适度、可持续发展的邮政普遍服务体系，向全社会、向人民群众提交一份满意的答卷。

三、深入贯彻实施《邮政法》,促进快递服务健康发展

快递是邮政业不可分割的组成部分,现代快递是新兴服务,与市场经济和社会化大生产、大流通相伴相生,显现出强大的生命力,在促进经济发展、广泛吸纳就业、提高商务效益、加快信息传递、方便人民生活等方面发挥着重要作用。

国家高度重视快递服务发展。修订后的《邮政法》规范了快递业务,赋予了快递企业法律地位。提出了监管邮政市场应当遵循公开、公平、公正以及鼓励竞争、促进发展的原则。设立了快递业务经营许可制度,制定了快递业务经营许可规范。这些重要的制度安排,为加快推进我国快递服务的健康有序发展提供了重要的法律保障。

党的十七大提出:"坚持和完善公有制为主体、多种所有制经济共同发展的基本经济制度,毫不动摇地巩固和发展公有制经济,毫不动摇地鼓励、支持、引导非公有制经济的发展,坚持平等保护物权,形成各种所有制经济平等竞争,相互促进的新格局。"各级邮政管理部门要坚持"两个毫不动摇"的方针,大力促进快递服务的发展,更大程度地发挥市场在快递领域配置资源的基础性作用,努力消除快递服务发展的瓶颈制约,创造公平竞争的市场环境。经营快递业务的企业应当进一步增强依法经营的意识,珍惜和把握发展机遇,不断提高服务品质,完善质量监控体系,切实维护用户权益,提升诚信水平,塑造品牌形象,增强综合竞争能力。

按照修订后的《邮政法》的规定,自10月1日起,将正式实施快递业务经营许可。《快递业务经营许可管理办法》进一步明确了快递市场的准入条件、程序、期限。经营快递业务的企业应当做好申领快递经营许可的准备。尚未达到经营许可规定条件的,应当向邮政管理部门说明情况,积极创造条件,在规定的期限内达到条件,促进企业管理的规范化、制度化和科学化,使快递服务在法制的轨道上持续稳定健康发展。

在这里,我还要特别强调寄递渠道的安全问题和邮政专营问题。今天离新中国成立60周年还有短短的9天时间,全行业要继续高度重视、精心安排、严格检查、严防死守,逐项落实各项安全措施,逐条措施落实到岗、落实到人,严防不法分子利用寄递渠道寄递违禁危险品,确保行业生产安全运行,确保寄递渠道安全。邮政专营制度是《邮政法》的一项基本制度。具体范围目前正由相关部门依照法定程序抓紧研究制订。基本思路是要保障邮政普遍服务,保障国家信息安全,促进行业健康协调发展。办法颁布后将要组织施行。

四、深入贯彻实施《邮政法》,严格依法行政

《邮政法》颁布五个月来,国家邮政局高度重视学习宣传贯彻工作,成立了专门机构,认真开展了一系列工作:一是全力推进配套法规、标准和法规性文件的制订;二是积极开展培训,切实提高执法能力和水平;三是有步骤地向社会、企业进行宣传,营造学法、懂法、守法的良好氛围;四是加强执法机构建设,为贯彻《邮政法》提供组织保障。学习宣传工作取得初步成效。

各级邮政管理部门要进一步增强责任感,把法律精神体现到各项工作部署上,把法律规定落实到各项工作的推进中,努力做到监管与发展、监管与服务、监管与执法相统一,把邮政管理工作提高到一个新的水平。9月10日,国家邮政局部署了近期和今后一段时间贯彻实施《邮政法》的重点工作,各地要认真贯彻落实。下面,我再强调三点:

第一,要强化服务。为社会服务、为群众服务、为企业服务,是邮政管理工作的出发点、立足点、着力点。各级邮政管理部门要牢固树立"管理就是服务"和"监管是手段,发展才是目的"的理念,在服务中实施管理,在管理中体现服务。从新法律、新机构、新工作的特点出发,全面正确地履行《邮政法》赋予的各项职能,坚持有所为、有所不为,

做到不越位、不缺位、不错位，努力建设服务型政府。

第二，要公正执法。各级邮政管理部门一定要负起执法管理的责任。一要主动执法。过去，邮政管理部门对邮政市场监管主要是配合有关部门执法。《邮政法》实施后，要尽快创造条件，完成角色转换，主动开展工作。作为执法主体，要组织开展市场检查和服务质量抽查活动。同时，积极探索与其他部门开展联合执法的途径，提高执法工作效率。要针对工作中的难点，开展专项检查和专项执法活动，抓好典型案例，提高执法效果。二要公开执法。要将行政许可的条件、程序、结果公示、公开，接受社会及媒体监督。开展行政执法要循序渐进。对于行政处罚，要严格依照《行政处罚法》的有关规定办理，坚持惩处与教育相结合，不能简单的以罚代管，保证行政执法的公正性。三要廉洁执法。加强执法队伍建设，完善执法监督机制，坚持清正廉洁，不断提高执法队伍的素质和执法水平。四要坚持以人为本，切实维护用户权益。认真贯彻落实《邮政法》关于维护用户权益的各项规定，全面提高邮政业的质量和水平，为用户提供迅速、准确、安全、方便的服务。

第三，要注意研究解决《邮政法》实施中遇到的新情况、新问题。当前，邮政业改革发展处于关键时期，随着《邮政法》的贯彻实施，会出现一些新情况、新问题。各级邮政管理部门要进一步增强政治敏锐性，增强工作预见性，增强党性和组织纪律性，站在国家和人民利益的高度，统筹处理各种不同的利益关系，有针对性地解决新情况、新问题，不断将贯彻实施《邮政法》的工作推向深入。

贯彻新《邮政法》 推动邮政行业健康发展（摘要）

——国务院法制办副主任张穹在贯彻实施《邮政法》会议上的讲话

2009年9月22日

伴随着邮政行业快速发展和邮政体制改革的稳步推进，邮政法制建设不断加强。《邮政法》正是顺应改革发展的新形势、新需求修订并施行的。在此，我就如何贯彻实施修订后的《邮政法》，谈几点意见供大家参考。

一、深刻认识贯彻实施《邮政法》的重要意义，认真做好学习和宣传工作

党中央明确提出要贯彻依法治国的基本方略，这也是我们建设社会主义市场经济体制的保障和要求。依法治国的前提是有法可依，民主立法，逐步建立具有中国特色的社会主义法制体系。多年来，在各方努力下，社会主义法制体系建设取得重大成果。但是，随着社会主义市场经济建设进入关键期，改革也进入了攻坚阶段，面临着诸多深层次的矛盾和问题。影响发展的体制机制障碍依然存在；社会利益格局发生深刻变化，统筹兼顾各方面利益难度加大。以立法来保证改革和发展的要求越来越迫切，而改革和发展过程中的深层次矛盾和问题，也越来越多地转化成了立法工作不得不面对的矛盾和问题。《邮政法》是社会主义法制体系的重要部门法，也是改革和发展的产物。然而，回顾《邮政法》10年的立法进程，我深切地感到，像《邮政法》这样涉及面广、利益关系直接、社会关注度高、协调难度大的法律，在立法工作中仍是不多见的。

面对这项复杂工作，国务院法制办在修订《邮政法》时有四个方面的指导思想比较明确：一是，坚持国家利益至上、人民利益优先。社会主义法制体系是“为民立法”，国家利益和人民利益永远是最高利益，是立法工作最根本的价值追求。而且，对每一项具体规定，都要放在整个社会主义法制体系中，按照是否真正有利于完善法制体系的标准去考量，坚持科学立法、民主立法。二是，坚持统筹兼顾，合理平衡利益关系。努力寻找利益平衡点，寻求能为各方接受的解决方案，实现多赢、共赢。三是，坚持促进发展，创造环境。制度建设必须立足于社会主义初级阶段这个最大的实际，发展是邮政业当前的第一要务，而且这种发展必须是科学的发展、高质量的发展，体现以人为本和社会公平的发展，是邮政企业和快递企业的共同健康发展。四是，坚持落实、体现邮政体制改革的要求。《邮政法》修改必须体现邮政体制改革的要求，将邮政体制改革的有关要求和措施上升为法律制度，依法保障邮政体制改革的顺利实施。上述四点指导思想，也得到了各有关方面的认同。可以说，《邮政法》是在分析总结实践经验，充分汲取邮政体制改革成果，充分借鉴国外邮政法制经验，广泛征求和反映民意的基础上修订的。修订工作贯彻了立法民主和科学决策的精神，是深入推进经济体制改革和完善立法决策机制的重要实践。

修订后的《邮政法》主要对以下制度作了修改、补充和完善：

(1)按照政企分开的体制，明确了邮政管理部门的法律地位及其监督管理职责。根据国务院发布的国家邮政局“三定”规定和邮政政企分开后的实际情况，从保障邮政管理部门依法履行职责出发，修订后的《邮政法》明确了国家邮政局以及各省、自治区、直辖市邮政局依法对邮政普遍服务和邮政市场进行监督管理的法律地位，并对邮政管理部门授予了审批、许可、监督检查、实施行政处罚等较为充分的监管权限，为邮政管理部门依法履行职责提供了有效的制度依据和制度保障。

(2)按照推进公共服务均等化的原则，对邮政普遍服务作出了较为全面的定义，制定了比较完善的监督和保障邮政普遍服务的制度和措施。《邮政法》把保障邮政普遍服务作为重中之重，整个法涉及邮政普遍服务的内容达到4章、60余条，全面补充完善了保障邮政普遍服务的相关制度和措施。在对邮政普遍服务做出科学定义的基础上，明确规定了国家和各级地方政府保障邮政普遍服务的职责，从多个角度规定了邮政普遍服务的保障机制，解答了邮政普遍服务是什么，邮政普遍服务谁来干，邮政普遍服务干什么，邮政普遍服务怎么干，邮政普遍服务如何保障等五个方面的重大问题。充分体现了保障邮政普遍服务对于《邮政法》的宗旨与核心地位。

(3)按照“鼓励竞争、促进发展”的原则，将快递业务纳入邮政法的适用范围，确立了快递业务经营许可制度以及快递业的经营行为规范。将快递业务纳入邮政法的适用范围，是这次邮政法修改的重要内容之一。修订后的《邮政法》确立了快递业务经营许可制度，规定经营快递业务，应当经邮政管理部门许可，取得快递业务经营许可证。未经许可，任何单位和个人不得经营快递业务。这样规定，既认可了快递市场的竞争局面，保护了各类所有制企业的合法经营权和用户的自由选择权，又针对我国快递业发展的实际情况和存在的问题，加强必要的政府管理，提高进入快递市场的“门槛”，促进快递业的健康发展。取得快递经营许可证的条件，修订后的《邮政法》在大量调研和听取各方意见、特别是用户和企业意见的基础上，做出了较为详尽的规定，是符合我国快递市场的业情的。

(4)按照邮政通信与信息安全的要求，补充、完善了加强安全保障的制度和措施。这次《邮政法》修改将加强安全监管、确保邮政通信与信息安全作为重点内容，着力解决现有安全监管机制覆盖不到位甚至出现空白的问题。在明确将维护邮政通信与信息安全作为立法宗旨之一的同时，从完善机制、明确职权、规范行为、严格问责等角度，较为全面地补充、完善了有关安全保障的制度和措施，并将有健全的安全保障制度和措施作为取得快递业务经营许可证的条件之一，为邮政安全保障提供了更加有效的手段。

此外，修订后的《邮政法》着力加强了对用户合法权益的保护，明确了邮政普遍服务范围内邮件的损失赔偿原则和快递业务的赔偿原则，并修改了邮政业务资费的价格形成机制。

正确理解《邮政法》所确立的基本法律制度，是严格执法的前提和基础。政府及其有关部门要按照全面推进依法行政的要求，深入理解《邮政法》所确立的各项基本法律制度，将《邮政法》规定的各项制度、措施落到实处。

二、以贯彻实施新《邮政法》为契机，千方百计推动邮政行业全面、健康、快速发展

2004 年 3 月，国务院制定并发布了《全面推进依法行政实施纲要》，系统规定了未来十年我国全面推进依法行政的指导思想和目标、基本原则和要求、主要任务和措施，是指导各级政府当前和今后一个时期全面加强政府法制建设、推进依法行政、建设法治政府、构建和谐社会的纲领性文件。刚刚闭幕的党的十七届四中全会对提高党的执政能力、坚持依法行政提出了更高的要求。《邮政法》的宣传贯彻工作必须与《纲要》和十七届四中全会精神紧密结合起来，深刻理解推进依法行政、建设法治政府的重要意义和纲领性地位，科学把握其精神实质和主要内容。

（1）深入学习，认真做好《邮政法》的宣传贯彻工作。法律制度的贯彻实施要落到实处，首先需要具备良好的社会基础，也就是社会公众对《邮政法》基本原则和具体制度的理解和认同。修订后的《邮政法》增加了一系列重要的制度规定，同时专业性也比较强。这就需要多方共同努力，做好深入学习和广泛宣传工作。对各级政府部门而言，要对全体执法工作人员进行轮流培训，务必使执法工作人员真正做到学懂、用好修订后的《邮政法》，进一步转变执法理念，积极探索进一步规范行政执法的有效措施，全面推进依法行政。同时，要帮助社会公众做到知法、懂法、用法，充分利用法律手段维护和发展自身合法权益，实现有法可依、有法必依。

（2）逐步完善有关法律制度，适时制定配套规定。法律制度的完善是一个系统工程，《邮政法》修订以后，需要根据修订的内容对配套的有关法律制度作出相应调整。

一方面是结合国务院 2009 年立法工作计划，研究探讨相关法律制度的立、改、废问题。对不符合修订后的《邮政法》内容的法律制度，区别情况进行局部修改、全面修订或者废止。对属于现行法律制度空白，需要制定配套规定的，要适时研究制定配套规定。目前，《快递业务经营许可管理办法》已经颁布，《国务院关于邮政企业专营业务范围的规定》的立法工作正按照程序推进，《邮政普遍服务标准》也已出台。随后，要抓紧研究起草邮票发行监管、寄递安全规范等一批行政规章，适时修改《快递市场管理办法》和《邮政普遍服务监督管理办法》，并按照国务院《全面推进依法行政实施纲要》的要求，做好行政许可、行政处罚等工作制度的建设完善。各级政府法制部门要高度重视、紧密配合相关部门，深入细致地开展旧有法规规章的清理工作，各地也要结合本地实际，进一步研究制定、修改、完善相应的地方性法规、规章，保证与《邮政法》的无缝衔接，维护《邮政法》的权威性，维护法制的统一和完整。

（3）切实加强相关部门的协调联动。邮政业涉及社会的方方面面，与人民群众的生活息息相关，与各行各业的发展紧密相连。《邮政法》相关制度的贯彻，邮政业发展设想的落实，需要有关部门统筹协调，共同努力。很多邮政行业发展的突破口，比如邮政发展规划的研究和制定、邮政普遍服务的支持和保障、邮政基础设施的建设与管理、快递发展的支持和优惠政策，也正是涉及部门广、职能交叉多的结点。各级政府和有关部门要充分认识邮政业的基础地位和邮政业发展的重要意

立，切实转变职能，充分沟通理解，加强综合协调，建立联动机制，努力形成齐抓共管的良好局面，并且将实践中行之有效的工作方法、作用显著的支持政策固定下来，逐步形成沟通、协调、决策、管理的长效机制，为邮政业发展创造优质环境。

(4)转变观念，建设服务型政府。要强化服务意识。邮政管理部门担负着贯彻实施《邮政法》的主要职责。要根据新《邮政法》赋予的职责，建立起权责明确、廉洁高效的邮政管理体制，切实强化服务意识，把政府职能转到主要为市场主体服务和创造良好发展环境上来，把注意力集中到人民群众的根本利益和邮政行业的全面发展上来。务必继续巩固和提升邮政服务、进一步增强邮政企业的发展能力，不断推进邮政普遍服务的均等化进程，改善边远山区、偏远地区的邮政服务；务必不断支持和引导快递发展，进一步改善快递企业的发展环境，引导快递行业发挥规模效应，提高竞争实力，使整个行业的服务能力、发展速度、发展质量都提升到一个新的水平，让邮政业改革发展的成果惠及全体人民。

要严格行政执法。我们党依法执政，体现在政府工作中，就是严格依法行政。在现实生活中，绝大部分法律、行政法规都是由国家行政机关来执行的，而且行政机关因其职责所系，在执法过程中与人民群众联系最密切，涉及社会各方面和人民群众的利益最广泛。行政机关执法的一举一动，都直接影响到广大人民群众对法律权威的认同和依法治国的信念。包括邮政管理部门在内的各级行政机关在执行《邮政法》时，应当充分认识到自己肩上的责任，严格执法，依法办事，维护广大人民群众的利益。要把有法必依、执法必严、违法必究的要求落到实处，把严格执法、公正执法、廉洁执法、文明执法的理念贯穿始终，为新《邮政法》的贯彻落实保驾护航。

进一步推动《邮政法》的贯彻落实（摘要）

——全国人大法工委副主任安建在贯彻实施《邮政法》会议上的讲话

2009 年 9 月 22 日

全国人大常委会今年 4 月 24 日修订通过的《中华人民共和国邮政法》，将从 10 月 1 日起正式施行。修订后的邮政法，总结了现行邮政法实施 20 多年来的实践经验、包括近年来邮政体制改革的成功经验，对现行邮政法作了全面修订。修订后的邮政法公布施行，必将对促进我国邮政业的健康发展，适应经济社会发展和人民生活的需要，发挥重要作用。通过今天的会议，进一步宣传邮政法，推动邮政法的贯彻落实，具有重要意义。

法律的生命力在于实施。邮政法修订工作历时多年，期间进行了广泛调查研究，充分听取各方面的意见，对重点问题进行了反复研究论证，确立了相关的法律制度。在立法过程中，各种意见都可以发表，起草部门和立法机关要广泛听取意见，这是立法科学化、民主化的必然要求。而法律一旦公布施行，各方面都必须一体遵行，切实做到有法必依、执法必严、违法必究，这是依法治国的必然要求。经过 5 个多月的准备，邮政法实施在即。要把这部重要法律贯彻好、落实好，应当特别注意以下几点。

一、要切实贯彻落实好邮政法关于邮政普遍服务的各项规定

以合理的资费和标准为城乡广大群众提供邮

政普遍服务，是保障公民通信权利的基本措施。修订后的邮政法，首次将邮政普遍服务作为法定制度，对邮政普遍服务的定义、范围，邮政普遍服务义务的承担主体和基本服务规范，邮政普遍服务设施的建设，国家对邮政普遍服务的保障支持措施，政府邮政管理部门对邮政普遍服务的监督管理等作了明确规定。这些规定，是修订后的邮政法的核心内容，是贯彻落实邮政法的重中之重。中国邮政集团公司及所属邮政企业承担着法律赋予的提供邮政普遍服务的义务，使命光荣，任务艰巨，责任重大。邮政企业应当继续发挥“人民邮政为人民”的光荣传统，始终把提供高质量的邮政普遍服务放在首位，按照规定的服务标准和规范，切实履行好提供邮政普遍服务的义务。各级政府及有关部门应当采取有效措施，依法保障、支持邮政企业履行好邮政普遍服务义务。按照“政企分开”原则组建的邮政管理部门，更应把确保邮政法的贯彻实施作为主要任务，依法履行职责，创造性地开展工作，切实做好邮政普遍服务和邮政市场的监督管理工作。邮政法的修订是否成功，邮政法的贯彻实施是否确有成效，在很大程度上要看邮政普遍服务水平是否确有提高，人民群众是否认可和满意。社会在关注着、人民群众在期待着。我们各有关方面都应为此作出应有的努力。

二、要依法规范、促进快递业的健康发展

近年来，我国快递业务发展迅速，为满足用户对寄递业务的不同需求提供了更多样化的选择，也创造了新的就业机会，为经济社会发展作出了贡献。但在快递市场发展过程中，也出现了一些不规范的、损害用户权益、也损害快递行业信誉的行为。为切实维护快递用户的合法权益和国家的信息安全，规范和促进快递业的健康发展，修订后的邮政法对快递业务作了专章规定，对经营快递业务应当具备的资格条件、快递业务范围和基本服务规范，以及邮政管理部门对快递业务的监督管理等作了规定。邮政法这些规定，使我国快递企业经营活动和政府对快递企业的监管有了明确的法律依据、法律规范和法律保障。快递企业应当依法规范自己的经营行为，为用户提供安全、优质、高效的快递服务，在有序竞争中取得新发展。邮政管理部门应当遵循邮政法规定的“公开、公平、公正以及鼓励竞争、促进发展”的原则，针对快递业务的特点和存在的主要问题，加强对快递市场的依法监管，维护快递市场的良好秩序，促进我国快递业的健康发展。

三、要继续做好邮政法配套法规、规章和有关标准的制定和修改完善的工作

邮政法的不少规定，需要制定相应的配套规定或修改完善已有的规定加以落实。如邮政普遍服务标准，邮政设施设置标准，邮政企业专营的信件寄递业务范围，邮政普遍服务监督管理办法，邮政普遍服务基金的征收使用管理办法，快递业务经营许可的具体办法等。有关方面已经为此做了大量工作，有些配套规定已经出台，有些规定正在抓紧制定。

交通运输部副部长徐祖远在《邮政法》修订施行一周年座谈会上的讲话（摘要）

2010年9月17日

“大部制”改革后，交通运输部高度重视邮政工作。李盛霖部长和其他部领导多次前往国家邮政局和相关基层邮政企业调研，帮助解决工作中的困难。邮政法颁布后，交通运输部全力支持国家邮政局做好贯彻实施工作，协调相关部委共同行动，积极引导舆论方向，提高邮政法对社会生活的影响力。交通运输部还及时发布了《快递业务经营许可管理办法》，明确细化了邮政法的有关规定。今年年初以来，《邮票发行监督管理办法》、《集邮市场管理办法》、《邮政行业安全监督管理办法》等部门规章的制修订工作，也按照国家邮政局的建议，全部列入规章立法计划，目前正在依照立法程序继续推进。

一年来，国家邮政局认真贯彻落实科学发展观，坚持解放思想、以人为本，把维护好、发展好、实现好广大人民群众的合法权益作为工作的出发点和落脚点，团结和引导全行业提升服务、提高效能，注重保障邮政普遍服务，依法规范邮政市场，深入改革行业体制机制，成功防范了金融危机给行业发展带来的不利影响，实现了行业平稳较快发展。我国邮政业在社会生活中的地位日益重要，国际影响力日益提高，正在步入科学发展的良性轨道，成绩可喜可贺。

邮政法贯彻实施工作是一项长期的任务，任重而道远。今后一段时期内，要进一步抓好以下工作：

一、继续深入开展邮政法制宣传教育

经验证明，对于邮政这种民生服务行业来说，只有取得社会普遍认可，才有希望扎牢根基，加快发展。近些年来，国家先后完成了邮政体制改革、邮政法修订等重大工作，成功实现了制度上的改革创新，邮政业发展建设迈出了新的步伐。要加大邮政法宣传力度，使社会各界了解邮政业、支持邮政业、监督邮政业。邮政管理部门要加强法制培训，领导干部要带头学法用法，各级机关干部要熟练掌握行业法制规范，充分发扬邮政行业深入基层、深入群众的优良传统，走出机关，送法上门，把邮政法的精神带到相关企业和千家万户。要及时总结邮政法实施过程中的各种问题，针对理解上的误区和难点，重点做好释疑解惑工作。今天，看到国家邮政局配合国务院法制办编写了《中华人民共和国邮政法释义》，并且出版了相关学习读本，这些都是宣传贯彻工作的有力措施。

二、继续做好配套制度建设

为落实邮政法的各项规定，交通运输部和国家邮政局要按照全国人大常委会的有关要求，在国务院领导下，积极开展相关配套法规、规章和标准的建设工作，促进法律规定具体化，构建科学、完备的邮政法制体系。国家邮政局要主动做好调查研究和征求意见工作，科学立法、开门立法，拿出高质量的立法草案，充分反映行业发展方向和人民群众的利益需求。部政策法规司要积极配合国家邮政局做好相关工作，确保邮政立法符合党的方针政策，符合宪法和法律的要求，符合我国邮政业发展实际。

三、加快邮政业科学发展

目前，我国处在重要战略机遇期，经济回升向好，市场信心增强，扩大内需和改善民生的政策效应继续显现。中央提出，要充分利用有利条件和积极因素，加快发展服务业，进一步提高服务业发展水平和在国民经济中的比重。邮政业作为国民经济的基础性行业，要抓住机遇，加快发展。邮政企业要将履行邮政普遍服务职能作为贯彻实施邮政法的首要宗旨，不断提高普遍服务水平，为促进基本公共服务均等化作出应有的贡献。在做好邮政普遍服务的同时，邮政企业还要发挥优势，适应市场经济发展需要，积极拓宽服务领域，努力建成具有知名品牌、科学运营机制、完备服务网络、高度社会责任感的现代邮政企业。经营快递业务的企业要抓住国家产业结构调整的有利时机，加快构建服务网络，积极采用科技手段，提升服务能力，树立企业形象，促进邮政市场全面、协调、可持续发展，满足经济社会不断增长的需要。国家邮政局要积极引领行业发展，会同各有关方面，推动落实邮政普遍服务各项支持政策，推动解决制约行业发展的瓶颈问题，为邮政业科学发展创造良好的政策法制环境。

全国人大常委会委员李连宁在《邮政法》修订施行一周年座谈会上的讲话（摘要）

2010年9月17日

去年10月1日，修订后的《中华人民共和国邮政法》施行。一年来，我国邮政业呈现出前所未有的蓬勃发展势头。实践证明，《邮政法》的修订是及时的、必要的、科学的。修订后的《邮政法》成功总结了邮政体制改革的经验，适应经济社会发展需要，有利于我国邮政业的健康发展，为更好的满足广大人民群众和社会各方面对邮政和快递服务的需要，发挥了重要作用。

为了把邮政法落实好、执行好，我们还需要继续努力，特别要注意做好以下工作：

一、依法保障邮政普遍服务

以合理的资费和标准，为城乡广大群众提供邮政普遍服务，保障公民基本通信权利，是促进基本服务均等化的重要组成部分。保障邮政普遍服务水平是邮政法的核心内容，是贯彻落实邮政法的重中之重。各级政府和有关部门应当采取有效措施，加大邮政设施建设，完善邮政服务网络体系，支持邮政普遍服务。邮政管理部门更应把确保邮政普遍服务作为行业管理的主要任务，切实履行职责，依法管理，创造性地开展工作。邮政企业应当牢记全心全意为人民服务的宗旨，始终把提供高质量的邮政普遍服务放在首位，按照规定的服务标准和规范，切实履行好法定义务。

二、进一步依法规范、促进快递业务的健康发展

修订后的《邮政法》将我国快递服务纳入调整范围，明确了政府监督管理工作的法律依据、法律规范和法律保障。一年来，我国快递业务发展迅速，行业规模和自律能力进一步提高，为经济社会发展发挥了积极作用。目前，相关企业陆续取得了快递业务经营资质，步入规范发展的良性轨道。经营快递业务的企业要顺应经济社会发展趋势，进一步发挥快递服务对国民经济的基础作用，进一步为用户提供安全、优质、高效的快递服务，争取在有序竞争中取得新发展。邮政管理部门应当遵循《邮政法》规定的“公开、公平、公正以及鼓励竞争、促进发展”的原则，针对快递服务的特点和存在的主要问题，加强对快递市场的依法监管，维护快递市场的良好秩序，促进我国快递业务的健康发展。

三、继续做好《邮政法》配套制度建设工作

一年来，相关单位做了大量工作，《邮政法》制体系得到进一步巩固和完善。为落实《邮政法》各项规定，进一步明确相关法律主体的权利义务，各部门要及时制定、修改相应的配套法规、规章和标准。地方人大和政府要依照《邮政法》的有关规定，结合本地区实际，推动邮政地方立法工作的开展。在坚持法制统一原则的前提下，保证《邮政法》的贯彻实施，推动本地区邮政普遍服务水平不断提高，维护本地区邮政市场的繁荣稳定。

四、要扎实有效的深入开展《邮政法》的宣传活动

邮政、快递业务涉及千家万户，《邮政法》也是

协调各方面利益的基础和依据，要把《邮政法》的宣传和《邮政法》的实施有机的结合起来，各级人民政府及其有关部门是贯彻《邮政法》的主体，首先要把《邮政法》学习好、领会好、贯彻好，邮政企业、快递企业要认真学习，自觉遵守《邮政法》，为广大人民群众和社会各个方面提供良好的邮政和快递服务。还要把邮政网点作为宣传《邮政法》的阵地，邮政服务网点每提供一次服务，都是一次宣传《邮政法》有关内容的良好机会，可以把《邮政法》的宣传落实到每一个邮政服务网点，贯穿于每一次邮政服务和快递服务，使《邮政法》做到家喻户晓，为《邮政法》的实施营造良好的社会氛围。

国家邮政局局长马军胜在全国快递服务科技工作座谈会上的讲话（摘要）

2010 年 8 月 31 日

一、充分认识加快科技创新工作的重要性和紧迫性

科学技术是第一生产力，是推动人类文明进步的主要力量，是决定民族兴衰和国家命运的主要因素。实现中国可持续发展必然要依靠科技进步。大家都知道，我国应对国际金融危机一条重要经验，就是着眼长远，把加强科技创新作为一揽子计划的重要组成部分，大幅度增加科技投入，大规模推动技术改造，大力气培育战略性新兴产业，加快推动经济结构调整及核心能力提升。对遏制经济下滑势头、保证经济持续增长发挥了重要的作用，率先实现了经济企稳向好，社会和谐稳定的态势。

快递业务的使命就是为满足客户需要而提供的特殊性寄递服务。为了追求“更迅速、更准确、更安全、更方便”，从诞生之日起，快递业务就与科学技术的应用紧密融合在一起，具有不可分离的血肉联系。尽管我国快递服务发展时间不长，但是，科学技术作为第一生产力，对行业发展的引领、支撑作用日趋明显。特别是近年来，科技的重要性日益得到重视。很多企业纷纷采用先进的计算机技术和网络技术，开发了呼叫中心、快件跟踪查询、客户关系管理、财务结算、内部办公等应用系统，建设综合快件处理中心，引进先进运输工具和处理设备，科技创新意识和科技投入水平逐步加强。这一系列工作，已经对提高快件处理效率、改善服务质量发挥了重要的作用。特别是经过改革开放的锤炼和市场经济的洗礼，我国已经涌现出一批勇于开拓、锐意创新、能够承担起行业科技创新主体责任的企业。与此同时，行业科技发展环境进一步改善。修订后的《邮政法》为包括快递在内的邮政行业的科学发展提供了法律保障。国家出台了一系列鼓励科技进步和快递跨越式发展的政策。国家邮政局也明确提出在“十二五”期间，快递业务要大发展、上水平的总体思路，提出了依托科技创新推动行业转型升级和科学发展的战略目标。

但是，我们也要清醒地认识到，我国快递业务的科技发展水平总体不高而且极不平衡，不同地区、不同企业的差异相当大。一方面是少部分企业已经走在了行业科技应用的前沿，实现了依靠高技术创造高生产力的良性循环；另一方面是多数中小快递企业还处在初创阶段，劳动密集型特征显著，科技应用能力不强，还没有形成自己的核心竞争能力，科技保障和组织机制不够完善。实事求是地说，近年来我国快递业务呈现的高速增长，更多地得益于市场的刚性需求，得益于电子商务井喷式的发展，得益于经营环境的变化，而企业

科技进步对业务发展的贡献率相对较小。这种现象的产生，根源是我国正处于社会主义的初级阶段，经济社会发展水平不高，市场机制还没有完全在快递业务发展中发挥基础性作用。还处在服务能力和服务水平适应不了市场需要的阶段，竞争对企业升级发展的正向促进作用尚未充分发挥。另外，相当一批企业发展时间短，积累少，人才缺乏，对科技投入常感到找不到方向或者“心有余而力不足”。再有一部分企业对科技进步的重要性认识不足，对企业转型升级的意愿不强，还满足于现阶段的增长态势和传统管理模式，再加上体制机制的制约，确有“得过且过”的现象。

我们倡导的发展，是科学发展，是“量质并重”的发展。在当前快递业务景象繁荣的背景下，国家局适时召开这个会议，是有战略意图的。希望大家既要增强信心，鼓足干劲，看到希望，加快步伐；也要提醒大家要未雨绸缪，适应变化，提前把握好攻关迈坎的转折点和关键点，为行业持续发展添入新的发展动力。我觉得，在行业发展比较好的时候，我们特别需要保持清醒的头脑，清楚地看到不足、看到差距和时代的发展要求，面向世界、迎接未来。抓住有利时机，利用当前有利的内外部环境，重点筹划行业转型升级事宜。

实践已经证明，一个行业、一个企业在较短时期内实现高速发展并不难，难的是能否在较长时期保持持续发展。我认为，快递行业的持续发展的关键在于创新能力。而要实现创新，必须走科技进步的道路，向科技要生产力，依靠科学技术的帮助，上水平、上质量、上品牌，谋划更加美好的未来。面对信息技术、先进运输工具、全球化带来的巨大机遇与冲击，快递业务比以往任何时候都需要坚实的科学基础和有效的技术支撑。

二、以科技创新来推动快递业务的持续发展

国家邮政局对今后一段时期快递业务科技创新工作有一个基本思路，那就是贯彻落实科学发展观，围绕快递业务大发展、上水平的总体要求，建立以市场为导向、企业为主体、政府引导和企业创新相结合的科技发展体系，因地制宜，因势利导，着力改善运行质量，着力提高服务水平，着力拓宽业务领域，推动快递业务的持续快速协调发展。重点措施是：

（一）提高政府的行业管理和公共服务能力，不断完善科技支撑体系

各级邮政管理部门要更加积极主动地开展工作，加强对行业战略性、基础性、前瞻性的问题深入研究和准确把握。进一步完善行业科技的体制机制，健全有关法律法规标准政策体系。制定有行业特色的中长期科技发展规划。加强与科技、金融、税务、海关、交通运输、信息等主管部门合作，出台有利于自主创新的政策，帮助企业畅通的科技项目贷款渠道，促进科技创新要素和其他生产要素的有机结合。加大涉及网络安全、公共安全的投入。支持和鼓励国内有条件的学术、科研机构和科技企业更多地投身快递科技进步活动中来，积极参与行业科技项目。建立科技进步评奖机制，激励科技人员奋发向上，推动行业科技进步。

（二）强化快递企业科技创新的系统规划，实施正确的策略路径

国家对科技发展的战略重点、结构布局和政策举措的总体方针是：既要顺应世界科技发展潮流，遵循科技发展规律，又要紧密结合国情和国家战略需求，选择顺应时代要求、符合我国实际的发展道路。这一方针对于快递科技创新工作具有十分重要的指导意义。面对发展迅猛、变化迅速的环境，我们既要坚持技术先进，顺应潮流，突出重点，又要实事求是，统筹兼顾，体现效果。要做好科技创新工作的整体规划，确保科技创新工作和企业的发展战略、市场定位高度吻合，确保阶段性重点工作和长远发展目标保持一致。

要把提高企业核心竞争力作为制定整体规划的中心。而技术创新能力是竞争力的核心，是应

对未来挑战的选择，也是统领未来科技发展的主线。各家企业的核心竞争力是什么？大家一定要心中有数，要扬长避短。千万不要放弃自己的优势和特色，去大规模投入不是自己擅长而且是非战略重点的项目。而是要固本强基，强化核心，发挥优势。关键技术是买不来的，必须依靠自主创新，争取在若干领域掌握一批核心技术，拥有一批知识产权，造就具有真正核心竞争力的快递企业。

根据我国大部分快递企业运行情况，我认为当前要着重在提升网路处理能力、提高服务质量和强化经营运行管控三个方面下工夫。要分析各自在三个方面中最突出的三个问题，分析原因，大力应用科技创新成果，切实提出改善措施。这样坚持滚动几年，科技创新的效果肯定能得到体现。

（三）落实快递业务“便捷化、标准化、信息化”的要求，不断提高运行效能

一是提升便捷化。科技应用的落脚点，还是要以人为本。以满足客户的需求、提供便捷化的快递服务为目标。希望企业根据自己的发展战略和发展规划，按照技术先进、经济实用的原则，科学合理设置网路组织和网络结构，优化流程设计，简化处理环节，信息全程覆盖，提高快件处理效率和响应速度，提高运行效能。鼓励企业加快建设便民惠民工程，积极稳妥提高手持终端比例，引导用户自助录入快件信息，即时生成电子快递运单或凭证，提高客户使用快递服务的便捷程度。倡导用户数据和各种信息的综合利用，提高服务便利性和生产运行效率。

二是推进信息化。“十二五”期间，将全面提升快递服务的信息技术应用水平。国家局倡导企业提高快件跟踪查询的广度和深度，在快件传递的全过程，增加信息采集点，采集快件处理的完整信息，保证为用户提供及时、准确和完整的跟踪查询服务。着力解决数据分散、版本不一问题，提高集中化、统一化水平。通过呼叫中心及服务中心等工程建设，提高客户关系管理的能力。倡导建设全网运行质量监控信息系统，不断提高运行质量。

三是加强标准化。标准化是信息化、便捷化的基础和条件。“十二五”期间，要加强对技术标准特别是基础技术标准的研制。加大对快件条码、机构代码、用户代码和地址信息库等基础标准的研究力度，及时推出服务终端标准和包装标准。要加强快递企业与交通、民航、海关、银行、税务和邮政管理部门的网络互联、电子数据交换等接口标准的研究工作，促进信息共享和综合利用。研究提出快递生产安全等规范性要求，加强行业安全监管，保证快件安全。

希望广大企业也从自身实际出发，以国家标准和行业标准为依据和参考，建立完善企业标准体系，逐渐形成标准化的生产模式、管理模式和服务模式，提升企业的核心竞争力。

（四）推广成熟科技成果，交流先进经验，不断提高行业服务水平

科技推广和科技交流是推动行业科技进步的重要手段。就现阶段来看，快递重在技术应用，重在发挥整体效能。要结合实际需要，将成熟技术引入并加以运用。由于基本需求相同，企业间有不少共同点，促进交流的呼声会越来越强烈。国家局将加强行业科技推广和科技交流工作。一是要为快递企业和各类科技研究机构、咨询机构和设备厂商等的合作牵线搭桥，根据行业特点推进科技成果的产业化运用。二是要借助快递协会等多种途径，建立和完善行业科技动态交流机制，帮助企业开阔眼界，提升水平。三是要组织召开各类研讨会议，设置各种研讨主题，为企业搭建沟通交流的平台。

（五）建设快递发展科技人才队伍，不断提高人员素质

科技竞争的实质是人才的竞争。人才资源是第一资源。政府和企业都要根据快递市场发展急需，把加强科技人才队伍建设摆在突出位

置，积极创造有利于优秀人才脱颖而出的体制机制和良好环境。国家局准备在成立科技专家咨询组的基础上，逐步建立和完善行业科技专家库，充分发挥专家队伍的咨询和评议作用，积极为行业科技进步出谋划策。国家局将加强高层次科技人才的培养，建设一支具有民族自信、具有世界眼光、善于科学创新的科技队伍。要依托重大科技项目，培养科技人才，要为行业内中青年优秀科技人才的成长和发展提供舞台。要借助国家和部级科技奖励评选，推荐优秀项目和优秀人才，加大人才激励力度。要根据新形势下加强科技管理工作的实际需求，联合院校，试点开展企业科技管理人员的培训工作，提高科技管理水平。

“十一五”邮政行业发展回顾及体会（摘要）

——马军胜局长在国家邮政局2011年工作会议上的讲话

2011年1月11日

“十一五”时期是我国经济社会建设取得重大成就的五年，也是邮政行业发展历程中极不平凡、极不寻常的五年。党中央、国务院对邮政工作高度重视。胡锦涛总书记在视察南宁邮区中心局时作出重要指示：“要更好地发展邮政事业，为人民群众提供优质的邮政服务。”极大地鼓舞了广大干部职工做好邮政工作的决心和信心。国务院领导同志就深化邮政改革，加快邮政发展多次作出重要批示，为邮政改革发展指明了方向。五年来，我们认真贯彻落实科学发展观，按照党中央、国务院的决策部署，重点推进邮政体制改革，积极应对国际金融危机冲击，妥善处置重大突发事件，圆满完成一系列重大活动邮政通信服务和安全保障任务，邮政服务能力不断增强，快递发展规模持续扩大，邮政管理水平不断提升，较好地完成“十一五”规划确定的目标任务，为促进经济社会发展和民生改善做出了贡献。

2010年，是“十一五”时期的最后一年，各项工作取得新成绩。全行业完成业务总量1975亿元，完成业务收入1280亿元，与“十五”末相比都实现翻番，增幅高于同期GDP增幅。快递日业务量突破1000万件，进入世界前三位。邮政普遍服务和快递业务公众满意度稳步提升，行业对国民经济的基础性作用进一步加强。

一、邮政改革取得历史性突破，邮政发展活力显著增强

2005年，国务院印发《邮政体制改革方案》，确定了“一分开，两改革，四完善”的总体思路。在国务院邮政体制改革领导小组的组织协调下，邮政体制改革积极稳妥，加快推进，效果显著。

以“政企分开”为核心的邮政管理体制改革取得重大阶段性成果。2006年，省级邮政管理机构先行组建。2007年1月，国家邮政局完成重组，中国邮政集团公司顺利组建，标志着我国邮政体制历史上第一次实现了“政企分开”。形成了政府依法监管、企业独立自主经营的新体制。2008年，我们按照国务院行政体制改革要求，在短时间内配合完成主管部委的调整和相应衔接工作。2009年，国家邮政局新“三定”规定颁布，突出了加快政府职能转变的要求，强化了社会管理和公共服务职能，邮政管理的目标和任务更加明确。

“邮政储蓄”和“邮政主业”等经营体制改革取得重大突破。按照邮政体制改革的总体部署，基本完成了邮政金融体制改革和邮政速递物流改制工作。按照现代企业制度要求，成立了中国邮政储蓄银行和中国邮政速递物流股份有限公司。邮政普遍服务业务和竞争性业务初步实现分业经营、分账核算。邮政主辅业分离辅业改制工作基本完成。

邮政改革的配套机制不断完善。初步建立了“国家保障，政府监管，企业承担”的邮政普遍服务机制和特殊服务机制。调整了邮政基本业务资费，价格形成机制得到完善。健全安全保障机制取得进展。

二、邮政法规政策体系建设取得重大成效，为行业科学发展提供重要制度保障

国家邮政局重组之初，面对行业改革发展的现状和问题，我们坚持依法行政，准确把握政府管理的特点，将邮政法规政策体系建设作为工作重点和突破口，带动邮政管理工作的全面开展。

《邮政法》修订颁布为行业科学发展提供法制保障。经过多年的艰苦努力，修订后《邮政法》颁布施行，这是我国邮政发展史上的重要里程碑，标志着具有中国特色社会主义邮政法制体系的初步形成，开启了我国邮政行业改革发展新篇章。修订后《邮政法》为社会主义市场经济条件下的邮政管理和市场运行确定了基本制度和行为规范，改变了长期以来邮政法制滞后的局面。修订后《邮政法》施行一年来，邮政管理部门精心组织宣贯，组织编写教材和《邮政法释义》，举办形式多样、影响广泛的宣传活动。行业内形成学法、懂法、守法的良好氛围。全社会强化了支持、理解邮政行业发展的法律意识。

配套法规建设取得重大进展。与修订后《邮政法》施行相衔接，《邮政普遍服务监督管理办法》、《快递市场管理办法》、《快递业务经营许可管理办法》、《邮票发行监督管理办法》、《邮政行业安全监督管理办法》等5件部门规章颁布实施。《邮政企业设置和撤销邮政营业场所管理规定》、《邮政企业停止办理或者限制办理邮政普遍服务业务和特殊服务业务管理规定》以及《禁寄物品指导目录及处理办法》等一批规范性文件相继出台。稳健推进《邮政企业专营业务范围规定(草案)》的拟订工作。邮政地方立法全面启动。四川、陕西、辽宁、湖南、山西、贵州和广东7省相继出台了地方性邮政法规规章，有6个省(区、市)列入了地方立法计划。

行业规划的引领作用有效发挥。先后发布实施《邮政行业“十一五”规划》、长三角、珠三角和京津冀地区快递服务发展规划，有效引导重点地区快递发展。认真贯彻落实国务院《物流业调整和振兴规划》，出台十一条具体贯彻落实意见。结合行业实际，开展“十二五”规划编制工作，并着力与其他专业规划衔接，推动将本行业重点内容纳入国家及地方规划。

行业统计体系基本健全。国家邮政局重组之初，组织完成全国首次快递服务统计调查。在此基础上，建立健全覆盖全行业的统计报表制度，不断完善统计方法和指标体系。将规模以上快递企业纳入邮政行业统计范围，填补了国民经济统计空白。完成行业投入产出调查和统计检查。强化了行业经济运行情况监控和分析，为政府宏观调控和市场管理提供了基础条件。

行业科技和标准化工作全面推进。坚持把科技进步和科技创新作为转变发展方式的重要支撑。重点引导和支持创新元素向企业集聚，建立以企业为主体、市场为导向、产学研相结合的行业科技创新体系。召开首次行业科技工作座谈会，明确了科技创新的基本思路和主要措施。成立了国家邮政局科技专家咨询组和全国邮政业标准化技术委员会。制定“十一五”行业标准化发展规划。颁布实施《邮政普遍服务》、《快递服务》等多部在国际国内具有广泛影响的行业标准和《住宅

信报箱》等7项国家标准。"十一五"期间，一批优秀科技创新成果获得奖励，以中国邮政集团公司上海研究院为代表的一批科技创新先进单位及个人获得表彰，全行业信息化、标准化和设施装备技术水平普遍提高，有力支撑了行业服务能力的提升。一批企业加快向技术和劳动密集型结合方向发展。

三、着力健全覆盖城乡的邮政普遍服务体系，确保公民基本通信权益

我们坚持保障与监督并举，持续推进基础设施和终端能力建设，积极完善"政府监管、社会监督、企业自律"三位一体的邮政普遍服务监督体系，确保公民基本通信权益。

邮政普遍服务保障体系建设稳步推进。邮政体制改革以来，国家更加重视邮政普遍服务保障体系建设，先后实施了邮政普遍服务和特殊服务业务营业税免税、调整完善特殊服务业务成本负担机制、对邮政普遍服务和特殊服务亏损予以财政补贴以及将邮政基础设施重点建设项目逐步纳入国家规划等一系列有效政策，邮政普遍服务保障水平明显提升。各级政府支持邮政建设发展取得新突破。浙江、湖北和贵州等22个省（区、市）出台文件，加大了对邮政普遍服务的扶持力度。

邮政设施建设扎实推进。国家安排专项资金，用于西部和农村地区邮政普遍服务网点改造。积极推进空白乡镇邮政局所补建进程，计划分三年补建8000多个空白乡镇邮政局所，首批2500多个局所建设任务进入实施阶段。"村邮户箱"工程全面启动。与农业部、新闻出版总署等部门联合出台促进村邮站发展的政策意见。全国25个省（区、市）出台支持村邮站发展的政策。北京、河南、重庆等地村邮站建设取得突破，全国村邮站覆盖率稳步提升。会同相关部门制定了信报箱设置技术规范和产品标准，将信报箱建设纳入住宅分户验收的强制性内容。全国28个省（区、市）邮政管理局与当地建设行政主管部门联合发布政策文件，推进信报箱建设，全国新建住宅楼信报箱安装率明显提高。邮政企业持续推进普邮和速递物流网络建设，网络能力稳步提升。我国邮政网络覆盖城乡，已经成为世界规模最大的邮政网络之一。邮政营业网点达到5.4万处。邮路达到2.1万条，邮路总长度达到380万公里。投递路线总长度达到490万公里。80%以上支局实现电子化，完成350个重点城市的投递网改造。完成了名址信息库、电子商务信息平台和营业网运互联互通等一批重点信息化项目建设。

邮政普遍服务监督深入开展。各级邮政管理部门认真履行监管职责，组织开展贯彻执行《邮政法》监督检查。连续三年在全国开展邮政普遍服务满意度调查。在全国范围内组织开展邮件全程时限测试、信报箱安装情况和邮政资费执行情况等监督检查活动。依法开展撤销提供邮政普遍服务营业场所审批。加强了邮票发行监督管理。逐步建立邮政普遍服务监管报告制度和邮政普遍服务基础设施台账系统。"十一五"期间，在全国范围内组建了2382人组成的邮政社会监督员队伍，覆盖全国71.22%的市县。既拓宽了人民群众参与公共事务管理的渠道，提高了监管的有效性，又有效弥补了邮政监管力量的不足。强化机要通信监督管理，颁布了《邮政机要通信保密管理规定》，修订了《邮政机要通信寄递范围》，开展了边海防及重点地区机要通信保密安全专项检查。

邮政普遍服务有效实施。各级邮政企业始终把做好邮政普遍服务和特殊服务作为重要的政治任务。尤其是在国家遇到的重大自然灾害面前，在奥运会、世博会和亚运会等国家重大活动中，邮政企业勇于承担国有企业的社会责任，出色地完成了各项保障任务，得到中央和社会各界的高度评价。"十一五"期间，函件业务收入年均增长17%。党报党刊发行量稳中有升，保证了机要通

信的安全传递。全面贯彻全国推广山东邮政发展农村物流经营现场会精神，积极参与社会主义新农村建设，提供方便农民生产生活的农资分销、小额贷款等服务。目前，邮政服务“三农”连锁配送网点总数已达24万多处，覆盖全国86%的县、市和超过三分之一的行政村。

四、优化市场环境，快递业务迅猛发展

修订后《邮政法》首次将快递业务纳入调整范畴，确立了快递企业的法律地位，提出了“鼓励竞争、促进发展”的原则，极大地释放了快递发展活力。邮政管理部门加快完善发展环境，快递企业加快发展步伐，快递迎来发展的春天。

发展政策不断完善。在全国范围内统一了快递营业税税收政策，有效降低了快递企业的实际税赋。与中国民航局联合出台快递与民航业协同发展意见。20多个省（区、市）较好地解决了快递车辆进城通行等问题。在协调企业建设用地、工商登记政策等方面也取得积极进展。积极搭建与电子商务协同发展平台，推进与信息服务业、制造业、金融业和高端服务业的跨行业战略合作，快递发展空间不断拓展，发展领域不断延伸。

市场准入制度顺利实施。按照“优质、高效、规范、廉洁”原则，依法有序推进快递业务经营许可工作。召开宣贯会议139次，举办培训班171期，出动7100人次，核查现场出行里程40万公里。颁发许可证5889件，占快递市场90%以上份额的快递企业依法获得经营许可。行业安全监管信息系统初步建成，实现政府与主要快递企业运行数据的实时对接。

市场秩序不断改善。建立健全以“准时率、满意度、申诉率”为核心的快递服务评价体系。完成申诉中心建设，畅通用户申诉渠道，妥善解决用户反映的服务问题。健全安全责任制和各项安全管理制度，完善多部门联合工作机制。加强应急管理体系建设。各级邮政管理部门立足服务，坚持日常执法检查和重点检查相结合，共开展市场检查35889次，检查企业56076个（次），纠正和查处违法行为29040起，下达行政处罚和整改通知2775份。与此同时，组建中国快递协会和各省（区、市）快递协会，第一次在快递领域建立起代表企业、联系政府、服务用户的行业组织，为加强行业自律，维护公平竞争发挥了重要作用。

广大快递企业珍惜来之不易的发展环境和发展机遇，纷纷加快整合资源，加强能力建设，提升服务，加快发展。经过几年的努力，形成国有、民营和外资多种所有制经济共同发展新格局。市场化、网络化、规模化、品牌化程度不断提高。2010年，快递业务收入完成573亿元，快递业务量完成24亿件，分别是“十五”末的250%和300%，快递对国民经济的支撑作用日益显现。

五、依法行政能力不断提升，对外交流合作不断深化

围绕“提升服务、提高效能、促进邮政行业科学发展”，各级邮政管理部门全面履行管理职能，加强服务型政府建设。

妥善应对突发事件，圆满完成重大任务。圆满完成了党的十七大、奥运会、新中国成立60周年、上海世博会、亚运会邮政服务和邮路安全保障任务，妥善应对了低温雨雪、四川汶川和青海玉树地震、泥石流、特大暴雨等重大灾害以及DDS公司倒闭等重大突发事件，全行业应对突发事件、完成重大任务的能力显著增强。

管理体系不断完善。逐步健全完善监管体系，管理效能稳步提高。调整省（区、市）局内设机构设置。在12个重点城市和地区设立了办事处。支撑体系不断完善，保障作用不断增强。行业管理信息化水平显著提高，建成21个信息系统。成立新闻宣传中心、发展研究中心和职业技能鉴定指导中心。建立网站，出版发行《快递》杂志，取得良好宣传效果。机关服务中心和北京邮电疗养院

加强经营管理，取得较好业绩。中华全国集邮联合会加强组织建设，成功举办多项集邮活动，促进了集邮文化发展。信访、档案、保密等工作扎实推进。预算和财务管理水平稳步提升。五年来，全系统干部职工，特别是各省（区、市）局全体干部职工充分发挥主观能动性，不等不靠，克服人员少、机构不完整、法制不健全、机制不顺畅、任务复杂繁重等各种困难，结合实际创造性地开展工作，逐步走出一条中国特色邮政管理的发展道路。

国际和港澳台工作取得可喜成果。积极参加万国邮联、WTO、亚太邮联等国际组织活动，进一步提升我国国际地位和影响力。在第24届万国邮政联盟代表大会上，我国成功当选为邮联行政理事会和邮政经营理事会理事国，并当选为行政理事会二委主席国，中国政府推荐的黄国忠同志连任邮联国际局副总局长。成功举办了万国邮联邮政战略会议、邮政普遍服务研讨会、邮政政策及监管国际研讨会等国际会议。中国的邮政改革经验引起世界邮政同行的广泛关注。建立了中美、中欧、中日等重点国家和地区的双边多边合作交流机制，并开展了广泛深入有益的交流，邮政对外合作与市场开放已成为我国外交和服务业对外开放政策的重要组成部分。与港澳台邮政部门的交流与合作不断加强。特别是2008年12月15日实现了对台直接、双向、全面通邮，为祖国统一大业和中华民族团结复兴做出了贡献。举办了中国2009世界集邮展览，被誉为国际集邮交流史上的一次盛会。

六、行业人才队伍建设和精神文明建设取得明显成效，党风廉政建设不断深化

深入贯彻人才强业战略，大力推进行业人才队伍建设。坚持两手抓，两手硬，深入推进行业精神文明建设和党风廉政建设。

行业队伍素质不断提升。大力推进政府为主导、企业为主体、院校为支撑的人才教育培养体系建设。组织编制《邮政行业人才队伍建设中长期规划》。邮政企业突出抓好企业经营管理者、基层骨干和高技能人员培训，重点发展远程教育培训，整合全网教育培训资源开办邮政网络培训学院，为邮政发展提供强有力的人力资源支撑和智力支撑。以快递从业人员素质提升为重点，加强快递人才队伍建设。组织开发快递专业教材。积极推动校企合作，全国已有17所院校相继开设了快递专业，培养中职、高职等不同层次的专业人才。大力推行国家职业资格证书制度，逐步建立和完善职业资格工作体系和制度规范。以准入制度实施为契机，19.3万人参加快递业务员职业技能鉴定，快递从业人员职业能力不断提升。

全面加强邮政管理队伍建设。高度重视干部政治素质和行政能力建设，认真开展国家局系统领导班子和领导干部的优化调整。积极落实领导班子和后备干部“2482”建设目标，初步建立了一支政治素质和能力水平较高的后备干部队伍。大力推进干部选拔任用制度改革，认真做好干部监督各项工作，形成了风清气正的用人环境。先后有6名干部通过公平竞聘走上新的领导岗位。加大干部交流力度。通过多渠道多途径优选补充公务员120名，优化了队伍结构。全面推进公务员职位管理。不断改进公务员年度考核工作。组织开展各级各类形式多样的培训。共举办培训班近70个，培训干部6000多人次。

党建工作、行业精神文明和党风廉政建设取得新进展。深入开展学习实践科学发展观活动，极大地促进了行业的科学发展。大力弘扬井冈山精神和延安精神，认真开展“创先争优”活动和学习型党组织建设工作。通过主题突出、丰富多彩的系列活动，推进创建工作扎实有效地开展。大力推进行业精神文明建设，开展了向东四邮电局、爱心邮路和王顺友、尼玛拉木、全二平等重大典型的学习活动，培育和树立了一批在行业内外有重大影响的先进典型，表彰了全国抗震救灾模范、上海世博会先进集体和模范。加强机关文化建设，

认真做好共青团、工会工作，认真落实新形势下老干部政治和生活待遇，在和谐文明机关建设方面取得了新成效。认真贯彻落实中央反腐倡廉部署，惩治和预防腐败体系建设扎实推进，党风廉政制度体系进一步完善。党风廉政建设责任制深入贯彻落实。认真开展了商业贿赂、“小金库”等专项治理工作。坚决纠正损害群众利益的不正之风，政风行风建设稳步推进。政务公开取得积极进展。

同志们，“十一五”时期是邮政行业改革力度最大的五年，是邮政行业发展最快效果最好的五年，是邮政管理工作不断迈上新水平的五年。以上成绩的取得是党中央、国务院亲切关怀，交通运输部坚强领导的结果，是国家有关部门积极支持的结果，是各级党委、政府和社会各方面热情关心的结果，凝聚着全行业干部职工的智慧、心血和汗水，在此，我代表国家邮政局，向大家表示崇高敬意和衷心感谢！

回顾总结“十一五”的工作，我们深深体会到：

第一，必须始终坚持科学发展不动摇。发展是我们党执政兴国的第一要务。发展对于我们这个处于初级发展阶段的行业来说具有特殊重要的意义。要始终坚定不移地把发展作为全部工作的第一要务，牢牢抓住加快发展的历史机遇，不失时机地加快邮政行业发展步伐，促进邮政行业又好又快发展。尽快壮大邮政行业，发挥国民经济基础性作用，是时代的要求、人民的期盼和行业的共同责任。

第二，必须始终高举邮政普遍服务旗帜。我们深刻认识到，邮政普遍服务关系公民基本通信权益，是国家基本公共服务的重要组成部分，是邮政的核心价值。保障邮政普遍服务是贯彻实施《邮政法》的第一要义，是邮政管理工作的首要职责，是邮政企业的发展基础。要不断完善邮政普遍服务保障、实现和监督机制，健全覆盖城乡的邮政普遍服务体系，积极推进邮政普遍服务均等化，使邮政普遍服务能力和水平随经济社会发展而相应提高。

第三，必须始终坚持改革创新。坚持以改革创新促发展，重点消除制约发展的体制机制性障碍，不断优化发展环境。实践证明，党中央、国务院作出的邮政体制改革决策是完全正确的。改革为行业科学发展提供了强大动力，使行业焕发勃勃生机。

第四，必须始终坚持以人为本。满足用户需求、维护消费者合法权益是邮政行业贯彻落实科学发展观，坚持以人为本的具体体现。我们要继续提升行业服务水平，满足人民群众日益丰富和多元化的用邮需求；强化用户合法权益保障机制，切实维护消费者合法权益。在邮政行业发展的目标中，要永远将人民利益放在首位，从解决关系人民群众切身利益的现实问题入手，更加注重与经济社会协调发展，更加注重社会公平，使全体人民共享邮政改革发展成果。

第五，必须始终坚持按客观规律办事。不断深化对行业发展规律的认识和把握，积极探索有中国特色的邮政行业发展道路。根据行业两大领域不同性质和特点，按照公共服务规律不断完善国家保障、政府监管、企业承担的邮政普遍服务机制；按照市场经济规律对快递业务进行监督管理，不断完善由市场主导、政府监管、行业自律的快递发展机制，进一步发挥各类主体的积极性、能动性，使邮政普遍服务和快递业务都按照各自规律科学发展、和谐发展。有效的行业管理也必然遵循政府运行规律，要在实践中扎实加强服务型政府建设，推进政府职能、工作作风和工作方式的转变，在服务中实施管理，在管理中体现服务。

第六，必须始终坚持艰苦奋斗，无私奉献。坚持弘扬井冈山精神和延安精神，始终保持革命前辈的那样一股劲头，那样一种精神，那样一份执着。抱定事业发展的坚定信念，以大无畏的革命精神克服前进道路上的重重困难和艰难险阻，不断迈出坚实的前进步伐。

国家邮政局局长马军胜在“2011 中国快递论坛”开幕式上的致辞

2011 年 11 月 22 日

由中国快递协会、《快递》杂志、国家邮政局发展研究中心共同主办的 2011 年度“中国快递论坛”今天开幕了。论坛将就推动快递业务改革创新，转型升级，促进我国快递大发展、上水平进行研讨。作为邮政业的重要组成部分，快递业务将信息传递、物品递送、资金流通和文化传播等多种功能融合在一起，具有带动产业领域广、吸纳就业人数多、经济附加值高、技术特征显著等特点。全球发展经验表明，快递业务能够关联生产、流通、消费、投资和金融等多个领域，成为区域间、产业间、群体间重要的联结纽带，是现代社会不可替代的基础产业。特别是随着信息技术的不断进步，快递的作用愈加突出，影响愈加深远，市场愈加广阔、地位愈加重要。以方兴未艾的网络购物为例，2010 年，中国网络零售交易额达 5231 亿元人民币，占社会消费品零售总额的 3.3%，预计今年交易额超过 8000 亿元，占社会消费零售总额的 4%。70% 以上的网购必须依靠快递来完成，网购快递已占到全部快递业务量的一半以上。刚刚过去的网购狂欢节，连续 3 天快递量突破 1600 万件。快递业务在增强国民经济活力、拉动消费需求、转变发展方式、优化产业结构、提高配置效率中，发挥着越来越重要的作用，已成为全社会生产生活不可或缺的工具和平台。

经过三十年的努力，我国的快递业务从小到大，取得了良好的发展业绩，特别是邮政体制改革后的五年，发展迅猛，成绩喜人，业务量年均增长率高达 27.23%，业务总量五年翻了一番半，日均处理量从 300 万件增长到 1300 万件。在较短的时间里，我国快递市场成长为增长速度最快、发展潜力最大的、新兴的战略性服务业，市场规模排名世界第三位，受到国内外和社会各界的高度关注。与此同时，快递市场化改革成效显著，市场竞争机制朝着更加充分、更加规范、更加完善、更有效率的方向发展。修订后的《邮政法》确立了遵循“公开、公平、公正”以及“鼓励竞争、促进发展”的原则，建立了快递业务经营许可制度，明确了快递企业的法律地位。目前，依法取得快递业务经营许可证的企业超过 6800 家，世界五百强企业中有 5 家进入中国快递市场投资发展、参与竞争。快递企业的运营管理能力和技术装备水平明显提高，快递网络正由东部向西部、城市向郊区迅速扩展，营业网点达到 6.4 万处，快递从业人员已经超过 70 万。

展望未来，我们更加豪情满怀、信心百倍。再过四年，快递业务能够实现这样的愿景：一是市场规模再翻一番以上，达到年经营规模 1430 亿元，年处理快件量超过 61 亿件。二是会形成一批令世界注目、让国人自豪、足以代表大国水平的优秀快递企业。三是会建成“便捷高效、竞争有序、技术先进、服务优质”的快递业务体系，回报社会的哺育和厚望。

快递业务是社会化大生产的有机组成部分，它的发展和繁荣，必须站在国家经济社会发展全局和战略高度来研究推动，必须得到国家有关部门的鼎力支持和社会各界的理解扶持，必须得到关联产业的协调配合以及全行业的共同努力。近年来，国务院出台有关政策，鼓励和支持快递业务发展，政策的导向和取得的成效有目共睹。国家和地方有关部门正在研究推动解决快递车辆通行、征地融资、技术改造等重点问题。近期，国务院批准的《国家产业结构调整指导目录》，第一次明确将快递列为国家鼓励发展产业，并且明确了城乡快递网络建设等一系列具体项目范畴，为营造更加有利于发展的行业环境提供了政策依据和制度基础。

作为行业管理部门，国家邮政局将继续采取有效措施，促进快递业务大发展、上水平。一是，着力推进快递网络建设。引导企业完善网络体系，优化资源配置，加强全网管理能力和基础设施建设，依托综合交通运输体系整合资源，推动快递“绿色通道”建设和信息互联互通，打造自主快递航空运递网络。二是，着力推进快递服务改善升级。继续完善以“公众满意度、时限准时率、用户申诉率”三项指标为核心的快递服务评价体系，落实好《快递服务标准》，加强政府监管、社会监督和舆论引导。积极推进快递诚信体系建设。推进差异化服务模式，引导企业提供多层次、多样化和个性化的产品体系。三是，着力扶持快递企业做大做强。实施快递企业分等分级管理，加快培育龙头骨干企业，打造服务品牌。鼓励有条件的企业上市融资，鼓励企业走出去开拓国际市场。遵循市场经济规则，依托市场机制，指导快递企业开展兼并重组。进一步扩大资本规模，壮大运营网络，增强竞争实力，促进产业集中度不断提升。四是，着力规范市场秩序。坚持严格标准，注重质量，依法做好经营许可常态化管理。继续坚决查处扰乱市场经营秩序、侵犯消费者合法权益的违法违规行为，重点解决好积压延误、丢失损毁、申诉赔偿等社会关心的重点问题。五是，着力改善快递业务发展环境。全面实施国家“十二五”规划和服务业、电子商务等相关专业规划和区域规划，抓住快递进入国家鼓励发展产业目录的契机，全面完善行业发展政策，促进区域产业协调发展。研究和制定快递配送车辆标准，并为企业融资征地、人事用工、技术改造等提供必要的支持。六是，着力加强产业间环节间合作协调。积极推进快递与现代制造业、电子商务联动发展，落实好快递与关联产业协同发展的示范工程。鼓励引导快递企业发挥网络优势，丰富服务内涵，发展实物流、资金流、信息流融合型业务，向服务链、供应链、产业链上下游延伸，持续提升快递的服务价值。

国家邮政局副局长苏和在《快递服务》邮政行业标准贯彻实施工作电视电话会上的讲话（摘要）

2007 年 12 月 29 日

《快递服务》（YZ/T 0128—2007）邮政行业标准（以下简称《快递服务》标准）在严格依照国家标准化委员会标准制定程序规定，广泛征求社会意见、完成起草、审查和审批后，国家邮政局于 2007 年 9 月颁布，即将于 2008 年 1 月 1 日起实施。《快递服务》标准共 6 大章 35 节，包括附录 166 条。它的颁布，是我国邮政业基础性建设的一次历史性突破，填补了我国快递服务行业标准的空白，得到了业内的普遍拥护和社会各界的热烈响应。前一段时间，国家邮政局编发了培训提纲，组织了骨干培训和多层次培训，开展了知识竞赛。各省（区、市）邮政监管机构和国有、民营、外资等快递企业积极响应，踊跃参加。据不完全统计，全国共举办了百期培训班，有近 5000 人参加培训、12 万余人参加知识竞赛活动。不少地方的邮政监管机构和快递企业注重边学边改，有的签订了快递服务自律公约，有的提高了赔偿标准，有的提出了落实标准行动计划。所有这些，为做好《快递服务》标准的贯彻实施工作打下了良好的基础。今天，我们在这里召开电视电话会议，目的是对《快递服务》标准进行再宣传，对贯彻实施《快递服务》标准进行再动员、再部署。下面，我讲三点意见：

一、以科学发展观为指导，充分认识贯彻实施《快递服务》标准的重要意义

科学发展观是党的十七大确定的我国经济和社会发展的行动纲领，是邮政业发展的行动指南。快递服务属于邮政业，在科学发展观的指导下，贯彻实施《快递服务》标准具有多方面的重要意义。

（1）贯彻实施《快递服务》标准，有利于整体提升邮政业的标准化。今年初，国务院下发了国发〔2007〕7号文件，提出了加快发展服务业的若干意见。文件中三次提到了邮政业，明确要求加快推进服务业标准化，抓紧制定和修订邮政、电信等8个行业的服务标准。快递服务作为邮政业的重要组成部分，贯彻实施《快递服务》标准迈出了邮政标准化事业的重要一步，为研究制定邮政业标准体系提供了重要支撑，为制定国家标准甚至国际标准提供了基本经验，同时也为制定相关企业标准、地方标准提供了典型示范。

（2）贯彻实施《快递服务》标准，有利于推动快递服务规范发展。改革开放以来，我国快递服务企业数量、市场规模、从业人员、业务领域得到迅猛发展，在促进经济发展、满足社会需要、增进对外交往、扩大社会就业方面等方面发挥了积极作用。但由于历史及客观原因，违法违规、良莠不齐、质量不好等现象时有发生。加强市场监管、提升服务质量是广大快递企业及社会各界的共同期盼。快递服务必须在规范中发展，在发展中规范，以自身的健康发展为实现邮政业的又好又快发展做出贡献。国家邮政局在快递服务发展的关键时刻，组织制定、颁布和贯彻实施《快递服务》标准，对于快递服务明确发展方向、提高发展质量、增强发展后劲、壮大发展规模、改善发展形象，将产生重大而深远的影响。

（3）贯彻实施《快递服务》标准，有利于维护市场秩序、企业利益和消费者的合法权益。《快递服务》标准规范的是快递服务中影响市场秩序的基本环节，提出的是快递服务人员应具备的职业道德、知识和技能，提供的是国内外快递服务的有益经验，解决的是长期以来没有解决的服务质量热点、难点问题。贯彻实施这一标准，能够营造良好的市场竞争环境，推动“公开、公平、公正”竞争格局形成；能够促进快递企业提升整体素质增强竞争能力，积极参与国内、国际竞争；能够提高社会公众对快递服务的认可程度，体现快递企业主动承担服务社会和服务公众的根本宗旨；能够引导快递企业和消费者建立快递服务争议调处机制，最大限度地保护消费者的合法权益。

（4）贯彻实施《快递服务》标准，有利于开创和谐的邮政监管局面。贯彻实施《快递服务》标准，意味着全国不同地区、不同所有制快递企业有了统一的服务规范，意味着邮政监管机构在快递服务监管中有了统一的执行标准，对于夯实监管基础，保障国家信息安全，树立责任、效能、服务型的政府形象，开创和谐的邮政监管局面，具有极其重要的意义。

二、坚持群策群力、标本兼治，认真抓好《快递服务》标准贯彻实施工作

《快递服务》标准属于行业标准，在制定过程中广泛征求了社会各界的意见和建议，得到了社会公众的大力支持和普遍认可。贯彻实施《快递服务》标准，我们必须坚持群策群力、标本兼治，以科学发展观为指导，以规范服务促进发展为主线，以建章立制完善机制为重点，以改善服务提高质量为目标，务求各项工作落到实处。

一要抓好重点引导。《快递服务》标准对快递范围、术语进行了定义，明确了总则、组织资质、服务时限、资费、信息管理、服务合同、收寄环节、投递环节、延误时限以及查询、赔偿等事项，内容十分丰富。各级邮政监管机构要针对政府关注、社会关切、企业关心的问题抓好重点引导，督促快递企业规范资质，公布符合标准的服务承诺，对消费者反映强烈的快件时限延误、丢失损毁、赔偿等问题提出符合标准的规定，完善服务质量保障制度。重点引导要符合当前快递服务实际，与邮政、工商联合开展的“规范服务、促进发展”工作有机结合，争取实现最大效益。

二要抓好宣传培训。各级邮政监管机构和快递企业要通过举办培训班、发放学习资料、知识竞赛等扎实有效的方式，确保《快递服务》标准宣贯到位，成为每个从业人员的自觉行动。宣传培训工作要以国家邮政局编印的《宣传培训提纲》为基础，注重熟读原文、贴近岗位、学以致用。要通过宣传培训，让全体从业人员知晓快递服务的定义和法律地位，知晓《快递服务》标准的各项规范，知晓《快递服务》标准对消费者合法权益的保护，知晓《快递服务》标准的作用及其在快递发展史上的里程碑意义。

三要抓好对照检查。各快递企业要制定贯彻实施《快递服务》标准行动计划，对照《快递服务》标准，认真梳理本企业服务规范，逐条检查落实。凡是低于《快递服务》标准的，应当按照《快递服务》标准的条款加以修订。对于低于《快递服务》标准规定又与消费者密切相关的时限、查询、投诉、赔偿等内容，快递企业应当在最短的时间内调整达标。国家邮政局鼓励快递企业制定高于《快递服务》标准的企业标准。各快递协会要按照《快递服务》标准，围绕组织资质、服务承诺、管理制度等重点问题，对快递企业自查情况有计划有步骤地进行核查，依规对快递企业颁发达标牌匾和达标证书。

四要抓好机制建设。各级邮政监管机构和快递企业应以贯彻实施《快递服务》标准为契机，建立健全快递服务控制体系和管理制度。国家邮政局将强化对快递服务监督、评价力度，准备总结今年10个试点省市对10大快递企业的评估经验，构建以时限准时率、用户投诉率、公众满意度等为主要内容的快递服务评估指标体系，授权或委托快递协会进行测评，定期向社会发布快递服务评估报告。各省(区、市)邮政监管机构和快递企业都要加强这方面的工作，坚持以顾客需求为出发点，抓好全面质量管理，实现服务质量控制。

五要抓好全业覆盖。《快递服务》标准适用所有经营快递业务的国有、民营和外资企业，包括跨行业经营多种不同业务的快递企业。各级邮政监管机构要根据今年上半年国家邮政局、国家统计局对快递企业的调查统计，着力抓好法人快递企业的贯彻实施。与此同时，要特别注意抓好未纳入上半年快递统计范围快递企业、邮政委托企业新增分支机构以及其他实际经营快递业务企业的贯彻实施。要通过排查摸底，对快递市场主体做到心中有数，实现所有快递企业在贯彻实施中的无缝隙覆盖。

六要抓好服务提升。贯彻实施的最终目的是要实现服务的提升。各级邮政监管机构和快递企业应当不等不靠，在贯彻实施过程中抓好服务的提升，切忌两分离、两张皮。从现在开始，各快递企业就应当按照《快递服务》标准要求，采用科学、优化的操作管理模式，配备先进、适用的服务软硬件系统，开发更多更好的服务项目，提高快递服务的法制化、科学化水平，满足群众和社会日益增长的需要。各级邮政监管机构要加强典型培育，及时总结、推广这方面的先进经验，发挥典型的示范效应。

七要抓好市场整治。贯彻实施《快递服务》标准，需要有一个良好的市场环境。各级邮政监管机构和快递企业要严格执行国家邮政局已经或即将下发的一系列文件规定，共同促进快递市场的有序规范。当前，最重要的是要解决好消费者反映强烈的快件延误、丢失、损毁等热点问题，对严重侵犯消费者权益、危害公共安全的行为进行查处。各级邮政监管机构和快递企业要加大检查和处理力度，有的放矢地开展执法监管行动。

八要抓好社会监督。贯彻实施《快递服务》标准要密切取得社会各界的支持。各级邮政监管机构要主动争取地方党委、政府及其相关部门、消费者协会等群众团体、邮政特邀社会监督员和新闻媒体的支持，充分发挥他们对贯彻实施《快递服务》标准的指导监督作用。各快递企业要顺应形势，以开放的姿态主动接受监督，在监督中提升素质、提高质量、改善服务。

三、统筹谋划、加强领导，确保《快递服务》标准贯彻实施取得明显成效

《快递服务》标准正式颁布后，各级邮政监管机构、快递企业和新闻媒体的朋友们进行了多种行之有效的宣传，为贯彻实施工作奠定了良好的思想基础、组织支持和力量保证。我们要乘势而上，进一步统筹谋划、加强领导，确保《快递服务》标准贯彻实施取得更明显的成效。

第一，要牢牢把握发展主题。各级邮政监管机构和快递企业要努力做到标准规范与发展的统一，做到一切体现发展，一切为了发展，一切服务发展。国家邮政局将采取一系列措施，鼓励、引导快递企业在贯彻实施《快递服务》标准的同时加快发展。各级邮政监管机构应全面落实国家相关政策，争取出台地方扶持政策，促使标准效用和政策优势同步到位，企业路子越走越宽。

第二，要始终保持多方联动。贯彻实施工作要注重整体效能。各级邮政监管机构要坚持“不缺位、不错位、不越位”的原则，担负指导责任，促进《快递服务》标准贯彻实施工作不断引向深入。各快递企业要增强贯彻执行《快递服务》标准的自觉性，努力形成自觉遵守标准、争做达标企业的氛围。各地快递行业协会要主动行事、积极配合，架起政府与企业之间沟通的桥梁，积极收集信息，及时沟通情况。

第三，要妥善处理法规关系。《快递服务》标准与现行《邮政法》一脉相承。《快递服务》标准属于技术立法范畴，与 WTO 和万国邮政公约接轨，秉承的是依法原则、适用原则、可操作性原则、适度超前原则，具有法定性、合理性、前瞻性和有效性，是法制体系的重要组成部分。在贯彻实施工作中，各级邮政监管机构要依法行政，切实维护现行《邮政法》的法律权威。

第四，要整体把握计划进度。稳步推进贯彻实施工作，时间是保证。国家邮政局的总体安排是，2008 年 2 月底前，完成全员培训；2008 年 3 月底前，完成企业自查整改；2008 年 4 月底前，完成企业建章立制；2008 年 5 月底前，完成邮政监管机构核查评估；2008 年 6 月底前，挂牌一批达标企业。各级邮政监管机构和各快递企业要按照统一部署，提出贯彻实施具体方案，逐级上报。

第五，要切实防范各种问题。贯彻实施《快递服务》标准涉及面广，情况复杂。各级邮政监管机构和各快递企业要未雨绸缪，准备好各种问题的处置预案。邮政监管机构要排除各种干扰，力促各种思想认识的统一，对把握不准的问题，要及时请示汇报。各快递企业要力求提供迅速、准确、安全、方便的标准化服务，确保不发或少发质量事故，对发生的重大情况和遇到的问题，要按照企业应急预案，采取措施主动处理，并及时向当地邮政监管机构报告。

第六，要全面加强组织领导。各级邮政监管机构要加强领导，进一步明确着力点，充实贯彻实施的组织力量，充分发挥市场监管部门在贯彻实施中的作用。各快递企业是贯彻实施的主体，在贯彻实施过程中要安排专门力量，确保力量到位，责任到位，措施到位。

国家邮政局副局长王渝次在全国邮政业标准化技术委员会全体会议上的讲话(摘要)

2011年6月22日

一、深刻认识"十二五"时期邮政行业标准化工作的重要意义

今年是"十二五"的开局之年。"十二五"时期是我国全面建设小康社会的关键时期,是深化改革开放、加快转变发展方式的攻坚时期,也是邮政行业开拓创新,转型升级,更好地适应经济社会发展和人民生活需要的重要时期。而标准作为经济和社会活动的技术依据,作为加快转变行业经济发展方式的重要科技手段,其重要性将会更加凸显。

第一,从行业科学发展的要求来看,标准的作用将更加突出。国家局在《邮政业发展"十二五"规划》中提出,"要深化邮政改革,优化发展环境,增强服务能力,健全保障机制,满足社会需求,推动公共邮政服务均等化,促进快递大发展上水平"。这一指导思想对标准化工作提出了新要求。一要加强标准对行业的支撑作用。要进一步完善邮政普遍服务标准体系,科学制定服务水平标准和基础设施建设标准,缩小城乡之间、地域之间的服务差距,实现普遍服务水平的整体适度提升,同时也为政府和社会开展服务质量监督提供技术依据。二要加强标准对行业的引导作用。快递要大发展、上水平,关键是要依托综合交通运输等平台,加快与制造业和电子商务等关联产业的融合联动、协同发展。在这个过程中,标准作为提高行业和企业之间协同发展的技术手段,发挥着至关重要的作用。总的来说,"十二五"时期,全行业要着力提高科技创新能力和应用水平,实现由劳动密集型向技术和劳动密集型转变,为行业加快转变发展方式、实现科学发展提供重要支撑保障。而标准化作为信息化和自动化的基础,其重要性将更加突出。

第二,从服务用户、建立服务型政府来看,标准的作用将更加深远。中央在国民经济和社会发展"十二五"规划纲要中提出,要加快发展服务业,并将此作为产业结构优化升级的战略重点。邮政和快递作为服务业的重要组成部分,要进一步推进规模化、品牌化、网络化经营,满足用户不同层次和不同个性的服务需求。在此过程中,标准的作用将更加深入和广泛。一是政府在行使市场监管、社会管理和公共服务等职能中,无论是质量评价、市场准入,还是认证认可,服务监督,都必须以标准为依据,以标准为基础。加强管理,除了要依靠国家法律和部门规章,还要充分发挥标准作为技术法规的重要作用,通过设置技术门槛,促进服务质量的提升。二是市场经济蓬勃发展,老百姓的维权意识日益增强,也更加关注标准。一旦发生服务热点、服务纠纷等问题,例如现在的食品安全问题,老百姓首先要问"有没有标准",标准是否合理适用,能否为保障公民安全和权益保驾护航。由此可见,人民群众对标准的需求也越来越强烈,要求也越来越高,标准的影响和作用也就更加深远,而负责制定和审查标准的同志,肩负的责任也就更加重大。

第三,从自身发展来看,加强行业标准化工作的要求更加紧迫。政企分开后,邮政行业标准化工作取得了突出的成就。近5年来,我们共发布实施了10项国家标准和行业标准,有些标准在国际国内都产生了重要影响,也得到了国家标准化管理委员会的高度认可。这些成绩的取得,与国家局领导的高度重视分不开,同时也是各位专家辛勤努力的结果。但我们也要清楚地看到,虽然

在"十一五"期间标准化工作取得了可喜的成绩，但与邮政业快速发展的需求相比，还存在一些急需解决的问题：邮政业标准体系尚需进一步修改完善；邮政普遍服务领域，众多标准标龄偏长，亟待修订；快递服务领域，标准数量还不多，不能满足快递市场快速发展的需要；部分标准的实施力度有待加强；标准化人才严重不足等等。要解决这些问题，必须要在"十二五"期间进一步加强标准化工作，以更好的适应行业改革和发展的需要。

综上，无论从行业发展、服务用户，还是从自身发展来看，标准化工作是越来越重要，必须要抓紧抓实。因此，各级领导和相关人员一定要更加重视，把标准化工作摆在更加重要的位置，进一步增强使命感、责任感，更加奋发有为地做好各项工作。

二、标准化工作要围绕中心，服务大局，协调发展

对于"十二五"时期的标准化工作，政策法规司提前部署，委托中国标准化研究院开展了《邮政业标准化"十二五"发展规划》的制定工作。其中的内容是否符合行业实际，是否具有指导意义，请各位委员认真审议，我在此就不再过多地评价了。总体来说，"十二五"时期的行业标准化工作，必须深刻认识国内外新形势、新特点，准确把握行业发展大局，实现协调发展。对此，我认为特别要注意以下几个问题：

第一，突出重点。标准化工作既要服务邮政普遍服务领域，又要服务快递服务领域；既要开展基础类标准研究，又要开展应用类标准研究。任务很重，内容很多。为此，一定要把握行业发展中的热点难点问题，突出重点，集中突破。在普遍服务领域，要围绕"推动公共邮政服务均等化"这个目标，拓宽《邮政普遍服务》标准，重点研制边远地区的普遍服务标准和服务基础设施等标准，规范设施设备配置，把标准覆盖范围扩展至边远地区，确保各地用户享受与本地经济社会发展水平相适应的邮政普遍服务；在快递服务领域，要围绕"促进快递大发展上水平"这个目标，在基本服务标准已经具备的基础上，重点研究基础通用、数据接口类技术标准，电子商务、代收货款等增值类服务标准，推动快递提高科技含量，快速发展。

第二，分清层次。在整个标准体系中，分为国家标准、行业标准、地方标准和企业标准四类。各类标准的适用范围和责任主体互不相同。国家邮政局要更多地利用国家标准和行业标准，规范和引导市场的发展。对于影响面广、涉及各方利益较多的标准，如快递服务等，经过一段时间的实施和运行，要积极提升为国家标准，提高标准的权威性和适用性。各地要主动参与标准的制定，深入调查研究，尽可能地将本地需求和特色体现在国家标准和行业标准中。对于地方标准的制定，建议采取慎重态度，避免给企业带来执行上的疑惑和困难，也不利于资源节约。企业标准适用于企业内部使用，我们提倡各类企业主动制定适合自身情况的服务标准、生产标准和管理标准，提升服务质量和市场竞争力。同时，行业标准要从规范企业发展、保障安全和维护权益的角度提出要求，要给企业留有更多的提升空间，更好地促进行业和企业科学发展。

第三，注重实效。标准的生命力在于执行。《邮政普遍服务》和《快递服务》标准已经成为衡量企业服务质量的"标尺"，得到了国家标准委和广大用户的好评。今后，对于服务标准，要继续组织快递协会等中介机构深入开展服务达标、质量评定、用户满意度调查等活动，表彰先进，推动标准的贯彻实施；对于技术标准，要创新地研究标准的实施监督方法，要将标准的执行与市场准入、认证认可、科技表彰等工作有机地衔接起来，营造环境，培育品牌，提升竞争力。

三、几点要求

邮政行业标准化工作意义重大，影响深远。对于如何做好今后一段时期的标准化工作，我有几点想法和要求，希望大家认真思考，组织落实。

首先，各级邮政管理部门的领导和干部，一定

要提高对标准化工作的认识，主动学习和掌握标准化知识，提高自身管理水平，深入调查研究，结合本地实际，积极为标准的制定献计献策；按照国家局的统一部署，积极做好标准在本地区的培训宣贯和实施监督工作。此外，还要充分发挥行业协会、科研机构的作用，及时研究标准执行过程中的问题和成效，推动标准更好实施。

其次，企业是标准化工作的主体。对邮政行业而言，邮政企业和快递企业既是标准制定的主体，也是标准实施的主体。王岐山副总理讲，“如果标准掌握了，就掌握了整个产业和行业”。对于一个国家是这样，对于一个企业也是如此。企业领导一定要高度重视标准化工作。一方面，要在国家标准和行业标准体系的指导下，逐步建立完善企业标准体系的框架和内容，提高市场竞争力。另一方面，要增强社会责任感，积极学习标准，认真执行标准，做到依法经营、依标经营，共同营造良好的发展氛围，构造和谐的社会环境。

第三节　专　访

促进快递产业转型升级

——国家邮政局局长马军胜接受《人民日报》专访　解读《邮政业发展“十二五”规划》

2011 年 8 月 27 日

最近，国家邮政局依据《国民经济和社会发展第十二个五年规划纲要》和《交通运输“十二五”发展规划》，编制了《邮政业发展“十二五”规划》（以下简称《规划》）。日前，国家邮政局局长马军胜接受了《人民日报》记者的专访，对《规划》的有关重点进行了解读。

一、所有乡镇将实现邮政汇兑

马军胜说，这份《规划》的第一个重点就是深化邮政主业改革。所谓深化，就是继续推进邮政普遍服务与竞争类业务的分业经营和分账核算。“十一五”期间，邮政体制改革虽然进行了政企分开，重组了国家邮政局，成立了中国邮政集团公司。但是，普遍服务和竞争类业务没有完全分开，这会影响到两块业务的健康发展。因此，“十二五”的改革重点就是要把这两类不同性质的业务分开经营，实行分账核算。对普遍服务业务，要建立科学透明的普遍服务核算与政府补贴机制；对竞争类的速递业务则要加快其市场化进程，推进邮政速递改制上市。这样，通过规范管理，既可以保障邮政普遍服务的水平，又能促进竞争类业务的良性发展。

所谓“提高”就是提高普遍服务水平。马军胜说，普遍服务是邮政的根本所在。公民享有通邮权利是宪法赋予的根本权利，因此作为国家邮政企业，提高邮政普遍服务水平，保障边远地区公民的通邮权利是义不容辞的责任。《规划》提出，在 2012 年之前，要基本完成全国约 6000 个空白乡镇邮政局所的补建。“十二五”期间，还将在全国范围内建设 20 万个建制村的村邮站，这样将基本实现乡乡设所、村村通邮的目标。此外，结合目前农民工大量进城的情况，在“十二五”期间，还将在所有乡镇覆盖邮政汇兑业务，方便农民工汇钱回家。

马军胜说，强化行业监管也是“十二五”邮政业的一项重点工作。作为邮政管理部门，国家邮政局将加强对普遍服务的监督检查，研究建立服务水平监测和综合评价体系，开展普遍服务综合业绩考核，以保障普遍服务有效实施。对于竞争类业务，则要进一步规范企业的市场行为，健全完善经营许可制度，营造公平竞争的市场环境。

二、鼓励快递企业兼并重组

促进快递产业转型升级是《规划》的又一个重点。马军胜说，随着电子商务的迅猛发展，“十一五”期间快递产业异军突起，业务量和业务收入出现爆发式增长。今年1～7月，全国规模以上快递企业业务量、业务收入分别达到18.3亿件和398亿元，比去年同期分别增长了52.9%和27.6%。但是，目前高速发展的快递业也普遍存在能力不足和服务水平不高等问题。因此，“十二五”期间，我们将鼓励快递企业创新运营机制，推动企业整合，加快向综合型快递物流运营商转型。同时，我们还将引导企业转变竞争方式，由偏重价格竞争转向服务品质竞争。为此，“十二五”期间对快递业将采取分等分级的管理制度，根据递送物品的价值采取不同的定价机制。同时，还将鼓励企业的兼并重组，争取打造5个以上收入过百亿元的大型企业。

三、扩大代办、代售业务

推动业内主体从经营业务向经营网络转变是今后邮政业的又一个特点，非常重要，关乎邮政业可持续发展的重大战略。马军胜说，在电子信息时代，随着互联网的高速发展，传统的信息传递类业务的萎缩是必然趋势，比如美国，信函业务近年来每年都在以两位数的速度下滑。因此，作为古老的邮政行业，未来如何可持续发展是全世界邮政业面对的一大课题。下一步邮政业发展思路很重要的两个字就是“转变”，即从过去经营业务向经营网络转变，充分发挥广泛覆盖的网络优势，加载新的服务内容。《规划》在这方面也提出了明确的指导意见，比如鼓励邮政企业和快递企业与运输企业合作，实现资源与优势互补。依托邮政和快递网络，扩大代办、代售业务，尽快建成面向全社会的综合服务平台。只有这样，传统的邮政业才能迎来第二个春天。

实施《快递市场管理办法》 促进快递服务健康发展

——国家邮政局副局长徐建洲接受中国政府网专访并与网友交流

2008年7月24日

[主持人]《快递市场管理办法》(以下简称《办法》)于2008年7月12日公布后引起网友广泛关注，为深入介绍《办法》起草的背景，阐释《办法》的宗旨和原则，并对《办法》的主要内容进行解释和说明，我们特邀请国家邮政局副局长徐建洲来中国政府网与大家进行在线交流。

[国家邮政局副局长 徐建洲]大家好，很高兴能在中国政府网这个平台和广大网友就快递市场的有关问题进行交流，感谢网友们的关心和参与。

[网民 阿邓007]现在人们对快递服务的需求不断增长，快递公司如雨后春笋般涌出，快递业务与人们的联系越来越紧密，纠纷日益增多，人们对这个市场越来越关注了。能否介绍一下目前这个市场的现状？

[徐建洲]这几个词把快递市场的发展刻画得非常生动。据国家邮政局与国家统计局2007年开展的全国性统计，目前，较大规模的快递企业已有2000多家，从业人员24万以上，年产值在400

亿元以上。2008 年上半年，全国规模以上快递企业业务量完成 6.9 亿件，同比增长 26%，收入完成 196 亿元，同比增长 23%。目前，国有、民营、外资三类快递企业的市场占有率分别为 55%、27% 和 18%。快递市场迅猛发展的同时，也存在一些突出的问题，表现在：一是违法经营的现象比较严重，有的企业违法牟利扰乱市场秩序；二是服务质量参差不齐，用户权益难以保障；三是国家有关禁限寄规定和收寄验视制度落实不好，安全隐患较多，社会各界对快递市场存在的问题反映比较强烈。

[网民 777njm] 有报道称，《办法》是我国首部专门规范快递市场的法规。快递市场已经发展了很长时间，为什么现在才出台《办法》?《办法》的出台对规范快递市场会产生哪些现实的影响?

[徐建洲] 应该说快递市场还是一个新兴的市场。近年来，国家对规范快递服务有一些规范性文件。比如，2001 年信息产业部、对外贸易经济合作部、国家邮政局关于进出境信件和具有信件性质的物品的寄递业务委托管理的通知（国邮联〔2001〕629 号），对经营国际快递业务做了规定。今年，公安部、信息产业部、商务部、国家工商行政管理总局、国家食品药品监督管理局、中国银行业监督管理委员会、国家邮政局等七部局联合颁布了《关于进一步加强违禁品网上非法交易活动整治工作的通知》（公通字〔2008〕14 号），对为网上购物实行配送的快递经营活动进行了规范。但这些文件，主要是规范快递某一方面的管理或某一业务种类。

2007 年 1 月，邮政实行政企分开。国务院明确规定，由国家邮政管理部门对快递等邮政业务实行市场准入。新组建的国家邮政局非常重视快递市场的法制建设。在充分调研反复论证的基础上，起草了《办法》草案。并多次征求了有关企业、协会和部门的意见，草案经交通运输部部务会议审议通过，今年 7 月 12 日正式对外公布。

《办法》的出台对快递市场的健康发展具有重要的意义。一是，《办法》对消费者的权益保护做了专门的规定。二是，《办法》也对快递企业提供服务提出了规范性的要求，督促企业提高自身服务质量。三是，对政府监管部门，《办法》赋予其必要的监管手段，对市场上的违法经营行为进行处罚。快递企业将在更公平更规范有序的环境中，不断发展壮大，人民群众对快递服务的需求将不断得到满足；政府促进快递市场健康发展的监管目标也会逐步实现，主要是从这三方面来说的。

[网民 rxf101] 快递在强调时效和快捷的现代生活中，与老百姓的生活越来越密切了，而要求规范和治理快递市场的呼声也越来越高。《办法》在规范快递市场上有哪些新的原则? 有哪些亮点值得关注?

[徐建洲]《办法》规范快递市场主要是遵循公开、公平、公正的原则，促进快递市场的统一开放竞争有序，满足经济社会发展需要。围绕这一基本原则，《办法》建立了两项规范和五项制度。

两项规范包括：

（1）服务规范。针对目前快递服务中的延误、丢损和投诉热点问题，从规范服务的角度出发，规定快递企业应执行《快递服务》邮政行业标准，公布并遵守服务承诺、合理制定格式合同、建立与用户沟通的渠道和制度等。

（2）行为规范。《办法》从维护安全、保护用户权益、促进良性竞争的角度出发，对快递企业及快递从业人员制定了禁止性的行为规范，比如，不得操纵市场价格、扰乱市场秩序等。

五项制度包括：

（1）快递从业人员培训制度。

（2）统计报告制度。

（3）收寄验视制度。

（4）应急保障制度。

（5）服务质量公告制度。

[主持人] 这五项制度有什么亮点? 请您举个例子。

[徐建洲] 比如收寄验视制度。《办法》明确了禁止寄递的物品种类，同时要求企业建立严格

的收寄验视制度。对用户交寄的信件以外的快件，应当按照国家有关规定当场验视内件，当面封装。还有应急保障制度。规定在发生服务阻断或停止快递经营时，企业应当及时妥善处理。在为网络购物等经营商提供快递服务时，应与委托方签订安全保障协议。邮政管理部门要制定突发事件应急预案并组织实施。

［**主持人**］现在离奥运会越来越近，快递市场肯定要加强管理，有没有出台一些相关的办法措施？

［**徐建洲**］为了加强寄递物品的安全监管，特别是迎接奥运，国家局先后发布了禁寄物品的指导目录及处理办法，再一个是寄递服务企业收寄物品安全管理规定，还有关于加强第29届奥林匹克运动会寄递物品的安全通告等一系列文件。同时，国家局和其他五部委联合下发了关于进一步加强寄递物品安全监管的通告。我在基层工作过，过去有一些禁寄物品流入寄递渠道，给用户和企业自身造成非常大的损失，有的甚至付出生命代价。

［**网民 lucy0123**］一直以来，我们对快递都没有一个准确的定义和解释。请问《办法》是如何定义快递的？《办法》的规定具体针对哪些对象？适用哪些范围？

［**徐建洲**］快递服务具有以下特征：

（1）快递是具有通信性质的实物传递，无论信件还是包裹，都传达着寄件人的特定信息。

（2）与货物运输不同，快件要求单独封装和具有名址。

（3）快递除了运输环节，还包括收寄、分拣和投递环节，是上述四个环节的全过程服务。

（4）快递是门到门、桌到桌的精细化服务，能提供跟踪查询。迅速、准确、安全、方便是其服务宗旨。正是基于上述特征，《办法》将快递定义为“快递，是指快速收寄、分发、运输、投递单独封装、具有名址的信件和包裹等物品，以及其他不需储存的物品，按照承诺时限递送到收件人或指定地点，并获得签收的寄递服务。”这一定义，是与《快递服务》邮政行业标准的定义一致的。

《办法》第二条规定，从事快递经营活动应当遵守本办法。也就是说，不管这个企业名字叫什么，名称里有没有快递这个词，只要他从事快递经营活动，都应该遵守这个办法。举个例子，现在物流这个词比较流行，很多注册成某某物流公司的企业都经营快递业务，这些公司名称里虽然没有快递字眼，但他经营快递业务，同样应遵守《办法》，是根据行为来确定的。

［**网友 huangxw8888**］徐局长您好！目前的快递公司很多，如申通快递、中通快递等很多本土的快递公司，《办法》出台有没有关于一些快递公司的经营范围，邮政企业的专营能不能开放竞争（目前民营快递公司还是不能经营文件，要受到邮政的处罚），还有市场打价格战（如EMS与民营快递、民营快递与民营快递打价格战），《办法》中有没有市场价格的监管，还有经营比较差的快递公司会不会被取缔掉。谢谢！

［**徐建洲**］按照现行邮政法规定，信件和具有信件性质的物品寄递业务由邮政企业来专营的，邮政企业是指中国邮政集团公司。按照国家有关邮政体制改革的精神，将来邮政专营范围结合经济社会发展的需要会逐步缩小，有这个趋势。邮政法修改以后可能会有一些变化。

［**网民 hjx001122**］《办法》对快递领域维护信息安全和公共安全是否做了相关规定？一旦发生消费者信息丢失、泄露或发生危害公共安全的情形，除依法追究当事人民事、刑事责任外，快递公司要承担哪些责任？邮政局作为监管部门会对其进行哪些处罚？

［**徐建洲**］通信自由和通信秘密是公民的宪法权利，是基本人权。《办法》在总则部分对保护通信自由和通信秘密做了专门规定。同时，针对快递服务的现状，对维护信息安全和公共安全，建立了必要的管理制度：

（1）要求快递企业及其从业人员不得违法泄露用户信息，不得开拆、毁弃、隐匿、扣留、倒卖、盗窃用户快件。

(2)明确了禁止寄递物品的范围，规定危害国家安全和社会政治稳定、武器、弹药等危险物品、妨害公共卫生的物品等禁止寄递。

(3)收寄验视制度，对用户交寄的信件以外的快件，快递企业应当按照国家有关规定当场验视内件，当面封装。

(4)签订安全协议。快递企业接受网络购物、电视购物和邮购等经营者委托提供快递服务的，应当与委托方签订安全保障协议，共同承担安全责任。

(5)突发事件应急机制。快递企业应当按照国家有关规定建立突发事件应急机制。发生重大服务阻断时，比如发生冰雪灾害、地震这种状况，应及时向省级邮政管理部门报告，并对事故资料进行记录和保存，期限不少于1年。

快递企业若违反上述规定，除依法承担民事、刑事责任外，还要承担行政责任。邮政管理部门可以根据其具体行为的情节，决定对其给予一定的经济处罚。比如违法泄露用户信息的，按照《办法》第三十五条的规定，对快递企业处以10000元以上，30000元以下的罚款；对快递企业法定代表人或者负责人以及其他直接责任人员处以1000元以上，5000元以下的罚款。

[**网民 wuhen123123**]目前快递市场存在的问题很多，丢损、延误快件经常发生，客户的利益得不到保证。《办法》对此类危害消费者权益的行为做了哪些规定？能否从根本上改变目前快递市场消费纠纷频发的现状？

[**徐建洲**]保护用户合法权益是《办法》的重要内容。从总体上说，绝大多数快递企业是重视服务质量的，也非常希望有一个健康良好的市场秩序。正如前面所讲，办法明确了快递企业及从业人员的行为规范和服务规范，明确了违反这些规范要承担的法律责任，对规范快递市场秩序一定会起到积极的作用。

[**网民 lgp**]快递市场的主管部门好像一直都不太明确，消费者在权益得不到保障的时候，往往常很投诉无门。《办法》是否明确了主管部门？一旦发生快递方面的纠纷或者快递公司侵害消费者权益的问题，广大网民应该向哪个部门申诉？管理部门在处置相关纠纷和侵权行为时有哪些手段和措施？

[**徐建洲**]《办法》第七条明确规定，国家邮政管理部门负责全国快递市场的监督管理。各省、自治区、直辖市邮政管理部门负责本行政区域快递市场的监督管理。一旦发生快递方面的纠纷，消费者可以先向快递企业进行投诉，在投诉无效后，可以拨打当地的12305邮政业申诉电话，向当地的邮政管理部门进行申诉。邮政管理部门接到相关的申诉后，可以进行调查。发现快递企业存在违反《办法》的行为的，责令其整改，按照《行政处罚法》的程序对其予以处罚。邮政管理部门还可以对快递企业与用户之间的民事纠纷进行调解，对调解结果不满意的，争议双方可向人民法院提起诉讼。同时，工商管理部门也依法解决消费者投诉，依法对扰乱市场秩序，损害消费者利益的行为进行处理。

[**网民 520beibei**]快递市场长期缺乏管理，恶性竞争比较普遍，快递公司的寿命普遍不长。邮政部门在规范竞争、促进市场发展方面有哪些考虑？《办法》对快递企业经营会产生哪些实质性的影响？

[**徐建洲**]《办法》的出台对快递市场具有重大意义。一方面要整顿和规范快递市场秩序，另一方面，也是非常重要的，是要促进快递市场发展。其实我们做这些都是为了让市场健康、又好又快的发展。简单归纳来说，有了这个规定，对企业来说发展的环境更好了，服务的要求更高了，政府的作用体现了。

[**网民 jingyan**]洋快递越来越多、越来越深入地加入到了快递市场竞争。对于国外快递公司的市场准入有哪些要求？面对国外公司的优势，如何保护本土快递公司的发展？怎样才能促进整个市场的协调健康发展？

[**徐建洲**]根据我国加入WTO时有关快递服

务的承诺，外资可以在我国经营快递业务，但依法由邮政企业专营的业务除外。依据现行邮政法，信件和具有信件性质的物品的寄递业务由邮政企业专营。因此，我国对外开放的仅是物品类快递业务。同时，经邮政部门委托，国际货物运输代理企业可以办理进出境信件和具有信件性质物品的快递业务。但私人信函及县级以上（含县级）党政军机关的公文除外。应该说，外资快递企业在人才、管理、技术、资金和经验等五个方面占据优势，国内的快递企业起步较晚，与外资快递企业存在明显的差距。快递市场的开放对国内快递企业既是压力也是机遇。

外资快递企业带来了先进的技术、管理和经验，国内快递企业在与外资快递企业竞争的过程中得到了锻炼和提高，有利于今后的发展。作为管理部门，我们将努力营造公平公正的竞争环境，协同相关部门，对不正当竞争行为和滥用市场支配地位的行为进行查处和纠正。鼓励和引导国内快递企业不断提高信息化技术水平和管理水平，扶持一批实力较强的国内快递企业走出国门，通过联合兼并，参与世界市场的竞争。

[网民 amoney]快递企业应当制定公平的格式合同并向省级邮政管理部门备案。为什么不借鉴某些部门制定旅游、房产等格式合同，并推荐或建议相关公司使用标准的格式合同，从而尽可能地保护处于弱势地位的消费者？

[徐建洲]我觉得这条建议提得很好。这项工作正在进行，现在我们已经制定了标准格式合同范本，目前正在国家邮政局网站（www. chinapost. gov. cn）上征求各方意见，欢迎大家积极参与，给我们提出修改建议。

[主持人]快递人员的素质问题是网民关心的热点。《办法》规定快递企业应当加强对快递从业人员的职业技能培训。快递业务员应当符合国家职业标准。有网民 sumner 问：对于培训是否有更细致和强制性的要求？“业务员应符合国家职业标准”具体是指怎样的标准？

[徐建洲]《办法》的规定只是原则性的要求，快递企业如何对员工进行培训，我们会结合今后监管工作的实际，以规范性文件的形式，提出具体的要求。快递业务员的国家职业标准，我们正在会同国家有关部门研究制定，将尽快出台。

[网民向欣]我注意到《办法》中有大量“备案”的要求。为什么会采用这种略显柔性的管理方式？如果企业不遵守备案的规定，如何处罚？如何审核新设立快递公司是否具备相关条件？是否有相应的前置审批的规定？

[徐建洲]这个问题很专业。按照我国《行政许可法》的规定，部门规章不能设置行政许可。所以，在有关市场准入的法律法规尚未出台的情况下，《办法》规定了备案的方式。目的是方便邮政管理部门获取相关信息。虽然备案不是行政许可，但企业若违反备案规定，一样会受到处罚。同时，《办法》也规定了“法律、行政法规对快递市场准入另有规定的，从其规定”，以与今后法律法规有关快递市场准入的制度相衔接。

促进市场公平竞争　保护企业合法利益

——国家邮政局副局长苏和接受新华社专访　解读《快递业务经营许可管理办法》

2009 年 9 月 10 日

《快递业务经营许可管理办法》（以下简称《办法》）将于 2009 年 10 月 1 日与修订后的《邮政

法》一起实施。《办法》在内容上明确了快递业务经营许可的条件，明确了快递业务经营许可的审批程序，进一步明确了有关违法行为应承担的法律责任。《办法》将对快递企业产生什么影响？国家邮政局将如何实施《办法》？新华社记者9月10日采访了国家邮政局副局长苏和。

一、促进市场公平竞争

记者：快递市场准入制度设计的基本思路、实施的背景和意义是什么？

苏和：信件以及包裹、印刷品等物品的快递业务，直接关系到用户通信秘密以及其他合法权益的保护，涉及国家安全和社会稳定。《邮政法》规定，快递业务实行经营许可制度。制定《快递业务经营许可管理办法》是《邮政法》配套政策法规体系的一项重要内容。

记者：《办法》的实施会对民营企业造成什么影响？

苏和：《办法》的实施将对快递企业的发展起到促进作用。实行市场准入，有利于促进一些小型快递企业通过联合等方式，壮大企业规模，完善管理体制，加快网络建设，并提高员工的整体素质，走差异化战略并加强各方面、各领域的合作来实现品牌化，从而提高服务质量。

记者：《办法》的实施会不会造成垄断？

苏和：从一般的行业分析，过高的门槛可能会造成垄断，但没有一个合理的底线也会造成行业混乱。《办法》的实施不但不会造成垄断，而且有利于整个行业的快速有序发展，促使快递企业市场化、规模化、国际化。

二、保护企业合法利益

记者：《办法》对于快递法人企业和分支机构，在许可经营方面有什么不同规定？

苏和：《办法》根据《邮政法》第五十二条的规定，明确了快递业务经营许可的申请条件，根据《邮政法》第五十三、第五十四条的规定，明确了快递业务经营许可的审批程序。

依据《办法》的规定，经营快递业务的法人企业应当依照规定条件及审批程序取得快递业务经营许可证，快递企业设立、撤销分支机构应当向邮政管理部门备案。《办法》对经营快递业务的法人企业应当具备的条件予以明确和细化，主要体现在三个方面：一是明确了“严格的服务质量管理制度和完备的业务操作规范”的具体内容（第六条第四项）。二是明确了“健全的安全保障制度和措施”的具体内容（第六条第五项）。三是明确了关于“有与申请经营的地域范围相适应的服务能力”的规定。根据跨省、自治区、直辖市经营和经营国际快递业务的不同需要，《办法》分别从经营网络、运递能力、处理场所、设备设施、信息网络、人员资格等方面对企业应当具备的服务能力作出了规定（第七条至第九条）。

在快递业务经营许可的审批程序方面，在《邮政法》第五十三条规定的基础上，草案明确了快递业务经营许可的实施机关、申请材料、操作程序及审批时限，并规定了快递企业设立、撤销分支机构或者合并、分立的备案制度（第十一条至第十六条）。同时，依据《邮政法》第八十五条对有关国际货物运输代理企业的衔接性规定和对其他已经经营快递业务企业的过渡性安排，《办法》也作出了相应规定（第十六条、第三十六条）。

记者：《办法》规定了哪些经营快递业务的许可申请？

苏和：《办法》依据《邮政法》，规定了三类经营快递业务的许可申请，分别是：在省、自治区、直辖市范围内经营，跨省、自治区、直辖市经营，以及经营国际业务。

所谓在省、自治区、直辖市范围内经营，或者跨省、自治区、直辖市经营，是指快递经营的活动范围，即申请企业的网络覆盖范围。申请企业的网络覆盖范围在两个省（含两个省）以上的，即为跨省经营，适用跨省经营的申请条件和程序。

记者：《办法》实施过程中如何做好与工商、统计等部门的工作对接？

苏和：《邮政法》、《快递业务经营许可管理办法》对经营快递业务的企业取得许可证后应当依法办理工商登记做了规定，对《邮政法》颁布前依法经营快递业务的企业做了衔接性规定和过渡性安排。

《办法》还明确规定，经营快递业务应当接受邮政管理部门及其他有关部门的监督管理。其他有关部门的监督管理包括：工商、海关、统计、对外贸易主管部门等有关部门，依照各自职责和法律法规的规定实施的监督管理。经营快递业务的企业，应当遵守法律法规的规定，接受相关部门的监督管理。

记者：《办法》在哪些方面体现了市场管理公开、公平、公正及便利高效的原则？

苏和：《办法》起草过程中，多次征求社会各方面意见，与快递企业、用户积极沟通，主动接受社会监督，满足快递行业发展和市场监管的需要。

《办法》以修订后的《邮政法》为依据，在赋予快递企业合法身份的基础上，明确行政许可的条件和程序，依法保护快递企业的合法权益，维护快递市场的公平竞争环境。《办法》明确了在省、自治区、直辖市范围内经营，跨省、自治区、直辖市经营和经营国际快递业务三类许可的条件，尤其突出了对服务能力的不同要求。针对部分快递企业已经具有一定的市场经营能力和发展潜力，但暂时未能达到许可条件的现实情况，《办法》设置了一年的申请过渡期，为这些企业尽快达到许可标准留出了一定的空间。为方便申请，邮政管理部门正在建设相应信息系统，进一步提高工作效率。

三、推动行业健康发展

记者：《办法》中对于快递业务员的职业技能鉴定会增加企业负担吗？今年有什么样的目标？

苏和：《办法》中对于快递业务员职业资格的规定不会增加企业的人力成本，不会加重企业发展负担。

实行快递业务员职业技能鉴定考试需要的成本主要包括培训和鉴定考试两部分。培训包括对考评员、师资和鉴定对象的培训，考评员和师资培训的成本由政府承担。各企业都有自己的员工培训计划、要求、内容和方式，只需将鉴定考试的培训内容纳入到企业内部的培训中，并按照企业培训时间、地点、内容、要求培训即可。参加鉴定的人员按照国家规定的收费标准缴纳考试费，企业无成本投入。

从鉴定方式上，主要采取送鉴定上门和定点鉴定两种方式。对具备技能操作考核条件的，在企业设点，组织考评员上门进行鉴定；同时各企业也可以组织具备鉴定资格的快递业务员按照我们安排的时间、地点参加考试。政府承担相关费用。

今年的目标是力争5000人通过鉴定持证上岗，根据《邮政法》和《快递业务经营许可管理办法》的要求，明年积极稳妥推进快递企业服务能力建设，争取在一年内有30%以上的快递业务员通过职业技能鉴定持证上岗，达到快递市场人员资格准入的要求。

记者：目前全国快递从业人员近40万人，职业资格制度的实施会不会影响快递领域的就业？

苏和：在快递领域实施国家职业资格制度不会对就业造成冲击。国家邮政局推行职业资格证书制度的最终目的是提高快递从业人员的素质，培养专业技能型人才，通过提高员工的技能促进企业的生产标准化、规范化；提高企业的科学管理水平，提高快递服务质量，促进行业的科学发展。目前，国家邮政局利用院校资源开设既有高职、职高和研究生不同层次的快递专业课程，也有短期的定向培训班，今年9月有些职业院校已将其纳入招生计划，学生毕业后将持学历证书和职业资格证书上岗。

记者：对于没有达到准入条件的快递企业，邮政管理部门在过渡期将如何管理？

苏和：对于未达到快递经营许可条件的企业在过渡期的管理问题，按照《邮政法》、《快递业务经营许可管理办法》的规定，对未达到许可条件，在《邮政法》公布前已依法经营快递业务的企业，允许其在一年过渡期间继续经营，过渡期结束后，仍达不到条件的不得经营快递业务。

邮政业“十一五”规划：科学发展观引领邮政业未来

——王渝次接受《人民邮电》报专访　解读《邮政业“十一五”规划》

2008 年 1 月 18 日

2007 年 12 月 21 日，国家邮政局正式发布《邮政业“十一五”规划》（以下简称“规划”）。这是国家邮政主管部门向社会公开发布的第一个指导邮政全行业发展的五年规划。如何准确把握“十一五”邮政业规划的内涵和实质，积极落实“规划”，全面推进“十一五”邮政业发展？日前，国家邮政局副局长王渝次接受了本报记者的专访。

记者：请您谈谈“规划”的编制背景和发布实施的重要意义。

王渝次：“十一五”是我国全面建设小康社会的关键时期，也是深化邮政体制改革、实现邮政业又好又快发展的战略机遇期。因此，编制一个具有战略性、前瞻性和导向性的邮政业“十一五”规划，对于抓住并运用好战略机遇期、创建邮政业良好发展环境和实现我国邮政现代化等，都具有十分重大的意义。“规划”是我国邮政政企分开后，新组建的国家邮政局制定并发布的第一个行业发展五年规划。国家邮政局党组高度重视“规划”对全行业发展的引领作用，把编制“规划”作为 2007 年的一项重点工作，要求按照党中央、国务院的总体部署，以“深入贯彻落实科学发展观，创造良好发展环境，促进邮政业又好又快发展”为主线，结合我国邮政业发展和改革实际，认真做好“十一五”规划的编制工作。

“规划”的发布和实施具有十分重要的意义。这是国家邮政主管部门向社会公开发布的第一个指导邮政业发展的五年规划，“规划”绘就了“十一五”期间我国邮政业发展的蓝图，提出了实现这个宏伟蓝图将要采取的一系列政策和配套措施，对邮政业深入贯彻落实科学发展观，创造良好发展环境，逐步实现邮政普遍服务均等化，支持、鼓励和引导邮政业各类市场主体加快发展，充分发挥邮政业在服务社会、发展经济、安置就业等方面的重要功能，满足经济社会发展对邮政业的需求等方面必将发挥巨大的促进作用。

记者：“规划”有哪些鲜明的特点？

王渝次：首先，“规划”将贯彻落实科学发展观的战略思想贯穿始终。

科学发展观是党的十六大以来我们党从新世纪、新阶段党和人民事业发展全局出发提出的重大战略思想，深入贯彻落实科学发展观，要求我们加强对行业的统筹规划，促进邮政业全面协调可持续发展。为此，国家邮政局举全局之力编制了《邮政业“十一五”规划》，以指导“十一五”期间邮政业各项工作的开展。“规划”根据《中共中央关于制定国民经济和社会发展第十一个五年规划的建议》，按照《国民经济和社会发展第十一个五年规划纲要》、《国民经济和社会发展信息化“十一五”规划》、《信息产业“十一五”规划》和《邮政体制改革方案》的总体要求，坚持以科学发展观为统领，紧紧围绕满足全面建设小康社会对发展邮政业的需求，突出了深化改革与加快发展，并将其贯彻落实到“规划”的各个部分，体现了行业发展的客观要求。

第二，体现政府职能转变的要求。

政府职能转变的核心是正确处理政府与市场、政府与社会、政府与公民之间的关系，即由偏重于国有经济改革转到为各种所有制经济发展创造公平竞争环境上来；由过多干预微观经济转到实施有效的宏观调控上来；由部分群体受益转到社会公众共享改革成果上来。“规划”坚持“有所为、有所不为”的原则，对于普遍服务、特殊服务等主要由政府主导的领域，通过合理配置公共资源、建立保障机制和监督机制等加以规范和落实；对于快递等主要由市场发挥主导作用的领域，通过创造良好发展环境、建立导向机制来引导企业行为。

第三，体现开门编规划的原则。

在编制规划的方法上坚持“开门编规划”，并将这一原则体现在规划编制的各个阶段。前期在开展大量调研的基础上，成立了多个项目组，开展全行业规划和多个专题的研究工作。编制过程中我们分别征求了中国邮政集团公司和民航快递、顺丰速运、宅急送等10多家快递服务企业的建议，并多次召开专题研讨会听取相关部门、行业内外专家和学者、部分省邮政管理局的意见。充分发扬了民主，集中了各方面的智慧，提高了规划编制的参与度和透明度。

记者：“十一五”期间邮政业发展面临的总体形势是什么？

王渝次：我们面临的总体形势是社会需求旺盛，市场竞争加剧，机遇与挑战并存。一方面，国民经济迅速发展、商品和服务贸易规模显著扩大、社会用邮需求持续增长，这使得邮政业拥有更为广阔的国际国内市场空间；我国互联网产业化进程加快、电子商务逐步普及，为邮政业带来了新的发展机遇。另一方面，跨国快递公司在世界邮政市场中的地位凸显，中国已成为其境外拓展战略的重要目标。在我国快递服务规模迅速扩大的同时，邮政市场加速形成新的竞争态势，迅速扩大国内快递企业规模，努力提高市场竞争力的任务十分紧迫。

从行业自身看，邮政业总体规模偏小，不能满足国民经济和社会发展需要。邮政法制建设亟待加强，普遍服务和特殊服务的保障和监督机制尚未完全到位，影响行业发展的体制机制问题依然存在。

为此，我国邮政业在“十五”发展的基础上，紧紧围绕全面建设小康社会奋斗目标，以深入贯彻落实科学发展观、创造良好发展环境、促进邮政业又好又快发展为主线，全面深入推进体制改革，制定系列配套政策，优化发展环境，提升我国企业竞争力，完善普遍服务、特殊服务和快递服务发展机制，提高服务水平，充分发挥邮政业在服务社会、发展经济、安置就业等方面的作用，成为我国邮政业发展的必然选择。

记者：我国邮政业发展和改革的基本思路是什么？

王渝次：“规划”明确了“十一五”期间我国邮政业发展和改革的基本思路，即“建立一个基础，完善两个机制，达到三个目的”。“建立一个基础”，就是要在“十一五”期间基本建立现代邮政业的制度基础。一是要加强邮政法律体系建设；二是要健全邮政监管机构体系；三是要完善普遍服务、特殊服务制度；四是要建立邮政市场准入制度；五是构建竞争性服务统一开放、竞争有序的市场体系；六是要推进邮政企业现代企业制度改造。建立了这个制度基础，才能为邮政业创造良好的发展环境，才能保证社会公众共享邮政改革成果。“完善两个机制”，就是要通过体制改革，完善由政府主导、企业承担的普遍服务和特殊服务发展机制；完善由市场主导、公平有序的快递等竞争性服务发展机制。按照我国国民经济行业分类标准，邮政业涵盖两部分：一部分是现由中国邮政集团公司提供的国家邮政服务；另一部分是中国邮政集团公司以外的市场主体提供的快递服务。邮政普遍服务和特殊服务属于社会公共服务的范畴，主要发挥着“通政、通民”的作用，应该采取政府主导、邮政企业承担的方式，为社会提供符合质量标准的公共服务，而快递等服务是竞争性服务，主要发挥着“通商”的作用，应该通过由市场主导、公平有序竞争的方式，为社会提供符合质量标准要求的服务。根据各自的发展规律和特点建立不同的发展机制，才能促进整个邮政业的协调健康发展。“达到三个目的”，一是要改善发展环境，充分发挥邮政业在服务社会、发展经济、安置就业等方面的作用；二是要加快发展速度，全面提升普遍服务、特殊服务、竞争性服务的能力和水平；三是要提高发展质量，支持各类市场主体做大做强，大幅提高国际竞争力，这是根据“十一五”期间我国邮政业面临的形势确定的。未来一段时间，我国邮政业的第一要务是加快发展，缓解邮政业总体规模偏小、企业竞争力偏弱、还不能满足国民经济和社会发展需要的矛盾。为此，政府部门必须为各种所有制经济发展创造公平竞争环境，只有改善邮政业发展环境，才能促进邮政业加快发展。促进邮政业加快发展是“好”与“快”的有机统一，坚持“好”字当头，提高发展质量，好中求快，把握发展的节奏和步伐，才能使较快的增长速度长期保持下去。

记者：请您解释一下“规划”中的发展目标问题。

王渝次：根据“十一五”发展思路，在综合分析各方面因素的基础上，“规划”提出了由完成体制转型、改善发展环境、提高普遍服务水平、提升特殊服务能力、增强我国企业竞争力和具体发展目标等六方面组成的行业发展目标体系。

基本完成体制转型，就是按照建立一个基础、完善两个机制以及邮政体制改革方案的要求，在“十一五”期间实现邮政政企分开，中国邮政集团公司基本完成现代企业制度改造，普遍服务与特殊服务一家承担、竞争性服务多家经营的行业格局得到加强，信息流、资金流和物流“三流合一”的现代邮政业初步建立。

明显改善发展环境，就是要健全政府依法监管、企业依法经营、用户依法用邮的法律体系，完善与现代邮政业相适应的邮政监管机构体系，治理整顿邮政市场，规范市场主体行为，确保贯彻执行国家法规和政策，建立公平有序的市场环境。

提高普遍服务水平，就是要按照因地制宜、统筹规划的原则，确保城市和发达地区的普遍服务质量稳中有升，重点加强农村、中西部和少数民族地区县以下、乡以下普遍服务网络能力建设，增加局所数量，优化局所配置，提升信息化水平，保证全国普遍服务总体水平有所提高，逐步实现公共服务均等化。

提升特殊服务能力，就是改善服务设施，提高装备水平，提升传递速度。在全国大多数省会城市增加特殊服务网点，合理配备人员，加强安全工作。形成指挥统一、协调有序、技术先进、运转高效、安全畅通的通信体系，满足新形势的需要。

增强我国企业竞争力，就是基于对邮政业面临形势的判断和我国企业的现状，贯彻落实“走出去”战略，培育数个规模较大、具有国际竞争能力的我国大型快递企业，抓住有利时机，拓展海外市场，积极参与国际竞争。

具体发展目标由经济与社会效益目标、服务水平目标和网络建设目标等三个方面的量化指标构成。主要是“十一五”期间，邮政业将以高于国民经济发展的速度增长。到2010年，邮政业业务收入达到1445亿元人民币，五年年均增长15.5%。其中，不含邮政储蓄的邮政业业务收入达到970亿元人民币，年均增长18.1%；快递服务收入达到730亿元人民币，年均增长25%。邮政业业务收入（含邮政储蓄）占国内生产总值由2005年的0.385%增加到0.49%。新增就业岗位25万至30万个。对国民经济发展和安置就业的贡献能力进一步增强。

记者：“规划”确定的主要任务和重大工程是什么？

王渝次：为了实现“十一五”发展目标，“规划”确定了七项主要任务：

一是推进法律体系建设。邮政法律体系是政府依法行政、依法兴业的基础。为适应邮政改革的新情况，应抓紧对《中华人民共和国邮政法》进行修订，尽快颁布新邮政法。同时，应制订《邮政普遍服务监督管理办法》、《快递市场管理办法》等部门规章，建立邮政业法律体系基础。

二是健全监管机构体系。按照邮政体制改革方案的要求，重组国家邮政局。国家邮政局负责研究提出邮政业的发展战略、发展规划和有关政策；起草邮政行业的法律、行政法规和规章草案；依法监管市场，保障市场竞争；负责邮政市场准入；保障通信与信息安全；研究提出邮政服务价格政策和基本邮政业务价格建议，并监督执行；制定邮政服务标准，监管邮政服务质量；推进邮政普遍服务机制的建立和完善；负责纪念邮票的选题和图案审查；负责审定纪念邮票和特殊邮票年度计划；代表国家参加国际邮政组织，处理政府间邮政事务。组建地方邮政监管机构，健全邮政市场监管组织体系。

三是确保邮政普遍服务。保障普遍服务是政府的职能，一方面要根据实现全面建设小康社会奋斗目标和构建和谐社会需要，指导邮政企业加强普遍服务局所、邮路建设，合理规划布局，提升网络信息化水平，提高人员素质，增强普遍服务和网络服务能力；另一方面要健全普遍服务制度，指导和督促邮政企业建立内控机制，规范服务行为，完善社会监督机制，监督邮政企业履行普遍服务责任。

四是促进快递服务发展。快递服务是邮政业最具活力的领域，也是存在诸多体制性障碍的领域。要将促进我国快递服务又好又快发展作为快递监管工作的核心，采取有力措施，建立促进快递服务又好又快发展的良好环境。解决制约我国民族快递企业发展的瓶颈问题，鼓励和支持民族快递企业加快发展。

五是强化网络基础建设。邮政网络是国家重要的通信基础设施，要重点加强邮政通信网络和特殊服务网络建设，增强全网邮件运输能力，特别是增强投递能力，重点加强农村、中西部和少数民族地区普遍服务网络建设，在全国尚未设立邮政局所的乡镇增设局所。加强县到乡、乡到村邮路建设，采取多种形式，建立服务稳定、方便用户的村邮服务点，实现村村通邮。

六是加强行业监督管理。要积极推进依法行政，按照合法行政、程序正当、高效便民、诚实守信、权责统一的原则，规范行政权力，加强公共服务，完善行业突发事件处理机制，提高工作效率和办事水平，保障行政相对人的合法权益。要认真落实行政执法责任制，规范监管工作，加强对普遍服务的监督检查，保障公民基本通信权利。加强对快递市场、集邮市场、邮政用品用具市场的监管，依法维护信件寄递业务专营权，保障企业合法权益，维护消费者利益。

七是确保用邮安全。依法保护公民通信自由和通信秘密，要加强对邮政通信安全的监管，依法保护公民的通信自由和通信秘密。要加强危险品、毒品检查制度，严格执行《禁寄物品指导目录及处理办法》，防止利用邮递渠道进行非法或危害我国安全的活动。

另外，“规划”提出了西部和农村地区邮政基础设施、邮件集散枢纽、信息技术改造和政务信息化四项重大工程。这些重大工程，是在国家邮政局与国家发展改革委员会、信息产业部进行充分协商的基础上，经过严格的程序确定下来的，既是落实“规划”提出的主要任务、发展重点的具体体现，也是增强规划可操作性的重要举措。对提升西部地区邮政服务水平，逐步实现邮政普遍服务的均等化，对加强全网性集散中心建设，提升邮运网络的运行效率，对广泛应用信息技术改造提升传统邮政业，对贯彻落实国家电子政务工程的要求，提高政务运转效率，实现邮政政务信息化等，都具有十分重大的意义。

记者：邮政业“十一五”规划的目标和任务已经明确，最后，请您谈谈当前和今后一个时期，“规划”制定的政策措施有哪些？

答：根据我国邮政业“十一五”面临的形势、指导思想、基本思路和发展目标，“规划”制定了以下六个方面的政策措施：

(1)制定加快发展政策，服务经济建设大局。 根据我国社会主义初级阶段基本经济制度的总要求，针对不同所有制形式，制定相应的政策措施，分类指导，共同发展。巩固公有经济在邮政业的主体地位，鼓励邮政企业进一步完善覆盖城乡、功能合理的邮政服务体系，不断提高邮政服务的供给能力和水平，支持国有邮政企业积极参与社会主义新农村建设，支持企业服务“三农”。支持我国民营快递企业加快发展，消除影响我国民营快递企业发展的体制性障碍，允许我国民营企业进入法律法规未禁入的业务领域，鼓励我国民营快递企业开展品牌化、网络化经营，积极拓展国际业务。提高利用外资的质量和水平。抓住国家推进信息化战略的机遇，积极推进信息技术在邮政业的应用，促进产品创新和产业升级。推进邮政业标准化工作，实施技术标准战略，提升我国邮政业标准化水平。

(2)加强法律法规建设，深化邮政体制改革。 依法行政、依法兴业是加强行业管理的基本手段，也是行业健康发展的重要保障。在加快行业立法方面，一是要尽快完成《中华人民共和国邮政法》的修订并颁布实施；二是要全面清理现行有关法规；三是要启动修订后的《中华人民共和国邮政法》配套法规制订工作；四是要加强地方邮政法规建设。在深化体制改革方面，要加强对改革工作的领导，按照“统一思想、齐心协力、积极稳妥、加快推进”的原则，继续深入推进邮政体制改革，“十一五”期间基本完成《邮政体制改革方案》提出的主要改革任务。

(3)加大政策扶持力度，提高普遍服务和特殊服务能力。 邮政业是国家重要的社会公用事业，邮政普遍服务和特殊服务需要国家在资金和政策方面提供有效保障。“规划”从开展普遍服务情况调查，建立普遍服务台账和档案；核算普遍服务和特殊服务成本，建立普遍服务和特殊服务成本核算制度；研究制定合理的普遍服务和特殊服务成本补偿办法，建立规范的财政补贴长效机制；加大政策扶持力度，各级政府给予支持；加强局所和邮路建设，改变普遍服务网络“干强、枝弱、叶少”局面；提高基层职工待遇；依法确定普遍服务和特殊服务范围，将农村及边远地区的邮发报刊、邮政汇兑等业务纳入普遍服务或特殊服务；探索提供普遍服务的新途径和研究建立普遍服务基金等九个方面，系统地提出了提高普遍服务和特殊服务能力的具体政策措施，目的是为了逐步建立和完善普遍服务和特殊服务的运行机制、保障机制、监督机制，逐步实现公共服务的均等化。

(4)规范邮政市场秩序，建立邮政业发展良好环境。 建立公开、公平、竞争有序的市场环境，是实现邮政业又好又快发展的关键。政府要加强管理和规范，把行业监管的重点放在加强对服务质量、服务水平的监管上。一是要营造公平的竞争环境，平等对待国有、民营等各类市场主体。二是要依法建立公开、平等、规范的邮政市场准入制度，形成邮政市场准入、退出的正常运行机制。三是要完善快递邮件丢失损毁赔偿办法，建立合理的理赔制度。四是要建立行业自律制度，规范市场秩序，维护企业合法权益。

(5)落实“人才兴国”战略，加强行业人才队伍建设。 邮政业的快速发展为社会创造了许多新的就业机会，也吸引了各方面的人才。人是最宝贵的财富，对于如何充分利用这笔财富，规划从两个层次明确了加强行业人才队伍建设的具体措施：一方面是贯彻落实“人才兴国”战略，培养造就一支引领邮政业发展的人才队伍。另一方面，在全行业推行国家职业资格证书制度。加强邮政业职业技能鉴定工作，实行从业人员持证上岗。推进快递服务职业教育，培养不同层次的快递专业人才。

(6)健全监督管理体系，提升监管和服务水平。 营造良好的发展环境，需要健全的监督管理体系作保障。规划提出：一要构建“政府监管、行业自律、社会监督”相结合的监管体系，实现对普遍服务和快递等竞争性服务的有效监管。二要提升行业监管和服务水平，营造公平公正、有效有序的市场环境。“规划”紧紧围绕我国经济社会发展要求，结合我国邮政业发展实际，明确了“十一五”期间我国邮政业发展的指导思想、目标、主要任务和政策措施，是我国邮政业发展的指导性文件，也是制订有关政策措施、加强行业管理和组织实施重大工程的重要依据。随着“规划”的贯彻落实，对邮政业深入贯彻落实科学发展观，创造良好发展环境，逐步实现邮政普遍服务均等化，支持、鼓励和引导邮政业各类市场主体加快发展，充分发挥邮政业在服务社会、发展经济、安置就业等方面的重要功能，满足国民经济发展对邮政业的需求等，必将发挥巨大促进作用。

专业人才培养：实现快递科技创新的必由之路

——王梅接受《中国交通报》专访　解读快递“百千万人才工程”

2010 年 10 月 25 日

五次全国性统考、140 余场地方鉴定考试，在过去的一年当中，有 10 余万名快递员进入课堂，征服一道道“难题”，为取得全国第一批快递业务员职业资格证书而不懈努力。一个行业将近一半的从业人员，在一年的时间内集中参加专业知识和工作技能培训，这种培训的广度前所未有。国家邮政局人事司司长、邮政行业职业技能鉴定指导中心主任王梅形容，这是“完成了一次大范围、大规模、地毯式的培训，对全国快递的发展产生了深远影响”。

“深远影响”体现在何处？当轰轰烈烈的考试落下帷幕，下一步职鉴工作该做什么？行业人才培养的持续驱动力在哪里？“十二五”期间行业发展急需哪些人才？人才队伍建设的具体目标和措施是什么？10 月 25 日，在全国邮政行业职业技能鉴定暨快递人才培养工作座谈会间隙，王梅司长接受了记者专访。

一、18.5 万的背后，是一连串被填补的空白，是很多工作零的突破

记者：您对前一阶段以快递经营许可为导向的职鉴工作如何评价？

王梅：前一阶段的职鉴工作重点是围绕贯彻实施《邮政法》，配合快递经营许可，以鉴定考试为切入点，以提升员工技能为目的，促进企业员工在职培训，带动快递企业开始了一轮学业务、学知识、练技能的热潮。

18.5 万参加职鉴考试人员的背后，是一连串被填补的空白，是很多工作零的突破。比如，颁布了《快递业务员国家职业技能标准》，填补了国家职业技能标准在邮政行业的空白；成立了快递职业教材编审委员会，组织编写了 8 本中高级、研究生快递专业教材，填补了院校快递专业统一教材的空白；开发了初级快递业务员鉴定考试题库，并入国家职业技能鉴定题库，编写了考试大纲；28 个省（区、市）邮政管理局成立了职鉴指导中心，10 个行业职鉴站得到人设部批复成立，行业职鉴机构建设实现了突破；开展了 2 期考评员、4 期师资骨干、1 期质量督导员培训班，培训了 758 名师资骨干，建立了一支较为专业的从事培训鉴定的人员队伍；开发了邮政行业职业技能鉴定信息管理系统，逐步实现了网上报名、网上审核。一年来，

在国家局党组的正确领导下，各省邮政管理部门举全局之力，一把手亲自挂帅、精心组织，大家凭着一股干劲，一腔热情，一种精神，大胆探索、不断创新、克难攻坚，开创了邮政行业职业技能鉴定工作的新局面。这些突破，不仅为开展大规模快递业务员职业技能鉴定工作提供了保证，也为行业人才培养奠定了坚实的基础。

二、快递人才培养将从“突击培训、集中考试”过渡到“分步实施，有序推进，稳步提升”

记者：有人担心快递经营许可过渡期结束，职鉴工作转入常态后，企业的动力不足、积极性不高了。您对此怎么看？

王梅：经过一年的努力，快递职鉴工作基本满足了行业发展的需求，持证上岗人数已经达到了快递经营许可的要求。有人担心企业有松口气的想法，可以理解。但是目前，高层次、专业化、技能型人才匮乏，仍然是制约行业发展和企业做大做强的瓶颈。实践证明，员工持证上岗后，对于规范生产作业流程、规范员工技能操作，提高服务水平起到了很大的促进作用。企业受益很大，从最初的观望变为积极参与。企业对职业培训的需求越来越大、认识越来越高、行动也越来越自觉，更加重视员工培训工作。同时，转变快递发展方式、优化调整业务结构也对提升从业人员能力素质提出了迫切的要求，企业欲通过技术升级进行生产转型之时，对技能人才的渴求更加强烈。只要我们转换工作思路，从解决眼前问题到放眼长远发展，从要求企业达标到满足企业需求，细化落实规划，加强政策引导，快递人才培养工作必将开拓一个崭新的局面。

记者：今后一个时期全国邮政行业人才队伍建设工作的总体思路是什么？

王梅：落实十七届五中全会和全国人才工作会议精神，按照《国家中长期人才发展规划纲要》和《邮政行业人才队伍建设中长期规划》的总体目标，本着“分步实施，有序推进，稳步提升”的原则，积极推进政府为主导，企业为主体，院校为支撑的邮政行业人才教育培养体系建设，重点推进快递服务人才培养，启动快递“百千万人才工程”。通过专业人才培养和职业技能鉴定工作“两手抓”，促进院校专业人才教育培养系统化、职业技能鉴定考试制度化、企业员工培训规范化、职鉴组织管理科学化，为邮政行业可持续发展提供人才保证。

三、“快递百千万人才工程”是给企业造血，源源不断输送新鲜血液的工程

记者：为什么在“十二五”期间提出实施“快递百千万人才工程”？主要目标是什么？

王梅：越是入门容易的事，做好就越难。快递是劳动密集型产业，员工入职门槛较低，一线员工占到快递企业总人数的70%以上。而快递作为服务性行业，其整体水平决定于每个环节的工作质量和每个员工的素质。中国的快递企业都是在短短十几年时间里迅速发展起来的，随着企业规模不断扩大，员工数量和质量双双欠缺的问题越来越突出。

今年9月份召开的国家邮政局科技工作座谈会，提出以“科技创新推动快递业务持续发展”的目标。而科技应用的最终落脚点，离不开快递企业的一线员工。使用靶枪采集快件信息、操作机械化分拣设备、使用电脑为用户提供及时准确的跟踪查寻服务……所有这些，都需要千千万万的员工来操作完成。所以国家邮政局在深入调研快递企业现状后认为，提升快递企业创新能力，不仅要加大科技含量，关键要培养高素质的“金蓝领”技术工人。实施百千万人才工程，就是要建设一支可以持续支撑行业科技进步的专业技术队伍，为企业发展注入活力。

“快递百千万人才工程”的主要目标，是在“十二五”期间进行“三个建设”：即通过整合社会资源，建设近百所快递专业人才培养基地（院校）；通过多种渠道和方式，建设千人快递专业技术人才队伍；通过职业教育与在职培训鉴定，建设万名高

层次技能型快递专业人才队伍。

记者：请介绍一下“快递百千万人才工程”的具体工作安排？

王梅：如果将人才储备比喻为“血液”，百千万工程就是治愈企业“贫血病”的应对措施。在整个工程中，“百”是基础，是“千”和“万”目标实现的支撑和保障。首先，“十二五”期间，在全国选择、推荐、联合建设近百所专业人才教育和在职培训重点院校。东部沿海和中部快递大省要至少联系2～3所院校，西部省份要至少联系1～2所院校。这些院校作为快递专业人才培养基地，开展快递职业教育，为快递企业提供定向培训，给企业“造血”。

其次，要建设一支近千人的快递企业中、高级各类专业技术人才队伍。通过开展快递企业人力资源状况调查，了解和摸清企业对专业技术职称评审的需求，适时组织开展快递企业专业技术人员职称评审工作。各省（区、市）邮政管理部门要密切关注地方人才评价机构和人社部门的人才评审动态，组织本地区快递企业符合条件的各类专业技术人员参加经济系列（经统会）、工程系列（物流、计算机）等通用专业职称的社会评审。同时，鼓励高等院校开办面向快递企业高管人员的MBA、EMBA班，培养快递职业经理人队伍，满足企业发展需要。

第三，“十二五”期间要实现5万人次快递专业教育和在职培训目标，培养万名快递高层次技能型专业人才。一方面是积极推动条件成熟的职高、高职院校开设快递专业，积极扩大招生规模，加快职高、高职、本科和研究生等各层次的快递专业人才培养。另一方面是为院校和企业的战略合作搭建平台。企业要在政府部门的帮助下，大力提高“造血”能力，与专业院校签订人才培养合作协议，根据企业自身需求实施订单式培养，加大技能培训，为企业开辟专业人才引进通道。同时要引导院校根据企业的需要，滚动开班、适时开班，强化企业人员受训力度，缩短企业人才培养周期，降低企业培训成本，快速提升企业劳动者整体素质。

记者：您前面提到专业人才培养和职业技能鉴定工作要“两手抓”，推行“双证书”制度，这是什么含义？

王梅：就是探索专业教育与培训鉴定的有机衔接，在院校设立邮政行业特有工种职业技能鉴定站，开展在校快递专业或相关专业学生的鉴定考试，在毕业时同时获得学历证书和快递业务员职业资格证书。

在激烈的市场竞争中，快递企业希望一线员工“招来马上就顶用”。而职业教育、技能培训强调的正是技能学习和实践能力的培养，能够符合企业的要求，具有传统学历教育无法比拟的优势。

针对目前严峻的就业形势，参加“百千万工程”的院校为快递企业量身定做课程，注重实践操作，把快递工作流程还原到课堂上，因此，催生了定向培训的新模式。大中小型企业不但可以选择毕业生，同时还可以发出“人才订单”，广大学子毕业即就业，前途更有保障。

目前，已有12个省的17所院校在国家邮政局“院企合作”的人才培养思路推动下，相继开设了快递专业，已有4000余名学生在校就读。我相信，快递职业教育与技术培训前景广阔，将成为快递人才培养的重要支撑和保证。

四、现在我们的工作就是“种树”，我的梦想是，五年、十年后，种一株树能收获一片林

记者：目前政府在邮政行业人才建设中的引导作用主要体现在哪些方面？

王梅：首先是认真履行职责。各省（区、市）邮政管理局要深入分析邮政行业人力资源状况，统筹考虑快递服务人力资源总量增长、素质提高、结构优化、分布分配等因素，组织制定本地区人才培养战略和发展规划，研究提出本地区开展行业人才队伍建设的措施，引导人才队伍建设方向。其次要加强政策引导，帮助快递企业协调解决人力资源管理方面的困难和问题，积极争取中央和地

方农民工就业、培训鉴定补贴及保险福利税收等政策支持。同时，定期组织召开快递服务人才培养研讨，为政府、企业和院校搭建沟通互动平台，为企业人才培养提供政策咨询服务。

记者：您心中理想的邮政行业人才建设中长期规划实施蓝图是什么？

王梅：希望有那么一天，"人力资源是第一资源"、"一流企业提供一流服务，一流服务需要一流人才支撑"的理念在全行业深入人心。企业上下形成尊重人才、渴望人才和爱惜人才的良好氛围，员工在为企业创造价值的同时，能够实现自我价值的提升，与企业共同发展，真正发挥人力资本的效益。

我们现在为行业人才培养努力地耕耘、播种，我期待着五年、十年后会发生神奇的变化：绿荫从无到有、从小到大，从一根材扩展到一片林，从星星点点发展到波澜壮阔、千军万马！我坚信未来十年，将建成一支数量充足、结构合理、素质优良、技术精湛的高层次、专业化、技能型快递人才队伍，为邮政行业科学发展贡献力量。

第二章 “十一五”中国快递发展回顾

第一节 快递释义

一、快递的概念

我国邮政市场近几十年来最重要、最显著、影响最深远的变化，就是快递服务的产生和飞速发展。快递服务是邮政业寄递服务的重要组成部分，与邮政基本服务相比，主要采取更加方便用户的门到门、桌到桌的收寄和投递以及实时跟踪查询的服务方式，提供快捷的商业化寄递服务。

2009 年修订实施的《中华人民共和国邮政法》（以下简称《邮政法》）中，对寄递做了如下定义，“将信件、包裹、印刷品等物品按照封装上的名址递送给特定个人或者单位的活动，包括收寄、分拣、运输、投递等环节”。寄递是邮政业的经济活动方式，既包括邮政企业提供的邮政基本服务，也包括快递服务企业提供的快递服务。

寄递具有以下特征：第一，寄递服务是对实物信息载体和特定物品的递送。信件、印刷品属于实物信息载体，包裹是不同于货物的特定物品。第二，作为寄递对象的信件、包裹和印刷品，需要单独封装，并标明收件人、寄件人的特定名址。第三，寄递服务是包括四个环节的服务，即除运输环节以外，还包括收寄、分拣和投递环节。第四，寄递服务应当投递至收件人或者代收人。寄递的上述定义，将其与普通的货物运输活动区分开来。

快递在修订后的《邮政法》中的定义是，“在承诺的时限内快速完成的寄递活动”。可见，快递是寄递的一种，是按照承诺时限递送到收件人或指定地点，并获得签收的寄递服务。

二、快递的特点

与邮政基本服务相比，快递服务具有以下特点：

一是时限性。快递业务对时限要求比较高。快递服务的最大特点就是快速，快速是快递服务的灵魂。使用快递服务的客户，将对时限的要求放在首位。为此，要求快递服务企业必须为客户提供尽可能快速的服务。快速是快递业务的首要特征，也是快递客户的首选需求，《快递服务》国家标准对快递时限提出了明确要求，同城快递服务时限不超过 24 小时，国内异地不超过 72 小时，港澳台快递服务时限不超过 6 个工作日，并对国际快递服务时限进行了约定。

二是便捷性。快递能够提供门到门、桌到桌的便利服务，便捷性是快递服务的显著特征，也是快递的优势之所在。快递服务企业通过提供门到门的便利服务，一方面，使客户有了多样化选择，让客户体会到快递服务与基本寄递服务的不同；另一方面，这种便捷的服务方式也是适应快递业务特征的必然结果，通过上门服务，尽早使快件进入及流出快递网络，缩短快件的传递时限。

三是安全性。安全可靠是用户选择快递服务的重要因素，也是快递服务企业法定义务。快递安全性主要体现在两个方面：快递操作流程的安全性和快递物品的安全性。快递服务是融合信息交流、物品递送、资金流通等多功能于一体的复合型新兴服务业，因此，快递流程中必然涉及信息安全、物品安全、资金安全。邮政企业和快递企业要尽可能采取措施确保快件本身安全以及寄递渠道的安全。快递服务的安全性还体现在寄递的物品要符合邮政管理部门及相关部门的规定，为此，国家邮政局推动发布了《邮政行业安全监督管理办法》，出台了《禁寄物品指导目录及处理办法》、《寄递服务企业收寄物品安全管理规定》、《快递业务操作指导规范》等相关规定，制订了快递业务的收寄验视制度。这些都为确保快递服务的安全性提供了制度保障。

四是网络化。快递服务最显著的特征是全程全网、联合作业。每一个快件的寄递服务都要经过从收寄、封发、转运、分拣再到投递的全部作业环节，有的还需要多个企业的共同参与才能完成。因此，快递网点和分拨中心是快递企业的核心资源，高效的网络组织和完善的网点覆盖是快递经营的基础，是快递服务能力的重要体现。快递网络的基本构成要素是可以装载快件的交通运输工具、运输道路和沿途各分拨中心、转运中心、营业网点，快递企业整合各种网络要素的能力决定了其网络传输的质量，网络质量越高，快件的传输速度越快，准时性、安全性越好。快递网络覆盖范围的扩张随着客户业务的需求而发展，因此，快递网络的覆盖率与当地经济发达程度密切相关，经济越发达的地区，快递网络覆盖越完善，目前我国东部地区是快递网络覆盖密度最大的区域，其所占快递市场份额已达到80%左右。

五是信息化。快递从揽收开始到投递结束，都离不开信息技术的支撑。随着信息技术的广泛应用和快递业务规模的扩大，快递服务的信息化特征日益明显。当前，快递企业相继采用了信息监控和实时查询技术。快件在各个业务处理环节都处于信息化网络监控之下，客户对快件传递的每一个动态（收件、分拣、转运、报关、投递）都可以实时进行查询，并能够得到及时回复。

六是市场化。快递与邮政基本服务的最大不同就是其带有强烈的市场化色彩。快递的产生、发展、变迁无一不是由市场因素决定的，所以市场化成为快递的一个突出特点。由于快递客户对时限、安全、便利、跟踪查询等方面的各种差异性需求，快递的价格也受市场因素的影响而波动，尤其是到付业务、代收货款、签收回单、保价服务等各种快递增值服务，价格更是受市场变化的调节。

市场化的影响也带来了快递服务的差异性。快递服务的差异性主要体现在几个方面：一是随着我国快递服务的发展和快递市场的细分，快递产品种类更加丰富，当日递、次晨达、次日递等差异化服务项目不断涌现，满足了消费者对于快递服务的差异化需求。二是快递企业适时开办各种针对特殊需求的延伸服务，适应了电子商务、网络购物快速发展的需要。

第二节　中国快递在改革开放中诞生　在转型改制中发展

一、改革开放催生中国快递行业

邮政业是国家重要的社会公用事业。中国近现代邮政创建于1896年，距今已有一百多年的历史。1949年新中国成立以后，特别是改革开放以来，在党和国家正确方针政策的指引下，经过全行业的共同奋斗，邮政业取得了辉煌成就。在促进经济社会发展、改善民生、服务“三农”、带动就业等方面发挥了重要作用。邮政业为社会提供多种类型的寄递服务，既包括满足社会普遍服务需求的邮政基本服务，也包括多层次、多样化的快递服务。

改革开放之初，邮政业基础较为薄弱，难以适应经济发展和对外开放的需要。党的十一届三中全会以后，在建设有中国特色社会主义理论指导下，1978 年—1993 年邮政业发展经历了从缓慢发展到快速起飞的实质性转变。

20 世纪 80 年代，我国经济在改革开放大潮中快速发展，经济建设、国际国内经贸活动以及人民生活需要为快递行业的兴起和发展提供了良好的市场条件。

1980 年和 1984 年，我国邮政机构先后开办了国际、国内特快专递业务，开中国内地快递业务之先河。1985 年 12 月 3 日，中国速递服务公司成立，成为我国第一家专业快递企业。

此后，在我国快递市场巨大潜力的驱动下，国内不同模式的快递公司相继出现，其主要代表是大通快递（EAS）、民航快递（CAE）和中铁快运（CRE）。

20 世纪 90 年代起，随着市场经济的推进，一些非邮政企业和个体经营者，开始逐步介入包裹寄递业务领域，邮政企业独家经营的状况开始改变。

1992 年邓小平南巡讲话以后，中国民营快递企业进入了快速发展阶段。目前中国两个规模最大的民营快递企业——顺丰公司和申通公司于 1993 年分别在珠三角地区和长三角地区起家。

2001 年，中国加入世界贸易组织，并作出了开放速递服务市场的承诺，到 2005 年 12 月准许外商投资企业在中国成立独资的企业经营快递业务。中国快递市场丰厚的利润回报、可观的市场前景，吸引了众多外资快递企业不断进入中国。尤其是全球四大快递巨头——联邦快递（FedEx）、联合包裹（UPS）、敦豪国际（DHL）、天地快运（TNT），占据了中国国际快递服务市场主要份额。

进入 21 世纪，中国快递市场呈现加速增长的态势。截至 2006 年年底，我国经营快递服务的法人企业已达 2422 家，从业人员 22.7 万人；快递服务业务量已达到 10 亿件，实现业务收入约 291.7 亿元，分别是 1987 年的 693 倍和 375 倍。中国快递市场已呈现出三足鼎立的竞争局面，国有快递企业、民营快递企业、外资快递企业共存，形成了中国快递市场多元化的竞争格局。

二、邮政体制改革为快递发展提供保障

2005 年，国务院制定的《邮政体制改革方案》，确定了“一分开，两改革，四完善”的总体思路，即：实行政企分开；改革邮政主业，改革邮政储蓄；完善普遍服务机制、特殊服务机制、安全保障机制和价格形成机制。在国务院邮政体制改革领导小组的组织协调下，邮政体制改革积极稳妥，加快推进，效果显著。

邮政管理体制改革取得重大阶段性成果。2006 年，省级邮政管理机构先行组建（见表 1-1）。2007 年 1 月 29 日，重组后的国家邮政局和新组建的中国邮政集团公司在北京人民大会堂举行揭牌典礼，这标志着新中国邮政历史上第一次实现了“政企分开”，初步形成了政府依法监管、企业独立自主经营的新体制。2008 年 3 月，按照国务院行政体制改革方案，国家邮政局的主管部门由信息产业部改为交通运输部，主管部委的调整和相应衔接工作在短时间内顺利完成。

表 1-1　各省（区、市）邮政管理局成立时间、主要班子成员

省（区、市）	邮政管理局成立时间	第一届领导班子主要成员	2011 年领导班子主要成员
北京	2007 年 3 月 21 日	局　长：胡仲元 副局长：李新中 副局长：王宝华	局　长：刘　君 副局长：李新中
天津	2006 年 9 月 4 日	局　长：李京明 副局长：齐亚力	局　长：齐亚力 副局长：陈　敏

续上表

省(区、市)	邮政管理局成立时间	第一届领导班子主要成员	2011年领导班子主要成员
河北	2006年9月5日	局　长:韩瑞林 副局长:安贺功	局　长:曾军山 副局长:王　跃
山西	2006年9月6日	局　长:张勤学 副局长:李志明	局　长:张勤学 副局长:李志明
内蒙古	2006年8月24日	局　长:孙志安 副局长:张子旗	局　长:张子旗 副局长:吴邦柱
辽宁	2006年9月13日	局　长:孙　康 副局长:李志良	局　长:孙　康 副局长:李志良 副局长:王家贵
吉林	2006年9月12日	局　长:刘英杰 副局长:周洪祥	局　长:刘英杰 副局长:丁　平
黑龙江	2006年9月11日	局　长:刘彦辰 副局长:张　真	局　长:刘彦辰 副局长:张　真
上海	2006年9月6日	局　长:李惠德 副局长:陈良安 副局长:邵钟林	局　长:李惠德 副局长:刘宪民
江苏	2006年8月24日	局　长:陶伯刚 副局长:张水芳	局　长:张水芳 副局长:万连生
浙江	2006年9月5日	局　长:杨世忠 副局长:张荣君 副局长:王文海	局　长:杨世忠 副局长:王文海 副局长:李幼平
安徽	2006年9月9日	局　长:方晓潜 副局长:袁应前	局　长:方晓潜 副局长:袁应前
福建	2006年9月6日	局　长:赵进修 副局长:胡道平	局　长:江明发 副局长:胡道平
江西	2006年9月11日	局　长:彭志先 副局长:江明发	局　长:彭志先 副局长:肖力健
山东	2006年9月4日	局　长:武新民 副局长:辛宝义 副局长:赵　民	局　长:武新民 副局长:赵　民
河南	2006年9月12日	局　长:杨汉振 副局长:訾小春	局　长:杨汉振 副局长:訾小春
湖北	2006年9月15日	局　长:李庭中 副局长:刘忠民	局　长:李庭中 副局长:刘忠民
湖南	2006年9月13日	局　长:周国繁 副局长:朱时友	局　长:周国繁 副局长:谢　强
广东	2006年9月14日	局　长:罗建青 副局长:林树芬 副局长:李清喜	局　长:罗建青 副局长:郭小梅 副局长:韦　慧
广西	2006年9月12日	局　长:陈世钊 副局长:梁　勤	局　长:梁　勤

续上表

省(区、市)	邮政管理局成立时间	第一届领导班子主要成员	2011 年领导班子主要成员
海南	2006 年 9 月 8 日	局　长:吴铁砚 副局长:陈世明	局　长:吴铁砚 副局长:陈　凯
重庆	2006 年 9 月 7 日	局　长:袁祖伟 副局长:曹德辉	局　长:袁祖伟 副局长:曹德辉
四川	2006 年 9 月 4 日	局　长:孙明江 副局长:沈成华	局　长:戚兰州 副局长:张生泰
贵州	2006 年 9 月 11 日	局　长:徐文葛 副局长:唐顺益	局　长:徐文葛 副局长:宗永涛
云南	2006 年 9 月 7 日	局　长:李云山 副局长:沙剑勇	局　长:李云山 副局长:赵和玉
西藏	2006 年 9 月 15 日	局　长:年　扎 副局长:陈剑坤	局　长:唐顺益 副局长:陈剑坤 副局长:成建政 副局长:桑　珠
陕西	2006 年 9 月 4 日	局　长:申来安 副局长:李洛郑	局　长:申来安 副局长:秦红保
甘肃	2006 年 9 月 11 日	局　长:高俊有 副局长:张玉虎	局　长:张玉虎 副局长:王胜礼
青海	2006 年 9 月 12 日	局　长:宋海宁 副局长:孙海伟	局　长:宋海宁 副局长:孙海伟
宁夏	2006 年 9 月 6 日	局　长:戚兰州	局　长:李洛郑 副局长:张宁成
新疆	2006 年 9 月 8 日	局　长:董党生 副局长:李志炜	局　长:董党生 副局长:李志炜

2009 年 2 月 19 日,国务院常务会议正式审议通过修改后的《国家邮政局主要职责内设机构和人员编制规定》。国家邮政局新“三定”规定(见表 1-2),集中反映了深化邮政管理体制改革的要求,明确了国家邮政局职能转变的重点,突出了管宏观、管战略、管规划、管政策的总体要求,强化了社会管理和公共服务职能,以及对快递等邮政市场和行业生产安全的监督管理职能,邮政管理的目标和任务更加明确。

表 1-2　国家邮政局新老“三定”方案主要内容对照表

“老三定”(2006 年)	“新三定”(2009 年)
职 能 调 整	职 能 调 整
国家邮政局实行政企分开,继续行使政府邮政监督管理职能,企业职能剥离给新组建的中国邮政集团公司	1. 取消已由国务院公布取消的行政审批事项; 2. 邮政分支机构的设立审批改为事后备案,组织最佳邮票评选和全国性集邮展览工作交给中华全国集邮联合会; 3. 加强国家邮政行业规划与交通运输规划的衔接,促进邮政行业发展; 4. 推动建立覆盖城乡的邮政普遍服务体系,确保城乡居民享受安全、便捷、合理价格的邮政普遍服务

续上表

"老三定"(2000年)	新三定(2009年)
主 要 职 责	主 要 职 责
1. 研究提出邮政业的发展战略、发展规划和有关政策； 2. 起草邮政行业的法律、行政法规和规章草案； 3. 依法监管邮政市场，保障公平竞争； 4. 负责邮政市场准入； 5. 保障邮政通信与信息安全； 6. 研究提出邮政服务价格政策和基本邮政业务价格建议，并监督执行； 7. 制订邮政服务标准，监督邮政服务质量； 8. 推进邮政普遍服务机制的建立和完善； 9. 负责纪念邮票的选题和图案审查； 10. 负责审定纪念邮票和特种邮票年度计划； 11. 代表国家参加国际邮政组织，处理政府间邮政事务； 12. 办理国务院和信息产业部交办的其他事项	1. 拟订邮政行业的发展战略、规划、政策和标准，提出深化邮政体制改革和促进邮政与交通运输统筹发展的政策建议，拟订邮政行业法律法规和部门规章草案； 2. 承担邮政监管责任。推动建立覆盖城乡的邮政普遍服务体系，推进建立和完善普遍服务和特殊服务保障机制，提出邮政行业服务价格政策和基本邮政业务价格建议，并监督执行； 3. 负责快递等邮政业务的市场准入，维护信件寄递业务专营权，依法监管邮政市场； 4. 负责监督检查机要通信工作，保障机要通信安全； 5. 负责邮政行业安全生产监管，负责邮政行业运行安全的监测、预警和应急管理，保障邮政通信与信息安全； 6. 负责邮政行业统计、经济运行分析及信息服务，依法监督邮政行业服务质量； 7. 负责纪念邮票的选题和图案审查，负责审定纪念邮票和特种邮票年度计划； 8. 代表国家参加国际邮政组织，处理政府间邮政事务，拟订邮政对外合作与交流政策并组织实施，处理邮政外事工作，按照规定管理涉及港澳台邮政工作； 9. 垂直管理各省、自治区、直辖市邮政管理局； 10. 承办国务院及交通运输部交办的其他事项
内 设 机 构	内 设 机 构
国家邮政局设5个职能机构： 1. 综合司(外事司)； 2. 政策法规司； 3. 普遍服务司(机要通信司)； 4. 市场监管司； 5. 人事司	国家邮政局设5个内设机构(副司局级)： 1. 办公室(外事司)； 2. 政策法规司； 3. 普遍服务司(机要通信司)； 4. 市场监管司； 5. 人事司
人 员 编 制	人 员 编 制
国家邮政局机关行政编制为98名。其中：局长1名，副局长4名，正副司长职数18名(含机关党委专职副书记)	国家邮政局机关行政编制为98名。其中：局长1名、副局长4名，正副司长职数18名(含机关党委专职副书记)

邮政速递物流改制取得实质性突破。按照邮政体制改革的总体部署，邮政速递物流改制工作有序进行。2008年，中国邮政集团公司开始实施邮政速递物流业务专业经营改革。2010年，按照现代企业制度要求，中国邮政速递物流股份有限公司成立。邮政普遍服务业务和竞争性业务初步实现分业经营、分账核算。确立了邮政速递物流专业化经营、集约化管理、规模化发展格局，改制上市取得重大进展。

邮政安全保障机制不断完善。在保障邮政体制改革的配套机制方面，完善安全保障机制是其中重要内容。国家邮政局下发了加强快递市场监管维护产业安全的意见。健全规章制度，先后制定实施了《邮政行业安全监督管理办法》、《邮政行业安全防范工作规范》、《禁寄物品指导目录及处理办法(试行)》等规范性文件，初步形成寄递渠道安全保障法律规范体系。加强应急预案体系与应急法制建设，以《国家邮政业突发事件应急预案》为核心的邮政业应急预案体系基本形成。强化与有关部门的安全保障协作机制，充分发挥合力作用，共同做好寄递渠道安全保障工作。以奥运安全为契机，完善寄递渠道安全监控机制。初步建立了安全信息系统，要求并指导邮政快递企业建立严格的收寄验视制度，细化安全监控流程，鼓励和支持企业建立监控系统，将国家邮政局对禁寄物品和寄递安全管理的要求落到实处。

三、中国快递发展走上快车道

2006 年，我国国民经济和社会发展“十一五”规划中第一次提到了“现代物流业”。在法规政策利好、发展活力增强、市场需求旺盛的共同作用下，我国快递行业迎来了发展的黄金五年。“十一五”期间，我国快递行业实现了平稳快速发展，市场秩序逐步改善，服务水平不断提升，经济结构不断优化，总体规模迅速扩大。

业务需求不断增多，市场规模持续扩大。“十一五”时期，我国经济持续平稳较快发展，工业化、信息化、城镇化、市场化和国际化持续推进，转变发展方式、调整经济结构的力度不断加大。伴随经济规模不断扩大和国际经济贸易往来更加密切，信息交流、物品递送和资金流通等活动更加频繁，经济社会对快递服务的需求不断增多，产业发展前景广阔。邮政体制改革进一步消除了快递在体制机制上的发展障碍，发展环境得到明显改善，发展活力被极大释放，市场规模持续扩大。

“十一五”期间，我国快递业务量快速增长，2006 年，全国快递业务量 10 亿件，到 2010 年，全国规模以上快递企业业务量已累计完成 23.4 亿件，年均增长 23.3%。2006 年底，全国快递业务收入 291.7 亿元，到 2010 年，全国快递业务收入达到 574.6 亿元，年均增长 19.7%（图 1-1、图 1-2）。2006 年，我国的快递日均业务量仅为 500 万件，2010 年 9 月 15 日，全国规模以上快递企业日快件处理量突破 1000 万件，成为继美国和日本之后第三个快件日处理量突破千万件的国家。

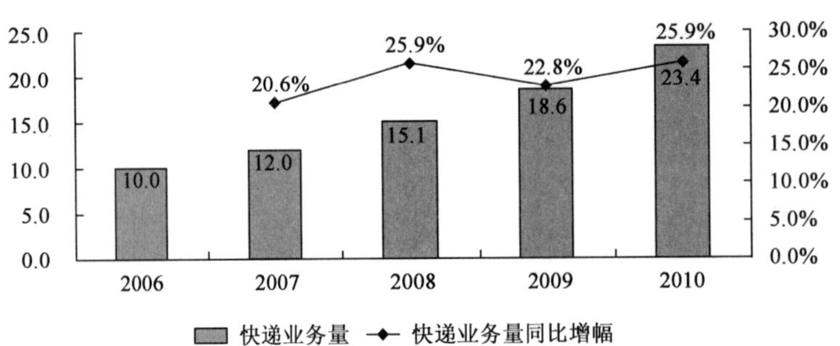

图 1-1 “十一五”期间快递业务量发展情况（单位：亿件）

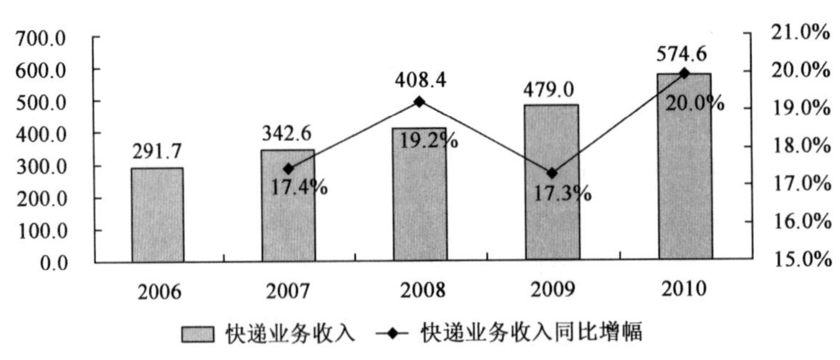

图 1-2 “十一五”期间快递业务收入发展情况（单位：亿元）

2010 年，快递业务收入占邮政业业务收入（不含邮政储蓄银行直营业务收入）的比重为 45%，比“十五”末提高 7.7 个百分点，快递业务收入占比提高。

在较短的时间里，我国快递市场成长为增长速度最快、发展潜力最大的新兴战略性服务业，市场规模排名世界第三位，受到国内外的高度关注。

积极应对金融危机，行业运行企稳回升。

2009年，面对突如其来的国际金融危机，邮政管理部门从容不迫，沉着应对，及时把握行业发展趋势，有效化解各种不利因素，提出了“保增长、扩需求、调结构、重服务”的总体思路，从五个方面增强了行业应对市场变化的能力。

第一，引导企业扭转逆势优先发展。抓住国家出台物流业调整和振兴规划的有利时机，积极争取将快递列入规划范围，确定工作着力点，使业务增长逐季回升。2009年5月4日审议通过的《国家邮政局关于贯彻落实物流业调整和振兴规划的实施意见》提出了十一条贯彻落实《物流业调整和振兴规划》的具体政策措施：以推动长三角、京津冀、珠三角等重点区域快递服务体系建设，着力解决制约快递发展的瓶颈性问题，大力发展农村快递物流服务，有效构建邮政业监管和公共服务信息平台为重点，确保《物流业调整和振兴规划》在邮政业得到全面贯彻落实，推动行业科学发展。

第二，推动邮政企业深化改革。促进邮政普遍服务与竞争性业务分业经营，加速快递物流资源优化整合，提升服务能力和水平，逐步建立市场化经营体制机制。

第三，抓住国家实施积极的财政政策和适度宽松的货币政策的契机，强化政策支持。加强农村邮政网点改造和快递物流设施建设，提高行业技术装备和网络建设水平。2009年5月25日，全国推广山东邮政发展农村物流经验现场会在山东青岛召开，中共中央政治局委员、国务院副总理张德江到会并作重要讲话。会议明确了推动传统邮政向现代邮政转型、做大做强邮政快递物流的方向。会后，20个省（区、市）政府出台了关于推动农村邮政物流发展的文件（见表1-3），在邮政补建农村网点、健全完善村邮站、建设邮政物流配送中心、简化工商登记、参与“万村千乡市场工程”等方面出台了具体政策。

表1-3 各省（区、市）推动农村邮政物流发展发文情况（20个）

省（区、市）	支持农村物流文件名称	发文时间	发文单位
河北	关于进一步支持农村邮政物流发展意见的通知	2009.07.13	河北省人民政府办公厅
内蒙古	内蒙古自治区人民政府办公厅转发自治区发展改革委等部门关于推动农村牧区邮政物流发展意见的通知	2009.7.22	内蒙古自治区人民政府办公厅
辽宁	关于加快发展农村邮政物流的意见	2009.11.6	辽宁省人民政府办公厅
黑龙江	省政府办公厅转发省邮政管理局等部门加快推进农村邮政物流发展的实施意见的通知	2009.8.31	黑龙江省人民政府办公厅
上海	关于本市推动农村邮政物流发展的若干意见	2010.5.5	上海市人民政府
江苏	关于推动江苏农村邮政物流发展的意见	2009.9.5	江苏省人民政府办公厅
江西	江西省人民政府办公厅转发省邮政管理局等部门关于推动我省农村邮政物流发展实施意见的通知	2009.12.8	江西省人民政府办公厅
山东	山东省人民政府办公厅转发省邮政管理局等部门关于推动山东省农村邮政物流发展实施意见的通知	2009.7.24	山东省人民政府办公厅
河南	河南省人民政府办公厅关于转发省邮政管理局等部门河南省加快农村邮政物流发展实施意见的通知	2009.10.16	河南省人民政府办公厅
广东	关于共同推进农村流通网络建设的通知	2010.3.3	广东省经济和信息化委员会、邮政管理局
广西	广西壮族自治区人民政府办公厅转发自治区邮政管理局等部门关于推动广西壮族自治区农村邮政物流发展实施意见的通知	2010.6.13	广西壮族自治区人民政府办公厅

续上表

省(区、市)	支持农村物流文件名称	发文时间	发文单位
海南	关于推动农村邮政物流发展的通知	2009.9.21	海南省人民政府办公厅
重庆	重庆市人民政府办公厅关于印发重庆市推动农村邮政物流发展实施意见的通知	2009.10.19	重庆市人民政府办公厅
四川	四川省人民政府办公厅《转发省邮政管理局等部门关于加快发展农村邮政物流意见的通知》	2009.8.21	四川省人民政府办公厅
贵州	转发省交通运输厅等部门关于推动全省农村邮政物流发展意见的通知	2009.9.11	贵州省人民政府办公厅
云南	关于推动农村邮政物流发展的实施意见	2009.12.18	云南省人民政府办公厅
甘肃	关于推动农村邮政物流发展支持邮政服务“三农”实施意见的通知	2009.8.11	甘肃省人民政府办公厅
青海	青海省人民政府办公厅转发省邮政管理局等部门关于推动农牧区邮政物流发展实施意见的通知	2009.8.27	青海省人民政府办公厅
宁夏	关于推动全区农村邮政物流发展的实施意见	2009.9.6	宁夏回族自治区人民政府
新疆	贯彻国务院办公厅关于推动农村邮政物流发展的实施意见	2009.9.1	新疆维吾尔自治区人民政府办公厅

第四，发挥大交通平台的综合优势，突破行业发展瓶颈。国家邮政局与中国民用航空局联合印发了《关于促进快递与民航产业协同发展的意见》，既为邮政、快递运输提供了保障，又进一步开发了航空邮货市场。加快协调快递车辆进城通行政策，在广东、天津、河北、内蒙古、辽宁、吉林、上海、河南、湖南、云南、陕西、新疆等省（区、市）均取得突破（见附件）。

附件：广东省关于保障邮政业运输车辆便捷通行的通知

关于保障邮政业运输车辆便捷通行的通知

（粤邮管联〔2009〕2 号）

各地级以上市交通局、公安交警支队、工商行政管理局、省邮政管理局各办事处：

为贯彻落实《国务院关于印发物流业调整和振兴规划的通知》（国发〔2009〕8 号）和《广东省邮政业管理办法》（第 131 号省政府令），鼓励和引导快递企业健康有序发展，提高城市快递配送的专业化水平，解决城市快递车辆进城通行、停靠和装卸作业问题，完善城市快递配送网络。现将我省邮政业运输车辆的有关事项通知如下：

（1）邮政企业运输邮件的专用机动车应当按照规定喷涂“中国邮政”字样、客服电话和标志颜色。其他寄递服务企业运输快件的机动车应当喷涂企业的专用标志、客服电话和标志颜色，但不得喷涂“中国邮政”字样和与邮政企业运输邮件专用机动车相同或者相似的标识颜色。喷涂式样由省邮政管理局统一制定（具体式样见附件）。上述机动车喷涂统一标志后，不需到工商部门办理户外广告登记，持法定证明、凭证到公安机关交通管理部门办理变更登记。

(2)对需要喷涂专用标志的快递车辆,快递企业应先将相关材料报省邮政管理部门进行审核。对经省邮政管理部门审核的、喷有快递企业专用标志的12座(含)以下载客汽车,在城市内允许装载快件,不以客运机动车违反规定载货为由查处。

(3)对喷有快递企业专用标志的车船及其工作人员进出港口、通过渡口时,优先放行,现场执勤执法交通警察必要时予以协助。

(4)对喷有快递企业专用标志的12座(含)以下载客汽车运输快件,确需通过禁行路线的,经公安机关交通管理部门同意,在确保安全的前提下,可以通行;确需在禁止停车地段停车的,可以临时停车。在处理完揽收、投递工作之后,应立即驶离该禁行路线或禁停路段。

(5)对快递企业运输快件的车辆发生轻微交通事故的,适用简易程序处理后,及时放行;发生一般以上交通事故,因调查取证需要,确需暂扣车辆的,交警部门应当及时告知驾驶人员或其所属企业,12小时内将所有快件放行,检验鉴定后,及时放行车辆。

(6)交警部门、交通运管部门、邮政管理部门应对喷有快递企业专用标志的车辆进行监督检查,加强对快递企业运输快件车辆的管理。

广东省邮政管理局　　广东省交通厅

广东省公安厅交通管理局　　广东省工商行政管理局

二〇〇九年六月八日

第五,加快业务创新。推动国内与国际业务、城市与农村业务、传统业务与供应链服务、电子商务配送等新型业务的联动发展,成功举办首届“中国电子商务与快递物流大会”,进一步推进快递企业和电子商务企业的战略合作。

经过艰苦努力,邮政业基本扭转了2008年末至2009年初发展减缓的势头,全行业量收逐月回升,行业运行呈现企稳回升、总体向好、结构改善的发展态势。2009年,规模以上快递企业业务收入完成479亿元,同比增长17.3%,占行业总收入的比重达43.7%;快递业务量完成18.6亿件,同比增长22.8%。

网络覆盖逐步完整,服务能力不断提升。“十一五”时期,我国邮政业快速发展,快递服务生产、服务民生的基础性作用日益显现。修订后的《中华人民共和国邮政法》(以下简称《邮政法》)颁布实施以来,快递市场发展迎来了政策最好、环境最宽松的时期,这个时期也是广大企业发展劲头最足、企业家投资信心最强、企业管理水平和经营实力改善最快的时期。广大快递企业珍惜来之不易的发展环境和发展机遇,纷纷加快资源整合,加强能力建设,提升服务,加快发展。

“十一五”期间,快递企业的运作模式日趋多元化,直营、加盟和代理模式发挥出各自的运营优势,有效解决企业管控统一和扩张迅速之间难以调和的问题,满足了企业服务网络延伸,快速适应市场的需要。截至“十一五”末,快递服务网络已通达国内大多数城市和港澳台地区,连通世界大部分国家,全国规模以上快递企业营业网点达6.4万处,国内重点快递企业在直辖市和省会城市网点覆盖率均已达到95%,省辖市网点覆盖率达到88.9%,部分快递企业的服务已深入农村乡镇。

快递业务的飞速发展和服务网络的不断延伸,大大促进了快递服务能力的不断攀升。“十一五”期间,快递服务的基础设施建设力度进一步加大,仅2009年快递企业投入就超过100亿元,重点快递企业在北京、上海、广州、杭州、深圳、武汉和成都等全国性物流节点城市相继建成规模较大的快件分拨中心,解决社会就业人员超过10万人。航空网络不断拓展,运输服务能力迈上新台阶。快递企业的运营管理能力和技术装备水平明显提高，服务能力显著提升。快递企业所拥有的房屋建筑面积、生产场地面积、营业网点数量大幅增加，运输设备配备总数约为7万辆(台)。高新技术应用水平进一步提高，GPS全球定位、远程视频监控、智能手持终端等成熟科技广泛运用于快件传输流程，现代化的分拣设备、实时跟踪装置、管理信息系统普及应用。计算机、手持终端设备的投入大幅增长，有效提升了快递企业揽收、分拣、派送、查询等环节的信息化处理水平，内控管理和资源调度的水平进一步增强。

“十一五”期间，快递企业的服务内容、服务地域、服务时限都发生了新的变化。过去，快递企业的主要服务对象是单位用户，所收寄的快件也大部分是商务快件。“十一五”期间，随着电子商务的发展，人们的消费方式发生了很大变化，使用快递服务已经成为寻常百姓特别是年轻人日益平常的生活方式之一。数据显示，“十一五”末期，快递业务量的40%来自网购。在地域上，以前的快递公司主要集中在东南沿海，现在，即使偏远的地方也都有快递公司在提供服务，而且正在呈现由南向北，由东向西扩张发展的态势。在时限上，快递所需的时间也越来越短，次日达、次晨达等服务正在满足用户越来越高的时限要求。

快递企业发展迅速，从业人员大幅增加。2006年，我国快递行业拥有法人机构3307家，到“十一五”末，我国依法取得快递业务经营许可证的企业接近6000家，世界五百强企业中有5家外资快递物流公司进入中国快递市场投资发展、参与竞争。快递从业人员已经超过60万人，全国31个省(区、市)开展了快递业务员职业技能鉴定工作，共有18.2万名快递业务员参加了职业技能鉴定考试。

多元格局逐渐形成，市场竞争更加充分。“十一五”时期，伴随着快递业务需求的旺盛增长，各类企业顺应大势，抢抓机遇，纷纷投身发展大潮，快递市场所有制类型多元，从业主体不断增多。

“十一五”时期，民营快递企业发展迅猛，市场份额逐年扩大。“十一五”末，民营快递企业业务量完成13.2亿件，比“十五”末翻了近3番，年均增幅达到49.8%；快递业务收入完成215.5亿元，是“十五”末的5倍多，年均增幅达到39.4%。

国有快递企业发展相对平稳。“十一五”末，国有快递企业业务量完成9.3亿件，年均增幅为11.3%；业务收入完成244.4亿元，年均增幅为16.1%。

外资快递企业发展相对缓慢。“十一五”末，外资快递企业业务量完成1亿件，年均降幅1.2%；但业务收入稳定增长，完成114.7亿元，年均增幅为8.3%。

相较于“十五”末，“十一五”末民营快递企业业务量市场份额扩大了35个百分点达到56.3%；业务收入市场份额扩大了20个百分点达到37.5%。国有快递企业业务量市场份额为39.6%；业务收入市场份额为42.5%。外资快递企业业务量市场份额为4.1%；业务收入市场份额为20.0%(见图1-3、图1-4)。

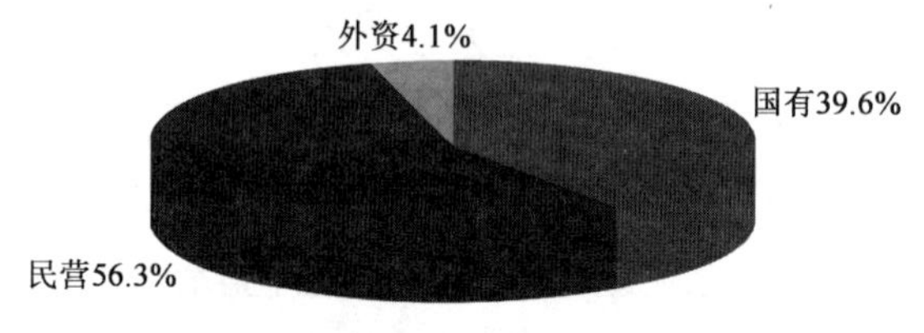

图1-3 “十一五”末不同所有制企业类型快递业务量市场份额情况

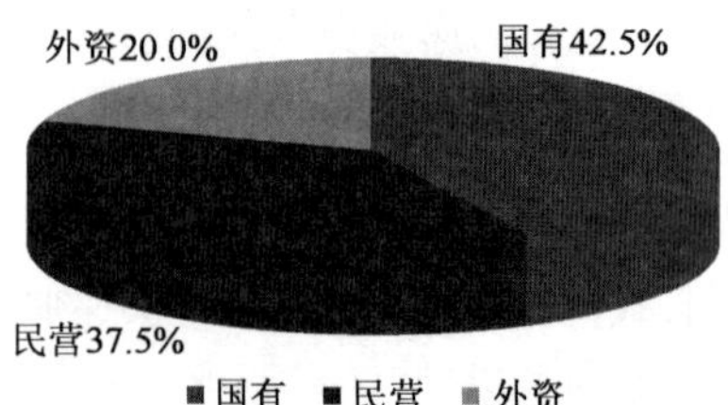

图1-4 “十一五”末不同所有制企业类型快递业务收入市场份额情况

“十一五”末，多种所有制并存，多元主体竞合、多层次服务共生的快递市场发展格局已经逐步形成。各类所有制快递企业凭借自身优势在快递市场上逐鹿争霸，竞争程度逐年加剧，竞争形式也由初期的低价竞争逐步向服务能力、服务质量和服务水平竞争转变。伴随着快递业务市场竞争的逐渐加剧，企业间开始通过兼并重组方式引进资源、扩大规模、抵御风险，快递市场的竞争和发展呈现出新的活力（见表1-4）。

表1-4　2010年快递行业兼并重组案例表

时　　间	兼并重组案例
2010年3月29日	阿里巴巴与民营快递企业星辰急便签署协议，首次入股快递企业
2010年5月10日	海航北方物流（控股）有限公司与詹氏兄弟正式签约，重组天天快递
2010年6月8日	海航集团北方总部与青岛元智捷诚快递有限公司重组合作签字仪式在济南举行
2010年11月	百世网络技术有限公司对国内知名品牌“汇通快运”进行了重组

产品服务层次多样，各类业务协调发展。“十一五”时期，快递市场初步形成了涵盖国内同城、异地和国际及港澳台地区的快递服务体系，三类快递业务协调快速发展。其中，国内异地业务稳居主导地位，带动整体快递业务实现快速增长。国内同城、国内异地和国际及港澳台快递业务的增长各具特色。

同城快递业务稳定增长。“十一五”末，同城快递业务量完成5.4亿件，年均增幅达到17.7%；同城快递业务收入完成41.5亿元，年均增幅达到14.9%。

国内异地快递业务快速发展。“十一五”末，业务量完成16.7亿件，年均增幅达到27.2%；业务收入完成314.5亿元，年均增幅达到22.0%。

国际及港澳台快递业务波动上涨。“十一五”末，国际及港澳台快递业务量完成1.3亿件，年均增幅达到9.9%；国际及港澳台快递业务收入完成178.8亿元，年均增幅达到14.5%。

各类业务市场结构总体稳定。相较于“十五”末，“十一五”末同城快递业务量及业务收入市场份额呈小幅下降趋势，其中，同城快递业务量市场份额下降6.5个百分点至22.9%，同城快递业务收入市场份额下降[illegible]个百分点至7.2%。异地快递业务量及业务收入市场份额稳步上升，其中，异地快递业务量市场份额上升10.6个百分点至71.5%，异地快递业务收入市场份额上升4.9个百分点至54.7%。国际及港澳台快递业务市场份额略有下降，其中，国际及港澳台快递业务量市场份额下降4.1个百分点至5.6%，国际及港澳台快递业务收入市场份额下降7.3个百分点至31.1%（见图1-5、图1-6）。

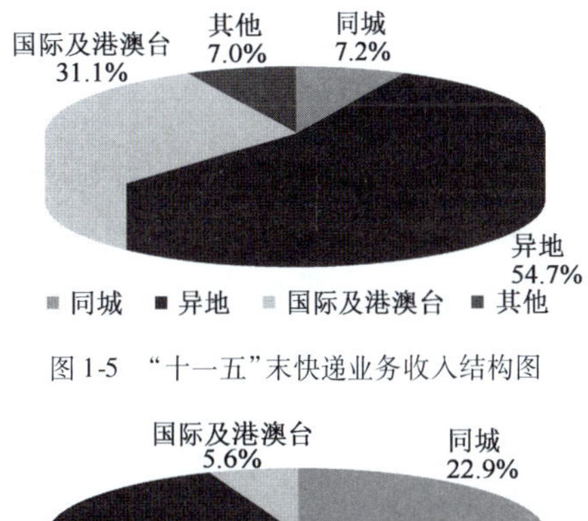

图1-5　“十一五”末快递业务收入结构图

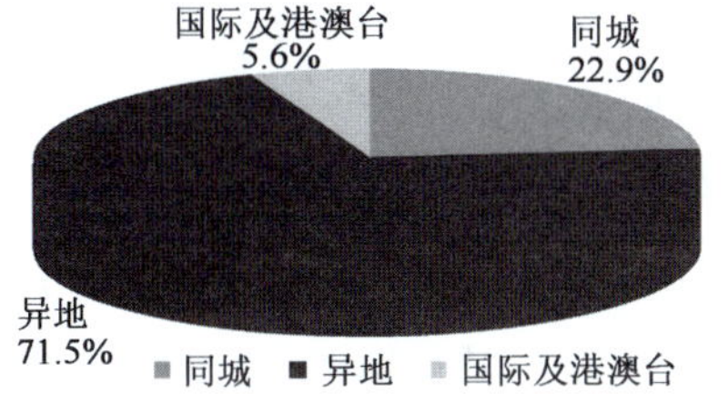

图1-6　“十一五”末快递业务量结构图

随着经济社会的发展和生产消费方式的转变，个性化生产、服务和配送的需求不断扩大，快递服务需求日渐差异化。各企业在进一步加大投资投入，丰富传统业务服务内容的同时，不断拓宽服务领域，增加当日达、次日达、次晨达等各类时限产品。与此同时，充分把握电子商务、网络购物等新型业态发展的良好机遇，增开网上下单、代收货款、代为配换货等增值服务，服务链条不断延伸，产品体系不断完善。电子商务配送业务成为快递服务新的增长点，快递服务与电子商务协同发展的模式初步形成。

领先宏观经济发展，区域集中趋势明显。“十一五”期间，与同期GDP、第三产业发展速度相比，快递业务表现出明显的发展优势，对宏观经济的促进作用明显。2006－2010年，我国国内生产总值年均实际增长11.2%，第三产业年均增长11.9%；同期全国快递业务收入年均增长19.7%，全国规模以上快递服务企业业务量年均增长23.3%。2010年，快递业务收入完成574.6亿元，快递业务量完成23.4亿件，分别是“十五”末的2.5倍和3倍，快递对国民经济的支撑作用日益显现。

区域发展上，受市场规模、市场发展阶段、运营成本、企业发展阶段和发展战略等因素的影响，快递服务发展呈现出与经济发展水平相对应的发展特征，区域集中趋势十分显著。快递企业在经济较发达的东部地区分布密度远高于中西部地区，各快递企业的资产、业务量和业务收入，也主要集中在东部地区。

“十一五”期间，东部地区每年的同比增速在三大地区中均维持较高水平且发展趋势平稳，主导地位显著。“十一五”末，东部地区快递业务量完成18.5亿件，年均增幅达到25.7%；快递业务收入完成465.8亿元，年均增幅达到19.9%。东部地区的快递业务量和业务收入明显向长江三角洲、珠江三角洲、京津冀地区聚集。2010年三大区域快递业务量共计15.8亿件，占全部快递业务量的67.7%，实现业务收入398.7亿元，占全部快递收入的69.4%。

中部地区整体保持平稳快速增长，增速略有波动。“十一五”末，中部地区快递业务量完成2.7亿件，年均增幅达到17.1%；快递业务收入完成56.8亿元，年均增幅达到17.8%。

西部地区保持快速增长。“十一五”末，西部地区快递业务量完成2.1亿件，年均增幅达到15.2%；快递业务收入完成52.0亿元，年均增幅达到20%。

东、中、西部总体市场份额保持基本稳定。相较于“十五”末，东部地区快递业务市场份额小幅稳定上涨，2010年快递业务量和业务收入市场份额分别比2005年提高7.1和0.8个百分点。中、西部地区快递业务市场份额小幅下降。中部地区快递业务量和业务收入市场份额分别降低3.4和0.8个百分点，西部地区快递业务量市场份额降低3.7个百分点，业务收入市场份额基本持平（见图1-7、图1-8）。

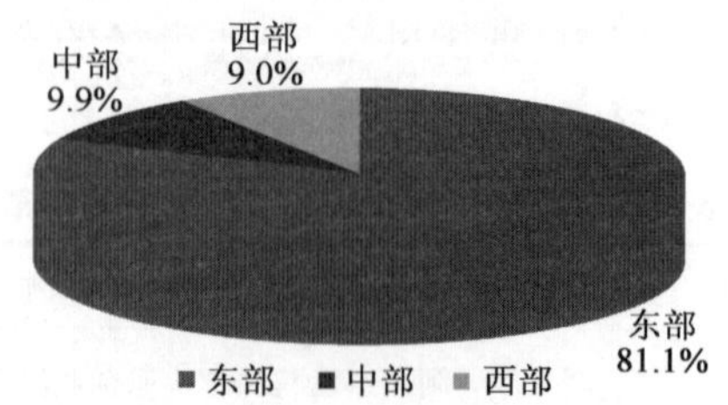

图1-7 “十一五”末三大区域快递业务收入结构图

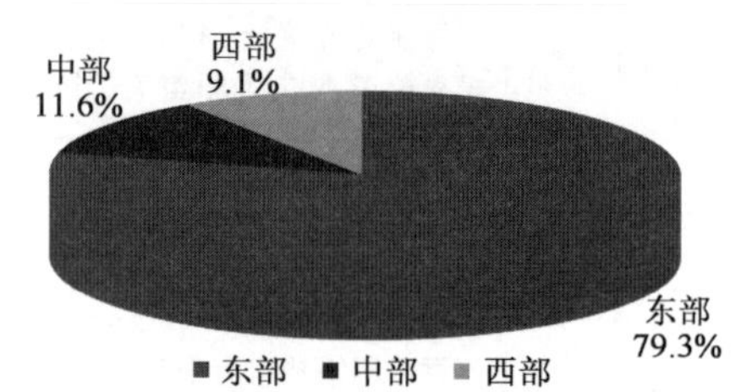

图1-8 “十一五”末三大区域快递业务量结构图

快递发展方兴未艾，深层问题亟待解决。“十一五”期间，快递服务虽然取得了快速发展，但仍然存在一些突出问题。主要表现为：服务能力和水平不能满足经济社会发展和人民群众日益增长的需求。从根本上说，快递发展的主要矛盾仍然是发展水平和服务能力不能满足人民群众不断提升的用邮需求，不能满足经济社会发展的需要，不能适应社会主义现代化建设的需要。行业整体发展不平衡；快递市场上存在低价格、同质化竞争现象，缺乏差异化服务和具有核心竞争力的领军企业；快递企业科技应用能力不强，信息化程度不高，从业人员整体素质偏低，高技能人才严重匮乏，专业技术和经营管理人才不足。

行业改革有待深化，影响行业发展的一些深层次矛盾还有待解决。邮政管理还不能很好地适应行业发展改革需要，发展环境有待进一步优化，管理体制机制有待健全完善，依法行政能力有待提高，邮政法贯彻实施有待全面加强。

四、行业行政管理职能不断完善

法制建设实现突破，法规体系基本形成。经过十年的努力，修订后的《中华人民共和国邮政法》于2009年4月24日经十一届全国人大常委会第八次会议审议通过，自2009年10月1日起正式施行。这是我国邮政业发展史上的重要里程碑，标志着具有中国特色社会主义邮政法规体系的初步形成，开启了我国邮政业改革发展新篇章，为行业科学发展提供了法制保障。修订后的邮政法为社会主义市场经济条件下的邮政管理和市场运行确定了基本制度和行为规范。邮政法首次将快递业务纳入调整范畴，明确了快递企业的法律地位，确立了“鼓励竞争、促进发展”的原则。

修订后的邮政法颁布后，邮政管理部门高度重视，迅速成立贯彻实施机构，全力推进宣贯工作，成效显著。据统计，邮政管理部门共组织行业培训257次，培训人员1.6万人次，印发邮政法单行本和学习资料超过10万册。邮政企业和快递企业也积极响应学习宣贯邮政法的号召，组织形式多样的内部培训，培训人员达40万人次。

配套法规建设取得重大进展。与修订后邮政法相衔接，配套的快递法律法规体系基本形成。《快递市场管理办法》、《邮政行业安全监督管理办法》、《快递业务经营许可管理办法》等部门规章颁布实施，《禁寄物品指导目录及处理办法》等规范性文件相继出台。根据快递企业分等分级管理、建立快递服务诚信管理体系的原则，研究拟订了《快递企业信用分级管理办法》、《快递企业等级评定管理办法》和《快递企业联系制度》等制度规定。邮政地方立法全面启动，四川、陕西、辽宁、湖南、山西、贵州和广东7省相继出台了地方性邮政法规规章，有6个省（区、市）将邮政条例的修订列入了地方立法计划。配套法规的逐步完善，大大夯实了依法行政的法制基础。

行业规划相继出台，有效引导快递发展。“十一五”期间，邮政管理部门大力开展行业规划制定实施工作，先后发布实施了《邮政行业“十一五”规划》、《长江三角洲地区快递服务发展规划（2009－2013年）》、《珠江三角洲地区快递服务发展规划（2010－2014年）》和《京津冀地区快递服务发展规划（2010－2014年）》，有效引导重点地区快递发展（见表1-5）。其中，《珠江三角洲地区快递服务发展规划（2010－2014年）》得到广东省领导的高度重视，明确要求将规划所列五大工程纳入广东地方物流发展规划。

表1-5 “十一五”期间快递发展规划一览

规划名称	发布时间	规划制订部门	牵头部门
《邮政业“十一五”规划》	2008年1月	国家邮政局	“十一五”规划编制小组
长江三角洲地区快递服务发展规划（2009－2013年）	2009年3月	上海、江苏、浙江三省市邮政管理局	上海市邮政管理局
珠江三角洲地区快递服务发展规划	2009年6月	广东省邮政管理局	广东省邮政管理局
京津冀地区快递服务发展规划（2010－2014年）	2010年8月	北京、天津、河北三省市邮政管理局	北京市邮政管理局

结合行业实际，开展邮政业和快递服务“十二五”规划编制工作，并着力与其他专业规划衔接，积极推动将快递纳入国家鼓励发展的产业目录。将邮政和快递服务内容纳入了国家《服务贸易中长期发展规划纲要（2009－2020年）》。

健全行业统计体系，标准化工作见成效。2007年，国家邮政局组织全国首次快递服务统计调查，建立健全覆盖全行业的统计报表制度，不断完善统计方法和指标体系，将规模以上快递企业纳入邮政业统计范围，统计调查企业数量达到2400余家，填补了国民经济统计空白。统计信息的及时性、准确性和指导性大大提高，为政府宏观调控和市场管理提供了基础条件，已成为国家关于邮政业发展战略决策的重要依据。

制定“十一五”邮政业标准化发展规划，行业标准体系初步形成。颁布实施《快递服务》邮政行业标准、《快递业务员国家职业技能标准》等多部在国际国内具有广泛影响的行业标准。成立全国邮政业标准化技术委员会，大力推动标准的实施。“十一五”期间，一批优秀科技创新成果有力支撑了行业服务能力的提升，一批企业加快向技术密集型与劳动密集型结合的方向发展。

行业政策不断完善，发展环境逐步改善。为促进快递行业又好又快发展，邮政管理部门积极协调其他相关部门出台扶持政策，较好地解决了制约快递企业发展的瓶颈问题。在全国范围内统一了快递营业税税收政策，有效降低了快递企业的实际税赋。与中国民航局联合出台了《促进快递与民航产业协同发展的意见》。20多个省（区、市）较好地解决了快递车辆进城通行、停靠等问题。在协调企业建设用地、工商登记政策等方面也取得了进展。积极搭建与电子商务协同发展平台，推进与信息服务业、制造业、金融业和高端服务业的跨行业战略合作，快递发展空间不断拓展，发展领域不断延伸。

依法实施市场准入，经营许可有序推进。为了贯彻落实邮政法建立快递市场准入制度的有关规定，国家邮政局起草了《快递业务经营许可管理办法》，以交通运输部令颁布施行。为保证各级邮政管理部门在快递业务经营许可工作中认真遵循公开、公平、公正和便利高效的原则，严格按照法律法规规定的条件和程序，统一标准，依法实施，国家邮政局出台了《快递业务经营许可条件审核规范》，进一步明确了快递业务经营许可工作的申请与审批流程，规范了企业申请和邮政管理部门审批应遵循的行为准则，确保许可工作按照统一的标准和程序施行。福建、河南、江苏、山东、安徽、浙江等省邮政管理部门还编发了《许可指南》，规范企业申请材料的形式和内容。

为解决快递企业及分支机构许可和工商登记衔接问题，各省（区、市）邮政管理部门加强与当地工商行政管理部门沟通协调，采取“先行一步，主动创新”的工作思路，着力推进有关问题的协调解决。“十一五”期间，全国已有天津、河北、内蒙古、辽宁、吉林、江苏、浙江、安徽、江西、山东、河南、湖北、湖南、广东、广西、重庆、四川、西藏、甘肃、青海、宁夏、新疆等22个省（区、市）建立了快递业务经营许可与工商注册登记联动机制。

为保证快递业务经营许可工作依法有序推进，国家邮政局开通了网上申请程序和管理信息系统，并通过网站和媒体对外进行公告，加强宣传，让申请经营许可的企业了解和掌握。各级邮政管理部门召开宣贯会议139次，举办培训班171期，出动7100人次，核查现场出行里程40万公里，颁发许可证5889件，占快递市场90%以上份额的快递企业依法获得经营许可。

规范快递市场秩序，市场环境有效优化。各级邮政管理部门把企业合法、合规经营作为执法检查重点，为行业发展创造良好环境。国家邮政局与国家工商总局联合开展“规范市场秩序，促进快递发展”专项活动，以规范市场秩序。坚持日常执法检查和重点检查相结合，共开展市场检查35889次，检查快递企业56976个（次），纠正和查处违法行为29040起，下达行政处罚和整改通知2775份。

服务监督力度加大，有效保障客户权益。自2007年起，国家邮政局连续委托第三方机构开展快递服务满意度调查，建立了较为完善的指标体系。从快递受理服务、揽收服务、投递服务和售后服务四个环节设计，包括4个二级指标、13个三级指标和42项四级指标，开展快递服务满意度调查。按照这套指标体系，在全国28个城市对11家主要快递企业进行了服务满意度调查。从连续四年的满意度调查结果看，快递服务满意度呈现稳步提升趋势。各省（区、市）邮政管理部门也结合本地实际，组织开展了多种形式的快递服务监督活动。这种从监督服务质量入手，促进快递提升服务水平的方式，不仅得到了快递企业的重视、社会的认可和消费者的赞同，也推动了快递服务水平的整体提升。

同时，各级邮政管理部门组建了12305邮政业消费者申诉中心，解决消费者与企业之间的服务争议，畅通用户申诉渠道，妥善解决用户反映的服务问题。每月在政府网站和相关媒体发布消费者申诉情况通告，加大社会监督力度。仅2009年，就受理申诉19278件，答复咨询5066件，消费者对申诉处理满意率达90%，为消费者挽回经济损失145万元。

高度重视寄递安全，健全安全监管制度。国家邮政局高度重视邮政通信和信息安全管理，联合国家安全、公安、海关、工商等部门，建立了邮政和信息安全监管长效协作机制，健全安全责任制和各项安全管理制度，完善多部门联合工作机制。

积极推动安全监管信息化应用。通过艰苦努力和大量的工作，安全监管信息系统完成了软件、硬件设计方案和一期工程建设，并与14家网络型快递企业实现系统对接，可以掌握企业每天的运行情况，了解企业的业务量和快件的流向流量。基本上形成了对企业每日处理快件情况以及相关信息的监控。

妥善应对突发事件，圆满完成重大任务。为贯彻落实好《国家邮政业突发事件应急预案》，推进邮政业应急体系建设工作，国家邮政局出台了《邮政业突发事件应急体系建设工作方案》，各地邮政管理部门和邮政、快递企业，按照突发事件应急预案和应急体系建设工作方案，结合本地实际，制订应急预案，初步建立了邮政业应急工作体系，圆满完成了党的“十七大”、北京奥运会、庆祝新中国成立60周年系列活动、上海世博会、广州亚运会和亚残运会邮路安全保障任务，在四川汶川和青海玉树地震、舟曲特大泥石流、低温雨雪、多省（区）特大暴雨灾害和甲型H1N1流感疫情等重大突发事件中发挥了重大作用，全行业应对突发事件、完成重大任务的能力显著增强。

汶川特大地震发生后，国家邮政局和四川、陕西、甘肃等相关省邮政管理局立即启动一级应急响应预案，成立专门机构，实行24小时值班，快递企业积极献爱心，力尽所能帮助慈善机构运输救灾物资1800多吨。中国邮政航空公司临危受命，出动飞机50架次，运输紧急救灾物资270吨。

支撑体系逐步健全，行业交流日益频繁。2009年2月11日，中国快递协会在北京成立，我国快递领域第一次有了全国性的协会，第一次在快递领域建立起代表企业、联系政府、服务用户的行业组织。发布了《中国快递协会企业自律公约》，在全国聘请了近千名快递市场社会监督员，重点监督快递服务质量。构建了行业自律、社会监督和政府监管三位一体的监管体系。行业管理信息化水平显著提高，21个信息化系统相继建成，功能日趋完善，国家局视频会议系统、邮政业消费者申诉处理系统、邮政与快递资费查询系统等有力促进了内部管理能力和对外服务水平的提升。成立了新闻宣传中心、发展研究中心和职业技能鉴定指导中心等具有支撑功能的机构。建立各级邮政管理部门网站，网站已成为信息公开的主渠道、服务社会的窗口、与公众互动的平台；出版发行《快递》杂志，强化了行业舆论宣传报道，促进了行业优秀文化传播，起到了上情下达，下情上报的桥梁作用。

“十一五”期间，国家邮政局成功举办了四届中美邮政改革和快递服务研讨会、两届中日邮政政策对话会以及一届中欧邮政改革和快递服务研讨会。一年一度的“中美邮政改革和快递服务研讨会”是中美战略经济对话框架下的组成内容，来自两国政府、企业、行业协会、学术机构的代表通过研讨深入了解不同体制下邮政业的改革发展情况，探讨快递服务在电子商务时代和高科技时代的迅猛发展。同时更好地促进了“21世纪积极合作全面发展的中美关系”，有利于双方政府主管部门和企业深化互信、加强合作、应对挑战、促进发展。由国家邮政局和欧盟委员会共同主办的“中欧邮政改革和快递服务研讨会”旨在深入探讨邮政改革和快递发展的重大问题，分享改革发展的思路与经验。

推进职业技能鉴定，提高从业人员素质。2008年8月，人力资源和社会保障部和国家邮政局联合颁布了《快递业务员国家职业技能标准》，这是我国正式颁布的第一个邮政业国家职业技能标准，为进一步完善行业国家职业技能标准体系、为职业教育、鉴定、培训提供了科学依据。

积极推动校企合作，培养专业人才。一是推动北京邮电大学、浙江邮电职业技术学院、深圳技师学院、山东工程技师学院等院校进行不同层次快递专业人才的培养，不断扩大专业人才规模。积极推进校企合作。据不完全统计，截至2010年，全国已有17所院校相继开设了快递专业，培养中职、高职等不同层次的专业人才，相关院校共招收物流（快递方向）和快递专业学生4062人。二是大力推进快递专业研究生、高职层次教材编写工作。组织教学经验丰富、实力较强的院校编写了第一批8本快递专业教育核心教材。三是召开全国邮政行业职业技能鉴定暨专业人才培养座谈会，提出了快递人才工程的目标和任务。

大规模开展快递业务员职鉴考试。截至2010年9月30日，全国31个省（区、市）局已全部开展职鉴工作，全国较大规模的统考共组织了5批次，共有18.2万名快递业务员参加职业鉴定，15.2万人通过考试。为确保鉴定工作积极有序开展，一是制定了《快递业务员职业技能鉴定考试方案（试行）》，组织编写了《快递业务员职业技能鉴定考务工作指导手册（试行）》，组织编制考试计划，明确了工作流程，为考务工作提供基本规范。二是加强考务管理和组织实施，全部5批次统考，140余次考试没有出现问题。三是以职鉴考试促企业培训，全国有近70%的快递从业人员接受了不同形式的培训。

大力推进职业技能鉴定各项基础工作。一是加快建立职鉴工作机构，全国有28个省（区、市）邮政管理局成立了职鉴（指导）中心，完成了机构独立运转的全部手续。二是努力推进鉴定站建设，经人社部批复同意在9省（区）设立了10个鉴定站，使政企分开改革后的国家邮政局系统第一次有了独立地组织实施职业技能鉴定考试的机构。三是夯实基础，完善各项制度。启动了中、高级快递业务员培训教材、题库开发和大纲编写项目，组织开发了职鉴考试网上报名系统等。

加强精神文明建设，树立典型表彰先进。在全行业广泛开展文明单位、文明窗口、巾帼文明岗和青年文明号等评比竞赛活动，全行业政风行风持续好转，涌现出一大批文明单位和个人。据不完全统计，“十一五”以来，全行业获得全国性或中央国家机关命名和表彰的文明单位10个，文明个人15人；获得交通运输部命名和表彰的文明单位53个，文明个人、文明标兵和精神文明建设先进工作者22人，在全国抗震救灾、上海世博会等重大事件中也涌现了一批先进集体和模范。在快递企业青年文明号评选申报工作中，上海、辽宁、广东、湖北共有11个快递企业获得省级“青年文明号”荣誉称号。持续不断的精神文明建设活动培育和树立了一批在行业内外有重大影响的先进典型（见表1-6）。

表1-6 “十一五”快递行业精神文明建设获奖情况（部分）

奖项名称	颁奖机构	获奖时间	获奖单位、个人
全国交通运输行业文明单位	交通运输部	2008－2009年度	北京宅急送快运有限公司、顺丰速运（集团）有限公司
全国交通运输行业文明示范窗口	交通运输部	2008－2009年度	顺丰速运集团（上海）速运有限公司世博分公司 上海圆通速递有限公司客户服务中心
全国交通运输行业精神文明建设先进工作者	交通运输部	2008－2009年度	东莞市信丰物流有限公司董事长徐俊斌

续上表

荣誉名称	颁发机构	获奖时间	获奖单位、个人
全国交通运输行业青年文明号	交通运输部、共青团中央	2008 年度	上海圆通速递物流(集团)有限公司客户服务中心、辽宁顺丰客服热线组和顺丰速运广州区呼叫中心
湖北省“青年文明号”	共青团湖北省委、湖北省精神文明办	2007 年度	武汉顺丰速运有限公司湖北区客服部和武汉宅急送运转中心作业科
江苏省“青年文明号”	共青团江苏省委	2008 年度	南京申通快递服务有限公司客服部、无锡市顺丰速运有限公司客户部
辽宁省青年文明号	辽宁省邮政管理局、共青团辽宁省委	2007 年度	辽宁顺丰速运有限公司客服部热线组、辽宁顺丰速运有限公司大连分部、民航快递有限责任公司沈阳分公司桃仙进出港室、沈阳鑫龙方货运代理有限公司客服中心、沈阳天马快递有限公司客服部
湖北省“青年文明号”	共青团湖北省委、湖北省精神文明办	2010 年度	武汉圆通物流有限公司客户服务部

第三章　2011年中国快递发展概况

中国快递服务发展日新月异　基础产业地位凸显

2011年是“十二五”的开局之年，面对复杂多变的宏观形势和国内经济运行出现的新情况、新问题，我国经济继续朝着宏观调控的预期方向发展。邮政管理部门以科学发展观为指导，以规范秩序为主线，以提升服务质量为目标，以保障安全为重点，加快转变发展方式，不断优化发展环境，依法加强市场监管，努力提高服务水平，切实保障行业安全，市场监管工作取得显著成效，快递服务继续保持平稳较快的发展势头，业务总量和业务收入持续快速增长。特别是随着信息技术的不断进步，快递在网络购物等消费活动中的作用愈加突出，快递业务发展增速不断加快。

一、业务增速优势明显，量收持续快速增长

2011年，在宏观经济形势向好发展的有力推动下，快递业务量和业务收入持续快速增长，全国规模以上快递服务企业业务量累计完成36.7亿件，同比增长57%；实现快递业务收入758亿元，同比增长31.9%；快递最高日业务量突破1800万件，同比增长38.4%；快递业务量月均同比增幅接近55%。国家统计局公布的经济数据显示，2011年全年国内生产总值为471564亿元，比2010年增长9.2%；第三产业增加值203260亿元，比2010年增长8.9%。与同期国内生产总值和第三产业增速相比，快递服务增速优势明显。

（一）国内业务增势突出，异地业务节节走高

2011年，受网络购物等新兴业务推动因素的影响，国内业务成为拉动快递业务整体高速增长的重要力量。同城、异地业务增速呈现稳健提升态势，而国际及港澳台业务增速则呈持续走低态势（见表1-7及图1-9）。如图1-10所示，2011年，同城业务量和业务收入分别完成8.2亿件和65.9亿元，同比分别增长52.6%和58.8%；异地业务量和业务收入分别完成27.3亿件和445.9亿元，同比分别增长63%和41.8%；国际及港澳台业务量完成1.3亿件，同比下降1.6%，实现业务收入184.7亿元，同比增长3.3%。

表1-7　2011年分专业快递业务月度收入表(单位:亿元)

月　份	同城快递	异地快递	国际及港澳台快递	其　他
1月	4.3	34.5	16.4	2.9
2月	3.4	21.4	9.4	2.4
3月	5.4	35.5	17.2	3.8
4月	5.7	33.3	14.6	4.1
5月	5.2	33.9	16.2	4.3
6月	5.8	35.4	14.9	5.1
7月	5.5	34.8	16.6	4.8
8月	5.5	38.3	15	4.9
9月	5.9	40.2	15.4	9.4

续上表

月 份	同城快递	异地快递	国际及港澳台快递	其 他
10 月	5.6	39.3	15.3	6.2
11 月	6.5	46.9	16.2	5.6
12 月	7.1	52.4	17.5	8

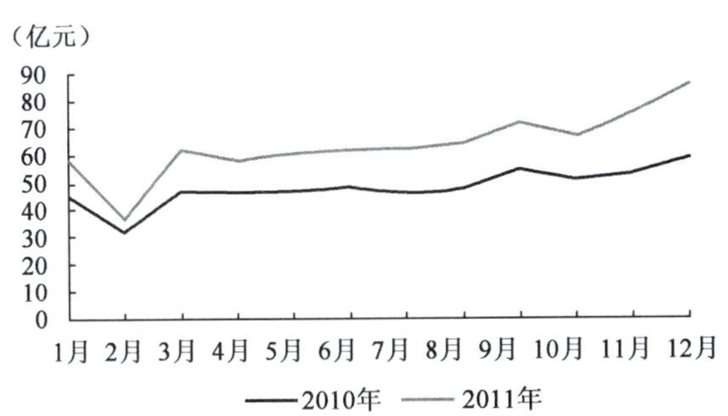

图 1-9 2010 年与 2011 年快递业务收入分月图

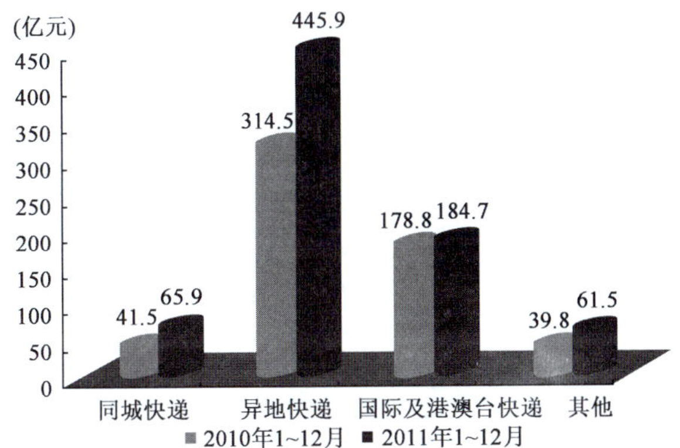

图 1-10 2010 年与 2011 年分专业快递业务收入比较图

如图 1-11 所示，2011 年，同城、异地、国际及港澳台业务业务量分别占全部快递业务量的 22.3%、74.2% 和 3.5%；收入分别占全部收入的 8.7%、58.8% 和 24.4%，如图 1-12 所示。同城业务收入的比重上升 1.5 个百分点，异地业务收入的比重上升 4.1 个百分点，国际及港澳台业务收入的比重下降了 6.7 个百分点。

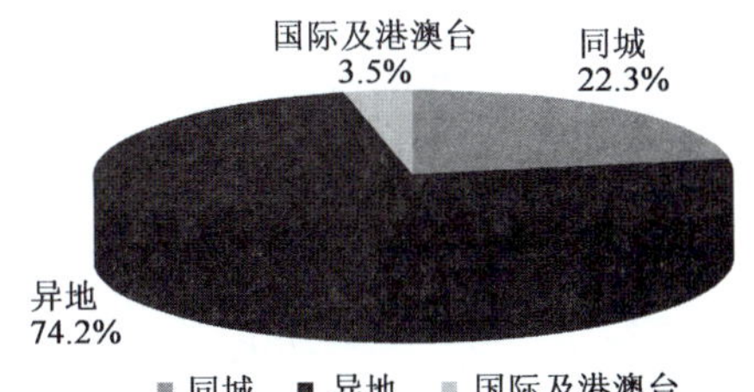

图 1-11 2011 年快递业务量结构图

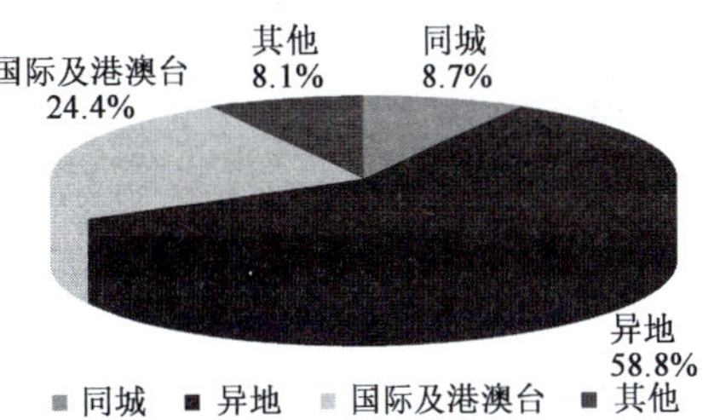

图 1-12 2011 年快递业务收入结构图

分季度看，快递业务量和业务收入均呈逐季提高态势，第四季度业务量完成 11.6 亿件、业务收入达到 226.6 亿元，创四个季度最高水平。从各季度各类业务增速来看，同城和异地业务增势突出，特别是异地业务，每个季度增速节节走高，第四季度异地业务量和业务收入增速分别达到 76.0% 和 53.5%；有力带动全行业业务量的增长；而国际及港澳台业务尽管业务总量增加，但增速相对缓慢，市场份额不断缩小，每个季度的市场份额均低于上年同期水平，第四季度国际及港澳台业务量和业务收入份额分别下降至 2.9% 和 21.6%，为四个季度最低水平。

分月度看，全年快递业务量和业务收入总体上呈逐月上升的势头，增长幅度也逐月提高。同城业务同比增速最高点出现在 11 月，增幅达到 68.8%；异地业务同比增速最高点出现在 12 月，增速达到 78.3%。

(二)民营快递发展迅速，市场份额逐步提高

2011 年，民营快递企业完成业务量 24.8 亿件，实现业务收入 374.5 亿元；国有快递企业业务量完成 10.8 亿件，实现业务收入 271.1 亿元；外资快递企业业务量完成 1.1 亿件，实现业务收入 112.5 亿元。民营、国有、外资快递企业业务量市场份额分别为 67.6%、29.4% 和 3.0%，业务收入市场份额分别为 49.4%、35.8% 和 14.8%。

同城和异地业务逐渐由国有企业流向民营企业，民营快递企业市场份额逐步提升。对比上年同期水平，民营企业业务量和业务收入占比分别提高了 11.3 个和 11.9 个百分点；国有企业业务量和业务收入占比分别下降了 10.1 个和 6.7 个百分点；外资企业业务量和业务收入占比分别下降了 1.1 个和 5.2 个百分点。

（三）东部显现规模效应，中西部增势良好

东部地区由于经济发达，快递业务市场规模效应大、发展态势好。从全年快递业务发展情况来看，东部地区市场份额在 80% 左右小幅波动，中西部地区市场份额则基本稳定在 10% 左右。受地理位置与经济发展的影响，长三角、珠三角、京津冀三大区域成为快递业务发展最活跃区域，业务规模优势明显。2011 年，三大区域快递业务量接近 25 亿件，占全部快递业务量的 68%。

如图 1-13、图 1-14 所示，2011 年，东部地区快递业务量累计完成 29.4 亿件，同比增长 58.3%，占到全国的 79.9%，快递业务收入累计完成614.3 亿元，同比增长 31.9%，占到全国的 81.1%；中部地区业务量累计完成 4.1 亿件，同比增长 52.1%，占到全国的 11.2%，快递业务收入累计完成 75.3 亿元，同比增长 32.4%，占到全国的 9.9%；西部地区快递业务量累计完成 3.3 亿件，同比增长 52.6%，占到全国的 8.9%，快递业务收入累计完成 68.4 亿元，同比增长 31.7%，占到全国的 9.0%。与上年同期相比，东、中、西部地区快递业务收入比重持平，东部地区快递业务量比重上升 0.6 个百分点，中部地区快递业务量比重下降 0.4 个百分点，西部地区快递业务量比重下降 0.2 个百分点。

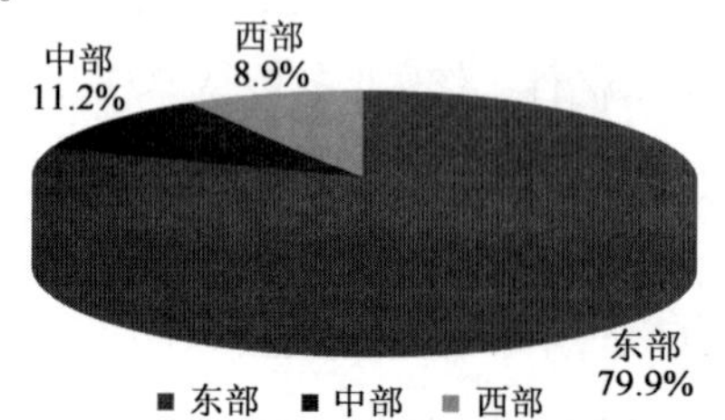

图 1-13　2011 年东、中、西部快递业务量结构图

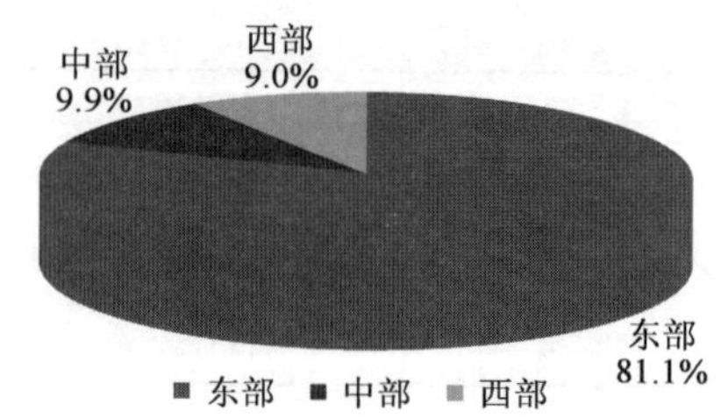

图 1-14　2011 年东、中、西部快递业务收入结构图

在同城、异地、国际及港澳台业务中，东部地区均能占到全国的 70% 以上的水平，特别是高端国际及港澳台业务市场份额高达 90% 以上，表明东部地区不仅在数量而且在质量方面都占据绝对主导地位。

从各区域的业务内部构成看，东部地区三大业务发展相对均衡。同城、异地、国际及港澳台业务量份额分别为 24.0%、71.9%、4.1%，业务收入份额分别为 9.1%、54.4%、28.0%。而中西部地区快递市场主要集中在发展异地业务，同城和国际及港澳台业务占比相对较低。

（四）上下游联动发展，助推快递业务加速增长

快递业务向服务链、供应链、产业链上下游延伸，持续提升快递品牌的服务价值，加快发展电子商务代收货款新兴业务，大力推进快递服务与制造业的深度融合，促进产业联动发展，是培育和壮大快递市场的必由之路。2011 年，各快递企业细分服务市场，丰富服务内涵，拓展服务领域，创新服务品种，积极发展实物流、资金流、信息流融合型业务，提升服务价值，根据市场需求完善基础网络，整合网络资源，不断提高运行效率和效益。

电子商务由于可以减少流通环节、加快流通速度、降低交易成本、便捷百姓生活，逐渐成为有利于社会经济发展、信息化普及的重要交易模式。工业和信息化部印发的《电子商务"十二五"发展规划》提出"十二五"期间电子商务发展的具体目标是：电子商务交易额翻两番，突破 18 万亿元。网络零售交易额突破 3 万亿元，占社会消费品零售总额的比例超过 9%。移动电子商务交易额和用户数达到全球领先水平。电子商务的服务水平显著提升，涌现出一批具有国际影响力的电子商

务企业和服务品牌。《国民经济和社会发展第十二个五年规划纲要》明确要求"积极发展电子商务,完善面向中小企业的电子商务服务"。温家宝总理在十一届全国人大四次会议作政府工作报告时指出"要积极发展电子商务、网络购物等新型服务业态"。

电子商务对快递服务的需求促进了快递企业的规模扩张和能力提升。淘宝网及淘宝商城于2012年1月4日联合发布2011年年度数据,其中日包裹量已经超过800万件,占快递业务总包裹量的60%左右。2011年11月至12月份,受临近年底的业务旺季和淘宝、当当、京东等电子商城纷纷打折促销的驱动,快递业务迎来高峰期。12月,快递业务量和业务收入均创历史最高水平,单月业务量突破4亿件,单月业务收入突破80亿元。

面对蓬勃发展的快递服务,部分电子商务企业涉足快递服务领域。2011年,江苏京东信息技术有限公司、北京世纪卓越信息技术有限公司等电子商务企业已获得快递业务经营许可证,凡客诚品(北京)科技有限公司、1号店等企业也提出快递业务经营许可申请。同时,快递企业也开始向电子商务领域延伸,邮政速递物流、顺丰、申通、圆通等快递企业构建的网上购物平台开始尝试运营。

二、邮政管理部门[illegible]加强市场监管

2011年,邮政管理部门为优化行业发展环境,提升快递市场监管能力,不断加强行业法律法规体系建设,营造良好法制环境;密集出台快递管理政策,引导行业转型升级;制定实施"十二五"规划,引领行业科学发展;争取全方位的行业发展政策,鼓励支持行业发展;加强经营许可管理,完善制度规范;加大市场检查力度,规范快递市场秩序;充分发挥申诉机制作用,维护消费者合法权益;强化行业安全监管,确保寄递渠道安全畅通;做好旺季服务保障,妥善应对业务高峰;推进职鉴工作常态化,推动校企合作取得新进展;加强行业合作交流,提升国际国内影响力。

(一)法律法规体系建设加强,营造良好法制环境

2011年,邮政管理部门积极开展工作,贯彻落实《中华人民共和国邮政法》有关规定,营造良好的法制环境。邮政立法成果显著,《邮政行业安全监督管理办法》和《邮政行业统计管理办法》先后发布施行。天津、新疆、江西、黑龙江、内蒙古、海南等省(区、市)颁布地方性邮政法规规章(见表1-8)。河北、广西、云南、西藏等地方性邮政条例的制订工作进展顺利。

表1-8　2011年地方性邮政条例一览表

条例名称	公布时间	主要特色条款
《天津市邮政业管理办法》	2011年1月17日	快递企业可以根据寄件人的要求收取保价费,保价费应设立专门账户,用于赔偿因保价快件丢失、损毁或内件短少给用户造成的损失
《新疆维吾尔自治区邮政条例》	2011年3月25日	禁止利用带有快递专用标识的车辆或者出租、出借带有快递专用标识的车辆从事快件运递以外的活动
《江西省邮政条例》	2011年7月28日	已取得通行证的运输快件的车辆确需通过禁行路段或者在禁停路段停车的,在服从交通警察指挥和确保安全的前提下,可以通行或者停车。遇到道路阻塞或者通过检查站、桥梁、隧道、港口时,有关方面应当优先放行
《黑龙江省邮政条例》	2011年8月12日	省邮政管理部门应当建立快递企业诚信考核制度。对年度考核不合格的快递企业,应当予以警告,或者依法吊销经营许可

续上表

条例名称	公布时间	主要特色条款
《内蒙古自治区邮政条例》	2011年11月21日	快递企业临时性停止经营快递业务的，应当提前七日向社会公布，并书面告知自治区邮政管理部门。对已收寄的快件，应当按照原服务承诺进行投递
《海南省邮政条例》	2011年11月30日	快递企业应当按照规定，妥善保存经营单据和电子信息，定期向省邮政管理部门提交统计报表、年度报告书等资料，并及时报告重大通信事故或者重大服务质量问题

各地在制定邮政条例时，紧密结合本地实际，适应地方社会经济发展需要，体现了制度创新。这些地方性法规重申快递业务经营许可制度，严格规范快递市场，对快递服务的标准、快递车辆通行、快件交寄进行了具体规定；明确快递企业应当按照规定的时限，安全、准确投递；明确快递企业可以根据寄件人的要求设立保价费；特别提出支持和鼓励快递企业发展，对快件处理场所、快递园区的规划建设和土地使用提供支持；明确快递企业临时性停止经营快递服务，须提前向社会公布；明确快递企业不得在重要节假日擅自中止服务；明确快递内件有破损，收件人可拒收。

（二）快递管理政策密集出台，引导行业转型升级

为推进快递诚信体系建设，引导快递企业提高服务质量，促进行业科学发展，国家邮政局遵循“按规模分等，按服务分级”的原则，制定《快递企业等级评定管理办法》，根据企业市场规模、竞争能力、服务水平、信息化建设程度等指标为快递企业划分等级，为保护消费者的知情权和选择权，推动企业提升服务、规模发展，提供了有效抓手，邮政管理部门指导快递市场发展的能力进一步提高。

为全面贯彻实施《邮政法》，提升快递服务水平，国家邮政局研究制订了《快递业务操作指导规范》，针对快递业务全过程作业的重要环节和关键质量控制点，规定了规范操作的基本要求，旨在指导快递企业科学组织生产管理，从源头上解决了因快递作业不规范引发的服务质量问题。

为贯彻国家“十二五”规划纲要和《邮政法》，落实《国务院关于促进企业兼并重组的意见》（国发〔2010〕27号）等文件要求，推动快递服务持续健康发展，国家邮政局发布《关于快递企业兼并重组的指导意见》，既鼓励社会资本向快递市场集中，又坚持“调控与管理并重，企业自主与政府指导相结合”，维护快递市场的稳定和繁荣。

为规范快递企业加盟行为，指导快递企业提高管理效率，节约交易成本，规避经营风险，平衡加盟双方权利义务关系，促进快递市场健康发展，国家邮政局与国家工商行政管理总局联合制定了《快递行业特许经营（加盟）合同》（示范文本）。

为大力推进快递科技进步，国家邮政局出台相关指导意见，组织起草《快递服务》、《快递运单》等国家标准，编制《快递服务与电子商务信息交换标准化指南》。上述标准和指南均成为快递企业组织生产、服务、管理的技术依据，也是邮政管理部门从事管理工作的一个重要抓手，更是保障公民安全和权益的重要基础。无论是质量评价、市场准入还是服务监管，除了依靠国家法律和部门规章，上述标准和指南作为技术法规，均发挥了重要作用。

（三）“十二五”规划制定实施，引领行业科学发展

国家邮政局科学制定了《邮政业发展“十二五”规划》（以下简称《规划》）。这是邮政体制改革后邮政业第一个覆盖完整周期的五年规划，也是新时期全行业改革创新、转型升级、跨越发展的行动纲领，同时编制完成了包括《快递服务“十二五”规划》在内的4个专项规划，31个省级行业规划以及《海峡西岸经济区快递服务发展规划》等区

城乡规划，基本形成层次清晰、统筹协调、功能衔接、符合国情的行业规划体系。

为实现跨越式发展的战略目标，《规划》明确了未来五年行业发展的基本思路和目标，即：贯穿一条主线，构建两个体系，实现三大目标。“贯穿一条主线”，是以转变邮政业发展方式为主线。“构建两个体系”，是围绕邮政服务和快递服务两大领域，构建覆盖城乡、惠及全民、水平适度、可持续发展的邮政普遍服务体系；构建便捷高效、竞争有序、技术先进、服务优质的快递服务体系。通过转变发展方式，构建两个体系，最终“实现三大目标”：发展步伐显著加快，服务水平显著提高，竞争能力显著增强。

国家邮政局高度重视行业规划与国家“十二五”规划纲要和专项规划、地方规划的有效衔接。在综合交通运输体系规划、服务业规划等12部国家专项规划或部门规划中，邮政规划的相关内容都有具体体现。其中，《“十二五”综合交通运输体系规划》在主要任务中明确提出：“依托综合交通运输体系，完善邮政和快递服务网络，提升传递速度”，“同时，充分发挥邮政综合服务平台作用，拓展邮政物流、代理代办等业务。加快发展电子商务配送等新兴业务，推进航空快件等绿色通道建设。大力发展便捷、高效快递服务。健全保障和监督机制，提高邮政业服务能力和水平”。

（四）发展政策全方位突破，鼓励支持行业发展

2011年，邮政业发展政策取得突破性进展。国家“十二五”规划纲要将邮政服务列为国家基本公共服务的范围和重点，推动出台扶持政策，包括快递在内的邮政业纳入了国家鼓励发展产业目录。修订后的国家《产业结构调整指导目录》，强化了促进邮政业发展的政策导向：第一次单设“邮政业”门类；第一次在邮政业项下增设“快递企业备案许可、邮（快）件时限监测、消费者申诉、满意度调查与公示、邮编及行业资费查询等公共服务和市场监管功能等邮政业公共服务信息平台建设”，“城乡快递营业网点、门店等快递服务网点建设”，“城市、县城内和县城间的快件分拨中心、转运中心、集散中心、处理枢纽等快递处理设施建设”，“快件跟踪查询、自动分拣、运递调度、快递客服呼叫中心等快递信息系统开发与应用”，“快件分拣处理、数据采集、集装容器等快递技术、装备开发与应用”，“邮件、快件运输与交通运输网络融合技术开发”等快递发展内容；首次将邮政全行业纳入鼓励类项目，不仅保留原有条目，而且新增了6个大项。这体现了国家对邮政业的重视与肯定，标志着邮政业正式纳入国家鼓励发展的产业政策体系。配合对《国民经济行业分类》进行了调整，在邮政业下确立了“邮政基本服务”和“快递服务”两大分类，更加准确地反映了行业改革发展的新情况。

与此同时，各地鼓励和支持快递业务发展，政策的导向和取得的成效有目共睹。根据《北京市“十二五”时期物流业发展规划》，北京市将依托机场、铁路和高速公路等交通基础设施，打造快递物流集散系统，包括建设快递等专业物流集散区即快递物流园区。河南省召开省内快递物流园区“十二五”规划建设座谈会。会议决定，将河南省快递物流园区规划建设纳入郑州新区2011年建设计划。湖北省依托武汉天河机场和武汉外环快速路，筹建武汉快递园区，统一规划快递企业用地。

（五）经营许可管理加强，制度规范不断完善

截至2011年底，全国邮政管理部门共核准经营快递业务企业7500家。在快递业务经营许可方面，国家邮政局将工作重心逐步转入准入后监管，并加强了许可变更的审核。各级邮政管理部门坚持“优质、高效、规范、廉洁”的工作原则，稳步做好快递业务经营许可常态化管理，完善各项制度规范，开展许可变更管理、年度报告等工作。

截至2011年底，全国共受理1909家快递企业经营许可变更申请，核准1711家，涉及变更事项3743项。审核通过年度报告的快递企业6405家，实地核查1068家，约谈313家，责令整改335家，行政处罚30家，依法注销79家。将通过审核的企业、未提交年度报告的企业及注销的企业通过网站分批向社会进行了公告。

（六）市场检查力度加大，快递市场秩序逐渐规范

为贯彻实施《邮政法》，切实履行市场监管职责，维护市场秩序，国家邮政局从2010年第四季度开始，用一年多的时间，在全国组织开展“规范市场秩序，维护用户权益”专项执法活动，坚决依法查处未经许可经营快递业务和超范围经营快递业务的违法行为，坚决依法查处侵犯用户合法权益及损害用户利益的行为。这次专项执法活动，全国共出检执法人员16121人次，检查企业7548家，纠正和查处违法违规行为1771次。其中，查处未经许可经营快递业务689次，超地域经营快递业务77次，未持续符合许可条件162次，侵犯用户合法权益49次。全国共下达整改通知1003份，做出行政处罚决定185件，直接取缔140家违法经营快递业务的企业。

（七）申诉机制发挥作用，消费者满意度提高

邮政管理部门通过完善各项规章制度，统一规范处理程序，优化申诉处理系统，加强人员队伍建设，提升申诉处理效率质量，适应申诉数量快速增长的形势。邮政业消费者申诉受理中心的作用得到充分发挥，申诉渠道畅通，及时妥善处理用户申诉问题，定期公布申诉处理情况，加强社会监督，维护消费者合法权益。申诉受理人员基本能够做到“接听电话言语亲切，回答问题耐心细致，调解纠纷公平合理，处理问题及时有效”，以事实为依据，以法律为准绳，及时处理，件件落实。所有申诉100%对消费者进行回访，并及时了解消费者对调解的满意程度。2011年，全国共受理快递服务申诉10万件，为用户挽回经济损失700多万元，用户申诉处理满意率达到90%以上。

为引导快递企业提升服务水平，促进快递业务健康发展，国家邮政局委托零点研究咨询集团进行快递服务满意度调查。调查结果显示，2011年快递服务满意度为68.9分，比上年提高了0.2分。参加调查的11家快递企业满意度均超过65分，企业满意度得分普遍提高。其中，顺丰速运、邮政速递物流满意度达到70分以上。连续五年的快递服务满意度调查结果显示，我国快递服务整体水平呈稳步提升态势，但是近两年满意度提升速度放缓，表明快递服务还不能满足公众不断增长的需求，服务水平的健康度较低。首先表现在服务环节中，受理和揽收满意度较高，投递和售后服务满意度偏低，快递服务“重前不重后”的现象仍未得到有效改善。其次，全国七大区域服务水平差异明显，东北地区满意度高，西南地区相对较差，存在不够均衡问题。从参与调查的企业看，部分企业快递服务水平领先优势明显，并保持稳定。服务水平处于中端的企业增多，竞争加剧。企业间满意度得分差距缩小，最高分与最低分相差10.5分，较2010年缩小1.1分。从消费者选择快递企业的主要标准看，服务态度是消费者最为看重的方面，投递速度、安全性、企业品牌和价格也是消费者考虑的主要因素。

（八）行业安全监管强化，确保寄递渠道安全畅通

国家邮政局积极参与国务院有关寄递渠道反恐工作协调机制；研究拟订《邮政行业安全防范工作规范》；与公安部、国家安全部联合加强寄递渠道治安管理工作；妥善处置寄递渠道安全责任事故事件；协助民航管理部门做好航空货物运输安保专项整治工作；在行业内开展安全生产教育，增强全行业的安全生产意识，提高安全生产能力；加快安全监管信息系统建设。云南省财政连续三年补助邮政业禁毒专项资金。辽宁、北京、重庆等省（市）制定行业反恐怖防范标准。

针对行业内发生的安全生产事件，国家邮政局及时通报，加强安全生产教育，提高全行业的安全生产意识与能力。针对“五一”、“中秋”、“国庆”等节假日，专题部署行业安全生产工作。国家邮政局加强与国家有关部门合作，研究提高行业

安全技术防范能力。在接入14家重点快递企业运件数据的基础上，国家邮政局加快建设邮政市场监管信息系统二期工程，研究制订《邮政行业市场监管信息系统数据管理办法》，完善数据管理制度，提高系统应用功能。同时，将顺丰、申通、圆通、中通、韵达、宅急送等6家重点快递企业分拨中心的视频监控信息接入该系统，实现了对快递企业生产现场的监控；着手在北京、上海、广东等11个省（区、市）邮政管理局开展省级监管信息系统平台建设，向省（区、市）邮政管理部门开放系统访问及使用权限，最大限度地发挥信息系统的监测和预警作用，提升邮政管理部门的监管能力。

（九）做好旺季服务保障，妥善应对业务高峰

针对年初出现的业务旺季快递服务能力不足的问题，国家邮政局积极建立健全快递服务保障应急机制，提高快递业务旺季的应对能力；印发《关于做好快递业务旺季服务保障工作的意见》，明确邮政管理部门、快递协会、快递企业各自有关职责、工作要求和责任追究措施；采取提前召开旺季工作保障会、签订服务承诺书，以及停业报告、季前演练、信息通报、视频监控、运力调配、消费提示、现场督导、表彰先进、社会监督等一系列有效措施，在2011年中秋、国庆、“双11”、“双12”等快递业务量远高于年初的情况下，确保了旺季服务工作有序开展。

（十）职鉴工作常态化，校企合作取得新进展

2011年，在邮政管理部门的推动下，快递职业技能鉴定工作见到成效，工作机构进一步完善。年内有5.25万人参加了快递业务员鉴定考试，通过率达到70%以上，参考企业范围更广，除民营快递企业从业人员外，联邦快递等外资企业的从业人员也报名参考；同时，很多新注册的快递公司和拟经营快递业务的公司也纷纷组织员工报名。2011年10月15－16日，首次全国中级快递业务员职业技能鉴定试考在山东举行，来自山东省内6家快递企业和4所职业院校的共684名考生，在济南、青岛、淄博、潍坊、聊城等5个考点参加了考试。

校企合作继续取得进展，中高职院校快递专业人才培养的质量和水平不断提高，院校开展快递专业的申报和建设工作进一步加强，师资交流、项目开发和教材建设等工作稳步推进。首批全国高职快递专业课程推荐教材《快递法规与标准》和《快递客户服务与营销》由人民交通出版社出版发行，一改目前全国各院校快递专业（方向）没有统一、系统的专业课程教材的局面。快递业务员（中级）职业技能鉴定系列书籍出版发行。

初步统计，截至2011年底，全国中职、高职、本科等不同层次的校企合作院校共有51所，一些快递企业分别与广东等地的职业院校签订合作协议，以“企业冠名班”等形式按照需求有针对性地培养人才。江苏、天津等地根据企业需求，结合本地实际启动快递专业函授班和企业中高级管理人员培训班。国家邮政局强化政府引导，召开邮政行业人才培养座谈会，沟通和交流人才培养经验做法，重点围绕快递专业技术资格评审等问题，研究加快推进快递专业人才培养的措施，推动各地争取人才培养政策。上海、河北等地邮政管理部门积极争取地方职业技能培训补贴资金。

（十一）行业合作交流加强，国际国内影响力提升

国家邮政局认真履行职责，加强与国际组织的工作联系，加强与各国邮政部门的交流与合作，提升了我国在国际邮政领域的影响力。在9月6日举行的第四届中日邮政政策对话会议上，中日两国邮政主管部门共同探讨改革途径、发展思路，分享两国在邮政改革和市场监管方面的经验和做法。在此次邮政政策对话中，中方代表特别就民营快递企业的地位和作用，及其管理和规范的议题进行了详细介绍。在10月13日至14日举行的第五届“中美邮政改革和快递服务”研讨会上，中美两国政府部门、企业的代表以及专家学者就两国快递市场发展现状和未来发展战略、快递对经济发展的重要性、快递与互联网的关系、保证客户

满意度的方法与实践、促进快递服务发展的管理与政策、邮政改革与发展等议题进行广泛研讨。

由中国快递协会、《快递》杂志社和国家邮政局发展研究中心联合主办的2011中国快递论坛在行业内外引起广泛影响。论坛就如何推动快递业务改革创新，转型升级，促进我国快递大发展、上水平进行了研讨。在新的形势下，本次论坛汇集有利因素，凝聚社会合力，对快递发展进行研讨，具有重要的现实意义，大大提升了快递领域的社会影响力。

三、企业加大能力建设，提高服务水平

2011年，各快递企业完善网络体系，优化资源配置，加强基础设施建设和全网管理能力，加大科技应用力度，依托综合交通运输体系整合资源，推动快递信息互联互通，创新发展模式，强化服务能力，畅通售后服务渠道，提高服务满意度，完善企业人事管理制度，健全企业劳动保障机制，积极参与社会活动，勇于承担社会责任。

（一）基础设施建设加强，科技应用力度加大

我国快递服务网络已通达国内县级以上城市和港澳台地区，连通世界大部分国家。截至2011年底，我国快递营业网点达7.5万处，部分快递企业的服务已深入农村乡镇。重点快递企业在北京、上海、广州、杭州、深圳、武汉和成都等国内重要节点城市相继建成规模较大的快件分拨中心。各快递企业结合已有网点服务的辐射能力和范围，在空白区域新建网点。新增网点均配备先进的自动分拣设备和信息技术设备，负责所辖区域内快件的分拨、开拆、分拣封发和转运等处理作业，并承担快件的跨区运输作业。科学的网点布局与优化有效提升了网络覆盖，提高了分拨效率，为全面提高运营能力奠定了坚实的基础。

快递物流园区建设的脚步大大加快。中通华北综合物流基地落户天津。申通与沈阳于洪区政府签订总投资额达30亿元的“申通（沈阳）电子物流科技产业园”投资开发协议。顺丰与杭州空港新城签订了战略协议，着手建设年货邮量超过50万吨的顺丰航空快件运输枢纽；与武汉西湖区政府签署战略合作框架协议，顺丰全国陆运集散中心落户武汉。

各主要快递企业根据自身实际情况，积极研发拥有自主知识产权的速递综合信息平台、物流综合信息平台和客户服务综合信息平台，用于支撑生产运营和客户服务，并提供企业内部财务、人力资源、日常办公等管理功能。圆通的核心业务系统“金刚”系统由IBM公司负责设计和实施，一期工程覆盖全网3800多个网点，具备各环节信息录入、信息上传、结算、查询等基本业务功能。宅急送新业务系统（BOS）历经一年的研发成功正式上线。顺丰自主研发的“巴枪”大量投入使用，实现了快件操作与信息采集的同步和快件运营信息的实时传递，方便客户的即时查询，为实现快件全程全网的运营提供了有效支撑。

为不断提升科技创新能力和科技应用水平，更好地促进行业持续健康发展，各快递企业不断引进新兴技术，提升装备水平，采用机械化操作，优化快件流程，提升科技含量，提高劳动效率，减轻员工劳动强度。中铁快运为增强设备安保能力，在作业量较大的专列营业部配置移动安检设备，在行李车上加装巡检记录仪，在库房安装视频监控设备，安全保障和防范能力得到有效提升。顺丰在模糊识别技术、路由规划技术等领域已达国际标准水平。

（二）发展模式创新，服务能力强化

快递企业树立“人无我有，人有我优”的战略理念，主动适应市场，主动细分市场，主动创新服务，提供多层次、多样化的增值服务。市场竞争由以价格竞争为主，逐渐转向以增值服务和承诺服务为主的高附加值竞争，服务产品不断细分。通过差异化定位，精细化管理，为客户提供优质服务，各快递企业赢得了消费者的口碑，获得了强大的品牌优势。

快递企业突破标准业务发展瓶颈，创新发展

模式,拓宽服务内容,提升全网服务质量,增强客户满意度。在中秋、国庆、"双11"、"双12"等业务旺季,服务工作有序开展,社会反响良好,快递的基础产业地位更加凸显。为顺利完成旺季保障任务,各快递企业成立专门的项目部或领导小组,明确责任,统一协调,专人专职;开辟专用通道,优先保障网购快件的中转、流通与配送。同时,通过增加车辆、调整车线、增扩航空资源等手段优化运能;加快分拣频次,实现多频次作业,24小时操作,减少快件积压;加强质量管控,按区域提前进行工作检查;在各转运中心储备应急工作人员,实行24小时轮班制,实时接收网点交接的快件;在远程监控方面,各主要转运中心通过远程监控系统,实时监控快件中转情况,确保快件安全、及时中转,并出台应对异常情况的紧急调整措施;强化客服和投诉处理能力,全员上岗,确保电话畅通、及时处理客户投诉;关爱员工,提供相关补助。

在解决"最后一公里"问题方面,不少快递企业充分利用现有固定场所设置收派网点,做出了有益的尝试。武汉邮政速递物流、海航天天、顺丰、圆通等快递企业纷纷与当地超市、便利店展开合作,贴近居民区,使消费者寄件和取件更加方便,有利于稳定客户群,提升快递服务公众满意度。同时,还降低了企业的运营成本和用工成本,为企业提供了良好的边际利润和广告效应。

(三)畅通售后服务渠道,提高服务满意度

2011年,骨干快递企业通过在总部统一设立客服呼叫中心的方式,集中处理本品牌在全国各地发生的纠纷;通过在业务量较大的地区单独设立处理本地区所有消费纠纷的客服呼叫中心,实现纠纷处理区域的统一,保证客服电话的时刻畅通,认真听取客户意见,及时处理消费者诉求,提高客户满意度,确保"老客户不流失,新客户无怨言"。邮政速递物流11183呼叫中心一期工程成功通过验收,有效帮助邮政速递物流加快全网快速响应服务流程的改造过程,完善邮政速递物流客户服务体系。在工业和信息化部及国家邮政局的大力支持下,申通快递获得全国统一客服号码95543并投入使用,成为重塑企业形象的转折点。宅急送在全国成立的36家客服中心,全部开通售后服务通道,并规定对客户投诉必须在两小时内回复处理意见。

(四)实施"人才兴企"战略,健全劳动保障机制

快递企业深入开展人才队伍建设,大力实施"人才兴企"战略,有力推动企业的发展;坚持德才兼备的用人原则,构建引进与培养相结合的用人机制,全面提高员工素质,推动企业和员工一起成长。面对日益激烈的人力资源竞争,各快递企业不断拓宽招聘渠道,形成了网络、中介机构、各地劳动就业管理中心、内部推荐、校企合作等多种渠道,招聘和引入具有快递、物流相关领域经验的专业人员,加入到企业的生产、经营和管理队伍中,以适应企业发展和客户服务等需求。

快递企业积极完善员工工资体系和绩效考核体系,夯实培训基础体系,深化全职业生涯培训体系;满足员工入职后不同发展阶段的需求,增强员工的企业归属感;为员工搭建发展平台,提供多样化、可持续发展的职业机会,帮助员工实现个人理想,提升个人价值;建立健全对员工的激励机制,切实关注员工的思想生活动态,力争满足员工的合理诉求,实现员工与企业共发展,为企业的跨越式发展提供人才保障。

同时,快递企业积极采取措施,健全劳动保障机制,依法保障员工的合法权益。通过改善工作环境和工作氛围,调整薪资待遇,提供良好的沟通机制,增进员工与企业的感情,使员工真正融入到企业大家庭中,从而稳定人才队伍,实现企业与员工的双赢。中通在行业中首推"亲情1+1"福利制度,并为所有一线员工增保"团体意外伤害保险"。圆通为保证节假日后外地员工按时返岗,节前统一为员工购买返乡车票,节后对员工返程车票予以报销,对员工比较集中的地区,专门安排车辆接送。这些举措解决了员工的后顾之忧,充

分调动了员工的工作积极性，增强了企业的凝聚力。

（五）积极参与社会活动，勇于承担社会责任

快递企业积极参与社会活动，勇于承担社会责任，扩大品牌影响力。南宁邮政速递物流作为第八届中国—东盟博览会指定物流代理及博览会场所快件寄递唯一服务运营商，承担着博览会期间国内外参展商家、国内外游客和政府部门等重点单位、行业的快递邮件的揽收和递送工作。第12届中国西部国际博览会期间，顺丰设立固定服务网点，为“西博会”提供安全、快速、及时的快递服务。第14届国际泳联世界锦标赛期间，申通作为组委会赞助商，成为此次“世泳赛”唯一指定快递品牌。圆通成为第26届世界大学生夏季运动会门票独家派送商。邮政速递物流为话剧《郭明义》剧组全国巡演提供全程物流服务。湖南邮政速递物流常年坚持资助湘西土家族苗族自治州矮寨镇民族完小。圆通向上海市慈善基金会青浦区分会捐赠300万元，成立“圆通”专项基金，用于开展安老、帮困、扶幼、助学等各项公益性活动。

第二篇　发 展 足 迹

第一章　2007－2011 年中国快递发展大事记

2007 年

重组后的国家邮政局举行揭牌典礼

1 月 29 日，重组后的国家邮政局和新组建的中国邮政集团公司在北京人民大会堂举行揭牌典礼。中共中央政治局常委、国务院副总理黄菊，中共中央政治局委员、国务院副总理曾培炎致信祝贺。马军胜任国家邮政局局长，刘安东任中国邮政集团公司总经理。

黄菊强调，推进邮政体制改革，是党中央、国务院在新的历史时期推动邮政事业发展的一项重大部署，也是深化经济体制改革的一项重要任务。新的国家邮政局和中国邮政集团公司正式成立，是我国邮政发展史上的一件大事，也标志着我国邮政体制改革取得重大进展，中国邮政事业步入新的发展时期。

曾培炎指出，希望新的国家邮政局进一步深化体制改革，强化监管体系，依法履行职责，构建公平、公正、竞争、有序的市场环境。

国家邮政局召开 2007 年工作会议

3 月 23 日，国家邮政局召开重组以来的第一次工作会议。信息产业部部长王旭东到会并就做好邮政监管工作提出四点要求。国家邮政局局长马军胜作了题为《认清形势　明确思路　坚定信心　努力开创我国邮政监管工作新局面》的工作报告。

首次全国快递服务业统计调查结果公布

6 月 29 日，国家统计局与国家邮政局向社会公布首次全国快递服务业统计调查结果。此次调查不仅填补了快递服务在国家统计调查制度上的空白，而且为邮政部门制订包括快递在内的邮政业发展规划、出台促进快递服务发展的有关政策提供了有效依据。调查结果表明，截至 2006 年底，全国经营快递业务的法人企业有 2422 家，从业人员达 22.7 万人；年投递快件总量达 10.6 亿件，年业务收入 299.7 亿元。

全国第一家省级快递行业协会成立

8 月 15 日，广东省快递行业协会正式成立。国家邮政局局长马军胜、广东省副省长佟星为广东省快递行业协会成立揭牌。作为全国第一家省级快递行业协会，广东省快递协会由 11 家企业发起，80 余家企业参加，覆盖面广、代表性强。协会成立后，将积极配合政府各有关部门，以服务为宗旨，尽快形成功能完备、行为规范的组织体系，推进广东省快递服务全速发展。

“规范服务、促进发展”活动启动

9 月 7 日，国家工商行政管理总局、国家邮政局在北京联合召开电视电话会议，部署全国快递

服务“规范服务、促进发展”工作。此项工作将持续一年左右，其主要内容是，对未纳入2007上半年快递统计范围、未经工商部门注册登记的企业进行调查清理；调查消费者反映的快件延误、丢失、损毁等重大突出事件；实地测试快递企业服务情况，开展快递服务质量满意度调查。

首届中美邮政改革和快递服务研讨会在北京召开

9月17日，在中美战略经济对话框架下，由国家邮政局筹办，中美两国政府部门以及部分企业界、学术界、社会团体代表参加的首届中美邮政改革和快递服务研讨会在北京召开。国家邮政局局长马军胜和美国驻华大使雷德出席会议并致词。本届研讨会是在“中美商贸联委会(JCCT)”框架下，中美两国政府创立的沟通和研讨机制。双方认为，中美邮政改革和快递服务研讨会搭建了两国交流、共享邮政改革和快递服务发展经验的平台，为两国业界进一步深入了解创造了条件。

《快递服务》邮政行业标准发布

《快递服务》邮政行业标准(YZ/T 0128—2007，以下简称《快递服务》标准)在严格依照国家标准化委员会标准制定程序规定，广泛征求社会意见、完成起草、审查和审批后，国家邮政局于2007年9月发布，即将于2008年1月1日起实施。《快递服务》标准共6章35节，包括附录166条。它的颁布，是我国邮政业基础性建设的一次历史性突破，填补了我国快递服务行业标准的空白。

《禁寄物品指导目录及处理办法(试行)》发布

11月6日，为履行国务院赋予国家邮政局的监管职责，维护国家利益，保障人民生命财产安全，国家邮政局发布了《禁寄物品指导目录及处理办法(试行)》(以下简称《办法》)。《办法》对禁寄物品做出了明确规定，要求各寄递服务企业按照“谁经营，谁负责”的原则，严格执行规定，严把收寄关，严格加强验视工作。

建立邮政业统计报表制度

11月6日，国家统计局对邮政业统计报表制度进行了批复，确定了邮政业统计报表制度实施的法律效力。此前，4月至6月，国家邮政局制定了《邮政行业统计管理办法》，为开展邮政业统计工作奠定了制度基础。7月，国家邮政局研究起草邮政业统计报表制度初稿。邮政业统计是国家统计工作的组成部分，是邮政监管机构依法组织进行的搜集、整理、研究和提供各种邮政统计资料的活动。建立邮政业统计制度可以摸清邮政业生产经营的基本情况，全面把握邮政业发展的格局，也为各企业发展提供了可靠的信息服务，有利于邮政市场经营者找到自己的定位。

首次全国范围快递服务实测工作开展

12月3日，根据国家邮政局、国家工商行政管理总局“规范服务、促进发展”活动总体方案要求，国家邮政局组织邮政特邀社会监督员对快递服务展开实地测试工作。这是我国首次在全国范围内展开快递服务的实地测试工作。北京、沈阳、济南、南京、长沙、郑州、南昌、西安、兰州、昆明等10个试点城市的邮政特邀社会监督员采取互寄快件等方式，对邮政EMS、民航快递、申通、顺丰、宅急送、圆通、全一、天天、韵达、汇通等10个试点快递企业服务情况进行实地测试，直接了解快递企业在收寄、时限、投递、查询等方面的服务情况。

全国快递协会工作座谈会召开

12月8日，全国快递协会工作座谈会在上海召开，马军胜局长出席会议并做重要讲话。已成立的22家省级快递协会、7个拟于今年成立的省级快递协会的负责人、中国邮政速递公司和部分民营快递企业的代表近50人参加了座谈。

国家邮政局发布《邮政业“十一五”规划》

12月21日，国家邮政局正式发布《邮政业“十一五”规划》（以下简称“《规划》”）。这是国家邮政管理部门向社会公开发布的第一个指导邮政全行业发展的五年规划。《规划》提出，经过“十五”的较快发展，我国邮政业规模进一步扩大，整体实力明显增强，为“十一五”又好又快发展奠定了基础。“十一五”期间我国邮政业发展和改革的基本思路，就是要基本建立现代邮政业的制度基础；完善由政府主导、企业承担的普遍服务和特殊服务发展机制，完善由市场主导、公平有序的快递等竞争性业务发展机制。采取有力措施，制定加快发展政策，服务经济建设大局；加强法律法规建设，深化邮政体制改革；加大政策扶持力度，提高普遍服务和特殊服务能力；规范邮政市场秩序，建立邮政业发展良好环境；落实人才兴国战略，加强行业人才队伍建设；健全监督管理体系，提升监管和服务水平。

2008年

国家邮政局2008年工作会议在京召开

1月25日，国家邮政局2008年工作会议在北京召开。国家邮政局党组全体成员，国务院相关部门领导，各省（区、市）邮政管理局局长，国家邮政局机关各司局和直属单位负责人，以及中国邮政集团公司、部分快递企业的代表参加了本次会议。信息产业部部长王旭东出席会议并讲话。马军胜局长作题为《深入贯彻落实科学发展观　努力开创邮政业工作新局面》的工作报告。马军胜局长在报告中提出，2008年邮政业的宏观发展目标是：邮政业收入规模达到1065亿元；普遍服务和特殊服务水平得到提高；快递服务质量明显改善，网络型快递企业基本达到行业服务标准；邮政业服务评价体系基本形成。国家邮政局2008年的四大任务包括：继续深化邮政体制改革，重点环节实现新突破；加强改善宏观调控，推进行业发展；加强指导完善监管，提升行业服务水平；强化政府自身建设，继续夯实工作基础。

胡锦涛总书记春节期间视察广西邮政发表重要讲话

2月7日，大年初一，胡锦涛总书记在广西壮族自治区党委书记郭声琨和自治区主席马飚等陪同下到南宁市邮件处理中心视察，总书记同正在加班的干部职工亲切握手拜年，并发表重要讲话。总书记说：“邮政事业关系到千家万户，关系到人民群众的切身利益。在这场雨雪冰冻灾害面前，邮政职工迎难而上，奋力拼搏，克服了种种困难，保持了邮路基本畅通。我们要更好地发展邮政事业，为人民群众提供优质的邮政服务。”2月9日，国家邮政局党组通过电话方式，就学习胡锦涛总书记视察广西邮政时的重要讲话精神做出初步部署。2月13日，国家邮政局党组召开会议，传达学习胡锦涛总书记讲话精神，并就贯彻胡锦涛总书记讲话精神向全国邮政监管机构提出要求。

《寄递服务企业收寄物品安全管理规定》出台

2月20日，为加强寄递物品安全管理，国家邮政局出台了《寄递服务企业收寄物品安全管理规定》。规定要求：邮政业寄递服务企业应按照“谁经营、谁负责”的原则，建立健全并严格执行收寄验视制度；收寄物品时必须加强安全验视，核对无误后加盖验视章或签字确认。

第一届中日邮政政策对话会在日本东京举行

在中日两国深化邮政体制改革的重要时期，

中国国家邮政局和日本总务省于2008年签署了关于加强双方合作的备忘录，并于同年3月在日本东京举行了第一届中日邮政政策对话会。会议期间，中日两国邮政管理部门共同探讨了邮政改革、普遍服务和快递发展等重大问题，分享了邮政改革的经验。

奥运会保障寄递物品安全工作成效显著

北京奥运会期间，国家邮政局按照中央要求，周密安排、全力协调，建立了奥运会安全监管体系，构筑了邮件快件安全监控网络，全力保障奥运会、残奥会的邮政服务和寄递安全。

2008年3月10日，国家邮政局发布《关于加强第29届奥林匹克运动会寄递物品安全工作的通告》（国邮发〔2008〕33号），对快递企业经营奥运会寄递物品业务提出了要求。

6月18日，国家邮政局又下发《关于落实第29届奥运会寄递物品安全工作有关问题的通知》。通知要求在奥运会期间加强验视工作，邮政企业和快递企业在用户交寄除信件以外的其他物品时，应请用户出示有效身份证件并当面验视内件。

7月10日，为切实维护奥运会和残奥会期间的寄递物品安全，国家安全部、公安部、交通运输部、铁道部、商务部、国家邮政局联合发布《关于进一步加强寄递物品安全监管工作的通告》，通告明确要求，奥运会和残奥会期间（2008年7月20日至9月20日），凡涉及北京、天津、上海、青岛、沈阳、秦皇岛6个奥运赛区城市的寄递业务，寄件人必须出示有效身份证件，否则不予收寄。邮政企业和其他寄递服务企业应按照“谁经营，谁负责”的原则，向当地邮政管理部门提交安全运营承诺书，并在企业内部逐级签订安全生产责任书，切实将安全生产责任落实到人。

同时，各省（区、市）邮政管理局与企业逐一签订安全责任书，全部涉奥邮件实现了专人分拣、专人过戳、专人复核、专人封袋、专人专车投递，做到万无一失，为保“平安奥运”夯实了基础，奥运邮件安全保障工作得到了中央领导的肯定。

“大部制”机构改革　国家邮政局改由交通运输部管理

3月11日，十一届全国人大一次会议第四次全体会议听取关于国务院机构改革方案的说明。按照此次机构改革方案，为加强邮政与交通运输统筹管理，依托综合运输体系发展现代邮政业，国家邮政局改由新组建的交通运输部管理。4月3日，交通运输部党组书记、部长李盛霖到国家邮政局调研时强调，邮政业是重要的服务性行业，与经济社会发展密切相关，与人民群众的生产生活密切相关，与交通运输密切相关。国家邮政局改由交通运输部管理，是中央实行大部门管理体制的重要举措，充分体现了中央对交通运输和邮政事业的高度重视和关心支持。新组建交通运输部后，我们一定按照国务院的要求，积极支持和全力服务国家邮政局的工作，为国家邮政局履行好行业管理职能创造条件。同时，积极统筹综合运输体系的规划协调，为邮政事业在新框架下发展搭建更便捷、更通畅、更高效、更安全的综合运输平台，共同促进邮政事业又好又快发展。

“快递业务员国家职业标准”（草案）初审

3月27日—28日，国家邮政局在北京召开了“快递业务员国家职业标准”（草案）初审会议，劳动和社会保障部职业技能鉴定中心以及国际劳工与信息研究所、信息产业部人事司、山东、上海、山西等省（市）邮政管理局、上海邮政公司上海速递局及部分快递企业派代表参加会议。

《关于进一步加强违禁品网上非法交易活动整治工作的通知》发布

4月1日，公安部与信息产业部、商务部、工商总局、食品药品管理局、银监会、国家邮政局等7部门联合发出《关于进一步加强违禁品网上非法交易活动整治工作的通知》,通知要求邮政部门“加强对快递市场的监管”,“落实寄递企业对邮递物品收寄验视的职责,禁止通过快递渠道寄送违禁品”。

12305 邮政业消费者申诉特服号码正式开通

4月5日,为了畅通消费者申诉渠道,更好地维护邮政业消费者合法权益,促进邮政业服务质量提高,国家邮政局在全国正式启用“12305”邮政业消费者申诉专用特服号码。同时,国家邮政局政府网站开始受理邮政业消费者网上申诉。这是4月1日《邮政业消费者申诉处理办法》正式实施后,国家邮政局建设服务型政府、推进政务公开的又一重要举措。

快递服务和消费维权专项执法检查行动开展

4月16日,国家邮政局、国家工商行政管理总局按照2007年双方联合下发的《关于联合开展规范快递服务行为、促进快递行业发展执法检查工作的通知》文件部署,结合2007年快递服务公众满意度调查结果,决定于2008年4月至6月,在全国范围内开展快递服务和消费维权专项执法检查行动,规范快递市场秩序,维护消费者合法权益。

《关于切实加强寄递物品安全监管工作的通知》发布

5月14日,公安部、国家安全部、国家工商行政管理总局、国家邮政局联合发出《关于切实加强寄递物品安全监管工作的通知》(国邮发〔2008〕87号),要求邮政企业和各寄递服务企业认真落实国家有关规定,切实承担起寄递物品的安全运营职责。

快递企业积极开展募捐活动支援汶川灾区

“5·12”汶川特大地震发生后,国家邮政局依照《国家邮政业突发事件应急预案》立即启动一级应急响应,成立了抗震救灾领导小组和办公室,对抗震救灾工作做出全面部署。各省(区、市)邮政管理局迅速启动应急响应,组织邮政企业和快递企业进行自救和互救,有力、有序、有效地开展了抗震救灾工作。

5月15日起,各地邮政部门陆续开通了寄递爱心赈灾包裹、寻亲报平安和社会捐款汇兑服务三条抗震救灾“绿色通道”,受灾群众可以通过免费寄家书、发混合邮件、拨打邮政11185电话、登录邮政183网站发布信息等多种方式,进行寻亲、报平安。社会各界可以通过“绿色通道”向灾区民政部门、红十字会等慈善机构捐款捐物。中国邮政集团公司还在全国开展了免费寄递业务,对寄往地震灾区47个市县的赈灾包裹和救灾捐款免收邮费。顺丰公司等快递企业也免费收寄赈灾物品。至6月9日,共免费收寄快递爱心包裹49740件,混合邮件37件,平安书信45154件,平安电话2040次,为群众成功寻亲198人,免费汇款35.2万笔,汇款金额达2.2亿元。

中国邮政货运航空有限责任公司共飞行112个小时50班次,运送紧急救灾物资270吨。快递企业帮助红十字会等组织运送救灾物资1800多吨,邮政企业抢运救灾物资470余吨。联邦快递公司从美国向成都灾区免费航空运送250个集装器的应急药品及大型净水系统等。敦豪(DHL)公司将香港红十字会和国际十字路会募集所得的15吨救灾物资,由香港空运至四川成都。顺丰、民航快递、中铁快运、宅急送等快递企业也出人出车积极抢运救灾物资。

同时,全国各地快递企业积极开展募捐活动。天天快递、中通快递、圆通快递、申通快递、UPS以及天津等地的快递企业共捐款人民币21万,美元55万,捐赠价值60多万人民币和55万美元的救灾物资。

快递服务区域规划编制工作启动

6月2日,国家邮政局选择区域内城市一体化趋势最为显著、快递服务发展水平较高的长江三角洲地区作为试点,启动快递服务区域规划编制工作。国家邮政局给上海、江苏、浙江省(市)邮政管理局下发通知,成立由上海局牵头,三省(市)局共同参加的规划编制领导小组和办公室,承担《长江三角洲地区快递服务发展规划》具体编制工作。

启动快递业务员国家职业标准教材(初级)开发工作

6月17—18日,国家邮政局在北京召开了快递业务员国家职业标准教材(初级)开发启动会议。这是快递业务员国家职业资格培训教程分等级开发的第一阶段工作,与会代表就教材编写的基本原则和要求进行了充分讨论。

《快递市场管理办法》获通过

7月8日,交通运输部召开部务会议,审议并原则通过了《快递市场管理办法》。《快递市场管理办法》是我国专门规范快递市场的第一部行政立法性文件,对快递服务和管理进行了规范,明确了快递服务的基本规范、安全规范及快递市场管理的主要方式。《快递市场管理办法》的施行,将对促进快递服务发展,提高快递服务质量,规范快递服务行为,维护用户权益意义重大。

《快递业务员国家职业标准》发布

8月11日,人力资源和社会保障部、国家邮政局联合颁布了《快递业务员国家职业标准》。《快递业务员国家职业标准》填补了我国邮政业国家职业标准的空白,为推动邮政业建立国家职业资格证书制度、培养建设技能型人才队伍奠定了良好的基础,将成为对快递业务员进行鉴定和考核的唯一依据。

《国内快递服务合同》示范文本发布

8月18日,为规范快递服务,维护消费者的合法权益,国家邮政局、国家工商行政管理总局联合发布《国内快递服务合同》示范文本,其中明确要求,快递企业要依法收寄快件,对信件以外的快件按照国家有关规定当场验视,对禁寄物品和拒绝验视的物品不予收寄。示范文本由国内快递服务协议、国内快递详情单组成。该示范文本从2008年10月1日起施行。

《快递服务人才教育培养计划实施纲要》课题初审

9月10日,国家邮政局《快递服务人才教育培养计划实施纲要》课题初审会议在北京召开。该纲要明确了快递人才教育培养的指导思想、主要目标、培养体系和具体形式,为切实开展快递人才教育培训工作奠定了基础。

快递业务员国家职业标准教材(初级工)评审会召开

9月17—23日,国家邮政局在天津召开快递业务员国家职业标准教材(初级工)评审会议。会上,评审专家针对教材内容及编写过程中遇到的问题进行了充分讨论并提出了具体修改意见,进一步明确了教材编写的要求与进度,并对下一步教材修改完善工作进行了部署。

第二届中美邮政改革和快递服务研讨会在华盛顿召开

9月18—19日,第二届中美邮政改革和快递服务研讨会在美国华盛顿召开。国家邮政局副局长王渝次率领中国代表团出席研讨会。本次研讨会是在2007年9月在北京成功召开首届研讨会的基础上举行的。来自国家邮政局、国务院有关部委、中国邮政集团公司和民营快递企业、香港邮政署的代表以及美国商务部、贸易代表办公室、国务院、邮政监管委员会、邮政总局、美国快递公司的代表共80余人参加了研讨会。开幕式上,中国驻美公使谢峰、王渝次副局长、美国商务部亚洲事务副助理部长葛艾儒、美国邮政监管委员会主席丹·布莱尔分别致辞。随后,双方就邮政监管体系、邮政经营管理、快递标准的制定和施行、快递服务行业协会的作用和职能等议题进行了充分交流和探讨。

2007 年邮政业投入产出调查完成

9 月 19 日，2007 年邮政业投入产出调查圆满完成。此次调查是国家邮政局成立后第一次对全部邮政业企业进行的投入产出调查，调查采用抽样调查的形式，调查范围广，调查内容丰富。调查结果表明，2007 年全国邮政业中间投入占总产出的比重为 46%，增加值占总产出的比重为 54%。

《中华人民共和国邮政法（修订草案）》获原则通过

10 月 6 日，国务院总理温家宝主持召开国务院常务会议，讨论并原则通过《中华人民共和国邮政法（修订草案）》。会议决定修订草案经进一步修改后，由国务院提请全国人大常委会审议。

快递业务员职业技能鉴定试点工作启动

11 月 18 日，国家邮政局在浙江省杭州市组织召开了《快递业务员国家职业技能标准》宣贯会暨职业技能鉴定试点工作启动会议。会议指出，制定实施《快递业务员国家职业技能标准》具有重要意义。一是标准的制定有利于国家邮政局履行政府职能，体现公共服务，社会管理，建设服务型政府；二是有利于推进国家职业资格证书制度的建设，逐步建立快递业务员就业准入制度；三是有利于企业的科学管理，将极大地促进快递企业建设一支专业化、技能型的高素质员工队伍，推动企业的良性发展。山东、广东作为先期试点省份分别介绍了经验，并提出了下一步开展职业技能鉴定工作的设想和建议。

《关于加盟快递企业违法扣留用户快件等问题的处理意见》出台

12 月 17 日，国家邮政局出台《关于加盟快递企业违法扣留用户快件等问题的处理意见》（国邮发〔2008〕250 号），规定了对有关问题的处理办法：一是加盟企业发生违法扣留用户快件等损害消费者合法权益事件的，由所在地省（区、市）邮政管理部门责令改正，依法进行处罚，情节严重的，移送国家有关机关依法处理。二是加盟企业发生违法扣留用户快件等重大服务质量问题时，被加盟企业应当按照应急预案规定采取有效措施自行处置。三是各级邮政管理部门应当掌握本地加盟企业的数量和分布情况，加强监管，公布重大违法违规经营行为。

全国邮政业标准化技术委员会成立

12 月 17 日，国家邮政局在北京召开全国邮政业标准化技术委员会成立大会。成立全国邮政业标准化技术委员会是全国服务业标准化工作中的一件大事，它为邮政业开展标准化工作提供了强有力的技术支撑和组织保证。全国邮政业标准化技术委员会由王渝次副局长担任主任委员，武士雄、柳成洋（中国标准化研究院）担任副主任委员，达瓦担任副主任委员兼秘书长。

2009 年

国家邮政局召开 2009 年工作会议

1 月 12 日，国家邮政局 2009 年工作会议在北京召开。交通运输部部长李盛霖代表中共中央政治局委员、国务院副总理张德江向全国邮政管理系统干部职工表示亲切慰问。马军胜局长在工作报告中强调，要深入贯彻落实科学发展观，加快邮政业改革，依托综合运输体系发展现代邮政业，以优异成绩迎接国庆60周年。会议提出国家邮政局2009年5大工作任务：积极化解金融危机影响，努力保持行业平稳较快发展；加强普遍服务特殊服务的保障和监督，促进服务水平的提升；强化市场监管，促进和谐发展，维护产业安全；进一步完善邮政业法规体系，加强政策环境建设；以贯彻实施新"三定"规定为契机，强化基础管理，建设服务型政府。

快递职业教材编写委员会在京成立

1月16日，国家邮政局快递职业教材编写委员会在北京成立，苏和副局长担任编委会主任。快递职业教材编写委员会是国家邮政局重组以来为推动邮政业人才教育培养而成立的第一个专业组织，宗旨是出版一批展示快递服务领域政府管理、企业经营等方面理论和实践经验，展示快递服务未来发展趋势，引导我国邮政行业发展的高质量、高水平教材。

国家邮政局首次发布快递服务公众满意度调查结果

2月4日，国家邮政局首次发布快递服务公众满意度调查结果通告，2008年快递服务总体满意度平均为64.9分，最高为72.1分，最低为59.5分。公众满意度调查结果表明，我国快递服务总体处于发展的初级阶段，满意度尚有比较大的提升空间。快递企业应重点加强售后服务，提升快递服务总体水平。本次调查于2008年10月18日启动，调查涵盖北京、天津、太原、沈阳、上海、南京、苏州、福州、南昌、济南、郑州、武汉、长沙、广州、深圳、重庆、成都、昆明、西安和兰州20个城市，涉及包括邮政EMS、民航快递、宅急送、中外运空运、顺丰、申通、圆通、全一、天天、韵达、汇通和中通在内的国内12家快递公司。与2007年满意度调查项目相比，本次调查范围更广，涉及企业更多，内容更加全面。

中国快递协会成立大会在京召开

2月11日，中国快递协会成立大会暨第一次会员大会在北京召开。中共中央政治局委员、国务院副总理张德江致信祝贺，万国邮联国际局总局长爱德华·达扬发来贺信，交通运输部高宏峰副部长、国家邮政局马军胜局长共同为中国快递协会揭牌。大会选出中国快递协会第一届理事会理事及协会领导成员，原交通部副部长洪善祥当选会长，达瓦、刘学德、袁国利、张亮、王建军、王振刚、王观锠、王卫、陈显宝、陈德军、喻渭蛟、相峰、董昱当选副会长，副会长达瓦兼任秘书长。大会审议并通过了《中国快递协会章程》、《中国快递协会会费缴纳办法》、《中国快递协会会员守则》和《中国快递协会第一次会员大会选举办法》。

中欧联合研讨邮政改革和快递服务

2月12－13日，由国家邮政局和欧盟委员会共同主办的"中欧邮政改革和快递服务研讨会"在北京召开。国家邮政局局长马军胜和欧盟驻华使团副大使溥马克出席会议并致词。中欧双方近200位代表深入探讨邮政改革和快递发展的重大问题，分享邮政改革和发展的思路与经验。

长三角快递服务发展规划获审议通过

2月13日，国家邮政局局长马军胜主持召开第49次局长办公会议，审议并原则通过了《长江三角洲地区快递服务发展规划（2009－2013）》。该规划全面贯彻《国务院关于进一步推进长江三角洲地区改革开放和经济社会发展的指导意见》精神，紧紧围绕长江三角洲地区经济社会发展需要，剖析了在一体化进程中，服务业加快发展、制造业升级、交通设施优化、区域市场体系统一融合、区域内发展协调机制确立等为快递服务发展带来的重要机遇，明确了今后5年长江三角洲地区快递服务发展的指导思想、发展目标、主要任务和政策措施，具有较强的战略性、前瞻性和导向性。该规划的通过，将对促进区域快递服务实现跨越式发展具有重要意义。

国务院常务会议审议通过《物流业调整和振兴规划》

2 月 25 日，国务院总理温家宝主持召开国务院常务会议，审议并原则通过了《物流业调整和振兴规划》。《物流业调整和振兴规划》针对促进邮政和快递企业发展提出了具体要求："鼓励现有运输、仓储、货代、联运、快递企业的功能整合和服务延伸，加快向现代物流企业转型"，"鼓励邮政企业深化改革，做大做强快递物流业务"，"发挥邮政现有的网络优势，大力发展邮政物流，加快建立快递物流体系，方便生产生活"，"加快构建邮政与商务、金融、税务、海关、检验检疫、交通运输、铁路运输、航空运输和工商管理等政府部门的物流管理与服务公共信息平台，扶持一批物流信息服务企业成长"，"解决城市快递、配送车辆进城通行、停靠和装卸作业问题，完善城市物流配送网络"。

对备案快递服务企业的统计调查启动

3 月 13 日，国家邮政局发布《关于对备案快递服务企业进行统计调查的通知》（国邮发〔2009〕33 号），要求各省（区、市）邮政管理局对备案快递服务企业进行统计调查。本次统计调查工作涉及企业基本情况、2008 年底企业发展规模及业务量和业务收入等内容，对国家邮政局全面掌握 2008 年全国快递服务企业发展状况，补充完善统计信息提供了资料。

人大常委会表决通过修订后的《中华人民共和国邮政法》

4 月 24 日，十一届全国人大常委会第八次会议在北京人民大会堂闭幕。会议表决通过了修订后的《中华人民共和国邮政法》，国家主席胡锦涛签署第 12 号主席令予以公布，2009 年 10 月 1 日起实施。

《中华人民共和国邮政法》修订历时 10 年时间，经历了多次征求意见、反复修改，凝聚着方方面面的智慧，期间进行了广泛调查研究，对重点问题进行了反复论证。修订后的邮政法，总结了前部邮政法实施 20 多年的实践经验，包括改革开放以来邮政体制改革的成功经验，其颁布施行，标志着具有中国特色邮政法规体系的初步形成，对促进我国邮政业的健康发展，适应经济社会发展和人民生活的需要，发挥重要作用。

修订后的邮政法第一次在立法层面明确提出了邮政普遍服务的制度设计，明确了邮政普遍服务的承担主体、业务范围以及服务和资费规定，强化了邮政普遍服务的支持保障机制，加大了对邮政和快递服务的监管力度，对于保障邮政普遍服务，加强对邮政市场监督管理，维护邮政通信与信息安全，保护通信自由和通信秘密，保护用户合法权益具有十分重要的意义。

按照"鼓励竞争、促进发展"的原则，修订后的邮政法将快递业务纳入邮政法的适用范围，赋予了快递企业法律地位，确立了快递业务经营许可制度以及快递业务的经营行为规范，以法律的形式固化了邮政体制改革的成果。

修订后的邮政法提出了监管邮政市场应当遵循公开、公平、公正以及鼓励竞争、促进发展的原则，并将加强安全监管、确保邮政通信与信息安全作为重点内容，着力解决现有安全监管机制覆盖不到位甚至出现空白的问题，从维护邮政通信与信息安全、完善机制、明确职权、规范行为、严格问责等角度，较为全面地补充、完善了有关制度和措施，为邮政安全保障提供了更加有效的手段。

国家邮政局启动宣传贯彻邮政法工作

5 月 4 日，国家邮政局局长马军胜主持召开第 54 次局长办公会议，决定成立国家邮政局宣传贯彻邮政法领导小组，领导小组下设办公室，负责推动、协调、督促和落实邮政法宣贯的具体工作，并召开全国邮政管理系统电视电话会议，全面部署邮政法宣贯工作。马军胜局长在讲话中对全系统宣传贯彻邮政法工作进行了具体部署。他强调近期要重点做好以下工作：一是加强组织领导，周密安排部署。二是全面开展学习培训和宣传工作。三是抓紧制定相关配套法规政策。

国家邮政局出台关于物流业调整和振兴规划的实施意见

5月4日，国家邮政局第54次局长办公会议审议通过了《国家邮政局关于物流业调整和振兴规划的实施意见》。该意见提出了十一条贯彻落实《规划》的具体政策措施。以推动长三角、京津冀、珠三角等重点区域快递服务体系建设，着力解决制约快递发展的瓶颈性问题，大力发展农村快递物流服务，有效构建邮政业监管和公共服务信息平台为重点，确保《规划》在邮政业得到全面贯彻落实，推动行业科学发展。该意见对推动长三角、京津冀、珠三角等重点区域快递服务体系建设，着力解决制约快递发展的瓶颈性问题，大力发展农村快递物流服务，具有重大意义。

快递业务员国家职业技能鉴定试题通过终审

5月9－14日，国家邮政局在北京召开快递业务员国家职业技能鉴定试题终审会议。与会评审专家对初级快递业务员国家职业技能鉴定试题进行了认真审定，形成终审意见，一致同意将试题并入国家职业技能鉴定题库。快递业务员国家职业技能鉴定试题顺利通过终审，为下一步中级工及以上级别教材开发和题库建设、加快开展快递业务员职业技能鉴定工作奠定了坚实的基础。

国务院办公厅转发《关于推动农村邮政物流发展的意见》

5月23日，国务院办公厅转发交通运输部、国家发改委、财政部、商务部、农业部、国家工商总局等六部门联合下发的《关于推动农村邮政物流发展的意见》。意见提出推进农村邮政基础设施建设、支持邮政进入农资市场、鼓励发展连锁经营、完善政策扶持机制、加强规划引导工作等五条政策措施，以进一步做大做强农村邮政物流，充分发挥邮政企业服务“三农”的作用。这是应对国际金融危机、拉动国内消费需求的重要措施，也是党中央、国务院惠农强农的重要举措。

全国推广山东邮政发展农村物流经验现场会在青岛召开

5月25－26日，全国推广山东邮政发展农村物流经验现场会在青岛召开。中共中央政治局委员、国务院副总理张德江出席会议并作重要讲话，交通运输部部长李盛霖主持会议，国务院有关部门、部分省(区、市)政府和各省(区、市)邮政系统负责同志参加了会议。张德江强调，要深入贯彻落实科学发展观，认真总结推广山东发展农村邮政物流的经验做法，充分发挥邮政优势，积极服务“三农”，深化改革、加快发展，做大做强农村邮政物流，为建设社会主义新农村和保持经济平稳较快发展作出更大贡献。

会议指出，各地区、各部门和邮政企业要充分认识推动农村邮政物流发展的重要意义，切实使邮政物流成为我国物流业的生力军和服务“三农”的骨干力量。要认真抓好新修订的邮政法的学习宣传和贯彻落实，把支持邮政物流发展的各项政策措施落到实处。要大力推进邮政基础网络建设，继续加大投入，提升网络服务能力，提高邮政物流信息化、机械化、自动化水平。要切实加强组织领导，积极支持农村邮政物流发展，尽快制定和完善各项配套政策，加强督促、检查和指导，推进农村邮政物流加快发展。

珠江三角洲地区快递服务发展规划获审议通过

5月27日，国家邮政局局长马军胜主持召开第56次局长办公会，审议并原则通过了《珠江三角洲地区快递服务发展规划(2010－2014)》。珠三角地区快递服务发展规划范围为广东省行政区划范围，业务发展兼顾香港、澳门地区。规划将珠江三角洲地区改革发展上升到国家战略层面，明确要求构建现代产业体系，其中突出优先发展现代服务业，建设与港澳地区错位发展的国际航运、物流、贸易、会展、旅游和创新中心。

中国民用航空局和国家邮政局携手加强邮政航空运输

6月5日，中国民用航空局和国家邮政局为提高邮件航空运输质量，促进我国邮件航空运输事业的发展，联合发布了《民航局　邮政局关于加强邮件航空运输工作的通知》（民航发〔2009〕38号）。该通知强调，各航空公司、机场公司与邮政企业要密切合作，通过市场行为规范和强化双方的合作关系，明确双方的权利义务，保证邮件航空运输的发运质量，为邮政快递物流业的发展发挥积极的作用。航邮双方本着相互负责的精神，切实采取有效措施，确保航空运输安全，确保邮件运输质量，努力做到让双方客户满意，促进双方共同发展。

第一批快递业务员培训师培训班举行

7月13－23日，国家邮政局职业技能鉴定指导中心在济南举办了全国第一批快递业务员培训师培训班。通过培训，学员们不但更加系统、准确地掌握了快递业务理论、生产作业知识和教学技巧，而且进一步认识到培训师在职业技能鉴定工作体系中的重要作用。培训期间，学员们对下一步省（区、市）职鉴中心推进职业技能鉴定工作的思路和措施进行了研讨。

“第二届中日邮政政策对话会”在北京召开

8月25日，“第二届中日邮政政策对话会”在北京召开。王渝次副局长和日本总务省邮政政策规划局局长吉良裕臣出席会议并致辞。会上，中方代表详细介绍了中国邮政体制改革、邮政法修订、邮政和快递服务以及市场监管情况。日方代表就日本邮政的私有化进程、私有化后的邮政服务、履行邮政普遍服务和开展函件邮递业务的现状以及产业发展的新问题等作了专题报告。

国家邮政局召开国庆60周年邮路安保会议

8月26日，国家邮政局召开国庆60周年邮路安保会议，传达了国庆安保工作的有关文件精神，并对国庆邮路安保工作进行了部署。会议提出，国庆邮路安保工作一是要有高度的责任心；二是启动应急响应，配合公安、工商、海关等部门做好预防工作；三是把握工作重点，突出维护通信安全和社会稳定；四是认真落实收寄验视制度，维护寄递渠道的安全。

《快递业务经营许可管理办法》获审议通过

8月27日，交通运输部部长李盛霖主持召开部务会，审议并原则通过了《快递业务经营许可管理办法》。该办法使我国快递市场建立了市场准入制度，对规范快递市场秩序、推动快递服务健康发展具有重要的历史意义。从2009年10月1日起，经营快递业务必须申请邮政管理部门的许可，并接受邮政管理部门及其他有关部门的监督管理，此前已经从事快递业务的企业，应在一年内补办申请经营许可。9月1日，中华人民共和国交通运输部2009年第12号令公布《快递业务经营许可管理办法》，自2009年10月1日起施行。

《快递业务员职业技能鉴定办法（试行）》获审议通过

9月2日，国家邮政局局长马军胜主持召开第60次局长办公会议，审议并通过了《快递业务员职业技能鉴定办法（试行）》（国邮发〔2009〕161号），并于9月14日正式印发。该办法的实施，将更好地提升快递业务员的服务能力和技能水平。

首届电子商务与快递物流大会在杭州举行

9月12－13日，首届电子商务与快递物流大会在杭州举行。大会围绕快递物流行业与电子商务协同发展的现状和新机遇进行深入剖析，共同探讨产业间深化合作的模式与途径。

邮政法贯彻实施工作电视电话会议在京召开

9月22日，邮政法贯彻实施工作电视电话会议在北京召开。交通运输部副部长高宏峰、全国人大法工委副主任安建、国务院法制办副主任张穹、国家邮政局局长马军胜在会上分别作了重要讲话。会议由王渝次副局长主持。

马军胜说，邮政法颁布五个月来，国家邮政局高度重视学习宣传贯彻工作，成立了专门机构，认真开展了一系列工作：一是全力推进配套法规、标准和法规性文件的制订；二是积极开展培训，切实提高执法能力和水平；三是有步骤地向社会、企业进行宣传，营造学法、懂法、守法的良好氛围；四是加强执法机构建设，为贯彻邮政法提供组织保障。

《快递封装用品》等四项国家标准发布

9月24日，《中华人民共和国国家标准批准发布公告2009年第9号》公布四项涉及邮政领域的国家标准，分别是GB/T 16606.1—2009《快递封装用品　第1部分：封套》、GB/T 16606.2—2009《快递封装用品　第2部分：包装箱》、GB/T 16606.3—2009《快递封装用品　第3部分：包装袋》和GB/T 24295—2009《住宅信报箱》，自2009年12月1日起施行。原国家标准GB/T 16606—2002《邮政特快专递封套》和邮政行业标准YZ/T 0061—2001《楼房信报箱》同时废止。

《关于促进快递与民航产业协同发展的意见》发布

9月29日，国家邮政局与中国民用航空局联合发布《关于促进快递与民航产业协同发展的意见》（国邮发〔2009〕180号）。该意见对于加强邮政和民航部门的合作，强化快递与民航产业优势互补，促进快递和民航协同发展具有重要意义。

修订后的《中华人民共和国邮政法》正式施行

10月1日，修订后的《中华人民共和国邮政法》正式施行，标志着我国在保障公民的通信权利，保护邮政业消费者合法利益方面取得了新突破，开创了邮政行业科学发展的新时代和行业管理依法行政的新历程。

全国邮政管理部门正式受理快递业务经营许可申请

10月9日，全国邮政管理部门正式受理快递业务经营许可申请。此前，国家邮政局于2009年9月30日发布《快递业务经营许可条件审核规范》（国邮发〔2009〕182号），明确了快递业务经营许可的申请类别、许可条件、办事流程、相关行政文书格式及工作要求，将快递业务经营许可工作纳入规范化管理。

全国首批快递业务员职业技能鉴定试考圆满结束

10月15日，全国首批快递业务员职业技能鉴定试考圆满结束，来自山东省内的67家快递企业（单位）的1185名快递业务员参加了本次考试。开展快递业务员职业技能鉴定，是推进国家职业资格证书制度，推行快递业务员上岗准入，加强高素质技能人才队伍建设的一项重要举措，也是落实科学发展观，构建服务型政府，切实履行政府职能，促进邮政行业科学发展的必然要求，是国家邮政局今年确定的一项重点工作之一。

邮政行业“十二五”规划编制工作电视电话会议召开

10月16日，国家邮政局召开邮政行业“十二五”规划编制工作电视电话会议。宣布成立规划编制工作领导小组，由马军胜局长任组长。明确规划体系包括一个总体规划、四个专项规划(《邮政普遍服务“十二五”规划》、《快递服务“十二五”规划》、《邮政监管体系“十二五”规划》和《中国邮政集团公司“十二五”发展规划》)和31个省(区、市)规划,确定2010年年底前基本完成规划编制起草工作。

第三届中美邮政改革和快递服务研讨会在南京举行

10月20－21日,第三届中美邮政改革和快递服务研讨会在江苏省南京市举行。国家邮政局局长马军胜、江苏省副省长徐鸣和美国邮政监管委员会主席歌德维出席会议并致词。研讨会既是落实“首轮中美战略与经济对话”成果的后续任务,也是推进即将召开的“第20届中美商贸联委会”的重点工作。来自中国政府、企业、行业协会、学术机构的代表深入了解不同体制下邮政业的改革发展情况,探讨快递服务在电子商务时代和高科技时代的前景,交流邮政信息化的建设和应用。

《关于加强监督管理防止通过寄递渠道销售假药的通知》发布

12月9日,国家邮政局和国家食品药品监督管理局联合发布《关于加强监督管理防止通过寄递渠道销售假药的通知》(国邮发〔2009〕229号)。通知要求,加大教育培训力度,增强邮政企业和快递企业职工的防范意识,提高识假辨假能力,坚决防止出现内外勾结邮售假药的现象。

2010年

国家邮政局召开2010年工作会议

1月19日,国家邮政局2010年工作会议在北京召开。交通运输部部长李盛霖出席会议并作重要讲话,充分肯定了国家邮政局系统重组三年以来所取得的成绩。国家邮政局局长马军胜作2010年工作报告。马军胜局长在工作报告中强调,2010年是修订后的《中华人民共和国邮政法》(以下简称《邮政法》)贯彻实施的第一年,是实施“十一五”规划的最后一年,是承上启下的关键一年,邮政行业也处在重要的战略转型期和发展机遇期。2010年各级邮政管理部门工作要以深入贯彻实施邮政法为主线,全面履行政府管理职能。强化邮政市场监督管理,促进快递业务规模发展;强化用户合法权益维护机制,保障邮政通信和信息安全;强化服务型政府建设,不断适应形势需要。

《快递》杂志创刊首发仪式在北京举行

1月19日,我国首家公开发行的快递类期刊《快递》杂志在北京举行了创刊首发仪式。苏和副局长代表杂志主管单位致辞,国务院参事任玉岭、中国出版集团党组书记王涛、国家邮政局副局长徐建洲、中国快递协会副会长达瓦与企业代表共同启动了《快递》杂志书模。《快递》杂志的创办,不仅填补了我国快递媒体领域的空白,也满足了国内快递企业激增的新闻宣传需求。

邮政业监管信息系统上线运行

1月,邮政业监管信息系统上线试运行,信息系统与全国主要网络型快递企业的信息系统联网,可及时获得快递企业每日的业务数据。为认真履行邮政业服务、管理和监督职能,2009年国家邮政局开始筹建邮政业监管信息系统工程。邮政业监管信息系统通过对企业数据的综合利用,结合市场监管业务需求,规划设计了行业发展监测、服务质量监督及安全生产预警、应急管理等功能。国家邮政局市场监管部门可通过业务量监测、流量流向监测、市场波动监测等功能，掌握企业运行及行业发展情况；通过快件积压、延误监测及寄递时限测试等功能，监督企业寄递服务质量；通过转运中心“爆仓”预警、企业停运预警等功能，指导企业做好安全生产。

《邮政行业快递服务“十二五”发展规划》编制工作启动

2月9日，国家邮政局召开《邮政行业快递服务“十二五”发展规划》编制工作启动会议。快递服务专项规划是邮政行业“十二五”规划的重要组成部分，将在引导快递企业做大做强方面发挥关键作用。

国家邮政局公布2009年快递服务公众满意度

2月11日，国家邮政局公布2009年快递服务公众满意度情况，快递服务总体满意度平均为66.3分，比2008年提升1.4分。调查表明：我国快递服务公众满意度正在逐步提高，快递服务整体水平呈上升趋势，快递企业服务定位逐渐清晰，快递企业间的差距逐步拉大，关键服务环节亟待加强，特别是快递服务延误问题需要下大力气解决。

首次全国范围快递业务员职业技能鉴定考试开考

3月20日，全国快递业务员职业技能鉴定考试在26个省、自治区、直辖市同时开考。据统计，全国有30957名快递业务员报名参加考试。这是我国首次在全国范围内举行大规模快递业务员职业技能鉴定考试。中央电视台以《全国快递业务员技能鉴定今天开考》为题报道了考试情况，引起社会广泛关注。国家邮政局局长马军胜视察了北京考区三个考点的考试情况。

世博会期间寄递物品安全监管工作通告发布

3月24日，国家邮政局会同国家安全部、公安部联合发布了《关于加强中国2010年上海世博会期间寄递物品安全监管工作的通告》（国邮发〔2010〕33号）。通知要求寄递企业要按照邮政法等相关规定，进一步完善收寄、分拣、运输、投递等环节的各项规章制度，建立健全内部控制体系，切实维护2010年上海世博会期间寄递物品安全。

“第三届中日邮政政策对话”在东京举办

3月25日，“第三届中日邮政政策对话”在东京举办。国家邮政局副局长苏和和日本总务省邮政行政部长吉良裕臣出席会议并致词。来自两国邮政管理部门的代表们充分利用对话平台，深入交流不同体制下邮政行业的改革发展情况。中方介绍了《中华人民共和国邮政法》施行后，邮政普遍服务工作情况、快递市场管理情况以及邮政行业现状和未来前景等议题。日方就邮政民营化新进展、邮政信件寄递服务现状以及邮件安全保障措施等议题作了介绍。双方还就万国邮联有关问题交换了意见。

《快递服务》行业标准获“中国标准创新贡献奖”二等奖

4月13日，国家标准化管理委员会在北京召开全国标准化工作会议，为2009年度在业内产生重大影响的国家标准和行业标准颁奖。国家邮政局组织制定的《快递服务》行业标准，填补了我国快递服务行业标准的空白，获得“中国标准创新贡献奖”二等奖。

《关于加强快递企业代收货款业务管理的通知》发布

4月22日，国家邮政局发布《关于加强快递企业代收货款业务管理的通知》（国邮发〔2010〕62号）。要求各省、自治区、直辖市邮政管理局加强监督管理，促进规范发展——对代收货款业务加强监督管理，按照“谁经营，谁负责”的原则，督促快递企业强化内部管理，制定和完善操作流程和风险防控措施。

《快递业务经营许可信息公开暂行规定》发布

5月17日，国家邮政局发布《关于印发〈快递业务经营许可信息公开暂行规定〉的通知》（国邮发〔2010〕83号）。该规定规范了快递业务经营许可信息公开的范围和内容。快递业务经营许可信息公开应当遵循依法、准确、及时、便民的原则。快递业务经营许可的实施和结果，除涉及国家秘密、商业秘密或者个人隐私外，应当公开。

UPS等18家快递企业获国际快递业务经营许可证

5月20日，国家邮政局为UPS等18家快递企业颁发国际快递业务经营许可证，苏和副局长出席了颁证仪式。UPS由此成为自修订后的邮政法实施以来，首家获颁国际快递业务经营许可证的知名外资企业。

中国邮政速递物流股份有限公司成立

6月10日，经国务院批准，中国邮政集团联合各省邮政公司共同发起设立中国邮政速递物流股份有限公司，该公司在国内31个省（自治区、直辖市）设立全资子公司，并拥有邮政货运航空公司、中邮物流有限责任公司等子公司。同时，该公司获得由国家邮政局批准的快递业务经营许可，经营国内和国际快递业务，经营区域包括31个省（区、市），成为国内规模最大、网络覆盖范围最广、业务品种最丰富的快递物流综合服务提供商。

《京津冀地区快递服务发展规划》获审议通过

7月29日，国家邮政局局长马军胜主持召开第77次局长办公会议，审议并原则通过了《京津冀地区快递服务发展规划》。京津冀地区快递服务发展规划的范围为：北京市、天津市、河北省的行政区划范围。规划对于充分发挥区域一体化优势，着力突破区域内行政区划限制，有效引导快递服务资源合理配置和网络布局优化，促进快递服务"大发展上水平"，具有重要意义。

国家邮政局审议《邮政行业安全监督管理办法》（草案）

8月11日，国家邮政局局长马军胜主持召开第78次局长办公会议，审议并原则通过了《邮政行业安全监督管理办法》（草案）。办法规定，邮政行业安全监督管理应坚持安全第一、预防为主、综合治理的方针，保障寄递渠道畅通和邮件、快件寄递安全，确保邮政企业、快递企业生产安全和邮政行业从业人员人身安全。

国家邮政局通报2010年上半年快递服务公众满意度

8月11日，国家邮政局召开2010年上半年快递服务公众满意度调查结果通报会，上半年快递服务总体满意度为68.6分，较2009年提升2.3分。本次调查在北京等28个城市对邮政EMS等11家快递企业进行，采用定量调查和实地测试等方式，共获得有效问卷6973份，实地测试数量为883件。报告显示，公众对快递服务投诉的主要问题是快件延误、损毁和丢失，这三项在用户投诉中所占比例分别为62%、21%和14%，"快件不快"仍是快递服务中比较突出的问题。

国家邮政局审议《邮政业术语》和《快递服务》国家标准

8月26日，国家邮政局局长马军胜主持召开第81次局长办公会议，审议《邮政业术语》和《快递服务》国家标准，并按规定报送国家标准化委员会审批发布。会议指出，标准的制定符合我国邮政业改革发展的需要，对贯彻落实《中华人民共和国邮政法》，统一和规范行业用语，搭建信息沟通交流平台，规范快递市场秩序，促进快递服务健康发展，保障消费者合法权益，具有重要意义。

全国快递服务科技工作座谈会在北京召开

8月31日，国家邮政局在北京召开全国快递服务科技工作座谈会，马军胜局长发表重要讲话。会议宣布成立国家邮政局科技专家咨询组，国家邮政局科技专家咨询组由15位成员组成。武士雄任组长，陶伯刚、邵钟林任副组长，其余成员为冯力虎、周焕德、李学平、田克美、戴国斌、杨军、刘天星、侯育洪、俞梅、徐祖荫、庄伦、卜凡训。马军胜局长向专家咨询组成员颁发了聘书。

我国规模以上快递企业日快件处理量突破1000万件

9月15日，我国全国规模以上快递企业日快件处理量突破1000万件，成为继美国和日本之后第三个快件日处理量突破千万件的国家。

广州亚运会、亚残运会期间寄递物品安全监管工作通告发布

10月8日，国家邮政局会同国家安全部、公安部、海关总署联合发布《关于加强广州亚运会、亚残运会期间寄递物品安全监管工作的通告》(国邮发〔2010〕166号)。《通告》要求邮政企业和快递企业要严格执行《中华人民共和国邮政法》等有关法律法规，切实做好寄递物品安全工作。

《中国快递协会企业自律公约》公布实施

为进一步完善快递企业自律性约束机制，规范快递企业行为和快递市场秩序，营造良好发展环境，促进快递服务可持续发展，11月1日，中国快递协会公布《中国快递协会企业自律公约》。公约提出，成员单位应自觉保障消费者合法权益，自觉维护国家、行业的整体利益，并对服务质量、公平竞争、通信安全等各项问题做出了自律规定。

“规范市场秩序，维护用户权益”执法检查活动开展

11月10日，国家邮政局发布《关于开展“规范市场秩序，维护用户权益”专项执法检查活动的通知》(国邮发〔2010〕199号)，决定从2010年第四季度开始，用一年的时间，分三个阶段在全国开展“规范市场秩序，维护用户权益”专项执法检查活动，坚决依法查处未经许可经营快递业务和超范围经营快递业务的违法行为，坚决依法查处侵犯用户合法权益，损害用户利益的行为。11月19日，活动正式启动。

快递业务单月收入创历史新高

11月12日，国家邮政局公布前三季度邮政行业经济运行情况，行业继续保持平稳有序的发展态势。其中，快递业务单月收入突破50亿元，创历史新高。

第四届中美邮政改革和快递服务研讨会举办

12月8日—10日，国家邮政局局长马军胜率中国代表团出席在美国旧金山举办的第四届中美邮政改革和快递服务研讨会。在为期两天的会议中，中美双方代表围绕共同关注的问题展开了积极坦诚的交流。研讨范围涉及技术创新、服务提升、标准制定、行业组织、快速通关、协同发展、安全措施等方面，涵盖了邮政和快递领域的核心问题。

快递作为议题首次列入中美商贸联委会进行正式磋商

12月14日—15日，第21届中美商贸联委会在美国华盛顿召开。王岐山副总理和美国商务部骆家辉部长、贸易办公室柯克大使共同主持会议。快递作为议题首次列入商贸联委会进行正式磋商，中美就加强快递监管交流合作等方面交换了意见。国家邮政局局长马军胜参加了会议，并分别会晤了美国邮政监管委员会金薇主席、美国邮政沃格尔副总裁、联邦快递邓博华首席运行官和UPS弗朗斯科尼国际副总裁。

2011 年

《邮政行业安全监督管理办法》颁布

1 月 4 日,《邮政行业安全监督管理办法》(交通运输部 2011 年第 2 号令)颁布,自 2011 年 2 月 1 日起施行。该管理办法对邮政行业的通信与信息安全、生产安全、应急管理、安全监管及法律责任等做了明确的规定。

国家邮政局召开 2011 年工作会议

1 月 11 日—13 日,国家邮政局在北京召开 2011 年工作会议。交通运输部部长李盛霖出席会议并作重要讲话,马军胜局长作了题为《全面贯彻实施〈中华人民共和国邮政法〉 开创"十二五"邮政行业科学发展新局面》的工作报告。马军胜指出,"十二五"时期,我国邮政行业改革和发展要构建"覆盖城乡、惠及全民、水平适度、持续发展"的邮政普遍服务体系,增强政府提供公共服务的能力;构建"便捷高效、竞争有序、技术先进、服务优质"的快递服务体系,打造快递竞争新优势。要加快发展步伐,做大行业规模,实现业务收入翻一番,对国民经济的贡献率继续提高。

《快递行业特许经营(加盟)合同(示范文本)》发布

1 月 20 日,国家邮政局联合国家工商行政管理总局共同发布《快递行业特许经营(加盟)合同(示范文本)》。示范文本的发布对规范快递企业加盟行为,指导快递企业提高管理效率,节约交易成本,规避经营风险,平衡加盟双方权利义务关系,促进快递市场健康发展具有重要意义。

首批全国高职快递专业课程推荐教材出版发行

2 月 24 日,国家邮政局组织编写了第一批共 8 本快递专业(方向)课程教材,以满足院校教学、企业培训和广大快递从业人员学习参考的迫切需要。这套教材的出版改变了目前全国各院校快递专业(方向)没有统一、系统的专业课程教材的局面。

邮政行业人才资源统计工作启动

根据中组部、人力资源和社会保障部、国家统计局联合印发的《关于开展 2010 年度全国人才资源统计的通知》,2011 年 2 月,启动了邮政行业人才资源统计工作,统计范围涵盖中国邮政集团公司和 5500 余家快递企业。根据初步调查数据,截至 2010 年底,邮政行业从业人员总数约为 160 万人,其中快递服务人员约 70 万人。通过人才资源统计,掌握了人才资源规模、素质、结构、分布等情况。

《关于做好快递业务旺季服务保障工作的意见》获审议通过

2 月 24 日,国家邮政局局长马军胜主持召开第 92 次局长办公会议,审议并通过了《关于做好快递业务旺季服务保障工作的意见》。该意见提出,全行业应当高度重视、认真组织,研究和把握快递业务旺季的内在规律,积极采取措施,努力做好服务保障工作。意见的核心内容是建立健全快递服务保障应急机制,提高快递业务旺季应对能力;建立科学合理的市场调节机制,有效缓解快递业务旺季压力;建立完善业务监测预警预测沟通制度,加强快递业务旺季协调保障工作。强化快递企业、快递协会和管理部门间的共同协调和共同保障。

国家邮政局表彰快递"春运"服务保障突出贡献企业

3 月 5 日,国家邮政局授予中国邮政速递物流股份有限公司和顺丰速运（集团）有限公司两家企业“2011年全国快递‘春运’服务保障工作突出贡献企业”荣誉称号，并予以通报表彰。

邮政服务首次纳入到基本公共服务范围

3月16日，新华社公布《中华人民共和国国民经济和社会发展第十二个五年规划纲要》，提出邮政行业多项任务目标，首次将邮政服务纳入到基本公共服务范围。

2011年推进邮政行业科技进步的指导意见获审议通过

3月17日，国家邮政局局长马军胜主持召开第95次局长办公会议，审议并通过了《国家邮政局关于2011年推进邮政行业科技进步的指导意见》。该意见提出，目前，我国邮政行业科技发展水平总体不高且极不平衡。邮政行业应本着“突出重点、集中突破、分类指导、稳步推进”的原则，不断提升全行业科技创新能力和科技应用水平，更好地促进邮政业持续健康发展。

国家邮政局公布2010年快递服务满意度结果

3月25日，国家邮政局通报2010年快递服务满意度调查结果。快递服务总体满意度平均为68.7分，我国快递服务整体水平呈稳步提升态势。其中，受理和揽收服务满意度提升明显，投递和售后服务满意度提升幅度不大，快递服务“重前不重后”的现象没有得到有效改善，“快递不快”问题仍较突出。

全国邮政市场监管工作座谈会在杭州召开

4月18－19日，国家邮政局在杭州召开全国邮政市场监管工作座谈会。苏和副局长出席会议并作重要讲话，他强调今年是“十二五”开局之年，各级邮政管理部门工作重点是加大市场执法力度，规范市场经营秩序，增强快递服务能力，做好旺季保障工作，推动邮政市场监管工作再上新台阶。

《关于快递企业兼并重组的指导意见》获审议通过

5月24日，国家邮政局局长马军胜主持召开第99次局长办公会，讨论并原则通过《关于快递企业兼并重组的指导意见》，该指导意见提出以“市场化、产业化、现代化”为方向，鼓励指导快递企业通过兼并重组建立健全现代企业制度，加快转型升级，进一步做强做大。马军胜强调，推动快递企业兼并重组的最终目的，是优化产业布局，转变发展方式，提高发展质量，促进快递产业转型升级和跨越发展。政府部门要加强对快递企业兼并重组的服务和指导。要在指导意见的框架下，进一步明确国家局和各省局之间的分工，细化政府部门、快递协会和快递企业落实意见的具体操作和举措，扎实有效地做好快递企业兼并重组的相关工作。

快递首次纳入国家产业结构调整指导目录

6月1日，国家发展改革委新修订的《产业结构调整指导目录（2011年版）》正式施行。修订后的国家《产业结构调整指导目录》，大大强化了促进邮政业发展的政策导向：第一次单设“邮政业”门类；第一次在邮政业项下增设快递发展内容；第一次将邮政全行业（包括邮政服务和快递服务）纳入鼓励类项目，不仅保留原有条目，而且新增了6个大项。体现了国家对邮政业的重视与肯定，标志着邮政业正式纳入国家鼓励发展的产业政策体系。

国家邮政局原则通过《邮政行业统计管理办法》送审稿

6月1日，国家邮政局局长马军胜主持召开第100次局长办公会议，原则通过《邮政行业统计管理办法》送审稿，待进一步征求有关部门意见后，报送交通运输部审议。会议认为，《邮政行业统计管理办法》结合邮政业工作实际，在《统计法》规定的部门职责框架内做了细化规定，明确了邮政管理部门及邮政统计调查对象的各自责任和义务，进一步规范了统计行为。

快递业务员中级职业技能鉴定培训教材通过终审

6月16日,国家邮政局在北京召开快递业务员中级职业技能鉴定培训教材终审会。与会专家一致认为教材严格按照《快递业务员国家职业技能标准》,依据相关法律法规,注重体现"以职业活动为导向,以职业能力为核心"的指导思想,结合快递企业实际,对快递业务员需掌握的业务知识和工作技能进行了较为系统的阐释,同意通过评审。快递业务员中级职业技能鉴定培训教材包括《快递业务员(中级)快件收派》和《快递业务员(中级)快件处理》。在初级教材的基本知识和技能要求的基础上,中级教材对快递业务员需要掌握的相关法律知识、业务知识和专业技能等方面都进行了比较全面、系统的阐述。

全国邮政业标准化技术委员会审查《快递运单》等标准

6月16－17日,全国邮政业标准化技术委员会在吉林省长春市召开会议,审查《快递运单》国家标准、《邮件封面书写规范　第二部分:国际》国家标准、《城市快递服务专用汽车》行业标准及《邮政业标准化"十二五"发展规划》。

国家邮政局发布《2010年快递市场监管报告》

6月22日,国家邮政局发布《2010年快递市场监管报告》。报告描述了快递市场的发展现状、存在的问题,面临的机遇和挑战,对2010年国家邮政局在加强快递市场监管、优化快递发展环境、维护用户合法权益、保障信息安全、职业技能鉴定以及处理消费申诉等方面的工作进行了总结。

国家邮政局印发《邮政业消费者申诉处理办法》

6月24日,国家邮政局印发了《邮政业消费者申诉处理办法》。办法明确了申诉工作要以事实为依据、以法律为准绳,坚持合法合理的原则,重新明确了行业申诉的范围,完善了申诉处理的内容,增设了申诉调解的规定。办法对维护邮政业消费者的合法权益,依法公正处理消费者申诉,促进邮政业服务质量的提高具有重要意义。

国家职业分类大典修订工作启动

2011年6月,根据人力资源和社会保障部、国家质量技术监督局、国家统计局联合下发的《关于做好国家职业分类大典修订工作的通知》,成立了国家邮政局职业分类大典修订工作委员会和专家委员会等工作机构,大典修订工作启动。依据"国民经济行业分类"和修订后的邮政法,将邮政业分为邮政服务和快递服务两部分,初步确立了邮政业职业分类框架体系,大典修订工作取得阶段性成果。

寄递渠道安全保障协作机制联席会议召开

7月26日,国家邮政局组织召开寄递渠道安全保障协作机制联席会议,公安部、国家安全部、海关总署、国家质检总局、新闻出版总署、中国民用航空局等有关部委参加了会议。会议主要任务是落实国务院有关会议精神,加强有关部门间的信息沟通,探讨建立更科学、高效的协作配合机制,保障寄递渠道安全。

《快递市场监管报告制度》发布

7月29日,国家邮政局发布《快递市场监管报告制度》。制度规定,快递市场监管报告应由各省(区、市)邮政管理局和国家邮政局分别编制。快递市场监管报告的编制和发布,应当坚持实事求是、客观公正的原则。

快递专业(方向)研究生推荐教材终审会召开

8月4日,国家邮政局在北京召开快递专业(方向)研究生推荐教材终审会,《快递企业战略管理》一书经评审委员会审议通过。这意味着第一批共8本快递专业（方向）推荐教材已全部通过评审，印刷出版后即可供院校学生及快递企业从业人员学习使用。这批教材的编写出版标志着快递专业人才培养基础建设工作跨入了一个新阶段，对加快快递服务人才培养，提高人才质量和素质，提升企业核心竞争力等将发挥积极的支撑作用。

国家邮政局印发《快递业务操作指导规范》

8月11日，国家邮政局印发《快递业务操作指导规范》。该规范针对快递业务全过程作业的重要环节和关键质量控制点，规定了规范操作的基本要求，旨在指导快递企业科学组织生产管理，解决因快递作业不规范引发的服务质量问题。

国家邮政局部署中秋节快递业务旺季服务保障工作

8月12日，国家邮政局召开电视电话会议，部署2011年中秋节快递业务旺季服务保障工作。会议强调，要加强行业内的统筹协调，共同做好快递业务旺季服务保障工作，真正使“小快件、大民生”的理念落到实处，为人民群众提供迅速、准确、安全、方便的快递服务。

《邮政业标准化“十二五”发展规划》获审议通过

8月15日，国家邮政局局长马军胜主持召开第107次局长办公会，审议通过《邮政业标准化“十二五”发展规划》。该规划以转变邮政业发展方式为主线，以加快构建邮政普遍服务体系和快递服务体系为目标，着力建立健全标准化“三大体系”，即完善邮政业标准体系，健全邮政业标准实施监督体系，夯实邮政业标准化工作运行体系，增强邮政业标准化的科学性、导向性与时效性，为实现邮政业“十二五”发展目标提供坚实的技术支撑和服务保障。

国家邮政局印发《快递企业等级评定管理办法（试行）》

8月30日，国家邮政局印发《快递企业等级评定管理办法（试行）》。这一文件的出台对快递企业改革创新、转型升级有着重要的指导作用，也是推动企业加强诚信建设、提高服务质量的强大动力，更是引导全行业科学发展的一项重要举措。

“第四届中日邮政政策对话”在北京举行

9月6日，第四届中日邮政政策对话在北京举行，中国国家邮政局副局长王渝次、日本总务省邮政政策规划局局长福岡徹出席会议并致辞。会上，国家邮政局的代表分别就五年来中国邮政改革的进展情况，包括邮政政企分开、改革邮政主业、改革邮政储蓄、完善邮政改革配套机制、实行交通邮政统筹管理；未来五年中国邮政业发展展望，中国邮政普遍服务的发展现状和监督保障，民营快递企业的地位和作用及其管理和规范，邮政行业安全监管工作的主要做法等议题进行了详细介绍。日本总务省邮政政策规划局的代表分别就日本邮政改革，邮政民营化，邮政改革中日本邮政集团的重组，确保金融普遍服务的措施，对危险品及禁限寄品的处理，日本信件事业的现状，日本邮政集团及邮政事业的现状，邮政普遍服务的水平、法规，社会及地区贡献基金，在电子商务方面的主要措施等内容进行了介绍。

全国首次中级快递业务员职鉴师资骨干培训班举行

9月23—25日，全国首次中级快递业务员职业技能鉴定师资骨干培训班在山东省济南市举行，天津、河北、吉林、江苏、浙江、江西、山东、河南、湖北、广东、四川、新疆等12个中级快递业务员职业技能鉴定试点省选派了快递企业、职业院校和相关单位的共125名师资骨干参加培训。通过培训，学员们掌握了中级快递业务员需掌握的知识技能和教学技巧，为下一步开展中级快递业务员培训奠定了基础。

首批企业通过快递业务经营许可年度报告审核

10月10日，国家邮政局公布首批通过2011年快递业务经营许可年度报告审核的企业。按照国家邮政局《关于开展2011年快递业务经营许可年度报告工作的通知》要求，国家邮政局2011年快递业务经营许可年度报告审核的企业范围是2010年12月31日前(含12月31日)经国家邮政局批准，取得《快递业务经营许可证》，依法从事跨省、自治区、直辖市业务或者国际快递业务的企业。

第五届中美邮政改革和快递服务研讨会在南宁召开

10月13－14日，第五届中美邮政改革和快递服务研讨会在广西南宁市召开。广西壮族自治区主席马飚、国家邮政局局长马军胜、美国邮政监管委员会主席金薇、美国商务部中蒙办公室主任尼古拉·梅尔彻分别致辞。王渝次副局长致闭幕词。会议就两国邮政改革与发展、快递市场发展现状和未来发展战略、快递对经济发展的重要性、快递与互联网的关系、保证客户满意度的方法与实践、促进快递服务发展的管理与政策等议题进行了广泛研讨。

全国首次中级快递业务员职鉴试考在山东举行

10月15－16日，全国中级快递业务员职业技能鉴定试考在山东举行。这是继2008年初级快递业务员职业技能鉴定考试开展以来首次进行的中级快递业务员职业技能鉴定考试。来自山东本省6家快递企业和4所职业院校的共684名考生，在济南、青岛、潍坊、淄博、聊城等5个考点参加了考试。

快递服务在国民经济行业分类中单独列出

2009－2010年，国家邮政局配合有关部门对《国民经济行业分类》中有关邮政业的内容进行了修订，新国家标准《国民经济行业分类》(GB/T 4754—2011)于2011年11月1日起实施。在新《国民经济行业分类》中，“邮政业”下设“邮政基本服务”和“快递服务”两个种类，并注明邮政快递服务在“快递服务”分类中。这次修订将原来按照企业性质分类的原则改为按照业务范围进行分类，新的行业分类符合《邮政法》的精神，更加准确地反映了行业改革发展的新情况。

《快递企业等级评定实施细则》公布

11月1日，中国快递协会根据国家邮政局《快递企业等级评定管理办法(试行)》的规定制定的《快递企业等级评定实施细则》正式公布。2011年9月29日，该细则在国家邮政局第108次局长办公会上获得审议通过。《实施细则》明确了快递企业参与等级评定的途径和方式，细化了等级评定标准，对年业务量、年经营收入、自营网络、重点城市间的快件全程时限等评定指标进行了明确定义。11月2日，快递企业等级评定指导委员会和全国快递企业等级评定委员会正式成立。

“应对11月11日网购促销活动”快递服务座谈会召开

11月8日，国家邮政局市场监管司与中国快递协会在上海联合召开“应对11月11日网购促销活动”的快递服务座谈会，督促快递企业完善应急预案，切实做好网购快递的服务保障工作。

首次中国快递论坛在北京举行

11月22日，由中国快递协会、《快递》杂志、国家邮政局发展研究中心共同主办的“2011年中国快递论坛”在北京举行，这是中国快递协会成立以来首次举办快递论坛。论坛以“改革创新、转型升级”为主题，研讨的主要内容为推动“十二五”期间快递服务科学发展，落实国家邮政局关于推动快递服务转型升级、做大做强的要求，增进快递企业与行业管理部门、相关院校和研究机构之间的沟通交流。研讨快递企业如何把握加快转变经济发展方式的主攻方向，把科技进步和业务创新作为重要支撑，深化体制、机制改革，加速结构调整产业升级等问题。来自国内外的快递管理部门领导、专业人士、企业家共300多人参加了研讨会。国家邮政局局长马军胜出席开幕式并致开幕词，马军胜表示，论坛对于推动快递业务改革创新、转型升级、促进我国快递业务大发展、上水平意义重大。通过论坛这一重要形式，将有助于提升快递业务的影响力，推进快递业务的改革创新、转型升级，让全社会更加关心支持它的发展。

6000多家快递企业快递业务经营许可年度报告通过审核

11月29日，国家邮政局系统圆满完成2011年快递业务经营许可年度报告工作，全国各级邮政管理部门共审核通过6405家，实地核查1068家，约谈313家，责令整改335家，行政处罚30家，依法注销69家。

《海峡西岸经济区快递服务发展规划（2011－2015）》发布

11月29日，国家邮政局发布《海峡西岸经济区快递服务发展规划（2011－2015）》，该规划以“加快转变，跨越发展”为主线，提出了“先行先试、便捷两岸；对接两洲、带动中西；区域协作、联动发展”的基本思路。明确了完善海西快递发展环境、优化服务网络空间布局、整合两岸快递服务资源、加快快递服务体系建设和培育大型现代快递企业等五项主要任务。

《邮政行业安全防范工作规范》获审议通过

12月8日，国家邮政局局长马军胜主持召开第110次局长办公会，审议通过《邮政行业安全防范工作规范》，该规范在行业安全管理机构、制度与人员；邮政、快递设施设备安全防范；安全操作；突发事件处置等方面都作出了具体的规定。

全国单日快件处理量创历史新高

12月12日，全国快递处理量达1800万件，创造单日快件处理最新纪录。

《快递服务“十二五”规划》获审议通过

12月20日，国家邮政局局长马军胜主持召开第111次局长办公会，审议通过《快递服务“十二五”规划》。按照该规划，到2015年，快递服务要努力实现三大目标：即做大行业，实现我国快递服务业务收入翻一番以上，总体规模进入世界前列；做强企业，形成一批规模较大、服务质量好、核心能力强、管理规范的大型快递企业或企业集团；做优品牌，推进快递企业增强服务能力，提升服务品质，打造五星级优质快递服务品牌，大力发展国内市场，积极拓展国际市场。12月29日国家邮政局正式公布《快递服务“十二五”规划》。

《快递服务》系列国家标准发布

12月30日，国家质量监督检验检疫总局、国家标准化管理委员会联合发布第23号国家标准公告，批准发布了《快递服务》系列国家标准。该标准包括三部分内容，分别是GB/T 27917.1—2011《快递服务　第1部分：基本术语》，GB/T 27917.2—2011《快递服务　第2部分：组织要求》和GB/T 27917.3—2011《快递服务　第3部分：服务环节》。该标准于2012年5月1日正式实施，《快递服务》邮政行业标准同时废止。《快递服务》系列国家标准的发布，对于进一步推动快递转型升级，提高服务质量和服务水平，保障用户合法权益，促进快递服务健康发展将起到重要的推动作用。

第二章 2007－2011 年各省(区、市)快递发展大事记

北京快递发展大事记

市邮政管理局举行挂牌仪式

2007 年 3 月 21 日,北京市邮政管理局暨北京市邮政公司共同举行挂牌仪式,北京市副市长陆昊、国家邮政局党组副书记盛汇萍出席挂牌仪式,这标志着北京市邮政政企分开工作基本完成。

举办《快递服务》标准培训班

2007 年 11 月 19 日,北京市邮政管理局举办《快递服务》标准培训班,120 余名来自全市各快递企业的负责人、业务主管及北京市邮政公司速递部门负责人参加了培训。

市快递协会成立

2008 年 1 月 16 日,北京市快递协会成立大会暨首届会员大会在北京召开。国家邮政局副局长王渝次和北京市人大副主任田麦久为北京快递协会成立揭牌。北京市快递协会由北京市邮政公司、民航快递、UPS、TNT、众和圆通、多元申通等 13 家经营快递服务的企业联合发起,首批会员单位 104 家。会议推选出协会名誉会长、会长、秘书长,并选举产生了 18 家理事单位和 3 家监事单位。

通报 2007 年快递服务公众满意度调查结果

2008 年 4 月 18 日,北京市邮政管理局召开专题会议,通报国家邮政局和国家工商总局组织的 2007 年快递服务公众满意度调查北京地区调查结果。

部署奥运邮路安全工作

2008 年 7 月 18 日,北京市快递协会召开会议,传达贯彻六部局联合下发的《关于进一步加强寄递物品安全监管工作的通告》和国家邮政局、北京市反恐办的相关指示精神,并对全市奥运邮路安全工作进行再部署、再动员。

部署《快递服务》达标工作

2008 年 11 月 7 日,北京市邮政管理局召开《快递服务》标准达标暨《国内快递服务协议》工作部署会。会议传达了国家邮政局《快递服务》达标工作会议精神,并结合国家邮政局关于对《快递服务》标准达标工作的指导意见,对北京市《快递服务》达标工作进行了部署,明确了开展达标工作四个阶段的时间安排和主要工作。

市局召开“迎国庆、保安全”工作会

2009 年 8 月 20 日,北京市邮政管理局召开“迎国庆、保安全”工作会。会议传达了国家邮政局、北京市反恐办关于国庆安保工作的相关文件以及北京市邮政管理局与市国家安全局联合成立的北京邮政监管办公室印发的《关于加强国庆期间寄递物品安全工作的通知》,明确要求快递企业进一步树立安全运营意识,认真执行国家邮政局制定的《禁寄物品指导目录及处理办法(试行)》等安全管理规定,严格收寄验视制度,认真登记寄件人和寄递物品信息,切实维护寄递渠道安全。

宣贯《快递业务经营许可管理办法》

2009年10月28日，北京市邮政管理局召开宣传贯彻《快递业务经营许可管理办法》暨培训动员大会。会议从充分认识颁布实施许可办法的重要意义、切实做好贯彻实施工作的具体要求以及下一步如何开展快递业务许可申请工作进行了动员。

马军胜局长巡查快递职鉴考试北京考区

2010年3月20日，国家邮政局局长马军胜在人事司司长王梅、北京市邮政管理局局长胡仲元陪同下，巡查快递业务员职业技能鉴定考试北京考区。马军胜局长对北京考区考务组织工作给予肯定，他指出，快递业务员职业技能鉴定考试有利于推进快递从业员工培训标准化，是落实温家宝总理政府工作报告中“要提高农民工和一线从业人员素质”的重要举措。邮政管理部门要本着建设“服务型政府”的宗旨，对符合条件的快递企业积极推行“送考上门”，满足他们希望增加考试频次的需求，使从业人员持证上岗率稳步提高，为促进快递企业发展上规模、上层次奠定基础。

市职鉴考试首次实现网络化、信息化管理

2010年7月11日，来自北京市40家快递公司的2296人分别在北邮、交通学校、中通、顺丰4个考点的78个考场参加快递业务员职业技能鉴定考试。此次考务组织工作首次实现了报名、信息审核、准考证制作、考生信息查询等考试环节的网络化、信息化管理。这也是北京市邮政管理局为满足快递企业需求增加的一次考试。

开展北京地区邮路安全监管长效机制研究

2011年4月26日，北京市邮政管理局和北京市国家安全局邀请全国人大法工委、国务院法制办、国家安全部、国家邮政局以及北京市公安局巡特警总队的相关领导和专家对《建立北京地区邮路安全监管长效机制的研究》课题报告进行了结题论证，与会领导及专家一致认为研究工作定位准、立意新、起点高、做得实，对研究报告成果的前瞻性和可操作性给予了充分肯定。

市快递协会召开一届六次暨二届一次会员代表大会

2011年5月14日，北京市快递协会召开一届六次暨二届一次会员代表大会。会议对协会成立三年多来的工作进行了全面总结，并对2011年重点工作进行了部署。

启动2010年初级快递业务员资格证书发放工作

2011年6月2日，北京市邮政管理局召开会议，部署落实2010年初级快递业务员国家职业资格证书发放工作，快递企业盼望已久的证书申领工作全面启动。

“快递市场治理整顿规范月”拉开帷幕

2011年7月1日，北京市邮政管理局向全市快递企业印发了《关于开展“快递市场治理整顿规范月”活动的通知》，标志着治理整顿工作正式拉开帷幕。

布置快递旺季业务服务保障工作

2011年9月1日，北京市邮政管理局召开会议布置快递业务旺季服务保障工作。会议传达了国家邮政局文件精神，下发了北京市邮政管理局《关于做好“中秋”节前快递业务旺季服务保障工作的通知》。

印发《北京市物流企业单位内部治安保卫工作规定》

2011年10月20日，北京市邮政管理局在推进国家三部局《关于加强寄递渠道治安管理工作的通知》有效落实的基础上，积极协调配合北京市公安局、市交通委员会、市商务委员会和市工商行政管理局联合出台印发了《北京市物流企业单位

内部治安保卫工作规定》。

《北京市"十二五"时期物流业发展规划》发布

2011 年 11 月 11 日，北京市商务委员会与北京市发展和改革委员会发布《北京市"十二五"时期物流业发展规划》，《规划》从实施城市快递物流共同配送工程、打造快递物流集散系统、政策支持等三个方面支持加快快递发展。

专题调研大学校园快递集中派送揽收问题

2011 年 11 月 29 日，北京市邮政管理局对推动解决大学校园快递集中派送揽收问题进行专题调研。调研组先后到北京邮电大学和北京师范大学，重点对京东商城北京邮电大学派送点、五家快递公司合作的北京师范大学"共同派送"营业点以及中国邮政北京师范大学营业部进行了考察。

天津快递发展大事记

市邮政管理局成立

2007 年 2 月 28 日，天津市邮政管理局正式挂牌成立。此前，在 2006 年 9 月 4 日，天津市邮政管理局组建。

快递首次纳入市局邮政监管

2007 年 3 月 27 日，天津市邮政管理局向各快递企业下发了《关于进一步规范天津市快递业务管理等问题》的通知，《通知》对《国务院关于印发邮政体制改革方案的通知》进行了解读，明确了快递行业应纳入邮政监管范围以及国务院赋予邮政监管部门的行业监管职责。《通知》下发后，天津市 40 余家快递企业陆续到邮政管理局进行登记备案。

首次市快递企业座谈会召开

2007 年 3 月 30 日，天津市邮政管理局召开第一次"天津市快递企业座谈会"，天津市 30 余家快递企业负责人和市政府、公安、工商等相关部门负责人参加了会议。

快递服务人员守则印发

2007 年 9 月 20 日，天津市邮政管理局编制的《天津市快递服务从业人员守则(暂行)》印发，下发至全市 6000 余名快递员工。该守则涵盖邮政行业相关法律法规、快递员工职业道德、行为规范、服务标准、禁限寄物品目录等内容，成为民营快递员工入职的培训参考教材。

首次宣贯《快递服务标准》

2007 年 10 月 24 日，天津市邮政管理局组织召开《快递服务标准》宣贯会，会上对各快递企业负责人和业务主管就《标准》在快递服务质量、服务环节、赔偿标准等方面的内容进行了培训。

市快递协会成立

2007 年 11 月 26 日，天津市快递协会第一次会员大会暨成立大会在天津友谊宾馆召开。天津邮政公司、中铁快运、联邦快递(中国)、广州顺丰等 40 家会员代表参加了成立大会。会上通过了《天津市快递协会章程》、《天津市快递协会会员守则》、《天津市快递协会会费管理办法》。在随后召开的天津市快递协会第一次理事会会议上，选举段传俊担任会长，李慧良担任协会秘书长。

快递车辆通行难问题基本解决

2008 年 6 月 1 日起，天津市从事快递业务的机动车全部持《快递专用证》上路行驶，长期困扰快递服务企业的通行难题得到基本解决，这是天津市邮政管理局建设服务型政府的又一重要举措。

首次开展快递服务达标活动

2008 年 7 月 22 日，天津市快递协会召开一届四次理事会议。会议决定于 7 月 25 日至 9 月 25 日组织全体会员开展《快递服务》标准达标工作。在此期间，协会工作人员将深入部分快递企业进行重点帮扶。

首次召开《快递市场管理办法》培训讲座

2008 年 9 月 9 日，天津市邮政管理局召开《快递市场管理办法》培训讲座。市公安局、市国家安全局、市工商局、市快递协会及天津市 40 余家快递企业负责人参加了培训。

首批 11 家快递企业服务达标

2008 年 9 月 28 日，天津市快递协会召开一届五次理事会议。会议期间，天津市快递协会对《快递服务》标准达标试点工作做了总结，并宣布天津市邮政速递局顺丰速运（天津）有限公司、北京宅急送快运股份有限公司天津分公司等 11 家快递企业为天津市首批《快递服务》标准达标企业。

市邮政业统一发票启用

2009 年 1 月 1 日起，根据天津市地方税务局《关于增加行业专用发票有关问题的通知》，天津市开始启用规范统一的“天津市邮政业专用发票”。此后，邮政企业和快递企业在办理寄递业务收取款项时将向消费者开具统一的邮政业专用发票。

推动校企联合，为快递输送管理人才

2009 年 4 月，天津市邮政管理局与天津对外经济贸易职业学院达成产学研合作意向，这是双方共同探索“政府 + 企业 + 院校”合作共赢的新模式。

天津 12315 与邮政 12305 申诉对接

2009 年 7 月 9 日，天津市邮政管理局 12305 邮政业消费者申诉中心与天津市工商行政管理局 12315 申诉举报中心召开交流会，建立了沟通协作机制，并制定实施方案。根据实施方案，工商 12315 将通过网络直接转至 12305 邮政业消费者申诉中心，为保障邮政业消费者合法权益开辟了新途径。

召开《中华人民共和国邮政法》宣贯会

2009 年 7 月 22 日，天津市邮政管理局首次召开新《邮政法》宣贯培训会。

市快递协会会员自律公约获通过

2009 年 9 月 4 日，天津市快递协会召开一届九次理事会议，审议通过了修订后的《天津市快递协会章程》和《天津市快递协会会员自律公约》。《天津市快递协会会员自律公约》经修订后于 2009 年 10 月 1 日正式实施。

快递业务经营许可工作启动

2009 年 10 月 13 日，天津市邮政管理局召开快递企业经营许可工作推动会。会上讲解了相关许可文书的填写格式及注意事项，明确了企业需要提供的有关文字材料，同时鼓励、引导企业积极创造条件，早日申请。

2010 年市邮路安保联席会召开

2010 年 1 月 15 日，天津市邮政管理局组织召开 2010 年天津市邮路安保联席会，就邮路安全监管任务，与安全、公安、机场、海关、工商、交管等六部门进行座谈沟通。

市首次“职鉴”考试圆满结束

2010 年 2 月初，天津市邮政行业职业技能鉴

定中心公布了首批快递业务员(初级)职业技能鉴[illegible]递企业1058人报名,实到考试人数979人,考试合格人数为804人,占实际参加考试人数的82.12%。

邮政业“十二五”规划纳入市重点规划

2010年4月,天津市政府下发文件,将《天津市邮政业“十二五”发展规划》正式纳入重点专项规划,明确由天津市邮政管理局组织编制。

召开2010年第一次新闻通气会

2010年5月26日,天津市邮政管理局召开2010年第一次新闻通气会。会上通报了2010年天津邮政业市场状况,介绍了邮政业地方法规、行业规划的主要内容、邮政基础设施、邮政服务质量及快递市场监管等方面的内容。

邮政管理列入地方立法计划

2010年5月,天津市政府办公厅下发文件,正式公布了市政府2010年立法项目计划,《天津市邮政业管理办法》作为“加强社会建设和公共服务,突出保障民生、维护社会稳定”的重要内容列入其中。

第三批快递业务员通过“职鉴”

2010年6月12日,天津市第三次快递业务员职业技能鉴定考试圆满结束。本次考试设置1个考点,29个考场,共有来自全市43家快递公司的861名快递业务员报名参加考试,其中快件收派人员712人,快件处理人员149人。这是天津市开展邮政行业职业技能鉴定工作后的第三次考试。

35家快递企业获得许可证

截至2010年9月28日,天津市邮政管理局向符合条件的35家快递企业颁发了“快递业务经营许可证”,圆满完成天津市快递业务经营许可阶段性工作。

《天津邮政业“十二五”发展规划》专家评审会召开

2010年11月18日,天津市邮政管理局组织召开了《天津邮政业“十二五”发展规划》专家评审会。与会代表一致认为《规划》目标明确、内容全面,基本满足了保障改善民生、促进社会和谐等方面对发展邮政业的需求。

天津市首次快递“爆仓”事件“软着陆”

2010年11月19日,天津市邮政管理局检查发现,进入11月初,网购类快件业务量骤增,天津申通、中通快递公司的部分区域存在“爆仓”现象。邮政管理局责令两家企业及其总部积极应对“爆仓”,并启动“应急预案”,做好“12305”宣传解释工作,加大巡查力度,使天津市首次快递“爆仓”事件“软着陆”。

寄递企业首次签署“春运”保证书

2010年12月8日,天津市邮政管理局召开了“迎春运,保畅通”安全生产动员会。天津市各寄递企业首次与市邮政管理局签署《“春运”期间安全生产保证书》。

开展快递市场专项执法检查活动

2011年5月16日至8月31日期间,天津市邮政管理局于开展了“规范市场秩序 维护用户权益”的专项执法检查活动,对邮政、快递市场的违法违规、扰乱市场秩序、侵犯用户权益的行为展开集中检查。

天津市首个民营快递企业党支部成立

2011年5月20日,天津市首个民营快递企业党支部——中共天津市韵达快递服务有限公司党支部成立。

7家无证快递企业被取缔

自2011年5月16日至7月8日止，天津市邮政管理局开展了第三阶段专项执法检查活动，着力对天津市快递企业总部下设的特许经营、加盟网点的经营许可情况实施执法检查，依法规范各加盟网点的经营主体资格，查处并取缔了7家无《快递业务经营许可证》经营快递业务的企业。

市快递协会党支部成立

2011年10月26日，天津市快递协会党组织举行成立大会，中国共产党天津市快递协会总支部委员会正式成立。

民营快递联合党支部成立

2011年11月，天津民营快递企业第一、第二联合党支部正式成立，这意味着天津民营快递企业基层党组织实现了全覆盖。

首批中级快递业务员通过职鉴考试

2011年12月10日，天津市中级快递业务员职业技能鉴定试考圆满结束，这是天津市首次进行中级快递业务员职业技能鉴定考试。

河北快递发展大事记

省邮政管理局举行揭牌仪式

2006年9月5日，河北省邮政管理局正式成立。河北省人民政府副省长付双建、国家邮政局副局长张亚非出席成立大会并讲话。2007年3月6日，河北省邮政管理局、河北省邮政公司共同举行揭牌仪式，标志着河北省邮政政企分开工作的基本完成。

《河北省2007－2009年度快递服务专题滚动规划》编制完成

2007年8月，河北省邮政管理局依据《信息产业“十一五”规划》和《中国邮政服务业“十一五”发展规划》，委托石家庄邮电职业技术学院制定了《河北省2007－2009年度快递服务专题滚动规划》。

起草《河北省邮政条例（草案）》

2007年12月，河北省邮政管理局有效整合高校、政府和企业三方的法律资源，成立了专门的立法草案课题组，在反复调研论证的基础上，起草了《河北省邮政条例（草案）》，这是河北省首部邮政业地方性法规。

省快递行业协会成立

2007年10月12日，河北省快递行业协会首届会员大会暨成立大会在石家庄市召开，首批会员单位共有67家，省邮政公司副总经理米荣珍当选为首届会长。协会的业务指导单位是河北省邮政管理局。

孙瑞彬副省长到省邮政管理局视察

2008年3月4日，河北省政府副省长孙瑞彬到河北省邮政管理局视察指导工作。河北省邮政管理局局长韩瑞林汇报了邮政体制改革、业内市场主体现状、2007年主要工作、2008年邮政监管工作思路以及当前邮政监管工作中存在的主要难点等方面的内容。孙瑞彬副省长充分肯定了河北省邮政管理局建局以来的工作，并提出五点意见。

积极与相关部门合作确保奥运邮路安全

2008年5月4日至7日，河北省邮政管理局与省国家安全厅、秦皇岛市安全局及秦皇岛市邮政局在秦皇岛联合开展了奥运邮路安保实战演习。奥运期间，河北省邮政管理局指派专人自7月17日起进驻秦皇岛，配合有关部门检查邮件31776件，查出违禁物品2件，检查邮政企业19家，快递企业10家，发出整改通知书10份，上报数据58份。

首次开展快递服务和消费维权专项执法检查

2007年8月—2008年底，河北省邮政管理局开展"规范快递服务行为、促进行业发展"活动，以及快递服务和消费维权专项执法检查活动。活动期间，共出动执法人员100余人次，检查快递企业395家，开展服务水平测试4次，查处各类问题35个，下发整改通知书20份，对企业提出警告52次。

开通省邮政业消费者申诉热线

2008年4月，河北省邮政管理局开通河北省邮政业消费者申诉热线"0311-12305"。2008年，共受理各类申诉285件，其中河北省邮政管理局直接受理215件，国家邮政局转办70件，包括有效申诉24件，无效申诉102件，咨询89件，全部得到了妥善有效处置。

在上海召开河北快递发展推介会

2009年5月，河北省邮政管理局在上海召开了河北快递发展推介会，重点阐述了河北快递服务发展面临的历史机遇，河北快递服务发展具有的优势，以及未来几年的发展思路。

省政府印发《关于加快发展快递服务业的通知》

2009年11月6日，河北省邮政管理局协调河北省人民政府办公厅印发了《关于加快发展快递服务业的通知》(办字〔2009〕128号)，从改善运输传递环境、加大金融支持力度、落实有关优惠政策、鼓励快递经营人园进区、推行职业资格认证、支持企业做大做强、规范引导行业发展共七个方面提出了明确要求，为进一步解决快递企业发展难题提供了有力的政策依据。

马军胜就《关于加快发展快递服务业的通知》作批示

2009年11月，国家邮政局局长马军胜专门就《关于加快发展快递服务业的通知》作出批示："河北省局认真贯彻《物流业调整振兴规划》，结合实际，提出重点，抓住当前影响快递发展的进城难、融资难、注册难、征地难等问题，主动提出破解之策，基本形成推动发展的政策框架。值得肯定、宣传推广。"

首次举办快递企业新《邮政法》培训班

2009年6月10日，河北省邮政管理局举办了全省快递企业骨干人员新《邮政法》培训班，快递企业负责人、骨干人员约80余名学员参加了培训。

快递车辆优惠政策出台

2009年11月5日，河北省邮政管理局和河北省公安交通管理局联合印发《关于贯彻落实省政府支持邮政业发展政策有关事项的通知》，就规范快递车辆管理及保障快递车辆通行出台六项具体优惠政策。

联合相关部门加强邮政业安全监管

2010年8月4日，河北省邮政管理局与省国家安全厅、省公安厅、石家庄海关联合印发了《关于加强邮政业安全监管工作的通知》，采取三项措施加强邮政业安全监管。一是加强对涉及邮政业治安案件的查处工作。二是强化对邮政业从业主体的监督检查，四部门要加强信息沟通交流，建立健全安全保障机制。三是落实国家有关邮政业安全的规定。

向社会通报《京津冀地区快递服务发展规划》

2010年10月13日，河北省邮政管理局联合河北省政府新闻办公室召开新闻发布会，向社会通报全省开展快递市场准入工作和《京津冀地区快递服务发展规划》编制等情况。

协调税务部门落实快递业务营业税政策

2010年6月2日，河北邮政管理局与河北省地税局联合印发了《关于落实税收政策促进快递服务业发展的通知》，明确了省内从事快递业务的企业可按照邮电通信业3%的税率征收营业税，并对适用该税收政策的主体条件做出了规定。

邮政行业“十二五”规划通过专家评审

2011年2月22日，河北省邮政管理局组织专家组对河北省邮政行业“十二五”系列规划进行了专家评审。专家组对河北省邮政行业“十二五”系列规划、河北省快递服务“十二五”规划、河北省“京畿邮业”建设纲要进行了细致深入的研究讨论。

河北省快递服务用户委员会成立

2011年3月5日，为维护消费者合法权益，在河北省邮政管理局与省快递行业协会的共同倡议下，河北省快递服务用户委员会在石家庄成立。河北省消费者协会副秘书长聂云东任委员会主任。

河北省邮政业与快递服务发展“十二五”规划获批

2011年8月18日，河北省政府批准正式印发《河北省邮政业发展“十二五”规划》和《河北省快递服务发展“十二五”规划》。两个规划的编制工作自2009年底启动，最终顺利通过专家评审和省政府审查。

快递服务纳入《河北省工业和信息化发展“十二五”规划》

2011年9月28日，河北省政府办公厅印发了《河北省工业和信息化发展“十二五”规划》，规划对推动信息化与现代物流业协同发展提出要求，为快递物流发展提供了有力支撑。对此，河北省邮政管理局将利用与工信部门现有的战略合作协议平台，促进邮政业发展“十二五”规划与工业和信息化发展“十二五”规划的衔接落实。

山西快递发展大事记

首次对省内快递企业开展调研

2007年1月8日至18日，山西省邮政管理局对太原、大同、阳泉、晋中、长治、晋城、临汾、运城等地的快递企业进行了全面调研，从加强管理、改善服务、采用新技术、提高竞争力等方面对企业提出了要求。

省邮政管理局举行揭牌典礼

2007年2月12日，山西省邮政管理局和山西省邮政公司举行成立揭牌典礼。山西省副省长靳善忠、国家邮政局副局长徐建洲、中国邮政集团总公司副总经理刘明光、山西省委副秘书长姜新文等出席揭牌仪式。

与统计部门首次开展快递企业统计调查

2007年7月9日至25日，山西省邮政管理局与山西省统计调查总队对省内90家快递企业进行了全面统计调查摸底。

省快递协会成立

2007年12月28日，山西省快递协会成立，由协会会员制定依法经营、规范管理的自律公约，进一步规范了快递市场经营秩序。

首次召开省快递工作会议

2008年3月18日，山西省邮政管理局召开了首次全省快递工作会议。山西省政府法制办、山西省工商行政管理局和山西省国家安全厅的有关领导、全省40家规模型快递企业的负责人参加了会议。

省邮政业消费者申诉中心成立

2008年3月15日，山西省邮政业消费者申诉中心成立，从2008年4月1日起，正式通过12305申诉电话或网络受理邮政业消费者申诉。

与国安部门召开首次快递企业寄递物品安全工作会议

2008年5月18日，山西省邮政管理局与山西省国家安全厅召开首次快递企业寄递物品安全工作会议，对奥运安全工作进行了安排部署，并与各企业签订了《山西省快递企业维护邮路寄递物品安全承诺书》。

首次举办快递服务消费者申诉受理培训班

2009年3月31日，山西省邮政管理局举办了首期快递服务消费者申诉受理人员培训班，对太原地区20家主要快递企业专职受理投诉的近30名工作人员，进行了快递服务和投诉申诉受理相关法律法规、投诉受理知识以及申诉受理业务培训。

启动快递业务经营许可工作

2009年9月28日，山西省邮政管理局召开了《快递业务经营许可管理办法》宣贯会，正式启动了快递业务经营许可工作。山西省25家重点快递企业的负责人及许可工作人员近40人参加了培训。

加强国庆60周年邮政、快递企业安保工作

2009年8月21日，山西省邮政管理局召开国庆60周年邮政、快递企业安保工作会议，会上与快递企业签订了保证国庆60周年安全责任书，落实了安保责任。

首批6家企业取得快递业务经营许可证

2010年6月24日，山西省邮政速递物流有限公司、中国外运山西公司、山西祥浩物流有限公司、太原韵达快递服务有限公司、晋中市多元申通快递有限公司、运城市韵达快递有限公司等6家快递企业首批取得了快递业务经营许可证。截至2011年底，山西省许可备案企业达298家，其中批准颁发快递业务经营许可证的企业有122家，省内分公司备案152家，完成跨省经营分公司属地备案管理24家。

开展规范市场秩序专项执法检查活动

2010年11月—2011年9月，按照国家局《关于开展规范市场秩序维护用户权益专项执法检查活动的通知》要求，山西省邮政管理局成立了以局长为组长、副局长为副组长的专项执法检查领导小组，由局领导带队，深入快递企业现场进行检查指导。

出台保障快递车辆通行政策措施

2010年11月19日，山西省交通运输厅下发文件，就快递车辆客车载货事宜做出具体规定。在国家对城市快递专用车辆的车型定型前，各级道路运输管理机构对经省邮政管理部门审核、在省级运管机构备案的、喷有快递企业专用标志、从事快件运输服务的12座(含)以下的载客汽车，不得以客运机动车违反规定载货为理由进行查处。

省人大常委会审议通过《山西省邮政条例》

2010年11月26日，山西省第十一届人大常委会第二十次会议审议通过了《山西省邮政条

例》。《条例》填补了山西邮政地方立法的空白，对促进山西省邮政业健康快速发展发挥了重要作用。

《山西省邮政条例》实施

2011 年 1 月 1 日，《山西省邮政条例》正式实施，进一步明确了快递业务经营许可制度，细化了快递市场监管措施，补充、完善了寄递渠道安全监管的制度和措施。

启动快递经营许可年度报告工作

2011 年 6 月 30 日，山西省邮政管理局召开快递业务经营许可年度报告工作布置培训会，太原地区快递企业的相关人员参加了培训。培训按照《快递业务经营许可年度报告书》相关内容，解读了年报范围和工作时间、年报操作流程和审批程序。

部署开展快递业务旺季服务保障工作

2011 年 8 月 16 日，山西省邮政管理局召开 2011 年全省快递业务旺季服务保障工作会议，对旺季期间快递服务工作作出安排部署，并与 35 家快递企业签订了旺季服务保障责任书，要求各企业认真履行服务承诺，保证旺季期间正常营业投递，不得擅自中断服务。

部署中部六省太原博览会寄递渠道安保工作

2011 年 8 月 28 日，根据国家邮政局的部署要求，山西省邮政管理局召开了全省快递重大活动安保专题会议，对中部六省太原博览会和新疆中国—亚欧博览会等重大活动期间寄递渠道安保工作进行动员部署。

内蒙古快递发展大事记

自治区邮政管理局举行揭牌仪式

2007 年 2 月 28 日，内蒙古自治区邮政管理局举行揭牌仪式。自治区政府副主席余德辉、国家邮政局副局长徐建洲、中国邮政集团公司副总经理李国华等相关领导出席了揭牌仪式。

发布《关于加强邮政市场监管的通知》

2007 年 4 月 9 日，内蒙古自治区邮政管理局和工商局联合下发《关于加强邮政市场监管的通知》（内邮联〔2007〕1 号）。《通知》明确：内蒙古自治区邮政管理局已正式成立，依法负责对全区邮政市场的监管，负责监管包括寄递业、集邮业、邮政用品用具生产销售业在内的全区邮政市场，并对快递企业办理工商登记流程和经营范围做出明确规定。

邮路寄递物品安全监管领导小组成立

2007 年 7 月 9 日，为做好邮路寄递物品安全监管工作，建立邮路反恐协作长效机制，内蒙古邮政管理局与内蒙古国家安全厅联合成立了“邮路寄递物品安全监管领导小组”。领导小组下设办公室，负责邮路寄递物品安全监管日常事务。

规范快递服务行为工作领导小组成立

2007 年 9 月 7 日，根据国家邮政局和国家工商行政管理总局要求，为规范快递市场经营秩序，维护广大消费者的合法权益，促进快递行业又好又快发展，内蒙古自治区邮政管理局和工商行政管理局联合成立“规范快递服务行为、促进快递行业发展”工作领导小组。

自治区快递协会第一次会员大会召开

2007年10月18日，内蒙古快递协会第一次会员大会召开。首届内蒙古快递协会有单位会员44个，个人会员15人。国家邮政局副局长王渝次、全国政协常委、原内蒙古自治区政协主席王占、内蒙古自治区人大副主任哈斯巴根、国家邮政局快递协会筹备组达瓦、沙迪等相关领导出席了会议。

“奥运”、“两会”邮路安全监管方案出台

2008年3月14日，内蒙古自治区邮政管理局和国家安全厅就保障“两会”、“奥运”期间邮政、快递寄递渠道安全和信息安全等，共同制定了联合安全监管方案。双方组成检查组对首府部分邮政、快递企业进行信息安全监管方面的执法检查，并对相关单位在快件收寄验视制度和禁寄物品规定方面的落实情况和作业现场的安全监控情况进行了彻查。

自治区政府副主席赵双连考察邮政工作

2008年4月21日，内蒙古自治区政府副主席赵双连一行到自治区邮政管理局考察指导工作。在听取汇报过程中，赵双连副主席指出邮政要充分利用自身的业务为中小企业服好务。要建立一个由政府牵头促进中小企业发展的联动机制，制定工作规则，每半年联动一次，逐步扩大、及时跟进。

开展“奥运”邮路大检查

2008年4月21－30日，为贯彻落实中央与地方党委、政府对反恐工作的各项要求，切实做好北京奥运会邮路寄递物品安全工作，自治区邮政管理局历时10天行程近2000公里，对包头、鄂尔多斯等5个盟市的邮政、快递企业收寄物品是否执行安全验视制度进行了执法检查。共抽查38个网点，对检查发现安全隐患的企业，在全行业提出通报批评。

为快递企业依法争取优惠税率

2008年6月16日，针对自治区快递业务营业税缴纳标准不统一的现状，为了使所有快递企业能够同步享受到国家赋予服务业的优惠扶持政策，内蒙古自治区邮政管理局积极与自治区地方税务局协调，下发了《内蒙古自治区地方税务局关于加强我区快递业务营业税征管工作的通知》。通知中明确规定单位和个人从事快递业务，取得的快递业务收入按“邮电通信业”税目3%的税率申报纳税。

马军胜局长到内蒙古调研

2008年11月5日至7日，局党组书记、局长马军胜同志带领调研组赴内蒙古就完善体制机制，促进邮政业发展开展调研。马军胜一行先后考察了内蒙古赤峰市邮政函件广告局、新区邮政支局、喀喇沁旗邮政局、松山区邮政局以及内蒙古邮政快递物流赤峰分公司，听取了内蒙古邮政公司、赤峰市邮政局以及内蒙古邮政快递物流赤峰分公司的工作汇报，同基层邮政企业干部职工进行了座谈，实地了解了基层邮政企业的改革发展情况，并与考察地点的地方党委、政府领导同志就促进邮政行业科学发展交换了意见。

“12305”与“12315”首次实现信息共享

2009年4月15日，内蒙古自治区邮政管理局、工商局、消费者协会联合发文，内蒙古邮政业消费者申诉受理实现“12305”与“12315”信息共享，自治区各盟市“12315”消费者申诉举报中心、消费者协会受理邮政、快递企业的申诉、投诉以及咨询业务等相关信息，由各盟市“12315”中心或消费者协会直接转交“12305”处理。

蒙文版《邮政法》首次亮相

2009年9月11－13日，根据内蒙古的民族区域自治特点，《内蒙古日报》全文刊登了蒙文版的《邮政法》，与此同时，内蒙古邮政管理局还联系印

刷了蒙文版的《邮政法》单行本。为自治区宣贯、实施《邮政法》提供了条件。

国庆60周年邮路安全工作会议召开

2009年9月9日，内蒙古自治区邮政管理局召开“国庆60周年邮路安全工作会议”，全面部署全区邮政业国庆期间的安全保卫工作，并与26家企业现场签订了安全责任书。

首届全区快递企业负责人培训班开班

2009年9月23日，内蒙古自治区邮政管理局组织了全区快递企业负责人培训班，来自全区70家快递企业负责人参加了培训。

协调快递业务经营许可和工商注册登记工作

2009年10月27日，内蒙古自治区邮政管理局与工商局联合下发了《关于做好全区快递业务经营许可和工商注册登记有关工作的通知》，就快递业务经营许可等事项建立联合执法协作机制。《通知》明确了工商部门按照邮政主管部门的审核事项和时限进行注册登记，同时从《快递业务经营许可证》的发放、变更和注销三个方面建立了衔接机制。

联合解决快递车辆通行难问题

2010年1月14日，内蒙古自治区邮政管理局与区公安厅、区交通运输厅、区住房和城乡建设厅、区工商局联合下发了《关于保障快递企业运输车辆便捷通行的通知》，为快递车辆进城通行开辟绿色通道，以解决快递服务车辆通行中存在的一些问题。

首批企业获快递经营许可证

2010年7月14日，根据《中华人民共和国邮政法》和《快递业务经营许可管理办法》规定，经过材料审核、征求意见、网站公示等审批程序，内蒙古自治区邮政管理局向6家符合条件的快递企业颁发了首批快递业务经营许可证。

马军胜局长到内蒙古进行调研

2010年7月22—24日，国家邮政局局长马军胜到内蒙古自治区，对邮政普遍服务、快递企业和快递业务发展情况进行了调研。

开展规范市场秩序专项执法检查

2010年11月15日—12月15日，内蒙古自治区邮政管理局组织开展了“规范市场秩序，维护用户权益”专项执法检查活动。自治区邮政管理局成立了执法检查活动领导小组，确立了“早布置、早安排、早检查、见实效”的工作方针，制定了工作实施方案，重点查处了一批未取得快递业务经营许可证从事快递业务、未认真执行收寄验视制度的违法违规行为。

邮政业“十二五”规划专家评审会召开

2010年12月31日，内蒙古自治区邮政管理局召开了自治区邮政行业“十二五”规划专家评审会。

开展全区寄递渠道反恐怖工作大检查

2011年9月13日，内蒙古自治区邮政管理局会同自治区反恐办、自治区公安厅反恐总队联合组成了反恐安全检查组，开展了全区寄递渠道反恐怖工作大检查，共检查邮政、快递企业21家。针对个别企业未认真执行收寄验视制度、未配备必要的安全监控和安检设备等问题，检查组提出了整改意见，下达了整改通知书，责令其限期整改。

《内蒙古自治区邮政条例》获通过

2011年11月16日，自治区第十一届人民代表大会常务委员会第二十五次会议审议通过了《内蒙古自治区邮政条例》。《条例》共8章57条，从2012年1月1日起施行。

《内蒙古自治区邮政业发展“十二五”规划》出台

2011 年 11 月 11 日，根据国家邮政局对邮政业“十二五”规划工作的总体要求，结合自治区邮政业实际，自治区邮政管理局组织编制了《内蒙古自治区邮政业发展“十二五”规划》，并下发邮政公司和快递企业。

辽宁快递发展大事记

省邮政管理局揭牌仪式在沈阳举行

2006 年 9 月 13 日，辽宁省邮政管理局正式成立。2007 年 2 月 23 日，辽宁省邮政管理局、辽宁省邮政公司揭牌仪式在沈阳举行。辽宁省副省长刘国强发来贺信，国家邮政局副局长徐建洲、中国邮政集团公司副总经理冯新生等出席仪式。

设置大连邮政监管办事处

2007 年 10 月 24 日，辽宁省邮政管理局决定在大连设置邮政监管办事处，对外名称为：辽宁省邮政管理局大连办事处。办事处作为省邮政管理局的派出机构，负责大连及鞍山、辽阳、盘锦市的邮政监管工作。

省快递协会成立

2007 年 11 月 28 日，辽宁省快递协会第一次会员代表大会暨成立大会在沈阳召开，会议选举产生了会长、副会长、理事、秘书长，通过了快递协会章程、会费管理办法等文件。辽宁省副省长刘国强、国家邮政局副局长王渝次出席揭牌仪式并讲话。

召开奥运邮路寄递物品安全监管工作会议

2008 年 4 月 10 日，辽宁省邮政管理局召开奥运邮路寄递物品安全监管工作会议，宣布了辽宁省邮政管理局关于奥运会寄递物品安全监管实施方案和奥运邮路寄递物品安全保障应急预案，通报了全省邮政业通信安全检查工作情况。

辽宁省“12305”邮政业特服号码启用

2008 年 4 月 2 日，根据国家邮政局《关于启用“12305”邮政业消费者申诉专用特服号码并开通网上申诉受理系统有关事项的通知》，辽宁省邮政管理局开始在全省使用“12305”特服号码，受理邮政业消费者申诉事项。

向首批《快递服务》标准试点达标企业颁牌

2008 年 12 月 26 日，辽宁省快递协会在沈阳召开辽宁省首批《快递服务》标准试点达标企业颁牌仪式暨全面启动达标工作动员大会，向 11 家快递企业颁发了达标企业证书及牌匾。

《辽宁快递服务车辆运行管理办法（试行）》出台

2009 年 7 月 10 日，辽宁省邮政管理局与辽宁省交通运输管理局联合下发了《关于印发〈辽宁快递服务车辆运行管理办法（试行）〉的通知》，决定由辽宁省邮政管理局和省道路运输管理部门联合发放《快递服务车辆专用标识》，解决快递服务用车“客货混装”问题。

召开国庆邮路寄递物品安全工作座谈会

2009 年 8 月 31 日，辽宁省邮政管理局在沈阳召开全省邮政业国庆邮路寄递物品安全工作座谈会，省邮政公司及规模以上快递企业负责人参加了会议。

建立邮政业消费者申（投）诉沟通机制

2010 年 1 月 14 日，辽宁省邮政管理局与辽宁省工商行政管理局联合下发了《关于建立邮政业消费者申(投)诉沟通机制的工作意见》。

首批快递业务员职鉴考试在沈阳举行

2010年3月20日,辽宁省首批快递业务员职业技能鉴定考试在沈阳进行,2010全年共进行了五批考试,参加考试2916人,共有2557人通过了考试。

首批省内快递业务经营许可证颁发

2010年7月,辽宁省邮政管理局向辽宁省邮政速递物流有限公司等7家符合条件的企业颁发了省内首批快递业务经营许可证,同时为6家已取得国家邮政局颁发许可证的法人机构进行了属地备案登记。

《辽宁省邮政条例(修订草案)》获人大通过

2010年9月29日,辽宁省第十一届人民代表大会常务委员会第十九次会议高票通过了《辽宁省邮政条例(修订草案)》,定于2011年1月1日施行。修订后的《辽宁省邮政条例》为快递发展争取政策提供了依据,明确了快件验视签收问题,将快递服务标准纳入地方法规。

马军胜局长考察辽宁快递服务

2010年11月8－9日,国家邮政局局长马军胜到辽宁调研考察邮政业工作。

召开校企合作座谈会

2011年8月5日,辽宁邮政管理局召开职业院校、快递企业合作工作座谈会,为院校和企业搭建交流平台,沟通人才供需,推进校企合作。辽宁省职业能力建设协会、辽宁省快递协会,辽宁省内10所职业院校领导,12家快递企业负责人出席会议。

出台快递企业服务质量责任人约谈制度

2011年8月8日,辽宁省邮政管理局出台了《邮政、快递企业服务质量责任人约谈制度》。

共青团辽宁省快递企业工作委员会成立

2011年11月29日,共青团辽宁省快递企业工作委员会成立大会召开。大会选举产生了辽宁省快递企业工作委员会书记、副书记及委员,通过了《关于共青团辽宁省快递企业工作委员会委员责任分工的意见》。

吉林快递发展大事记

省邮政管理局正式成立

2006年9月12日,吉林省邮政管理局正式成立,标志着吉林省邮政体制改革进入了实施阶段。吉林省副省长牛海军、国家邮政局副局长张亚非等出席了成立大会。

召开首次邮政业市场主体通报会

2007年3月30日,吉林省邮政管理局召开首次邮政业市场主体通报会,来自快递、集邮和邮政用品用具等各类市场主体的30余家企业负责人参加会议。会议通报了邮政体制改革情况和省邮政管理局组建以来的主要工作情况,传达了马军胜局长在国家邮政局2007年工作会议的讲话精神。

苏和副局长视察吉林禁毒工作

2007年6月23日,国家禁毒委员会委员、国家邮政局副局长苏和一行到吉林省视察邮政业禁毒工作，就如何防止利用邮政、快递渠道运送和邮寄毒品提出了工作要求。

举办首期邮政业禁毒知识培训班

2007年8月13－14日，吉林省邮政管理局与省禁毒办、省公安厅禁毒总队联合举办了吉林省邮政业首期禁毒知识培训班。

成立邮政执法大队

按照《国家邮政局关于加强重点地区邮政监管工作的通知》要求，通过公开招聘、统一考试和岗前培训，2007年9月5日，吉林省邮政管理局完成了5名邮政执法人员的选聘和岗前培训工作，设立邮政执法大队，挂靠市场监管处。

省快递行业协会成立

2007年10月12日，吉林省快递行业协会成立大会暨第一次会员代表大会在长春召开，国家邮政局副局长徐建洲、省人大副主任汪洋湖出席大会并讲话，共同为吉林省快递行业协会揭牌。该协会由吉林省邮政公司等15家单位共同发起，包括国有、民营、合资在内的61家快递企业成为协会的首批会员，吉林省邮政公司当选会长单位，首届会员大会审议通过了《吉林省快递行业协会章程》、《吉林省快递行业协会会员守则》，选举产生了首届理事会，首届理事会选举产生了会长、副会长、秘书长、副秘书长等人选。

快递协会一届二次理事会议召开

2008年1月22日，吉林省快递行业协会一届二次理事会议在长春召开，会上讨论通过了《吉林省快递企业自律公约》和《给全省快递企业的倡议书》。

吉林“12305”邮政业消费者申诉电话开通

2008年4月7日，全国邮政业消费者申诉电话“12305”在吉林省开通并正式启用，市场监管处设置专人负责消费者申诉受理工作。

召开省奥运邮路寄递安全保障工作会议

2008年5月12日，吉林省奥运邮路寄递安全保障工作会议在长春召开，会议传达了国家邮政局关于奥运邮路寄递安全保障工作的相关文件精神，与长春30家快递企业签订了《吉林省寄递服务业保障奥运邮路安全承诺书》。

召开宣传贯彻《快递市场管理办法》动员会

2008年8月7日，吉林省邮政业宣传贯彻《快递市场管理办法》动员会在长春召开。

召开首批《快递服务》标准达标企业颁牌大会

2009年1月16日，吉林省邮政管理局召开首批《快递服务》标准达标企业颁牌大会，省快递行业协会、省工商局、省安全厅、省消费者协会以及30家快递企业负责人参加会议。会上为首批获得“《快递服务》标准达标企业”称号的6家企业颁发了证书。

省政府召开专题会议支持邮政行业发展

2009年3月20日，省政府办公厅组织省发改委、省工信厅、省公安厅、省邮政管理局等12个部门召开了研究支持邮政行业发展的专题会议。会议认为：把邮政业纳入公共服务领域，作为鼓励扶持的重点行业，积极出台行业发展的优惠政策，符合省委、省政府关于加快发展服务业的有关意见精神。

省政府发文支持邮政业发展

2009年3月27日，省政府办公厅印发了《关于进一步支持邮政业发展的通知》，要求各级政府把邮政业作为鼓励扶持的重点行业，纳入经济社会发展总体规划及城乡发展专项规划并负责组织实施。《通知》规定，开通邮件运递专用车辆绿色通道，优化资源配置，支持邮政业发展。

快递车辆绿色通道开通

2009年4月30日，经吉林省邮政管理局多次与省交警总队沟通协调，采取邮政管理部门和公安交警部门按季度发放《快递车辆通行证》的形式，解决了长期以来困扰快递企业车辆通行难问题。吉林省邮政管理局还专门制定了《快递车辆通行证使用管理办法》，对运邮车辆管理提出了明确要求。随着首批130个快递车辆通行证的发放，困扰快递运邮车进城难、通行难、停靠难等问题，特别是"客货混载"问题得到有效解决。

召开《邮政法》宣传贯彻座谈会

2009年5月15日，吉林省邮政管理局与省政府法制办、省人大联合召开了《邮政法》宣传贯彻座谈会。

召开快递业落实国家职业资格证书制度动员部署会

2009年8月20日，吉林省邮政管理局召开吉林省快递业落实国家职业资格证书制度动员部署会，启动快递业务员职业技能鉴定工作，并下发了《关于印发吉林省快递行业职业技能鉴定工作方案的通知》和《关于组织快递业务员职业技能鉴定考试报名的通知》。

召开国庆60周年邮路安全稳定工作会议

2009年9月8日，吉林省邮政管理局召开国庆60周年邮路安全稳定工作会议。会议部署了国庆期间邮路安全检查工作，吉林省邮政管理局还与各快递企业签订了安全承诺责任书。

建立快递市场监管协作工作机制

2009年10月12日，吉林省邮政管理局经过与吉林省工商行政管理局多次协调、沟通，达成了建立长效协作的快递市场监管工作机制意见。联合下发了《关于进一步加强快递市场监督管理工作的通知》。建立了快递业务经营许可证和工商注册登记管理工作的协调工作机制、联合执法监督检查工作机制和邮政业消费者申诉、投诉、举报沟通机制。

圆满完成首批快递业务员职业技能鉴定考试

2009年11月14日，吉林省首批快递业务员职业技能鉴定考核工作在长春松花江大学举行。来自省内20家规模以上快递企业的427名快递业务员参加实际操作考试和理论知识考试。

发布邮政速递物流发展规划

2009年11月19日，吉林省邮政管理局发布《吉林省邮政速递物流发展规划(2009－2014年)》。《规划》包括总论和主体内容6大部分，共24条。

出台促进快递与民航产业协同发展意见

2010年3月26日，在广泛收集快递行业意见和开展调查研究的基础上，省邮政管理局与民航吉林安全监督管理局联合下发了《关于促进我省快递与民航产业协同发展的实施意见》。《意见》明确：民航机场和航空公司要按照相关法律规定，优先安排运输，对快递公司发货时限，优先配载舱位等方面给予支持。

首批9家快递企业获快递业务经营许可证

2010年4月27日，吉林省邮政管理局与省工商行政管理局联合召开吉林省首批快递业务经营许可证颁证大会，对长春申通、长春圆通等9家快递企业颁发了快递业务经营许可证。

联合省统计局启动全省邮政行业统计检查工作

2010年8月17日，吉林省邮政管理局与省统计局联合召开全省邮政行业统计检查工作布置会，启动邮政行业统计检查工作，并对获得"2009

年全国邮政行业统计工作先进企业”荣誉称号的省邮政公司、吉林顺丰、吉林中通等5家企业进行了表彰。

建立宣传贯彻落实《邮政法》工作协调机制

2010年8月23日，吉林省邮政管理局会同省法制办、省发改委、省公安厅、省安全厅等13个部门联合下发了“关于进一步宣传贯彻落实《邮政法》建立工作协调机制的意见”，构建了与地方政府各职能部门齐抓共管、贯彻落实《邮政法》的协作机制平台。

加强快递企业代收货款业务管理

2010年10月17日，吉林省邮政管理局下发《关于加强吉林省快递企业代收货款业务管理的通知》，依法加强快递行业代收货款领域监管。

《吉林省邮政条例(修改稿)》获审议通过

2010年10月27日，吉林省省长王儒林主持召开省政府第12次常务会议，会议讨论并原则通过了《吉林省邮政条例(修改稿)》，并决定以政府议案的形式正式提交省人大常委会审议。11月26日，《吉林省邮政条例(修改稿)》经吉林省第十一届人民代表大会常务委员会第二十二次会议审议通过，并正式公布施行。

《吉林省邮政行业“十二五”规划》通过专家评审

2010年11月4日，吉林省邮政管理局召开《吉林省邮政行业“十二五”规划》专家评审会。专家评审组听取了省邮政管理局关于规划编制委托情况介绍，以及省社科院规划编制课题组关于《吉林省邮政行业“十二五”规划(送审稿)》、《吉林省邮政普遍服务“十二五”规划(送审稿)》和《吉林省快递服务“十二五”规划(送审稿)》等三个规划编制情况和主要内容的说明，提出了修改建议，表决通过了上述三个规划，形成了规划评审意见。

马军胜局长到吉林检查指导工作

2010年11月9－10日，国家邮政局马军胜局长到吉林省检查指导工作，并会见了省政府王祖继副省长。马军胜局长向王祖继副省长介绍了邮政体制改革情况和邮政业发展现状，感谢吉林省政府对邮政事业发展的关心和支持。王祖继副省长充分肯定了吉林邮政业发展所取得的成绩，并表示吉林省政府将一如既往地支持邮政事业加快发展。

开展“规范市场秩序、维护用户权益”专项执法检查工作

2010年11月12日，吉林省邮政管理局与省工商行政管理局联合召开“规范市场秩序、维护用户权益”专项执法检查工作会议。会议传达了全国邮政市场监管工作会议精神，印发了《吉林省邮政管理局开展“规范市场秩序、维护用户权益”专项执法检查工作实施方案》。

搭建校企交流合作平台加强快递人才培养

2010年11月26日，吉林省邮政管理局组织召开全省快递行业职鉴暨人才培养工作座谈会。省快递协会，长春职业技术学院、吉林交通职业技术学院、吉林铁道职业技术学院、吉林工业经济学校等相关院校领导以及在长春的25家规模以上快递企业负责人参加会议。会上印发了《吉林省快递行业人才队伍建设中长期规划(2010－2020年)》。

《吉林省邮政业发展“十二五”规划》发布实施

2011年8月19日，经国家邮政局批准，《吉林省邮政业发展“十二五”规划》正式对外发布实施。《规划》提出，“十二五”期间，吉林省邮政业业务收入和业务总量年均增长率将达到15%以上。其中，快递业务收入年均增长25%，快递业务量年均增长30%。

建立省第一家邮政业人才培养基地

2011年11月4日，吉林省邮政管理局举行授

牌仪式，授予长春职业技术学院为吉林省邮政业人才培养基地。作为吉林省第一家邮政业人才培养基地，该院与几家规模以上快递企业建立了良好的校企合作关系。先后在几家快递企业建立了实训基地，有近百名学生到快递企业进行了实习和实践，有效缓解了企业生产压力，校企之间实现了互利双赢。

联合建立保障寄递渠道安全工作机制

2011 年 11 月 17 日，吉林省邮政管理局与省公安厅联合下发《关于加强寄递渠道治安管理工作的通知》，成立保障寄递渠道安全检查领导小组，建立保障寄递渠道安全检查的工作机制和联合协调会议制度，严厉打击利用寄递渠道违法犯罪活动，建立健全安全保障机制，加强对寄递渠道的监督管理，确保寄递渠道安全。

首批中级快递业务员职业技能鉴定考试举行

2011 年 12 月 10 日，吉林省首批中级快递业务员职业技能鉴定考试在长春职业技术学院举行。来自长春 7 家规模以上快递企业的 124 名持有初级鉴定证书的快递业务员参加了中级鉴定考试。中级较初级鉴定考试明显不同之处是更加注重检验快递业务员的实际动手操作能力。

召开专项执法检查活动总结会

2011 年 12 月 26 日，吉林省邮政管理局召开“规范市场秩序，维护用户权益”专项执法检查情况总结会。会议指出，专项执法检查活动开展以来，吉林省邮政管理局共出动检查人次 568 人，检查企业 266 家，查处违法违规经营企业 65 家，下达整改通知书 60 份，行政处罚决定书 5 份，依法取缔快递企业 2 家，累计罚款 4.4 万元。

黑龙江快递发展大事记

省邮政管理局挂牌成立

2006 年 9 月 11 日，黑龙江省邮政管理局挂牌成立。2007 年 2 月 27 日，黑龙江省邮政管理局与黑龙江省邮政公司举行揭牌典礼。黑龙江省副省长刘海生出席典礼并为邮政管理局和邮政公司揭牌。

首次对快递企业开展调研

2007 年 1 月上旬，为进一步了解快递市场的形势，切实做好邮政监管工作，黑龙江省邮政管理局对哈尔滨市的快递服务企业开展调研，诚恳听取快递服务企业对邮政监管工作的意见和建议。

首次召开全省快递企业座谈会

2007 年 3 月 16 日，黑龙江省邮政管理局召开全省快递服务企业座谈会，15 家快递服务企业参加了座谈会。会议要求各快递服务企业进一步增强依法经营的观念，依法维护邮政企业信件寄递业务的专营权，构建公平公正、竞争有序、和谐共赢的快递市场环境。

首次召开全省监管工作会议

2007 年 4 月 6 日，黑龙江省邮政管理局召开 2007 年监管工作会议。

省快递行业协会成立

2007 年 8 月 30 日上午，黑龙江省快递行业协会成立大会暨首届会员大会在哈尔滨市召开。黑龙江省人大常委会副主任沈根荣为会长单位黑龙江省邮政公司颁牌，国家邮政局副局长苏和与黑龙江省政府副秘书长王大为为协会揭牌。首届快递行业协会共有61个会员单位。在首届会员大会上，审议通过了《黑龙江省快递行业协会章程》、《黑龙江省快递行业协会会员守则》，选举产生了首届理事会，在首届理事会上，选举产生了会长、副会长，黑龙江省邮政公司高级经理孙波担任首届会长。

邮路寄递物品安全监管领导小组成立

2007年9月28日，黑龙江省邮政管理局与黑龙江省国家安全厅联合召开了座谈会。会上成立了黑龙江省邮路寄递物品安全监管领导小组，黑龙江省邮政管理局局长刘彦辰，黑龙江省国家安全厅副厅长陈东辉担任领导小组组长。

执法队员持证上岗

2008年1月，黑龙江省邮政管理局招聘的执法队员持证上岗。按照国家邮政局部署，2007年9月，黑龙江省邮政管理局招聘了五名邮政执法人员，经培训考试合格后，取得了黑龙江省政府核发的行政执法证。

开展节前快递市场大检查确保节日期间生产安全

为进一步规范企业经营行为、维护市场经营秩序，确保黑龙江省快递服务行业在春节期间不发生生产安全事故，黑龙江省邮政管理局从2008年1月21日开始，利用两周的时间，对黑龙江省邮政速递局、黑龙江省顺丰速运有限公司等10多家快递服务企业的生产经营行为、生产作业场地和条件、生产安全的保障措施和《快递服务》标准的执行情况进行了检查。

省局机关工会成立大会召开

2008年3月7日，黑龙江省邮政管理局召开机关工会成立大会。会议审议并通过了《黑龙江省邮政管理局机关工会第一次会员大会选举办法》、《黑龙江省邮政管理局机关工会第一届委员会委员会候选人名单》、《监票人名单》，差额选举产生黑龙江省邮政管理局机关工会第一届工会委员会。

调研快递企业贯彻《快递服务》标准情况

2008年3月，黑龙江省邮政管理局对在哈尔滨市的黑龙江省邮政速递局、民航快递有限责任公司哈尔滨分公司等10家网络型快递服务企业贯彻落实《快递服务》标准情况进行了调研。

省邮政业奥运安保工作会议召开

2008年4月24日，黑龙江省邮政管理局召开邮政业奥运安保工作会议。会上黑龙江省邮路寄递物品安全监管领导小组办公室与到会企业签订了《奥运会期间邮路寄递物品安全工作责任书》。

积极协调地方税务部门落实快递营业税政策

根据国家邮政局下发的《关于协调地方税务部门落实快递业务营业税政策的通知》精神，黑龙江省邮政管理局会同黑龙江省快递行业协会积极与黑龙江省地方税务部门进行沟通协商，2008年9月份取得成效，黑龙江省内各快递服务企业可按照邮政通信业3%的税率缴纳营业税。

省内首批《快递服务》标准达标企业获牌

2008年12月，黑龙江省召开《快递服务》标准达标企业颁牌大会，向首批达标的圆通速递、顺丰速运、中外运速递、邮政EMS、民航快递等15家快递企业颁发《快递服务》标准达标牌匾和荣誉证书。

布署第24届世界大学生冬季运动会寄递物品安全工作

2009年2月10日，黑龙江省邮政管理局、黑龙江省公安厅、黑龙江省国家安全厅联合召开了第24届世界大学生冬季运动会寄递物品安全工作动员大会。

联合开展迎国庆邮政行业安全检查

2009年9月，为迎接新中国成立60周年，进一步落实国家和黑龙江省有关做好国庆期间维护邮政业稳定工作的通知精神，切实加强邮政业防范恐怖袭击工作，保障寄递渠道安全，黑龙江省邮政管理局与黑龙江省公安、国家安全部门联合对哈尔滨市34家快递企业进行了安全检查。

首次举办快递业务经营许可申报培训班

2009年11月6日，黑龙江省邮政管理局举办了快递业务经营许可申办培训班，哈尔滨市的30多家快递服务企业派人参加了培训。

举办12305申诉处理系统操作培训班

国家邮政局12305申诉处理系统正式运行后，为了保持申诉处理工作的正常进行，2009年12月10日，黑龙江省邮政管理局举办了黑龙江省12305申诉处理系统操作培训班，对企业网上处理申诉的流程、申诉处理时限、申诉回复的内容等进行了培训。

对邮政行业安全生产大检查工作做出部署

2010年4月26日，黑龙江省邮政行业安全生产大检查活动正式启动。为贯彻落实《国家邮政局关于开展邮政行业安全生产大检查的通知》的有关要求，黑龙江省邮政管理局成立了黑龙江省邮政行业安全生产大检查活动领导小组，制定下发了《黑龙江省邮政行业安全生产大检查工作方案》，对安全生产大检查工作进行了部署。

联合相关部门解决快递车辆通行难问题

2010年4月24日，黑龙江省邮政管理局联合省交通运输厅、省公安厅交通警察总队、省工商行政管理局联合下发《关于解决黑龙江省邮政业快递服务车辆通行问题的有关通知》，以解决全省邮政业快递服务车辆通行中存在的一些问题。

第二批快递业务员职鉴考试工作结束

2010年6月19日，黑龙江省邮政行业快递业务员职业技能鉴定第二批考试在哈尔滨举行，来自全省164家快递企业的657名业务员参加了考试。

首批36家快递企业获得《快递业务经营许可证》

2010年9月2日，黑龙江省邮政管理局向首批36家快递企业颁发了《快递业务经营许可证》。自此项工作开展以来，黑龙江省邮政管理局共受理了127家快递企业的许可申请，对首批通过审查的36家符合许可条件的快递企业颁发了《快递业务经营许可证》。

《黑龙江省邮政条例》广泛征求意见

2011年1月11日，黑龙江省人民政府法制办就《黑龙江省邮政条例》（征求意见稿）向社会广泛征求意见。《条例》的修订工作于2010年12月正式启动，并列入地方政府2011年正式立法项目。

省政府通过《黑龙江省邮政条例》（修订草案）

2011年5月4日，黑龙江省省长王宪魁主持召开了2011年第54次省政府常务会议，会议审议通过了《黑龙江省邮政条例》（修订草案）。

省人大常委会全票通过《黑龙江省邮政条例》

2011年8月12日，黑龙江省第十一届人大常委会第二十六次会议全票通过了《黑龙江省邮政条例》。《条例》将从2011年10月1日起正式实施。

制定《邮政业发展“十二五”规划》实施方案

2011年8月22日，黑龙江省邮政管理局制定下发了贯彻实施《邮政业发展“十二五”规划》工作方案。

检查快递企业旺季服务保障工作

2011年11月21－23日，黑龙江省邮政管理局对顺丰、圆通、宅急送、申通、中通5家快递企业“双11”业务量的增长情况和快递服务保障工作进行了检查，并对下一步做好“圣诞节”、“元旦”、“春节”快递业务旺季的服务保障工作预案进行了调研，对企业如何保障快递业务旺季的快递服务质量提出了具体要求。

上海快递发展大事记

首次开展快递市场整治专项执法检查

2007年1月至4月，上海市邮政管理局开展了快递市场整治专项执法检查，其中，1月18日－2月12日，上海市邮政管理局开展了快递市场整治专项执法检查1号行动，对35个快递网络企业分拣场地及8个同城特快企业网点进行了执法检查；4月2－24日，开展了以“维护邮政专营权”为主题的专项执法检查2号行动，检查了各类快递公司及其网点21家。

市邮政管理局挂牌

2007年2月26日，上海市邮政管理局、上海邮政公司举行揭牌仪式、挂牌仪式，标志着政府依法监管、企业独立自主经营的邮政体制在上海初步建立。上海市政府副秘书长洪皓等领导参加了上海市邮政公司举行的揭牌仪式。

首次开展快递服务统计调查工作

2007年2月28日－4月20日，上海市邮政管理局、国家统计局上海调查总队联合开展快递服务统计调查工作。统计调查范围是上海范围内经营快递业务的独立法人企业和企业分支机构，调查内容是企业2005、2006年基本情况和经营情况，全市400多家快递企业参加了此次统计调查。上海市调查总队、上海市邮政管理局领导分别担任联合统计调查领导小组止、副组长。

首次开展“消费者权益日”活动

2007年3月15日，上海市邮政管理局首次与市消保委联合召开“消费者权益保护日”民营快递企业负责人座谈会。与会的10家民营快递企业联合发出“文明服务倡议书”和“规范物损赔偿倡议书”。

首次开展大规模市内快递企业调研活动

2007年4月，上海市邮政管理局开展集中调研活动，由李惠德局长带队，分四组对市内申通、圆通、韵达、中通、全一、天天等快递公司等部分企业和市场开展了为期三周的集中调研活动，向企业通报了国务院有关文件和国家邮政局2007年工作会议精神。

“12315联网处理机制”建设工作领导小组成立

2007年4月26日，上海市邮政管理局与上海市消保委签订“12315网上处理系统联网协议书”，上海市邮政管理局成立了联网机制建设工作领导小组，与上海市邮政公司、申通、圆通等28家规模企业建立了投诉处理联系人和联系沟通制度。

邮路寄递物品安全监管领导小组成立

2007年9月，经时任上海市委常委、政法委书记吴志明批示同意，成立以上海市邮政管理局李惠德局长和市有关单位负责人为组长的“邮路寄递物品安全监管领导小组”，下设办公室，按照“各司其职、密切配合、安全高效”的原则，联合开展邮路寄递物品安全监管工作。

开展2007年夏季特殊奥运会邮政通信安全专项检查

2007年9月30日—10月10日，上海市邮政管理局开展以“保障十七大、上海2007年夏季特殊奥运会邮政通信安全”为主题的专项检查，对上海市邮政公司、申通、圆通、全一、韵达、汇通、天天、联合包裹公司、欧西爱斯公司等9家重点企业开展检查督导。

市快递行业协会成立

2007年12月8日，上海市快递协会成立大会在上海展览中心举行。国家邮政局局长马军胜、上海市副市长杨雄为“上海市快递行业协会”揭牌，上海市人大副主任胡炜、上海市政协副主席宋仪侨应邀担任协会名誉会长。在上海市快递行业协会第一次动员大会上，通过了《上海市快递行业协会章程》、《上海市快递行业协会会员守则》等协会文件，选举了会长、副会长等协会负责人，上海市邮政公司副总经理杨文新当选为会长。

启用上海“12305”申诉号开通网上申诉受理系统

2008年4月1日，上海市邮政管理局正式启用上海“12305”邮政业消费者申诉特服号并开通网上申诉受理系统。

奥运服务和安全领导小组成立

2008年4月，上海市邮政管理局成立奥运服务和安全领导小组，并与有关部门联合成立“寄递物品安全监管领导小组”。上海市邮政管理局局长李惠德与相关部门负责人任组长。

组织快递企业签订奥运期间寄递物品安全工作任务书

2008年4月28日，上海市邮政管理局召开“上海市奥运期间寄递物品安全工作再动员暨任务书签约大会”。上海市奥运邮路寄递物品安全领导小组办公室负责人、市内27家国有、民营、外资快递企业主要负责人共60余人参加了会议。参会的27家快递公司第一负责人签订了《上海市奥运期间寄递物品安全工作任务书》。

启动《长江三角洲地区快递服务发展规划》编制工作

2008年6月2日，根据国家邮政局要求，上海市邮政管理局成立上海、江苏、浙江三个省（市）邮政管理局共同组成的规划编制领导小组和办公室，正式启动《长江三角洲地区快递服务发展规划》编制工作。

启动快递企业办理备案工作

2008年8月13日，上海市邮政管理局成立备案工作专项工作组。上海快递企业办理备案工作正式启动。

市邮政业迎世博600天动员大会召开

2008年9月17日，上海邮政业迎世博600天行动动员大会召开，启动上海邮政业迎世博行动。

徐祖远副部长调研交通行政体制改革

2008年10月31日，交通运输部副部长徐祖远一行到沪调研交通行政体制改革，上海市副市长沈峻、上海市政府副秘书长尹弘参加调研接待。上海市邮政管理局作了包括快递服务在内的邮政业发展工作汇报。

市奥运寄递物品安全工作表彰大会召开

2008年11月11日，上海市邮政管理局、上海市寄递物品监管办公室召开上海市奥运期间寄递物品安全工作总结表彰大会。会议对上海市奥运期间寄递物品安全工作进行了总结，表彰了11家安全工作成绩突出的快递企业。

快递企业发展重点难点问题沟通协调机制建立

2009年5月，上海市邮政管理局与市城乡建设交通委、公安局、市港口交通管理局等相关部门建立解决快递企业发展重点难点问题沟通协调机制，推动对快递车辆进城难、停车难、用工难等问题进行协调解决。

市邮政管理局职业技能鉴定中心成立

2009年8月7日，上海市邮政管理局成立职业技能鉴定中心，指导快递业务员培训和技能鉴定工作有序开展。

市快递员纳入市政府补贴范围

上海市人保部门确定从2010年1月起将快递业务员作为行业特有工种纳入市政府补贴范围，符合一定要求，并通过职业技能鉴定考试的非上海市户口在岗外来农民工享受培训补贴。

首批快递业务员(初级)职业技能鉴定理论知识考试举行

2010年1月31日，上海市邮政管理局举行首批快递业务员(初级)职业技能鉴定理论知识考试。首批快递业务员职业技能鉴定共受理报名2804人，经审核符合报名条件的2623人，其中申报参加快递业务员(快件收派)鉴定的1764人，申报参加快递业务员(快件处理)鉴定的859人。

上海世博会邮路安保工作动员会召开

2010年3月16日至18日，国家邮政局上海世博会邮路安保工作动员会议在沪召开。国家邮政局副局长苏和参加会议并讲话。

李盛霖部长视察上海邮政业及世博邮路保障工作

2010年3月26日，国家交通运输部党组书记、部长李盛霖在沪视察上海邮政业及世博邮路保障，现场查看了生产作业、邮件安检情况，慰问了一线生产员工。

首次世博寄递企业反恐演练举行

2010年4月16日，上海市邮政管理局在顺丰速运公司举行世博寄递企业反恐演练，国家邮政局相关部门、市国家安全局、公安局、消防局等单位现场指导，全市民营、外资等30多家快递企业现场观摩。

马军胜与上海市副市长沈骏会晤

2010年6月22日，国家邮政局局长马军胜与上海市沈峻副市长进行会晤洽谈。双方就上海市邮政管理、世博会邮政服务与安保等工作进行了交流。

李盛霖视察世博邮政服务

2010年9月30日，交通运输部部长李盛霖一行在国家邮政局副局长苏和的陪同下来沪，视察上海世博会期间邮政管理工作。

马军胜视察上海世博邮政服务和安保工作

2010年10月31日，国家邮政局局长马军胜在参加2010年上海世博会闭幕式期间，视察上海世博邮政服务和邮路安保工作。

国家局表彰上海市邮政管理局在世博期间的工作

2011年1月13日，国家邮政局2011年工作会议对2010年上海世博会邮政服务与邮路安保工作先进集体进行了表彰。国家邮政局副局长王渝次在会上宣读了《国家邮政局关于表彰中国2010年上海世博会邮政服务与邮路安保工作先进集体的决定》，授予上海市邮政管理局和国家邮政局上海世博会工作办公室“上海世博会邮政服务与邮路安保工作先进集体”荣誉称号。马军胜局长和苏和副局长分别为两部门颁发了奖牌。

快递“春运”部署动员会召开

2011 年 1 月 28 日，上海市邮政管理局局长李惠德主持召开快递“春运”部署动员会，专题调研解决“爆仓”问题，有关快递企业负责人参加了会议。

马军胜局长专题调研上海快递服务发展工作

2011 年 3 月 23－24 日，国家邮政局局长马军胜一行在上海专题调研快递服务发展工作。调研组先后实地考察了位于上海青浦快递物流园区的韵达快运、中通速递企业总部，申通快递的虹桥、七浦路网点与圆通速递的闸北、静安网点、快件分拣场地以及办公区域。

上海市副市长沈骏会见马军胜局长

2011 年 4 月 8 日，上海市副市长沈骏会见了来沪视察调研的国家邮政局马军胜局长一行。双方就加快上海快递服务发展，服务上海“四个中心”建设等工作深入交换了意见。

第 14 届世泳赛与第 26 届大运会邮路安保工作动员会召开

2011 年 5 月 17 日，上海市邮政管理局召开第 14 届国际泳联世界锦标赛与第 26 届世界大学生夏季运动会邮路安全工作动员大会。上海市快递协会及市内国有、外资和民营共 20 余家规模以上快递企业相关负责人参加了会议。

各级领导对上海快递产业内参作出批示

2011 年 4－5 月期间，《上海快递产业“总部经济”凸显　呼唤地方立法和政策扶持》的新华社内参得到了各级领导的高度重视和批示。上海市委书记俞正声 5 月 19 日、上海市长韩正 5 月 21 日对新华社内参清样稿作了批示，国务院副总理张德江 5 月 25 日、国家邮政局局长马军胜 5 月 26 日分别对内参作出批示。

市政府专题会议出台快递扶持意见

2011 年 8 月 11 日，上海市政府常务副市长杨雄、副市长艾宝俊、副市长沈骏联合召开关于快递发展的专题会议。上海市邮政管理局局长李惠德出席会议并汇报上海快递服务情况。会议对本市快递服务发展专题研究并形成一系列意见。

《上海市实施〈中华人民共和国邮政法〉办法》（草案）列入 2012 年立法正式项目

2011 年 11 月 16 日，上海市人大城建环保委审议通过上海市邮政管理局提交的《上海市实施〈中华人民共和国邮政法〉办法》（草案），并将其列入 2012 年立法正式项目。

《上海邮政业“十二五”发展规划》通过评审

2011 年 11 月 25 日，上海市建设交通工作委员会牵头组织召开《上海邮政业“十二五”发展规划》专家评审会。评审组原则同意《规划》通过评审。

协调推进快递服务增值税政策落实

2011 年 12 月 8－10 日，国家邮政局、财政部组成调研组在上海召开座谈会，重点研究营业税改征增值税涉及邮政业相关问题。上海市邮政管理局、上海市财政局、上海市税务局和上海市国有、民营、外资快递企业代表共二十余人参加了会议。经沟通协商，地税部门决定暂不将快递服务纳入增值税扩围范畴。

启动快递企业等级评定工作

2011 年 12 月 27 日，上海市邮政管理局召开总部在沪跨省（区、市）经营快递业务企业等级评定工作指导宣贯会，启动开展快递企业等级评定工作。同时，成立上海市快递企业等级评定指导小组和上海市快递企业等级评定小组。

江苏快递发展大记事

省邮政管理局挂牌

根据国家邮政局的统一部署,江苏省邮政管理局于2006年8月24日正式宣布成立。2007年3月22日,江苏省邮政管理局挂牌。

省快递协会成立

2007年9月28日,江苏省快递协会成立。

成立四个重点地区邮政监管办事处

2007年10月19日,按照国家邮政局《关于加强重点地区邮政监管工作的通知》及《关于你局拟在苏州、无锡、南通、徐州组建邮政监管办事处的批复》(局监函〔2007〕18号)要求,江苏省邮政管理局正式发文成立苏州、无锡、南通、徐州四个邮政监管办事处。

建立邮政业突发事件应急工作机制

2008年7月25日,江苏省邮政管理局下发《关于印发〈江苏省邮路寄递安全保障应急预案(试行)〉的通知》,建立全省邮政业突发事件应急工作机制。

全面启动快递企业报告备案工作

2008年7月25日,江苏省邮政管理局印发《转发国家邮政局关于〈印发经营快递业务备案登记表〉的通知》(苏邮管〔2008〕45号),9月5日江苏省邮政管理局、江苏省工商行政管理局联合发文《关于办理经营快递业务登记、备案手续的通知》(苏邮管〔2008〕50号),全面启动江苏省快递企业报告备案工作。

开展《快递服务》标准达标验收工作

2008年《快递服务》标准颁布后,江苏省邮政管理局就在近五百家快递企业中开展《快递服务》标准知识竞赛活动,并于2008年8月至12月开展《快递服务》标准达标验收工作。

翁孟勇副部长到江苏调研

2008年10月21至23日,交通运输部副部长翁孟勇一行到江苏调研,先后视察了民营快递企业无锡顺丰速运公司、南京邮区中心局和中邮物流华东(南京)集散中心,并听取了江苏局的工作汇报,江苏省邮政管理局局长陶伯刚陪同视察。

史和平副省长亲临指导工作

2008年11月14日,江苏省副省长史和平和副秘书长周游一行亲临江苏省邮政管理局调研指导工作。史和平充分肯定了江苏省邮政管理局在推进邮政普遍服务、邮政市场管理以及改善行业发展环境等方面所做的工作并对下一步工作提出了具体要求。

马军胜局长赴南京视察

2008年11月23日,国家邮政局局长马军胜在江苏省邮政管理局领导陪同下,到南京中邮航空速递物流集散中心工地现场视察,详细了解工程进展情况和当前建设中的困难。

首批《快递服务》达标企业获牌

2009年1月8日,江苏省快递协会举行《快递服务》标准第一批达标企业授牌仪式,为全省首批达标的31家快递企业发放证书,进行授牌。

开展"放心消费"创建活动

2009年3月21日,江苏省邮政管理局联合江苏省放心消费创建办下发《关于在全省快递行业开展放心消费创建活动的通知》（苏邮管〔2009〕14号），正式在全省范围内开展快递行业“放心消费”创建活动。活动从经营规范和服务规范两个方面明确了详细具体的创建标准，要求同城快递服务时限不超过24小时，国内异地快递服务时限不超过72小时。

依法查处扣留隐匿用户快件案件

2009年8月17日，针对江苏省快递企业频发违法扣留隐匿用户快件案件的现象，江苏省邮政管理局和省公安厅联合下发《关于印发〈关于依法处置扣留隐匿用户快件案件的意见〉的通知》（苏邮管〔2009〕58号），《意见》出台后，在省局执法工作中发挥了突出作用，为执法人员查处有关案件提供了有力的武器。

授予快递企业“青年文明号”

2009年11月11日，共青团江苏省委下发《关于命名和认定2008年度省级青年文明号的通知》（团苏委发〔2009〕47号），江苏省两家非邮快递企业——南京申通快递服务有限公司客服部、无锡市顺丰速运有限公司客户部首次被命名为省级“青年文明号”。

举办首次快递业务员职业技能鉴定考试

2009年12月6日，江苏省邮政行业职业技能鉴定中心在苏州举办了首次快递业务员职业技能鉴定考试。全省共有来自64家快递企业的1277名快递业务员报名参加了考试，其中快件收派人员1049人、快件处理人员228人。

联合相关部门解决快递车辆通行难问题

2010年2月5日，江苏省邮政管理局联合省公安厅、省交通厅、省工商行政管理局下发了《关于加强快递企业运输车辆管理的通知》（苏邮管〔2010〕13号），进一步加强对快递企业运输车辆的管理，着力解决快递作业车辆“运输难”、“进城难”、“停靠难”及“事故处理难”等问题，为促进江苏快递服务业的发展提供了有力的政策保障。截至2011年12月，全省共发放车辆通行证2602张。

联合工商局解决经营许可难题

2010年2月9日，江苏省邮政管理局与省工商局联合下发了《关于快递业务许可审批和登记管理有关问题的通知》（苏邮管〔2010〕16号），对全省快递许可审批和工商登记管理衔接问题进行了规范。

联合省发改委制定快递发展规划

2010年2月23日，江苏省邮政管理局与江苏省发改委联合对外发布《关于印发〈江苏省快递服务业发展规划（2010－2012）〉的通知》（苏发改服务发〔2010〕181号）。

省“12305”与“12315”展开联动

2010年9月2日，江苏省邮政管理局12305与工商12315召开会议，开展消费者申诉数据专项分析，共同查找产生大量消费者申（投）诉的原因，有效提高消费维权的工作效率。双方表示今后将不断完善邮政12305与工商12315的定期交流机制，加大数据分析，每半年进行数据交换，同时对双方的受理员进行互培，逐步实现热线对接，不断提高工作质量和工作效率，实现消费者申诉处理过程中部门之间的高效联动。

首个快递人才报告通过评审

2010年11月19日，《江苏快递行业人才队伍现状、问题及对策研究报告》通过了以南京财经大学俞安平副校长为组长的专家评审组的评审，专家对该报告给予高度评价。为推动江苏快递行业持续、健康发展，江苏省邮政管理局2009年年底特委托南京理工大学经济管理学院组成以徐光华教授为首的课题组，对影响江苏快递行业发展的人才问题进行深入研究。

省邮政行业职业技能鉴定网正式开通

2010年11月22日，经过近一年的试运行，江苏省邮政行业职业技能鉴定网(www.jsyzjd.cn)正式开通。

与院校签订人才培养合作协议

2010年12月23日，经院校申报、现场考察、审核评议等程序，按照“自愿申报、能力适配、结构优化”的原则，江苏省邮政管理局与南京邮电大学、江苏经贸职业技术学院、江苏省邮电技工学校签订了人才培养合作协议，并批准在以上院校设立江苏省首批邮政行业人才培养基地。

快递服务被纳入省“十二五”规划

2011年2月12日，在江苏省邮政管理局的积极推动下，邮政与快递服务被纳入《江苏省国民经济和社会发展第十二个五年规划纲要》。

省邮政管理局快递信息管理平台初步建成

2011年4月1日，江苏省邮政管理局快递信息管理平台初步建成。借助中国电信的协同通信平台，初期已有约300家企业加入，截至2011年底，共有503家企业纳入该平台。协同通信平台可实现收发文件、传真、短信、召开电话会议、视频会议等功能，加强了省局与企业之间的信息交流，提高了行政效率。

马军胜局长对江苏快递“放心消费”创建工作作出批示

2011年4月国家邮政局局长马军胜对江苏快递行业放心消费创建工作作出批示，具有江苏特色的快递服务业放心消费创建活动得到国家局及省政府的高度重视和肯定。2011年，全省共有257家快递企业参加创建活动。

首次举办快递企业中高级管理人员培训班

2011年7月13日，江苏省邮政管理局联合南京邮电大学举办了第一期全省快递企业中高级管理人员培训班，全省15个品牌共59位中高级企业管理人员参加了培训。此次培训班的举办，标志着江苏快递专业人才培训“千百计划”的正式启动。

马军胜局长在无锡调研考察

2011年8月24日，国家邮政局局长马军胜在无锡考察了无锡市邮政局、无锡市邮政速递物流公司和顺丰速运公司。马军胜局长强调，快递领域未来的竞争在网络、在服务。他鼓励邮政速递和顺丰速运，要向国际知名企业学习，制定更高的服务标准，提高国际竞争力。

《江苏省“十二五”物流业发展规划》出台

2011年9月，江苏省发改委出台《江苏省“十二五”物流业发展规划》，提出要重点做强六大专业物流，快递物流被纳入六大专业物流之一。

江苏省政府办公厅出台快递扶持政策

2011年12月17日，江苏省政府办公厅转发江苏省邮政管理局《关于规范和加快发展快递服务业的意见》(苏政办发〔2011〕168号)，该《意见》为贯彻落实江苏省《“十二五”邮政业发展规划》和《快递服务业发展规划》，出台了加快快递园区(集散基地)建设、改善运输作业环境、鼓励快递企业加大技术创新和运用等8条政策措施，为今后江苏省快递服务业发展提供了有力的政策支持。

浙江快递发展大事记

省邮政管理局在杭州正式挂牌

2007年2月9日,浙江省邮政管理局和浙江省邮政公司在杭州同时正式挂牌。国家邮政局副局长苏和出席挂牌仪式。至此,“一分开”改革基本到位,企业独立自主经营、政府依法监管的邮政体制初步建立。

联邦快递中国区转运中心落户萧山机场

2007年3月20日,美国联邦快递公司与杭州萧山国际机场有限公司签订租赁运营协议,宣布其中国区转运中心正式落户杭州萧山国际机场,中心总建筑面积约9300平方米,拥有9个停机位,每小时最多可处理9000个包裹。

省快递行业协会成立

2007年10月28日,浙江省快递协会成立大会暨第一次会员大会在杭州举行。国家邮政局副局长王渝次和浙江省政府副秘书长王小玲出席了成立大会并讲话,共同为浙江省快递行业协会揭牌。首批有95家国有、民营、合资、外资快递企业成为会员单位。首次会员大会通过了《浙江省快递行业协会章程》、《浙江省快递行业协会会员守则》等,选举了浙江省快递行业协会组织机构和会长、副会长等协会负责人。

马军胜局长在义乌调研快递市场

2007年12月25日,国家邮政局局长马军胜一行到浙江义乌进行了快递市场调研,考察了义乌世纪商贸城的电子商务平台,并实地了解商户交易流程及快递需求,征询对快递服务的意见和建议,还与各重点快递企业代表进行座谈,征询对国家邮政局工作的意见和建议。

召开奥运会寄递安全工作会议

2008年3月17日,浙江省邮政管理局与浙江省快递行业协会召集省内17家重点快递企业负责人,对奥运会寄递物品安全工作进行部署。各企业签订了《确保奥运会寄递物品安全承诺书》。

省政府大力支持邮政体制改革

2008年3月20日,浙江省副省长金德水听取了浙江省邮政管理局的工作汇报。金德水说,邮电分营、邮政政企分开,改革力度大,促进了机制转换,增强了企业活力,加强了市场规范,邮政体制改革基本实现了改革的目标。无论是邮政的公共服务,还是竞争业务,省政府都将给予大力支持。

组织快递企业为汶川地震灾区捐款捐物

2008年四川汶川“5·12”地震发生后,浙江省邮政管理局按照国家邮政局要求,组织省内快递企业开展抗震救灾活动。截至2008年5月26日,25家快递企业捐款634.01万元,组织志愿者和献血人员共38名。

《长江三角洲地区快递服务发展规划》发布

2009年3月23日,浙江省邮政管理局召开《长江三角洲地区快递服务发展规划(2009－2013年)》发布新闻通气会。《规划》是重组后的国家邮政局制定发布的首个区域快递服务发展规划,有利于促进区域快递一体化,实现跨越式发展,推动邮政业向现代化转型,对促进其他重点区域快递服务发展也具有一定的示范带动作用。

王建满副省长要求推动全省农村邮政物流发展

2009年6月18日,浙江省副省长王建满专题听取了浙江省邮政管理局关于全国推广山东邮政发展农村物流经验现场会、国务院副总理张德江重要讲话以及浙江邮政业改革发展的工作汇报。王建满要求,要牢固树立邮政业发展信心,为地方经济社会发展服务,坚持做好邮政普遍服务,大力推进村邮站建设,为社会主义新农村服务,以改革的新思路、发展的新举措,拓展农村邮政物流的新天地。

首届电子商务与快递物流大会在杭州举行

2009年9月12日至13日,首届电子商务与快递物流大会在杭州举行。国家邮政局副局长王渝次、中国快递协会副会长兼秘书长达瓦、浙江省商务厅副厅长周日星、阿里巴巴集团副总裁兼淘宝网总裁陆兆禧出席大会并讲话。大会对快递物流与电子商务协同发展的现状和新机遇进行了剖析,探讨了产业间深化合作的模式与途径,策划了“网商眼中的最佳快递公司”颁奖典礼。

召开国庆60周年邮路寄递安全联席会议

2009年9月16日,为确保国庆60周年大庆期间邮路寄递安全,浙江省邮政管理局与浙江省公安厅召开了邮路寄递安全联席会议,分析当前形势和任务,明确近期邮路寄递安全工作重点,建立了工作联系制度和邮路寄递安全保障长效机制。

召开第六届世界合唱比赛邮路寄递安全工作会议

2010年7月15－26日,第六届世界合唱比赛在浙江绍兴举行。2010年7月2－8日,浙江省邮路寄递物品安全监管领导小组在绍兴先后召开会议,通报了合唱比赛情况和上海世博会开幕以来邮路寄递安全及检查情况,对邮路寄递安全工作进行了部署。绍兴邮政、快递共55家企业的负责人参加会议,并签署了确保合唱比赛邮路寄递安全承诺书。

省内89家企业获《快递业务经营许可证》

2010年8月20日,浙江省快递业务经营许可颁证大会在杭州举行。会议宣读了浙江省邮政管理局颁证公告,向全省第一批89家快递企业颁发了《快递业务经营许可证》。

2010年省初级快递业务员职鉴考试结束

2010年12月4日,浙江省最后一批初级快递业务员职鉴考试结束。2010年,浙江省邮政管理局共组织6批次初级职鉴考试,900多家快递企业及分支机构的18836名快递业务员参考,考试合格人数为15462人,合格率为82.09%。

浙江邮电职业技术学院与申通开展校企合作

2010年12月7日,浙江邮电职业技术学院与申通快递有限公司举行校企合作签约仪式。国家邮政局职业技能鉴定指导中心、浙江省邮政管理局、上海市邮政管理局的相关领导出席仪式,并为学院学生实习基地和申通快递人才培养基地揭牌。

省局荣获“浙江省世博安保先进单位”称号

2011年1月6日,浙江省委、省政府在杭州举行全省上海世博会“环沪护城河”安保工作总结表彰大会。浙江省邮政管理局荣获了“浙江省世博安保先进单位”称号。

邮政和快递服务被纳入浙江省“十二五”规划纲要

2011年1月21日,浙江省十一届人大四次会议闭幕。会议审议通过了《浙江省国民经济和社会发展第十二个五年规划纲要》。邮政与快递服务被纳入《纲要》。《纲要》提出,以港口物流、专业市场和产业集群、城乡配送、快递服务为发展重点,大力发展第三方物流,拓展物流增值服务,构建现代物流产业体系。

全国邮政市场监管工作座谈会在杭州召开

2011年4月18－19日，全国邮政市场监管工作座谈会在杭州召开。国家邮政局副局长苏和出席会议并讲话，指出“十二五”开局之年邮政市场监管重点是加大市场执法力度，规范市场经营秩序，增强快递服务能力，做好业务旺季保障工作。会议介绍了《快递服务“十二五”规划》编制情况，组织讨论了《快递业务操作规范》、《快递企业等级评定管理办法》等草案，听取了重点城市间快件延误整治建议。

宁波市实施邮政、快递车辆“核准通行许可”政策

2011年8月8日，宁波市开始实行6时至22时禁止厢式货车入城。浙江省邮政管理局宁波办事处立即与交警部门联系。交警部门同意在中心城区、禁货城区将邮政、快递等企业车辆统一列为城市配送车辆，发放通行证并实行一车一证。企业申请通行证，须先获得《快递业务经营许可证》，到市政府办证中心申请办理车辆通行证。

省首次中级快递业务员职鉴考试举行

2011年12月10日，浙江省首次中级快递业务员职鉴考试在杭州、宁波、绍兴三个考区同时举行，346名考生参加了考试。2011年，浙江省共组织初级职鉴考试2次，中级职鉴考试2次。初级职鉴考试参考人数为4327人，合格2934人，合格率为67.81%。中级职鉴考试参考人数为346人，合格315人，合格率达91.04%。

夏宝龙省长批示解决快递企业运营难题

2011年12月27日，浙江省省长夏宝龙就新华社浙江分社《浙江领导参考》第25期中报道的《申通快递杭州运营总部发展面临五大瓶颈急需政府协调解决》作出批示，要求省政府相关部门、杭州市政府协调，研究解决快递行业面临的制约发展的突出问题。

安徽快递发展大事记

省邮政管理局成立揭牌

2006年9月9日，国家邮政局来皖宣布安徽省邮政管理局局领导任命。安徽省邮政管理局召开第一次全体会议，宣布机构设置、成员名单。2007年2月8日，国家邮政局副局长苏和、安徽省邮政管理局局长方晓潜为安徽省邮政管理局揭牌。

首次快递服务统计调查工作展开

2007年2－5月，安徽省邮政管理局、国家统计局安徽调查总队联合开展了全省快递服务统计调查工作，基本摸清了安徽快递业的底数。截至2006年年底，全省经营快递业务的法人企业有34个，快递从业人员为2886人。2006年，全省快递业务收入3.8亿元，快递业务量1622.1万件。

首次召开快递企业座谈会

2007年3月9日，安徽省邮政管理局在合肥召开首次快递企业座谈会，省公安厅、省工商行政管理局、省国家安全厅等相关部门应邀出席会议。

编制完成快递业滚动规划

2007年4月12日，安徽省邮政管理局编制完成《安徽省2007－2009年度快递业滚动规划》。

首次通过媒体发布快递消费提示

2007年8月，安徽省邮政管理局首次通过媒

体发布“快递服务消费提示”，公布消费维权电话，提醒消费者理性选择快递服务，引起企业和社会关注。

省快递协会成立

2007年10月16日，安徽省快递协会成立暨第一次会代表大会在合肥市召开，国家邮政局副局长徐建洲、安徽省人大副主任朱先发、安徽省人民政府秘书长张俊、安徽省邮政管理局局长方晓潜以及首批48名会员代表出席会议。

省邮政管理局执法队成立

2007年12月，安徽省邮政管理局成立了邮政执法队，有效加强了邮政监管队伍力量，有利于履行邮政监管职责，维护市场经营秩序，促进邮政业健康有序发展。2009年11月2日，为进一步加强全省邮政市场的监督管理工作，在省局邮政执法队的基础上，成立安徽省邮政管理局行政执法队。

规范快递企业经营活动通告发布

2007年12月12日，安徽省邮政管理局、安徽省工商行政管理局、安徽省国家安全厅、安徽省国家局保密局发布《关于规范快递企业经营活动的联合通告》。

马军胜局长视察快递企业

2008年1月31日，国家邮政局局长马军胜赶赴安徽合肥，深入合肥邮区中心局、合肥市经济技术开发区邮政EMS旗舰店、肥西县邮政局、宅急送合肥分公司等处检查指导邮政企业和快递企业抗击低温雨雪冰冻灾害工作。

邮政业消费者申诉管理中心成立

2008年4月2日，安徽省邮政业消费者申诉受理中心成立。4月5日，正式启用了“12305”邮政业消费者申诉专用特服号码，并安排专人值守，受理消费者对邮政业服务质量问题的申诉，畅通了消费者申诉渠道。截至2011年末，安徽省邮政管理局共办结有效快递申诉1621件，为消费者挽回经济损失20余万元。

全面开展快递业务经营备案工作

2008年8月27日，安徽省邮政管理局、省工商行政管理局下发《关于对经营快递业务登记注册和备案有关问题的通知》，全面开展快递业务经营备案工作。

推动《快递服务》行业标准达标工作

2008年9月19日，安徽省邮政管理局在合肥市召开《快递服务》行业标准达标工作布置会，启动了《快递服务》行业标准达标工作。按照《快递服务》行业标准的要求，指导安徽省快递协会制定《安徽省〈快递服务〉标准评定工作管理试行办法》。从10月份起，安徽省快递协会开始受理达标申请，当年完成了对安徽邮政EMS、安徽顺丰速运等4家企业的《快递服务》行业标准达标试点工作。2009年8月，第二批31家快递企业达标。

李盛霖部长视察合肥邮政工作

2008年10月30日，交通运输部部长李盛霖前往合肥邮区中心局视察邮政工作，看望慰问一线员工，就发展电子商务配送服务、邮政服务“三农”等提出要求。

鼓励非公有资本依法进入快递业

2008年10月31日，安徽省委、省政府出台《关于进一步推动个体私营等非公有制经济又好又快发展的意见》（皖发〔2008〕19号），首次将快递纳入允许和鼓励非公有资本依法进入的服务业中。

省政府大力扶持邮政物流发展

2009年4月15日，安徽省政府出台《关于加快发展交通运输业的若干意见》（皖政〔2009〕48

号），将扶持邮政物流发展列入重要内容，提出加快邮政枢纽建设，省邮政管理局为省交通运输业发展联席会议成员单位。

省邮政行业职业技能鉴定中心成立

2009 年 5 月 11 日，经国家邮政局同意，省事业单位登记管理局批准，成立了安徽省邮政行业职业技能鉴定中心，人员编制 3 人。12 月 20 日，组织安徽省首次初级快递业务员理论和技能操作考试。截至 2011 年底，共组织初级快递业务员技能鉴定考试 8 批次，共有 4501 人次参加，3015 人通过考试。

制定应急预案处理突发事件

2009 年 6 月，安徽省邮政管理局编制了《安徽省邮政业突发事件应急预案》，7 月省政府应急办通过了预案的审查备案。

快递业务经营许可工作启动

2009 年 9 月 28 日起，安徽省邮政管理局先后在省局网站发布《办理快递业务经营许可的公告》、《办理省内快递业务经营许可指南》和《安徽省快递业务经营许可申请指引》，快递经营许可工作正式展开。截至 2011 年，安徽省邮政管理局依法向 247 家法人企业核发了快递业务经营许可证。

开展纪念世界邮政日活动

2009 年 10 月 9 日，安徽省邮政管理局开展第四十届世界邮政日纪念活动。在《安徽日报》发表局长致辞，宣传邮政普遍服务的基础地位和基本公共服务特性，介绍快递业务发展和快递法制建设情况。

开展快递服务质量调查活动

为掌握快递企业服务水平，了解全省快递服务能力，安徽省邮政管理局定期对快递服务进行监测。2009 年 11 －12 月，安徽省邮政管理局开展了快递服务质量专项调查活动，以实际寄递的方式对全省 155 个企业进行了服务质量测试。2010 年，安徽省邮政管理局委托第三方调查公司对全省 11 个快递品牌企业的快递满意度和服务质量进行了调查，快递用户满意度为 80.7 分，快递行业服务水平为 78.1 分。

省政府转发关于推动农村邮政物流发展意见的通知

2010 年 3 月 24 日，省政府办公厅转发了省邮政管理局、省交通运输厅等七部门关于推动农村邮政物流发展意见的通知（皖政办〔2010〕10 号），提出加强邮政基础设施建设，打造现代化农村邮政物流综合服务平台，2012 年前基本建成农村邮政物流服务体系的目标，并规定了加快农村邮政物流发展的 14 项政策措施。

协调解决快递车辆通行保障问题

2010 年 5 月 27 日，安徽省邮政管理局、安徽省公安厅、安徽省交通运输厅、安徽省工商行政管理局印发了《关于快递车辆通行有关问题的通知》，对快递车辆进城通行、停靠、装卸，以及载客汽车运递快件等给予了政策支持。2011 年，又制定了《快递车辆专用证管理办法》，进一步规范了快递车辆专用证的使用和管理。

省政府出台文件支持邮政发展

2010 年 6 月 3 日，省政府出台《关于加快交通运输基础设施建设的意见》（皖政〔2010〕44 号），明确提出“对邮政业和农村物流配送中心建设给予政策扶持”。

促进快递与民航产业协同发展

2010 年 12 月 10 日，安徽省邮政管理局、民航安徽安全监督管理局印发了《关于促进快递与民航产业协同发展的实施意见》，就建立行业沟通、落实安保措施、构建“快件运输绿色通道”提出了明确的意见。

《安徽省邮政条例》列入省人大立法计划

2011年2月，安徽省邮政管理局推动《安徽省邮政条例》列入省人大常委会和省政府2011年地方立法计划调研论证项目。年内，完成了立法材料收集。11月，省政府法制办召开《条例》立项论证会，《条例》草案通过了专家评审。经进一步修订完善，《条例》正式草案上报省政府。

开展规范市场秩序专项执法检查

2011年，在国家邮政局的统一部署下，安徽省邮政管理局开展了为期一年的“规范市场秩序，维护用户权益”专项执法检查活动，对快递市场共出动检查344次，纠正违规经营行为85起，下发25份整改通知。取缔12家无证经营企业，查处违规分拣操作、拒绝投递和无证非法经营等4起严重违法案件，处以8.1万元罚款。

邮政和快递服务列入省政府十二五规划纲要

2011年3月，安徽省政府印发《安徽省国民经济和社会发展第十二个五年规划纲要》。邮政和快递服务纳入其中。11月，安徽省政府印发《安徽省交通运输“十二五”发展规划》，邮政业以专章形式纳入其中。

启动快递业务经营许可年度报告工作

2011年7月20日，首次快递业务经营许可年度报告工作正式启动，截至8月15日，省内214家应报告企业，除1家企业已停止快递业务经营，另一家企业于年度报告期内提出停止快递业务经营申请外，其他212家企业全部提交许可申报材料。

省邮政业发展“十二五”规划正式发布

2011年12月，安徽省邮政管理局正式发布邮政业发展“十二五”规划。规划提出了全省邮政业发展目标，即到2015年，全省邮政企业业务年收入在2010年基础上翻一番以上，超过60亿元，其中快递业务收入超过21亿元，年均增长20%以上。

福建快递发展大事记

省邮政管理局揭牌仪式在福州举行

2006年9月6日，福建省邮政管理局正式成立。2007年2月12日，福建省邮政管理局、福建省邮政公司揭牌仪式在福州举行。福建省人民政府副省长李川、国家邮政局副局长苏和、中邮集团公司副总经理张亚非及30多个省直相关部门领导出席大会。

省快递行业协会成立

2007年12月16日，福建省快递行业协会成立暨首届会员代表大会在福州举行。国家邮政局局长马军胜、福建省副省长李川、副秘书长林宝金等领导参加大会。

马军胜局长赴福建调研

2008年11月20日至21日，国家邮政局局长马军胜带队赴福建就进一步完善体制机制，促进邮政业科学发展开展调研。

首批达标快递企业评出

2009年1月8日，福建《快递服务》标准达标评定小组对全省首批申请达标的快递企业进行正式验收。经评定，7家品牌企业、23个营业网点顺利通过验收，顺丰、中外运、DHL、UPS、申通、圆通等成为首批达标快递企业。

福州马尾港对台水陆路邮件监管中心正式成立

2009年4月24日，福州马尾港区新对台贸易码头启用，邮政对台水陆路邮件监管中心正式成立，这也是全国唯一一个对台水陆路邮件监管中心。

《快递服务》国家标准项目组在福建开展调研

为完善快递行业标准化体系，进一步提升快递服务水平，2009年6月25日，国家邮政局政策法规司和中国标准化研究院共同组成调研组赴福建省开展快递服务标准调研。

全面整顿快递市场秩序

为督促全省快递企业依法经营，建立公平竞争的市场环境，2010年11月，福建省邮政管理局采取四大措施规范快递市场秩序。

评选2010年度省优秀快递品牌企业

2011年1月10日，福建省快递行业协会主办的“2010年度福建省优秀快递品牌企业”评选活动揭晓，邮政EMS、顺丰速运、UPS、快捷速递等四个快递品牌企业获得该称号。评选同时产生了30名“2010年福建省优秀快递员”。

与相关部门建立联络机制规范快递市场

2011年1月20日，福建省邮政管理局与省工商局针对无证无照经营快递业务行为建立了行政执法联络机制，双方在执法检查中发现无证无照经营快递业务的，将严格依照《邮政法》相关规定进行查处，并将查处情况相互函告。

表彰2010年申诉工作先进快递企业

2011年2月17日，福建省邮政管理局对2010年申诉工作进行总结，并对申诉处理工作先进单位EMS、顺丰、汇通等进行了表彰。

召开快递人才培养校企合作研讨会

2011年5月11日，福建省邮政管理局组织院校和快递企业召开快递人才培养校企合作研讨会，就快递人才培养工作的总体思路和方向进行探讨。校企双方就开展“订单式”培养、职业鉴定和推行“双证书”制度等事项初步达成了共识。

省快递协会与保险公司签订框架合作协议

2011年7月6日，福建快递行业协会与人保财险福建分公司、国寿财险福建分公司举行了框架合作协议签字仪式。根据协议，人保财险和国寿财险公司分别为省快递企业量身打造针对快递车辆、快递员工及快件的保险方案，同时在保费上给予一定的优惠，并为快递企业开通专属的便捷处理通道。

《福建省邮政业发展“十二五”规划》发布

2011年7月18日，《福建省邮政业发展“十二五”规划》正式发布实施。《规划》对全省邮政业“十二五”期间的发展目标、主要任务和保障措施作出了详细规划，并结合实际，对进一步做大闽台邮政合作提出具体支持意见。

5家快递企业列入国家税收试点企业名单

2011年8月1日，国家发改委初步认定第七批物流税收试点企业，福建省邮政速递物流有限公司和泉州顺丰运输有限公司两家企业入围。加上此前批次入围的福建中邮物流有限责任公司、厦门市顺丰速运有限公司和福州顺丰速运有限公司，全省已有5家快递企业列入国家税收试点企业名单。

联合加强快递业治安管理工作

2011年8月5日，福建省邮政管理局厦门办事处与厦门市公安局联合颁布了《关于加强快递服务业治安管理工作的意见》。《意见》首次提出公安部门将把快递业涉及的治安问题参照特种行业管理，通过备案登记、监督检查、教育处罚等手段，有效促进快递业规范守法安全经营。

《海峡西岸经济区快递服务发展规划》评审会召开

2011年8月18日，《海峡西岸经济区快递服务发展规划(2011－2015年)》评审会在福建漳州召开。经审议，专家组认为《规划》结合国家对海西的战略定位，凸显了对台特殊区位优势，对促进海西快递服务区域战略合作、构建海峡两岸现代快递服务体系、推动海西快递服务健康持续发展具有重要指导意义。

福建省发布物流业发展专项规划加速发展快递物流

2011年10月18日，《福建省"十二五"现代物流业发展专项规划》印发，《规划》将"海西福州快件处理中心"、"海西泉州快件处理中心"、"厦门北站邮件处理中心"及"顺丰东南快件处理中心"等项目列入福建省"十二五"现代物流业重点规划建设项目。

《海峡西岸经济区快递服务发展规划》正式印发

2011年11月30日，国家邮政局正式印发了《海峡西岸经济区快递服务发展规划(2011－2015年)》。《规划》以"加快转变，跨越发展"为主线，明确了海峡西岸经济区快递服务发展的基本思路，主要任务以及保障措施。

江西快递发展大事记

省邮政管理局举行挂牌仪式

2007年2月6日，江西省邮政管理局和江西省邮政公司在南昌正式举行挂牌仪式。江西省副省长洪礼和、国家邮政局副局长苏和出席挂牌仪式并作重要讲话。

首次召开全省快递企业座谈会

2007年6月22日，江西省邮政管理局在南昌召开全省快递企业负责人座谈会，17家快递企业的负责人参加会议。

全省快递企业联席会成立

2007年7月21日，江西省邮政管理局组织召开"全省快递企业联席会成立暨第一次会议"，会议讨论并一致通过了《联席会职责》、《联席会活动原则》和《联席会管理制度》。

省快递行业协会成立

2007年10月18日，江西省快递行业协会在南昌召开第一次会员代表大会暨成立大会。江西省副省长洪礼和、国家邮政局副局长苏和共同为协会正式揭牌。会上，江西省邮政公司、江西顺丰速运公司等16家省内快递企业被选举为第一届理事会理事单位，江西省邮政公司副总经理张路敏被选举为协会会长。

启动抗击冰雪灾害应急方案

2008年1月29日，江西省邮政管理局下发《关于进一步做好雨雪冰冻天气邮政通信安全保障工作的紧急通知》(赣邮传〔2008〕1号)，启动抗击冰雪灾害的应急方案。2008年3月25日，在江西省委、省政府召开的全省抗击低温雨雪冰冻灾害总结表彰大会上，江西邮政获省抗击冰雪灾害表彰。

《江西省邮路寄递安全保障应急预备案》发布

2008年5月12日，江西省邮政管理局制定发布《江西省邮路寄递安全保障应急预备案》，为指导全省寄递企业预防和处置邮件寄递过程中各类突发公共事件提供规范性依据。

快递市场发展联席会议机制会议召开

2009年5月20日，江西省邮政管理局牵头组织召开建立“规范和促进快递市场发展厅(局)际联席会议机制”第一次会议。省交通运输厅、省公安厅、省国家安全厅、省工商行政管理局、省中小企业局、省价格监督检查局、南昌海关、民航江西监管局和江西出入境检验检疫局等联席会议成员单位的分管领导和联络员出席会议。

全省快递企业寄递安全专项测试开展

2009年8月，江西省邮政管理局组织、指导快递社会特邀监督员对全省快递企业进行寄递安全专项测试。测试覆盖全省11个设区市的18个品牌的85家快递企业。针对测试发现的问题，加大监督检查力度，确保60周年国庆期间全省寄递渠道的安全。

邮政“十二五”规划编制工作启动

2009年11月，江西省邮政管理局全面启动江西省邮政“十二五”规划编制工作，成立规划编制领导小组，制定具体工作方案，动员各方力量广泛参与，做好与快递企业规划、省邮政公司规划、地方规划的衔接。

全省快递业务员职业技能鉴定工作会召开

2009年12月11日，江西省邮政管理局组织召开全省快递业务员职业技能鉴定工作会，对全省快递职业技能鉴定工作进行动员部署。

“共铸诚信快递”创建活动启动

2009年12月27日，由江西省邮政管理局主办、省快递行业协会协办的全省快递“共铸诚信快递，促进行业发展”创建活动在南昌正式启动。全省20家主要快递服务企业的负责人及150名员工代表在活动现场向社会郑重承诺：信守服务承诺，提升服务水平，优化发展环境，创建文明企业。

民航快递协同发展的实施意见下发

2010年5月19日，江西省邮政管理局与民航江西监管局联合下发《关于促进江西省快递与民航产业协同发展的实施意见》，以加强快递与民航产业的优势互补，促进两产业协同发展。

第二批快递员职鉴统考举行

2010年6月12日，江西省第二批快递业务员职业技能鉴定统一考试在省商务学校进行。818名快递员报名参考，791名考生完成考试。

与省国安厅召开工作协调会

2010年7月，江西省邮政管理局与省国安厅召开工作协调会，双方就开展省内快递经营许可国家安全审查的协作事项进行专题研究。共同商定建立联席会议制度、联络员工作机制、随时互通信息制度、相互配合共同审查制度、年度参审及日常监管制度。

11家企业获得首批快递经营许可证

2010年8月27日，江西省邮政管理局组织全省140余家企业法人召开全省快递企业负责人会议，通报快递经营许可、统计检查工作情况，向首批获得快递经营许可的11家企业颁证。

首次邀请专业调查公司开展满意度测评

2010年8月，以省消协开展快递服务领域消费者评议活动为契机，江西省邮政管理局委托社会专业调查公司开展快递企业消费者满意度测评，并通过特邀社会监督员包裹互寄进行服务测试，全面准确摸清全省快递服务综合情况。

保障快递车辆便捷通行的通知下发

2010年12月1日，江西省邮政管理局与省公安厅交警总队、省公路运输管理局联合下发《关于保障快递企业运输车辆便捷通行的通知》，对加强全省快递企业运输车辆管理、保障车辆便捷通行进行规范。

邮政条例修订列入地方性法规确保项目

2010年12月29日，江西省政府第45次常务会议研究通过《江西省人民政府2011年立法工作计划》，《江西省邮政条例(修订)》项目被列为2011年地方性法规确保项目。

全省快递企业统计报表实现全网百分百覆盖

2011年2月，江西省邮政管理局实现全省快递企业统计报表全网百分百覆盖。

《江西省邮政条例》获人大会全票通过

2011年7月28日，江西省邮政管理局修订后的《江西省邮政条例》由省十一届人民代表大会常务委员会第二十六次会议全票审议通过，自2011年10月1日起施行。

《江西省邮政特快专递专营管理办法》废止

2011年8月31日，江西省代省长鹿心社签署第191号省人民政府令，废止《江西省邮政特快专递专营管理办法》。

快递服务“十二五”规划通过专家评审

2011年12月22日，《江西省快递服务发展规划》(2011－2015)通过专家评审。

山东快递发展大事记

省邮政管理局挂牌

2007年2月5日，山东省邮政管理局、山东省邮政公司成立暨揭牌仪式在山东邮政大厦举行。山东省委副书记、省长韩寓群专门发来贺信表示祝贺。国家邮政局党组副书记、纪检组长盛汇萍出席揭牌仪式。

启动首次快递服务统计调查工作

2007年2月13日，山东省邮政管理局与国家统计局山东调查总队联合召开会议，部署开展全省快递服务统计调查工作。

首次召开全省快递企业座谈会

2007年4月6日，山东省邮政管理局组织召开邮政体制改革后首次全省快递企业座谈会。省内24家国有、民营、外资快递企业的负责人参加会议。

召开《快递服务》标准座谈会

2007年7月18日，山东省邮政管理局组织召开《快递服务》标准征求意见座谈会。省内10家快递企业负责人参加会议。

国家邮政局批复同意组建青岛办事处

2007年8月29日，国家邮政局批复同意组建山东省邮政管理局青岛办事处。

省邮政管理局青岛办事处成立

2007年10月17日，山东省邮政管理局青岛办事处成立暨揭牌仪式在青岛举行。

省快递协会成立

2007年11月28日，山东省快递协会成立大会暨首次会员代表大会召开。山东省委常委、副省长王军民，山东省政协副主席张敏，国家邮政局副局长苏和等领导出席大会。

召开全省奥运邮路寄递安全会议

2008年7月2日，山东省邮政管理局组织召开全省奥运邮路寄递安全会议。

召开快递业务员职业技能鉴定工作座谈会

2008年8月5日，山东省邮政管理局召开了快递业务员职业技能鉴定工作座谈会。省内10家重点快递企业的代表参加了会议。

《快递服务》标准达标工作推进会召开

2008年10月22日，山东省快递协会在济南召开《快递服务》标准达标工作推进会。

省邮政行业职业技能鉴定中心成立

2008年12月23日，山东省邮政行业职业技能鉴定中心正式成立。

省政府发文扶持邮政业发展

2009年6月21日，山东省政府办公厅印发了《关于扶持邮政业发展有关问题的通知》，对促进山东省邮政业又好又快发展提出了一系列政策措施。

全国快递业务员首期师资骨干培训班在山东举办

2009年7月13日，全国快递业务员首期师资骨干培训班在山东举办。

省政府转发《关于推动山东省农村邮政物流发展的实施意见》

2009年7月24日，山东省政府办公厅转发了省邮政管理局、省发展改革委、省经济和信息化委、省财政厅、省交通运输厅、省农业厅、省工商局、省安监局、省政府法制办、省食品药品监督管理局等10部门《关于推动山东省农村邮政物流发展的实施意见》（鲁政办发〔2009〕55号），进一步明确细化政策措施，支持邮政企业发挥自身优势，完善物流连锁配送渠道，做大做强农村邮政物流。

首批快递业务员职鉴考试在山东开考

2009年8月29日，山东省首批快递业务员职业技能鉴定试考开考。来自省内67家快递企业的1185名快递业务员在全省6个考点参加了理论知识考试和实际操作笔试部分考试。这是国内首次快递业务员职鉴考试。

召开《邮政法》宣传贯彻座谈会

2009年9月22日，山东省邮政管理局召开全省贯彻实施《中华人民共和国邮政法》座谈会。山东省委宣传部、省人大法工委、省人大城环委、省政府法制办、省公安厅、省国家安全厅、省交通运输厅、省工商管理局、济南军区司令部等22个部门和单位以及省邮政公司和部分快递企业代表参加了会议。

省快递协会首次被评为年检优秀单位

2009年12月29日，在山东省民政厅召开的省管社会组织座谈会上，山东省快递协会被省民政厅评为2008年度省管社会组织年检优秀单位，并授予“优秀社会团体”奖牌。

首次召开省邮政行业职鉴工作座谈会

2010年2月3日，山东省邮政行业职业技能鉴定工作座谈会召开。来自全省22家规模以上快递企业的负责人和职鉴工作人员近60人参加了座谈会。

首次开展“山东省十佳快递企业”评选活动

2010年4月至6月，山东省快递协会首次开展了“山东省十佳快递企业”、“山东省快递服务之星”评选活动，旨在通过评选，树立行业榜样，引导、促进快递企业学习先进，提高服务质量，规范经营行为。

召开上海世博会全省邮路安保工作会议

2010年4月8日，山东省邮政管理局在济南召开上海世博会全省邮路安保工作会议，部署世博会期间邮路安保工作。省内邮政企业、规模以上快递企业的负责人参加了会议，并签订了上海世博会期间邮路安全保障责任书。

规范快递业务经营许可审批和工商登记工作

2010年6月18日，山东省邮政管理局与省工商行政管理局联合下发了《关于规范快递业务经营许可审批和工商登记有关事项的通知》，对快递业务经营许可审批、工商登记等工作做出了明确规定。

联合相关部门解决快递车辆通行问题

2010年6月25日，山东省邮政管理局与山东省交通运输厅、山东省公安厅、山东省工商行政管理局联合下发了《关于邮件和快(运)递车辆通行问题的通知》，为邮件和快(运)递车辆通行制定具体政策，解决车辆客货混装、城市市区通行等问题。

首次就山东省快递服务规范用语、忌语征求意见

2010年7月19日，山东省快递协会公布了《山东省快递服务规范用语》(征求意见稿)和《山东省快递服务忌语》(征求意见稿)。

联合统计部门开展快递统计检查

2011年9月19日至23日，山东省邮政管理局与山东省统计局联合开展快递统计检查工作。

联合建立邮政行业安全监管工作协调机制

2011年9月30日，山东省邮政管理局会同山东省公安厅、山东省国家安全厅、山东省安全生产监督管理局、青岛海关等部门联合下发了《关于建立山东省邮政行业安全监管工作协调机制的意见》。

河南快递发展大事记

省邮政管理局举行揭牌仪式

2006年9月12日，根据国务院关于邮政体制改革的总体精神，经国家邮政局批准，河南省邮政管理局成立，全面行使邮政业政府监管职能，并于2007年3月1日举行揭牌仪式。河南省委常委、纪委书记叶青纯，河南省副省长史济春，国家邮政局党组副书记盛汇萍等出席揭牌仪式。

建立快递企业统计报表制度

2007年3月，河南省邮政管理局完成统计报表的法定审批手续，6月份在全省快递企业中开始试行河南快递企业统计报表制度，依法建立了全省快递企业量收月报、生产能力年报制度。同月，河南省邮政管理局按国有、外资、民营3种类型分别对23家重点快递企业的有关人员进行了统计报表制度培训。

省快递协会成立

2007年10月11日，河南省快递协会正式成立。河南省副省长史济春、国家邮政局副局

长王渝次应邀参加了成立大会。河南省快递协会会员代表大会审议并通过了《河南省快递协会章程(草案)》、《河南省快递协会会费缴纳标准与收取办法(草案)》和《河南省快递协会选举办法(草案)》。

快递企业签订自律公约

2007年12月5日,河南省邮政管理局筹划、支持省邮政速递公司等河南省快递协会正、副会长单位发起签订自律公约的倡议。经全省26家重点快递企业协商后,反复征求快递企业意见,形成了《河南省快递行业自律公约》。为确保自律公约能落到实处,省邮政管理局指导快递协会制定了《监督维护办法》,对12项自律措施的违约行为认定、监督和处理做了明确的规定。

构建“两集中,三结合”的快递监管体系

2007年,河南省邮政管理局在市场监管工作中采取了“两集中,三结合”的监管模式,并制定了“六项制度”。“两集中”是将行政许可权、行政处罚权向上集中,实行处、局两级审查;“三结合”是将政府监管、行业自律、社会监督三个方面紧密结合起来,对市场进行有效的监督。“六项制度”是:《快递企业统计制度》、《突发事件报告制度》、《经营秩序定期通报制度》、《违法违规行为警示制度》、《禁限寄物品指导目录及窗口验视制度》和《行政执法案卷评审制度》。

编发《快递信息》月刊

2007年6月,河南省邮政管理局编印了综合性月刊《河南快递信息》,为企业提供政策法规、行业动态、服务热点、经营信息、行业说法、经验交流等资讯。

开展快递服务质量实寄测试

2007年12月,河南省邮政管理局对15家快递企业的服务质量进行了实寄测试。测试按相同的测试环境,对电话预约、上门收寄、全程时限记录、信息上网等48个节点的实际服务质量情况作客观记录,真实地反映快递服务质量的状况,推动了全省快递服务质量的改善。

快递企业统一营业税目和专用发票

从2008年4月1日起,凡在河南省邮政管理局审核登记的快递企业将统一按“邮电通信业”税目征收营业税,并统一使用快递业务专用发票。

邮政业消费者申诉受理中心成立

2008年4月,河南省邮政业消费者申诉受理中心成立,主要负责河南省邮政业消费者申诉的受理工作,邮政业消费者申诉、举报、表扬、批评、建议等相关问题的转办、催办、督办、结案、回访工作,解答邮政业消费者关于邮政业相关法律、法规、规章及相关规范性文件的咨询,处理相关部门转办的邮政业服务质量问题。

召开奥运邮路寄递物品安全工作会议

2008年4月22日,河南省邮政管理局联合河南省国家安全厅召开了全省奥运邮路寄递物品安全工作会议,24家省内重点快递企业主要负责人参加了会议。此次会议对奥运邮件寄递安全保障工作进行了全面部署,并与省内24家重点快递企业签订了寄递物品安全目标责任保证书。

建立邮路反恐协作配合工作机制

2008年5月,河南省反恐怖工作协调小组下发了《关于建立河南省邮路反恐协作配合机制的通知》,建立了河南省邮路反恐协作配合工作机制。河南省邮政管理局为组长单位,河南省国家安全厅为副组长单位,成员单位有河南省公安厅、卫生厅、环保局、郑州海关、河南出入境检验检疫

局和河南省邮政公司。

开展快递企业达标工作

2008年7月起,河南省邮政管理局联合河南省快递协会开展《快递市场管理办法》的宣贯和快递服务标准达标工作。截至2008年底,共在17家重点网络快递企业中开展了《快递服务》标准达标活动,有15家重点网络快递企业达标,达标率为88.24%。

启动快递企业登记备案工作

2008年7月,河南省邮政管理局全面启动经营快递业务备案登记工作,按照应备尽备的原则,在河南日报刊、网站刊发备案公告,要求快递企业以品牌为单位,全省统一进行备案。

试行快递企业经营分析报告制度

2009年,河南省邮政管理局对省内重点快递企业试行季度经营分析报告制度。3月下旬,河南省邮政管理局联合河南省快递协会,组织对省内重点快递企业的43名财会人员,进行了为期两天的财务统计基础知识培训。

保障中国2009世界邮展物品寄递安全

2009年4月1－20日,河南省安全厅和河南省邮政管理局全面启动中国2009世界邮展邮路寄递安全保障机制,并组成联合安全检查小组,对寄往"邮展村"、邮展区、党政军机关等重点区域和部门的邮件、快件全部进行了安检,共检查各类邮件和快件50余万件,保障了中国2009世界集邮展览寄递物品安全。

首期快递业务员培训班举办

2009年8月,河南省邮政行业职业技能鉴定指导中心、河南省快递协会在郑州联合举办了河南省第一期快递业务员培训班。全省重点网络快递企业共269名业务员参加了培训。

应对"11.11"雪灾保障快递服务

2009年11月11日,河南省出现了历史罕见暴雪,中诚快递、汇通快递郑州公司的快件处理中心顶棚因不能承受突降积雪重压坍塌,河南省邮政管理局帮助快递企业抗雪灾保生产,完善突发事件应对措施,保障了快递生产和服务。

解决快递车辆通行难问题

2009年12月4日,河南省政府办公厅转发省邮政管理局联合省交通运输厅、省公安厅、省工商局制定的文件《河南省解决快递服务车辆通行问题的意见》,文件对便利快递企业车辆通行作出了六项政策规定,为快件揽投运输车辆在城市的便捷通行提供了政策保障。

首批快递业务员职业技能鉴定考试举行

2009年12月20日,河南省首次快递业务员职业技能鉴定考试在郑州举行,来自全省22家快递企业的698名业务员报名参加了考试,考试合格率达65%。

中南邮政物流集散中心开建

2010年3月19日,中南邮政物流集散中心在郑州奠基,河南省副省长张大卫等领导出席奠基仪式。中南邮政物流集散中心是河南省政府《中国郑州现代物流中心发展规划纲要》确定的七大重点物流建设项目之一。该中心建成后标准化物流生产场地将达10万多平方米,成为集邮件处理、物流集散、仓储、配送、加工处理以及货运代理等诸多功能于一体的邮政物流骨干运输平台,成为全国重要的邮政物流区域集散枢纽。

省邮政管理局组织开展"创先争优、转型升级"竞赛活动

2010年3月,河南省省邮政管理局决定利用三年时间,在全省快递企业中持续开展"创先争

优、转型升级”竞赛活动。活动从快递组织、基础设施、服务场所、安全管理、规范经营、服务质量投（申）诉处理、行业自律、执法监督检查等8个方面，制定了30项具体标准，分别制定了优秀企业、先进企业、合格企业的评比条件。

快递物流纳入省“十二五”现代物流业发展规划

2010年4月2日，河南省人民政府以豫政〔2010〕38号文件印发了关于河南省现代物流业发展规划的通知，将河南省邮政（快递）物流（主要包括快递物流、农村邮政物流和邮政一体化物流）正式列入省“十二五”现代物流业发展规划，要求各省辖市人民政府和省政府各部门认真组织实施。

首批快递企业获得业务经营许可

2010年9月29日，河南省快递业务经营许可颁证暨行业转型升级推进会议召开，会议宣布了河南省取得快递业务经营许可证的品牌企业名单，并为企业颁发了经营许可证书。河南省副省长张大卫出席会议并做了重要讲话。

规范快递业务经营许可和企业登记管理工作

2010年7月6日，河南省邮政管理局和省工商行政管理局联合下发了《关于规范快递业务经营许可和企业登记管理工作的通知》，对快递企业经营许可和登记管理做出了明确规定，解决了快递企业工商年检和分支机构工商登记问题。

省政府发文解决快递“八难”问题

2010年12月，河南省政府办公厅印发了《关于促进河南省现代物流业加快发展若干政策措施》的通知，系统解决了河南省快递业发展中的“八难”问题，主要包括：简化连锁经营证照办理程序；全面清理涉及物流业的行政事业性收费；加快建立航空快件绿色通道建设；完善货运车辆通行管理制度；把快递重要基础设施建设纳入城市总体规划、土地利用总体规划和综合交通设施建设规划，保障快递物流园区用地需求；规范总部与分支机构纳税管理；落实价格支持政策，拓宽融资渠道；大力加强与人民生活密切相关的城乡物流配送体系建设等。

出台市场监督管理办法

2010年9月，河南省邮政管理局重新修订了《河南省邮政市场监督检查管理办法》和市场检查记录表，规范了检查项目内容，将法定市场检查监督的内容规范为四类十八项。

省快递集散中心建设纳入国家战略

2011年9月，国务院以国发2011〔32〕号文件印发了《国务院关于支持河南省加快建设中原经济区的指导意见》，在第五项“加强基础设施建设，提高发展保障水平”的“第二十四条”中明确要大力发展邮政等专业物流，建设全国性快递集散交换中心，将河南邮政专业物流发展和快递集散中心建设纳入国家战略。

《河南省快递业发展“十二五”规划》发布实施

2011年12月，《河南省快递业发展“十二五”规划》正式发布实施。《规划》明确到“十二五”末，全省快递企业实现业务收入34亿元，年均增长26%；业务量达到2.58亿件，年均增长35%；从业人员总数31400人，年均增长16.9%；快递申诉处理满意率达到95%以上，快递服务公众满意度达到80%以上。

开展“提升比重，前移位次”竞赛活动

2011年12月，河南省邮政管理局、河南省快递协会联合发文，在全省快递企业开展“提升比重，前移位次”竞赛活动。活动确立到2015年实现的三个目标：一是河南快递收入在全省GDP中的比重达到0.1%；二是快递收入占邮政业收入的

比重接近全国45%的平均水平；三是快递业务收入规模全国排名较2011年上升3个位次以上。每年组织一次竞赛活动评比，对发展业绩突出的企业给予表彰和奖励。

湖北快递发展大事记

省快递服务统计调查工作启动

2007年2月8日，湖北省邮政管理局和国家统计局湖北调查总队联合发文《关于开展快递服务统计调查的通知》，启动了全省快递服务统计调查工作。

省邮政管理局和省邮政公司举行揭牌仪式

2007年3月22日，湖北省邮政管理局和湖北省邮政公司共同举行揭牌仪式。湖北省政府副省长任世茂、国家邮政局副局长徐建洲、中国邮政集团公司副总经理李国华分别出席揭牌仪式并讲话。

与省国安厅联合开展试寄"危险"物品包裹检查

2007年9月24日，湖北省邮政管理局与省国家安全厅联合发文，成立安全检查工作领导小组，组织开展对全省76家快递企业进行试寄"危险"物品包裹的检查。

省快递行业协会成立

2007年11月8日，湖北省快递行业协会成立大会暨首届会员大会在武汉市召开。首批会员单位64家。国家邮政局副局长王榆次、湖北省人大常委会副主任鲍隆清、湖北省政府时任副秘书长杨朝中等出席成立大会。

省邮路寄递物品安全监管领导小组成立

2008年1月23日，湖北省邮政管理局和湖北省国家安全厅联合发文，成立"湖北省邮路寄递物品安全监管领导小组"，旨在加强对全省邮政企业及其他寄递企业邮路寄递物品安全监管工作的领导，建立邮路寄递物品安全保障联合工作机制。

邮政业消费者申诉中心成立

2008年4月29日，湖北省邮政业消费者申诉中心成立，"12305"邮政业消费者申诉专用特服号码正式启用。

省邮政业突发事件应急工作机制建立

2008年5月23日，湖北省邮政管理局印发《湖北邮政业突发事件应急预案》，建立全省邮政业突发事件应急工作机制。

《湖北省快递企业自律公约》通过并签订

2008年5月29日，湖北省快递行业协会召开第二次理事会。会议通过《湖北省快递企业自律公约》和《快递服务》标准达标工作评定办法，组织学习《邮政业"十一五"规划》。省快递行业协会15家理事单位、2家监事单位参加了会议，并签订《湖北省快递企业自律公约》。

省快递企业报告备案工作启动

2008年8月6日，湖北省邮政管理局印发《关于启动经营快递业务备案工作的通知》，全面启动湖北省快递企业报告备案工作。

全国人大调研组就《邮政法》草案到湖北调研

2009年2月18－20日，全国人大常委会委员、常委会副秘书长、法律委员会副主任委员乔晓阳和全国人大常委会法制工作委员会副主任安建率领调研组，就《邮政法》（修订草案）的修改意见在湖北进行调研。国家邮政局局长马军胜、副局长徐建洲，湖北省人大常委会副主任刘友凡参加调研。

省内首批《快递服务》标准达标企业获牌

2009年4月22日，湖北省邮政管理局和湖北省快递行业协会组织召开全省快递行业首批《快递服务》标准达标企业授牌大会，向首批10家达标企业授牌。

省邮政行业职业技能鉴定中心正式成立

2009年5月18日，经湖北省事业单位登记管理局批准，湖北省邮政行业职业技能鉴定中心正式成立。省邮政行业职业技能鉴定中心主要负责实施本地区邮政行业特有职业（工种）技能鉴定与咨询服务及相关交流活动等。

快递业务经营许可工作启动

2009年10月27日，湖北省办理快递业务经营许可工作启动。

首批快递业务员职业技能鉴定考试结束

2009年11月29日，湖北省首批快递业务员职业技能鉴定考试圆满结束，全省26家快递公司的742名快递从业人员参加了考试。

与省工商局联合制定快递业务许可工作流程

2010年3月30日，湖北省邮政管理局、省工商行政管理局联合印发《快递业务许可审批和登记管理有关事宜的通知》，明确了全省快递业务许可审批和登记管理工作流程。

联合相关部门解决快递车辆通行难问题

2010年9月9日，湖北省邮政管理局、省交通运输厅、省公安厅、省工商行政管理局联合出台《关于保障武汉市城区快递企业运输车辆便捷通行的通知》，解决武汉市快递运输车辆进城通行、停靠和装卸作业难问题。

启动快递市场专项执法检查活动

2010年11月24日，湖北省邮政管理局在全省启动“规范市场秩序，维护用户权益”快递市场专项执法检查活动。

湖北省将打造中部地区邮政快递枢纽中心

2011年2月16日，在湖北省邮政管理局2011年工作会议上，湖北省副省长段轮一指出，“十二五”期间，全省邮政管理部门和邮政行业要突出科学发展主题，加快推进邮政业现代化转变。目前武汉市被国务院批复为中部两大物流枢纽城市之一，武汉东西湖保税物流园区也已获批，湖北省将打造中部地区邮政快递枢纽中心。

快递服务纳入省经济社会发展“十二五”规划纲要

2011年2月27日，湖北省十一届人大四次会议表决通过了《湖北省经济和社会发展第十二个五年规划纲要》。《纲要》提出，大力发展快递服务，推动快递服务与电子商务协同发展。建设一批快件处理中心和集散中心，争取将武汉建设成为全国性的快递运输航空枢纽。

联合相关部门加强邮政行业安全监督管理工作

2011年6月8日，湖北省邮政管理局与省公安厅、省国家安全厅、省安全生产监督管理局联合下发《关于加强全省邮政行业安全监督管理工作的通知》，进一步加强了全省邮政行业的安全监督管理工作。

顺丰速运在鄂建华中货航枢纽港

2011年7月1日晚，顺丰速运集团的两架波音B737-300全货机飞抵武汉天河机场，标志着顺丰速运的华中货航枢纽港真正实现了“上天落地”。湖北省副省长段轮一出席庆典仪式并讲话。省邮政管理局局长李庭中、民航中南地区管理局副巡视员文显新在庆典仪式上致辞。两条货运航线的开通，将加快武汉至华东、华南的快递货运速度。

《湖北省邮政业“十二五”发展规划》发布

2011 年 9 月 15 日，湖北省邮政管理局召开湖北省邮政业“十二五”发展规划发布会，正式对外发布《湖北省邮政业“十二五”发展规划》。

湖北省农民工首次参加快递职鉴考试

2011 年 9 月 18 日，湖北省举行快递业务员职业技能鉴定考试，来自全省 26 家快递企业的 614 名考生参加考试。其中，有 6 名农民工参加快递职鉴考试，这是湖北省农民工首次参加快递职鉴考试。

《湖北省邮政行业违规违纪约谈暂行办法》出台

2011 年 9 月 23 日，湖北省邮政管理局出台《湖北省邮政行业违规违纪约谈暂行办法》，有效加强邮政市场监管工作，规范企业经营管理和服务。

湖北省推进“四减五制三集中”工作

2011 年 11 月 14 日，湖北省邮政管理局推进“四减五制三集中”工作，向社会公开承诺，将“快递业务经营许可”项目中的审查申请材料时限由原来的 45 日缩减为 40 日。

首批中级快递业务员职业技能鉴定考试举行

2011 年 12 月 10 日，湖北省首批中级快递业务员职业技能鉴定考试在武汉举行，这是继 2009 年湖北省开办快递业务员职业技能鉴定考试以来，在湖北首次进行的中级快递业务员职业技能鉴定考试。

湖南快递发展大事记

省邮政管理局正式挂牌成立

2006 年 9 月 13 日，湖南省邮政管理局正式挂牌成立，标志着省级邮政实施政企分开。国家邮政局局长马军胜出席成立大会，宣读了班子任命决定，要求湖南省局全面履行政府监管的使命，在监管实践中开创新路。

首次召开全省快递企业负责人座谈会

2007 年 1 月 16 日，湖南省邮政管理局成立后首次召开全省快递企业负责人座谈会。湖南省邮政管理局党组书记、局长周国繁与快递企业代表面对面话环境，心连心谈发展，分析快递行业发展大势，传达邮政体制改革精神，同时广纳意见，诚征良策，听取各快递企业对邮政监管工作的建议。

肖捷副省长批示加快发展快递服务业

2007 年 2 月，湖南省人民政府副省长肖捷在湖南省调查总队有关湖南省快递业调查报告上批示：加快发展我省快递服务业。

省发改委领导调研湖南快递服务发展情况

2007 年 6 月 26 日，湖南省发改委领导调研快递产业发展并考察申通、全一、邮政 EMS，为推动快递服务业快速发展创造了良好的政策环境。

省快递协会在长沙成立

2007 年 10 月 26 日，湖南省快递协会成立大会暨第一次会员大会在长沙召开。省政府副秘书长刘明欣、国家邮政局副局长苏和到会祝贺并作重要讲话。湖南省人大常委会原副主任罗海藩、中共湖南省委组织部李映华副部长到会祝贺。协会第一届理事会第一次会议，选举湖南省邮政公司副总经理陈乐国为会长，决定聘任罗海藩为协会名誉会长。会议还审议通过了《湖南省快递行业协会会费缴纳标准与收费办法（草案）》、《湖南省快递行业协会章程（草案）》。

首次组织对快递企业进行服务质量测试

按照国家邮政局部署，2007 年 12 月 3 日，湖南省邮政管理局组织快递企业参加首次全国十城市之间对十家快递企业的服务质量进行实寄、互寄测试。长沙市总体满意度 81.3 分，在被调查的 10 城市中排名第 3。其中公众满意度 66.2 分，低于全国调查总体满意度（67.7 分），在 10 城市中位列第 7。实地测试调查满意度 96.5 分，高于全国实测总体满意度水平（91.6 分），在 10 城市中排名第 2。

湖南省出台《关于加快发展快递服务业的意见》

2008 年 5 月 6 日，湖南省人民政府办公厅出台《关于加快发展快递服务业的意见》。《意见》提出了快递服务业发展的总体要求和主要目标；出台了包括进一步促进快递行业改革和对外开放、规范行业准入、加强对民营快递服务业的金融支持、税收支持等九项相关政策措施。对加强行业监督管理提出了建立邮政、工商、交通、公安、税务、价格等相关部门组成的快递市场联动机制的新要求，并要求行业形成自律机制，推行行业自律，促进快递服务业健康有序发展。

马军胜局长到湖南调研

2008 年 5 月 15 日，国家邮政局局长马军胜到湖南调研。马军胜要求湖南省邮政管理局抓住国家批准长株潭城市群“两型社会”综合配套改革的重大机遇，在区域同城的改革上先行先试，使湖南快递业突破区域发展的瓶颈。

加强奥运会邮路安全工作

2008 年 7 月 22 日，湖南省邮政管理局联合省国家安全厅和省公安厅下发了《关于加强第 29 届奥林匹克运动会期间我省寄往奥运场馆邮（快）件安全工作的通知》。这一做法受到了国家邮政局和有关部门的高度表扬并在全国推广。

完成快递企业集中备案工作

2008 年 10 月 9 日，湖南省邮政管理局如期完成全省快递企业集中备案阶段的经营备案工作。截至 10 月 9 日，湖南全省共受理 231 家快递企业备案申请，按规定的条件办理备案 231 家，其中分支机构 222 家，单一公司 9 家。邮政 EMS 在办理的 231 家中占 103 家。此外，因未办理营业执照未受理的 19 家。

陈肇雄副省长出席第三次全省邮政管理工作会议

2009 年 1 月 16 日，湖南省人民政府副省长陈肇雄在第三次全省邮政管理工作会议上指出，快递产业要适应物流发展的大流通、大市场，做大做强，积极推进向区域性物流中心、物流园区和特色商品集散地集聚。要加强邮政行业市场监管，推进信用体系建设，形成依法、守法、诚信经营的氛围，改善消费环境，促进行业健康发展。

《关于加强快递企业税收政策支持的意见》出台

2009 年 5 月 7 日，湖南省地方税务局、湖南省邮政管理局联合印发《关于加强快递企业税收政策支持的意见》，对已领取工商营业执照、在省邮政管理局办理备案获得行业资格认定的快递企业，给予“邮政通信业”的优惠征收营业税。

首批快递服务标准达标企业获牌

2009年5月26日，湖南省快递协会为湖南省邮政速递物流有限公司、湖南顺丰速运有限公司、湖南申通快递有限公司、长沙市圆通速递有限公司、湖南创一快递服务有限公司、联邦快递（中国）有限公司长沙分公司等首批6家通过达标小组、评审委员会严格验收的快递企业颁发了达标牌匾和达标证书。

省人民政府办公厅复函快递服务车辆通行问题

根据快递服务车辆在城市通行停靠难的实际情况，湖南省邮政管理局向省政府发出《关于批准使用快递服务车辆专用标识的紧急请示》。2009年7月16日，省政府办公厅对快递服务车辆通行问题函复，分别对省邮政管理局提出的解决跨省、市、州货运车辆进城、城市揽收运输的快递运输车辆通行禁区和小型客车运输快件问题的要求予以明确答复。

陈肇雄副省长要求严格依法管理快递业务

2009年9月28日，湖南省副省长陈肇雄在全省贯彻实施《中华人民共和国邮政法》电视电话会议上讲话指出：要严格依法管理快递业务。要认真处理好发展与规范的关系，坚持发展为先原则，因地制宜、因势利导地促进发展，同时注重维护用户的合法权益。快递企业要严格执行收件验视制度，坚决防控利用邮件、快件传播含有危害国家安全内容的信息，坚决制止收寄禁止、限制寄递物品的行为。

快递服务车辆城市通行难问题基本解决

根据湖南省人民政府办公厅《关于快递服务车辆通行问题的复函》，2010年1月13日，湖南省邮政管理局与湖南省公安交通管理局、公路运输管理局就车辆通行、运输、停靠等主要事项达成一致，并印发了《关于进一步做好快递服务车辆通行运输工作的通知》。

陈肇雄副省长要求搞好行业协同发展

2010年1月31日，省政府副省长陈肇雄出席第四次邮政管理工作会议，强调要融合电子商务发展，把承接服务外包、供应链配送服务作为发展重点，延伸产业链。重点落实好与民航的协同发展，积极协调公路、民航、铁路等，提高邮件、快件集散率。要规范快递市场秩序，强化社会监督工作，组织时限监测、满意度调查工作，推进落实快递行业标准，严格执行验视内件的制度，健全邮政管理与公安、安全和海关配合联动的安全保障机制。

妥善处置快递企业倒闭事务

2010年2月23日，长沙豪邦快递有限公司（汇通）倒闭，湖南省邮政管理局迅速启动应急预案，责成企业负责人妥善处理善后事宜并协调长沙传志快递公司接受相关遗留快件并及时安排派送。

首次组织快递职业技能鉴定考试

2010年3月20日，湖南省邮政管理局首次组织快递从业人员参加职业资格考试。参加快递业务员资格考试的第一批758人，均为来自快递企业第一线的收、派员、分拣操作员，考试合格650人，通过率86%。

省人大对快递企业进行立法调研

2010年4月2日，湖南省人大《湖南省邮政条例》修改调研组深入浏阳、宁乡等地，召集快递企业负责人召开座谈会，听取快递企业的经营情况汇报和对法制环境的需求等方面的意见，为《条例》修改中写入快递业务专章打牢基础。

《长株潭城市群快递业发展规划》启动

2010年5月13日，由湖南省邮政管理局牵头，湖南商学院启动了《长株潭城市群快递业发展规划》编制工作。

湖南省核发首张快递业务经营许可证

2010年5月17日，湖南省邮政管理局运用快递业务许可管理系统，成功为浏阳全一快递有限公司核发了湖南省第一张快递业务经营许可证，编号：湘邮2010001B。

《湖南省邮政条例》修改获通过

2010年9月15日，《湖南省邮政条例》经湖南省第十一届人民代表大会常务委员会第十八次会议审议通过，同日发布，该《条例》自2011年1月1日起施行。

开展规范市场秩序专项执法检查活动

为全面贯彻落实国家邮政局《关于开展规范市场秩序，维护用户权益专项执法检查活动的通知》精神，湖南省邮政管理局自2010年底至2011年8月底，分三个阶段在全省邮政业开展“规范市场秩序维护用户权益”专项执法检查活动，坚决依法查处未经许可经营快递业务和超范围经营快递业务的违法行为。

陈叔红副主任要求加强政府监管，规范邮政市场秩序

2010年12月20日，湖南省人大常委会副主任陈叔红在全省贯彻实施《湖南省邮政条例》电视电话会议上讲话指出：随着快递业务迅猛发展，邮政市场格局发生深刻变化，迫切需要加强政府监管，规范邮政市场秩序。

周强书记听取省邮政管理局工作汇报

2011年8月22日，中共湖南省委书记、省人大常委会主任周强专门听取湖南省邮政管理局局长周国繁工作情况汇报。周强书记充分肯定邮政管理工作有起色、有成效。周强书记指出，当前湖南的发展已经站在一个新的起点，正加速推进“四化两型、富民强省”建设，邮政业发展空间广阔，邮政管理工作大有可为。省委将积极支持湖南省内设立邮政管理机构和增加人员编制，为邮政管理创造良好环境。

陈肇雄副省长要求加快行业信息化发展

2011年1月14日，省委常委、副省长陈肇雄出席第五次邮政管理工作会议，指出要立足服务信息化，探索应用物联网信息技术，加快行业数字化、智能化进程，完善生产作业和业务流程，实现邮政业与相关产业的互动融合，推动实物信息与电子信息的“零距离”发展，抢占新兴产业发展的制高点。

规范市场经营行为专项执法行动结束

2011年9月2日，湖南省邮政管理局“规范市场经营行为、维护用户合法权益”专项执法行动结束。此次行动分三个阶段依次开展，共检查204家快递企业，依法查处未经许可经营快递业务和超范围经营快递业务的违法行为16起，其中责令停止经营3家，自动关门2家，11家限期改正，补办了快递业务经营许可证。查处未执行收寄验视制度、存在寄递安全隐患的企业27家，分别责令改正，并处以3000～5000元的罚款，共计执行罚款79000元。

开展“规范市场秩序确保寄递安全”专项执法检查活动

2011年10月13日至12月31日，湖南省邮政管理局开展了为期三个月的“规范市场秩序确保寄递安全”专项执法检查活动。

发布2010年度快递业务经营许可年度报告审核情况

2011年12月7日，湖南省邮政管理局发布2010年度快递业务经营许可年度报告审核情况的通告。2010年度，湖南省需提交年度报告的快递企业共165家。其中，158家符合继续经营的基本要求；3家因停止经营快递业务，已注销许可证；4家因各种原因没有按时提交2010年年度报告。

广东快递发展大事记

省邮政管理局举行揭牌仪式

2006年9月14日，广东省邮政管理局成立，这标志着邮政体制改革在广东省进入实施阶段。2007年2月9日，广东省邮政管理局举行揭牌仪式，国家邮政局局长马军胜出席，国家邮政局副局长王渝次与广东省邮政管理局局长罗建青一起揭牌。

省快递行业协会成立

2007年8月15日，全国首家省级快递行业协会——广东省快递行业协会成立，协会由11家企业发起。国家邮政局局长马军胜，广东省副省长佟星出席成立大会。马军胜局长在成立大会上对发挥协会作用提出三点要求：一是要发挥协会的服务功能；二是发挥协会的桥梁纽带作用；三是加强协会自身建设，以实际行动为广东建设经济强省、贸易强省、文化大省、和谐广东的战略目标做出应有的贡献。

万国邮联邮政战略会议在广州召开

2007年12月4－6日，"万国邮联邮政战略会议"在广州召开。万国邮联国际局总局长爱德华·达扬，国家邮政局长马军胜，广东省副省长佟星等领导与来自35个国家、万国邮联和区域性邮联的110名邮政主管官员和邮政战略规划专家出席会议。马军胜局长在会上强调，中国邮政部门将一如既往地支持和参与万国邮联的各项活动，希望通过万国邮联这个国际交流平台，让各国邮政同行分享邮政改革的经验，加强多边合作，从而推动全球邮政业共同进步。

省邮政业消费者申诉受理中心成立

2008年3月12日，广东省邮政管理局邮政业消费者申诉受理中心成立。3月14日，申诉受理电话"020-12305"开通，快递申诉受理工作正式启动。

国家邮政局、国务院法制办联合调研组在广东调研

2008年8月22－23日，国家邮政局和国务院法制办快递服务交通运输保障联合调研组在广东调研。调研组先后召开政府部门和快递企业座谈会，探讨新形势下交通扶持快递行业发展的思路和措施，快递企业应享受的具体交通运输优惠政策，分析行业监管工作的难点，并详细了解了快递企业营运车辆在交通运输领域遇到的障碍和问题以及对交通运输保障的需求。

《珠三角快递服务发展规划》编制工作启动

2008年10月8日，广东省邮政管理局召开珠三角快递服务发展规划编制工作项目领导小组第一次会议，正式启动《珠三角快递服务发展规划》编制工作。2009年7月10日，广东省邮政管理局在广州召开《珠三角地区快递服务发展规划》发布会。

快递服务人才研讨会召开

2008年11月4日，国家邮政局在深圳组织召开快递服务人才研讨会。研讨会期间，与会代表对《快递服务人才教育培养计划实施纲要》进行了认真讨论，听取了项目组关于我国快递服务人才教育培养调研情况的介绍。

《广东省邮政业管理办法》发布

2009年1月22日，广东省省长黄华华签署第131号省政府令：《广东省邮政业管理办法》已经2008年12月19日广东省人民政府第十一届21次常务会议通过，现予发布，自2009年3月1日起

施行。《办法》是邮政体制改革后全国首个有关邮政的地方性政府规章。

全省邮政业工作会议召开

2009年2月23日，广东省邮政业工作会议在广州召开，会议部署了全年快递市场工作，广东省人民政府副省长佟星、国家邮政局副局长苏和出席会议。

联合发文保障快递企业运输车辆便捷通行

2009年6月30日，广东省邮政管理局与广东省交通运输厅、广东省公安厅交通管理局、广东省工商行政管理局联合发布《关于保障快递企业运输车辆便捷通行的通知》。

省首届快递岗位技能大赛举行

2009年11月8日，广东省首届快递岗位技能大赛举行，大赛由广东省邮政行业职业技能鉴定指导中心主办，深圳技师学院承办。来自7家快递企业及深圳技师学院学生在内的29名选手参加了比赛。大赛共设国际、国内快件分拣，包装、捆扎，国际快递运单录入，国际、国内快递收件四项赛程。

妥善处置东道物流公司倒闭事件

2010年1月，东道物流有限公司因经营不善倒闭，导致快件滞留、客户代收货款被挪用和拖欠员工工资等系列问题发生，引起社会广泛反响。广东省委书记汪洋、省长黄华华，交通运输部部长李盛霖，国家邮政局局长马军胜等领导先后作出重要批示，要求妥善协调处理，维护社会稳定。广东省邮政管理局及时启动突发事件应急响应，积极参与事件应急处置，协调滞留快件善后处理，累计处理滞留快件17259件，受理相关电话申诉512个。

《关于促进快递民航产业协同发展的意见》发布

2010年6月22日，广东省邮政管理局联合民航中南地区管理局颁发《关于促进快递民航产业协同发展的意见》，通过搭建促进快递和航空产业合作发展平台，解决快件航空运输过程中有关处理时效、快件安全、信息对接等问题，鼓励快递企业利用航空运输资源提高快递服务质量。

马军胜检查广州亚运会亚残运会邮路安保工作

2010年9月13－15日，国家邮政局局长马军胜到广州检查第16届亚洲运动会和亚洲残疾人运动会邮政服务和安全准备情况。马军胜强调要高度重视，认真学习借鉴北京奥运会和上海世博会的成功经验，精心安排，提升服务；进场邮件、快件都要安检，保证“净件”投递；各地寄递企业要加强防范意识，加强寄递验视工作。

广州亚运会亚残运会邮路安保工作动员会召开

2010年10月22日，广东省邮政管理局在广州召开亚运会、亚残运会邮路安保工作动员会。会议要求，邮政企业和各快递企业要认真落实邮路安保的各项工作措施，突出抓好收寄验视和登记、涉亚邮件的交接以及应急体制建设等环节，确保亚运邮路安全工作万无一失。

李盛霖强调做好亚运会邮政安保工作

2010年11月12日，交通运输部部长李盛霖、副部长徐祖远莅临广东省邮政管理局视察指导工作，听取了广东省邮政管理局关于全省邮政业发展以及亚运邮路安保工作情况的汇报。李盛霖强调，国际国内形势的发展，对邮路安保工作提出了新的要求和挑战，要认真落实党中央、国务院和交通运输部以及国家邮政局的要求，以安全为重点，以邮政行业不发生一起安全事故作为做好亚运邮路安保工作的基本要求，确保亚运邮路万无一失。

应急处理苌宇货运公司倒闭事件

2010年11月15日，苌宇货运代理有限公司因经营亏损倒闭，事件发生后，广东省邮政管理局迅速介入，及时启动亚运邮路突发事件应急预案，成立应急处理工作领导小组，落实各项工作措施，成立多个工作组，分赴广州、深圳、东莞、佛山等地进行靠前处置，做好滞留快件统计和疏运，做好信息沟通和及时上报，使苌宇公司倒闭事件得到妥善处置。

《广东省邮政业“十二五”发展规划》评审

2010 年 12 月 23 日，广东省邮政管理局在广州召开了《广东省邮政业“十二五”发展规划》评审会。

《关于建立〈邮政法〉行政执法协调机制的意见》出台

2010 年 12 月 29 日，广东省邮政管理局与广东省法制办等 14 个政府部门联合印发《关于建立＜邮政法＞行政执法协调机制的意见》，广东省邮政业行政执法协调机制正式建立并运行。此前的 2010 年 9 月 28 日，广东省邮政管理局、广东省政府法制办等部门举行广东省《邮政法》行政执法协调工作座谈会，会议同意尽快建立广东省《邮政法》行政执法协调机制。

苏和副局长会见亚运邮政系统先进集体和个人

2011 年 5 月 6 日，在出席广州亚运会、亚残运会总结表彰大会前夕，国家邮政局副局长苏和在广州会见了出席广州亚运会、亚残运会总结表彰大会的邮政系统先进集体和先进个人。广东省邮政管理局局长罗建青参加会见。苏和副局长希望广东邮政系统珍惜成绩，再接再厉，在广州亚运会、亚残运会的基础上，继续做好深圳大运会邮政服务和邮路安保工作。

加强大运会寄递物品安全监管工作

2011 年 6 月 24 日，广东省邮政管理局与广东省国家安全厅、广东省公安厅、海关总署广东分署联合印发《关于加强深圳大运会期间寄递物品安全监管工作的通告》，进一步明确责任、强化监管，切实做好第 26 届世界大学生夏季运动会期间的寄递物品安全工作。

《关于依法处置邮政业治安案件的意见》出台

2011 年 7 月 7 日，广东省邮政管理局和广东省公安厅联合下发《关于依法处置邮政业治安案件的意见》。《意见》明确全省各级公安机关为邮政业治安案件处理主体，坚持教育与处罚相结合的原则及时受理调查并依法处理邮政业治安案件。

广西快递发展大事记

自治区邮政管理局成立

2006 年 9 月 12 日，国家邮政局副局长李国华在南宁宣布广西壮族自治区邮政管理局成立。自治区副主席穆虹出席成立大会。广西壮族自治区邮政管理局由国家邮政局垂直管理，人员编制 15 人。下设三个处：综合处、普遍服务处、市场监管处。

首次召开快递服务统计调查工作会议

2007 年 2 月 13－15 日，广西壮族自治区邮政管理局与国家统计局广西调查总队在南宁召开快递服务统计调查工作会议，部署在全区范围开展对快递企业的统计调查工作，并对广西调查总队驻各地直属调查队进行了培训。

开通“966189”邮政业申诉举报电话

2007 年 4 月，广西壮族自治区邮政管理局开通“966189”申诉举报电话，并正式向社会公布。“966189”申诉举报电话全天 24 小时开通，主要受理社会公众对邮政、快递的服务申诉以及对侵犯邮政专营权行为的举报，同时还受理公众对邮政管理部门干部作风和机关行政效能方面问题的举报。

首次对外通报快递服务统计调查情况

2007年8月16日，广西壮族自治区邮政管理局与国家统计局广西调查总队在南宁联合召开新闻通气会，对外通报快递服务统计调查情况。调查结果显示，截至2006年底，广西经营快递业务的单位数为248个，其中法人企业122个。

自治区快递协会成立

2007年11月16日，广西壮族自治区快递协会在南宁宣布成立，并召开了第一次会员代表大会。国家邮政局副局长徐建洲、自治区政协副主席张文学、自治区政府副秘书长滕冲等领导出席了成立大会。徐建洲副局长、张文学副主席为协会成立揭牌。协会由自治区邮政公司、中国外运广西公司等9家企业作为发起人，67家包括国有、民营、合资和外资在内的快递企业成为首批会员。

邮路寄递物品安全监管领导小组成立

2008年1月31日，广西壮族自治区邮政管理局与自治区国家安全厅联合下发《关于加强邮路寄递物品安全监管工作的通知》，成立“广西壮族自治区邮路寄递物品安全监管领导小组”，加强2008年奥运会期间及之后邮路寄递物品安全监管工作。

胡锦涛总书记视察南宁邮政工作

2008年2月7日大年初一，中共中央总书记、国家主席、中央军委主席胡锦涛在自治区党委书记郭声琨和自治区主席马飚等陪同下来到南宁市邮件处理中心，同正在加班的干部职工亲切握手，给他们拜年。胡锦涛总书记说：“邮政事业关系到千家万户，关系到人民群众的切身利益。在这场雨雪冰冻灾害面前，邮政职工迎难而上，奋力拼搏，克服了种种困难，保持了邮路基本畅通。我们要更好地发展邮政事业，为人民群众提供优质的邮政服务。”

开通12305热线电话

2008年2月20日，国家邮政局统一开通12305邮政业消费者申诉电话，广西壮族自治区邮政管理局将原966189邮政服务申诉特服电话改为12305，畅通消费者的申诉渠道。

《关于邮政快递业务征收营业税有关问题的通知》下发

2008年3月18日，广西壮族自治区邮政管理局与自治区地方税务局联合下发《关于邮政快递业务征收营业税有关问题的通知》，规定邮政快递业务的范围包括速递、速运、快运、快件、特快专递等业务，从事这些业务经营的单位和个人，必须到广西壮族自治区邮政管理局办理资格认证手续，取得《经营快递业务认定书》后，可按规定办理税务登记，按“邮电通信业”税目申报、缴纳营业税及其他税费。

首次举办全区快递企业奥运期间邮件安全培训班

2008年4月22—24日，广西壮族自治区邮政管理局与自治区国家安全厅在桂林联合举办全区快递企业奥运期间邮件安全培训班，全区46家快递企业的主要负责人参加了培训，并签订了《广西区快递企业维护邮路寄递物品安全承诺书》。期间，广西壮族自治区邮政管理局与自治区公安厅联合下发《关于加强邮件（快件）寄递安全检查工作的通知》，部署北京2008年奥运会期间邮路安保工作。

首次发布全区邮政业消费者申诉情况

2008年7月7日，广西壮族自治区邮政管理局发布《关于2008年6月全区邮政业消费者申诉情况的通报》，此后开始按月公布消费者申诉情况。

开通自治区邮政管理局网站

2008年7月中旬，根据国家邮政局统一部署，广西壮族自治区邮政管理局网站（http://gx.chinapost.gov.cn/）正式开通。

首次通报全区邮政业运行情况

2008年7月30日，广西壮族自治区邮政管理局公布2008年6月全区邮政业运行情况，此后开始按月进行公布。

首次召开全区快递企业宣传贯彻新《邮政法》座谈会

2009年6月10日，广西壮族自治区邮政管理局在南宁召开全区快递企业宣传贯彻新《邮政法》座谈会。要求各快递企业按照新法的有关条款做好准备，确保10月1日新《邮政法》顺利实施。

部署国庆60周年庆祝活动邮路安全工作

2009年9月23－24日，广西壮族自治区邮政管理局与自治区国家安全厅联合举办国庆期间邮路安全培训班，对国庆60周年庆祝活动、第六届中国东盟博览会期间的邮路寄递物品安全监管工作进行部署。会上，各快递企业签订《广西区快递企业维护邮路寄递物品安全责任书》。

《广西壮族自治区邮政管理条例》首次被列为地方性法规立法项目

2010年3月19日上午，《广西壮族自治区人民政府2010年立法工作计划（草案）》获自治区十一届人民政府第53次常务会议原则通过。其中，《广西壮族自治区邮政管理条例》被列为当年需要调查研究的10个地方性法规立法项目之一。

首次快递业务员职业技能鉴定考试举行

2010年3月20日上午，由广西壮族自治区邮政管理局组织的全区首次快递业务员职业技能鉴定考试在广西邮电技工学校举行，来自74家快递经营主体的407名快递业务员参加了考试。6月、8月分别进行第二第三次职能鉴定考试，三次考试共有1237人参加。

颁发首批《快递业务经营许可证》

2010年6月18日，根据《中华人民共和国邮政法》、《快递业务经营许可管理办法》，广西壮族自治区邮政管理局向桂林中通快运有限公司、广西壮族自治区邮政速递物流有限公司等5家符合条件的快递企业颁发了首批《快递业务经营许可证》。

《广西壮族自治区邮政条例》被列入2011年立法工作计划

2011年2月11日，自治区十一届人民政府第78次常务会议审议通过《广西壮族自治区人民政府2011年立法工作计划》，把《广西壮族自治区邮政条例》列为今年拟请自治区人大常委会审议的地方性法规草案。

首次召开校企合作与人才培养座谈会

2011年4月14日，广西壮族自治区邮政管理局组织召开校企合作与人才培养座谈会，积极为院校和企业的合作搭建平台。南宁职业技术学院以及广西快递协会、10余家快递企业负责人参加了会议。

积极协调相关部门解决快递车辆通行难题

2011年5月20日，广西壮族自治区邮政管理局与自治区交通运输厅、公安厅交通管理局、安全生产监督管理局、工商行政管理局联合下发了《关于保障快递运输车辆便捷通行的通知》，对快递运输车辆的通行、停靠等给予相应的便利。

自治区首家邮政行业职鉴机构成立

2011年8月10日，人力资源和社会保障部同意广西电信职工培训中心建立邮政行业特有工种职业技能鉴定站，鉴定范围为快递业务员，这是政企分开后广西建立的首家邮政行业职鉴机构。

第五届中美邮政改革和快递服务研讨会在南宁召开

2011 年 10 月 13 日，为期两天的第五届中美邮政改革和快递服务研讨会在南宁召开。自治区主席马飚、国家邮政局局长马军胜、美国邮政监管委员会主席金薇、美国商务部中蒙办公室主任尼古拉·梅尔彻出席会议并分别致辞。

《广西壮族自治区邮政条例（草案审查稿）》获通过

2011 年 10 月 13 日，自治区十一届人民政府第 93 次常务会议原则通过《广西壮族自治区邮政条例（草案审查稿）》，决定提请自治区人大常委会审议。

《广西壮族自治区邮政业“十二五”规划》正式发布

2011 年 12 月 19 日，经自治区专家组评审通过，报国家邮政局审核同意，《广西壮族自治区邮政业“十二五”规划》正式发布。

海南快递发展大事记

省邮政管理局成立

2006 年 9 月 8 日，海南省邮政管理局正式成立。主要职能是贯彻执行国家关于邮政业管理的法律法规、方针政策和邮政服务标准；监督管理所在地区邮政市场。全局公务员编制 12 人，内设机构 3 个。

首次对省内快递企业开展调查统计

2007 年 3－4 月，海南省邮政管理局与国家统计局海南省调查总队联合开展对海南省快递服务业的调查统计活动，于 2007 年 4 月底取得了相关调查结果。此次调查统计，较全面地掌握了海南省快递服务业的基本情况，完善了快递企业的信息台账，为建立海南省快递服务业专业板块的经济统计分析制度收集了基础数据。

省快递行业协会成立

2007 年 9 月 24 日，海南省快递行业协会成立大会暨首届会员大会召开，第一批会员单位 42 家。

开展“规范服务、促进发展”专项执法活动

2008 年上半年，海南省邮政管理局和海南省工商行政管理局联合开展针对海南省快递行业的“规范服务、促进发展”专项执法检查活动。两局组成联合执法检查组，对海南省内 48 家快递企业或经营快递业务的货运公司进行联合检查，发现违规经营快递业务的 14 家，均由工商部门立案查处。

开展快递企业备案工作

2008 年 8 月至 12 月，根据《快递市场管理办法》的规定和国家邮政局的统一部署，海南省邮政管理局开展了快递企业备案工作。全省共有 71 家快递企业及其分支机构办理了备案手续。备案企业的信息，全部登录进国家邮政局快递企业备案管理系统信息库。

首批《快递服务》标准达标企业获牌

2009 年，海南省邮政管理局和海南省快递行业协会联合开展《快递服务》标准达标评定工作。

海南省内18家快递企业经评定达标，获得了达标证书和牌匾。

举行首次快递业务员职鉴考试

2010年3月20日，海南省邮政管理局组织海南省内快递业务员共672人参加第一批次快递业务员职业技能鉴定考试，标志着海南省快递业务员职业技能鉴定工作正式启动，并进入常态化管理。自职鉴工作开展以来，海南省邮政管理局共组织8批次初级快递业务员职业技能鉴定考试和一批次中级快递业务员职业技能鉴定考试，共有1062人参加初级考试，620人合格，合格率为58.38%；有19人参加中级考试，16人合格，合格率为84.21%。

颁发首个《快递业务经营许可证》

2010年6月25日，海南省邮政管理局给海南省邮政速递物流有限公司颁发第一个《快递业务经营许可证》。自开展此项工作以来，共有34家快递企业在海南省邮政管理局取得了《快递业务经营许可证》。

组织开展规范市场秩序专项执法检查活动

2010年11月至2011年8月，海南省邮政管理局根据国家邮政局的统一部署，针对海南省快递市场组织开展"规范市场秩序、维护用户权益"专项执法检查活动。共出检286人次，检查企业108家次，查处违法违规经营行为33起，下发整改通知书32份，作出行政罚款处罚决定5份，罚款金额共14000元。直接取缔无证经营1家。

建立校企合作机制加强人才培养

2011年8月，海南省邮政管理局与海口经济学院签订合作框架协议，推进校企合作工作的开展。借助该校的教学平台，加强海南省快递行业人才队伍培训教育和职业技能鉴定工作。2011年海口经济学院共向海南顺丰速运有限公司、联邦快递（中国）有限公司海口分公司、海口申通快递服务有限公司等快递企业输送员工40多名。

省人大审议通过《海南省邮政条例》

2011年11月30日，《海南省邮政条例》经海南省第四届人大常委会第二十六次会议审议通过，并于2012年1月1日起正式施行。《条例》。明确提出快递企业向社会公布的服务种类、服务价格、营业时间、运递时限等服务承诺视为合同条款；邮政管理部门应当及时向社会公告快递业务经营许可证的颁发、变更、吊销、注销情况，快递企业的违法经营行为及其诚信记录、用户投诉信息等情况；快递企业应当定期向省邮政管理部门提交统计报表、年度报告书等资料，并及时报告重大通信事故或者重大服务质量问题。

《海南省邮政业发展"十二五"规划》获省政府批准

2011年11月，《海南省邮政业发展"十二五"规划》经海南省人民政府批准，由海南省人民政府办公厅印发实施。《规划》提出把邮政业培育成现代服务业的新增点，使海南省邮政业的发展与海南省在全国的战略定位相协调的发展目标。细化"十二五"期间邮政业经济与社会发展效益、普遍服务和特殊服务发展、快递服务发展三项具体目标，明确了初步建成支持国际旅游岛建设的邮政基础设施体系、邮政服务体系、农村物流服务体系和现代快递服务体系四项主要任务，提出了实施"产业对接"、快递物流园区建设、邮政商店连锁经营、"村邮户箱"和快递服务标准化等五项重点工程，以及六项发展保障措施。

重庆快递发展大事记

市邮政管理局正式挂牌成立

根据国务院邮政体制改革方案，邮政实行政企分开，重新组建的重庆市邮政管理局于2007年2月6日正式挂牌成立，主管全市邮政业市场监管和行政执法工作。

市快递协会成立

2007年9月22日，重庆市快递协会召开成立大会，国家邮政局副局长徐建洲、重庆市政府副秘书长夏祖相出席大会并讲话，共同为重庆市快递协会成立揭牌。协会由重庆邮政公司等11家单位共同发起，包括国有、民营、合资和外资在内的50家快递企业成为首批会员。成立大会的同时召开了首届会员大会，大会审议通过了《重庆市快递协会章程》、《重庆市快递协会会员守则》，选举产生了首届理事会，首届理事会全票通过会长、副会长、秘书长人选。

部署奥运安保、邮路“三防”工作

2008年4月14日，重庆市人民政府办公厅组织召开了“奥运安保、邮路三防工作联席会议”，市“反恐”办、市公安局、市国家安全局、重庆海关、重庆检验检疫局、市财政局、市邮政管理局、市邮政公司等单位共同研究奥运邮件寄递安全问题。

快递企业捐款捐物抗震救灾

2008年5月12日，四川汶川地震发生后，重庆市快递协会组织各快递企业迅速行动起来，把关切、同情、爱心化作实际行动，开展“手拉手，心系灾区”的爱心捐助活动。据不完全统计，截至2008年5月22日，重庆市共有24家快递企业捐款捐物计116502.7元。

加强奥运会期间寄递物品安全监管工作

2008年7月14日，重庆市邮政管理局、市公安局、市国家安全局联合印发了《关于加强第29届奥林匹克运动会期间重庆市寄递物品安全工作的通知》，对市邮政公司和其他寄递服务企业提出了四个方面的要求。7月15日，重庆市邮政管理局印发了《关于对第29奥运会期间寄往北京等六大赛区城市的各类物品进行安全检查有关事项的通知》，对各寄递服务企业发往六大赛区城市的所有水陆路寄递物品安全检查的范围、时间、地点、操作流程和纪律要求等作出了具体规定。

邮路安全监管办公室成立

2008年7月23日，为加强重庆市邮路安全监管，建立和完善邮路反恐长效机制，重庆市邮政管理局在市政府的协调指导下，正式成立了“重庆市邮路安全监管办公室”。

《快递服务》标准达标企业获牌

2009年1月15日，重庆市快递协会召开2008年年会暨《快递服务》标准达标企业授牌大会，向首批达标的9家企业颁发《快递服务》标准达标企业牌匾和证书。

邮政行业职业技能鉴定中心正式成立

2009年11月16日，经重庆市事业单位登记管理局批准，重庆市邮政行业职业技能鉴定中心完成事业单位登记并正式成立。该中心主要职责：负责全市邮政行业职业技能鉴定工作的组织实施，考评员的培训、管理，开展职业技能培训、鉴定机构的业务指导和咨询服务等。

首期快递业务员职业技能培训班举办

2010年1月23－24日，重庆市邮政行业职业技能鉴定中心在重庆邮电大学举办了第一期快递业务员培训班。全市重点网络快递企业共212名业务员参加了培训。

协调减免邮政速递物流运输车辆路桥费

2010年2月25日，为认真贯彻《国务院办公厅转发交通运输部等部门关于推动农村邮政物流发展意见的通知》(国办发〔2009〕42号)精神，促进邮政速递物流健康发展，重庆市邮政管理局积极协调市政府相关部门，在重庆市政府领导的大力支持下，成功减免了中邮速递物流重庆公司67台运输车辆路桥通行费。

联合发文规范快递经营许可和工商注册工作

2010年8月11日，重庆市邮政管理局和市工商局联合印发《关于经营快递业务审批登记管理有关问题的通知》，并作为规范性文件在市政府公众信息网上发布。《通知》规定，凡从事快递业务经营活动的企业，必须先取得《快递业务经营许可证》，并由工商行政管理部门依据《许可证》核定的经营范围，依法办理工商登记手续后方可经营。

联合发文保障快递运输车辆便捷通行

2010年12月20日，为解决快递企业运输车辆进城通行、停靠和装卸作业难的问题，重庆市邮政管理局与重庆市交通委员会、重庆市工商行政管理局、重庆市公安局交通管理局联合印发了《关于保障快递企业运输车辆便捷通行的通知》。《通知》对《快递车辆通行证》核发以及持证快递车辆通行、停靠、装卸、事故处理、暂扣等事项做出了明确规定。

快递服务纳入市“十二五”规划纲要

2011年1月14日，《重庆市国民经济和社会发展第十二个五年规划纲要》经重庆市第三届人民代表大会第四次会议批准。在重庆市邮政管理局的积极推动下，快递服务发展被正式纳入其中。《纲要》提出建设西部地区航空物流基地要“以快递物品、高端精细物品及生物医药类物流为重点”。

建立邮政业突发事件应急体系

根据国家邮政局和重庆市政府的要求，重庆市邮政管理局印发了《重庆市邮政业应急管理实施意见》，制订了《重庆市快递企业突发性重大事件应急预案》等九个应急预案，建立了重庆市邮政业突发事件应急体系。2011年6月9日，重庆市邮政管理局组织了邮政业突发事件应急预案桌面推演。

成立片区邮路安全监管办公室

为确保邮路寄递渠道安全畅通，创新邮路安全监管新体制、新模式，重庆市邮政管理局与市国安局分别于2009－2011年先后成立了万州、涪陵、黔江和永川邮路安全监管办公室，承担片区邮路安全监管工作。

四川快递发展大事记

省邮政管理局举行揭牌仪式

2007年2月5日，四川省邮政管理局举行揭牌暨成立仪式，标志四川省邮政政企分开工作基本完成。省委常委、省总工会主席李登菊，省人大副主任杨志文，副省长刘晓峰，省政协副主席何志尧及国家邮政局副局长徐建洲、中国邮政集团公司副总经理刘明光等出席了揭牌仪式。

启动全省快递服务统计调查

2007年2月13日，四川省邮政管理局会同国家统计局四川调查总队，启动全省快递服务统计调查。从2月13日—4月10日，历时近2个月，全面了解掌握了全省快递企业的经营发展情况，向国家邮政局上报了《四川省快递服务统计调查数据分析报告》。

四川被列为快递企业统计报表填报试行省

2007年8月9日，四川省被国家邮政局列为"快递服务企业统计报表填报"试行省。全省22家快递企业纳入试行填报范围。10月19日，四川省邮政管理局建立《邮政业市场检查情况统计表》月报制度。

邮路寄递物品安全监管领导小组成立

2007年11月21日，四川省邮政管理局与四川省国家安全厅共同成立四川省邮路寄递物品安全监管领导小组，联合开展全省邮路寄递物品安全监管执法检查，确保奥运会期间和全省邮路寄递物品安全。

省快递协会第一次会员大会举行

2007年11月30日，四川省快递协会第一次会员大会在成都举行。四川省61家快递企业成为省快递协会首批会员，四川省邮政公司总经理阮大平当选为四川省快递协会第一届会长。

成都双流国际快件中心正式运营

2007年12月12日，成都双流国际快件中心正式运营。

积极落实快递业务营业税政策

2008年3月2日，四川省邮政管理局协调地方税务部门，开展了落实快递业务营业税政策的工作。

2007－2010年快递服务专题发展规划编制完成

2008年3月10日，四川省邮政管理局编制完成全省2007－2010年快递服务专题发展规划。

启动应急预案应对拉萨"3·14"事件

2008年3月14日，西藏拉萨发生打砸抢烧事件，涉及四川省甘孜、阿坝等藏族地区。四川省邮政管理局启动应急案，了解、掌握全省邮政企业和快递公司情况，加强市场检查，确保邮路畅通。

邮政业发展情况通报制度建立

2008年3月20日，四川省邮政管理局建立全省邮政业发展情况通报制度，每月向社会公布行业发展数据。

省邮政业消费者申诉电话"12305"开通

2008年4月5日，四川省邮政管理局开通邮政业消费者申诉电话"12305"。

启动应急预案应对汶川地震

2008年5月12日14时28分，四川汶川发生里氏8.0级特大地震。四川省邮政管理局随即启动应急预案，成立抗震救灾领导小组，设立24小时值班电话，全局人员坚守岗位，保持与各地的信息畅通。通信恢复后，国家邮政局局长马军胜即打来电话，询问灾情、指导四川邮政抗震救灾工作，鼓励并亲切慰问全体干部职工。

在川快递企业积极投入抗震救灾

2008年5月，汶川特大地震发生后，四川省邮政管理局与省民政厅、省红十字会联系、协调，支持四川国营、外资和民营快递企业开展抗震救灾工作。在川的快递企业一边组织力量抗灾自救，一边组织员工捐款捐物，投入到抗震救灾之中。申通快递、圆通快递、天天快递等快递企业紧急采购了大量食品、饮用水等急需物资，送往地震灾区。邮政EMS、民航快递、中铁快运、顺丰速运、申通快递、圆通快递、天天快递、宅急送、联合包裹（UPS）等快递企业，纷纷利用自己的运输优势，帮助政府部门及红十字会、慈善总会等社会公共救助机构运送药品、食品等救灾物资。

奥运期间寄递物品安全工作大会召开

2008年7月18日，四川省邮政管理局在成都召开全省北京奥运期间寄递物品安全工作暨责任书签订大会，省内61家快递企业负责人参加并签订责任书。

快递服务纳入地方国民经济核算

2008年8月19日，四川省邮政管理局参与全省服务业统计监测工作，快递服务纳入地方国民经济核算。

首批《快递服务》标准达标企业获牌

2009年1月9日，四川省邮政管理局在成都召开四川省《快递服务》标准达标企业授牌暨快递协会工作会议。四川顺丰速运有限公司、四川省邮政速递物流公司等12家快递企业成为首批《快递服务》标准达标企业。

马军胜赴四川地震灾区视察慰问

2009年1月20－21日，国家邮政局党组书记、局长马军胜赴四川地震灾区视察邮政、快递企业灾后重建工作并慰问广大干部职工。

黄小祥副省长批示省邮政管理局工作

2009年1月24日，四川省副省长黄小祥批示："省邮政管理局立足四川实情，精心指导、热情服务、科学监管，使全省邮政工作迈上了新台阶，取得了新成绩，向同志们表示祝贺和感谢！望在新的一年里，继续开拓进取，把发展与监管有机结合起来，加快全省邮政业的发展，进一步提升现代物流水平，努力开创新的局面。"

省人大法工委副主任赵肖东调研邮政立法

2009年8月12－21日，四川省人大常委会法工委副主任赵肖东率调研组一行就《四川省邮政条例（草案）》在省内实地开展立法调研活动，并广泛听取邮政企业和快递公司的立法意见和建议。

制定《四川省邮政业突发事件应急预案》

2009年9月22日，四川省邮政管理局制定并向全省邮政行业下发《四川省邮政业突发事件应急预案》，并对全省39家重点快递企业负责人进行了培训。

开展国庆60周年邮路安全联合检查

2009年9月1日－10月31日，四川省邮政管理局会同省国安厅开展"喜迎国庆60年，邮路寄递保安全"邮路安全联合检查，对快递企业执行快递安全规范、安全生产、禁寄物品规定和收寄验视制度情况进行全面检查。

受理经营快递业务许可申请

2009年10月8日，四川省邮政管理局按照《中华人民共和国邮政法》规定，制定许可流程和核查审批流程，开始受理四川省内企业经营快递业务的许可申请。

邮政和快递企业服务第十届西博会

2009年10月16－20日，四川省邮政管理局推荐成都市邮政局和四川顺丰速运有限公司分别作为唯一指定邮政、快递服务商，为第十届中国西部国际博览会提供邮政和快递服务。

黄小祥副省长批示肯定省邮政管理局工作

2010年1月7日，四川省副省长黄小祥批示："省邮政管理局按照省委、省政府和国家局工作部署，从四川实际出发，创造性开展工作，着力优化环境，提高服务水平，加强监管，推进地方立法，保障普遍服务和特殊服务，推进邮政市场管理规范化和行业管理，为促进邮政业又快又好发展和实现‘两个加快’作出了贡献。”

首次快递业务员职业技能鉴定全国统考举行

2010年3月20日，四川省邮政管理局在成都组织第一次快递业务员职业技能鉴定全国统考，全省27家快递企业1457名快递业务员参加考试。

部署世博会期间全省邮路安全工作

2010年4月12日，四川省邮政管理局会同省公安厅、省国安厅组织召开2010年上海世博会期间全省邮路安全工作会议。与省邮政公司、26家重点网络型企业负责人签订了《保证2010上海世博会邮路安全责任书》。4月19日至10月31日，两次在全省开展世博邮路安全专项检查，对快递企业及其网点严格执行收寄验视制度情况和寄递物品实名登记情况进行检查。

联合发文规范快递经营许可和工商注册登记

2010年4月15日，四川省邮政管理局、四川省工商行政管理局印发《关于快递业务经营许可审批和登记管理有关事项的通知》，规范四川省快递业务经营许可和工商注册管理登记工作。

实施快递企业分公司（营业部）备案登记制度

2010年4月29日，四川省邮政管理局实施快递企业分公司（营业部）备案登记制度，规范跨省或经营国际快递业务在四川省设立分支机构的备案工作。

《四川省邮政条例》获表决通过

2010年5月28日，《四川省邮政条例》经四川省第十一届人大常委会第十六次会议表决通过，于6月3日予以公布，自10月1日施行。

颁发首批快递业务经营许可证

2010年6月22日，四川省邮政管理局在成都召开全省首批快递业务经营许可证颁证大会，向首批获得快递业务经营资质的13家企业颁发快递业务经营许可证。

邮政、快递企业服务第十一届西博会

2010年10月22日，四川省邮政管理局推荐成都市邮政局和四川顺丰速运有限公司分别作为唯一指定邮政、快递服务商，为第十一届中国西部国际博览会提供邮政和快递服务。

签订《保证广州亚运会、亚残运会邮路安全责任书》

2010年11月5日，四川省邮政管理局、省公安厅、省国安厅、民航四川安全监督管理局与省邮政公司、64家重点网络型企业和单一公司法人、负责人签订《保证广州亚运会、亚残运会邮路安全责任书》。

黄小祥副省长对四川省邮政管理工作作批示

2011年3月1日，四川省副省长黄小祥批示：“‘十一五’全省邮政业规范发展，取得较好成绩，省邮政管理局做了大量工作，表示祝贺和感谢。邮政是服务业重要内容，承担着提供普遍服务和增值服务的重任，‘十二五’应有更大发展。赞成省邮政管理局的规划和工作安排。望充分发挥行业管理职能，推进邮政全领域发展，为加快现代物流业发展和进一步改善民生等发挥更大作用。”

《四川省邮政业发展“十二五”规划》发布

2011年3月29日，《四川省邮政业发展“十二五”规划》经国家邮政局批准，正式对外发布实施。

调研全省快递企业情况

2011年4月8日，根据四川省副省长黄小祥要求，由四川省邮政管理局局长戚兰州带队对全省快递企业情况进行了调研，向省政府提交了《关于我省快递服务发展情况的调研报告》。

快递企业与邮储银行融资合作洽谈会召开

2011 年 7 月 4 日，四川省邮政管理局在成都召开快递企业与邮政储蓄银行融资合作洽谈会，解决快递企业在发展过程中遇到的融资难、资金管理风险大等问题。

黄小祥副省长调研成都快递企业

2011 年 8 月 23 日，四川省副省长黄小祥率省发改委、工商行政管理局、政府物流办、成都海关等部门领导，在四川省邮政管理局局长戚兰州的陪同下，到四川省邮政速递物流有限公司、成都邮区中心局，顺丰速运成都呼叫中心和四川圆通物流有限公司调研。黄小祥指出，目前，成都双流国际机场定位为面向国际、西南门户的中西部地区的枢纽机场。这样的定位，对四川省快递业的发展创造了更大的机会。希望在川的快递企业要加强管理，抓住电子商务大发展的机遇，要从流程、管理等多方面着手，提高服务标准和服务能力，提高国际竞争力，把四川省的快递企业做大做强。

签订《快递业务旺季服务和安全责任书》

2011 年 9 月 6 日，四川省邮政管理局与省内各快递企业签订《快递业务旺季服务和安全责任书》。

马军胜批示《四川省快递服务发展情况调查报告》

2011 年 12 月 1 日，国家邮政局局长马军胜在国家邮政局《政务信息专报》12 期《四川省快递服务发展情况调查报告》上批示：“四川省局开展此项工作意义重大。望加大政策争取力度，营造快递发展环境。”

云南快递发展大事记

省邮政管理局挂牌成立

2007 年 2 月 7 日，云南省邮政管理局挂牌成立，国家邮政局副局长徐建洲参加挂牌仪式。

省快递行业协会成立

2007 年 10 月 12 日，云南省快递行业协会第一次会员大会暨成立大会在昆明召开。国家邮政局副局长徐建洲、云南省人民政府副秘书长王俊强等领导为协会揭牌。首届会员大会审议通过了《云南省快递行业协会章程》、《云南省快递行业协会会员守则》和《云南省快递业协会会费标准》，选举产生了理事、会长、副会长、秘书长、副秘书长等人选。

全国寄递服务业第一期禁毒培训班在云南举办

2007 年 11 月 11 日，全国寄递服务业第一期禁毒培训班在云南昆明举办，全国 31 个省（区、市）的 75 名寄递企业代表参加了培训。

首次召开《快递服务》标准宣贯会

2007 年 11 月 15 日，云南省邮政管理局召开省邮政业禁毒培训暨《快递服务》标准宣贯会。

省邮政业启用 12305 申诉电话

2008 年 4 月 1 日，按照国家邮政局的统一部署，省邮政业消费者申诉专用特服号码“12305”正式启用。

召开快递服务公众满意度调查通报会

2008 年 4 月 17 日，云南省邮政管理局召开了快递服务公众满意度调查通报会，通报了全省 2007 年快递服务公众满意度调查结果。

部署北京奥运会寄递物品安全工作

2008 年 5 月 13 日，云南省邮政管理局联合相关部门在昆明召开全省第 29 届奥林匹克运动会寄递物品安全工作会，对奥运期间寄递物品安全工作进行全面部署。邮政 EMS、申通、TNT 等 25 家寄递企业主要负责人现场签订了《云南省第 29 届奥林匹克运动会寄递物品安全责任承诺书》。

落实云南省快递营业税政策

云南省邮政管理局经过前期与省税务局的积极协调，对落实快递业营业税政策的具体实施细则进行了充分研究，于 2008 年 11 月 12 日下发了《关于加快云南省快递业健康发展的实施意见的通知》，明确省内符合条件的快递企业取得云南局核发的《经营快递业务证明书》后，其快递业务收入部分的营业税可到同级地税部门按"邮政业"税目申报、缴纳税费。

启动《快递服务》标准达标检查评定工作

2008 年 11 月 18 日，云南省正式启动《快递服务》标准达标实地检查评定工作。

刘平副省长听取云南省农村邮政物流工作汇报

为贯彻落实"全国推广山东邮政发展农村物流经验现场会"精神和张德江副总理重要讲话精神，云南省邮政管理局和省邮政公司及时向省政府进行汇报，2009 年 6 月 4 日，刘平副省长专题听取了省农村邮政物流发展工作的汇报，并就邮政如何搭建农村物流重要渠道进行了探讨。

秦光荣省长就云南省邮政物流工作作出批示

2009 年 6 月，秦光荣省长就省邮政物流工作作出批示，肯定了省邮政物流工作取得的成绩，指出了今后的工作方向，并提出了新的希望和要求。

联合解决快递企业运输车辆进城难问题

2009 年 12 月 8 日，云南省邮政管理局联合省公安厅交警队下发《关于保障快递企业运输车辆便捷通行的通知》，对投递快件车辆通行给予相应政策优惠。

部署云南省世博会邮路安保工作

2010 年 4 月 13 日，云南省邮政管理局召开省邮政业 2010 年上海世博会邮路安保工作会议。会议组织 31 家在昆快递企业签订了《云南省 2010 年上海世博会邮路安保工作责任书》。

全省快递业安全工作会召开

2011 年 6 月 28 日，云南省邮政管理局召开了省快递业安全工作会议，现场与省内 138 家独立法人企业及大型加盟分支机构负责人签订了《云南省邮政业安全责任书》和《云南省邮政业快递业务旺季服务责任书》。

省邮政业"十二五"发展规划正式出台

2011 年 7 月 11 日，《云南省邮政业"十二五"发展规划》在云南省邮政管理局政府网站正式公布，并印发行业内所有企业。

确保重大活动期间邮路寄递安全

2011 年 7 月 11 日，云南省邮政管理局印发了《关于我省做好第 26 届世界大学生夏季运动会和首届中国—亚欧博览会期间邮路安保工作的通知》，并于 8 月 17 日印发了《关于我省做好首届"中国—亚欧博览会"期间寄递渠道安全工作的通知》，要求全省寄递企业做好邮路安保工作。

讨论通过《云南省邮政条例(修订草案)》

2011年11月30日,云南省政府代省长李纪恒主持召开省政府第六十七次常务会议,讨论并原则通过了《云南省邮政条例(修订草案)》,决定提请省人大常委会审议。

马军胜局长赴云南调研邮政业发展情况

2011年12月20—22日,国家邮政局局长马军胜赴云南调研邮政业发展情况,强调要加强政府监管、社会监督和企业自律,逐步建立起"覆盖城乡、惠及全民、水平适度、持续发展"的公共邮政服务体系,推动快递服务转型升级。

贵州快递发展大事记

省邮政管理局成立揭牌

2006年9月11日,贵州省邮政管理局正式成立,国家邮政局党组成员、副局长马军胜出席成立大会。2007年2月8日,贵州省邮政管理局揭牌,贵州省副省长孙国强、国家邮政局副局长徐建洲等出席了揭牌仪式。贵州省邮政管理局成立后,原"贵州省邮政局"改名为"贵州省邮政公司"。

省快递协会成立

2007年12月27日,贵州省快递协会在贵阳成立,并召开第一次会员代表大会。贵州省人民政府副省长孙国强为贵州省快递协会成立发来了贺信。国家邮政局快递协会筹备组巡视员沙迪、贵州省民政厅民间组织管理局局长汪天林、贵州省邮政管理局局长徐文葛、贵州省邮政公司总经理欧阳天高出席大会并为协会成立揭牌。贵州省邮政公司副总经理史昭武当选贵州省快递协会会长。

省邮政行政执法队成立

为了维护贵州省邮政市场秩序及邮政专营权,保证邮政监管工作实施到位,2007年11月17日,贵州省邮政管理局根据国家邮政局的有关要求成立贵州省邮政行政执法队。行政执法队成立后,将切实保障贵州省邮政通信和快递行业的信息安全和有序发展,推动邮政监管工作落实到基层。

组织快递企业抗凝冻保运营

2008年1月,贵州省遭遇百年不遇的雨雪凝冻灾害天气,道路结冰,公路封闭,交通运输通行不畅,给省内各快递企业的生产经营带来巨大影响。贵州省邮政管理局立即启动应急预案,尽最大努力保障快递企业的运营,保障人民群众的用邮权益,把凝冻灾害带来的影响降到最低。

省"12305"邮政业消费者申诉平台建立

2008年3月15日,贵州省"12305"邮政业消费者申诉受理电话正式开通,开始接受消费者的申诉、举报、转办、回访和咨询工作;4月5日,"12305"邮政业消费者网上申诉正式开通。

开展快递企业备案工作

2008年7月12日,《快递市场管理办法》正式颁布施行。贵州省邮政管理局及时与工商部门沟通协调,联合发文;举办面向贵州省从事快递服务经营者的《快递市场管理办法》培训班,对《办法》的具体内容及快递经营备案工作全面进行解答。截至2008年底,贵州省共有48个经营快递业务企业提请了备案。

快递企业达标评定工作开展

贵州省邮政管理局联合贵州省快递协会积极开展《快递服务》标准达标工作。2008 年 12 月 17 日，广州顺丰速运有限公司贵阳分公司以 96.50 分的优异评分首家通过《快递服务》标准达标评定。2008 年 12 月 19 日，贵阳全一快递有限公司以 93.50 分通过《快递服务》标准达标评定，这两家快递公司以高分通过达标评定，对快递行业的规范化运营具有里程碑意义。

帮助快递企业应对世界性金融危机

2009 年，受世界性金融危机的冲击，贵州省快递业发展受到了一定程度的影响。为保证行业渡过难关，平稳有序发展，贵州省邮政管理局对企业加强指导与帮助，督促企业承诺对员工不减薪、不裁员、不倒闭，维护整个行业正常经营秩序；同时积极与相关部门协调和沟通，帮助各民营快递企业寻找融资渠道，解决资金难题。

突发安全事件考验应急机制

2010 年 3 月 27 日，贵阳天天快快递有限公司快件运输车辆在铜仁地区玉屏县发生了自燃事故；5 月 4 日，贵州韵达快递有限公司发生有毒化学品泄漏事故。接到事故报告后，贵州省邮政管理局根据《贵州省邮政业突发事件应急预案》，立即启动了突发事件应急机制，联动公安消防等部门介入，对火灾事故和有毒物品进行处理和鉴定；同时，第一时间赶往事故现场，督促和指导企业实施应急处理，对受伤人员进行慰问。

《贵州省快递物流“十二五”发展规划》发布

2011 年 1 月，由贵州省邮政管理局与省发改委共同编制的《贵州省快递物流“十二五”发展规划》正式发布实施，成为贵州省国民经济和社会发展“十二五”规划的重要组成部分。规划的发布实施激励了贵州省各快递企业加大投入、加快发展，更好地服务地方经济社会发展。

快递服务纳入贵州省经济发展“十二五”规划

2011 年 2 月，贵州省十一届人大五次会议讨论通过《贵州省国民经济和社会发展第十二个五年规划纲要》，明确将支持邮政和快递服务纳入其中。

保障第九届少数民族传统运动会邮路安全

2011 年 9 月 10 日，全国第九届少数民族传统体育运动会在贵州举行，这也是贵阳市首次举办全国性的综合体育赛事。贵州省邮政管理局通过召开专题工作会议、安全专项培训，并与贵州省各快递企业签订承诺书和安全责任书，确保了第九届民运会期间寄递物品的安全无事故目标得以顺利完成。

西藏快递发展大事记

自治区邮政管理局揭牌大会在拉萨举行

2006 年 9 月 15 日，西藏自治区邮政管理局正式成立。2007 年 9 月 4 日，西藏自治区邮政管理局、西藏自治区邮政公司成立暨揭牌大会在拉萨举行。自治区人大常委会副主任尼玛占堆、自治区政府副主席多吉泽仁、自治区政协副主席平措、国家邮政局局长马军胜、中国邮政集团公司副总经理李国华等出席了揭牌大会。

自治区 12305 用户申诉中心成立

2007 年 5 月 21 日，西藏自治区邮政管理局成立 12305 用户申诉中心。

快递市场联合执法检查组成立

2008年3月3—5日，西藏自治区邮政管理局与自治区工商行政管理局联合成立快递市场联合执法检查组，对拉萨市快递市场进行集中整治。

召开快递企业禁毒培训会

2008年9月26日，西藏自治区邮政管理局召开快递企业禁毒培训会。培训会组织快递企业人员学习了国家邮政局发布的《禁寄物品指导目录及处理办法（试行）》，观看了禁毒宣传片，并由自治区公安机关禁毒部门人员讲解了禁毒相关知识。

开展快递业基本状况调查

2009年4月15日，西藏自治区邮政管理局委托国家统计局西藏调查总队对快递企业进行问卷调查。通过对统计数据的分析研究，基本掌握了西藏快递业发展现状及存在问题。

《快递业务经营许可管理办法（草案）》征求意见

2009年5月19日，西藏自治区邮政管理局组织召开了快递企业负责人参加的征求意见座谈会，就《快递业务经营许可管理办法》（草案）广泛征求意见和建议。

自治区快递行业协会成立

2009年9月8日，西藏自治区快递行业协会在拉萨成立，35家国有、民营、外资快递企业成为首批会员单位。首届会员大会审议通过了《西藏自治区快递协会章程》（草案）、《西藏自治区快递行业协会会员守则》（草案），并选举产生了协会会长、副会长、秘书长等人选。自治区政府副主席宫蒲光和国家邮政局党组成员、纪检组长张绳华出席成立大会，并为西藏快递协会成立揭牌。

召开快递业务员职鉴工作布置会

2010年4月8日，西藏自治区快递业务员职业技能鉴定工作布置会在拉萨召开。会上，宣读了《快递业务员职业技能鉴定办法（试行）》，选举产生了快递职业技能鉴定考试督导员。

与自治区工商局共商快递市场监管工作

2010年5月5日，西藏自治区邮政管理局与自治区工商行政管理局联合召开快递市场监管工作会议。会上就相关机制建设进行探讨交流、对协调快递市场准入流程、进一步做好消费者申诉问题的处理工作、规范西藏快递市场初步达成共识，建立了四项工作机制：联席会议制度；快递业务经营许可和工商注册登记管理协调；联合执法监督检查；消费者申诉、投诉、举报协调受理。

举办首批快递业务员职业技能鉴定培训

2010年6月6日，西藏自治区邮政管理局举办首批快递业务员职业技能鉴定培训。共13家快递企业50多名业务员参加了培训，达到了报考人数的70%。本次培训内容包括职业道德、快递业务、服务礼仪、服务安全、法律法规标准等基础理论知识以及快件收派、快件处理等专业知识。

举办首批快递业务员职业技能鉴定考试

2010年6月19日，西藏自治区举办首批快递业务员职业技能鉴定考试，来自14家快递企业的84名快递业务员参加了考试，其中快件收派员51名，快件处理人员33名。

自治区快递企业年营业税率调整为邮政业税率

2011年5月13日，西藏自治区税务局将快递企业年营业税率正式调整为邮政业税率。降低了快递企业的经营成本，为快递企业的发展创造了较好的政策环境。

联合相关部门开展迎西藏和平解放60周年大庆行业安全检查

2011年6月9日，为确保庆祝西藏和平解放60周年大庆活动期间快递业安全和旅游旺季快递服务工作有序开展。西藏自治区邮政管理局联合相关部门，对拉萨市各快递企业进行了拉网式检查。对拉萨市快递企业落实安全生产、收寄验视制度执行以及规范服务情况进行了明察暗访，并对个别快递企业不严格执行收寄验视制度责令限期整改。

《西藏自治区邮政业“十二五”发展规划》发布

2011年9月24日，西藏自治区政府发布《西藏自治区邮政业“十二五”发展规划》。西藏自治区快递服务首次进入五年发展专项规划 。

《西藏自治区邮政条例（草案）》获讨论通过

2011年10月27日，西藏自治区人民政府第十五次常务会议讨论并原则通过了《西藏自治区邮政条例（草案）》。《条例（草案）》对邮政寄递安全、快递服务等进行了重点规范。

陕西快递发展大事记

省邮政管理局举行揭牌仪式

2007年3月8日，陕西省邮政管理局举行揭牌仪式。陕西省委常委、省委宣传部长马中平，省人大副主任刘遵义，副省长李堂堂，国家邮政局副局长王渝次，中国邮政集团公司副总经理冯新生，省政协副主席石学友等应邀出席了揭牌仪式。

首次召开快递企业座谈会

2007年4月，陕西省邮政管理局召开快递企业负责人座谈会，有21家快递企业代表参加。会议传达了国家邮政局2007年工作会议精神，通报了快递协会筹建情况，同时，对快递企业禁限寄物品进行了强调。

首次举办快递服务标准培训班

2007年10月，陕西省邮政管理局在西安举办了为期两天的快递服务标准培训班。来自全省的40多家快递企业的负责人和业务主管参加了此次培训。

省快递行业协会成立

2007年12月，陕西省快递协会第一次会员代表大会暨成立大会在西安隆重召开。国家邮政局副局长王渝次、陕西省人大常委会副主任刘遵义、陕西省邮政管理局班子全体成员出席了成立大会，63家会员单位代表参加了会议。

邮路寄递物品监管领导小组成立

2008年2月1日根据国家有关文件精神和国家邮政局有关要求，陕西省邮政管理局与陕西省国家安全厅联合发文《关于加强邮路寄递物品安全监管工作的通知》陕邮管2008年7号文件，成立邮路寄递物品安全监管领导小组，省邮政管理局局长申来安和省国家安全厅副厅长侯玉岐为领导小组组长，下设邮路寄递物品安全监管领导小组办公室作为领导小组办事机构，省邮政管理局及省国家安全厅相关人员任监管办负责人，负责日常事务。各企业积极配合领导小组和监管办的监督、管理，认真落实好相关工作及要求。

部署奥运期间邮政安全工作

2008年4月3日，陕西省邮政管理局与陕西省国家安全厅联合召开了“第二十九届奥运会全省寄递物品安全工作会议”。对国家邮政局有关文件精神进行了传达，对全省寄递物品安全特别是奥运会期间的安全工作进行了部署。全省35家快递企业、陕西省邮政公司及相关部门以及陕西省快递行业协会负责人共40余人参加了会议。

寄递物品安全联合检查组实施检查

2008年4月至7月，陕西省邮政管理局与陕西省国家安全厅及陕西各市国家安全局组成联合检查组，对省内的中外运-敦豪、民航快递、联邦快递、宅急送、申通等40多家快递企业进行了检查。联合检查组主要对企业的安全制度建设、安全设备设施配备，以及对国家邮政局下发的《禁寄物品指导目录及处理办法》的落实情况进行了检查，并重点检查了验视制度的落实情况。

启动应急预案解决加盟企业网点关停问题

2008年6月13至16日，陕西省内的申通加盟企业“宝鸡申通快递服务公司”由于内部账务及管理问题，擅自停止投递网络快件，引起消费者不满，造成大量用户投诉。陕西省邮政管理局获悉情况后，即时启动突发事件应急预案，迅速奔赴事发现场妥善处理，避免了群体性冲突事件的发生。

启动全省快递企业备案工作

2008年8月，陕西省邮政管理局启动了全省快递企业备案工作，向各快递企业下发了关于办理经营快递业务备案的通知。在全省开展《快递市场管理办法》答题活动，组织全省邮政公司、各寄递企业组织员工参与，共发放1.8万张答题卡。

与企业签订《陕西省寄递企业禁毒工作责任书》

2008年9月3日，陕西省邮政管理局召开全省寄递企业禁毒工作会议。来自全省邮政企业、快递企业的负责人及相关人员共40多人参加会议。陕西省邮政管理局与各寄递企业签订了《陕西省寄递企业禁毒工作责任书》，切实将禁毒工作落到实处，严防毒品进入寄递渠道，实现全省邮政业“无毒寄递”的目标。

省内首批《快递服务》标准达标企业获牌

2008年12月30日，陕西省邮政管理局联合陕西省快递行业协会组织召开了陕西快递服务达标企业授牌暨总结表彰会，全省34家快递企业150多位代表参加会议。会议向陕西省首批达标的陕西省邮政速递物流局、西安宅急送快运有限公司、北京中外运速递有限公司西安分公司等11个企业进行了达标授牌。

进一步明确申诉工作处理流程

2009年4月22日，陕西省邮政管理局“12305”申诉中心与陕西省工商行政管理局消费者权益保护处进行了座谈沟通。针对“12305”与“12315”受理邮政服务和快递业务问题申诉时的接诉等工作处理流程做了进一步明确。

召开全省快递市场监管工作会议

2009年5月20日，陕西省邮政管理局组织召开了全省快递市场监管工作会议，会议传达了国家邮政局局长马军胜在宣传贯彻《邮政法》电视电话会议上的讲话精神，就2009年1－4月全省快递市场的监管工作进行全面的总结、并对下阶段全省快递市场监管的主要工作进行部署。

安排部署国庆60周年邮路安全工作

2009年8月10日，陕西省邮政管理局与陕西省公安厅联合向全省各市公安局、邮政企业、快递企业制发了《关于切实加强国庆60周年邮路安全工作的通知》，对切实加强全省邮路安全工作进行了安排部署。

启动快递业务经营许可工作

2009年10月9日，陕西省邮政管理局开始受理全省快递企业快递业务经营许可申请。同时通过门户网站刊登了《快递业务经营许可网上可下载文件》及《陕西省邮政管理局关于申请快递业务经营许可的公告》。此项工作开展以来共受理了122家快递企业的许可申请，122家企业获得了许可证。

协调解决快递车辆通行问题

2009年11月20日，陕西省邮政管理局召开了规范全省快递车辆通行问题座谈会，陕西省邮政管理局、省交通运输厅、省公安厅、省工商管理局相关处室负责人参加会议。2010年2月3日，陕西省邮政管理局与陕西省公安厅、陕西省交通厅、陕西省工商行政管理局等单位联合向全省各市公安、交通、工商部门下发了《关于保障快递企业运输车辆便捷通行的通知》，对快递车辆通行问题进行了明确：喷涂式样等由陕西省邮政管理局统一制定并审核后，省公安交通部门核发。

举办首次快递企业统计负责人培训班

2009年12月28日，陕西省邮政管理局举办了快递企业统计负责人培训班，全省快递企业统计负责人近20人参加了会议。会议传达了国家邮政局召开的全国邮政行业统计报表制度布置会议精神，并对统计报表制度的修订内容和实施方案做了阐述。

启动快递业务员职业技能鉴定考试工作

2010年1月7日，陕西省邮政管理局向全省各快递企业下发《关于全省快递业务2010年职业技能鉴定统考工作的通知》，安排统考报名工作，要求各快递企业统一组织快递业务员填写《国家职业技能鉴定申报表》、按要求汇总填报《快递业务员职业技能鉴定花名册》等相关材料，按时到省邮政管理局办理报名手续。此后，陕西省邮政管理局采取多次上门培训和统一组织培训方式，对参加陕西省快递业务员技能鉴定考试的500多人分别进行了培训学习。此项工作开展以来，共有2823人参加考试，合格率为77.4%。

研讨建立快递园区相关事宜

2010年3月5日，陕西省邮政管理局市场监管处召开快递企业座谈会，就建立陕西快递园区的相关问题进行座谈研讨。市场监管处、普遍服务处的负责人及相关人员，陕西省快递行业协会秘书长，陕西民航、顺丰、宅急送、申通、圆通、联邦等快递企业负责人参加会议。

召开《陕西省邮政条例》修订征求企业意见座谈会

2010年4月8日，陕西省政府法制办副巡视员李官梁主持召开了《陕西省邮政条例》修订征求企业意见座谈会。陕西省邮政管理局副局长李洛郑、省政府法制办副巡视员李西安出席了会议，陕西省邮政公司，省、市、县三级邮政企业代表及民航快递西安分公司、陕西圆通、西安宅急送、西安顺丰等公司代表参加。

组织召开快递企业服务质量信誉等级评审会议

2010年7月6日，陕西省邮政管理局组织召开省快递企业服务质量信誉等级评审总结暨颁证授牌大会，来自全省的28家快递企业的负责人及员工代表共100多人参加会议。会议总结了2009年度快递企业服务质量信誉等级评审工作，对获得质量信誉等级的3A企业和2A企业颁证和授牌。

加强快递市场监督管理工作通知下发

2010年9月6日，陕西省邮政管理局与陕西省工商行政管理局联合下发了《关于进一步加强快递市场监督管理工作的通知》，进一步加强快递市场的监督管理，规范快递企业的经营行为，维护广大消费者的合法权益。

启动应急预案解决扣件问题

2011年1月28日，西安顺丰速运有限公司因经济纠纷，被西安咸阳机场货代企业陕西金盟物流有限公司扣押6559件快件。陕西省邮政管理局接到西安顺丰公司负责人举报后，立即召开紧急会议，启动应急预案，成立了由申来安局长为组长的突发事件应急小组，同时联系陕西省公安厅、西安市公安局及机场公安分局等单位第一时间赶赴现场，展开对事件的调查处理，积极进行现场协调，次日晚，此事件得以妥善解决。

召开世园会期间寄递物品安全监管工作会议

2011年2月，陕西省邮政管理局组织召开2011年西安世园会期间寄递物品安全监管工作会议。7月，陕西省邮政管理局和陕西省公安厅联合召开邮路寄递物品暨西安世园会期间邮路安全工作座谈会议。市场监管处全体人员，省邮政公司和部分快递企业相关负责人参加了会议。

召开全国加盟型快递企业在陕发展座谈会扶持企业发展

2011年9月22日，陕西省邮政管理局召开全国加盟型快递企业在陕发展座谈会。申通、圆通、中通、汇通、韵达、CCES、海航天天等加盟型快递企业的总部及陕西分公司负责人参加了会议。陕西省发改委、安全厅、公安厅、西安海关、陕西省快递协会等单位有关负责人应邀出席会议。

表彰西安世园会邮路寄递物品安全工作先进单位和个人

2011年11月24日，为了充分肯定2011西安世园会期间邮路安保工作取得的成绩，继续弘扬讲政治顾大局、甘于奉献、连续作战、奋发有为的精神，推动陕西邮路寄递物品安全监管工作再上新台阶，根据《关于评选2011年西安世园会邮路寄递物品安全工作先进单位（集体）和先进个人的通知》（陕邮管安〔2011〕1号）精神，省邮路寄递物品安全监管领导小组决定对先进单位（集体）、先进个人予以表彰。

甘肃快递发展大事记

省邮政管理局正式成立

2006年9月11日，甘肃省邮政管理局正式成立，这标志着甘肃省邮政体制改革迈出了坚实的一步，甘肃邮政事业步入一个新的发展时期。

首次举办庆祝世界邮政日宣传活动

2007年10月9日上午，甘肃省邮政管理局在兰州东方红广场举行了以“世界邮政网，网络连天下”为主题的“世界邮政日”宣传活动，庆祝第38届世界邮政日，15家规模以上快递企业参加了宣传活动。这是甘肃省邮政管理局成立以来首次举办庆祝世界邮政日宣传活动。

首次同省工商行政管理局联合执法

2007年10月12日，甘肃省邮政管理局、甘肃省工商行政管理局联合制定了《开展快递市场执法检查工作实施方案》，从2008年1月14日开始，对兰州地区的快递企业进行全面检查。

省快递协会成立

2007年12月28日，甘肃省快递协会成立大会在兰州召开。甘肃省邮政公司副总经理李琪当选为会长，甘肃省邮政管理局市场监管处处长赵自敏当选为秘书长，协会从最初的只有23家会员单位，逐步发展壮大为拥有会员75家。会员单位几乎涵盖了省内所有经邮政管理部门许可准入的快递企业。

石军副省长调研省邮政管理局

2008年2月27日下午，甘肃省副省长石军到甘肃省邮政管理局进行调研并听取了工作汇报。石军副省长要求全局领导干部和职工履行好职责，认真学习贯彻胡锦涛总书记视察广西邮政时的重要讲话精神，为人民群众提供更加优质高效的邮政服务。

70家快递企业获营业税优惠

2008年3月，通过甘肃省邮政管理局的积极协调，税务部门按照国家相关规定基本上落实了甘肃省70家快递企业的税收优惠政策，这些快递企业全部按照"邮电通信业"3%营业税税目申报、缴纳税费，这一优惠政策将长期适用于民营快递企业，税率适用问题得到圆满解决。

省邮政业消费者申诉处理中心成立

2008年4月，甘肃省邮政管理局消费者申诉中心挂牌成立，几年来，制作下发"12305温馨提示牌"600个，有效监督企业服务质量，保护消费者合法权益。共受理消费者申诉1710件，结案1710件，为消费者挽回经济损失29万元。

快递企业不定时用工问题得到协调解决

2008年9月1日，甘肃省邮政管理局专门致函劳动和社会保障部门，对快递业工作流程和劳动用工的特殊情况进行了客观的说明，部分企业顺利办理了不定时用工审批手续，获准实行不定时用工制，一定程度上减轻了企业的劳动用工负担。

李盛霖部长慰问兰州邮区中心局员工

2008年10月23日下午，交通运输部部长李盛霖在甘肃省副省长石军的陪同下，专程前往兰州邮区中心局看望慰问一线员工。在兰州邮区中心局分拣车间，李盛霖部长向随行人员仔细询问了快递、包裹、信函分拣流程，并亲自查看了分拣各个环节工作情况。李盛霖部长要求邮政部门要认真贯彻落实张德江副总理关于发展邮政事业，做大做强邮政速递物流业务批示精神，促进邮政业又好又快发展。

32家省快递协会会员单位签订自律公约

2008年12月28日，甘肃省快递行业协会与32家成员单位签订了《甘肃省快递行业自律公约》。各会员单位表示，将严格遵守公约的要求，力争做到守法、规范经营，共同开创甘肃快递业发展的新局面。

首批8家标准达标快递企业受表彰

2009年1月8日，甘肃省邮政管理局和甘肃省快递行业协会在兰州联合召开《快递服务》标准达标工作总结表彰大会，对首批《快递服务》标准达标企业进行表彰。顺丰速运兰州分公司等8家企业获得"甘肃省《快递服务》标准达标企业"称号。

首次开展规范市场经营秩序专项检查整治活动

2009年5月4日起，甘肃省邮政管理局开展为期一个月的快递市场专项检查整治活动，检查内容涉及邮件安全验视制度的执行情况、超范围经营信函业务的违法行为、对邮件延误丢失及损毁的赔偿处理情况以及快递企业分支机构登记注册情况。

陆浩书记听取省局和省公司汇报

2009年6月3日，甘肃省委书记陆浩在听取甘肃省邮政管理局、省邮政公司主要领导的工作汇报后作出重要批示，要进一步发挥邮政快递、物流的优势，提升网络服务能力，创新管理和服务方式，提高服务水平和质量，为农村快递、物流业的发展做出新的更大的贡献。

"12305"与工商"12315"联手打造消费者申诉通道

2009年6月11日，甘肃省邮政管理局与省工商行政管理局、省消费者协会、省12315指挥中心举行联席会议，就12305邮政业消费者申诉处理中心与12315消费者申诉处理中心系统对接事宜进行沟通。双方共同努力将12305邮政业消费者申诉中心建设成12315合作示范站点，使邮政业消费者申诉能够得到及时妥善解决。

首次对全省寄递服务企业开展实物寄递测试

2009年6月22日-7月10日，甘肃省邮政管理局以暗访的方式对邮政公司支局(所)、邮政EMS及各快递公司进行实物寄递测试。测试工作结束后，甘肃省邮政管理局对测试中发现的问题提出了整改措施。2008－2011年，共开展服务质量测试6次，测试规模以上快递企业76家，纠正服务质量问题23起。

刘伟平副书记考察甘肃省邮政物流

2009年6月30日，甘肃省委副书记刘伟平到兰州邮区中心局、兰州邮政物流局考察甘肃省邮政物流工作。刘伟平就甘肃邮政发展农村物流工作作了具体指示，邮政物流服务"三农"不仅仅是邮政部门一家的事，省上有关部门都要关心支持这件事，要积极主动的配合和支持邮政部门开展农村邮政物流。

首次举办全省快递行业发展研讨会

2009年8月22日至24日，甘肃省快递行业协会组织召开全省快递行业发展研讨会，就全省快递行业发展思路以及发展过程中存在的问题进行了研讨。

启动《甘肃省邮政条例》修订

2009年10月1日，新修订的《邮政法》颁布实施后，甘肃省邮政管理局着手准备地方邮政条例的修订工作，2009年11月2日向省政府法制办上报了修订计划并开始进行调研。

马军胜考察兰州快递公司

2009年11月12日，国家邮政局党组书记、局长马军胜一行考察顺丰兰州分公司和申通兰州分公司。马军胜指出，甘肃邮政企业近年来发展很快，取得了明显成效。当前是邮政业发展的关键时期，希望邮政企业要认真贯彻落实《邮政法》，进一步巩固和提高邮政普遍服务水平，同时，要进一步加大快递业务发展力度，抓好重点地区、重点环节和重点市场，加快传递速度，改善服务质量，通过优质服务树立国有企业品牌和形象。

邮政、工商两部门建立长效协作机制

2009年12月28日，甘肃省邮政管理局会同省甘肃省工商行政管理局联合下发了《关于做好快递业务经营许可工作的通知》，2011年2月25日，又联合下发了《关于进一步做好快递业务经营许可和工商年检工作的通知》，就做好快递业务经营许可和快递企业年检工作做出了明确规定。结合兰州市规模以上快递公司集中以及监管难度大等突出问题，甘肃省邮政管理

局同兰州市工商行政管理局建立了联席会议机制。

制定《甘肃省邮政行业突发事件应急预案》

2010年3月，甘肃省邮政管理局制定了《甘肃省邮政行业突发事件应急预案》，并成立了甘肃省邮政行业突发事件应急领导小组。

首批快递业务员职鉴考试圆满结束

2010年3月20日，甘肃省首批快递业务员职业技能鉴定考试圆满结束。来自全省的342名快递业务员报名参加在兰州大学附属中学考点举行的理论知识和实际操作考试。其中，快件收派人员256人，快件处理人员86人。

首批6家企业取得快递业务经营许可证

2010年7月16日，甘肃省邮政管理局向首批许可企业颁发了《快递业务经营许可证》。甘肃省邮政速递物流有限公司、甘肃联合快递服务有限责任公司、兰州全一快递服务有限公司、兰州金圆通快递服务有限公司、兰州景辉韵达快递服务有限公司、兰州安捷诚快递服务有限公司等6家快递企业获得快递业务经营许可。

15家快递企业获得快递车辆通行证

就全省快递企业发展中遇到的快递车辆通行难、停靠难等瓶颈问题，甘肃省邮政管理局一直在努力同相关部门协调，并以书面形式向省政府做了汇报。经过各方努力，2010年9月18日，兰州市交警部门向兰州市15家重点快递企业核发了30张通行证，一定程度上减轻了企业的运输压力。

首次开展全省快递服务质量年活动

甘肃省邮政管理局决定从2011年3月—2012年底，在全行业组织开展“快递服务质量年”活动。“快递服务质量年”通过快递服务质量满意度调查、定期通报12305申诉受理情况、实物寄递测试及星级快递企业的评选等一系列活动，督促和指导快递企业提高服务水平和服务质量，全力打造优质、高效、安全、便民的快递服务行业。

依法取缔9家无证快递企业

2011年11月1日至12月31日，甘肃省邮政管理局开展了“规范快递市场秩序”专项执法检查活动，依法取缔了9家无证经营快递业务的企业，并在当地主要媒体上发布了取缔公告。从2007年至2011年，甘肃省邮政管理局联合省工商行政管理局对全省快递市场开展各类检查活动1150次，出动执法人员2000多人次，检查快递企业600多家，查处和纠正违法违规行为150余件，下发责令改正通知书96份，罚款17000元。

青海快递发展大事记

省邮政管理局正式成立

2006年9月12日，青海省邮政管理局正式成立，主管全省邮政业市场监管和行政执法工作，省局的成立标志着青海省邮政体制改革进入实施阶段，青海省邮政业步入新的发展时期。

骆玉林副省长就快递服务发展作出批示

2008年，青海省邮政管理局拟定了《关于加快快递服务发展的实施意见》，并报青海省政府。青海省政府骆玉林副省长批示：青海省邮政管理局要会同相关部门认真研究做好全省快递服务发展工作，进一步提高全省快递服务能力和水平，请办公厅将此件转发给相关部门，并认真抓好贯彻落实。

省政府要求全省重视和支持快递服务发展

2008年5月，青海省政府办公厅印发了《转发省邮政管理局关于加快快递服务发展实施意见的通知》（青政办〔2008〕74号）。《通知》阐述了加快快递服务发展的必要性和重要意义，同时要求全省各地、各部门高度重视和支持快递服务发展工作，切实把快递服务发展摆上更加突出的位置，进一步增强快递服务的能力和水平。

省快递协会成立

2008年7月22日，青海省快递协会在西宁成立。国家邮政局副局长王渝次、青海省人民政府副秘书长钟通蛟、青海省邮政管理局局长宋海宁等参加了成立大会。

快递企业税收优惠政策施行

2008年9月，省管局与省地税局积极沟通协调，同意我省快递企业营业税税收纳入邮政通信行业税收政策，由原来的6%降为3%。

联合省工商管理部门整顿规范快递企业

2009年12月10日，青海省邮政管理局会同省工商行政管理局联合下发了《关于对快递业务经营企业进行整顿规范的通知》，对全省快递业务经营企业进行了整顿规范。《通知》要求快递业务经营企业，须依法取得快递业务经营许可证后进行工商注册登记，方可经营快递业务。逾期不能取得快递业务经营许可的，不得继续经营快递业务。

马军胜局长调研青海快递企业

2009年11月11日－12日，马军胜局长对青海省快递企业进行调研，对各快递公司的网点设置、人员情况、业务量以及发运方式等方面做了详细的了解。

快递服务车辆机场高速通行费优惠政策出台

2009年12月，青海省邮政管理局与省高速公路管理局多次沟通协商，同意对往返机场高速公路的快递服务车辆收费优惠30%。优惠办法自2010年1月起实施，适用对象是在青海省从事快递服务活动的车辆。

首次举办快递业务经营许可管理办法培训会

2009年12月23日，青海省邮政管理局在西宁举办快递业务经营许可管理办法工作培训会。青海省内的15家快递企业负责人及统计工作人员参加了会议。

首次举行省快递行业职鉴考试

2010年3月20日，青海省邮政管理局首次组织开展了全省快递行业第一批快递业务员（初级）职业技能鉴定工作，共有55人参加考试，合格38人。截至2011年底，青海省共有274人取得快递业务职业鉴定资格证书。

积极投入玉树地震抗震救灾工作

2010年4月14日7时49分，青海省玉树藏族自治州玉树县发生7.1级地震，造成大量人员伤亡和财产损失。青海省邮政管理局第一时间启动《青海省邮政业突发事件应急预案》Ⅰ级响应，紧急下发了关于积极支援玉树灾区的紧急通知，号召快递企业、员工开展募捐活动，捐款总额万余元。

省邮政行业职业技能鉴定中心成立

2010年4月21日，经青海省事业单位登记管理局批准，青海省邮政行业职业技能鉴定中心正式挂牌成立，为更好开展邮政行业特有工种职业技能鉴定工作奠定了良好基础。

修改完善《青海省邮政条例》

2011年3－6月，根据省法制办的工作要求和有关部门的意见建议，进一步修改完善《青海省邮政条例》（草案），组织有关部门开展调研工作，学习立法工作先进地区的经验和做法。

完善邮路寄递安全工作长效机制

2011 年 4 — 6 月，进一步完善全省邮路寄递安全工作长效机制，积极开展邮政行业反恐怖重要目标安全防范，认真抓好邮路禁毒等工作，有效遏制和防范利用邮路进行违法犯罪活动；联合公安、安全、安监、工商、民航、海关等部门，举办《邮政业安全管理监督办法》宣贯会；对企业安全生产情况和《安全管理监督办法》宣贯情况进行了专项检查，对存在安全问题的 3 家企业下发了整改通知书。同月，在省反恐办指导下制定了《邮政业反恐防范标准》。

组织开展快件时限测试活动

2011 年 5 — 6 月，组织进行了快件时限测试活动，对快递企业发往全国 30 个省区市内的快件进行了实寄测试。测试结果显示，多数企业寄递时限平均为 4 天左右。

开展规范市场秩序专项执法检查活动

2011 年 1 — 4 季度，按照国家局总体部署，开展了“规范市场秩序，维护用户权益”专项执法检查活动，查处取缔了西宁西线商贸有限公司等 3 起未取得许可证经营快递业务的违法行为。共对全省 18 家快递企业进行多次检查，出检人数 309 人次，检查次数 162 次，检查天数 112 天，查处违规行为 14 次，下达整改通知 7 件，行政处罚 2 起，罚款 10000 元。

协调交管部门解决快递车辆通行问题

2011 年 11 月，通过不断协调和争取，西宁市交警支队印发了《关于加强快递企业运输车辆管理工作的通知》（宁公交〔2011〕195 号），省邮政管理局制定印发了《快递服务车辆统一标识管理办法》，对解决快递企业运输车辆进城通行、停靠和装卸作业等问题作出了明确规定，解决了快递企业车辆通行问题。

宁夏快递发展大事记

自治区邮政管理局揭牌仪式在银川举行

宁夏邮政管理局于 2006 年 9 月 6 日成立。2007 年 2 月 7 日，宁夏邮政管理局和宁夏邮政公司揭牌仪式在银川举行。自治区党委书记陈建国，自治区政协主席任启兴，国家邮政局党组副书记盛汇萍，中国邮政集团公司副总经理李国华，自治区党委常委、秘书长于革胜，自治区人大副主任马昌裔，自治区人大副主任张小素，自治区副主席齐同生等出席了揭牌仪式。此次揭牌仪式的举行，标志着宁夏邮政政企分开工作全面完成，同时也标志着宁夏邮政业步入新的发展时期。

开展快递服务企业统计调查工作

2007 年 2 月 10 日，按照国家统计局、国家邮政局《关于开展快递服务统计调查的通知》精神，宁夏邮政管理局和宁夏调查总队联合开展全区快递服务企业统计调查。调查组共走访调查快递企业 18 家，对企业营业收入、主业成本、主业利润以及员工福利、保险费用等情况进行了调查，为宁夏快递市场监管提供了准确的基础资料。

联合调研自治区部分非邮政快递企业

2007 年 7 月 27 日，根据宁夏回族自治区党委书记陈建国在国家统计局宁夏调查总队《调查信息》第128期"我区非邮政快递企业发展良好"上"建议政府研究室对此认真调研,加强管理,引导我区快递业务持续健康发展"的批示精神,自治区政府研究室、发改委、区工商局与宁夏邮政管理局组成联合调研组对宁夏部分非邮政快递企业进行了为期一周的调研。

"规范快递服务、促进快递发展领导小组"成立

2007年9月28日,根据国家工商局、国家邮政局文件,宁夏邮政管理局与自治区工商局联合成立了"规范快递服务、促进快递发展领导小组及办公室",并联合召开"全区快递服务业座谈会",开展了全区快递企业执法检查活动。

邮路寄递物品安全监管领导小组成立

2007年11月12日,根据国家安全部、国家邮政局相关文件精神,宁夏邮政管理局与宁夏国家安全厅联合成立了宁夏邮路寄递物品安全监管领导小组及办公室,办公室设在市场监管处。领导小组组织开展了全区快递市场通信安全执法检查,并要求各企业认真执行快件验视制度。

自治区快递协会成立

2007年12月26日,宁夏快递协会成立大会暨第一届理事会召开。会后出版了协会刊物《宁夏快递》。

快递企业向四川汶川地震灾区捐款

2008年5月16日,宁夏快递协会积极组织各快递企业向四川汶川地震灾区捐款,共计募得捐款4730元。

奥运邮路安全保障会议召开

2008年5月19日,宁夏邮政管理局联合邮路寄递物品安全监管领导小组、自治区公安厅、自治区工商局召开了"全区寄递物品安全监管工作暨奥运邮路安全保障会议"。会议就确保2008年北京奥运会和自治区五十周年庆典寄递物品安全监管工作进行安排部署,讨论并通过了《宁夏寄递物品安全监管实施办法》和《宁夏快递服务业寄递安全责任追究办法》。会后,联合开展了专项执法检查。

全区快递业务营业税政策落实

2008年7月31日,宁夏回族自治区地税局对宁夏邮政管理局《关于商请落实全区快递业务营业税政策的函》给予复函,同意从即日起,对全区从事快递服务的企业,自取得宁夏邮政管理局颁发的《经营快递业务认定书》后,其快递收入按照"邮政通讯业"税率标准征收营业税。

快递业治理与规范五年工作方案出台

2008年9月2日,根据宁夏回族自治区工商行政管理局《关于<公共服务行业侵害群众消费权益综合治理工作五年规划>(征求意见稿)的征求意见函》(宁工商函〔2008〕30号)要求,宁夏邮政管理局编制了《宁夏快递业治理与规范五年(2008-2012年)工作方案》。《方案》对宁夏快递服务发展的内涵和外延产生了深远的影响。

专题研究自治区快递企业备案

2008年10月28日,宁夏邮政管理局召开局长办公会议,对快递企业备案进行专题研究,确定对条件符合的快递企业确认其备案;并发放《经营快递业务认定书》,同时报自治区税务局备案,实行邮电通信业营业税。会议对宁夏邮政EMS等15家快递企业依法予以备案。实行快递企业备案管理,标志着宁夏快递监管工作进入到一个新的阶段。

《快递服务》标准达标企业授牌仪式举行

2009年1月19日,宁夏快递协会举行全区

《快递服务》标准达标企业授牌仪式，授予宁夏邮政速递公司、银川全一快递有限公司为全区首批快递服务达标企业。

快递企业备案信息系统正式上线运行

截至2009年4月20日，宁夏邮政管理局完成全区16家快递企业备案信息数据库系统数据录入工作，宁夏快递企业备案信息系统正式上线运行。

国庆60周年邮路寄递安全工作会议召开

2009年9月22日，宁夏邮政管理局召开国庆60周年邮路寄递安全工作会议。会后，组织人员对快递企业开展了寄递安全专项检查工作。

专项整治通过寄递等渠道销售假药

2009年12月11日，宁夏邮政管理局与自治区卫生厅、工商局、公安厅、监察厅、广电局、药监局等13家单位联合印发了《关于开展打击利用互联网等媒体发布虚假广告及通过寄递等渠道销售假药专项整治行动的通知》（宁卫监督〔2009〕526号），并在全区联合开展专项整治行动。

首次快递业务员职鉴考试举行

2010年3月20日，宁夏首次快递业务员职业技能鉴定考试在银川市举行，全区邮政行业17家快递企业的180名从业人员参加了考试。

上海世博会邮路安保工作会议举行

2010年3月31日，宁夏邮政管理局与宁夏邮路寄递物品安全工作领导小组联合举办上海世博会邮路安保工作会议。会后，宁夏邮政管理局组织开展上海世博会邮路安保市场检查工作。

联合发文明确快递许可、工商注册等事项

2010年4月21日，宁夏邮政管理局与自治区工商行政管理局联合发文，明确规定了快递业务经营许可审批、工商注册登记和联合执法、规范快递业务经营行为的具体内容。

12家快递企业获颁快递业务经营许可证

2010年9月27日，宁夏邮政管理局举行快递业务经营许可证颁证会议，为邮政EMS、韵达、圆通等12家快递企业颁发了快递业务经营许可证。

全区寄递物品安全监管工作会议召开

2011年8月23日，宁夏邮政管理局召集宁夏邮路寄递物品安全工作领导小组办公室全体成员及全区快递企业负责人，召开全区寄递物品安全监管工作会议。会上与各快递企业签订了《宁夏快递企业快递业务旺季服务和安全工作责任书》。

新疆快递发展大事记

自治区邮政管理局揭牌仪式在乌鲁木齐举行

2006年9月8日新疆维吾尔自治区邮政管理局成立，同日，新疆邮政管理局和新疆邮政公司共同召开成立大会。2007年2月12日，新疆邮政管理局、邮政公司揭牌仪式在乌鲁木齐举行，标志着邮政政企分开工作基本完成。国家邮政局党组副书记、纪检组长盛汇萍，国家邮政集团公司副总经理李国华，自治区党委常委、纪委书记符强，自治区党委常委、自治区副主席宋爱荣等参加了揭牌仪式。

自治区邮政行政执法规范出台

2007年1月，新疆邮政管理局先后制定了《新疆邮政行政执法人员行为规范》、《新疆邮政行政

执法过错责任追究办法》等七项执法类规章制度，有六项作为规范性文件由自治区法制办予以登记备案。

开展快递企业摸底调查工作

2007年2月13日，为了全面了解与掌握新疆维吾尔自治区快递服务企业的基本情况，促进快递服务业市场的健康发展，新疆邮政管理局联合国家统计局新疆调查总队开展了全区快递服务企业统计调查。

开展"树行业形象，创优质服务"专项活动

2007年7月19日，根据国家邮政局、国家工商行政管理总局《关于联合开展规范快递服务行为、促进快递服务业发展执法检查工作的通知》要求，新疆邮政管理局、自治区工商行政管理局联合开展规范快递服务行为、促进快递服务业发展执法检查活动和"树行业形象，创优质服务"专项活动，活动历时一年多。重点解决消费者反映强烈的快件延误、丢失、损毁等热点问题，提高快递服务质量，维护企业和用户的根本利益。

邮政业禁毒工作领导小组成立

2007年9月2日，新疆邮政业禁毒工作领导小组成立，新疆邮政管理局局长董党生任领导小组组长。

突击检查乌鲁木齐地区快递市场

2007年11月7日，新疆邮政管理局启动"飓风"行动，对乌鲁木齐地区快递市场进行突击检查，重点打击侵犯信件专营权的违法违规行为，排查快递企业生产作业场所安全隐患，进一步贯彻落实验视制度，大力宣传禁寄物品指导目录。

自治区快递行业协会成立

2007年12月26日，新疆维吾尔自治区快递行业协会正式挂牌成立。协会由新疆邮政公司发起，首批会员48家。国家邮政局副局长王渝次，自治区党委常委、自治区政府副主席宋爱荣，自治区人大副主任达列力汗·马米汗应邀出席。

自治区邮政速递业务收入突破一亿元大关

2007年，新疆邮政速递业务收入突破一亿元大关。全区邮政速递业务收入实现10397万元，提前完成全年收入预算目标，标志着新疆速递产业实现历史性跨越。

信息产业部部长王旭东视察新疆邮政

2008年1月12日，信息产业部部长王旭东、国务院信息办公室副主任陈大卫、国家邮政局副局长王渝次一行视察新疆邮政工作。王旭东部长充分肯定了新疆邮政监管机构成立以来所做的工作，认为虽然新疆地处祖国西部边陲，但在自治区党委、政府的正确领导下，克服各种困难，为保障通信安全，建设信息网络和发展邮政事业做了大量工作，付出了更为艰辛的努力，取得了一定的成绩。

自治区政府副主席戴公兴指导工作

2008年2月27日，自治区政府副主席戴公兴专程到新疆邮政管理局调研指导工作，并亲切看望和慰问全体干部职工。戴公兴副主席调研时指出，新疆邮政管理局在国家邮政局和自治区党委、政府的领导下，在保障公民基本通信权利，加强法制建设，夯实基础工作，解决行业监管工作中的突出问题，服务企业等方面做了大量工作，取得了显著成就，为今后继续做好邮政监管工作奠定了良好的基础，直接服务和推动了全区经济社会的全面发展。

"12305"邮政业消费者申诉受理电话正式开通

2008年3月15日，新疆快递行业协会制定《新疆维吾尔自治区快递企业自律公约》。同日，新疆"12305"邮政业消费者申诉受理电话正式开

通，并向社会公布。

启动《快递服务》标准达标活动

2008年3月25日，新疆邮政管理局印发《关于开展<快递服务>标准达标活动的通知》，正式启动《快递服务》标准达标活动。

启动奥运会邮路安保工作

2008年7月2日，新疆邮政管理局启动奥运会邮路安保工作。联合自治区国家安全厅、新疆邮政公司召开联席会议，决定成立邮路寄递物品安全监管机构，讨论通过《关于启用邮政安检专用胶带和加装“安检”专用标识的通知》，并决定在7月20日-9月20日期间，对通过新疆邮政快递渠道寄往六大奥运赛区城市的寄递物品进行安全检查。7月4日，讨论通过《进一步强化快递企业寄递物品安全的通知》，对加强奥运会期间寄递物品安全监管工作提出具体要求。

正式启动快递企业备案工作

2008年8月11日，新疆邮政管理局下发《关于经营快递业务备案登记的通知》，正式启动经营快递业务企业的备案工作。

自治区党委书记王乐泉看望一线邮政员工

2009年1月26日，中共中央政治局委员、新疆维吾尔自治区党委书记王乐泉及自治区领导符强、宋爱荣、艾尔肯·吐尼亚孜等亲切慰问节日期间坚守岗位的一线邮政员工。

自治区邮政速递物流公司成立

2009年3月12日，新疆邮政速递物流公司正式揭牌成立。

对“7·5”暴力打砸事件做出应急处理

2009年7月5日20时左右，乌鲁木齐市发生严重打砸抢烧暴力犯罪事件。23时，新疆邮政管理局启动应急预案，局领导亲自带班值守。6日上午，组织召开紧急会议，安排部署邮政业安全工作，要求各企业充分认识事件本质，思想上与自治区党委、政府保持高度一致，做好企业内部安全保卫工作，加强企业外勤人员的安全管理，及时妥善处理积压邮件、快件。同时加强管局内部安全保卫工作，由局领导24小时带班值守，以应对突发事件。根据部署，先后组织14次对邮政、快递企业的检查，督促做好安全工作，确保行业稳定。

召开国庆60周年邮路安保工作动员大会

2009年8月21日，新疆邮政管理局组织召开国庆60周年邮路安保工作动员大会。会议对国庆60周年安保工作作出安排部署，组织企业签订《寄递企业庆祝建国六十周年邮路安保工作安全承诺责任书》。

正式启动国庆60周年邮路安保专项检查

2009年9月1日—10月8日，为切实做好国庆60周年大庆和“乌洽会”期间邮路安保工作，正式启动国庆60周年邮路安保专项检查。

依法开展快递业务经营许可工作

2009年9月23日，新疆邮政管理局召开《快递业务经营许可管理办法》宣贯工作会议，这是新《邮政法》实施以来，邮政管理部门首次行使行政许可职责。

编制邮政业“十二五”规划

2009年10月，按照国家局“十二五”规划工作布置，新疆邮政管理局成立工作机构，制定编制方案，正式启动全区邮政业“十二五”规划的编制工作。

邮政行业职业技能鉴定中心组建

2010年1月5日，新疆邮政行业职业技能鉴定中心正式组建。

举行首批快递业务员职鉴考试

2010年3月20日，举行2010年首批快递业务员职业技能鉴定全国统一考试。

颁发首批快递业务经营许可证

2010年5月28日，经过严格依法审核，新疆邮政管理局向首批5家企业颁发了快递业务经营许可证。截至2010年9月30日，全区有60家企业取得快递业务经营许可证，共设立分支机构133家。

自治区邮政管理局禁毒获奖

2010年12月10日，自治区禁毒委通报表彰新疆邮政管理局在积极配合开展寄递渠道毒品查缴工作方面取得的成绩，并给予1万元奖励。

马军胜局长赴自治区视察指导工作

2011年1月2日至4日，国家邮政局局长马军胜一行来疆视察、指导工作。在疆期间，马军胜局长会见了自治区政府副主席艾尔肯·吐尼亚孜，到新疆邮政管理局机关检查指导工作，并前往乌鲁木齐、喀什市邮政网点、邮区中心局、快递企业进行视察。

《新疆维吾尔自治区邮政条例》获通过

2011年3月25日，新疆维吾尔自治区第十一届人大常委会第二十六次会议，高票通过《新疆维吾尔自治区邮政条例》，自2011年7月1日起施行。

首次校企合作座谈会召开

2011年4月28日，新疆邮政管理局牵头相关院校和快递企业召开新疆快递专业人才培养工作暨校企合作座谈会，搭建校企合作平台，进一步加快新疆快递人才队伍建设。新疆财经大学、新疆交通职业技术学院、乌鲁木齐职业大学等3所院校，新疆邮政速递物流公司、乌鲁木齐宅急送快运有限公司等11家快递企业参加了会议。

《新疆维吾尔自治区邮政条例》正式实施

2011年7月1日，《新疆维吾尔自治区邮政条例》正式实施。

正式启动首届“中国—亚欧博览会”邮路安保工作

2011年8月5日，为切实做好首届“中国—亚欧博览会”邮路安保工作，组织召开动员会议，对亚欧博览会期间全区邮路安全保障工作进行部署，首届“中国—亚欧博览会”邮路安保工作正式启动。

开展首届“中国—亚欧博览会邮路安保专项执法检查

2011年8月22日—9月7日，开展首届“中国—亚欧博览会”邮路安保临战阶段专项执法检查工作。

自治区邮政管理局安保工作受表彰

2011年9月15日，新疆维吾尔自治区隆重召开首届“中国—亚欧博览会”安全保卫工作总结表彰大会。新疆邮政管理局被授予安保工作“先进集体”称号，新疆邮政系统有4人被授予“先进个人”称号。

召开快递业务旺季服务保障会

2011年12月9日，根据国家邮政局部署，新疆邮政管理局召开会议安排部署全区快递业务旺季服务保障工作。会议要求企业高度重视业务旺季服务保障工作，加强组织领导，完善应对措施，签订服务保障责任书，确保业务旺季期间全区快递服务保障工作落实到位。

第三篇　发 展 环 境

第一章　快递法律规章(索引)

•《中华人民共和国邮政法》(2009 年 4 月 24 日颁布)
详见网址:http://www. spb. gov. cn/folder2/folder13/2009/04/2009-04-2528456. html

•《快递市场管理办法》(2008 年 7 月 12 日施行)
详见网址:http://www. spb. gov. cn/folder108/folder1999/folder2002/2008/07/2008-07-1613043. html

•《快递业务经营许可管理办法》(2009 年 9 月 1 日颁布)
详见网址:http://www. spb. gov. cn/folder2/folder14/2009/09/2009-09-0138666. html

•《邮政行业安全监督管理办法》(中华人民共和国交通运输部令 2011 年第 2 号)
详见网址:http://www. spb. gov. cn/folder2/folder14/2011/01/2011-01-0472767. html

•《邮政行业统计管理办法》(中华人民共和国交通运输部令 2011 年第 8 号)
详见网址:http://www. spb. gov. cn/folder2/folder14/2011/11/2011-11-25103659. html

第二章 快递规划(索引)

●《邮政业“十一五”规划》

详见网址:http://www.spb.gov.cn/folder2/folder2516/2008/01/2008-01-151845.html

●《邮政业发展“十二五”规划》

详见网址:http://www.spb.gov.cn/folder2/folder2516/2011/08/2011-08-0988126.html

●《快递服务“十二五”规划》

详见网址:http://www.spb.gov.cn/folder2/folder2516/2011/12/2011-12-2999255.html

●《长江三角洲地区快递服务发展规划(2009－2013年)》

详见网址:http://www.spb.gov.cn/folder2/folder2516/2009/03/2009-03-2326566.html

●《珠江三角洲地区快递服务发展规划(2010－2014年)》

详见网址:http://www.spb.gov.cn/folder2/folder2516/2009/06/2009-06-1131291.html

●《京津冀地区快递服务发展规划(2010－2014年)》

详见网址:http://www.spb.gov.cn/folder2/folder2516/2010/08/2010-08-1988127.html

●《海峡西岸经济区快递服务发展规划(2011－2015年)》

详见网址:http://www.spb.gov.cn/folder2/folder2516/2011/11/2011-11-2997713.html

第三章　快递标准（索引）

- 《邮政业标准化2008－2010年发展规划》

详见网址：http://www.spb.gov.cn/folder2/folder16/folder22/folder24/2008/05/2008-05-309506.html

- 《邮政业标准化"十二五"发展规划》

详见网址：http://www.spb.gov.cn/folder2/folder16/folder22/folder24/2011/09/2011-09-2292534.html

- 《快递服务》系列国家标准

详见网址：http://www.spb.gov.cn/folder2/folder16/folder22/folder24/2011/12/2011-12-30108269.html

生于对快递的理想
Starting with an ambition

1993年3月，怀揣着对中国快递行业的梦想和追求，顺丰速运诞生于广东顺德港码头。经过艰难的创业期，源于对快递事业始终不渝的专注，并在客户的信赖和支持下，顺丰不断成长，目前已在国际、国内（包括港、澳、台）建立了庞大的信息采集、市场开发、物流配送、快件收派等业务机构，建立了立足中国，放眼全球的战略网络格局。

In March 1993, S.F. Express embarked on a journey to the forefront of China's express delivery industry in Shunde Port, Guangdong. Thanks to our dedication to the express delivery business and the strong support from our customers, we've weathered the tough times at the beginning and grown from strength to strength. To date, we've established an extensive global network of business units that specialize in a wide range of services, including information collection, market development, logistics, and pick-up and delivery.

EXPRESS
顺丰速运

申通人走过的路

SHENTONG TRAVELLED ROAD

中通速递自2002年5月8日创建以来，在“**诚信、创新、发展、和谐**”的企业宗旨下，坚持“**迅速、方便、安全、准确**”的质量方针，大力贯彻“**诚信塑造品牌，激情迎接挑战，敬业提升管理，创新开拓市场，服务创造价值，实现客户、员工、企业共赢**”的核心价值观，竭诚为客户提供安全、快捷、周到、优质的服务，赢得了社会各界的信赖和支持。

目前，公司拥有员工5.5万余人，服务网点4000多个，分拨中心49个，运输、派送车辆10000多辆。公司的服务项目有国内快递、国际快递、物流配送与仓储等，提供“门到门”服务和限时（当天件、次晨达、次日达等）服务。同时，开展了电子商务配送、代收货款、签单返回、到付、代取件、区域时效件等增值业务。

网址/www.zto.com

服务电话/021-39777777

总部地址/上海市青浦区华志路1685号

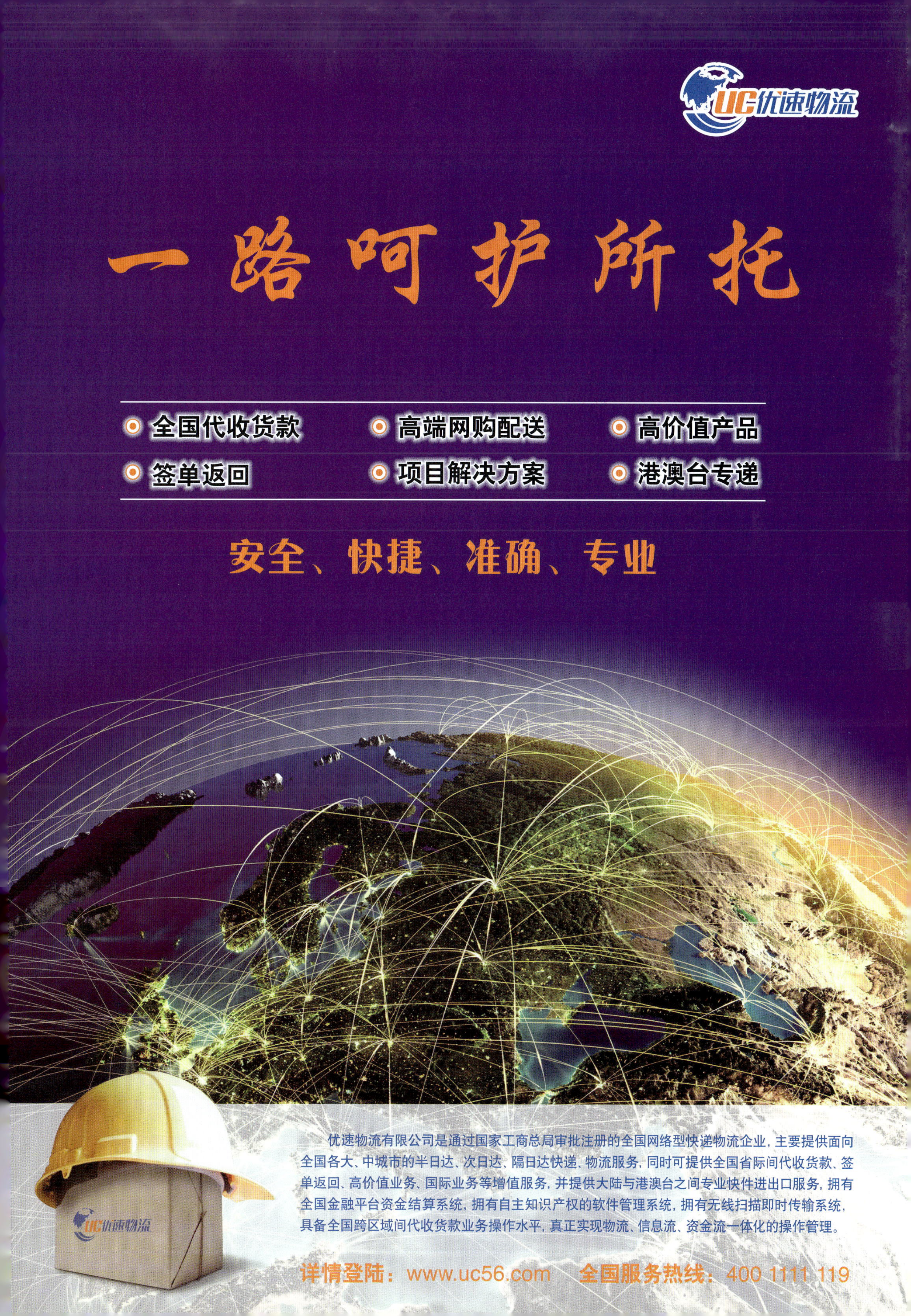
UC优速物流
一路呵护所托
全国代收货款
高端网购配送
高价值产品
签单返回
项目解决方案
港澳台专递
安全、快捷、准确、专业
优速物流有限公司是通过国家工商总局审批注册的全国网络型快递物流企业，主要提供面向全国各大、中城市的半日达、次日达、隔日达快递、物流服务，同时可提供全国省际间代收货款、签单返回、高价值业务、国际业务等增值服务，并提供大陆与港澳台之间专业快件进出口服务，拥有全国金融平台资金结算系统，拥有自主知识产权的软件管理系统，拥有无线扫描即时传输系统，具备全国跨区域间代收货款业务操作水平，真正实现物流、信息流、资金流一体化的操作管理。
详情登陆：www.uc56.com
全国服务热线：400 1111 119

第四章　快递政策(索引)

●《禁寄物品指导目录及处理办法》

详见网址:http://www.spb.gov.cn/folder2/folder15/2007/11/2007-11-06389.html

●《寄递服务企业收寄物品安全管理规定》

详见网址:http://www.spb.gov.cn/folder2/folder15/2008/04/2008-04-225043.html

●《关于大力发展农村通邮服务促进社会主义新农村建设的意见》

详见网址:http://www.spb.gov.cn/folder2/folder2478/2008/12/2008-12-2592538.html

●《国家邮政局关于贯彻落实物流业调整和振兴规划的实施意见》

详见网址:http://www.spb.gov.cn/folder2/folder2478/2009/05/2009-05-1892537.html

●《国务院办公厅转发交通运输部等部门关于推动农村邮政物流发展意见的通知》

详见网址:http://www.spb.gov.cn/folder2/folder2478/2009/05/2009-05-2392535.html

●《国家邮政局中国民用航空局关于促进快递与民航产业协同发展的意见》

详见网址:http://www.spb.gov.cn/folder2/folder2478/2009/09/2009-09-2792536.html

●《快递业务员职业技能鉴定办法(试行)》

详见网址:http://www.spb.gov.cn/folder2/folder15/2009/09/2009-09-14100821.html

●《邮政行业标准管理办法》

详见网址:http://www.spb.gov.cn/folder2/folder15/2010/05/2010-05-0653973.html

●《关于做好快递业务旺季服务保障工作的意见》

详见网址:http://www.spb.gov.cn/folder5/folder56/folder64/2011/03/2011-03-0198473.html

●《国家邮政局2011年推进邮政行业科技进步的指导意见》

详见网址:http://www.spb.gov.cn/folder2/folder16/folder22/folder24/2011/03/2011-03-2277912.html

●《快递业务经营许可年度报告规定》

详见网址:http://www.spb.gov.cn/folder92/2011/06/2011-06-1783870.html

●《国家邮政局关于快递企业兼并重组的指导意见》

详见网址:http://www.spb.gov.cn/folder2/folder2478/2011/06/2011-06-1083867.html

●《邮政业消费者申诉处理办法》

详见网址:http://www.spb.gov.cn/folder2/folder15/2011/06/2011-06-2884673.html

●《快递业务操作指导规范》

详见网址:http://www.spb.gov.cn/folder87/2011/08/2011-08-1188219.html

●《快递企业等级评定管理办法(试行)》

详见网址:http://www.spb.gov.cn/folder92/2011/08/2011-08-2489560.html

第五章 重要法规政策解读

全国人民代表大会法律委员会关于《中华人民共和国邮政法（修订草案）》修改情况的汇报

第十一届全国人民代表大会常务委员会第八次会议(2009年4月20日)

全国人大法律委员会副主任委员 乔晓阳

全国人民代表大会常务委员会：

常委会第五次会议对邮政法(修订草案)进行了初次审议。会后,法制工作委员会将修订草案印发各省(区、市)、中央有关部门等单位征求意见。中国人大网站全文公布修订草案,向社会征求意见。法律委员会、法制工作委员会召开座谈会,到一些地方调研,并就有关问题同有关部门交换意见、共同研究。法律委员会于4月1日召开会议,根据常委会组成人员的审议意见和各方面的意见,对修订草案进行了逐条审议。财政经济委员会和国务院法制办、国家邮政局、中国邮政集团公司的负责同志和交通运输部有关负责同志列席了会议。4月14日,法律委员会召开会议,再次进行了审议。现就主要问题修改情况汇报如下：

一、有些常委会组成人员、人大代表和地方、部门、群众提出,以合理的资费和标准为城乡广大群众提供邮政普遍服务,是保障公民通信权利的基本措施。建议在修订草案已有规定的基础上,进一步强化保障和规范邮政普遍服务的规定。法律委员会经同财政经济委员会和国务院法制办等部门研究,建议对修订草案作如下修改和补充：

1.修订草案第三条中规定:“地方各级人民政府及有关部门应当采取措施,支持邮政企业提供邮政普遍服务。”有些常委委员和地方、部门、群众提出,邮政普遍服务也离不开国务院及国务院有关部门的支持,建议对此作出相应规定。法律委员会经同财政经济委员会和国务院法制办等部门研究,建议将上述规定中的“地方各级人民政府及有关部门”修改为“国务院和地方各级人民政府及其有关部门”。

2.有些常委委员和地方、部门、群众提出,政府在通过财政支持等措施支持和保障邮政企业履行邮政普遍服务义务的同时,也要制定邮政普遍服务的标准,并监督邮政企业实施。法律委员会经同财政经济委员会和国务院法制办等部门研究,建议增加规定:国务院邮政管理部门会同有关部门制定邮政普遍服务标准;邮政管理部门负责对邮政普遍服务实施监督管理。

3.有些常委委员、人大代表和地方、部门、群众提出,一些地方在城乡建设中,将提供邮政普遍服务的营业场所征收拆除后不予还建,造成邮政营业网点减少,给群众使用邮政服务带来很大不便;有些房地产开发企业等单位建设居民楼,不按规定配套建设接收邮件的信报箱,使住户迟迟不能通邮。修订草案第十二条、第十四条虽然就上述两个问题分别提出了要求,但对不落实这些要求应如何处理,未作相应规定。法律委员会经同财政经济委员会和国务院法制办等部门研究,建议在修订草案上述两条中增加规定:城镇居民楼的建设单位不按规定设置接收邮件的信报箱的,由邮政管理部门责令补建；逾期未补建的，由邮政管理部门指定其他单位设置信报箱，所需费用由该居民楼的建设单位承担；城乡规划主管部门应根据保障邮政普遍服务的要求，对拟征收的邮政营业场所或者邮件处理场所的重新设置作出妥善安排；未作出妥善安排前，不得征收。

4. 修订草案第十二条中规定，较大的车站、机场、宾馆等应当设置邮政营业场所。有的常委委员和地方、群众提出，高等学校外地学生较多，更需要按照邮政普遍服务的要求，设置邮政营业场所为师生提供服务。法律委员会经同财政经济委员会和国务院法制办等部门研究，建议增加应在高等院校设置提供邮政普遍服务的营业场所的规定。

二、有些常委会组成人员和地方、部门、群众提出，邮政企业的邮政普遍服务业务与竞争性业务应尽快实行分业经营。邮政企业履行邮政普遍服务义务，国家应给予必要的支持和保障；邮政企业从事快递等竞争性业务，应与从事同类业务的其他企业公平竞争，通过竞争促进发展。建议按此对修订草案的有关规定作进一步修改完善。法律委员会经同财政经济委员会和国务院法制办等部门研究，考虑到目前邮政企业从事快递、物流配送等竞争性业务的企业与从事邮政普遍服务的企业分别设立、分业经营的改革已基本到位，建议将修订草案第三条中规定的“邮政企业的邮政普遍服务业务和竞争性业务应当逐步实行分业经营”中的“逐步”二字删去；同时，将修订草案第十一条中关于政府应对其建设给予支持的“邮政设施”明确为“提供邮政普遍服务的设施”；将修订草案第二十六条中关于交通运输企业对邮件应优先安排运输的规定，修改为对提供邮政普遍服务的邮政企业交运的邮件应优先安排运输。

三、有些常委委员、人大代表和地方、部门、群众提出，为督促邮政企业做好邮政服务，应要求邮政企业将其服务的主要内容向用户公示，接受用户监督。法律委员会经同财政经济委员会和国务院法制办等部门研究，建议增加规定：邮政企业应当在其营业场所公示或者以其他方式公布其服务种类、营业时间、资费标准、邮件和汇款的查询及损失赔偿办法以及用户对其服务质量的投诉办法等事项。

四、修订草案第四十六条对邮政普遍服务范围内的给据邮件的损失赔偿限额做了规定，即：保价邮件按照保价金额赔偿，未保价邮件按照所收取资费的三倍赔偿；因邮政企业的故意或重大过失造成邮件损失的，邮政企业不得限制其赔偿责任。有些常委委员、人大代表和地方、部门、群众提出，修订草案对现行邮政法规定的给据邮件损失赔偿责任限额作了适当提高，是必要的。但从实际情况看，不少用户事前不知道邮政企业的赔偿责任限额，邮政企业也未向用户作出明确的提示和说明，发生损失后对赔偿问题产生争议，用户很不满意。建议本法明确规定，邮政企业须就其依法应承担的赔偿责任向用户作出明确提示，以便用户根据邮件的价值选择是否按保价邮件寄递。这有利于减少赔偿责任的纠纷，保障用户权益。法律委员会经同财政经济委员会和国务院法制办等部门研究，建议在修订草案第四十六条中增加规定：对本条规定的给据邮件的损失赔偿责任，邮政企业应在其营业场所的告示中和提供给用户的给据邮件单证上，以足以引起用户注意的方式予以载明。邮政企业未履行这一义务的，无权适用本条规定限制其赔偿责任。

五、修订草案第五十一条对设立快递企业应达到的最低注册资本等条件做了规定。有的常委委员和地方、部门、企业提出，本法公布前已按照现行规定设立的经营快递业务的企业，如不具备本法规定条件的，本法施行后如何处理，应当予以明确。法律委员会经同财政经济委员会和国务院法制办等部门研究，建议增加规定：本法公布前已依法办理工商登记的经营快递业务的企业，不具备本法规定的经营快递业务的条件的，应当在国务院邮政管理部门规定的期限内达到本法规定的条件，逾期达不到规定条件的，不得继续经营快递业务。

这里还有一个问题需要汇报。修订草案第五十条中规定："外商不得投资经营信件的国内快递业务。"在草案公开征求意见时，有的提出，这一规定是否与我国加入世贸组织的承诺相符，是否设置了新的投资和贸易壁垒。法律委员会、法制工作委员会会同国务院法制办、商务部等部门研究认为，按照我国加入世界贸易组织时所作的对外开放快递业务，但"现由中国邮政部门依法专营的服务除外"的承诺，依据我国1986年制定的现行邮政法关于"信件和其他具有信件性质的物品的寄递业务由邮政企业专营，但是国务院另有规定的除外"的规定，以及国务院1995年6月批准发布的《中华人民共和国国际货物运输代理业管理规定》中关于"经批准成立的国际货物运输代理企业可以从事国际快递业务，但私人信函除外"的规定，我国信件的国内快递业务不对外资开放。修订草案的上述规定与我国对外承诺是一致的。这一规定不会影响外商投资的快递企业依法继续在我国从事除私人信函以外的信件的国际快递业务以及包裹等物品的国际国内快递业务，不存在设置新的投资和贸易壁垒问题。外商投资的快递企业在我国依法从事快递经营活动，将继续受到我国法律的保护。

此外，还对修订草案作了一些文字修改。

修订草案二次审议稿已按上述意见作了修改，法律委员会建议提请常委会第八次会议继续审议；如果审议意见比较一致，也可以考虑本次常委会会议审议通过。

修订草案二次审议稿和以上汇报是否妥当，请审议。

关于《中华人民共和国邮政法(修订草案)》的说明

国务院法制办公室主任　曹康泰

《中华人民共和国邮政法》(以下简称现行邮政法)是六届全国人大常委会第十八次会议1986年12月2日通过，自1987年1月1日起施行的。这部法律的公布施行对于保护通信自由和通信秘密，保障邮政工作的正常进行，促进邮政事业发展发挥了积极作用。随着我国社会主义市场经济的发展，特别是我国加入世界贸易组织以来，邮政市场竞争日益加剧，邮政业发展和政府监管面临新的形势，传统的政企合一的邮政管理体制已不能适应市场经济需要。2005年8月，国务院通过《邮政体制改革方案》，启动了邮政体制改革。改革的基本思路是：实行政企分开，加强政府监管，完善市场机制，从机制和制度上保障邮政普遍服务和特殊服务，确保通信安全。通过改革，建立企业独立自主经营、政府依法监管的邮政体制，进一步促进我国邮政事业的健康发展。根据政企合一体制制定的现行邮政法，已经明显不适应改革和发展的需要，主要表现在：关于邮政主管部门职责的规定难以适应政企分开后加强政府监管的需要；对保障邮政普遍服务没有明确规定，不适应建立邮政普遍服务机制的需要；适用范围较窄，无法据此对快递市场进行监管；关于安全监管的规定比较薄弱，满足不了新形势下强化安全保障机制的需要；关于邮政业务资费的规定与改革邮政业务价格形成机制的要求不符；有关法律责任的规定需要进一步完善等。因此，《邮政体制改革方案》明确提出要抓紧修改现行邮政法，以保障邮政体制改革的顺利实施。

国务院法制办会同原信息产业部、国家邮政局以及新组建的交通运输部等部门，根据《邮政体制改革方案》，在反复征求全国人大财经委、全国人大常委会法工委、发展改革委、财政部、公安部、安全部、商务部等16个有关部门、单位和上海、广东等20个地方人民政府以及邮政企业、快递企业、专家、用户等各方面意见的基础上，借鉴其他国家好的经验和做法，对现行邮政法进行了较为全面的研究修改，形成了《中华人民共和国邮政法（修订草案）》（以下简称修订草案）。修订草案已经国务院第29次常务会议讨论通过。现对修改的主要内容说明如下：

一、明确规定了政企分开后邮政管理部门的监督管理职责

根据《邮政体制改革方案》，国家邮政局和各省、自治区、直辖市邮政局已经按照政企分开的原则重新组建。为保障重新组建后的邮政管理部门依法履行职责，切实加强政府监管，修订草案明确规定：国家邮政管理部门负责全国邮政市场的监督管理工作；省、自治区、直辖市邮政管理机构在国家邮政管理部门的领导下，负责本行政区域邮政市场的监督管理工作。邮政管理部门实施监督管理，遵循公开、公平、公正以及鼓励竞争、促进发展的原则。（第五条、第六条）同时，修订草案增加了“监督检查”一章，对邮政管理部门依法进行监督检查时可以采取的措施、应当遵守的要求以及有关单位和个人配合监督检查的义务等作了明确规定。（第七章）

二、较为全面地增加规定了保障邮政普遍服务的制度和措施

邮政普遍服务，是指以合理的资费，为本国境内的所有用户持续提供的符合一定标准的基本邮政服务。各国邮政法无不把保障邮政普遍服务作为其核心内容之一。根据《邮政体制改革方案》关于建立邮政普遍服务机制的有关规定，修订草案明确规定国家保障中华人民共和国境内的邮政普遍服务，并从四个方面规定了保障邮政普遍服务的制度、措施：

一是规定邮政企业承担提供邮政普遍服务的义务，明确了邮政普遍服务的承担主体。（第三条第一款）

二是规定邮政普遍服务的业务范围，包括信件、单件重量不超过5千克的印刷品、单件重量不超过10千克的包裹的寄递以及邮政汇兑，并明确规定未经邮政管理部门批准，邮政企业不得停止办理或者限制办理邮政普遍服务业务。（第十七条第一款、第三款）

三是在原则规定邮政企业应当加强服务质量管理，为用户提供迅速、准确、方便、安全的服务的同时，从邮政企业的营业时间、投递邮件的频次以及寄递邮件的时限和服务规范等角度，对邮政普遍服务的质量保障作出了规定，并授权国家邮政管理部门制定邮政普遍服务监督管理的具体办法。（第八条、第十七条第四款、第二十条、第二十五条）

四是规定了支持邮政普遍服务、增强邮政普遍服务能力的具体措施。包括：在邮政设施方面，规定邮政设施的布局和建设应当满足保障邮政普遍服务的需要，地方各级人民政府应当把邮政设施的布局和建设纳入城乡规划，并对邮政设施建设给予必要的支持；邮政设施应当按照国家规定的标准设置；撤销涉及邮政普遍服务的邮政营业场所，应当经邮政管理部门批准；征收、拆迁邮政营业场所和邮件处理场所的，城乡规划主管部门应当根据保障邮政普遍服务的要求，对邮政营业场所的重新设置作出妥善安排。（第十一条第一款、第二款，第十二条第一款、第三款，第十四条第一款）在财力支持方面，规定国家对邮政企业提供邮政普遍服务、特殊服务给予补贴；国家建立邮政普遍服务基金。（第十八条、第十九条）在提供工作便利方面，规定带有邮政专用标志的车辆运递邮件，确需通过公安机关交通管理部门划定的禁行路段或者确需在禁止停车的地点停车的，经公安机关交通管理部门同意，在确保安全的前提下，可以通行或者停车。（第二十七条第二款）为充分调动和发挥地方的积极性，修订草案规定：地方各级人民政府及有关部门应当采取措施，支持邮政企业提供邮政普遍服务；省、自治区、直辖市应当根据本地区的实际情况，制定支持邮政企业提供邮政普遍服务的具体办法。（第三条第二款、第八十五条）

三、确立了快递业务经营许可制度，严格快递业务市场准入

信件以及包裹、印刷品等物品的快递业务，直接关系到用户通信秘密以及其他合法权益的保护，涉及国家安全和社会稳定，必须依法对快递业务加强监管。修订草案根据《邮政体制改革方案》关于“对快递等邮政业务实行市场准入制度”的规定，并借鉴其他国家的做法，明确规定：国家对经营快递业务实行许可制度。未经许可，任何单位和个人不得经营快递业务。（第九条）同时，修订草案增加了“经营快递业务的规定”一章（第六章），从法人资格、服务能力、内部规章制度、业务操作规范、安全保障能力以及管理人员的守法记录等方面，明确规定了申请快递业务经营许可证应当具备的条件，并规定了申请和审批的程序以及经营快递业务的行为规范。（第五十一条至第五十七条）考虑到依照《中华人民共和国国际货物运输代理业管理规定》，一些国际货物运输代理企业经有关部门批准或者备案后已经经营国际快递业务的实际情况，为了既保证快递业务经营许可制度的统一适用，又避免给这些企业增加新的负担，修订草案作了相应的衔接性规定：本法施行前依照国家有关规定，经国务院商务主管部门批准或者备案，并向工商行政管理部门依法办理登记手续后经营国际快递业务的国际货物运输代理企业，凭批准或者备案的有效文件以及营业执照，到国家邮政管理部门领取快递业务经营许可证。国家邮政管理部门应当将企业领取快递业务经营许可证的情况通报其原办理登记手续的工商行政管理部门。（第八十四条）在修订后的邮政法施行后申请从事国际快递业务的国际货物运输代理企业，则需要依法经国家邮政管理部门审查批准后才能取得快递业务经营许可证。

四、补充、完善了安全监管的制度和措施

针对当前经营信件以及包裹、印刷品等物品快递业务的主体多元化，安全监管难度加大，现有安全监管机制覆盖不到位甚至出现空白的实际情况，根据《邮政体制改革方案》关于强化安全保障机制的有关规定，修订草案从六个方面补充、完善了加强安全监管、确保邮政通信与信息安全的制度、措施：

一是明确规定邮政管理部门、公安机关、国家安全机关和海关应当互相配合，建立、健全安全保障机制，加强对邮政通信与信息安全的监督管理，确保邮政通信与信息安全。（第十条）

二是规定邮政企业的邮件处理场所和快递企业的快件处理场所的设计和建设应当符合国家安全机关和海关依法履行职责的要求。（第十三条、第五十八条）

三是规定邮政管理部门在审查快递业务经营许可证申请时，应当考虑国家安全等因素，并征求有关部门的意见。（第五十二条第三款）

四是规定邮政企业、快递企业应当建立并严格执行收件验视制度。（第二十三条、第五十八条）

五是规定因国家安全或者追查刑事犯罪需要，国家安全机关、公安机关有权依法查验、扣留有关邮件、快件，要求邮政企业、快递企业及其有关人员提供用户使用邮政服务或者快递服务的信息。邮政企业、快递企业以及有关单位应当配合，并对有关情况予以保密。（第三十五条、第五十八条）

六是规定任何单位和个人不得利用邮件、快件传播含有危害国家安全内容的信息。（第三十六条、第五十八条）

五、修改了邮政业务资费的制定机制

按照现行邮政法的规定，邮政业务的基本资费由国务院物价主管部门制定，报国务院批准；非基本资费由国务院邮政主管部门制定。根据《邮政体制改革方案》关于改革邮政业务价格形成机制的有关规定，修订草案将邮政企业的业务资费分政府定价和市场定价两种情况做了规定。即：邮政普遍服务业务资费、邮政企业专营业务资费、机要通信资费以及国家规定报刊的发行资费实行政府定价，资费标准由国务院价格主管部门会同国务院财政部门、国家邮政管理部门制定；邮政企业的其他业务资费实行市场调节价，由邮政企业自主确定资费标准。（第三十八条第一款、第二款）

六、完善了有关法律责任的规定

修订草案将现行邮政法“罚则”一章修改为“法律责任”（第八章），并从三个方面做了完善：

一是对这次邮政法修改中增加规定的邮政企业、快递企业以及其他单位和个人的有关行为规范，如未经批准擅自停止办理邮政普遍服务和特殊服务业务、未取得许可经营快递业务等，相应规定了法律责任。

二是明确赋予邮政管理部门对违法行为的行政处罚权。

三是对现行邮政法及其实施细则已经规定了处罚的违法行为，进一步加大了处罚力度。

此外，修订草案还对现行邮政法做了其他一些修改，如在邮政企业的经营范围中增加了邮票发行业务（第十六条第三项）；增加了邮政企业办理义务兵通信、国家机要通信等特殊服务的有关规定（第十七条第二款）；适当提高了邮政普遍服务范围内邮件损失的赔偿限额（第四十六条）等。

《邮政业发展“十二五”规划》解读

国家邮政局政策法规司　提供

“十二五”时期是我国全面建设小康社会的关键时期，是深化改革开放、加快转变经济发展方式的攻坚时期，也是邮政行业实现转型升级和跨越发展的重要战略机遇期。按照国务院的统一部署，国家邮政局于2009年10月启动了《邮政业发展“十二五”规划》（以下简称《规划》）编制工作。经过20个月的努力工作，《规划》于2011年7月颁布实施。

这是邮政体制改革后，第一个覆盖完整规划周期的行业五年规划。《规划》认真贯彻十七届五中全会精神和国民经济和社会发展第十二个五年规划纲要要求，体现了邮政体制改革的成果，体现了邮政业与国家规划、地方规划和交通运输规划的有效衔接，体现了世界邮政业的发展趋势。规划对于阐明行业发展的战略意图和方向，明确邮政管理部门的工作重点，有效引导市场主体行为，抓住和用好战略机遇期，引导行业科学发展意义重大。

《规划》集中了全系统、全行业的智慧，与时俱进地科学谋划了“十二五”时期行业改革发展的新思路、新举措，是今后五年行业改革发展的重要指导性文件，也是全系统共同的行动纲领。为了加深行业内外对于《规划》的理解，现将《规划》的特点和内容作如下说明。

一、《规划》的主要特点

《规划》是国际金融危机后我国邮政业的第一个五年规划，这次金融危机无论对世界邮政业还是对中国邮政业，都提出了一些新的命题。《规划》面对新形势，应对新变化，以科学发展为主题，以转变邮政业发展方式为主线,围绕邮政普遍服务和快递服务两个领域,提出了深化邮政改革,充分发挥市场的资源配置作用,促进邮政业转型升级的发展思路,具有鲜明的时代特征和行业特色。

(一)《规划》立足当前、着眼长远,是国家一系列重大战略部署在邮政行业的深化细化

21 世纪前 20 年是我国发展的重要战略机遇期,也是邮政行业改革发展的关键时期。《规划》既立足当前,解决邮政业总体上不适应经济社会发展和人民群众多层次需求的现实问题,提出深化改革、推进邮政公共服务均等化、推进向现代邮政业转变、促进邮政业平稳较快增长的发展思路,充分体现了国家调整经济结构、服务民生、完善基本公共服务体系等一系列重大战略部署。同时又着眼长远,围绕惠民强业的战略目标,贯彻物流业调整和振兴规划精神,落实国务院关于邮政与交通运输统筹发展的要求,提出抓住国家经济结构调整和社会生产消费方式转变的有利时机,加快转变发展方式,培育新的增长点,促进交通邮政协同发展,促进邮政业转型升级。《规划》将国家发展战略与邮政行业发展的客观要求相结合,具有很强的宏观性、战略性和指导性。

(二)《规划》统筹协调、突出重点,明确了邮政普遍服务和快递服务的不同发展要求

《规划》将邮政业与国民经济和社会发展统筹考虑,把企业发展、行业壮大、惠及民生和服务经济社会发展有机结合起来,体现了正确处理好发展速度、结构、质量、效益之间关系的要求。《规划》既强调培育行业新的竞争优势和增长点,又统筹考虑邮政普遍服务的可持续发展,提出完善保障机制,强化邮政基础网络建设,充分发挥邮政综合服务平台作用,推动普遍服务业务和竞争性业务互促共进,协调发展;既着力解决行业发展中影响全局带有普遍性的突出问题,又针对普遍服务和快递服务两个不同领域,分别提出相应的发展目标、任务和保障措施,并以专栏的形式明确了“十二五”时期两个领域的重点工程。这对于各级邮政主管部门明确责任和分工,切实履行行业管理职责、促进产业发展将起到重要的指导和约束作用。

(三)《规划》广开言路、注重衔接,体现了社会发展要求和行业发展共识

本着“开门办规划”的原则,《规划》在编制过程中多次以调研、走访、座谈、研讨会等方式听取企业单位、专家学者和用户的建议;又通过调查公司的服务质量测评、“邮政行业‘十二五’规划建言献策活动”等途径充分了解社会用户的意见和需求;《规划》还函征了发改委、财政部等 13 个部委的意见并充分吸收采纳。同时,规划衔接取得重要突破。目前,国家“十二五”规划纲要首次将邮政服务列入国家基本公共服务范畴,并作为重点项目予以保障,明确提出“邮政服务做到乡乡设所、村村通邮”、“加强农村邮政设施建设”等内容。在交通运输部交通运输发展规划中,邮政业与公路、水路、民航并列,成为一个独立完整的章节。此外,发改委的综合交通运输体系规划、现代服务业规划、民政部的社区服务规划和商务部的服务贸易规划等 9 部规划也吸纳了邮政业的相关内容。此次邮政行业列入国家相关规划体系,其层次之高、内容之多、涉及面之广都是空前的。这对于拓宽行业发展视角,完善《规划》发展思路,取得相关部门、邮政和快递企业以及社会用户的认可和支持具有十分重要的意义。同时,《规划》汇集了全系统、社会各界的智慧,为形成行业发展合力,实现跨越式发展奠定了坚实的基础。

二、关于“十二五”时期的发展形势

全面总结“十一五”时期发展成就,科学分析“十二五”时期发展形势,客观判断发展面临的机遇和挑战,是明确发展思路、设定目标任务的前提。因此,规划从世界邮政、信息技术、国民经济、公共服务均等化、消费升级、综合交通、市场开放等方面进行了综合分析,提出对邮政业发展形势

的总体判断是：**“十二五”时期是我国邮政业实现科学发展的战略机遇期**。具体包含两个层面：一方面，经济和社会发展对邮政业的需求依然强劲，机遇和挑战并存；另一方面，我国邮政业的发展条件和动力正在发生深刻变化，邮政业进入了必须以转型升级促发展的新阶段。

（一）世界邮政业增长方式深度调整，服务模式面临转变

一方面，受国际金融危机的后续影响，世界经济复苏将经历一个缓慢复杂的过程，邮政业发展速度也将受到影响，尤其对国际业务发展带来严峻挑战，对跨国快递公司的影响更甚。另一方面，随着互联网的普及和电子邮件的广泛使用，世界邮政业长期赖以生存的信件业务不断萎缩，包裹、快递和物流业务规模不断扩大，在业务收入中所占比重逐年增加。未来一段时期，邮政业增长方式面临调整，由以信件增长为主转向以包裹、快递和物流增长为主，并从单一的寄递服务模式向多元化综合服务模式转变。

（二）我国经济长期平稳较快发展，带动邮政业快速增长

“十二五”时期，伴随经济规模不断扩大和国际经济贸易往来更加密切，信息交流、物品递送和资金流通等活动更加频繁，对寄递服务的需求持续快速增长，邮政业发展潜力巨大；国家实施扩大内需战略，大力发展生产性和生活性服务业，将对包括邮政业在内的服务业产生巨大需求；我国人均GDP超过4000美元，进入消费升级阶段，将产生越来越多的个性化寄递服务需求。

（三）综合交通运输体系一体化发展，为邮政业提升效能创造了条件

邮政业发展不仅依托于交通运输工具，而且要发挥各种运输方式的组合效率，2008年邮政业划归交通运输部管理，为邮政依托综合交通运输平台加快发展提供了重要的战略机遇。“十二五”时期我国将基本建成以“五纵五横”为主骨架的综合交通运输网络，初步建成网络设施配套衔接、技术装备先进适用、运输服务安全高效的综合交通运输体系，为邮政业依托综合交通运输平台，加强设施建设，完善服务网络，增加运力供给，提升传递速度，提供有力保障。

（四）经济社会发展和国家推进基本公共服务均等化，对邮政普遍服务提出更高要求

一方面，目前我国邮政普遍服务能力不足、水平不高，还不能适应经济社会发展和人民群众日益增长的需要。另一方面，国家将更加注重改善民生，加快推进基本公共服务均等化，提高政府保障能力。邮政普遍服务已列入国家基本公共服务范畴，又是目前发展较为薄弱的领域。因此，“十二五”时期，要努力提高邮政普遍服务能力和水平，适应国民经济和社会发展新形势，顺应人民群众新期待，充分发挥出服务民生的基础性作用。

（五）社会生产和消费方式转变，使快递服务成为行业发展新的增长点

首先，随着人们消费方式的转变，电子商务和网络购物迅猛发展，对快递服务产生了巨大的、多元化需求。预计到2012年，中国电子商务市场交易额将达5.22万亿元，网购市场交易额会迅速增长到7200亿元，这将给快递服务带来不小的市场。其次，快递服务在社会生产的链条中发挥着越来越明显的作用。大量的个性化生产、精细化生产都需要利用快递服务来配送原材料、零部件、半成品和样品等，在商业活动中每天有大量的商务文件、标书、合同、账单等通过快递进行传递，快递服务正逐步融入社会的产业链、供应链和服务链，存在着巨大的发展潜力。

（六）邮政市场进一步开放，市场竞争呈现新特点

“十二五”时期，快递企业将获得更大的市场发展空间。市场竞争将呈现以下特点：民间资本加速进入邮政市场，企业兼并重组加剧，产业集中度将进一步提高；快递企业的网络由城市向发达地区农村扩展；一些快递企业由区域性网络运营向全国性

网络运营转变,由单一寄递运营商向综合性快递物流运营商转型,竞争地域由大城市及东部经济发达地区,向中小城市和中西部地区扩张。

三、关于指导思想和发展目标

(一)指导思想

从整体上看,"十二五"时期,社会对于邮政业存在着旺盛的多元化需求,同时对服务质量和水平提出了更高的要求。但我们的能力和水平还不能适应经济社会发展和人民群众多层次需求。根据《邮政法》和《国民经济和社会发展第十二个五年规划纲要》的精神,结合以上邮政行业发展实际,规划提出指导思想的核心是:以邓小平理论和"三个代表"重要思想为指导,深入贯彻落实科学发展观,全面实施《邮政法》,以惠民强业为战略目标,以转型升级为核心,推进向现代邮政业转变,推进邮政公共服务均等化,实现邮政业跨越式发展。《规划》指导思想的核心是"两推进一实现"。

第一个推进是"推进向现代邮政业转变",充分发挥邮政业"三流合一"的集成优势和服务民生、服务生产的基础性作用。第二个推进是"推进邮政公共服务均等化",着力发展西部和农村地区的邮政普遍服务,着力破除行业发展中的城乡二元结构问题。一实现是"实现邮政行业的跨越式发展",通过转变发展方式,创新体制机制,实现企业的发展壮大,并依托企业的迅速成长壮大,推动整个行业上台阶、上水平。"两推进一实现"是相互关联、相互依存的有机整体。

(二)基本思路和发展目标

为了实现跨越式发展的战略目标,《规划》明确了未来五年行业发展的基本思路和目标,即:贯穿一条主线,构建两个体系,实现三大目标。

"贯穿一条主线",是以转变邮政业发展方式为主线。这是实现行业科学发展的基本路径和根本保障。转变主要体现在服务模式、服务领域、经营模式三方面,即从单一的寄递服务模式向多元化综合服务模式转变,从传统服务领域向与电子商务和制造业等相关产业融合发展转变,从粗放式经营向集约式经营转变。要通过深化改革,通过创新体制和机制,升级管理和服务,实现企业发展上规模、管理上层次、服务上水平、能力上等级。

"构建两个体系",是围绕邮政服务和快递服务两大领域,构建覆盖城乡、惠及全民、水平适度、可持续发展的邮政普遍服务体系;构建便捷高效、竞争有序、技术先进、服务优质的快递服务体系。构建两个体系是邮政业服务社会、发展经济、安置就业的基本落脚点,是邮政业提升产业层次、发挥基础性作用的重要依托。普遍服务体系重在服务民生、体现社会公平,快递服务体系重在服务生产、体现发展效率。

通过转变发展方式,构建两个体系,最终"实现三大目标":发展步伐显著加快,服务水平显著提高,竞争能力显著增强。这三个目标是层层推进的关系,体现了对行业发展的基本要求,突出了质量、效益和速度的有机统一,是全面协调可持续发展理念在行业规划中的具体体现。

发展步伐显著加快。到"十二五"末,邮政业业务总量和业务收入分别达到2620亿元、2580亿元,年均增长15%,行业规模再翻一番以上;快递业务收入比2010年增长1.5倍。全行业新增就业岗位40万个以上。

服务水平显著提高。对普遍服务来讲,要按照国家基本公共服务均等化的要求,大力提高中西部和农村地区邮政普遍服务水平,推动发达地区普遍服务达到更高的标准和要求,全国邮政普遍服务满意度平均75分以上;对快递服务来讲,要创新服务模式,提升服务品质,快件延误率降低到千分之八、损毁率降低到万分之一、丢失率降低到十万分之五以下,快递服务的社会用户总体满意度达到70分以上。

竞争能力显著增强。做强国有邮政,做大快递企业,到2015年,中国邮政集团公司整体运营规模进入世界500强,培育出5个以上年业务收入超百亿,具有较强竞争力的大型快递企业。

四、关于主要任务

为贯彻落实《规划》指导思想，实现发展目标，结合邮政业发展趋势和存在的主要问题，聚焦重点环节、关键领域，突出重点，突破难点，以完善条件、健全机制、强化保障、推动转型为着力点，提出了五个方面的主要任务。各项任务下设工程，工程与政策措施是有机整体，各有侧重又互为补充，是保障任务实现的途径和手段。

（一）深化邮政主业改革

改革是加快转变经济发展方式的强大动力，"十一五"期间，我国邮政改革取得了很好的成效，"十二五"时期，我们必须以更大的决心和勇气持续而深入地推进邮政主业改革。一是继续推进邮政普遍服务业务与竞争性业务分业经营分账核算，理清损益责任。二是通过进一步深化改革，完善保障和监督机制，确保邮政普遍服务与特殊服务的有效实施。三是推动建立现代企业制度，支持邮政速递物流公司改制上市，实现资本化运作、集约化管理、规模化运营。四是支持邮政企业体制创新，推动由传统邮政向现代邮政转变，做大做强，充分发挥国有邮政的骨干作用。五是推动企业利用邮政网络打造面向全社会的综合服务平台，大力发展全国性的金融、保险、政务和公共事务等代理代办业务，积极发展农村邮政物流，促进邮政服务可持续发展。

（二）完善行业法规体系

邮政法规体系是政府依法行政、依法兴业的基础。在"十一五"期间颁布《邮政法》的基础上，应抓紧《邮政企业专营业务范围的规定》等专项法律法规制度的研究和颁布；抓紧《邮政普遍服务监督管理办法》和《快递市场管理办法》等部门规章办法的修改与颁布；抓紧推动地方管理部门研究制定法规和规章，形成完备的行业法律法规体系。

（三）提高普遍服务水平

《邮政法》规定国家保障中华人民共和国境内的邮政普遍服务，国家"十二五"规划纲要将邮政普遍服务纳入了基本公共服务的范畴，提出要逐步缩小城乡区域间基本公共服务差距。因此《规划》提出大力提高中西部和农村地区邮政普遍服务水平，缩小城乡和区域间普遍服务水平差距，适时修订《邮政普遍服务标准》。这就要求逐步完善普遍服务保障和监督机制，通过实施空白乡镇邮政局所补建、城乡局所改造、邮政服务进社区、村邮户箱和邮件处理中心新建及改造等项目，来增强基础网络能力，提高普遍服务水平，努力做到"乡乡设所，村村通邮"。

（四）促进快递转型升级

"十二五"期间，快递服务生产和服务民生的作用更加明显，快递服务与电子商务和制造业的融合更加紧密，《规划》提出鼓励快递企业创新运行机制，推动企业功能整合和服务延伸。一是要大力促进快递服务与关联产业的协同发展，构建快递企业与大型制造业、电子商务企业合作发展平台，建设适应制造业和电子商务发展的快递配送体系，鼓励快递企业与世界著名企业和国内大型制造企业建立长期稳定的战略合作关系，以促进快递企业加快向综合型快递物流运营商转型；二是要优化网络布局，增强服务能力，打造两个以上一体化的国内自主快递航空运输网络；推进快递物流园区建设；在北京、青岛等重点城市建设航空快件绿色通道，以实现产业集聚、功能集成和经营集约；三是要引导快递企业在组织、运营、产品、服务和科技应用等方面的创新升级，加快企业信息系统开发应用，提升服务品质，打造服务品牌。

（五）强化行业监督管理

行业管理工作围绕加强能力建设，规范行业监管，提高服务效能来开展。一是完善体制机制，研究建立服务水平监测和综合评价体系，开展普遍服务综合绩效考核，保障普遍服务有效实施。二是规范市场准入，强化执法监督和行业自律，规范市场行为，建立公平公正竞争有序的市场秩序。三是加强行业安全监管，维护邮政通信与信息安全，保护用户合法权益，切实保障寄递渠道安全。

四是加强行业应急管理，进一步提高隐患防范和突发事件应急处置能力。五是完善监管机构设置，加强邮政监管组织保障，健全政府监管、行业（企业）自律、社会监督的邮政行业监管体系。

五、关于政策措施

政策措施是完成规划任务、实现规划目标的保障和手段，是邮政管理部门开展工作的行动指南。措施的提出充分考虑了以下四点：一是注重将政策措施与主要任务相衔接，做到前后关联，逻辑对应，形成体系；二是注重将有针对性的具体措施与建立促进可持续发展的长效机制相结合，既关注当前又注重长远；三是注重将突出重点工作环节与形成综合措施体系相结合，既关注局部措施又关注政策体系；四是注重将延续现有措施与促进政策创新相结合，既关注可行性又关注前瞻性。《规划》提出了七项具体措施：

（一）建立长效机制，保障普遍服务水平

长效机制主要体现在：按照统筹规划、条块结合、分层负责、联合建设的思路，积极探索中央和地方共投共建邮政基础设施的模式，推动建立邮政基础设施建设长效机制；通过完善邮政普遍服务亏损补贴预算制度、建立邮政普遍服务基金等措施，加强普遍服务的运营保障；通过邮政普遍服务年度监管报告制度和综合评估制度，对邮政普遍服务的质量和水平等进行综合考核评估；通过打造现代农村邮政物流综合服务平台等，健全服务“三农”的长效机制。

（二）加大政策扶持，提高综合服务能力

主要涵盖推动建立现代企业制度、完善政策法规配套，推动邮政服务中小企业等方面，政策扶持主要体现在推动专营规定、给予用地和建设投资支持、协调解决城市局所配套建设问题等方面。目的在于推动传统邮政向现代邮政转变，促进邮政企业转型升级。

（三）加快产业培育，做大快递企业规模

此项措施充分结合国家“十二五”规划纲要中现代服务业相关内容，以及《产业结构调整指导目录》等宏观政策。一是完善相关政策配套，推动解决目前快递发展过程中存在的用地难、融资难、航空配舱难等具体问题。二是推动快递与电子商务、制造业联动发展。三是支持快递企业“走出去”。

（四）加强监督管理，优化市场竞争环境

结合主要任务和目前邮政市场特点、存在问题，《规划》提出：通过贯彻执行《快递业务经营许可管理办法》规范市场准入；严格执行普遍服务营业场所撤销和业务停办的审批；按照《邮政普遍服务监督管理办法》、《快递市场管理办法》等要求，规范企业经营行为，做到合法入市，守法经营，有序退出；制定代收货款的操作流程和风险控制措施，规范快递代理行为；加大行业安全监管和应急管理。

（五）依托交通平台，推动产业协同发展

交通运输是发展现代邮政业的基础平台和重要依托。《规划》从推动设施建设同步配套、推进互利合作两方面提出了政策措施，旨在加强邮政和交通运输资源的合理配置，强化邮政基础网络，提高邮政服务能力和水平，促进快递大发展、上水平。

（六）强化人才培养，提高队伍综合素质

此措施根据邮政业发展战略对人力资源工作的要求，从健全完善人才培养体系、大力提升人才队伍素质两方面，提出了“十二五”时期邮政业人才工作的具体措施，主要涵盖校企合作培养人才、完善人才远程培训网络、职称评审和职业技能鉴定等内容。

（七）推广科技应用，提升科学发展能力

科技进步是向现代邮政业转变的必然选择，目前我国邮政科技的总体水平仍不是很高，《规划》提出了推进新技术的应用、提高科技和标准化水平两大措施，涵盖促进物联网等相关技术的应用、制定邮政业科技发展规划、完善行业标准化体系、鼓励开展科技交流合作等方面。

《关于促进快递与民航产业协同发展的意见》起草说明

国家邮政局政策法规司　提供

为贯彻落实国务院《物流业调整和振兴规划》,发挥"大交通"平台的资源优势和组合效率,促进快递与民航产业加强合作,实现协同共赢发展,国家邮政局和中国民用航空局于2009年5、6月份开展了联合调研。

调研结果显示,近年来(指2008年左右)快递产业发展十分迅速。截至2008年,我国规模以上快递企业业务量、收入猛增到15亿件、408亿元,较上年增长26%,20%,较1987年增长了979倍、509倍。2009年虽然受到了经济危机的冲击,但第一季度全国快递业务量仍保持了13%的增长。同时,快递与民航合作密切。2007年、2008年邮政企业共交运航空邮件量达32万吨。2009年,顺丰的空运快件量日均达700余吨,除利用客机腹舱运输外,还租用包机运输快件。申通、圆通等民营企业日均运输量也达到了几十到几百吨不等。UPS和FedEx也与扬子江签订了包机协议完成其国内段快件运输。快件在航空货运市场份额不断提升,机场、航空公司正在转变观念,以市场为导向,努力改善服务,尝试推出差异化产品,积极向快件这一高端市场拓展。快递与民航合作的程度日趋密切,范围不断拓宽。进一步推动产业协同发展,是贯彻国务院《物流业调整和振兴规划》的具体举措,是依托大交通平台消除发展瓶颈、释放产业活力的具体措施,符合快递与民航产业发展的客观规律,产业合作的基础坚实,产业协同发展的前景十分广阔。

同时,民航与快递在产业合作中还存在着衔接不顺畅、发展不协调问题,表现在:一是部门间缺乏必要的协调机制。由于管理体制、行业特点等原因,两系统独立性强,系统内管理部门、企业之间缺乏必要的沟通和协调机制。快递属邮政业领域,由于行业特点,在服务宗旨中把"迅速"放在首位,强调保时限、不延误。与民航相关联的航空货运领域,在服务宗旨中始终把确保航空运输"安全"放在核心地位,作为重中之重。因此,在快件的航空运输环节中,加强协调、统一步调就显得尤为重要。另外,民航与快递企业间多通过货代进行业务衔接,同时两系统企业众多,存在着协调成本大、信息沟通不畅等问题。二是快件的空运环节衔接不畅。航空运能供给与快件运输需求在某些特定航线和时刻方面存在矛盾,快递企业对运力的特定需求得不到充分满足。快递企业基于成本考虑,将快件按普货交运,造成快件视同于一般货物处理,在舱位、设备、服务等方面缺乏相应的保障。快件的安检、配载、驳运、装卸、交接的处理时间较长,影响了快件的运输时效。三是快件跟踪信息不能对接。航空公司和快递企业分别开发建设自己的信息系统,存在信息跟踪反馈不及时现象,快件运输信息流尚不顺畅。信息沟通的不顺畅,增加了快递企业和民航企业的成本,影响了快件运输的时效性和可靠性。四是机场快递处理设施薄弱。总体上看,航空公司、机场对货运地面处理设施设备投入不足,设施规模小、技术设备落后、处理能力不高,配套服务不全。在机场新建、扩建规划中,快递功能区的定位有待进一步强化,机场规划、建设与航空货运和快递企业的需求仍需进一步衔接。五是企业间合作有待强化。从国际发展经验和业务发展需求看,快递和民航企业随着实力增强、运营规模扩大,必然会在业务领域相互延伸与渗透。应鼓励快递和航空企业进行战略合作,鼓励发展全货运航空公司,在飞机采购、租赁、航班、时刻保障上给予支持,有效提升货物航空运输能力与规模。

根据调研结果，调研组确定了建立行业协调机制、加强“快件绿色通道”建设、推动信息互联互通、支持机场快递设施建设、提升航空货运能力、规范快件航空运输市场等政策措施，并按照“以确保运输安全为前提、以实现互利共赢为基础、以构建协调机制为依托、以推动科学发展为目标”的指导原则，进一步加大两局协调力度，就上述政策措施充分交换意见，最终由两局联合印发《关于促进快递与民航产业协同发展的意见》。

《关于快递企业兼并重组的指导意见》起草说明及解读

国家邮政局政策法规司　提供

一、起草说明

为贯彻落实《国务院关于促进企业兼并重组的意见》(国发〔2010〕27 号)，努力解决快递企业规模小、实力弱、经营分散等问题，明显提高产业集中度，实现企业做强做大，国家邮政局委托国务院发展研究中心启动了快递企业兼并重组政策研究课题，并组织开展了到地方邮政管理部门、快递协会、企业的调研活动，为出台行业相关政策奠定基础。

研究和调研结果显示，20 世纪 80 年代至今，我国快递服务取得了长足发展，快递大国地位已初步确立。截至 2010 年年底，快递从业主体达 6000 余家，从业人员超过 50 万人，国有、民营、外资并存的快递市场格局已经形成。快递业务收入和业务量高速增长。2010 年，快递日业务量突破 1000 万件，进入世界前三位。快递行业网络化、规模化、品牌化程度和社会影响力不断提升，对国民经济的支撑作用日益显现。

同时，我国快递发展尚处于初级阶段，快递产业的整体能力和水平还不能满足经济社会发展的需要。从规模上看，相比较于欧美等发达国家，我国快递行业业务收入和业务量都明显偏小，与我国人口大国、经济大国的地位不相适应。从结构上看，“三多三少”现象突出。单纯依靠廉价劳动力参与低价竞争的低端快递企业居多，以技术、管理等要素大量投入为支撑的高端快递企业偏少；规模小、实力弱、网络不全的中小快递企业居多，规模化、网络化、一体化运作的大型快递企业偏少；没有品牌效应、竞争力弱的快递企业居多，品牌效应明显、竞争力强的快递企业偏少。从服务能力和水平上看，高端快递服务短缺和电子商务快件“爆仓”的问题并存，“快递不快”现象较为普遍。有的快递企业经营行为不规范，服务意识淡薄，快件延误、丢失、损毁和赔偿难等损害消费者权益的情况时有发生。

另一方面，21 世纪以来快递企业兼并重组步伐不断加快，规模不断扩大。2006 年，联邦快递以 4 亿美元收购大田物流。2007 年，TNT(中国)完成对华宇集团的收购。2009 年，中外运敦豪收购全一快递和中外运速递。2010 年，阿里巴巴入股星辰急便。同年，海航北方物流收购天天快递和青岛元智捷诚，百世物流控股汇通快递。应当看到，多数快递企业兼并重组后，企业管理日趋规范，生产经营稳步发展，服务品质有所提升，兼并重组的积极效应逐步显现。兼并重组已成为破解当前快递产业发展难题的重要途径。同时应当看到，当前快递企业兼并重组还存在一些突出问题，极大制约了快递行业的跨越式发展。如有的企业仅注重以兼并重组来实施规模扩张，而没有将更多的资金等资源投向产业运行领域。有的快递企业兼并重组后面临资金困难，技术装备和设施不能及时更新。有的收购企业片面关注被收购快递企业的即时盈利能力，忽视对其进行技术改造和管理升级，导致可持续发展能力差。有的兼并重组未能处理好债权债务处置、职工安置、业务有效衔接等问题，引发了一些问题。

快递企业兼并重组，是近年来全社会各行业、各领域企业为加快优化调整产业结构、提高发展质量和效益，而进行的兼并重组进程的重要组成部分。《国务院关于促进企业兼并重组的意见》（国发〔2010〕27 号）指出，要把促进企业兼并重组作为贯彻落实科学发展观，保持经济平稳较快发展的重要任务，作为深化企业改革，促进产业结构优化升级，加快转变发展方式，增强抵御国际市场风险能力，实现可持续发展的重要抓手。面对当前快递产业发展的形势和问题，有必要以《意见》精神为指导，结合最近快递企业兼并重组活动的特点，出台行业指导意见，以统一思想，明确方向，充分发挥政府、行业协会、企业三方积极性，有序有效地做好相关工作。

在相关研究和调研活动基础上，国家邮政局确定了坚持企业自主与政府指导相结合、坚持做大企业与转型升级相结合、坚持统筹协调与分类指导相结合、坚持经济利益与社会责任相结合的基本原则，提出了六项鼓励快递企业兼并重组的重点，同时拟定了加强对快递企业兼并重组的指导、规范、服务和协调等政策措施。根据以上内容，政策法规司牵头起草了《国家邮政局关于快递企业兼并重组的指导意见》。该意见经国家邮政局第 99 次局长办公会审议原则通过，于 2011 年 6 月 10 日正式印发。

二、相关解读

《快递》杂志曾就《国家邮政局关于快递企业兼并重组的指导意见》刊登了解读文章。全文如下：

《快递企业兼并重组指导意见》亮相四项举措指引快递领域“洗牌”

未来五年中，中国的快递领域在经历“大洗牌”之后，将出现怎样一番景象？国家邮政局在《关于快递企业兼并重组的指导意见》（以下简称《指导意见》）中描绘了蓝图——“‘十二五’时期，通过兼并重组，快递产业集中度明显提高，培育出一批年收入超百亿、具有较强国际竞争力的大型快递企业。现代企业制度普遍建立，公司治理结构明显改善，管理体制和运营机制显著优化，技术水平不断提升，形成资本化运作、集约化运营和规模化发展的产业发展态势。”

鼓励多种兼并方式，治理“小散弱”

鼓励快递领域进行多元形式的兼并重组，是这部新近出台的《指导意见》的鲜明特征。记者注意到，在《指导意见》中，提出鼓励快递企业兼并重组的六大重点，基本涵盖了这一领域发生兼并重组案的主要模式。其中包括鼓励不同类型快递企业的兼并重组，如鼓励优势快递企业加强联合，形成品牌化、规模化、网络化、信息化的大型快递企业集团；鼓励大型快递企业与中小快递企业，以及中小快递企业间的兼并重组，提升服务能力、质量和专业化水平，实现优势互补、合作共赢；支持优势快递企业兼并重组准备退出市场的快递企业。

同时，也鼓励特许经营型快递企业的兼并重组；鼓励快递关联产业的兼并重组；鼓励不同所有制快递企业的兼并重组。《指导意见》还鼓励快递企业利用资本市场开展兼并重组，支持符合条件的快递企业通过发行股票、债券、可转换债等方式为兼并重组融资。鼓励上市快递企业以股权、现金及其他金融创新方式作为兼并重组的支付手段，依托资本市场提升兼并重组效率，促进行业整合和产业升级。

此外,《指导意见》鼓励优势快递企业时机成熟时"走出去",进行跨国兼并重组。支持优势企业加强联合,兼并重组周边、新兴市场、欧美等国家的快递企业,建立境外分支机构,延伸服务网络,稳步实施国际化发展战略。

目前国内快递从业主体达6000余家,从业人员超过50万人,国有、民营、外资并存的快递市场格局已经形成,但国内快递企业的"软肋"是"小、散、弱"。一个可以对照的数字是,在美国,三大快递公司的市场份额就已经占到95%。

在接受本刊记者采访时,国家邮政局政策法规司副司长金京华认为,推进企业兼并重组,着力扭转"小、散、弱"的局面,培育一批规模较大的快递企业已经成为推动我国快递产业健康发展的一项紧迫任务。

《指导意见》中指出,在"十二五"期间,要培育出一批年收入超百亿、具有较强国际竞争力的大型快递企业。"促进快递企业兼并重组,顺应了行业科学发展的需要,是贯彻国家'十二五'规划纲要和《中华人民共和国邮政法》的具体措施,是优化产业布局,转变发展方式,提高发展质量和效益,促进快递产业转型升级和跨越式发展的必然要求,是切实增强服务能力,提高服务水平,转变竞争模式,实现做强做大的有效途径。"金京华表示。

"三化"为新坐标,目标定位转型升级

在《指导意见》中,首次提出以"市场化、产业化、现代化"为方向,鼓励指导快递企业通过兼并重组建立健全现代企业制度,加快转型升级,进一步做强做大。

5月24日,在原则通过《指导意见》的局长办公会上,国家邮政局局长马军胜强调,推动快递企业兼并重组的目的,是优化产业布局,转变发展方式,提高发展质量,促进快递产业转型升级和跨越发展。

对于"市场化",金京华的理解是,就是要本着鼓励竞争、促进发展的原则,加快培育公开公平、竞争有序的邮政市场,充分发挥市场配置资源的基础性作用。就是要以用户需求为导向,实现从业主体的充分良性竞争和优胜劣汰,推动快递企业不断提高生产效率、提升服务水平,不断满足社会日益增长的快递服务需求。

而"产业化",就是要以市场为导向,以效益为中心,以快递重点企业、重点品牌为依托,紧密协调上下游产业链,大力提升技术和经营管理水平,实现快递的均衡化布局、规模化运营、社会化服务和制度化管理,走上自我发展、自我积累、自我约束、自我调节的良性发展轨道。

"市场化"和"产业化"的落脚点是"现代化",即快递企业在技术、管理、服务等方面的现代化。一是技术现代化。鼓励快递企业加大科技投入,加快引进先进、适用的技术装备,大幅提升运营能力与效率,做到快件"寄得便、分得快、运得畅、投得好"。二是管理现代化。推动企业逐步建立现代企业制度,引进职业经理人,不断完善公司组织体系,健全公司治理结构,强化内部控制机制,提高科学治理水平。三是服务现代化。引导企业充分依托综合交通运输体系,发挥大交通平台的资源优势和组合效率,切实解决"快递不快"问题,增强对上下游产业链的支撑能力。要以用户为导向,进一步完善服务程序,提高服务标准,改善服务态度,提升服务水平。要不断丰富产品体系、提高服务层次,满足不同用户需求。

诚信管理提上日程,四项措施指引前路

显然,兼并重组不是目的,而是助力快递企业实现快速发展的一种手段。而对于兼并重组后的快递企业,邮政管理机构将加强对快递服务的监督管理。记者注意到,《指导意见》中提出要加强快递服务诚信管理,其用意则是要让快递领域的跨越式大发展切实服务民生。

金京华表示，政策制定要始终坚持以人为本，始终把实现好、维护好、发展好最广大人民的根本利益作为出发点和落脚点。具体到快递领域，就是要通过促进兼并重组等手段，推动企业做强做大，实现产业转型升级，增强服务能力，提升服务水平，为公众提供更多更好的服务。同时，能否以更优质的服务，不断满足公众日益扩大和升级的寄递需求，是判断企业兼并重组成功与否的根本标准。因此，国家邮政局将兼并重组后的快递企业纳入快递服务监管体系，以维护用户合法权益为导向，通过加强快递服务的诚信管理，引导企业诚信创业、守法经营；通过完善并实施快递服务质量评价体系，督促企业改善管理、提升服务；通过加强市场监督检查，坚决打击超范围经营、违反寄递安全规定、违法提供用户信息等行为，切实维护消费者合法权益。

未来一段时间，邮政管理部门将从哪些方面为快递企业兼并重组作出指导和规范？金京华对记者说，邮政管理部门将着力从四个方面入手，指导和规范快递企业兼并重组行为。

一是指导企业有效实施兼并重组。指导企业把握快递产业特点与规律，认清网络运营的特殊性和复杂性，做到理性进入、长远谋划、稳健经营，避免短期逐利行为。鼓励企业完善治理结构和管理制度，切实增加财力、物力、人力投入，推动技术进步和创新，加强业务整合和文化融合，强化品牌建设，提升竞争实力。

二是规范快递企业兼并重组行为。督促快递企业严格遵守兼并重组的相关法律法规和政策，妥善解决债权债务和职工安置等问题，确保业务管控到位和有序运行，并配合有关部门，防范和打击内幕交易和市场操纵行为，防止恶意收购，防止以兼并重组之名甩包袱、偷逃税款、逃废债务。

三是依法开展兼并重组备案和相关快递经营许可工作。建立并实施快递企业兼并重组备案制度。企业兼并重组后，需要依法取得快递业务经营许可，或者企业名称、企业类型、股权关系、注册资本、经营地域等原许可事项发生变更的，应责成其及时办理许可证申请或变更手续。兼并重组涉及外资的，依法对经营范围进行调整和规范。

四是加强对兼并重组后企业快递服务的监督管理。加强快递服务诚信管理，完善快递服务质量评价体系，及时测评快递企业公众满意度、时限准时率和用户申诉率，有效引导社会消费，促进服务质量稳步提升。强化市场监督检查，对相关违法违规行为依法进行查处直至吊销经营许可证，并支持优势快递企业兼并重组准备退出市场的快递企业。

据记者了解，今后一段时期，邮政管理部门将从以下方面，服务和协调快递企业的兼并重组：依托行业协会建立兼并重组的服务机制，畅通信息交流渠道，开展兼并重组的相关咨询、争议协调等服务工作。制定快递企业网络、品牌等资产的价值评估指南。充分依托境内银行、证券公司等金融机构在跨国并购中的咨询服务作用，指导和帮助企业制定境外并购风险防范和应对方案，保护企业利益。进一步规范审批流程和监管程序，细化有关政策和配套措施，研究解决快递企业兼并重组工作中的重大问题，并重点指导跨省、涉及外资的快递企业兼并重组工作。加强和有关部门协调配合，积极争取支持快递企业兼并重组的财税、土地等优惠政策，营造支持快递企业跨地区、跨行业、跨所有制兼并重组的良好环境。此外，国家邮政局要求各地邮政管理局切实开展本地区快递企业兼并重组指导工作，加强对本地区快递企业兼并重组行为的了解、跟踪和指导，并结合本地实际，推动地方人民政府落实支持兼并重组的财税、土地等优惠政策。要加强与商务、工商等部门的政策协调和工作联动，完善涉及快递企业兼并重组的相关工作流程，切实改善服务，方便企业办理许可证申请和变更手续。

兼并重组初显锋芒，更多并购案将浮出

事实上，在《指导意见》出台前，国内快递业整合态势已初露端倪。2006 年，联邦快递斥资 4 亿美元收购大田物流；2007 年，TNT（中国）完成对华宇集团的收购；2009 年，中外运敦豪收购全一快递和中外运速递。进入 2010 年以来，兼并重组案更是接二连三：星辰急便获得来自阿里巴巴的投资，海航集团将天天快递招至其麾下，百世物流收购“四通一达”中的汇通快递。此外，目前还有包括 IDG、联想、复星、鼎晖、华平、新天域等投资机构对快递企业“虎视眈眈”。

外界的一个预计是，未来可能有更多的快递并购案浮出水面。金京华认为，目前，我国快递企业兼并重组日趋频繁，涉及企业规模不断扩大，社会影响力与日俱增，积极效应初步显现。但总的来看，快递企业兼并重组进程还处于初始阶段，服务水平高、产品层次多、行业内优势明显，具有较强盈利能力和国际竞争力的大型快递企业尚未出现，兼并重组还有很大空间。“在这个初始阶段，产业集中度、企业规模、管理运营机制等均有很大提升空间，‘十二五’时期完全有可能上一个新的台阶。”金京华说，“‘十二五’时期也是我国快递企业实现做强做大的重要过渡期，关系到未来十年甚至更长时期的战略目标能否顺利实现。兼并重组作为快递产业结构优化和转型升级的重要途径，其目标的制定必须在现有条件的基础上，充分考虑快递在‘十二五’特定历史时期的阶段性发展任务。”

金京华表示，未来一段时间内，快递领域兼并重组的广度、强度和频度还可能进一步提升，特许经营型快递企业总部与被特许企业间的兼并重组，以及快递企业与运输、电子商务、制造等关联产业的兼并重组将可能成为近期快递兼并重组的集中焦点。兼并重组对于快递网络资源整合、运营模式转型、产业上下游协同发展以及产业布局优化等方面的重要作用将会更加充分地显现出来。

《快递服务“十二五”规划》起草说明及解读

国家邮政局市场监管司　提供

一、起草说明

“十二五”时期，我国快递服务仍将处于持续快速发展的重要机遇期，既面临难得的历史机遇，也面对诸多风险和挑战。编制《快递服务“十二五”规划》，对于把握行业发展路径，明确政府监管重点，引导市场主体行为，增强快递服务能力，更好地满足经济社会发展和人民生活需要，具有重要的现实指导意义。

在邮政业“十二五”规划框架下，把握惠民强业的战略目标，以科学发展、跨越发展为主题，市场监管司于 2009 年 12 月底正式启动《快递服务“十二五”规划》的编制工作。

规划的编制历时 2 年，进行了 3 次集中调研，召开了 4 次规划领导小组会议和 10 多次规划工作组会议，先后征求各层面意见共 4 次，数易其稿后最终形成送审稿。

编制过程中，注重认真学习前期出台的国家规划和行业规划，充分研究和借鉴《国民经济和社会发展第十二个五年规划的建议》、《邮政业发展“十二五”规划》、《物流业调整和振兴规划》、《交通运输体系“十二五”发展规划》、《电子商务“十二五”发展规划》的内容，从指导思想、形势分析、行业布局，以及表述方式和编写体例等方面进行认真衔接。

二、规划的解读

本着“站位要高、鼓舞性要强、灵魂体现更明晰”等原则，《快递服务“十二五”规划》在指导思想部分，提出围绕构建“便捷高效、竞争有序、技术先进、服务优质”的快递服务体系的总体目标，推动“四大根本转变”，力争实现“两个协调发展”，以及四项“坚持”。

其次，本着“调结构、转方式、大发展、上水平”的总体思路，对主要任务进行排列和完善。从加强服务能力建设、提升快递服务水平、促进产业联动发展、推动科技应用与创新及强化行业监督管理五个方面进行阐述。

第三，本着“实化、细化、深化”原则，对应《邮政业发展“十二五”规划》中提到的与快递服务相关的内容，着重加强政策措施部分的指导性和操作性，便于《规划》内容最终扎实有效推进。

第四，体现工作亮点，就 2011 年发布的《快递企业等级评定管理办法》、《快递业务操作指导规范》等有关办法规章，单设专栏进行展示，凸显工作亮点。

第五，增加甩挂运输、快递自主航空网络规划图、快递企业走出去及解决行业发展整体不平衡问题等相关内容，使规划更加丰富完整。

《快递服务》系列国家标准编制说明

国家邮政局政策法规司　提供

《快递服务》系列国家标准共包括三个部分，分别是：GB/T 27917. 1—2011《快递服务　第 1 部分：基本术语》，GB/T 27917. 2—2011《快递服务　第 2 部分：组织要求》和 GB/T 27917. 3—2011《快递服务 第 3 部分：服务环节》。该系列国家标准列入国家标准委 2008 年第二批国家标准制修订计划项目，由国家邮政局提出，由全国邮政业标准化技术委员会（SAC/TC462）归口，由中国标准化研究院负责主持起草。2011 年 12 月 30 日，该系列国家标准经国家质检总局和国家标准委批准发布。并将于 2012 年 5 月 1 日起正式实施。现将有关情况说明如下：

一、制定《快递服务》国家标准的重要意义

快递业务是邮政业的重要组成部分，直接关系到用户通信秘密及其合法权益的保护，直接涉及用户通信权利的实现。因此，制定《快递服务》国家标准，有利于提高快递服务的质量和水平，保障公民的通信权利和通信自由，保护用户合法权益，促进经济社会可持续发展。

2007 年国家邮政局发布了《快递服务》行业标准，该行业标准实施几年来，产生了良好的效果，有力地促进了快递市场的发展。但是行业标准是在新《邮政法》尚未出台的情况下制定的，主要是解决从无到有的问题。本次制定《快递服务》国家标准，从两个方面完善了原行业标准。一是由行业标准上升为国家标准。与行业标准相比，国家标准具有更权威、更稳定、适用范围更广的优点，由行业标准上升为国家标准，能够有效提升标准的权威性。二是对行业标准进行细化，增加了代收货款、国际快递等相关内容，使得标准更符合企业、政府和消费者的需要，从而提高标准的适用性。

近几年，快递市场呈现迅速发展的态势，很多企业的年增长率都在 30% 以上。快递市场已逐步发展到谋求形成对内统一、对外开放市场格局的新阶段。制定《快递服务》国家标准，能够进一步

促进快递市场发展，形成大统一、大开放的市场格局。例如，通过制定术语标准，可以规范全行业的用语，搭建统一的交流平台；通过在《组织要求》和《服务环节》标准中增加国际快件的内容，可以帮助国内企业走出去，参与国际竞争，进一步做大做强。

二、制定《快递服务》国家标准的基本思路

(一)严格依据相关法律法规

从2008年来，涉及快递服务的一批重要法律法规以及部门规章，例如《中华人民共和国邮政法》、《快递市场管理办法》等相继发布，这是开展快递服务必须遵守的规则，也是起草标准的重要基础，因此，起草组在标准的研制过程中，对相关的法律法规以及部门规章等进行了认真的研究。凡是法律法规有明确规定的，都遵照其相关规定。

(二)充分吸收优秀快递企业经验

近年来，我国部分优秀快递企业发展迅速，积累了大量的先进经验和做法。标准是最佳实践的总结，因此，制定本国家标准时，标准起草工作组多次调研各类快递企业，广泛收集相关资料，多轮征求企业意见，最大限度地将我国快递企业的成熟经验吸纳进来。

(三)增强标准可操作性

为了更好地指导企业作业环节、降低用户的可能损失，增加标准的可操作性，本国家标准在制定过程中，尽可能地对相关条款进行细化，对可能形成统一规范的环节强化指导，同时全面纳入国际快递的相关内容，不断扩大标准的适用范围和覆盖面。

(四)遵循不同类型标准的研制要求

本国家标准包括了术语标准和非术语标准两种类型。两者在研制时具有不同要求。在制定术语标准时，应充分搜集、整理行业现有的概念，重点对重要的、基础的以及易混淆的概念进行界定，建立标准化的、全面的概念体系。而在非术语标准的研制过程中，对相关要求性条款的规定，应遵循考虑消费者意见、利益相关方充分协商一致等标准化基本规律，充分听取各方面的意见，以保证标准的科学性、权威性和实用性。标准起草工作组在制定标准过程中，充分按照以上不同类型标准研制的要求开展工作，确保了本标准的三个部分既各具特色，又相互协调统一。

三、《快递服务》国家标准的编制依据

1.《中华人民共和国邮政法》

2.《快递市场管理办法》

3.《快递市场经营许可管理办法》

4.《邮政业消费者申诉处理办法》

5.《寄递服务企业收寄物品安全管理规定》(试行)

6.《中华人民共和国劳动合同法》

7.《中华人民共和国劳动合同法实施条例》

8.《中华人民共和国海关对进出境快件监管办法》

9.《中华人民共和国海关监管场所设置标准》

10. GB/T 10757—200X 邮政业术语

11. GB/T 16606—2009 快递封装用品

12. GB/T 10112—1999 术语工作 原则与方法

13. GB/T 19001—2008 质量管理体系 要求

14. GB/T 19012—2008 质量管理 顾客满意 组织处理投诉指南

15. GB/T 20001.1—2001 标准编写规则 第1部分：术语

16. YZ/T 0128—2007 快递服务

17. YZ/T 0005.1—2000 邮政业务词汇 特快专递部分

18. 中国邮政业发展研究报告

四、编制过程

国家邮政局严格按照国家标准制修订要求，开展《快递服务》国家标准的研制工作。主要编制过程经历了以下几个阶段：

（一）启动阶段

2009年4月28日，标准起草工作组召开启动会议，正式启动了《快递服务》国家标准的研制工作。会议明确了标准编制的基本思路和计划进度，组建了《快递服务》国家标准起草工作组，下设“基本术语”、“组织要求”和“服务环节”三个小组。

（二）草案稿阶段

2009年4月28日—5月18日，召开两次专家讨论会确立了标准的框架，完成了草案1稿。

2009年5月19日—5月31日，召开3次专家讨论会，对草案1稿进行了3轮修改，形成了草案4稿，准备开展调研工作。

（三）实地调研阶段

2009年6月1日—6月9日，确定调研目的、调研企业、调研时间安排、调研主要内容以及调查问卷的基本内容。

2009年6月10日—6月25日，国家邮政局和中国标准化研究院组成四个调研组，分赴黑龙江、天津、上海、河南、广东、福建、四川和湖南8个省市开展调研。此次调研共召开8次座谈会，走访了17家企业，与60余人次进行座谈，发放“调研问卷”65份，回收48份，得到有效意见210条。

（四）形成征求意见稿阶段

2009年6月26日—7月30日，调研结束后，项目针对收集到的意见和建议，召开专家讨论会，对标准草案稿逐条进行了梳理和修改，形成征求意见1稿。

2009年8月6日，国家邮政局召开部分省局专家参加的研讨会，对征求意见1稿进行讨论，修改形成征求意见2稿。

2009年11月30日—12月20日，标准起草工作组对北京、上海和广东三地的近20家企业开展资料调研，重点搜集国际快递相关素材。

2010年1月15日，标准起草工作组前往中外运空运发展公司就国际快递有关问题进行补充调研。

2010年1月16日—1月31日，标准起草工作组根据资料调研和补充调研的成果，对征求意见2稿进行修改，形成最终的征求意见稿。

（五）征求意见阶段

2010年3月1日—3月31日，国家邮政局组织开展全国范围的意见征求工作，各省、区、市邮政管理局组织本地企业及用户进行研讨；同时将《快递服务》国家标准征求意见稿公布于国家邮政局门户网站，面向全社会广泛征集意见，共收集意见352条，其中，针对《基本术语》的意见131条，针对《组织要求》的意见110条，针对《服务环节》的意见111条。

此外，标准起草工作组还于4月初，前往上海、浙江等地，实地走访顺丰、申通等企业，收集对本标准的意见和建议。

2010年4月17日，国家邮政局召开中外运敦豪（DHL）、联合包裹（UPS）、联邦快递（FedEx）、天地公司（TNT）四大外资公司参加的征求意见座谈会，会上收集意见60条。

2010年3月—4月，国家邮政局向中国邮政集团公司发函，征求邮政企业意见，共得到意见38条。

以上三个方面，共征集到意见450条。在征求意见过程中，大家普遍认为《快递服务》行业标准实施效果良好，赞同国家邮政局进一步组织制定《快递服务》国家标准，基本认可征求意见稿的框架、原则和编写思路等，同时也对基础概念、快递企业最低从业人数、代收货款、档案保存期限、快递服务时限、验视、内部处理、快件签收、无着快件、查询信息有效期、国际快递等方面提出了一系列意见和建议。

2010年5月—6月，标准起草工作组针对征求到的意见，召开4次研讨会，对意见进行逐条研究，最终形成送审稿。

（六）审查阶段

2010年8月18日，全国邮政业标准化技术委员会在北京召开《快递服务》系列国家标准审查会。各位委员在听取了起草组关于标准编制情况的说明后，就标准中的主要内容进行了认真细致的审议，各位委员一致同意标准通过审查，并建议尽快形成报批稿，上报国家标准化管理委员会审批发布，同时做好标准的培训宣贯和实施推进工作。

五、与《快递服务》行业标准（YZ/T 0128—2007）的关系

2007 年，国家邮政局发布了《快递服务》行业标准，这是我国首个针对快递服务的行业标准，对快递服务的组织、服务环节等方面做了规定。该行业标准实施以来，各地通过达标活动予以积极推动，产生了良好的效果，有力地促进了快递市场的发展。

因此，标准起草工作组在研制《快递服务》国家标准时，以《快递服务》行业标准的成熟经验为基础，充分吸收和保留其中的合理成分，同时根据快递市场的最新发展，不断进行创新，对行业标准中部分内容进行细化，增加大量行业标准未涉及的内容。

（一）保留内容

在《快递服务　第 1 部分：基本术语》中，保留了行标界定的快件、快递运单等 7 个术语。

在《快递服务　第 2 部分：组织要求》中，保留了行标中“总则”、“组织资质”、“经营理念”、“服务费用”、“服务场所”、“设施与设备”、“信息管理”、“服务格式合同”、“档案”、“沟通”以及“服务改进”等内容。

在《快递服务　第 3 部分：服务环节》中，保留了行标中的“收寄”、“投递”、“查询”、“报关”、“内部处理”、“例外处理”以及“赔偿”等内容。

（二）细化内容

在《快递服务　第 2 部分：组织要求》中，根据《邮政法》、《快递市场经营许可管理办法》等法律法规精神，细化了行标中的资质、服务场所、设施设备等内容；根据《快递市场管理办法》以及部分快递企业的经验，细化了社会责任、信息管理等内容。

在《快递服务　第 3 部分：服务环节》中，根据《邮政法》的要求，细化了验视的要求；根据部分快递企业的经验，细化了封装的要求；根据广大用户的意见，细化了快件验收的要求。

（三）增加内容

在《快递服务　第 1 部分：基本术语》中，增加了近 70 条术语，涉及快递业务种类、快递服务要素、快递服务环节、快递服务质量等方面，形成了较为全面的快递服务术语概念体系。

在《快递服务　第 2 部分：组织要求》中，根据我国很多快递企业通过加盟形式构建网络，以及通过海外代理方式开展国际业务的现实，新增了特许经营商与海外代理商管理的内容；根据海关要求，增加快件监管场所的要求；根据《快递市场管理办法》增加安全、统计以及服务质量评价的要求；根据国内企业逐步开展国际快递服务的现实，增加国际快件服务时限的内容，同时在各个部分分别增加了国际快递的特殊要求。

在《快递服务　第 3 部分：服务环节》中，根据快递企业实践经验，增加了接单、取件、分拣、封发、运输、无着快件处理、申诉和信息录入等服务环节的内容；同时，根据国内企业逐步开展国际快递服务的现实，以较大篇幅，全面增加了国际进境快递和国际出境快递服务环节的要求。

第四篇　行 业 指 数

第一章　快递行业年度经营数据（2007－2011 年）

全国首次快递服务统计调查结果分析

2007 年

邮政业既有面向民生的普遍服务，同时也包括面向生产的快递等商业化服务。作为邮政业的重要组成部分，当前快递服务不仅在企业数量、市场规模、技术水平、从业人员等方面迅速发展，还与信息技术和互联网发展紧密结合，成为采用有址包裹方式实现电子商务配送的重要依托。我国的快递服务在促进经济发展、方便社会交流、满足用户多元化寄递需求等方面，发挥了积极的作用，其重要性日益为人们所认识。

全国首次快递服务统计调查已落下帷幕，但健全和完善邮政业统计，充分发挥政府信息的引导作用，加强对邮政业经济运行的统计、分析工作却刚刚起步。此次调查结束后，通过对调查数据的整理与分析，解读出我国快递服务发展有以下几个方面的特点。

一、快递服务总体规模增长迅速

从被调查企业的从业人数、业务量、业务收入的发展情况看，快递服务的总体规模增长迅速（详见表 4-1）。2006 年与 2005 年相比，快递服务表现出非常强的活力，在需求的拉动下从业主体数量出现了快速增长，新增快递法人企业 404 家，增幅为 20%。所有被调查快递企业的从业人员数量增长 36.3%，快递业务量增长 22.4%，快递业务收入增长 25%。2006 年，第三产业增加值增幅为 10.3%，其中交通运输、仓储和邮政业增加值增幅为 8.3%，快递业务收入增幅较上述指标分别高出 14.7 个百分点和 16.7 个百分点。从数据上看，快递服务规模的增长与 GDP 增长密切相关，2005 年至 2006 年，大体上 GDP 增长 1%，快递规模增长 2.5%。相关数据表明，快递服务需求旺盛，发展速度明显高于国民经济及第三产业，发展潜力巨大，发展前景广阔。

二、快递服务能力显著提升

1. 服务支撑能力有效提升

从被调查企业所拥有的房屋建筑面积、生产场地面积、营业网点数量、运输设备配备等方面的发展情况看，我国快递服务支撑能力提升显著。

与2005年相比，2006年被调查企业房屋建筑面积增幅为43.3%；独立分拣场地面积增幅为68.8%；拥有营业网点增幅为28.6%；拥有揽收、派送等用途的汽车数量达3.2万辆，增幅为32.4%；摩托车1.8万辆，增幅为44.2%；计算机5.7万台，增幅为53.1%；手持终端设备4.8万台，增幅为119.8%。快递服务企业通过在营业网点、作业设施、运输设备等方面的大幅投入，拓宽了经营的地域范围，提高了作业处理能力，显著提升了对服务的支撑能力。计算机、手持终端设备投入增长迅猛，有效提升了快递企业揽收、分拣、派送、查询等环节的信息化处理水平。信息技术的广泛应用，在为服务提供有效支撑的同时，也显现了快递企业向技术密集型企业发展的趋势。

表4-1 被调查企业主要规模指标

指 标	计量单位	2006年	2005年	增长(%)
年末从业人员	万人	22.67	16.63	36.3
快递业务量	亿件	10.599	8.658	22.4
快递业务收入	亿元	299.7	239.7	25.0

2. 服务功能迅速完善

随着人员、资金、技术等方面投入的增加，网络的迅速扩张，快递企业在上门揽收、投递到户、限时送达、跟踪查询等服务功能上日趋完善。在被调查企业中，2006年能够全面开展国际、国内业务的企业占调查企业数的28.4%。在被调查的企业中，有88.8%的企业能够提供查询服务；在能够提供查询服务的企业中，又有93.1%的企业能够提供按作业环节的查询服务。

三、快递服务发展与经济发展水平高度关联

从调查情况看，快递服务作为面向生产的邮政服务，其发展水平与整体经济的发展水平高度相关，越是经济发达的地区，快递服务的需求越旺盛，竞争就越充分，服务水平就越高。我国区域经济发展的不均衡性，使得快递服务发展呈现出显著的区域性集中特征。与国民经济区域发展水平相对应，快递企业数量、资产、快递业务量、快递业务收入，主要集中在东部地区。东部地区，法人企业数量占全部法人企业总数的73.7%，企业资产占全部快递企业资产的72.1%，业务量占全部快递业务量的75.5%，快递业务收入占全部快递业务收入总额的81.4%，营业利润占全部营业利润总额的97.6%。

在东部地区，快递服务又集中于重点区域。调查结果显示，即使在东部，快递服务区域布局同样显示了集中化的特点，快递业务量和业务收入主要集中在重点区域。东部的环渤海湾地区、长江三角洲、珠江三角洲是快递服务发展最为集中的区域。

四、快递服务多元竞争的格局已经形成

根据初步测算，2006年国有、民营、外资快递企业分别实现快递业务收入148.4亿元、52.4亿元、98.8亿元，分别占快递业务总收入的49.5%、17.5%、33%（详见图4-1）。2006年，国有、民营、外资快递企业分别完成业务量61927.5万件、28571.8万件、15493.6万件，分别占总业务量的58.4%、27%、14.6%。调查结果显示，快递服务从业主体呈现多元化趋势，国有、民营、外资快递企业多元共存、相互竞争的市场格局已经形成。

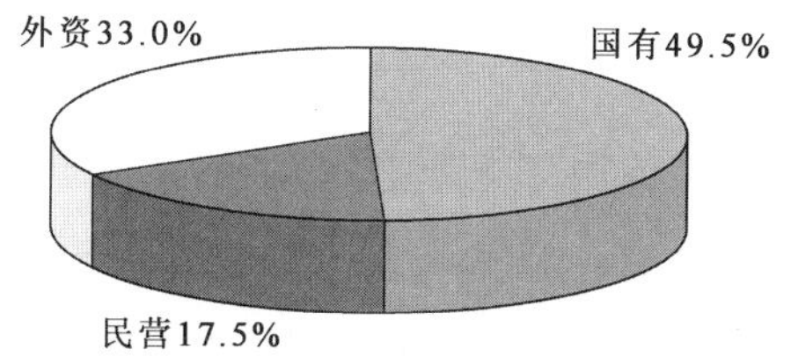

图4-1 2006年不同资本类型快递业务收入结构

从调查数据看，国有、民营、外资快递企业在业务结构中各具优势。2006年，国有快递企业的

国内异地快递业务收入占该板块快递业务总份额的64.1%，其份额明显高于其他类型的快递企业。这一数据说明，国有快递企业凭借其网络、品牌等优势，把握着国内异地业务的主动权。同期，民营快递企业的国内同城快递业务收入迅速增长，较2005年实现了54.4%的增幅，同城快递业务份额提升了6.8个百分点。这些数据表明，民营快递企业凭借其灵活的机制、相对较低的成本、方便的服务以及众多的从业主体，在国内同城快递业务上的优势逐渐提升。在国际快递业务方面，2006年外资企业占该板块业务总收入的60.1%，外资企业依靠其遍布全球的运递网络、雄厚的资金与技术实力，良好的管理与服务，在国际快递业务上优势明显。

五、快递服务促进就业作用明显

被调查企业2006年年末从业人员为22.7万人，比2005年增长了36.3 %，比全国同期城镇就业人员增幅(4.2%)高32个百分点。在被调查企业中，注册资本在100万～500万元之间的快递企业从业人员增幅最大，达到58.9%。数据表明，快递服务的发展对于吸纳劳动力，促进就业，发挥着积极的作用，且潜力很大。

通过上述分析，不难得出这样一个结论：包括快递服务在内的我国邮政业是一个发展前景十分广阔的朝阳产业。国务院《关于加快发展服务业的若干意见》(国发〔2007〕7号)中指出，“加快发展服务业，提高服务业在三次产业结构中的比重，尽快使服务业成为国民经济的主导产业，是推进经济结构调整、加快转变经济增长方式的必由之路，是有效缓解能源资源短缺的瓶颈制约、提高资源利用效率的迫切需要，是适应对外开放新形势、实现综合国力整体跃升的有效途径。”这为我国大力发展服务业指明了战略方向。邮政业作为国民经济发展的重要基础性产业和公共服务业，在关注民生促进社会和谐、全面建设小康社会的崭新时期，无论在普惠于民的基础性邮政服务方面，还是在面向生产的快递等商业化服务方面，都迎来了发展的历史机遇。在新时期，政府部门和邮政业从业主体都应当站在行业发展的战略高度上，遵循行业发展的客观规律，从科学发展的层面看远的、想新的、做实的，统筹行业发展的社会效益与经济效益，实现邮政业的全面协调可持续发展。

2007年邮政业运行情况

2007年，全国邮政业保持快速健康发展，邮政业务规模持续扩大，行业整体实力进一步增强。邮政业规模以上企业业务收入累计完成967.1亿元(含邮政储蓄收入)，同比增长19.3%。

邮政普遍服务业务稳定发展，保证了社会公民的用邮需要。全年函件业务量完成69.5亿件，包裹9103.3万件，订销报刊160.4亿份，汇票2.3亿笔。

快递业务继续快速发展，市场规模迅速壮大。全年规模以上快递企业完成业务收入342.6亿元，同比增长17.4%；快递业务量完成12亿件，同比增长20.4%。

以上指标统计数据详见表4-2。

邮政业规模以上企业从业人员93.7万人，其中快递企业从业人员达到23.4万人。营业网点7.1万处，其中快递营业网点4.7万处。人均函件量5.3件。

上指标统计数据详见表4-3。

表 4-2 2007 年邮政业发展情况表

指标名称	单位	2007 年	比去年增长(%)
一、邮政业业务收入	亿元	967.1	19.3
其中:快递业务收入	亿元	342.6	17.4
二、邮政业业务总量	亿元	1213.7	9.2
其中:函件	万件	695034.4	-2.5
包裹	万件	9103.3	-2.3
快递	万件	120189.6	20.6
订销报纸累计数	万份	1505639.6	-2.1
订销杂志累计数	万份	98104.1	-2.4
汇兑	万笔	22875.2	20.9

注:2007 年邮政业业务收入中包括邮政储蓄收入。

表 4-3 2007 年邮政业通信能力和服务水平情况表

指标名称	单位	2007 年	指标名称	单位	2007 年
从业人员	万人	93.7	其中:快递汽车	万辆	3.6
其中:快递从业人员	万人	23.4	平均每一个营业网点服务面积	km^2	135.9
营业网点	万处	7.1	平均每一个营业网点服务人口	万人	1.9
其中:快递营业网点	万处	4.7	人均函件量	件	5.3
汽车	万辆	7.8	每百人订阅报刊数	份	9.9

2008 年邮政业运行情况

2008 年,邮政业保持平稳较快发展。邮政企业和全国规模以上快递企业收入(不包括邮政储蓄银行直营收入)累计完成 960.2 亿元(图 4-2),同比增长 14%;业务总量累计完成 1401.8 亿元,同比增长 15.5%。

邮政函件业务累计完成 73 亿件,同比增长 5%;报纸累计完成 163.2 亿份,同比增长 8.4%;杂志累计完成 10.4 亿份,同比增长 6%;汇兑累计完成 2.6 亿笔,同比增长 15.5%。

全国规模以上快递企业业务收入累计完成 408.4 亿元(图 4-2),同比增长 19.2%,比上月上升 0.9 个百分点;业务量累计完成 15.1 亿件,同比增长 25.9%,比上月上升 1.5 个百分点。当月快递业务收入比上月增加 2.1 亿元,业务量比上月增加 1931.8 万件。

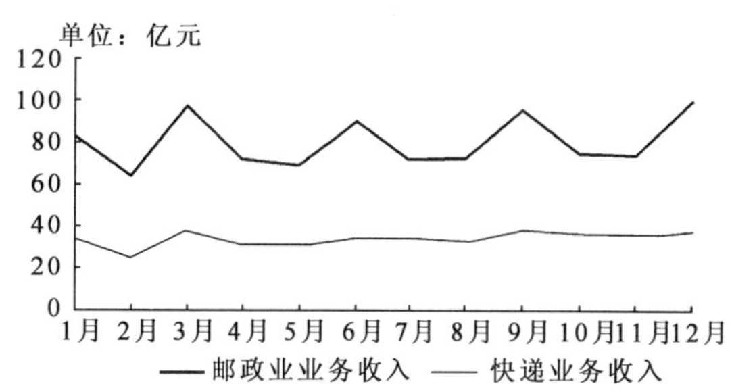

图 4-2 2008 年邮政业业务收入与快递收入分月图

同城、异地、国际及港澳台快递业务收入分别占全部快递收入的 7.6%、52.4% 和 36%(图 4-3);业务量分别占全部快递业务量的 26.6%、66.4% 和 7%(图 4-4)。

其中,同城快递业务量完成 4 亿件,同比增长 20.7%,收入完成 31 亿元,同比增长 5%;异地快递业务量完成10亿件，同比增长30.2%，收入完成214.2亿元，同比增长24.4%；国际及港澳台业务量完成1亿件，同比增长9.5%，收入完成147.2亿元，同比增长13.5%。

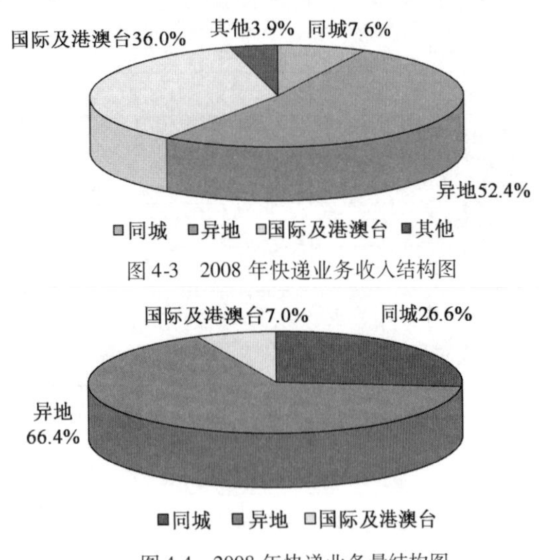

图4-3　2008年快递业务收入结构图

图4-4　2008年快递业务量结构图

东、中、西部地区快递业务收入的比重分别为81.4%、9.6%和9%（图4-5）；业务量比重分别为78.5%、11.5%和10%。

全国快递业务最发达的三个省份是广东、上海和北京。其中，广东快递业务量同比增长41.5%，收入同比增长18.3%；上海快递业务量同比增长20.7%，收入同比增长28.3%；北京快递业务量同比增长41.9%，收入同比增长23.8%。

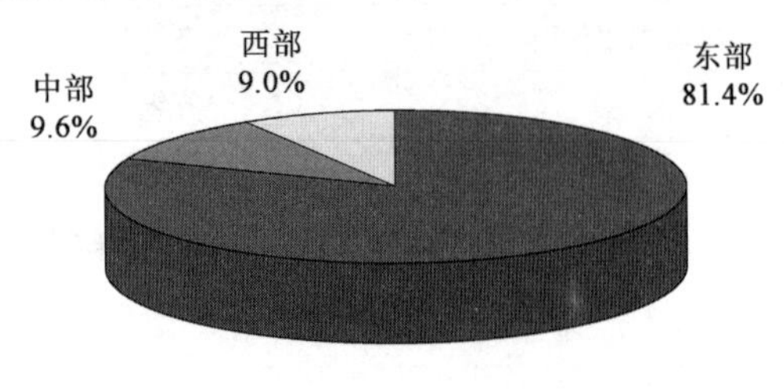

图4-5　2008年东、中、西部快递业务收入结构图

2008年全国邮政行业发展情况见表4-4。

表4-4　2008年全国邮政行业发展情况表

指标名称	单位	本月完成	本年累计完成	比去年同期增长(%)
一、邮政业业务收入	亿元	99.2	960.2	14.0
其中：快递业务收入	亿元	37.7	408.4	19.2
二、邮政业业务总量	亿元	127.9	1401.8	15.5
其中：函件	万件	59395.2	729775.1	5.0
包裹	万件	855.4	7936.7	-12.9
快递	万件	15168.2	151329.3	25.9
订销报纸累计数	万份	143198.7	1631837.6	8.4
订销杂志累计数	万份	8922.8	104166.0	6.0
汇兑	万笔	2310.1	26409.8	15.5

注：邮政业务收入中未包括邮政储蓄银行直营收入。

2009年邮政业运行情况

2009年，邮政企业和全国规模以上快递企业业务收入（不包括邮政储蓄银行直接营业收入）累计完成1094.7亿元（图4-6），同比增长14%；业务总量累计完成1632.1亿元，同比增长16.4%。其中，12月份当月全行业业务收入完成113.3亿元，同比增长14.2%；业务总量完成154.1亿元，同比增长20.5%。

邮政函件业务累计完成75.2亿件，同比增长3%；包裹业务量累计完成7172.4万件，同比下降9.6%；报纸业务累计完成162亿份，同比下降

0.7%;杂志业务累计完成10.2亿份,同比下降2.5%;汇兑业务累计完成2.7亿笔,同比增长2.8%。

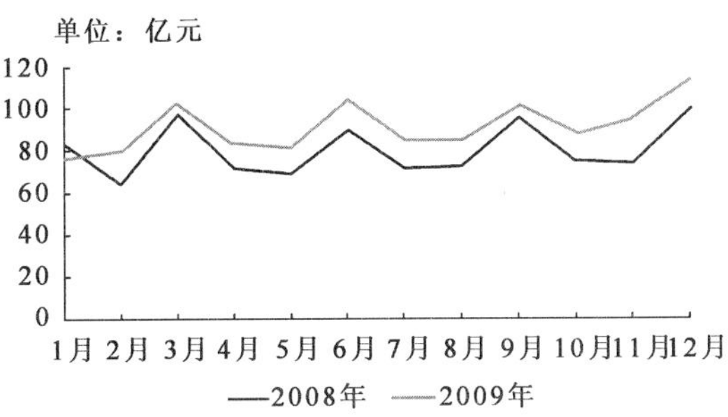

图4-6 2009年邮政行业业务收入分月图

全国规模以上快递企业业务量累计完成18.6亿件,同比增长22.8%;业务收入累计完成479亿元(图4-7),同比增长17.3%。其中,12月份当月快递业务量完成1.9亿件,同比增长27.2%;业务收入完成47.3亿元,同比增长25.5%。

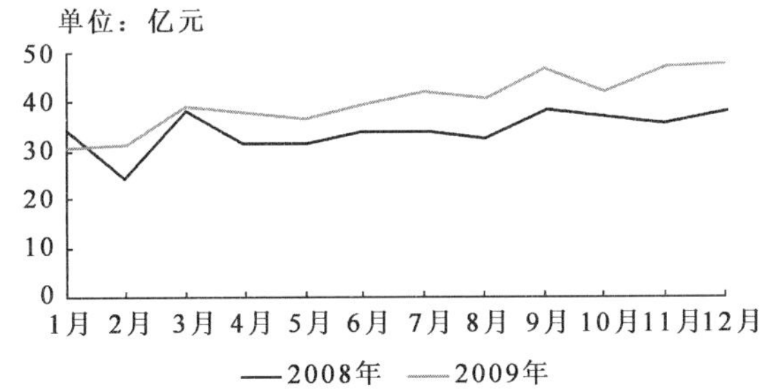

图4-7 2009年快递业务收入分月图

同城、异地、国际及港澳台快递业务收入分别占全部快递收入的7.3%、55.7%和31.7%(图4-8);业务量分别占全部快递业务量的23.5%、70.4%和6.1%(图4-9)。

东、中、西部地区快递业务收入的比重分别为81.1%、10%和8.9%(图4-10);业务量比重分别为80.2%、10.6%和9.2%(图4-11)。

2009年全国邮政行业发展情况见表4-5。

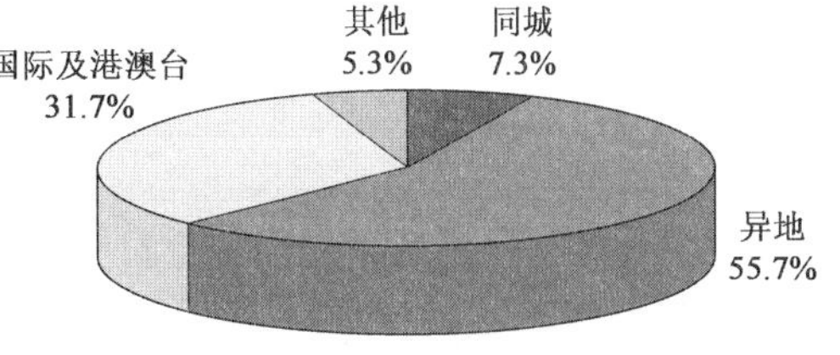

图4-8 2009年快递业务收入结构图

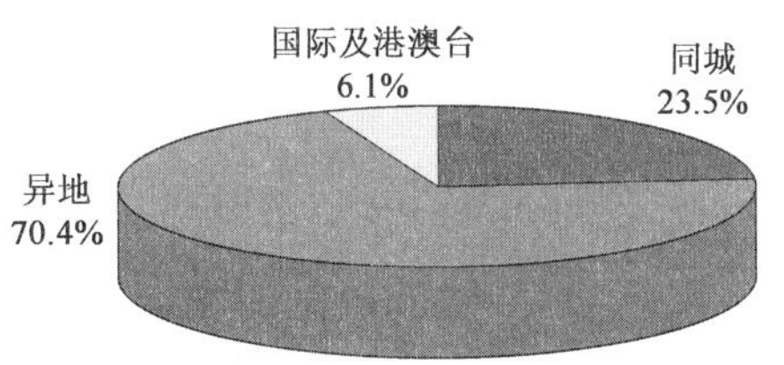

图4-9 2009年快递业务量结构图

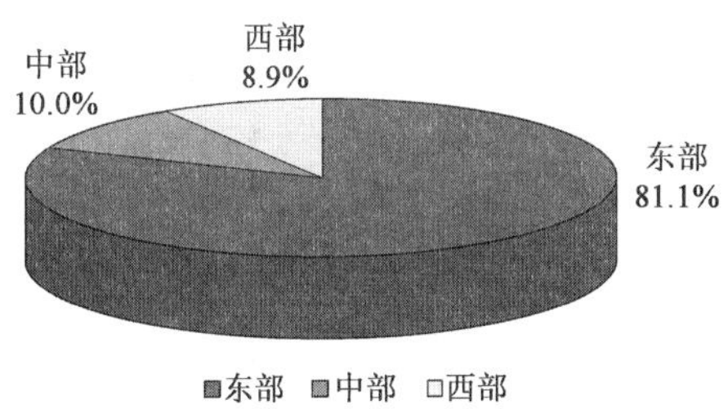

图4-10 2009年东、中、西部快递业务收入结构图

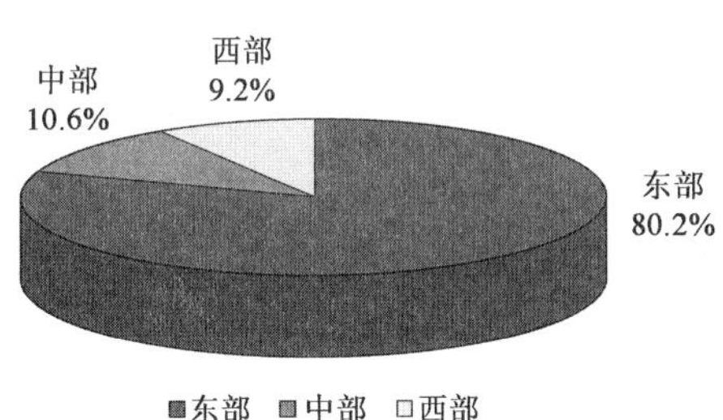

图4-11 2009年东、中、西部快递业务量结构图

表4-5 2009年全国邮政行业发展情况表

指标名称	单位	12月份		比去年同期增长(%)	
		累计	当月	累计	当月
一、邮政行业业务收入	亿元	1094.7	113.3	14.0	14.2
其中:快递业务收入	亿元	479.0	47.3	17.3	25.5
二、邮政行业业务总量	亿元	1632.1	154.1	16.4	20.5

续上表

指标名称	单位	12月份		比去年同期增长(%)	
		累计	当月	累计	当月
其中:函件	万件	751797.3	63642.9	3.0	7.2
包裹	万件	7172.4	620.7	-9.6	-27.4
快递	万件	185784.8	19299.0	22.8	27.2
订销报纸累计数	万份	1620146.6	140304.2	-0.7	-2.0
订销杂志累计数	万份	101529.0	8237.4	-2.5	-7.7
汇兑	万笔	27150.1	2521.9	2.8	9.2

注:邮政行业业务收入中未包括邮政储蓄银行直接营业收入。

2010年邮政行业运行情况

2010年,邮政企业和全国规模以上快递服务企业业务收入(不包括邮政储蓄银行直接营业收入)累计完成1276.8亿元,同比增长16.6%;业务总量累计完成1985.3亿元,同比增长21.6%。

12月份当月,全行业业务收入完成122.9亿元,同比增长8.5%;业务总量完成197.4亿元,同比增长28.1%。

2010年,邮政函件业务累计完成74亿件,同比下降1.6%;报纸业务累计完成171.8亿份,同比增长6.1%;杂志业务累计完成10.5亿份,同比增长3.4%;汇兑业务累计完成2.8亿笔,同比增长3.3%。

2010年,全国规模以上快递服务企业业务量累计完成23.4亿件,同比增长25.9%;业务收入累计完成574.6亿元,同比增长20.0%(图4-12)。

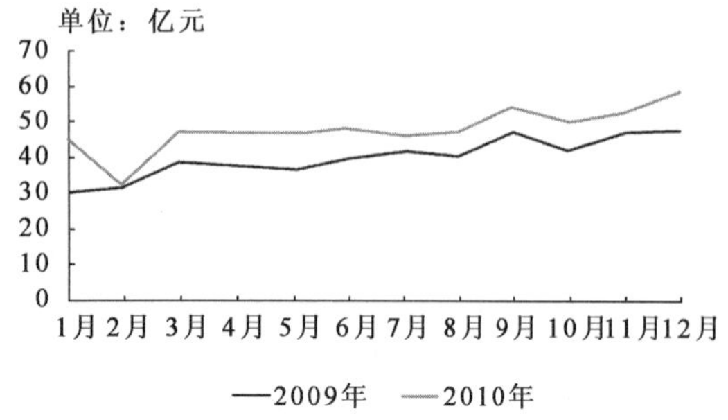

图4-12 2010年快递业务收入分月图

12月份当月,快递业务量完成2.6亿件,同比增长36.6%;业务收入完成58.7亿元,同比增长24%。

2010年,同城、异地、国际及港澳台快递业务收入分别占全部快递收入的7.2%、54.7%和31.1%(图4-13);业务量分别占全部快递业务量的22.9%、71.5%和5.6%(图4-14)。

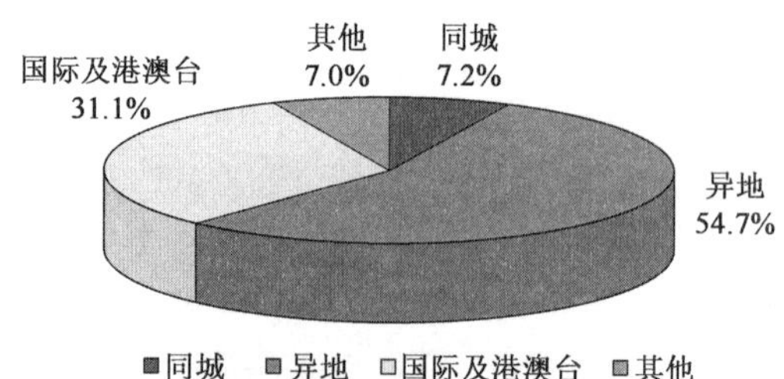

图4-13 2010年快递业务收入结构图

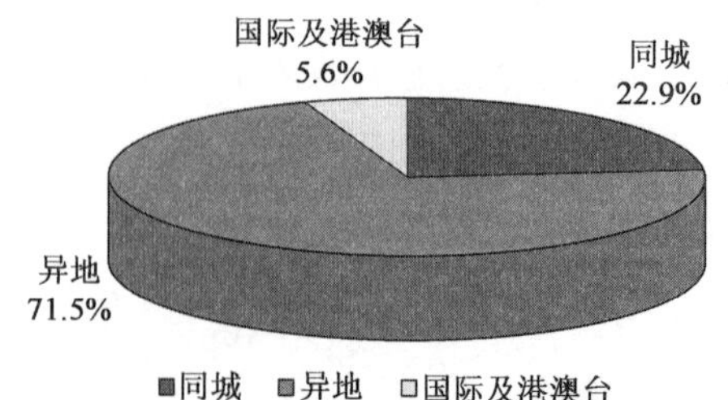

图4-14 2010年快递业务量结构图

2010年,东、中、西部地区快递业务收入的比重分别为81.1%、9.9%和9.0%(图4-15);业务量比重分别为79.3%、11.6%和9.1%(图4-16)。

2010年全国邮政行业发展情况见表4-6。

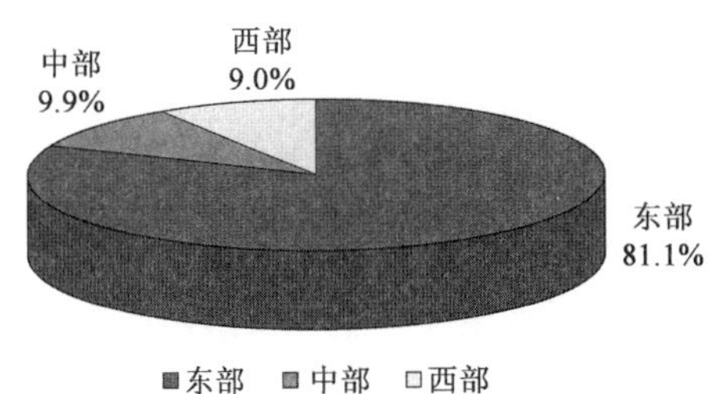

图4-15 2010年东、中、西部快递业务收入结构图

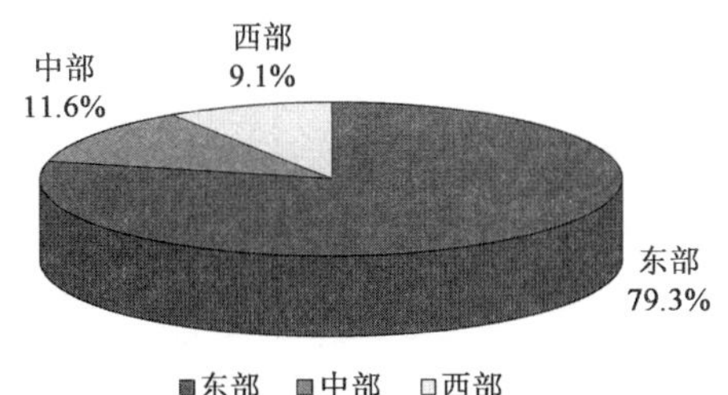

图4-16 2010年东、中、西部快递业务量结构图

表4-6 2010年全国邮政行业发展情况表

指标名称	单位	12月份		比去年同期增长(%)	
		累计	当月	累计	当月
一、邮政行业业务收入	亿元	1276.8	122.9	16.6	8.5
其中:快递业务收入	亿元	574.6	58.7	20.0	24.0
二、邮政行业业务总量	亿元	1985.3	197.4	21.6	28.1
其中:函件	万件	740141.0	69373.4	-1.6	9.0
包裹	万件	6595.0	709.8	-8.1	14.4
快递	万件	233892.0	26366.2	25.9	36.6
订销报纸累计数	万份	1718349.4	148814.1	6.1	6.1
订销杂志累计数	万份	104949.5	9015.7	3.4	9.4
汇兑	万笔	28045.3	2398.3	3.3	-4.9

注:邮政行业业务收入中未包括邮政储蓄银行直接营业收入。

2011年邮政行业运行情况

2011年,邮政企业和全国规模以上快递服务企业业务收入(不包括邮政储蓄银行直接营业收入)累计完成1561.5亿元,同比增长22.3%;业务总量累计完成1607.7亿元,同比增长25.0%。

12月份,全行业业务收入完成145亿元,同比增长17.9%;业务总量完成158.6亿元,同比增长26.4%。

2011年,邮政函件业务累计完成73.8亿件,同比下降0.3%;包裹业务累计完成6880.6万件,同比增长4.3%;报纸业务累计完成181.7亿份,同比增长5.8%;杂志业务累计完成10.8亿份,同比增长2.7%;汇兑业务累计完成2.6亿笔,同比下降5.6%。

2011年,全国规模以上快递服务企业业务量累计完成36.7亿件,同比增长57.0%;业务收入累计完成758亿元,同比增长31.9%(图4-17)。其中,同城业务收入累计完成65.9亿元,同比增长58.8%;异地业务收入累计完成445.9亿元,同比增长41.8%;国际及港澳台业务收入累计完成184.7亿元,同比增长3.3%。详见图4-18。

12月份,快递业务量完成4.3亿件,同比增长62.6%;业务收入完成85.0亿元,同比增长44.9%。

2011年,同城、异地、国际及港澳台快递业务收入分别占全部快递收入的8.7%、58.8%和24.4%(图4-19);业务量分别占全部快递业务量的22.3%、74.2%和3.5%(图4-20)。同城快递业务收入的比重上升1.5个百分点,异地快递业务收入的比重上升4.1个百分点,国际及港澳台业务收入的比重下降了6.7个百分点。

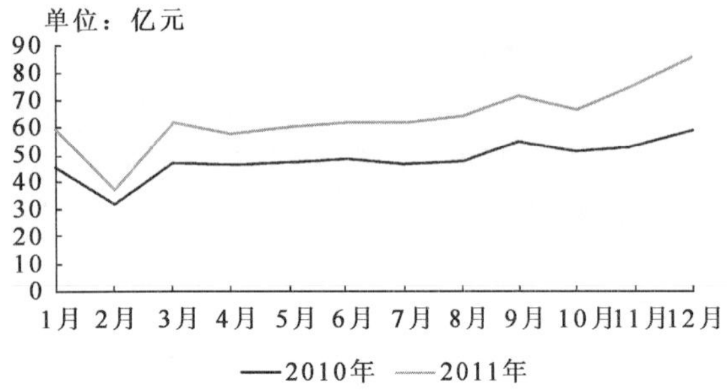

图4-17　2011年快递业务收入分月图

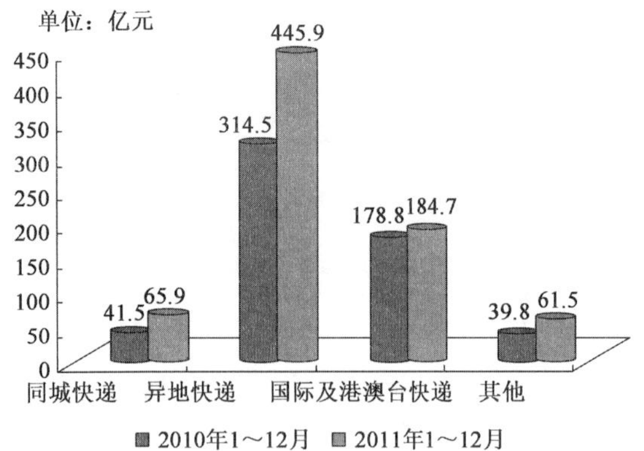

图4-18　2011年分专业快递业务收入比较

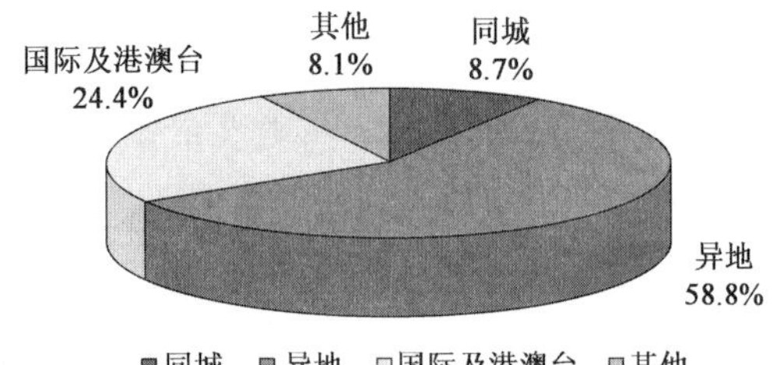

图4-19　2011年快递业务收入结构图

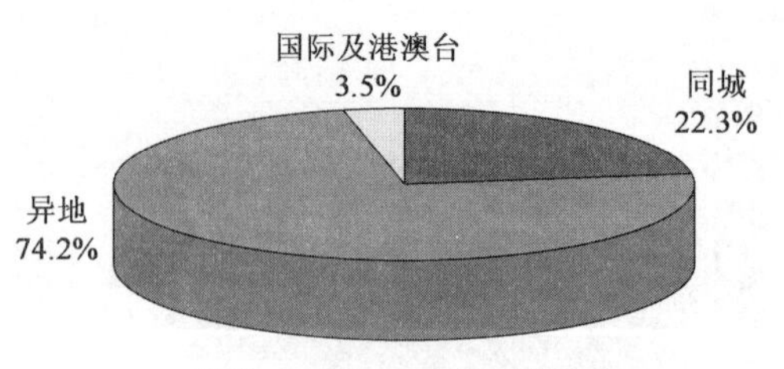

图4-20　2011年快递业务量结构图

2011年,东、中、西部地区快递业务收入的比重分别为81.1%、9.9%和9.0%(图4-21);业务量比重分别为79.9%、11.2%和8.9%(图4-22)。与去年同期相比,东、中、西部地区快递业务收入比重持平,东部地区快递业务量比重上升0.6个百分点,中部地区快递业务量比重下降0.4个百分点,西部地区快递业务量比重下降0.2个百分点。

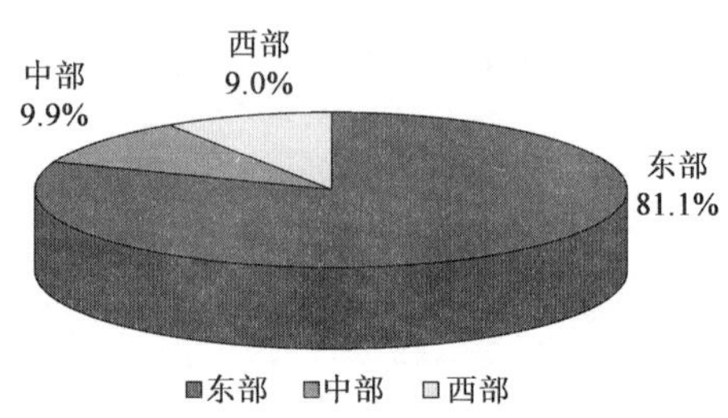

图4-21　2011年东、中、西部快递业务收入结构图

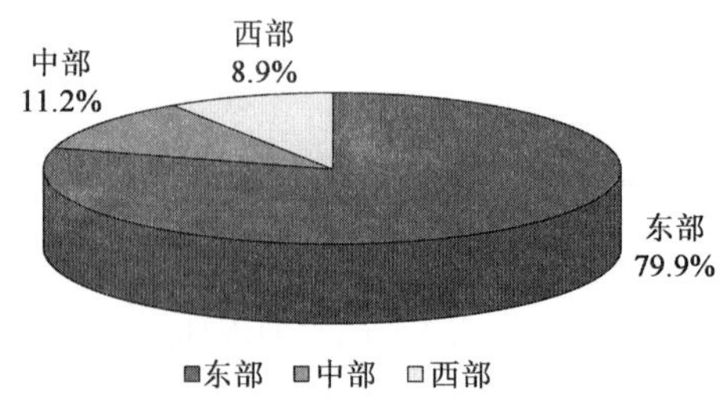

图4-22　2011年东、中、西部快递业务量结构图

2011年全国邮政行业发展情况见表4-7。

表4-7　2011年全国邮政行业发展情况表

指标名称	单位	12月份		比去年同期增长(%)	
		累计	当月	累计	当月
一、邮政行业业务收入	亿元	1561.5	145.0	22.3	17.9
其中:快递业务收入	亿元	758.0	85.0	31.9	44.9
二、邮政行业业务总量	亿元	1607.7	158.6	25.0	26.4

续上表

指标名称	单位	12月份		比去年同期增长(%)	
		累计	当月	累计	当月
其中:函件	万件	737789.1	46916.0	-0.3	-32.4
包裹	万件	6880.6	845.2	4.3	19.1
快递	万件	367311.1	42873.8	57.0	62.6
订销报纸累计数	万份	1817410.8	151518.0	5.8	1.8
订销杂志累计数	万份	107744.1	8628.8	2.7	-4.3
汇兑	万笔	26479.2	2238.8	-5.6	-6.7

注:1. 邮政行业业务总量计算使用2010年不变单价。
2. 邮政行业业务收入中未包括邮政储蓄银行直接营业收入。

2010—2011年全国各省(区、市)规模以上快递企业业务量收情况

2010年、2011年全国各省(区、市)规模以上快递企业业务量收情况分别见表4-8和表4-9。

表4-8 2010年全国各省(区、市)规模以上快递企业业务量收情况表

单位	快递业务量累计(万件)	同城累计(万件)	异地累计(万件)	国际及港澳台累计(万件)	快递收入累计(万元)	同城累计(万元)	异地累计(万元)	国际及港澳台累计(万元)	其他收入累计(万元)
全国	233892.0	53605.8	167324.7	12961.4	5746029.8	414679.8	3145060.9	1788027.0	398262.2
北京	18002.5	5676.9	11636.6	689.0	433749.3	33971.1	255476.6	108401.1	35900.5
天津	3670.1	786.6	2647.2	236.3	111912.0	8252.3	59444.7	40942.2	3272.8
河北	4573.7	555.2	3901.7	116.8	119989.3	5276.9	83652.0	25218.8	5841.7
山西	1479.3	251.3	1215.4	12.5	36193.9	1811.8	27246.7	2221.8	4913.7
内蒙古	1432.1	123.6	1297.0	11.6	37304.9	1525.2	31622.9	2135.6	2021.2
辽宁	4585.6	691.9	3671.6	222.2	133488.1	7446.8	79392.2	42128.1	4521.1
吉林	1855.0	322.4	1472.0	60.6	48018.7	3969.3	33135.8	7714.0	3199.6
黑龙江	2308.2	260.1	2011.9	36.3	60225.4	1725.0	48895.2	4366.5	5238.7
上海	24318.9	7940.1	13763.7	2615.0	867127.4	59295.5	267399.9	353240.1	187188.9
江苏	23796.5	3683.0	18711.3	1402.2	560078.8	28879.9	318412.9	199144.7	13644.4
浙江	24898.2	4516.4	19185.7	1196.1	529380.4	34546.7	289366.5	187483.4	17983.7
安徽	3604.2	398.4	3154.2	51.6	82004.7	3820.4	59592.6	12436.9	6154.8
福建	10069.0	1596.6	8026.8	445.6	259625.5	13775.0	167840.6	70936.5	7073.4
江西	2350.5	251.8	2078.1	20.7	49449.3	2507.6	40899.0	3648.9	2393.8
山东	11783.5	2133.5	9165.5	484.5	259706.1	19370.7	154029.6	78815.2	7490.6
河南	5765.0	947.5	4774.8	42.8	107542.5	6890.0	79633.4	10088.7	10930.5
湖北	5476.6	1170.9	4247.9	57.9	99408.2	6918.4	73134.7	10722.8	8632.3
湖南	4227.7	487.1	3691.0	49.6	85630.9	5153.4	63458.4	12076.3	4942.8
广东	59107.5	18274.4	35869.7	4963.4	1364781.3	137446.4	625461.9	570290.4	31582.5
广西	2277.9	330.4	1918.1	29.4	50690.9	2641.7	39620.7	6429.3	1999.2
海南	681.2	197.9	474.9	8.5	17982.1	1932.3	14305.9	1004.2	739.6

续上表

单　位	快递业务量累计（万件）	同城累计（万件）	异地累计（万件）	国际及港澳台累计（万件）	快递收入累计（万元）	同城累计（万元）	异地累计（万元）	国际及港澳台累计（万元）	其他收入累计（万元）
重庆	2829.4	744.4	2050.6	34.4	60268.1	5537.0	43848.6	7854.3	3028.3
四川	5810.6	948.0	4776.9	85.7	123041.4	7457.3	96440.0	11574.8	7569.4
贵州	1120.9	124.7	990.6	5.6	29543.7	906.2	23200.7	1014.6	4422.2
云南	2108.5	426.6	1663.7	18.2	58573.8	6416.0	43575.1	5015.4	3567.4
西藏	195.3	11.0	183.6	0.7	8754.0	98.7	7117.4	243.1	1294.8
陕西	2582.5	336.5	2194.3	51.7	66171.8	2623.9	49465.5	10289.2	3793.2
甘肃	1012.9	171.6	835.6	5.6	24299.7	1111.7	18888.8	996.2	3303.0
青海	162.7	32.9	129.0	0.9	7424.4	194.6	5767.9	149.1	1312.8
宁夏	474.9	45.2	428.2	1.6	10845.1	462.7	9328.0	363.7	690.7
新疆	1331.1	169.4	1157.3	4.4	42818.4	2715.4	35407.1	1081.3	3614.6

表 4-9　2011 年全国各省（区、市）规模以上快递企业业务量收情况表

单位	快递业务量累计（万件）	同城累计（万件）	异地累计（万件）	国际及港澳台累计（万件）	快递收入累计（万元）	同城累计（万元）	异地累计（万元）	国际及港澳台累计（万元）	其他收入累计（万元）
全国	367311.1	81818.3	272742.1	12750.7	7579878.2	658628.9	4458733.0	1847308.2	615205.7
北京	33663.4	9801.0	23151.7	710.7	625532.3	68709.4	398107.8	114186.8	44528.3
天津	5130.6	1072.8	3881.2	176.6	127066.3	11411.1	76408.0	35981.9	3265.3
河北	8660.4	909.0	7641.2	110.2	162355.1	8733.6	122623.1	25357.2	5641.2
山西	2098.5	379.2	1704.7	14.6	46383.2	3052.3	33728.7	4183.3	5418.9
内蒙古	1995.0	140.2	1844.2	10.5	45339.8	1639.5	39281.0	2203.7	2215.5
辽宁	6211.5	951.0	5064.3	196.3	151316.8	9651.9	102275.2	34328.8	5061.1
吉林	2647.3	390.8	2197.3	59.2	63106.0	4651.3	45640.0	8451.9	4362.8
黑龙江	3066.0	358.6	2672.0	35.4	71495.1	2276.8	59339.6	4452.8	5425.9
上海	40914.9	13637.9	24849.2	2427.8	1218226.3	98858.3	392466.2	358336.0	368566.0
江苏	38509.0	7052.0	30196.0	1261.0	708697.6	52242.2	446454.0	192610.8	17390.7
浙江	49660.8	9389.4	38918.5	1352.9	844874.2	69751.6	524340.8	223042.1	27737.3
安徽	6628.3	788.8	5781.9	57.7	112013.8	6909.0	86579.9	11906.2	6618.7
福建	15764.9	2420.1	12881.9	462.9	316623.4	20820.9	212429.1	75577.7	7795.7
江西	3716.1	443.6	3252.4	20.1	66607.0	4979.2	55925.2	3687.6	2015.0
山东	18439.0	3694.4	14252.3	492.3	335733.0	35512.1	212424.5	77746.6	10049.8
河南	8377.9	1332.6	6992.4	52.9	140529.4	9774.0	109860.6	11617.3	9277.6
湖北	8282.1	1832.4	6388.3	61.3	137666.8	10625.1	104799.7	13183.4	9058.7
湖南	6342.7	798.2	5483.6	60.9	114983.0	8150.7	88071.2	13988.2	4772.9
广东	75689.7	21303.7	49633.9	4752.1	1632100.4	182842.9	834650.6	580193.3	34413.7
广西	3495.7	498.0	2956.8	40.9	72613.5	4586.3	56195.2	7944.6	3887.3
海南	953.5	214.8	731.2	7.5	20164.6	2094.1	16378.6	1035.4	656.5
重庆	4068.3	1193.6	2826.4	48.3	76828.8	9303.8	52455.3	12879.6	2190.2

续上表

单位	快递业务量累计（万件）	同城累计（万件）	异地累计（万件）	国际及港澳台累计（万件）	快递收入累计（万元）	同城累计（万元）	异地累计（万元）	国际及港澳台累计（万元）	其他收入累计（万元）
四川	10216.3	1497.1	8457.0	262.3	177908.0	12322.5	139983.4	15545.6	10056.5
贵州	1533.9	172.7	1356.3	4.9	36576.8	1500.7	29345.1	934.6	4796.3
云南	3041.4	578.3	2446.4	16.7	70425.4	7833.1	55362.9	4197.4	3032.0
西藏	284.3	15.2	268.3	0.9	11750.0	190.5	9511.1	228.6	1819.8
陕西	3941.6	490.1	3409.7	41.8	83740.6	4664.5	63446.1	10896.9	4733.1
甘肃	1135.2	166.7	963.8	4.7	27730.1	1129.0	22095.7	780.9	3724.6
青海	244.5	36.9	206.7	0.9	8713.1	295.3	6478.5	155.3	1784.0
宁夏	679.0	47.4	630.0	1.6	15071.8	534.0	13321.8	397.7	818.3
新疆	1919.6	212.1	1702.6	5.0	57706.2	3583.5	48754.2	1276.2	4092.4

第二章　快递服务公众满意度调查结果通告（2007－2011年）

2007年快递服务公众满意度调查结果通告

为促进我国快递服务健康发展，国家邮政局、国家工商行政管理总局委托零点研究咨询集团和特邀社会监督员，于2007年四季度对快递服务公众满意度进行了调查。现通告如下：

一、基本情况

本次调查的范围是：北京、沈阳、济南、南京、长沙、郑州、南昌、西安、昆明、兰州10个城市。调查的企业有：邮政EMS、民航快递、申通快递、顺丰速运、宅急送、圆通快递、全一快递、天天快递、韵达快递、汇通快递共计10家。调查的方式为，电话访问和实地测试。其中，电话访问共获得有效问卷3134份，实地测试快件数量为900件。本次满意度调查，由专业调查公司和特邀社会监督员各自独立完成，专业调查公司采用电话访问了解快递用户的感受，社会监督员通过实物寄递实地测试快递服务，两部分共同构成快递服务总体满意度。本次快递服务公众满意度调查在国内尚属首次，虽然只选择了10个城市和10家快递企业，但在一定程度上反映出我国快递服务水平，对社会各界了解国内快递服务具有重要意义。

二、调查结果

调查显示，快递服务总体满意度平均为79.7分，最高为82.9分，最低为75.4分。其中，专业调查满意度平均为67.7分，最高为70.7分，最低为62.7分。实地测试满意度平均为91.6分，最高为97.4分，最低为88分。

从专业调查情况看，公众对快递服务比较满意的是受理服务和揽收服务，满意度分别为76.9分和77分；不满意的是售后服务和投递服务，满意度分别为66.2分和71.5分。公众对受理人员用语礼貌、受理规范和揽收人员服务热情、业务熟练等，给予了较高的评价，在这方面做得较好的企业有：顺丰速运、民航快递、汇通快递和邮政EMS等。公众对售后服务中投诉电话不畅通、投诉反馈不及时、赔偿不按标准、赔偿不及时和投递服务中信息反馈慢、快件延误和丢失损毁等问题，反映较强烈。

专业调查显示，公众对快递服务投诉的主要问题中，快件延误的占62.3%，损毁的占22.6%，丢失的占12.7%。在快递服务投诉中，公众对快递企业设有投诉电话和客户服务热线，投诉便利、受理认真等比较满意，在这方面做得比较好的企业有：天天快递、顺丰速运、汇通快递和韵达快递等。

从实地测试情况看，快递服务在服务保障和服务能力方面，满意度较高，分别为97分和93分；在服务形象和服务方式上满意度较低，分别为89分和88分。在测试过程中，社会监督员对交寄快件可以电话受理、上门服务感觉非常方便，对受理人员和揽收人员的服务态度、文明礼貌、操作规范、业务熟练等比较满意，对快件能够安全快速寄达给予肯定。在这方面满意度较高的企业有，邮政 EMS、宅急送、顺丰速运和全一快递。社会监督员对部分投递人员责任心不强、快件在承诺期限内没有送达等问题不满意。特别是对部分投递人员投递快件时，不征求收件人意见，随意将快件交与他人签收表示不满意。

从专业调查和实地测试的结果可以看出，目前我国快递服务中，前端服务较好，后端服务相对滞后。从被调查的快递企业看，快递服务差异较小，企业之间满意度得分接近，最高满意度与最低满意度差距不足 10 分，这一点从专业公司调查和社会监督员测试结果看是一致的。从被调查的城市看，不同城市间快递服务水平接近，满意度最高的是沈阳市，为 81.07 分。

本次公众满意度调查结果表明，我国快递服务总体处于较好水平，但服务环节上存在较大差异，今后快递企业应重点加强售后和投递等后端服务，提升快递服务总体水平。

政府监管部门建议消费者，要选择商业信誉比较好、诚信意识比较强的快递企业。要慎重阅读、填写、保管快件收寄单。出现服务问题时，注意证据保存并及时维权。

2008 年快递服务公众满意度调查结果通告

为促进我国快递服务健康发展，国家邮政局委托零点研究咨询集团，于 2008 年第四季度对快递服务公众满意度进行了调查。现通告如下：

一、基本情况

本次调查的范围是：北京、天津、上海、沈阳、济南、南京、南昌、郑州、长沙、昆明、西安、兰州、重庆、广州、深圳、武汉、成都、太原、福州、苏州 20 个城市。调查的企业有：邮政 EMS、民航快递、中外运速递、顺丰速运、宅急送、申通快递、圆通快递、全一快递、天天快递、韵达快递、汇通快递、中通快递共计 12 家。调查的方式为定量调查和实地测试。其中，定量调查共获得有效问卷 5437 份，实地测试快件 698 件。两部分共同构成快递服务总体满意度。

二、调查结果

调查显示，快递服务总体满意度平均为 64.9 分，最高为 72.1 分，最低为 59.5 分。其中，定量调查满意度平均为 68.1 分，最高为 70.3 分，最低为 66.1 分。实地测试满意度平均为 61.6 分，最高为 74.9 分，最低为 52.9 分。为了使定量调查与实地测试能够相互验证，本次定量调查与实地测试满意度指标设置保持一致。

从定量调查情况看，公众对快递服务比较满意的是受理服务、揽收服务和投递服务，满意度分别为 73.4 分、71.2 分和 69 分；不满意的是售后服务，满意度为 56.1 分。公众对受理服务、揽收服务和投递服务中，电话接通速度、工作人员礼貌用语、揽收人员服务态度热情、业务规范熟练、快件安全寄达等给予了较高的评价，在这方面做得较好的企业有：中外运速递、顺丰速运、民航快递、宅急送等。但公众对快递服务中，受理人员主动预约上门时间、揽收人员着装规范、承诺期限内送达、主动反馈投递结果等方面不满意。公众对售后服务中查询方便、准确、及时给予了较高的评价，但对投诉程序复杂、投诉反馈不及时、赔偿不遵守承诺、赔偿不及时、投诉受理人员态度差等问题反映强烈。

定量调查显示，公众对快递服务投诉的主要问题中，快件延误占 66.2%，损毁占 17.5%，丢失占 12.8%。在快递服务投诉中，公众对快递企业设有投诉电话，投诉电话通畅等比较满意，在这方面做得比较好的企业有：顺丰速运、中外运速递、民航快递、邮政EMS等。

从实地测试情况看，受理服务、揽收服务和投递服务满意度较高，分别为68.1分、61.6分和65.2分，售后服务满意度较低，为51.6分，这与定量调查满意度结果基本一致。在实地测试中，国有快递企业在揽收、投递服务方面的满意度高于民营企业，而民营快递企业在受理、售后服务方面的满意度高于国有企业。

从被调查的快递企业看，不同企业之间快递服务差异缩小，满意度得分接近，最高满意度与最低满意度差距不足5分。从公众选择不同性质快递企业的原因看，选择国有快递企业主要是知名品牌、网络覆盖广、专业规范。选择民营快递企业主要是服务态度好、上门取件快、价格便宜。从定量调查和实地测试结果看，快递服务各环节中，前端服务较好，后端服务相对滞后。从被调查的城市看，不同城市间快递服务水平差距较小，满意度最高的是北京市，为69.8分。

本次公众满意度调查结果表明，我国快递服务总体处于发展的初级阶段，满意度尚有比较大的提升空间。今后，快递企业应重点加强售后服务，提升快递服务总体水平。

2009年快递服务公众满意度调查结果通告

为促进我国快递服务健康发展，国家邮政局委托零点研究咨询集团，于2009年第四季度对快递服务公众满意度进行了调查。现通告如下：

一、基本情况

本次调查的范围是：北京、哈尔滨、沈阳、天津、济南、上海、南京、南昌、郑州、长沙、昆明、西安、兰州、重庆、广州、深圳、武汉、成都、太原、福州、苏州、青岛、大连、杭州、合肥、厦门、石家庄、乌鲁木齐28个城市。调查的企业有：邮政EMS、民航快递、申通快递、顺丰速运、宅急送、圆通快递、全一快递、天天快递、韵达快递、汇通快递、中通快递，共计11家。调查的方式为定量问卷调查和实地测试。其中，定量调查共获得有效问卷12420份，实地测试快件数量为1090件。

二、调查结果

调查显示，快递服务总体满意度平均为66.3分，比2008年提升1.4分。其中，公众满意度平均为69.2分，比2008年提升1.1分。实地测试满意度平均为63.4分，比2008年提升1.8分。

公众对快递服务比较满意的是受理服务、揽收服务和售后服务，满意度分别为71.5分、66.3分和64.3分，满意度稍低的是投递服务，满意度为63.5分。

受理服务方面，公众对普通电话接通速度、全国统一客服热线服务等给予了较高的评价，满意度较高的企业有：顺丰速运、全一快递、宅急送等。公众对快递企业不能主动预约上门时间表示不满意。

揽收服务方面，公众对上门揽收人员态度热情、揽收范围不断扩大、揽收价格透明等方面给予了较高的评价，满意度较高的企业有：顺丰速运、宅急送、邮政EMS等。对不按照约定时间上门取件、速度缓慢不满意。

投递服务方面，公众对送达质量、上门投递时工作人员服务态度等给予了较高的评价，满意度较高的企业有：顺丰速运、邮政EMS、民航快递。对快件延误、投递后信息反馈满意度较低。

售后服务方面，公众对查询服务给予了较高的评价，满意度较高的企业有：顺丰速运、邮政EMS、全一快递。对问题件处理和投诉受理满意度较低。

从调查结果来看，我国快递服务公众满意度比2008年有了稳步提升。受理和揽收服务满意度比较稳定，投递和售后服务满意度波动较大。快递服务的主要问题是快件延误和损毁，在用户投诉中所占比例分别为69%和20%。

本次调查结果表明，我国快递服务公众满意度正在逐步提高，快递服务整体水平呈上升趋势，快递企业服务定位逐渐清晰，快递企业间的差异逐步拉大，关键服务环节亟待加强，特别是快递服务延误问题需要下大力气解决。

2010年快递服务公众满意度调查结果通告

为引导快递企业提升服务水平，促进快递服务健康发展，国家邮政局委托零点研究咨询集团，于2010年对快递服务满意度进行了调查。现通告如下：

一、基本情况

调查的范围是：北京、天津、石家庄、太原、沈阳、大连、哈尔滨、上海、南京、苏州、杭州、合肥、福州、厦门、南昌、济南、青岛、郑州、武汉、长沙、广州、深圳、重庆、成都、昆明、西安、兰州、乌鲁木齐28个城市。调查的企业有：邮政EMS、民航快递、申通快递、顺丰速运、宅急送、圆通快递、CCES快递、天天快递、韵达快递、汇通快递、中通快递11家。调查的方式为定量调查和实地测试。其中，定量调查共获得有效问卷13951份，实地测试数量为1757件。

二、调查结果

快递服务总体满意度平均为68.7分，较2009年提升2.4分。其中，公众满意度平均为70.9分，较2009年提升1.7分；实地测试满意度平均为66.4分，较2009年提升3分。

公众对快递服务环节中的受理服务和揽收服务满意度高，满意度分别为74.8分和70.9分，较上年度分别提升3.3分和4.6分；对投递服务和售后服务满意度稍低，满意度分别为64.3分和65.7分，与上年度基本持平。

受理服务方面，公众对电话接通速度给予较高评价，满意度较高的企业有：顺丰速运、邮政EMS、宅急送等。公众对于电话受理人员语言不规范，不能主动预约上门时间不满意。

揽收服务方面，公众对快递服务揽收人员态度热情、面单规范等方面给予了较高的评价，满意度较高的企业有：顺丰速运、邮政EMS和韵达货运。公众对快递服务揽收人员不能在约定时间内上门，等待上门取件时间过长不满意。

投递服务方面，公众对投递范围不断扩大和外包装完好较满意，满意度较高的企业有：顺丰速运、邮政EMS和民航快递。对快件不能在承诺时间内送达、投递后没有信息反馈的反映强烈。

售后服务方面，公众对查询服务给予了较高的评价，满意度较高的企业有：顺丰速运、邮政EMS和宅急送。对于投诉受理及问题件处理不满意。

连续四年的快递服务满意度调查结果显示，我国快递服务整体水平呈稳步提升态势。其中，受理和揽收服务满意度提升明显，投递和售后服务满意度提升幅度不大，快递服务“重前不重后”的现象没有得到有效改善，“快递不快”问题仍较突出。

快递企业业务品种与价格水平逐渐出现分层,企业形象和品牌因素逐渐成为公众选择的参考因素,表明公众对快递业务呈现多元化需求,品牌意识增强。

从参与调查的企业看,部分企业快递服务水平领先优势明显,并保持稳定。服务水平处于中端的企业增多。企业间满意度得分差距缩小,最高分与最低分相差 11.3 分,较 2009 年缩小0.7 分。

快递服务在全国七大区域的发展还不均衡。东北地区的公众对于快递服务的满意度较高,西北地区表现相对较差,两者相差 7.5 分。

2011 年快递服务公众满意度调查结果通告

为引导经营快递业务企业提升服务水平,促进快递业务健康发展,国家邮政局委托零点研究咨询集团,于 2011 年第二季度和第四季度对快递服务满意度进行了调查。现通告如下:

一、基本情况

本次调查的范围是:北京、天津、石家庄、太原、沈阳、大连、哈尔滨、上海、南京、苏州、杭州、合肥、福州、厦门、南昌、济南、青岛、郑州、武汉、长沙、广州、深圳、重庆、成都、昆明、西安、兰州、乌鲁木齐、宁波和呼和浩特 30 个城市。调查的企业有:邮政 EMS、民航快递、申通快递、顺丰速运、宅急送快运、圆通速递、CCES 快递、天天快递、韵达快运、百世汇通、中通速递 11 家。调查的方式为定量调查和实物寄递。其中,定量调查共获得有效问卷 14282 份,实物寄递数量为 1875 件。

二、调查结果

调查显示,快递服务总体满意度为 68.9 分,比 2010 年提升 0.2 分。其中,公众满意度为 72.9 分,较 2010 年提升 2 分;实地测试满意度为 64.9 分,较 2010 年降低 1.5 分。满意度较高的企业有:顺丰速运、邮政 EMS、宅急送快运、韵达快运、申通快递、圆通速递。其中,顺丰速运、邮政 EMS 满意度达到 70 分以上。

公众对快递服务环节中的受理服务和揽收服务比较满意,满意度分别为 76.5 分和 71.0 分,其中受理服务比上年提升了 1.7 分,揽收服务与上年基本持平;公众对投递服务和售后服务满意程度一般,满意度分别为 66.1 分和 65.8 分 。

受理服务方面,公众对客服热线服务效率、业务较为熟练、用语礼貌等方面比较满意,满意度较高的企业有:顺丰速运、邮政 EMS、宅急送快运、CCES 快递、圆通速递和中通速递。公众对普通受理电话接通效率低、不能主动预约上门时间不满意。

揽收服务方面,公众对揽收人员态度热情评价较高,满意度较高的企业有:顺丰速运、邮政 EMS、CCES 快递、天天快递、申通快递和百世汇通。公众对揽收人员不能在约定时间内上门,取件时间过长、揽收人员着装不规范不满意。

投递服务方面,公众对投递人员业务熟练程度、快件外包装完好程度和快件安全性比较满意,满意度较高的企业有:顺丰速运、邮政 EMS、民航快递、圆通速递、申通快递和宅急送快运。公众对快件不能在承诺时间内送达、不能主动反馈投递结果、快递寄递速度较慢不满意。

售后服务方面,公众对快递企业提供的投诉受理、问题件处理、结果反馈满意度不高,希望企业改进。

连续五年的快递服务满意度调查结果显示,我国快递服务整体水平呈稳步提升态势,但是近两年提升速度放缓，表明快递服务还不能满足公众不断增长的需求，服务水平的健康度较低。首先表现在服务环节中，受理和揽收满意度较高，投递和售后服务满意度偏低，快递服务"重前不重后"的现象仍未得到有效改善。其次，全国七大区域服务水平差异明显，东北地区满意度高，西南地区相对较差，存在不够均衡问题。

从参与调查的企业看，部分企业快递服务水平领先优势明显，并保持稳定。服务水平处于中端的企业增多，竞争加剧。企业间满意度得分差距缩小，最高分与最低分相差 10.5 分，较 2010 年缩小 1.1 分。

第五篇 人 才 建 设

第一章 快递服务人才队伍建设概述

“十一五”期间,我国邮政体制上的调整和变化给快递产业带来了重大发展机遇。几年来,国家和各省(区、市)相继出台大量鼓励快递产业发展的政策措施,推动快递行业飞速发展。国内外各类主体竞相投资快递服务领域,快递产业发展空前活跃。

伴随着快递产业高速增长和快递企业的蓬勃发展,快递服务对人才需求量大增,快递人才队伍建设工作积极推进,主要体现在:

(1)快递从业人员数量快速增长,素质不断提高。据不完全统计,快递企业从业人员从2005年仅有16.63万人激增为2010年的60万人。2005年,快递企业民营、国有、外资等多种所有制并存,从业人员素质不高、结构不优的问题普遍存在,特别是广大民营快递企业从业人员总体上学历低、技能差,队伍素质亟待提高。经过“十一五”期间各方面的努力,快递企业从业人员规模不断壮大,人员素质逐渐提高。快递业务员职业资格制度正式建立并得以有效实施,职业技能鉴定考试规模逐年扩大,快递企业操作人员持证上岗的比例不断上升,业务员技能水平不断提高。

(2)快递人才队伍建设工作稳步推进。为适应我国快递产业发展面临的新形势新需要,保证我国快递服务健康发展,国家邮政局重组伊始就高度重视快递人才队伍建设。在深入开展调研,掌握行业人才发展现状的基础上,大力推进政府为主导,企业为主体,院校为支撑的人才教育培养体系建设。积极开展统计调查和项目研究,组织编制了《邮政行业人才队伍建设中长期规划(2009—2020年)》,明确提出快递服务人才发展目标任务,引导快递人才队伍建设方向。2011年2月,根据国家要求,国家邮政局认真开展邮政业人才资源统计调查,初步摸清了快递服务人员规模和人才结构底数,全面掌握、科学评估快递人才队伍建设的基本情况,为提升人才队伍整体水平,推动行业科学发展奠定了坚实基础。高度重视快递经营管理人才、专业技术人才和技能人才队伍建设,引领和带动各类院校、科研机构和社团协会等各方面开展专业人才教育培养、人才项目研究、人才论坛和高管知识培训等工作,积极推进职业教育和在职培训,大力推进快递业务员职业技能鉴定,形成快递人才培养合力。

(3)快递企业人才强企意识不断增强,人力资源管理工作得到高度重视,人力资本投入不断增加。各快递企业积极组织员工参加快递业务员职业技能鉴定考试,积极推进校企合作人才培训培养,大力投资建立企业培训中心,各级各类员工在职教育和进修培训蓬勃开展。各企业采取多种措施吸引和保留各类人才,员工利益保障和薪酬福利待遇日益受到重视。

“十二五”期间,快递产业在转型升级的压力下,企业人才队伍建设面临着诸多困难。目前,快递企业人才队伍建设面临着双重挑战:既要保证选聘数量充足的合格员工,解决流失率高、一线员工紧缺的问题,又要不断优化人员结构,尽快提升各类人员的素质和能力。据统计,2010年,快递高层次专业技术人才比例低,快递企业具有高级职称的专业技术人员仅占从业人员的1%,而全国各行业平均为8%;高技能人才仅占从业人员的0.5%,而全国各行业平均为24%,快递从业人员的素质亟待提高。进一步强化人力资源管理、加强人才队伍建设是今后几年各快递企业面临的一项重大课题和重要战略任务。努力建设一支数量足、素质高、能力强、结构优的人才队伍,是促进快递企业科学发展的基础工程,是推动企业转型升级、增强企业核心竞争力的内在要求,是企业提升服务质量加快发展的有效途径。

第二章　快递专业人才职业教育

为适应经济社会发展和快递服务对人才的需求，国家邮政局积极研究快递服务人才职业教育工作，努力探索人才教育培养模式。各类院校加大投入，积极开展各种形式的快递服务人才教育培养。快递企业立足长远发展，强化人才观念，挖掘内部资源，开展校企合作，积极创新培养模式，员工素质得到普遍提高。主要工作有：

（1）加强行业职业教育统筹指导。各级邮政管理部门将职业教育作为实施快递人才发展战略的重要抓手，结合快递产业发展实际，在基地建设、教材编写、师资培训、校企合作等方面积极推进和具体指导，为快递企业和各类院校的联系沟通与合作发展搭建平台，创造条件。同时，引导和发挥企业用人主体优势，推动在职教育培训，强化和提高各快递企业自身专业人才教育培养的能力和水平。

（2）推进快递人才培养基地建设。以院校为依托，充分发挥智力资源，积极推进快递行业各层次专业人才的职业教育培养工作。同时，通过教学实践，为院校培养锻炼一批熟悉快递企业经营管理和生产服务的师资队伍。根据快递企业人才需求状况，指导有条件的院校设置快递专业，在相关专业开设快递方向，多措并举，加快专业人才培养步伐。

（3）积极推行“双证书”制度。将职鉴考试向院校延伸，在院校积极组织开展职业技能鉴定考试，检验职业教育成效，增强技能人才知识水平和操作能力。为快递相关专业毕业生牵线搭桥，促进就业，形成专业人才培养的良性循环。

（4）推进专业教材编写工作。各级邮政管理部门将教材建设纳入职业教育规划，积极组织业内专家开展研究编写工作。2009 年 1 月 16 日，国家邮政局组建了快递职业教材编写委员会，这是国家邮政局重组以来为推动邮政业人才教育培养而成立的第一个专业组织。研究提出第一批教材编写计划，精选全国优秀院校组织教材编写组承担教材编写。各相关院校高度重视教材编写工作，组织优秀教师、业内专家和具有丰富经验的企业人员组成编写组，多次调研，反复修改和完善。截至 2011 年年底，共组织编写了 8 本快递专业教材（见表 5-1），填补了院校快递专业统一教材的空白，满足院校教学、企业培训和广大从业人员学习参考的迫切需要。江苏等省邮政管理部门结合本省快递人才培养实际需要，组织开展了教材编写，推动了人才教育培养工作。

（5）启动了快递“百千万人才工程”实施。2011 年，在“十二五”期间，拟通过整合社会资源，建设近百所快递专业人才培养基地（院校）；通过多种渠道和方式，建设千人快递专业技术人才队伍；通过职业教育与在职培训鉴定，建设万名高层次技能型快递专业人才队伍。

表 5-1　国家邮政局组织编写的主要教材

编写院校	教材级别	教材名称
北京邮电大学	研究生、本科教材	《快递服务法规解析》、《现代快递服务科学》
重庆邮电大学	研究生、本科教材	《快递企业战略管理》、《电子商务与快递服务》
浙江邮电职业技术学院	高职、中职教材	《快递法规与标准》、《快递客户服务与营销》
广东邮电职业技术学院	高职、中职教材	《快递业务概论》
深圳技师学院	高职、中职教材	《快递业务操作与管理》

第三章 快递业务员职业技能鉴定

第一节 制定颁布快递业务员职业技能标准

2007年8月,国家邮政局“快递业务员国家职业标准”启动座谈会在北京召开。国家邮政局相关司局、劳动和社会保障部职业技能鉴定中心负责人、部分省(区、市)邮政管理机构代表以及来自部分省邮政公司、快递企业的代表参加了会议。“快递业务员国家职业标准”研究项目是国家邮政局从实行快递企业就业准入入手,在快递业积极推行国家职业资格证书制度,以提升快递业从业人员的整体素质和技能水平为目的立项研究的,劳动和社会保障部国际劳工与信息研究所作为课题支撑单位。项目组及专家组多次深入快递企业收派网点、分拣处理现场进行实地考察,充分吸纳了国有、民营、外资快递企业在内的快递企业先进的、科学的有关员工培训及生产操作流程等方面的经验,充分考虑了经济发展、科技进步和产业结构变化的影响,为标准的制定奠定了科学的基础。2008年8月,国家邮政局与人力资源和社会保障部联合颁布《快递业务员国家职业技能标准》,标准以整体性和适用性,先进性和前瞻性,可操作性和实用性相结合为原则,将快递业务员分为初级工、中级工、高级工、业务师(技师)和高级业务师(高级技师)五个等级,分别从职业概况、工作内容、技能要求和需要掌握的相关知识等方面作出了明确的界定,并对各个部分在职鉴考试中所占的分值比重也做了明确的划分。

《快递业务员国家职业技能标准》是我国正式颁布的第一个邮政业国家职业技能标准,是快递业务员进行鉴定和考核的唯一标准。为职业教育、鉴定培训提供了科学、规范的依据,为推动邮政业建立国家职业资格证书制度、培养建设技能型人才队伍奠定了良好的基础。

第二节 开发职业技能鉴定培训系列教材

2009－2011年,国家邮政局根据实施快递业务员职业资格证书制度的要求,严格按照快递业务员职业技能标准要求,整合系统外资源,科学规划,大力推进,组织编写快递业务员职业技能鉴定考试培训系列教材。截至2011年年底,顺利完成了初级、中级两个等级的快递业务员快件收派、快件处理共4本培训鉴定教材。按计划启动了高级教材的编写。系列教材的陆续编写完成较好地满足了培训和鉴定考试工作需要。

鉴定教材内容上着力体现以职业活动为导向,以职业能力为核心的指导思想,按照前瞻性、规范性、科学性的编写原则,综合考虑和全面体现不同快递企业快递作业人员通用、基本的知识要求和技能水平,统一标准、统一内容、统一体例,填补了快递职业技能鉴定考试培训教材的空白。

鉴定教材的编写发行,明确了快递从业人员专业知识能力素质要求,统一了快递业务员的作业技能,促进了快递业务员职业的规范发展,成为广大快递企业员工培训的权威教材,推动了快递企业大规模员工培训工作,有力地提升了广大基层一线快递从业人员的知识水平和技能水平,为保障快递业务高速发展奠定了坚实的基础。

与《快递业务员国家职业标准》相配套的题库、操作考核大纲的编写建设工作也相继启动,较好地支撑了鉴定考试工作。

第三节　有序推进职业技能培训鉴定工作

2009年9月2日,国家邮政局出台了《快递业务员职业技能鉴定办法(试行)》。办法的制定遵循"标准明确、程序规范、操作简便、利民便民"的原则,对快递业务员职业技能鉴定的组织管理体系、考核内容、申报条件、考试方法、证书管理等做出了全面的规定,为开展快递业务员的职业技能鉴定工作提供依据。2009－2011年,国家邮政局组织编写《快递业务员职业技能鉴定考务工作指导手册》,不断完善培训、鉴定、考务、证书、信息化等管理工作制度,加强职业技能鉴定信息系统管理与维护及职业资格证书的核发与管理,完善职业技能鉴定信息统计工作,细化工作流程,规范鉴定考务管理,为职鉴管理工作奠定了基础。几年来,先后开展了5期师资骨干培训、4期考评人员培训、1期质量督导人员培训,形成了全国近600名师资骨干、326名考评员、79名质量督导员的人员队伍,建立了一支较为专业的从事培训鉴定的人员队伍,在开展鉴定培训、考试实施与管理等工作方面发挥了重要作用。

2009年8月29日,全国首批快递业务员职业技能鉴定试考在山东开考,来自山东省内67家快递企业的1185名快递业务员在全省六处考点同时参加理论知识考试和实际操作笔试部分考试。根据统计结果,理论考试合格人数为1015人,合格率为85.65%,技能操作考核合格人数为893人,合格率为75.27%。整体鉴定合格人数为812人,占考试总人数的68.52%。2010年3月20日,首次全国范围的快递业务员职业技能鉴定考试在26个省、自治区、直辖市同时开考,全国有30957名快递业务员报名参加了考试。

快递业务员职业技能鉴定考试工作也陆续在各省展开,职鉴工作进入常态化。

2011年,全国共组织快递业务员职业技能鉴定考试13个批次,鉴定人数52724人,合格37870人,合格率71.83%,其中,有15个省(区、市)3973多名企业员工参加了中级快递业务员职业技能鉴定。截至2011年底,全国共有31个省组织了快递业务员鉴定考试,鉴定累计总人数已达24.5万人,其中快递企业211707人,邮政企业34024人,合格率达到70%以上。

2009－2011年快递业务员职业技能鉴定考试参加及合格人数见图5-1。

职业技能鉴定工作经过不断的探索和完善,成效显著,得到社会各界的认可。快递企业越来越重视职业技能鉴定工作,从最初的"要我鉴定"到后来的"我要鉴定",并将职业技能鉴定的专业化培训与员工职业生涯规划相衔接,带动快递企业掀起了学业务、学知识、练技能的热潮,使其逐渐成为企业管理的重要组成部分。职业技能鉴定工作已成为加快推进快递服务技能型人才培养的重要抓手,为快递服务的大发展、上水平提供了人力保障。

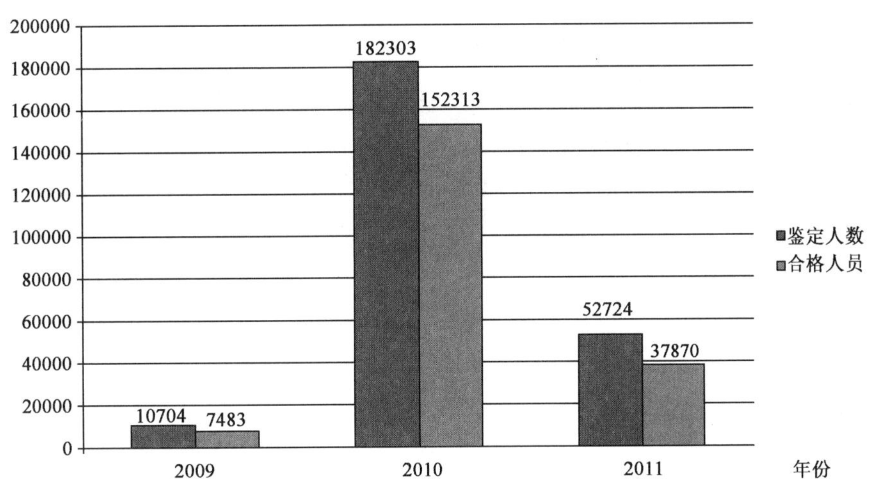

图5-1 2009－2011年快递业务员职业技能鉴定考试参加及合格人员数量图

附件 职鉴工作主要进程

2007年3月，筹建国家邮政局职业技能鉴定指导中心。

2007年5月，启动快递业务员国家职业技能标准的制定工作。

2007年12月，国家邮政局邮政行业职业技能鉴定指导中心在广泛调研，反复论证的基础上提出《快递业务员国家职业技能标准（草稿）》，并召开征求意见座谈会，

2008年1月，《邮政业"十一五"规划》出台。规划提出在全行业推行国家职业资格证书制度，加强快递业务员职业技能鉴定工作，实行从业人员持证上岗；推进快递服务职业教育，培养不同层次的快递专业人才。

2008年6月，快递业务员国家职业标准教材（初级）开发启动会召开。

2008年8月，人社部和国家邮政局联合颁布了《快递业务员国家职业技能标准》，这是我国邮政行业正式颁布的第一个国家职业技能标准。

2009年，国家邮政局出台了《快递业务员职业技能鉴定办法（试行）》。

2009年，参加职业技能鉴定考试人数10704人，合格7483人，合格率69.91%。

2010年，组织编写了《快递业务员职业技能鉴定考务工作指导手册》，规范考务工作流程化管理。

2010年，组织研发了邮政行业职业技能鉴定考务管理系统及邮政行业职业技能鉴定网上报名系统，节约成本，提高效率。

2010年，参加职业技能鉴定考试人数182303人，合格152313人，合格率83.54%。

2009－2011年，全国29个省（区、市）先后以不同形式成立了职鉴工作管理机构。

2009－2011年，完成了快递业务员职业技能鉴定培训教程初级和中级2个等级的教材、培训大纲和鉴定题库建设工作。

2009－2011年，共组织开展了5期师资骨干培训、4期考评人员培训、1期质量督导人员培训，形成了全国近600名师资骨干、326名考评员、79名质量督导员的人员队伍。

2009－2011年，全国有近75%的快递从业人员接受了不同形式的培训。

2010－2011年，人力资源和社会保障部批复建立了24个邮政行业特有工种职业技能鉴定站。

2011年，全国共有15个省（区、市）开展了快递业务员中级鉴定考试，3973名企业员工参加。

2011年，参加职业技能鉴定考试人数52724人，合格37870人，合格率71.83%。

2009－2011年，全国31个省（区、市）组织开展了快递业务员初级鉴定考试，累计总人数已达24.5万人，其中快递企业211707人，邮政企业34024人，合格率达到77.03%。

第四章 快递“百千万人才工程”

第一节 启动背景

“十一五”期间,快递行业作为国家的基础服务产业,正处在转型发展的关键阶段,高层次、专业化、技能型人才匮乏,已经成为制约企业发展的关键因素。加快快递行业人才培养,是提升企业核心竞争力、促进快递行业可持续发展的重要前提和保证。2010 年 10 月,国家邮政局提出,“十二五”期间将启动快递“百千万人才工程”,重点推进快递服务人才培养。

2010 年 10 月 25 日,全国邮政行业职业技能鉴定暨快递人才培养工作座谈会召开,会议提出了今后一个时期全国邮政行业人才队伍建设工作的总体思路是:根据十七届五中全会和全国人才工作会议精神,按照《国家中长期人才发展规划纲要(2010－2020 年)》和《邮政行业人才队伍建设中长期规划(2009－2020 年)》对邮政业发展的要求及人才队伍建设的总体目标,本着“分步实施,有序推进,稳步提升”的原则,积极推进政府为主导,企业为主体,院校为支撑的邮政行业人才教育培养体系建设,启动快递“百千万人才工程”。通过专业人才培养和职业技能鉴定工作“两手抓”,促进院校专业人才教育培养系统化、职业技能鉴定考试制度化、企业员工培训规范化、职鉴组织管理科学化,为邮政行业可持续发展提供人才保证。

第二节 主要目标

“十二五”期间,通过整合社会资源,建设近百所快递专业人才培养基地(院校);通过多种渠道和方式,建设千人快递专业技术人才队伍;通过职业教育与在职培训鉴定,建设万名高层次技能型快递专业人才队伍。在整个工程中,“百”是基础,是“千”和“万”目标实现的支撑和保障。

通过组织实施“百千万人才工程”,将有助于解决快递企业高级管理人才缺乏、专业化人才不足、复合型人才匮乏、业务员整体素质有待提高等诸多问题,极大地缓解快递人才供给不足、结构不优、能力不强的问题,对于促进快递企业转型升级、跨越发展具有重大的意义。

第三节 实施情况

一、大力促进校企合作,建设人才培养基地

加强校企合作,是邮政管理部门推进专业人才培养的重要举措。针对行业发展实际需求,着力培养急需人才,指导相关省组织快递服务人才培养研讨,为企业和院校搭建沟通互动平台,根据

企业需求，加快不同层次的专业人才培养，努力提高职业教育教学质量，增加专业人才供给，满足企业用人需求。

2010 年，邮政管理部门在广东、浙江、山东、吉林、重庆、河北等地整合了 39 所院校资源，向各快递企业推荐介绍，积极推进专业人才的培养。江苏省邮政管理局在 2010 年启动了邮政行业人才培养基地的建设，分别与南京邮电大学、江苏经贸学院、江苏省邮电技工学校签订人才培养基地联建协议从而建立起覆盖中职、高职和本科以上层次的学历教育平台，并在 2011 年依托人才培养基地实施快递专业的订单式委托培养、在职函授和脱产培训等项目。

各级邮政管理部门还着力为企业人才培养提供政策咨询服务和各类政策支持。2010 年，国家邮政局印发了《校企合作协议建议文本》，促进院校和企业更有针对性地开展合作，夯实校企合作基础，积极整合行业内外教育资源，联合建设专业人才教育和在职培训重点院校，作为专业人才培养基地。据初步统计，截至 2011 年底，全国快递企业合作院校达 61 家。

二、积极开展职业教育，加快培养专业技术人才队伍

几年来，各级邮政管理部门积极支持有关院校根据快递专业人才急缺的现状，合理调整学科设置，推动院校在相关专业设置快递方向，大力开展职业教育，积极争取设立快递专业，其中山东职业学院、淄博职业学院等 3 所院校分别开设快递专业，另有 14 所院校开设快递方向专业（见表 5-2）。截至 2011 年，已有 15 个省 17 所院校开设了快递课程，在校学生达 5000 人以上。“十二五”期间，每年将有相当数量的快递专业毕业生陆续进入快递企业，成为企业生产、技术管理骨干，快递专业技术人才队伍将日益壮大。引导企业通过“冠名班”“订单式”等多渠道增加专业人才供给，满足人才需求。目前，顺丰、圆通、申通等很多快递企业已经分别与山东、广东、上海、吉林等地的职业院校签订合作协议，以“企业冠名班”等形式实施订单式培养，按照企业的实际需求有针对性地培养人才（见表 5-3），取得了很好的效果。

三、多渠道并举，加快培养高层次技能型快递专业人才

邮政管理部门根据实际，采取多种方式培养高层次技能人才。一是加大快递企业技能人才培训鉴定力度，组织企业符合条件的人员参加鉴定考试，提高高层次技能人员比例。二是加快“双证书”制度的实施，在高职院校中大力推广高级以上快递业务员的职鉴考试，直接为企业输送高层次技能人才。三是根据快递技能人才队伍发展的实际，适时组织开展技能大赛，通过竞赛，直接授予技术能手称号，激发技能人员的积极性，多种通道增加高层次技能人员比例。到 2011 年底，有关工作已经启动，为“十二五”期间完成工作目标奠定了初步的基础。

表 5-2　国内院校开设快递专业（方向）情况表（部分）

省（区、市）	院校名称	开设专业
江苏	南京邮电大学	电子商务（快递方向）本科学历函授班
	江苏经贸职业技术学院	物流管理（快递方向）专科学历函授班
天津	天津交通职业学院	物流系快递方向专业
山东	山东工程技师学院	三年制快递方向
	淄博职业学院	快递专业、快递管理专业
	山东职业学院	快递专业
安徽	安徽省公路工程技术学校	现代物流专业快递方向
北京	北京邮电大学	物流专业快递方向

续上表

省(区、市)	院校名称	开设专业
广东	深圳技师学院	物流管理(快递方向)班
广西	柳州铁道职业技术学院	快递专业
吉林	长春职业技术学院	物流专业增设快递课程
	吉林工业经济学校	快递业务员中专班
浙江	浙江邮电职业技术学院	物流专业快递方向
河北	河北省交通职业技术学校	物流专业快递方向
	河北省交通职工教育培训中心	快递业务员岗位技能提升短期培训班
江西	江西省商务学校	物流专业增设快递课程
内蒙古	内蒙古商贸职业学院	物流管理专业增开快递课程

表5-3 快递企业开展校企合作及设立“企业冠名班”情况表(部分)

企业	合作院校	时间	合作内容
北京邮政速递物流有限公司	石家庄邮电职业技术学院	2011年	共同制订了“十二五”定制式人才培养规划
山东邮政速递物流有限公司济宁市分公司	山东理工职业学院	2010年	签订了校企合作协议书
安徽省邮政速递物流公司	安徽交通职业技术学院	2010年	举行校企合作签字仪式
申通快递有限公司	成都工业职业技术学院	2007年	开办申通班
	重庆西南大学、北京财经贸易学院、吉林农业科技大学、浙江省邮电职业技术学院等	2008－2011年	建立校企合作关系
	浙江邮电职业技术学院	2008年	开办申通班
	西安铁路职业技术学院	2009年	开办申通班
	长沙通信职业技术学院	2010年	开办申通班
	浙江邮电职业技术学院	2010年	建立申通快递培训学院
	吉林农业科技学院	2011年	开办申通班
圆通速递有限公司	贵州省物资学校	2007年	成立圆通速递有限公司人才培训基地
	成都市双流县通江职业中学	2009年	成立圆通定向专业班
	山东淄博职业学院	2010年	建立人才培养和合作办学关系,开办圆通速递学院
	北京邮电大学	2010年	建立人才培养战略合作关系
	浙江嘉兴交通职业学校	2010年	开办物流管理专业圆通班
	浙江湖州职业技术学院	2011年	签订“校企合作”协议
上海韵达货运有限公司	浙江商业职业技术学院	2008年	开展校企合作
	浙江商业职业技术学院	2011年11月	开办韵达学院管理人员培训班
百世汇通	广东工业大学	2011年	设置物流管理专业
	广州科技贸易职业学院		设置物流管理专业
	浙江交通职业技术学院		设置物流管理专业
	浙江公路技师学院		设置物流管理专业

续上表

企　业	合作院校	时　间	合作内容
北京宅急送快运股份有限公司	湖南信息技术职业学院	2003－2007年	定向培养专业人才
	江西应用技术职业学院	2003－2008年	定向培养专业人才
	北京城市学院	2004－2010年	定向培养专业人才
	湖北商贸大学	2005－2009年	定向培养专业人才
	广州白云工商高级技工学校、安徽省阜阳职业学院	2005－2010年	定向培养专业人才
	哈尔滨工商大学、重庆城市管理学院、广西理工学院	2006－2007年	定向培养专业人才
	南阳理工学院	2006－2009年	定向培养专业人才
	安徽财贸职业学院、安徽商贸职业技术学院、重庆工商职业学院、重庆化工职业学院、陕西交通职业学院、郑州城市职业学院、安徽铜陵职业技术学院	2006－2009年	定向培养专业人才
	山东职业学院	2006－2012年	定向培养专业人才
	成都华夏旅游学校	2007－2009年	定向培养专业人才
	北京工商大学	2007－2010年	定向培养专业人才
	四川双流职业学校	2007－2011年	定向培养专业人才
	安徽现代信息工程职业学院、郑州大学西亚斯国际学院	2007－2011年	定向培养专业人才
	北京现代职业技术学院、瑞金市职业中等专业学院	2007－2012年	定向培养专业人才
	安徽文达信息工程学院	2008－2009年	定向培养专业人才
	北京电子职业科技学院、四川现代职业学院	2008－2012年	定向培养专业人才
	广州白云技师学校、湖北三峡职业技术学校、咸阳职业学院	2009－2011年	定向培养专业人才
	湖南现代物流职业学院、西安外事学院、黄河水利职业技术学院、安徽工业技术学院、上海物资流通学校、常州机电职业学院	2009－2012年	定向培养专业人才
	福建福大志诚学院、合肥财经职业学院、江西工程职业学院	2010－2012年	定向培养专业人才
上海希伊艾斯快递有限公司	四川省宜宾市商业职业中等专业学校、陕西省凤翔科域计算机专业学校、安徽新华学校、河海大学、东南大学	2008年－2011年	开展各种合作办学
港中能达速递公司	四川省遂宁市民进中等专业学校	2010年	签订《联合办学协议》
优速物流有限公司	广东女子职业技术学院	2010年	首次签订校企合作协议
	长春金融高等专科学校、四川交通职业技术学院、湖南涉外经济学院、杭州电子科技大学	2010年	开展合作办学
联昊通速递	湖南怀化学院	2009年	建立物流专业实习基地

第六篇 重点企业

中国邮政速递物流股份有限公司

中国邮政速递物流股份有限公司(以下简称“邮政速递物流”),是经国家主管部门批准,由中国邮政集团以原中国邮政速递物流公司为平台,联合各省邮政公司共同作为发起人,于2010年6月设立的国有股份制公司。

邮政速递物流在国内31个省(区、市)设立全资子公司,拥有中国邮政航空有限责任公司、中邮物流有限责任公司等子公司,拥有“EMS”特快专递品牌和“CNPL”物流品牌。

邮政速递物流是中国交通运输协会副会长单位和中国快递协会副会长单位。

一、基础建设

(一)分拨中心建设

邮政速递物流在全国设立了168个集散(处理)中心和107个仓储物流中心。集散(处理)中心配备了先进的自动分拣设备和信息技术设备,负责所辖区域内速递邮件或货物的分拨、开拆、分拣封发和转运等处理作业,并承担速递邮件或货物的跨区运输作业。其中,有74个集散(处理)中心兼顾航空和陆路集散(处理)中心功能。多个仓储物流中心通过了TAPA、GSP等专业认证。

(二)信息化建设

邮政速递物流先后开发了速递综合信息平台、物流综合信息平台和客户服务等系统,用于支撑生产运营和客户服务,并提供企业内部财务、人力资源、日常办公等管理功能。成功开发了与大型客户的ERP系统、订单系统、仓储系统、运输系统无缝对接功能,实现了数据共享和全程可视化管理,建设了具有世界先进水平的仓储管理系统,并在多个项目上成功实施,提高了生产效率和服务水平。

(三)网络建设

邮政速递物流拥有我国机队规模最大的货运航空公司——中国邮政航空有限责任公司,依托16架自营波音737全货机,建立了直达19个城市、覆盖200多个城市的自主航空网,还与国内各大航空公司紧密合作,建立了直达74个城市、覆盖全国的民航委办航空网;全国8大区域集散(处理)中心与其他160个集散(处理)中心组成了集散辐射网络,以汽车运输为主、火车运输为辅,建立了覆盖全国所有市、县的“集散+直达”式陆路快速网。

(四)呼叫中心

邮政速递物流总部建设了全国统一的11183呼叫中心,与总部、省、地市三级客服体系形成有效对接,为客户提供取件派揽、业务查询及咨询等服务。目前,全国17个业务规模较大的省设立了客户服务机构。

(五)运输能力

邮政速递物流逐步搭建起了运能充沛、组织有效的运输网络,公司拥有16架飞机、各种车辆2.3万多台,铁路行邮专列24节,为客户提供“门到门”、“门到站”、“站到门”或“站到站”等多种服务。

二、业务发展

邮政速递物流的服务范围覆盖全国31个省（区、市）的所有市、县、乡（镇），通达包括港、澳、台地区在内的全球200余个国家和地区。2009年、2010年、2011年，分别实现营业收入196.40亿元、225.11亿元、258.85亿元。

邮政速递物流主要经营国内速递、国际速递、合同物流等业务以及代收货款等增值服务。合同物流为高科技、汽车、快消品、医药、服装等行业的客户提供领导型物流、生产支持性物流、销售物流、市场支持性物流、专业解决方案、供应链金融等多种服务。

三、人才队伍

在选人上，积极招募优秀应届毕业生充实队伍。同时，通过社会多种渠道，招聘和引入具有快递、物流相关领域丰富经验的专业人员。

在育人上，积极利用各院校速递物流专业及网络学院等优质资源，培养员工终身学习的意识，加强在职员工的再培训。2011年，累计开展各类培训1821次，受训人员达8.4万人次。同时，还进一步加强全网上下的干部交流工作，有效地提高了队伍的整体素质和业务水平。

在留人上，本着“待遇留人、感情留人、事业留人”的原则，建立健全员工激励机制，实现员工与企业同成长，共发展。

同时，积极开展职业技能鉴定工作，加大鉴定考核力度，全面推行生产人员持证上岗。截至2011年年底，开展职业技能鉴定191批次，参与职鉴人数1万多人，持有快递业务证书的人员5万多人。

四、社会责任

邮政速递物流在促进就业、服务地方经济、抗击自然灾害等方面积极履行社会责任和义务。在援建汶川地震灾区，抗击南方雨雪冰冻灾害，服务北京奥运会、上海世博会，重建玉树灾区等国家和人民最需要的地方，以优质的服务努力回报社会。

五、企业荣誉

2008年，获中国货运业“国内最佳快递业务”和“国际最佳快递业务”两项金奖。

2010年，公司开发使用的中国邮政速递物流（香港）配送管理信息系统获中国物流与采购联合会颁发的“科技进步三等奖”。

2011年3月，荣获国家邮政局颁发的“2011年全国快递‘春运’服务保障工作突出贡献企业”。

2011年6月，在工业和信息化部中小企业发展促进中心举办的2011年度“中国品牌力指数（2011 C－BPI）”颁奖典礼上，荣获“快递服务行业第一品牌”称号。

2011年8月，荣获中国物流与采购联合会颁发的“2011中国物流信息化十佳应用企业”，同时，邮政物流综合信息平台项目被评为“2011年中国物流与采购信息化优秀案例”。

2011年12月，在国家发展和改革委员会举办的第三届全国制造业与物流业联动发展大会上，荣获“全国制造业与物流业联动发展示范企业”奖；被全国通信行业企业管理现代化创新成果审定委员会授予“第八届通信行业企业管理现代化创新二等成果”奖；荣获中国物流与采购联合会颁发的“2011中国物流管理创新型企业”奖。

顺丰速运(集团)有限公司

一、公司概况

顺丰速运(集团)有限公司(以下简称"顺丰")成立于1993年3月,是一家主要经营国际、国内快递以及报关、报检等业务的民营快递企业,总部设在深圳,在全国(包括港澳台地区)建立了庞大的业务机构,并逐步开通了韩国、新加坡、马来西亚、日本、美国等国际快件收派服务。

长期以来,顺丰不断投入资金加强基础设施建设,积极研发和引进具有高科技含量的信息技术与设备,不断提升作业自动化水平,实现对快件流转的全程监控、跟踪、查询及资源调度,促进快递网络不断优化,确保服务质量稳步提升。

二、基础建设

自成立以来,顺丰一直注重基础设施建设,采用自建、自营方式建立基础网点,统一各网点经营理念,在全网推行流程标准化、管理信息化、工具机械化。

(一)业务网络

深耕国内,布局国际。2007年以后,顺丰加速网络布局,在深耕华南的同时,加速在华东、华中、华北布局。2010年,实现了对国内所有省(区、市)的网络全覆盖。至2011年12月,网点数量从2007年的1000多个扩展至4000多个,国内地级城市网络覆盖率达75%。

其间,顺丰也逐渐把网络触角从中国内地延伸到台湾直至海外。2007年,在台湾地区设立营业网点,网络覆盖台北、桃园、新竹、台中、彰化、嘉义、台南、高雄等主要城市;2010年,在新加坡设立营业网点,网络覆盖新加坡除裕廊岛、乌敏岛外全部区域;2011年,在韩国设立营业网点,网络覆盖韩国全境;同年,又分别在马来西亚、日本设立营业网点。

(二)立体邮路

织好空中地面两张网。为将快件更快地送达客户手中,顺丰分别从空中和地面两个方向发展,精心编织两张网。

顺丰是国内首家包机夜航的民营快递公司。2006年8月,顺丰包租全货运2架专机;2007年以后,加速包机步骤。2009年12月,顺丰成立了自己的航空公司,当月31日,第一架自有全货机成功首航。至2011年12月31日,投入使用的全货机已增至24架。此外,为补充空中运力,还租用了超过1000个以上的散航飞机腹舱。

同时,顺丰也加强了地面网络的铺设。截至2011年底,全网新建中转场超过了35个,自有营运车辆7000余辆。2010年12月,顺丰启动陆路运输网络搭建计划,在武汉筹建了全网陆运集散中心,联结起庞大的地面网络。空中和地面网络密切配合、有效衔接,完善了为客户提供高效快递服务的基础条件。

(三)科技含量

助推信息化机械化升级。顺丰在科技上一直全力投入,陆续上线了ERP、HHT手持终端、全/半自动分拣系统、呼叫中心、GPS全球定位系统等,在国内率先实现对货物从下单到派送的全程监控、跟踪及查询。公司在模糊识别技术、路由规划技术等领域已达国际水平。

三、业务发展

顺丰一直以网点自营方式进行网络扩张。通过对"接单—收件—中转—分拨—航空—派件"流程的上、下流程控制,系统间计算机智能交叉验证和责任人KPI考核制度,建立了三级营运质量保证机制,极大地提升了运作质量。

产品策略上,顺丰一直致力于提供业内最快

的产品，如即日到、次晨达等，同时积极探索客户需求，推出“特安快件”、“陆运通”、“标准快件”、“普货”等补充产品及签回单、保险保价、代收货款、MSG签收通知等增值服务。

四、人才队伍

顺丰致力于为员工提供具有市场竞争力的薪酬福利，通过各种途径帮助员工实现和提升自身价值。目前，总用工规模超过14万人，其中大专以上学历的员工近3万人，研究生以上学历的员工超过300人，并引进了工程设计、电子商务、航空等多个方面的专业人员。

五、社会责任

顺丰一直致力于资助希望工程、扶困助学、疾病防治、建设养老院、贫困地区公路建设、重大灾害捐助、奥运支持等公益和慈善事业。截至2011年底，投入慈善事业的资金约为4230万元。

2008年“5·12”地震后，向汶川地震灾区捐赠可供3500人使用的帐篷，委派78名志愿者赶赴灾区参加救助和重建工作；助养地震灾区北川、青川、安县三地的44名孤儿至18周岁；捐赠总额共计1000余万元。

2009年，投入慈善事业资金共计250余万元，正式成立广东省顺丰慈善基金会。

2010年，西南旱灾捐款、青海省玉树灾区援建、四川省凉山州美姑县爱心班资助、少数民族村落水电站建设等，全年共计投入慈善事业资金1650余万元。

2011年，在15家高校设立“顺丰奖学金”，合计金额156万元；援建四川省康定县塔公乡江巴村老人院，捐款250万元；援建青海省班玛县达卡乡爱心板房小学，捐款30万元；助养四川省凉山州普格县荞窝镇中心校顺丰爱心班失依儿童50名，6年费用总计79万元。

六、企业荣誉

2007年，被深圳市人民政府评为深圳市民营领军骨干企业；获深圳商报、深圳市物流与采购联合会等联合颁发的“最具竞争力品牌奖”。

2009年，被中国物流与采购联合会评为“AAAAA物流企业”；获评中国物流与采购联合会颁发的“中国物流示范基地”称号。

2010年，被深圳市交通运输委员会评为“深圳市交通运输安全生产先进单位”；被深圳知名品牌评价委员会授予“深圳知名品牌荣誉证书”；被中国物流与采购联合会评为“2010中国物流企业50强”第14名。

2011年，被国家邮政局评为“2011年全国快递春运服务保障工作突出贡献企业”；被中国物流与采购联合会评为“AAAAA物流企业”及“优秀会员单位”；被广东省邮政管理局评为“广东省深圳大运会邮政服务与邮路安保工作先进集体”。

申通快递有限公司

一、公司发展

申通快递品牌创立于1993年初，从几个人、几辆自行车开始，经营杭州和上海之间的报关急件直送业务。1995年在上海、浙江的宁波、金华和东阳布点，开始扩大业务。1996年在江苏的南京、苏州设点，逐步形成长三角快递网络雏形。1997年在北京、广州等城市设点，标志着公司快递业务开始进军全国。到2003年公司成立10周年之际，基本形成了以长三角为根基，辐射全国的快递服务网络，进入了大发展阶段。

2007年，申通快递有限公司（以下简称“申通”）正式成立，注册资本5000万元，接替成立于1997年的上海盛彤实业有限公司，负责对申通快递网络加盟商的授权许可、经营指导、品牌管理等。同时，也积极拓展国际快递业务。随着国内快递市场需求的多样化，申通在继续提供传统快递服务的同时，也在积极开拓新兴业务，包括与阿里巴巴集团合作提供C2C和B2C电子商务物流配送、第三方物流和仓储、代收货款、贵重物品通道等服务。

二、基础建设

截至2009年底，申通加盟网点684家，特许二级加盟网点716家，服务站点2000余家。到2011年12月底，申通网络加盟网点已增至834家，县级承包区969个，开设门店5000余个。

从2008年1月1日开始，申通推行“有偿派送，相互折算”和“运输补助”结算体系，更好地协调了网络利益关系，促使网络平稳健康发展，促进业务快速发展。

截至2011年底，申通共有中转部62个，占地1240亩。各中转部在2011年底全部实现半自动化分拣，且所有中转部和90%以上的网点公司已配备监控设备，在上海、北京、广州等重点城市安装了10余台安检机。全网络公司车辆20000余辆，跨省级网络车辆近600辆，均装配GPS。

2007年，申通成功开发了“申通E3快递软件系统平台”，包括快递业务系统、数据采集系统、无线GPRS数据采集传输系统、称重计费系统、物料管理系统、派送结算系统、到付结算系统、航空业务管理系统、车辆运营管理系统、客服投诉受理系统、客服呼叫中心系统、电子商务（淘宝业务）接单系统等子系统及功能。2009年底，全网络已有2万多名揽投员使用GPRS无线“巴枪”，2010年实现人手一把“巴枪”。

三、业务发展

2004年，申通的全国网络实现产值10亿元，2004年以来，业务量每年以50%以上速度增长。

2011年，全年业务量达到7.5亿件，年营业额为92亿元，全网总投资额约10亿元。2007～2010年，申通日均业务量分别为48万、75万、120万、160万，年增长率为41.18%、56.25%、46.67%、45.5%。2010年，快递日业务量最高峰达到260万件，全网络共有从业人员约10万人。

四、人才队伍

根据总公司人力资源部初步统计，目前申通的从业人员学历水平情况见表6-1。

表6-1 申通公司从业人员学历水平情况

学历层次	本科学历	大专学历	高中学历	高中以下学历
占比	5%	25%	40%	30%

2008－2011年，总部已建立人才储训基地15个，并与重庆西南大学、北京财经贸易学院、吉林农业科技大学、浙江省邮电职业技术学院等建立校企合作关系。自2010年1月上海开展首批快递业务员初级职鉴考试，到2011年8月中旬，申通共组织业务员参考6次，参考人数逾4000人，其中上海片区参考员工比例达85%以上，申通一级、二级中转站（上海、杭州、江阴、南京、台州、义乌、临海、宁波等）参考员工比例达80%～90%。

五、社会责任

2007年，向上海市慈善基金会捐资10万元扶持贫困大学生；委托上海高校图书情报工作委员会向全国一百所大学赠书。

2008年，汶川大地震后，6月3日申通全网络向地震灾区捐款510余万元。

2009年，捐款50万元在浙江桐庐钟山乡修建申通大道；"申通快递助学资金"为成都市现代物流专业职教集团物流专业家庭经济困难学生捐赠100万元。

2009年5月18日，汶川大地震一周年之际，杭州驻沪企业联合会举行"杭商情·青川行"赴川慈善活动，杭州驻沪企业联合会的企业家们认领了青川县竹园镇、白家乡、建峰乡、金子山乡122名学生的学习和生活费用。另外，上海盛彤实业（申通快递）继上年捐款563万元后再次认捐25万元，用于青川县建造村级公共设施用房。

2009年7月13日，申通向成都市现代物流专业职教集团捐资100万元，用于资助家庭经济困难的学生顺利完成学业。100万助学资金拟在未来5年内分期分批资助物流专业贫困学生，每年资助20万元，年受助学生200人左右，均为学习成绩优异的贫困学子。

2010年，向昆明市五华区政府捐款8万元，捐赠物资15吨，提供1000个就业岗位；向浙江邮电职业技术学院捐赠15万元设立申通奖学金；

2011年，向"3·10"云南德宏州地震重灾区—盈江县岗勐小学捐献5万元；浙江申通募捐7万元救助身患尿毒症员工的家属；申通向贵港申通快件受伤员工捐款84万元。

2011年7月，申通成为第14届国际泳联世界锦标赛组委会赞助商，也是此次唯一指定快递品牌。

六、企业荣誉

2000年，获得由国际证书机构IQNet和中国质量认证中心ISO9001:2000国际质量管理体系证书。

2005年，申通被评为"中国物流业十大影响力品牌"、申通董事长陈德军先生个人荣获"中国品牌建设十大杰出企业家"荣誉称号。

2007年2月，申通被中国保护消费者基金会授予"中国保护消费者权益信得过单位"称号。

2007－2008年，连续两年被上海市青浦工业园区管理委员会评为"青浦区十佳民营企业"。

2008年9月19日，申通再次获得由国际证书机构IQNet和中国质量认证中心联合颁发的ISO9001:2000国际质量管理体系证书。

2009年5月20日，上海市总工会授予申通客服部（包括电子商务客服）"工人先锋号"荣誉称号。

2009年9月12日至13日，全国首届电子商务与快递物流大会上，淘宝网联合中国快递协会举行了"网商眼中的最佳快递公司"颁奖典礼，申通快递有限公司获得由阿里巴巴和淘宝网颁发的最佳快递物流贡献奖和最佳社会责任奖。

2010年，申通快递商标荣获由上海市工商行政管理局颁发的上海市著名商标。

2010年12月13日，上海市经济和信息化委员会组织开展的2010年中小企业信息化推动评选和示范工作活动中，申通快递有限公司获得"上海市中小企业信息化应用示范单位"称号。

七、企业大事记

2007年3月，申通快递有限公司在上海青浦区正式成立，注册资本5000万，接替成立于1997年的上海盛彤实业有限公司作为申通快递网络总公司行使对整个网络的管理权，拥有注册商标“STO申通快递”，负责对申通快递网络加盟商的授权许可、经营指导、品牌管理等。

2007年底，申通快递打破运行了十几年的互免派送机制，实施有偿派送改革，并在此基础上先后推出特困网点补助方案、大货派送费改革、外围到江浙沪汽运价格核算和航空提货互补收费等一系列制度。

2008年8月15日，申通香港公司正式开通，面向香港地区客户开展快递服务。

2009年9月9日，申通快递公司华东分拨中心在浙江萧山落成，这里将成为申通快递华东地区的枢纽转运中心。该中心占地面积4.5万平方米，总投资1.5亿元。

2009年12月6日，申通快递华北分拨中心奠基仪式在北京市顺义区金马工业园举行。该分拨中心紧邻北京首都机场，交通便捷，占地面积50亩，总投资约1亿元，该项目包括近2万平方米的快件分拣中心，全部采用智能化流水线作业。

2010年6月21日，参加全国邮政管理局长座谈会的全体代表和国家邮政局局长马军胜等莅临申通总部考察调研，董事长陈德军、总裁奚春阳等总部领导陪同调研。

2010年7月3日，申通快递培训学院在浙江邮电职业技术学院正式挂牌成立。

截至2010年8月初，申通已经完成全网推广使用手持终端设备，确保20000名业务员均持手持终端设备上岗。

2010年9月17日，申通快递公司在上海片区和各省省会城市网点推广呼叫中心系统。其中，上海片区已完成70%，各省省会城市完成45%。

2010年10月9日，申通快递公司推出了针对IPhone操作系统开发的IPhone STO App快递专用软件，以供IPhone手机用户使用，现已取得IPhone官方认证。该系统具有快件查询、客户服务、服务范围、计费查询等六大功能，可随时随地跟踪快件。

2010年10月19日下午，新华社浙江分社与浙江申通快件服务有限公司签订战略合作协议，这标志着双方将充分发挥各自资源优势，共同开启深入发展、合作共赢的新局面。

2011年3月1日—2日，申通快递2011年网络大会在桐庐剧院举行。与会代表共同商讨2011年申通发展的规划与前景。

2011年12月22日，申通东北电子物流基地项目签约暨项目发展战略规划研讨会举行。沈阳市于洪区与申通物流公司签约，共同建设申通东北电子物流科技产业园项目。项目选址沈阳经济区国际物流港，占地约1300亩，总投资30亿元。

上海圆通速递有限公司

上海圆通速递有限公司(以下简称“圆通”)创建于2000年5月28日。2011年成立上海圆通蛟龙投资发展(集团)有限公司,标志着圆通向集团化迈出了坚实的一步。

一、基础建设

历经12载艰苦创业,圆通现已拥有8大管理区、59个转运中心,遍布全国的5000余个配送网点,直接服务国内1300余个城市,航空运输通达城市70余个,发展成为集快递、电子商务于一体的国内大型知名快递品牌企业。

截至2011年底,圆通投入大量资金打造金刚系统、OA办公平台系统和人力资源系统,先后改扩建转运中心33个,拥有网点机动车14505辆,非机动车19293辆,进一步提升了运输能力。

二、业务发展

圆通立足国内、面向国际,主营50千克以内的小包裹快递业务,围绕客户需求,形成了国内同城当天件、区域当天件、跨省时效件和航空次晨达、航空次日下午达等多种服务产品和到付、代收货款、签单返还等多种增值服务,涵盖快递、仓储、电子商务配送、特色服务等一系列专业快递服务领域,并为客户量身定制快递解决方案,提供个性化、一站式服务。圆通还开通了港澳台、东南亚、中亚和欧美快递专线,开展中韩国际电子商务业务,将服务网络延伸至海外。目前,圆通业务量正以每年70%左右的增长速度迅猛发展。2011年,最高日业务量突破300万件,全网完成5.6亿件快件的派送,产值达80亿元。

三、人才队伍

圆通加大校企合作、军企合作力度,引进毕业生和退伍军人,采取“以薪留人”和“用心留人”并举的方式,吸引和留住人才。

圆通先后与20多所院校达成合作意向,签订了校企合作协议,共建顶岗实习基地、培训实训基地;还为员工提供免费的入职培训和岗位技能及能力提升培训,培训经费达3000多万元。2011年,为提升员工素质,公司总部组织召开了218场新员工入职培训、20场客服培训、36场管理培训以及86场其他培训。

四、品牌建设

圆通创办伊始,就确立了“客户要求,圆通使命”的服务宗旨和“诚信服务,开拓创新”的经营理念以及“自强不息,艰苦创业、团结奋斗”的圆通精神,努力打造民族快递品牌、实现“中国人的快递”的宏伟目标。

2008年12月,圆通被上海市名牌产品推荐委员会授予“2008年度上海名牌”荣誉证书; 2011年3月,再次被授予“2010年度上海名牌”。

2009年5月,圆通召开了第九届全国网络代表大会,提出了“全网一体,赢在执行”的网络发展理念以及坚持“两个基础”、“两个创新”和“快而全”的时效服务理念。同年底,积极响应国家邮政局号召,实行“全年无休”,为客户提供更为便捷、优质的快递服务。

五、社会责任

圆通积极参与社会公益事业,历年来为社会主义新农村建设、帮贫扶困、献爱心圆大学生就学梦、老年基金会、国家体育事业、抗震救灾等累计捐款2000多万元。

2008年4月下旬,圆通免费为7个国家和地区的100多个城市的海外华人快递了4.2万余面五星红旗，支持奥运圣火传递。

2008年汶川大地震发生后，全体员工向灾区捐款、捐物总值达170余万元。

2010年6月，在四川省仪陇县立山镇沙砍子村投资50余万元，建成国内首家由快递企业捐助建设的希望小学——上海圆通速递有限公司希望小学。学校投入使用后，解决当地山区200多个孩子的上学难题。

2011年，成立专项基金，自1月11日起，从每件快件中提取1分钱用于公益，支持国家快递行业培训、见义勇为事迹表彰以及开展长期安老、帮困、扶幼、助学等各项公益慈善事业。首批捐款300万元已捐至上海市青浦区慈善基金会。

此外，每年向浙江桐庐60岁以上的老年人捐赠慰问金10万元，每年设立助学基金100万元，每年向公安战线综合基金赞助50万元等。

六、企业荣誉

2006年1月，被中国企业文化促进会、中国工业设计协会等单位评为“2005年度中国快递行业十大影响力品牌”，董事长喻渭蛟获得“中国品牌建设十大企业家”称号。

2006年7月，被中国物流行业协会评为“2006年中国物流诚信企业”，董事长喻渭蛟获“中国物流诚信企业家”称号。

2008年5月，被共青团上海市委员会授予“共青团号”荣誉称号。

2008年12月，上海市名牌产品推荐委员会办公室发布《2008年度上海名牌推荐名单》，上海圆通速递有限公司榜上有名(服务类)。

2009年8月11日，被上海市邮政管理局授予“迎世博600天优秀服务示范窗口”称号。

2009年12月，被共青团中央、交通运输部授予“2008年度青年文明号”称号。

2010年3月18日，南京圆通公司被江苏省邮政管理局授予江苏省“放心消费创建活动先进单位”称号。

2010年10月，圆通客户服务中心被交通运输部评为“全国交通运输行业文明示范窗口”，董事长喻渭蛟被评为“交通运输行业优秀科技管理人员”。

2011年1月，被上海市邮政管理局评为“上海世博会邮路安全保卫工作先进单位”。

2011年6月，被共青团中央、交通运输部授予“2009－2010年度全国青年文明号”称号。

七、企业大事记

2007年3月1日，上海圆通速递航空货运代理有限公司在上海虹桥机场正式开业。

2007年6月2日—3日，圆通速递第七届全国网络代表大会在上海召开。会议提出要以六个战略目标和六个管理目标以及五个管理理念为宗旨，实现圆通网络创快递行业中的民族品牌。

2007年6月22日，中共杭州市委组织部、上海市青浦区委组织部、桐庐县委组织部、桐庐县横村镇党委、钟山乡党委领导，在上海举行桐庐县流动党员“红色直通车”开通仪式暨圆通等四家快递企业党支部成立大会。

2008年3月1日—2日，圆通速递时效保障专题会议在上海召开。会议宣布成立时效保障部，并对时效保障工作各项事宜作了具体部署和安排。

2008年3月29日，圆通速递华中管理区成立，同时圆通武汉分拨中心正式开业。

2008年4月27日，圆通西北管理区暨西安分拨中心成立典礼在西安举行。

2008年5月31日－6月1日，圆通速递第八届全国网络代表大会在上海召开。喻渭蛟董事长在大会上作了题为《牢牢把握“三个坚定不移”，真抓实干，为实现2010远景目标而努力奋斗》的工作报告，全面总结了圆通网络八年发展基本经验，分析了当前国际国内快递行业发展形势，部署了2008年的工作任务。

2008年11月26日，广东省快递企业达标推进会暨首批达标企业授牌仪式在广东省东莞市举行，广东省邮政管理局和快递行业协会的领导出席了授牌仪式，圆通速递成为广东省首批达标快递企业之一。

2009 年 3 月 16 日，上海圆通速递西南分拣中心暨圆通速递成都分公司新建场地奠基仪式在成都双流航空物流园区举行。

2009 年 5 月 29 日－31 日，以“全网一体，赢在执行”为主题的圆通速递第九届全国网络代表大会在上海召开。上海邮政管理局局长李惠德和中国快递协会副秘书长邵钟林到会祝贺并作了重要指示。

2009 年 6 月 2 日，上海市快递服务达标活动总结会暨首批达标企业授牌仪式在沪举行，圆通速递上海所有分公司通过达标检查，成为上海市首批达标企业。

2009 年 7 月 14 日，由成都物流行业协会牵头，成都圆通公司与成都市双流县通江职业中学共同签订了“圆通定向专业班”培训合同，由校方负责组建“圆通定向专业班”并作为成都圆通公司的定向培训机构。

2009 年 7 月 23 日，经层层选拔推荐和江苏省创建办的最终审定，南京圆通等 5 家企业被列入该省第三批放心消费创建活动省级试点单位，填补了快递企业在全省放心消费创建工作中的空白。

2009 年 9 月 2 日，由上海圆通速递有限公司和韩国爱神灯网络有限公司共同主办的“国际电子商务全球快递服务执行会议”在上海举行。上海圆通速递有限公司和韩国爱神灯网络有限公司于 8 月 31 日在香港注册了 CAE 公司，在上海设置运营中心，在汉城设立海外办事处。圆通将负责新公司在中国的快递业务。

2009 年 11 月 27 日，由圆通速递投资建设、具有自主产权的圆通速递杭州转运中心正式乔迁，12 月 20 日正式运营。该转运中心占地 31 亩、总建筑面积达 22000 余平方米，集办公、仓储、分拣和转运功能为一体。

2010 年 1 月 4 日，圆通速递通过官方网站发布公告，决定从 2010 年起实行全年运行制。

2010 年 4 月 10 日，圆通速递西南管理区成都转运中心落成庆典在成都双流航空物流园区举行。

2010 年 4 月 30 日，由圆通斥资数亿元建设的上海新转运中心正式启用。圆通上海新转运中心占地 105 亩，总建筑面积达 37000 平方米，集办公、仓储、分拨、转运功能为一体。

2010 年 11 月 17 日，圆通速递与淄博职业学院签约，建立人才培养和合作办学关系。

2010 年 12 月 6 日，圆通速递与北京邮电大学在北京正式签约，建立人才培养战略合作关系。

2010 年 12 月，上海圆通速递有限公司经国家邮政局（国邮发〔2010〕215 号）文件批复，获准经营国内、国际快递业务（邮政企业专营业务除外）。

2011 年 3 月 15 日，上海圆通速递有限公司与深圳市机场航空货运有限公司举行战略合作签约仪式，宣布在深圳机场建设圆通华南转运中心，共同打造深圳机场快件集散中心。

2011 年 4 月，圆通与校企合作单位之一——湖州职业技术学院签订“校企合作”协议。

2011 年 7 月 27 日，上海圆通速递有限公司与陕西省咸阳市渭城区政府举行了圆通西北转运中心建设项目签约仪式，宣布将在咸阳市渭城区建设圆通西北转运中心。

2011 年 9 月 9 日，上海圆通速递有限公司与中国南方航空公司在广州举行总部战略合作协议签字仪式。

上海韵达货运有限公司

上海韵达货运有限公司(以下简称“韵达”)创立于1999年8月8日,总部设在中国上海,公司始终秉承“韵达让我们更便利”的企业使命,致力于实现“通过准确、快捷的服务传爱心、送温暖,成为受人尊敬、值得信赖的一流快递公司”的企业愿景。网络有6万余名员工为广大客户提供着优质快捷的快递服务。

一、基础建设

韵达在全国建设了56个分拨中心,各级分拨中心均安装了能够进行全天候、全方位监控的视频监控系统,确保快件分拨转运时效和安全。56个分拨中心全部安装了机械化操作流水线,提高了快件分拨操作效率和质量。

韵达自主研发了快件信息运营管理系统(快件查询跟踪系统),开通官方网站,通过网站提供客户自助、QQ在线咨询等服务,并在全网络快递员中统一推广使用手持终端设备,实现了快件操作与信息采集的同步以及快件运营信息的实时传递,方便了客户的即时查询、咨询,也为实现快件全程全网运营提供了支撑。

韵达在全国建设了10000多家营业网点,并在全网络推广标准门店,方便客户寄递快件。

韵达总部设立了呼叫中心,在全国5个区域设立了区域呼叫中心,在全网络56个分拨中心分别设立了客户服务部,为客户提供查询、咨询及其他业务受理服务。

韵达在全网络开通了860条陆运主干线,运营车辆1050辆;开通360条陆运支干线,运营车辆380辆,每辆车安装了集车辆跟踪、路线规划、信息查询、话务指挥和应急处置功能于一体的GPS卫星定位系统。同时,韵达快递在全国各省会城市、重点城市设立航空部,通过与各大航空公司开展战略合作,设立航空直发线路350条。

二、业务发展

2011年,韵达全网络递送快件超过3亿件,单日最高峰业务量超过200万件。

韵达在全国31个省(区、市)以及港澳台地区设立了服务网点,服务范围覆盖2200个县级以上城市。在长三角、珠三角和京津冀地区,韵达快递的网络已经延伸至乡镇、农村。

韵达为客户提供了以同城区域当天件、国内次晨达件、国内次日达件和电子商务快件为核心的服务产品体系,还为客户提供到付、代收货款(部分区域)、签单返还、保价等增值服务。

三、人才队伍建设

韵达坚持“德才兼备,主动创新”的用人原则,构建引进与培养相结合的人才机制。在选人方面,从学历、考核以及遵守公司规章制度的角度通过测评进行人才选拔;在育人方面,实行接班人制度,要求接班人随相关负责人参加常规会议、拜访客户、参与重大决策;在用人方面,坚持“适才适岗、为员工提供没有天花板的舞台、每个人都有成长的机会”的用人之道;在留人方面,一是待遇留人,如工资、福利、休假等,二是精神留人,如开展优秀员工评选、文体活动拓展等。

韵达坚持践行“培训是韵达最好的投资、是员工最好的福利”的基本理念,建立了覆盖总部、各大区、各分拨中心和网点的培训机制。在培训中,夯实企业培训基础体系,深化员工全职业生涯培训体系。

四、社会责任

韵达先后在就业、扶贫济困、抗击自然灾害和地方经济建设等方面奉献爱心、捐款捐物、免费运送救灾物资。

“5·12”汶川大地震发生后，韵达自发组织总部全体员工和各大区、分拨中心及各网点开展多种形式的捐款献爱心活动，截至2008年6月4日，共计捐款252167.00元，并分两次将该项款项转交上海市红十字会。

2008年10月，韵达快递与国内某大型集团公司携手举行“一床被，一件衣，让我们一起温暖灾区”活动，韵达快递免费将社会各界人士的爱心送达四川灾区。

2010年5月18日，韵达总部举行向玉树地震灾区捐款仪式，为玉树地震灾区募集爱心款45万元，交给了上海市青浦区红十字会。

2010年，韵达捐资在云南省晋宁县宝峰第二小学建设一口“爱心井”，解决了数百名学生的饮水困难。

五、企业荣誉

2009年4月，在浙江日报社和中国质量诚信企业协会、中国品牌价值评估中心联合举办的“浙江省公众满意质量服务双诚信单位”的评选活动中，获得“浙江省质量服务双诚信单位”称号。

2009年8月30日，在首届中国C2C高峰论坛被授予第一届中国C2C高峰论坛“最佳物流服务奖”。

2010年9月15日，在中国电子商务协会与杭州市余杭区人民政府联合举办的“第二届中国电子商务文化节暨2010中国电子商务百强峰会”上获得“2010中国电子商务百强企业”称号。

2010年1月27日，在“第七届中国市场品牌用户满意度调查”活动中荣获“中国快递行业用户满意首选品牌”。

2010年12月，被上海市私营企业协会评为2010年“安全生产月”暨“平安世博”活动先进企业。

2011年11月17日，获得上海市快递行业协会和上海市“企业诚信创建”活动组委会授予的上海市“三星级诚信创建企业”牌匾和证书。

2010年上海世博会期间，被上海市邮政管理局评为“上海世博会邮路安全保卫工作先进单位”；上海世博会主运行指挥部窗口服务组授予韵达董事长“上海世博会窗口服务优秀组织者”称号、授予韵达航空组“上海世博会窗口服务先进集体”称号。

六、企业大事记

2007年1月6日，韵达快递在浙江省桐庐县召开以“群策群力、数一数二”为主题的第七届网络年会。会议总结了2006年网络基本发展情况，分析了快递行业发展前景，并提出了2007年总体规划。

2007年6月22日，中共桐庐县委上海韵达货运有限公司党支部在上海正式成立。

2007年10月5日，韵达快递广州分拨中心新场地正式投入使用，改造扩建后的广州分拨中心占地面积近1600平方米。

2008年5月21日，韵达快递与浙江商业职业技术学院签订合作协议，开展校企合作，推进专业人才培养。

2009年1月，集办公、住宿、操作为一体，占地面积约为40000平方米的韵达快递总部在上海青浦正式落成并投入使用。

2009年10月18日，韵达快递在上海总部隆重举办以“十年风雨路，共创辉煌梦”为主题的十周年庆典活动。10月17日，韵达快递十周年庆典文艺汇演在总部顺利举行。

2009年12月，为使客户更加方便地使用“上海同城当天件”服务，韵达快递在公司网站首页开通网上下单服务，客户只需录入收发信息及快件信息即可发件。同时，为确保订单成功，成立了专门项目组对网上订单进行逐一跟踪。

2010年12月8日，韵达快递获得“中国民用航空运输销售代理业务资格认可证”，认可业务范围包括国内航线(除港澳台外)的货运销售代理业务。

2011 年 3 月 8 日,上海韵达货运有限公司工会成立,并召开首届工会会员代表大会。

2011 年 4 月 23 日—24 日,以“准确”为主题的韵达快递第十一届全国网络大会在上海召开,提出了“规范操作标准,提升服务质量,让客户满意”的要求。

2011 年 9 月 9 日—11 日,韵达快递参加了以“开放・生态・繁荣”为主题的“全球网商大会”,与中外嘉宾一起探索开放、共赢的发展模式。

2011 年 10 月 18 日,韵达快递参加了由商务部与北京市人民政府支持,北京市商务委员会主办的 2011 中国(北京)电子商务大会暨电子商务博览会。

2011 年 12 月 16 日,韵达快递亮相由上海市人民政府等主办的 2011 上海网货交易会,韵达快递“公平诚信、快捷安全、热情周到、服务一流”品牌理念,吸引了众多的观众前来参观,交易会获得圆满成功。

中通速递服务有限公司

中通速递服务有限公司(以下简称“中通”)创建于2002年5月8日,是一家集快递与物流于一体的大型集团公司。

一、基础建设

中通拥有员工5.5万余人,规模型分拨中心49个,且每年自建1~3个,服务网点4000多个,建立了能够满足快件中转时效的分拨体系;运输、派送车辆1万多辆,逐步建立起以长三角、珠三角、环渤海经济区为核心,辐射全国的高密度汽运网络。

2011年,中通在网络基础设施建设方面的投入超过2亿元,先后建成了广东东莞、浙江台州、江苏无锡3个分拨中心,拥有自主产权;改建扩建分拨中心近10个。此外,对信息系统、分拣系统、手持终端的投入超亿元,优化完善了信息技术平台,进一步扩大了GPS定位系统、PDA手持终端设备以及先进分拣操作设备等的运用范围。

二、业务发展

中通的服务项目有国内快递、国际快递、物流配送与仓储等,提供“门到门”服务和限时(当天件、次晨达、次日达等)服务。同时,开展了电子商务配送、代收货款、签单返回、到付、代取件、区域时效件等增值业务。

中通业务量和营业收入逐年攀升,网络规模日益扩大,员工收入不断增加,中通人的幸福感、归属感、凝聚力不断增强。2011年,全网的快件量为2.79亿件,同比增长82.4%,最高日业务量超百万件。

中通率先在行业中开通省际班车,提供一站式直达运送服务。目前,班车网覆盖全国31个省(区、市),省际班车数量已近700辆,且全部安装了GPS导航系统,有效提高了快件的安全时效。

中通还进一步优化航空路由的运行。自2004年起,推行早航班业务,使江、浙、沪、皖至北京、广州、深圳、东莞、厦门等城市的快件实现次日达;2007年开始推出江、浙、沪、皖至北京、广州、深圳、东莞、厦门、武汉的快件次晨达业务;在上海、北京、广东部分城市还推出了当天件服务项目,大幅提升了快递服务品质,使中通品牌形象得到进一步提高。

与此同时,中通积极把产品线从传统向个性化延伸,把发件客户的预付月结业务延伸到“到付”业务;从2006年底开始,开展了代收货款业务。

此外,根据网络发展实际,中通在行业中率先实行有偿派送制度,加强“最后一公里”的派送服务。通过完善网络信息系统平台,对快件进行“有偿派费”结算,有效平衡了网络发展,提升了末端派送的服务质量。

三、人才队伍

中通从以下方面构建了人才引进和培养机制:

“引智”,提升决策力。聘请专家为企业的“智囊团”,增强企业的决策分析和应变处置能力。

“引才”,加强人才储备。为每一位员工提供良好的发展平台和空间,不断引进适合企业发展需要的各类人才。

“育才”,完善队伍建设。通过“事业育人”,将每一位中通人的前景与中通发展紧密结合起来,与大专院校合作,建立人才培训基地,建立从业人员职业资格证制度。

“留才”,充实人才团队。从薪资和感情两方面留住人才,重点围绕薪酬、晋升、表扬、嘉奖、认可等,激励每一位员工,员工每年的收入增长率保持在20%左右,有效稳定了员工队伍。并提供良好的沟通机制,增进感情。

四、社会责任

历年来，中通先后在扶贫济困、帮困助学、新农村建设、2008年雨雪冰冻灾害、汶川大地震、青海玉树地震、西南旱灾中奉献爱心，捐钱捐物，积极回报社会。在北京奥运会、上海世博会、广州亚运会等重大活动中，集全网力量，取得了寄递渠道安全"保卫战"的胜利；在每年的节假日期间，中通人坚守岗位，勇于承担，以"全年无休"为使命，为广大用户提供了优质便捷的服务。

2010年4月14日，青海省玉树藏族自治州玉树县发生了里氏7.8级强烈地震。4月22日，中通举行了"向青海玉树地震灾区献爱心捐助活动"。活动开展仅两小时，首批捐款的员工就达173人，捐款共计28382元。

五、企业荣誉

2009年，被上海市快递行业协会评为上海市现代服务业民营百强企业、诚信企业以及快递服务标准达标企业。

2009年5月，被中国管理科学研究院等评为"中国快递服务行业十大诚信品牌"。

2010年，被人民日报社、市场报等评为"中国快递行业十大影响力品牌"。

2010年4月，被上海市嘉定区人民政府授予"上海市劳动关系和谐企业"荣誉称号。

2011年1月，被全国服务业公众满意度调查活动组委会和中国产业报协会产业经济调研中心评为"中国快递行业客户满意安全放心十佳品牌"。

六、企业大事记

2007年5月31日，杭州分拨中心、杭州中通公司顺利迁址。

2008年3月6日，中通速递公司淘宝业务正式上线。首批开通城市为上海和北京。截至当日24:00，累计成功接单2299票，实现"开门红"。

2008年5月11日—12日，中通速递第八届全国网络大会在浙江桐庐召开。

2008年12月22日，广西区快递行业协会向三家《快递服务》标准达标验收通过企业颁发牌匾和证书，桂林中通、柳州中通位居其中。

2009年1月3日，中通速递南京公司及南京分拨中心乔迁庆典举行。

2009年1月8日，江苏省邮政管理局和快递行业协会举行江苏省《快递服务》标准第一批达标企业授牌仪式，31家快递企业通过第一批达标验收，苏州中通、无锡中通、江阴中通名列其中。

2009年1月12日，福建省快递行业协会召开2008年总结大会，在会上给包括厦门中通在内的福建省首批《快递服务》标准达标企业颁证授牌。

2009年1月16日，吉林省首批《快递服务》标准达标企业颁牌大会召开，吉林省中通等6家快递企业成为吉林省首批达标企业。

2009年1月17日，北京市快递行业协会第一届四次会员代表大会召开，会议向包括北京中通在内的北京市首批《快递服务》标准达标企业颁发证书和牌匾。

2009年3月20日，中通速递(上海总部)团总支成立大会召开，大会按照《中国共产主义青年团章程》要求，采用无记名投票、差额选举的方式选出团总支书记1名，委员4名。

2009年3月20日，中通速递(上海总部)工会成立大会举行，大会根据《中国工会章程》及相关的规定，通过了《中通速递(上海总部)工会第一次代表大会选举办法》及监票人名单，选出了中通速递(上海总部)工会第一届委员会。

2009年6月13日，中通上海公司拉开《快递业务员国家职业技能标准》专题轮训序幕。

2011年4月17日，中通速递无锡分拨中心奠基仪式在无锡空港产业园举行。

2011年6月起，中通成立网络互助基金，该基金由总部调控，从每件快件中提取0.01元作为主要资金来源，对网络中经营出现困难的网点及生活上需要补助的员工给予扶持。中通速递成立了专门的互助基金管理委员会，每个季度向全网公布详细的基金补发情况。

2011 年 8 月 3 日，中通速递与福田汽车集团公司签订战略合作协议，致力于打造网络汽运管理的新模式，将全网的网络班车及城市配送车辆进行一体化管理，在车体广告、车辆型号、保养与维修等各个环节上进行统一、规范运作，以此来打造具有中通特色的汽运管理模式，为快件的安全时效运输“保驾护航”。

百世网络技术有限公司

百世网络技术有限公司(以下简称"百世")于2010年11月对国内知名快递品牌"汇通快运"进行了重组,2011年5月,"汇通快运"改名为"百世汇通"。百世汇通秉承"承载寄托,全程呵护"的服务理念,以信息化、自动化建设为发展基石,不断提高服务水准,2011年,企业实现了新一轮的高速发展。百世汇通目前拥有各级服务网点5000多个,网络覆盖全国各地,业务辐射至西藏拉萨等偏远地区;开通近500条全网省际干线班车,拥有70个分拨中心,2万余人的专业速递团队为千家万户提供全年无休的速递服务 。

一、基础建设

(一)优化网络布局,大力建设分拨中心

百世汇通采用科学的网点布局与优化方法进行系统规划和配置,极大提高了网点建设的科学性。2011年,增设了深圳、南宁、重庆等18个新分拨中心;搬迁扩建了上海、宁波、苏州等12个分拨中心;新增了1500米左右的传送带和数十台装卸设备,分别对上海、无锡、杭州、广州分拨中心的流水线进行了改造和升级;为武汉、金华、郑州、石家庄分拨中心安装了流水线;为虎门、南宁、武汉、南昌、西安,石家庄等分拨中心配置了爬坡机。通过完善区域市场的网络布局和分拨设备的升级改造,汇通快运有效提升了网络覆盖,提高了分拨效率, 减轻了劳动强度,为全面提高运营能力奠定了坚实的基础。

(二)整合网点布局,建立星罗棋布的干、支线网络

2011年,百世汇通结合已有网点服务的辐射能力和范围,对原先空白区域的网点进行了新设和调整,新增网点900多家,为企业历史上网点增速最快的一年。百世汇通十分重视优化、改善网络路由和运营效率,目前已拥有500条全网省际干线班车。2011年,新增省市际干线及省内、区域内支线班车线路同比增加25%,新增网络运输班车数量同比增加40%,使服务质量和网络覆盖范围得到了显著提升。

(三)推进直营化进程,直营网点覆盖核心城市

百世汇通不断投入巨资,对不适应新经济增长模式或服务质量不能保证的原有网点进行重新配置和调整,通过合作、收购、股权置换等形式,先后把下属的北京、天津、广东等16个省市站点收归直营。同时,总部直属的分拨中心也由2010年的20个,增加至目前的40个。现已形成一个以总部(上海)为中心,直营和加盟并存的覆盖全国的快递网络,切实增强了总部对全网的管理和控制能力。

(四)自组研发团队 ,促进网络信息化建设

百世汇通于2011年一季度组建了研发团队,启动了管理系统(Q9)研发项目。经过近一年的努力,完成了新系统上线工作。目前系统整体运行平稳,各项业务功能满足设计要求。

二、业务发展

(一)大幅度提升出件量,调整产品结构

2007年初,汇通的日最高发件量为10万件,2009年为20万件,2010年为25万件。2011年,日出件量大幅度提升,日最高出件量接近60万件,比2007年初增长了约500%;全年完成快件业务量接近1亿件。同时,对快递产品结构也做了相应调整,限制大货、泡货,大力鼓励发展适应城市产业集聚区和功能性特点的样品、票务、单证、文件等快递业务,发展高时效、高附加值、小批量、小体积的快递产品服务。

（二）建立全新呼叫中心

2011 年 3 月，百世汇通总部安装了新的呼叫中心系统，电话线路从原有的 5 条增加到 25 条，同比增长 20%，呼叫中心日均电话处理量由 2010 年的日均1000 人次提升至日均6000 人次，同比增长 500%，电话接通率从 2010 年的 35% 提高到 85% 以上，同比提升了 50 个百分点。为了提高服务质量，每天都对客服人员的电话录音进行抽检，每个来电的查询都要求在规定时间内进行回复；成立职能申诉小组，确保所有由国家邮政局、工商局、快递协会等部门转来的申诉在规定时间内正常结案。由于客户投诉受理渠道更为畅通透明，有效控制了升级投诉，客户的满意度达到 95%。

（三）实行多频次运营模式

2011 年起，百世汇通上海站点开始实行多频次中转收派服务模式，每天中午增加一次快件分拨，下午增加一次快件派送。此举缩短了快件的中转时间，提高了企业的竞争力。多频次收派服务目前在北京、成都、南宁、义乌、深圳等站点均开始施行，不久将在全网推行。

三、重组融合

百世在 2010 年 11 月正式收购汇通快运后，坚持用科技的力量打造高效、优质的服务网络，发挥信息化研发建设优势，为快递发展探寻新的运作模式和理念。在兼并重组过程中，百世汇通主要策略如下：

（一）企业文化与管理方式的融合

二者的融合，首先是公司体系和流程的梳理。在人事方面，基本打造成三层组织结构，即总部、各省直营分公司（非直营化的省份设置区域层级）、各城市与站点。总部统一协调、管理，并成立运营管理委员会，定期召开会议，避免各职能部门出现协调执行方面的问题。其次是人员管理，倡导公开透明的企业文化，给员工两个发展通道，即职业技能发展通道和管理岗位发展通道。第三是逐渐培养基层员工的企业自豪感。解决归属感和自豪感问题，要有一个能吸引人的企业文化。为此，百世汇通经常举办一些活动，有计划地增加企业内部对员工的培训。

（二）建立强大的总部管理

真正的加盟体系要建立在总部强大的基础上，总部要出台有关加盟站点的实际管理措施，规范操作流程，并对其提出硬性要求和后续相关指导。百世入主初期，通过对网络的梳理和业务的分析，制定了“主控核心点，发展延长线”的战略思路，并通过资金和专业人员的持续投入，搭建成了现有的百世汇通网络格局，即直营管理核心城市和一级分拨中心，加盟商覆盖外围节点并拓展网络覆盖。

（三）信息系统 + 电子商务，两驾马车驱动

百世汇通自主研发的快递管理系统 Q9 在目前的网络管理中发挥着重要作用。它在传统的管理系统之上对数据进行更有效的抓取和分析，后台管理模块更具延展性，在对快递服务的细节上进行了有针对性的体验，使整个系统在面向用户以及面向运营的过程中更人性化，更易操作。

百世汇通的中长期战略思路是坚定不移地对接电子商务，坚定不移地对接 B2C 客户。未来电子商务的发展趋势是从 C2C 向 B2C 延伸，这部分客户群体也会逐步降低对价格的敏感性，转而对递送服务的时效性和准确性提出较高要求。目前，全直营或者全加盟的网络都很难同时满足这两个要求。百世汇通希望找到一条融合的道路，为客户提供更好的服务。

四、人才队伍

百世汇通致力于打造稳定、团结、高效的工作团队，融化吸收先进的管理理念，激发员工工作激情，引领和带动企业发展。

在招聘人员方面，面对日益激烈的人力资源竞争，不断拓宽招聘渠道，形成了包含网络、中介机构、各地劳动力就业中心、内部推荐、校企合作等多种渠道互相补充的格局，以确保在最短的时

间内物色到合适人选。

在校企合作方面,2011 年与上海、杭州、江西、湖南等地的多家院校建立了合作关系,合作方式含勤工助学、集中实习、定向培养等。为在校学生制订详细的轮岗计划,在 3 个月轮岗期结束前安排中期评估,结合学生特长和部门需求进行双向选择,最终确定其工作岗位。

在员工内部培训方面,成立培训小组负责全网的培训工作,有入职培训、阶段培训、储备基层管理人才培训等形式。2011 年起,新员工入职必须经过培训考核合格后方可进入工作岗位,培训率为 100%;在职员工定期安排岗位技能、商务礼仪、管理类培训,提升员工的综合素质,培训率为 92.3%;为了储备基层管理人才,企业总部分期举办储备干部培训班,设置准军事化的培训课程。2011 年,为 900 个新设的站点客服进行培训,培训人员达到 100%。

在职鉴考试方面,2011 年开展 3 批职鉴考试,完成 200 余人次的快递业务员职鉴考试工作,约有 66% 成绩合格,获得初级证书。

汇通快运提供良好的福利待遇,包含有竞争力的薪资水平、年度加薪和奖金、全员的社会保险等,针对一些关键岗位还会给予期权激励和津贴。

五、企业荣誉

2008 年,获上海市寄递物品安全监管办公室“奥运寄递物品安全表彰”。

2008 年,被中国快递行业十大公信力品牌组委会评为“中国快递行业十大公信力品牌”。

2008 年,被中国联合商报社等多家媒体评为“中国快递行业十大最具影响力品牌”。

2010 年,被上海市邮政管理局授予“世博安保先进集体”称号。

2010 年,荣获上海市总工会颁发的“工人先锋号”称号。

2011 年,被国家邮政局评为“2010 年邮政行业统计工作先进企业”。

2011 年,公司总裁周韶宁入选“国家千人计划”并荣获“国家特聘专家”称号。

北京宅急送快运股份有限公司

一、公司概况

北京宅急送快运股份有限公司(以下简称"宅急送")成立于1994年,近20年来,宅急送以跨越式的发展速度,在全国建立了庞大的"快运网络"。截至2011年底,在全国设立了4个大区、32家分公司、40个运转中心、3000多个经营网点,网络覆盖全国2000多个城市和地区;分别在华北、华东、华南、华中、东北、西北、西南设有7个物流基地,拥有42个航空口岸,360条航线,近1500个航班,620条物流班车线,可为客户提供储运一体化的物流服务。依托成熟的快运平台,宅急送年货物进出港7000万件,仓储面积25万平方米,年营业额20亿元。

二、基础建设

2007－2011年,宅急送采用自建自营为主的服务网络建设方式,致力于加强基础设施建设、完善物流中转枢纽。所有服务网络具有服务标准统一、服务质量稳定、安全性能高等优点。

陆运能力方面,拥有各类陆运班车线路(不含市内班车)187条、2000多辆自营车辆,并配备先进的全球GPS定位系统,全程监控,为快件中转、快递服务提供强有力的支持。

航空运力方面,与国航、南航、东航等11家航空公司合作,开通航空快件口岸38个,全国共使用航班1600架次。

信息安全方面,通过屏蔽ERP信息系统敏感信息、启用COD加密工作单、规范工作单管理等措施,最大限度确保客户的销售信息安全。

仓储物流方面,在全国已拥有25万平方米标准仓储库房,其中立体仓库面积7.5万平方米,恒温仓库面积1.2万平方米,分布在30个省(区、市),并在北京、上海、广州、天津、深圳、杭州等重点地区建立了28个设施完善的配送中心,为客户提供储运一体的物流服务。

三、业务发展

2011年8月30日,宅急送正式向外界宣布未来的发展战略——聚焦B2C市场,致力于成为B2C领域的快递服务专家。

主打的快递产品包括:当日递、次日递、隔日递、三日递、定时递。

增值服务包括:分拣包装,仓储,保险、保价,异地调货,贵品操作,网上查询,签单查看,签收手机短信反馈,货到付款等,广泛服务于B2C、B2B、C2C等业务领域。

宅急送B2C业务中,一大重点业务是代收货款(COD)。由于直营模式对资金安全提供的保障,宅急送代收货款业务深受客户欢迎,从1998年开始介入代收货款领域,可操作代收货款城市超过900个,年代收额由50万元迅速增长到50亿元的规模。此外,可提供仓储、包装、分拣、配送一条龙服务,可实现多种产品服务组合,并依托于直营体系,实现总分仓合作或不同区域同时合作、统一结算。目前,宅急送电购业务妥投率超过80%、网购业务超过90%。

通过与快乐购、家有购物、淘宝网、中视购物等众多电子商务企业的合作,以及与戴尔、TCL、格兰仕、佳能等直接参与电子商务的制造企业的合作,宅急送已经成为B2C快运服务专家,服务不断延伸到逆向物流、部分签收、退货与换货、安装等诸多领域。

四、科技进步

宅急送采取"三位一体"(装卸机+分拣线+

笼车/笼筐)分拣操作模式,实现了货物“装车—卸车—入筐—入包”的全程不落地操作,货物在仓库内的分拣、存储、重新装车配送全部使用笼车,大大减轻了劳动强度,货物更加安全。

2010－2011年,宅急送开发并使用以BOS为核心的十大业务操作系统和OA为基础的五大人事行政办公系统,向着以信息化为引领的现代化快递企业飞速发展。新BOS系统分为取派、中转、路由、财务四个管理模块,共260个功能节点,覆盖宅急送前端所有业务操作、考核以及相关财务处理。新系统于2011年2月8日正式上线,能同时支撑公司所属3000多个单位庞大的业务操作,使操作效率大幅提升。

近年随着国内电子商务的兴起,宅急送率先提供HTTP POST(超文本传输协议邮件)、批量导出成XML文件、WEB(网络)服务等形式多样的对接方式,使客户办公系统与宅急送业务系统实时对接,满足客户下单、查询、对账、结算等多项需求,全面提升服务质量。服务的不断升级使客户满意度不断提升,据第三方调查机构调查数据显示:2011年客户满意度比2010年提高0.4分;2010年、2011年宅急送的客户满意度均位列行业第3名;宅急送公众形象得分为79.5分,高于全国平均水平。

五、社会责任

2007年以来,公司先后在湖北省设置扶贫助学金,为“纪念红军长征胜利70周年全国巡回展览”、“与世界同步爱心捐赠”、“2008汶川地震援助”等活动提供免费运输;在哈尔滨商业大学设立“联合办学奖学金”,在北京工商大学设立“宅急送英才奖”,携手北京科技大学成立物流研究中心,取得了良好的社会效益。

六、公司荣誉

2007年,被教育部授予“物流实践职业教育基地”称号,并被中国物流采购联合会评为“中国最具竞争力50强物流企业”。

2008年,被北京物流协会授予“北京奥运会、残奥会物流服务工作先进集体”称号;被中国交通运输协会评为“北京道路运输百强诚信企业”。

2009年,在信心中国活动中,被《数字商业时代》评为“信心2009——快乐竞争力企业”、陈显宝总裁当选“2009信心领袖”;被《市场营销》杂志社评为“年度中国营销杰出企业”;被中国交通运输协会授予“中国民营物流十佳企业”称号。

2010年,被中国物流大奖评审委员会、中国交通运输协会评为“2010年度全国先进物流企业”、“中国物流品牌价值百强企业”;在2010年度北京十大商业品牌评选中获得“物流领先品牌”称号。

2011年,被人力资源和社会保障部、中华全国总工会、中华全国工商业联合会授予“全国就业与社会保障先进民营企业”;被中国电商大奖评选委员授予“中国优秀物流服务商”称号。

中国对外贸易运输(集团)总公司

一、基本情况

中国对外贸易运输(集团)总公司(以下简称“中外运集团”)是中国最早从事快递服务的企业之一。中外运集团自从1986年与敦豪(DHL)成立合资公司经营快递业务以来,陆续和联合包裹(UPS)、联邦快递(FedEx)、天地快运(TNT)和海外新闻(OCS)等国际快递巨头成立了合资公司,通过与这些国际快递巨头的合作,中外运集团不断加强人才队伍和基础网络建设。在经过10余年的发展,积累了丰富的资源,建立了优秀的团队,完善了国内基础网络设施建设的基础上,1999年,中外运集团通过投入与航空运输相关的优质资产,发起设立了中外运空运发展股份有限公司(以下简称外运发展)并于2000年在上海证券交易所上市(外运发展股票代码:600270)。外运发展的成功上市,标志着中外运集团在有效利用社会资源,建立现代企业制度以及大力推进快递服务的专业化和集约化的发展等方面迈出了坚实的步伐。

二、基础建设

截至2011年底,外运发展在全国设立了北京、上海、广州、成都、厦门、杭州、青岛、天津、大连等口岸中心;根据业务内容和区域范围将全国68个分公司的快递进出口业务与口岸公司联合起来形成了自己的服务网络;通过与惠普公司合作开发了IEMIS系统,推出了公司的主页 www. sinoair. com;与中国联通合作设立了全国统一的客户服务电话:4006－600270;通过公司的主页和客服电话为广大消费者提供查询,下单,物料订购,投诉索赔等服务;与国航,南航,东航,港龙,卡航等航空公司合作提供中东,澳洲,日、韩、台等专线服务。

三、业务发展

2004年,外运发展在总结与国际快递公司多年合作经验的基础上,依托近20年来逐步建立的业务网络和信息系统,推出自有快递服务品牌“中外运e速”服务。经过三年的工作,到2007年底,外运发展的中外运e速已经发展到拥有7个转运中心,402个服务网点,56条班车线路,100余条航空线路,月度货量60余万票的运营规模。

2008年,根据公司发展战略的调整,外运发展将中外运e速服务中的国内快递业务移交给中外运集团和敦豪公司组建的合资公司经营,自己集中精力发展国际快递业务。

虽然国际快递业务一直是外运发展的主营业务之一,但是随着国家改革开放不断深入发展,原来与中外运集团合资合作的国际快递巨头公司除敦豪(DHL)以外陆续离开外运发展,独立开展业务经营。外运发展也深刻认识到自有品牌对公司自身发展的重要性,因此自2007年开始推出“中外运速递”品牌,通过和国际快递公司合作,拓展自有品牌的国际快递服务。截至2011年底,“中外运速递”的业务已开通10余条专线,可以服务全球260多个国家和地区,月度货量已经达到2万余票(见表6-2)。

表6-2　2007－2011年外运发展经营情况

年　度	营业收入	服务范围	用户满意度
2007	5.9亿元	国内的402个城市,世界上的260个国家和地区	88%
2008	2.9亿元	国内的456个城市,世界上的260个国家和地区	90%

续上表

年　　度	营业收入	服务范围	用户满意度
2009	1.9亿元	世界上260个国家和地区	92%
2010	1.8亿元	世界上260个国家和地区	91%
2011	2.7亿元	世界上260个国家和地区	90%

近年来,公司加强与国际巨头的代理合作,利用国际巨头的网络和渠道在国内二、三级城市发展直客业务。重点强化自有品牌业务,利用航空运力方面的优势,加强中东专线,澳洲专线以及日韩台等近洋专线的业务。由于以上措施使得公司中东专线等自有品牌业务有了飞跃的发展。

公司着重围绕国际快递专线业务进行"中外运速递"品牌建设。首先确定了"中外运速递"的标识,统一了运单、包装箱等物料的外表标识,要求对外提供服务的员工统一着装,同时通过公司主页面和公司热线电话,以及平面广告宣传等措施强化对外宣传,以期将中外运速递品牌在市场上有效推广。其次制定了严格的服务标准和流程,并对各个岗位的员工进行了培训,要求员工必须按照规范进行操作,为客户提供标准的服务。

四、人才队伍

外运发展始终将人才建设作为基础工作来抓。首先是配合国家邮政管理局全力以赴做好初中级快递业务员职业技能鉴定考试工作,按照规定做到人人达标,持证上岗。其次是通过举办脱岗培训班和现场指导等形式对本公司从事快递业务的员工进行专业培养。再次是积极推进员工职业生涯设计,增强员工的企业归属感,加大对优秀员工的宣传和奖励力度,提升优秀的快递员工在公司内部的知名度和美誉度。

五、企业荣誉

2011年度外运发展获得的主要荣誉有:

中华人民共和国交通运输部颁发的"十一五"交通运输行业信息化优秀项目;

被中国国际货运代理协会评为企业信用等级AAA级;

北京市交通安全委员会颁发的北京市2010年度交通安全先进单位;

北京出入境检验检疫协会颁发的北京出入境检验检疫协会突出贡献奖;

辽宁省交通运输管理局授予2010年度全省道路交通运输经营信誉考核AAA级企业;

天津市国际货运代理协会授予的2011年天津市国际货代物流行业五十强优秀企业;

天津市公安局授予的2011年安全保卫先进集体;

新加坡航空公司授予的广州地区2009年度卓越销售大奖及优秀代理奖;

中国国际航空公司授予的2009年度优秀代理;

四川航空货运部颁发的2011年国内货运突出贡献奖;

荷兰皇家航空公司颁发的最佳销售代理奖;

泰国大众航空服务有限公司授予的货运销售杰出贡献奖;

中国国际货运航空公司授予的优秀代理人奖;

中华航空授予的2011年度最佳货运代理商;

中国国际航空股份有限公司授予的优秀代理人。

优比速包裹运送(广东)有限公司(UPS)

一、UPS 的基本情况

总部设在美国亚特兰大的 UPS 是全球领先的物流企业,以支持全球商业为目标,通过全面完善的物流解决方案,致力于为各类客户提供全方位的物流服务——从运输和货运服务(包括空运、海运、陆运和铁路运输)以及货运代理服务、仓储服务,到国际贸易管理和清关服务,以实现全球商务的更高效管理。如今,UPS 的业务网点遍布全球 220 多个国家和地区。UPS 现已成长为一家成功的百年企业,全球范围内拥有 40 万名员工,2011 年营业额达到 531 亿美元。

2005 年起,UPS 开始直接掌管在中国的国际快递业务,成为首个在中国拥有全资公司的国际快递运营商。目前,UPS 在中国的 33 个城市拥有全资运营网点,服务范围跨越 300 多个商业中心和主要城市,UPS 完善的交通运输网络带来多样化服务选择,使中国的客户获得更强的商业竞争力。

二、基础建设

1988 年,UPS 进入中国市场,UPS 始终重视加强网络建设,随着 UPS 上海国际航空转运中心和深圳亚洲航空转运中心等设施的建立,UPS 进一步拓展在中国的网络以能更好地为客户服务。

2008 年 12 月,UPS 上海国际航空转运中心启动运营,它将中国的各个地区与 UPS 的国际网络联结配送。2010 年 2 月正式运营的深圳 UPS 亚洲航空转运中心则为中国及亚洲地区提供货物中转。

UPS 上海国际转运中心位于上海浦东国际机场,通过这一运转中心,可使世界与中国更好连接,并加快了快件及大宗货物在全球的递送。UPS 上海国际转运中心为一站式操作,能实现普货的进、出口操作,快件的进、出口操作以及国际货物中转,UPS 是业内第一家将快件和普货整合在同一个转运设施内的物流服务提供商。该转运中心保证 7 天 24 小时清关服务,改善并加强了快递及大宗货运的处理,而且拥有上海地区面积最大的现场海关监管区,装配了业界领先的技术,可自动进行进出口查验,从而加快了包裹的处理效率。这里卓越的货物分拣能力可为客户节省整整一天的货物递送时间。此外,上海地区的快件和普货的最晚取件时间也将相应推迟 1 小时和 4 小时。

UPS 深圳亚太转运中心位于深圳宝安国际机场,地处珠三角的战略地带,并毗邻香港,该转运中心是连接中国华南地区和世界各地的重要枢纽,同时也缩短了中国地区及整个亚太地区的货物转运时间,并为位于深圳北部的制造区提供高水准的快递服务。UPS 深圳亚太转运中心分拣设施的业务处理能力达到每小时 1.8 万件,并可弹性扩展至每小时 3.6 万件,其定位是成为满足 UPS 客户物流需求的一站式服务中心。UPS 充分认识到严格的包裹检查与速度和效率取得平衡的重要性,因此携手深圳海关共同开发出了一款风险管理系统。这一系统在提高通关流程效率的同时,还能确保对货物报关、检查和放行过程进行严格的检查。

在 UPS,科技处于每个物流操作的最前沿,UPS 每天递送货件的价值占全球 GDP 的 2%,如果不使用科技,这点是难以实现的。过去 20 年中,UPS 每年在全球范围内的科技投资约 10 亿美元。

UPS 的客户科技解决方案可以使客户运输之前、运输之后的工作实现自动化,并在客户与 UPS

之间进行信息和数据传递。UPS 客户科技解决方案包括 UPS 运输工具、UPS 可视化追踪管理工具和 UPS 结账分析工具。

三、兼并重组

1988 年,UPS 与中外运集团签署了快递服务协议,在中国为 UPS 提供以 UPS 为品牌的国际包裹快递代理服务,协议于 8 月 11 日生效。同时,UPS 与中外运还合资成立了中外运—联合包裹国际快递有限公司,在北京地区合作开展业务,该公司由外运发展和 UPS 各持有 50% 股权。2004 年,UPS 宣布,将支付给中外运空运发展股份有限公司 1 亿美元,用来收购双方合资公司——中外运—联合包裹国际快递有限公司里中外运所占的 50% 的股权,以及中外运在国内对 UPS 国际快递业务的代理权,逐步结束双方在华长达 16 年的合作关系。

四、人才队伍

UPS 在中国拥有 6000 多名员工,其中超过 99% 的员工是中国本地人。UPS 重视自己的人才培养,人才选拔采取的是“内部提拔”政策。在中国,公司 70% 以上的管理者来自于内部提拔。每年,UPS 在全球员工培训和教育上花费 3 亿美元。在人才招聘方面,UPS 在中国和美国高等院校开展校园招聘(Campus Recruitment Program),为有潜力在毕业后成为 UPS 中国全职员工的中国学生提供实习机会。

五、企业荣誉

UPS 个性化的客户服务、技术解决方案、产品增值服务,以及人性化的管理模式和可持续性发展的商业模式让 UPS 多次获得各界机构颁发的荣誉奖项:

2008 年,UPS 被《第一财经日报》评为“中国企业社会责任榜杰出企业”。

2008 年,UPS 荣获由中国扶贫基金会(CFPA)、中央电视台和《中国财富》杂志联合发起的“2008 中国民生行动先锋奖”。

2009 年,UPS 分别被《职场》和《英才》杂志评为“50 佳第一工作场所大奖”和“2009 年度具价值管理榜样”。

2009 年,UPS 被《华尔街日报》亚洲版评为“Asia 200 Award Ceremony”荣誉公司之一。

2011 年 1 月 6 日,由新华社参考消息报社和《国际先驱导报》主办,美联社、路透社、华尔街日报等国外知名媒体支持的 2010“先驱中国”年度评选结果揭晓,UPS 获选 2010 年度社会责任企业。

2011 年 3 月,UPS 获得《财富》杂志评选的“2011 年全球最受尊敬的企业”。

中外运-敦豪国际航空快件有限公司

中外运-敦豪国际航空快件有限公司(以下简称“中外运敦豪”)成立于1986年,由全球快递物流业的领导者DHL与中国对外贸易运输集团总公司各注资一半成立,主要从事全球范围的文件、包裹限时递送服务。从公司成立至今,中外运敦豪已经在中国建立了广泛的快递服务网络,服务覆盖全国400多个城市,在全国各主要城市有近200个服务网点,拥有超过6000名员工。中外运敦豪的网络已经覆盖中国95%的人口聚集区和经济中心城市。

一、基础建设

2006年,为了庆祝中外运敦豪成立20周年,DHL发布了“中国优先”战略,包含一系列针对中国的投资举措,进一步完善网络覆盖。2007年,北京中外运敦豪大厦在亦庄经济技术开发区落成并投入使用,成为DHL快递在中国的总部旗舰,为进一步扎根中国,推进在华各项业务的发展奠定了坚实基础。截至2011年,中外运敦豪三大区域(北方区、东方区和南方区)下辖的17个分区覆盖了近400个城市,拥有口岸、服务中心、派送站点、快递物流中心、办公室及仓库共计近200处设施,其中13处获得了科技资产保护协会(TAPA)的安全认证。

2007年至今,DHL持续在中国投资,加强基础设施建设,并着力提升二三线城市网络覆盖和作业能力。主要投资项目包括:总投资1.75亿美元位于上海的北亚枢纽;投资3.16亿美元发展快递和物流基础设施;投资5800万美元收购中外运股份有限公司在香港联合交易所上市的5%的H股股份;首期投资100万美元在成都建立敦豪(成都)商业服务有限公司,为中外运敦豪提供财务管理共享服务,并计划发展成为DHL面向北亚乃至亚太区域的集财务、客服、人力资源管理功能为一体的综合共享服务中心。

二、业务发展

中外运敦豪凭借DHL作为国际快递业领导者的丰富经验和中国外运集团总公司在中国外贸运输市场的经营优势,在国内各主要城市为客户提供国际、国内门到门航空快递和物流服务。1998年,中外运敦豪将DHL著名的服务产品——“珍宝箱”和“小珍宝箱”引进中国市场。此后,中外运敦豪不断开发新的服务,丰富自身产品,包括进口到付、定时特派等快递服务产品。

截至2011年底,国内130个城市间的包裹快递有中外运敦豪的服务。2006年3月,中外运敦豪又推出DHL重宝箱,该产品以其包装独特大大简化了客户的操作,加强了货物运输的安全性,并有助于降低客户成本。

2007年至今,中外运敦豪还引进了DHL进口到付、DHL朝九特派、DHL正午特派、DHL机场到门快递等产品和服务,通过世界级服务品质进一步满足客户不断提升的需求。2009年4月,中外运敦豪根据客户在全球金融危机环境下的需求推出进出口“超值重货”的经济型产品,为客户提供至少15%的费用优惠。

此外,中外运敦豪在全国建立了4个快递物流中心,为企业提供保税仓储、第三方备件库存管理的增值服务。2011年4月,中外运敦豪推出全新包装的服务产品——“易速箱”。截至2011年下半年,中外运敦豪在北京、上海、杭州、宁波、南京、广州、深圳和东莞等地推出“中美航线一日达”服务。

与此同时,中外运敦豪不断推动科技创新和应用,提供现代化的服务解决方案。中外运敦豪提供多种电子商务服务方案，比如DHL的电子邮件跟踪快件服务(e-Track)、便捷发件系统(EasyShip)、网上发件系统(Web Shipping)、短信跟踪快件(SMS Tracking)、短信即时送(SMS Proactive Notification)和互联发件系统(DHL Connect)，可以帮助世界各地的客户及时准确地掌控物流信息，并使客户的产品递送过程同内部的管理信息系统紧密连接在一起，从而提高货运过程的透明度。DHL先进的质量控制中心(Quality Control Center)能全天24小时监控所有的客户快件，通过预见潜在问题，确保全部快件的顺利送达。2009年3月初，中外运敦豪又正式发布了全新电子商务工具DHL网视通(DHL ProViewTM)，以进一步提升管理信息化程度和客户服务标准。

中外运敦豪全国客户服务中心成立于1998年。客户服务中心严格执行国际一流的质量标准体系，提供预约取件、服务咨询、跟踪查询、服务补救、重要客户支持、电子商务等多元化服务。中外运敦豪全国客户服务中心实施集中分散式管理：全国总部设在北京的中外运敦豪大厦内，同时在北京(北方区)、上海(东方区)、广州(南方区)分别设立区域级呼叫中心。呼叫中心现共拥有600多名客服人员，包括前线、后线服务人员，客户关注以及重要客户支持等功能团队。

三、人才队伍

中外运敦豪一直致力于成为“最佳雇主”，着力培养“备受激励的员工”，注重采取激励措施及加强员工培训，强调提高工作技能及服务水平，确保随时能为客户提供最高水准的服务。相关部门通过内部刊物，短信等搭建多样化沟通渠道；设置内部邮箱，减少沟通层级；提高沟通效率；并且开展团队会议项目(Team Briefing)，旨在让所有员工在同一时间同一地点接触到同样的声音。

针对管理人员，公司聘请咨询公司制定了360度领导力评估，汇集上下级以及平级的同事的评估结果，针对评估结果汇总出报告，并以此为依据，量身定制个人发展行动计划。中外运敦豪为全体员工安排了由DHL设计的“国际速递专家”基础课程，并在2011年10月完成了对全国6000多名员工的培训。客户服务部门帮助服务人员了解高品质服务的重要性，安排服务人员参加了专业认证培训，进一步提高业务水平。同时，中外运敦豪会向员工提供多样化、可持续发展的职业机会，尽最大可能实现员工个人职业生涯和公司业务的共同发展。自2006年起，中外运敦豪已4次获得由荷兰CRF Institute颁出的“中国杰出雇主”称号。

四、兼并重组

2008年底，DHL利用中外运敦豪打造中国国内业务平台，并成功收购国内民营快递公司——上海全一快递。2009年7月，通过股权转让方式，将北京中外运速递有限公司并入这一平台。2010年6月，正式启用“中外运全一”全新品牌标识。中外运全一品牌旗下拥有8000多名员工，配有1500部以上手持智能终端设备，拥有近4000辆作业车辆，12个大型分布中心和转拨中心，在国内662个主要城市提供服务，覆盖了全国主要的城市和经济中心。2011年6月29日，中外运敦豪对外发布的公告称，截至2010年末，中外运敦豪下属开展中国国内业务的3家公司(3家公司指敦豪国内快递品牌“中外运全一”的大陆和香港地区全部业务)累计亏损近亿元。中外运敦豪宣布转让其所持有的国内快递公司全部股权，将所持有的全宜快递、北京中外运速递及香港金果快递3家公司的100%股权转让给深圳市友和道通实业有限公司。

五、社会责任

中外运敦豪在在履行企业社会责任方面主要关注于“提供帮助”、“环境保护”以及“倡导教育”这三大主题。目前，结合中国的国情和社区需求，中外运敦豪重点围绕关心下一代方面开展多项活动，致力于推动中国贫困地区青少年教育事业的发展。2008年7月，针对贫困地区青少年学习用品匮乏的状况，中外运敦豪携手中国儿童少年基金会（简称“儿基会”）开展长期合作，创立“小书包，大未来·DHL爱心背包行动”，从基本的书包、文具、工具书等学习用品入手解决孩子们的实际需求，切实帮助贫困地区的青少年更好地完成学业。该行动是一个为期三年的公益助学项目，旨在通过DHL在华全体员工的参与，发挥企业在物流方面的专长，推动中国贫困地区青少年教育事业的可持续发展。自2008年启动，该项目到2010年已成功完成第一期，累计为全国11个省和自治区的贫困山区儿童捐赠书包文具30000余件。2009年5月31日，中外运敦豪由于长期以来对中国儿童少年发展事业做出的突出贡献，荣获了中国儿童少年基金会颁发的“中国儿童慈善奖”。

自2008年以来，中外运敦豪贯彻DHL全球“志愿者日”项目，每年9月组织员工参加围绕“提供帮助”、“环境保护”以及“倡导教育”为主题的公益慈善活动，除“小书包，大未来”项目组织员工捐赠外，中外运敦豪联合开发区管委会，积极倡导公司员工和开发区所有企业参与每年3月28日的“地球熄灯一小时”活动。由于公司在“绿色办公”方面的出色表现，中外运敦豪于2010年5月荣获世界自然基金会（WWF）与中华英才网携手推出的中国首届“地球一小时绿色办公”评选活动的“绿色典范奖”。

联邦快递(中国)有限公司

一、基本情况

联邦快递(中国)有限公司(以下简称“联邦快递”)是全球最具规模的速递运输公司之一,为全球超过220个国家和地区提供快捷、可靠的速递服务。公司运用覆盖全球的航空和陆运网络,确保货件可于指定日期和时间前迅速送达。

联邦快递于1984年率先进入中国内地开展业务,自此,其国际快递业务迅速扩展至国内主要省市和地区,中国已成为联邦快递策略的核心。经过长年发展,联邦快递已经在中国上海设有一个中国区总部,在全国开设了58家分公司,101个地面操作站,拥有超过9000名员工。联邦快递的服务网络也已经覆盖全国400多个城市,并将其与联邦快递庞大的全球网络相联结。

二、质量管理

公司建立以质量为导向的操作管理系统。通过创建科学、严谨而又有创新性的质量管理工具,将质量管理应用到日常操作中,从而保证公司完成对客户的承诺,提高客户的满意度。公司遵循质量驱动管理的六大原则,即:客户定义质量——努力了解客户的需求和期望;从科学角度出发——做决定要基于事实和数据,而不是基于猜测或舆论;衡量,衡量,衡量——衡量失败,衡量变化,衡量成功;优化企业绩效——将不必要投入的精力、时间和成本降至最低;质量需要团队合作——视工作为一个合作的过程;失败孕育机遇——寻求真理,而非推卸责任,相互指责。公司运用这六大原则能合理化工作程序,从而完善客户体验,也优化企业的绩效。

三、技术创新

技术创新是公司业务的核心,也是公司的战略性竞争优势。公司信息技术物流管理解决方案是一套定制化工具,可以完整地运用到客户的物流过程中。从仓储管理到货物发运的整个流程,公司都可以为客户提供终端对终端的可视化服务。客户因此能够随时掌握货物在整个物流过程中的信息,并在保证货物准时送达的同时更有效地管理库存。位于广州的亚太区转运中心就拥有自己的机坪控制塔,使公司成为首家在中国拥有自己机坪控制塔的国际航空快递货运公司,每周有154个航班进出转运中心。公司不断提升服务,为客户在国际市场上提供更多的商业机会。

四、人才队伍

公司自创立之初就提出“以人为本”的企业文化是公司发展壮大的根基,也是公司在中国成功发展的法宝。“以人为本”就是“员工—服务—利润”(People - Service - Profit/PSP)的企业哲学。PSP的基础是:公司照顾好员工,员工就会很好地服务于客户,并帮助公司获得利润。而公司将得到的利润又再会分配给员工,这个循环持续下去,就带来了员工、客户和公司之间的三赢局面。把员工放在首位,帮助员工发展,让员工发挥自我价值,增强他们对企业的归属感和安全感,这也是联邦快递连续多年被《财富》等媒体和机构评选为“全球最受尊敬企业”和“最佳雇主”的原因。

此外,公司还注重人员发展和本土化管理。目前公司在中国有超过9000名员工,管理层超过90%都是由内部提升。

五、社会责任

作为具有强烈社会责任感的“企业公民”,公司积极在国内履行企业社会责任,战略性地投入公司的人力、资源和网络等来支持所服务的社区。

公司所开展公益项目的关键是要能够发挥公司的核心优势，即与公司业务运作能力和目标相一致的领域如：灾难救援、安全、教育和环境保护等。在灾难救援方面，公司充分运用自身飞机和车辆网络优势，为紧急救援提供运输支持。2008 年汶川地震，公司中国团队第一时间与总部进行沟通和协调，并且与各公益合作伙伴紧密合作，快速向灾区提供现金捐赠和无偿运输救灾物资。其中，公司为“心连心”国际救援组织免费提供了一架包机航班，将价值 150 多万美元的救援物资从美国堪萨斯市运抵成都，这是地震发生后第一批来自美国民间的救援物资。此外，公司还充分运用在中国的国内递送网络，采用国内限时服务的货运包机将全国各地的救灾物资陆续运往四川。

近年来，环境保护、注重环境可持续发展，已经成为公司重点关注的领域。因此，公司开展了许多环保举措。2010 年开始，联邦快递在全球范围内不断增加使用燃油效能更高、排放量更低的 777 货机，同时，使用波音 777 还可以向客户提供更晚的截件时间。目前，联邦快递中国已经启用了 4 架波音 777 货机。在陆地方面，公司积极推广节能驾驶项目，通过优化递送路线，改善日常驾驶习惯等措施，减少二氧化碳排放对环境的污染。

六、企业大事记

1984 年成为率先进入中国市场的航空快递公司。

1996 年成为率先运用自设机队服务中国的航空快递公司、首家与中国海关联网的快递运输公司。

2005 年 3 月，开通业界第一条从中国内地直飞欧洲的直航航班；当年 9 月，又率先开通中国至印度的隔日递送新航线。

2006 年 1 月，联邦快递和天津大田集团有限公司签署协议，收购大田集团在双方从事国际速递业务的合资企业——大田—联邦快递有限公司中的 50% 股权，接管了大田集团在中国 89 个地区的经营国内业务的资产。

2007 年 3 月，联邦快递成为外商独资企业，直接掌控业务运营，进一步提升业务的灵活性，提高市场反应速度。

2009 年 2 月，联邦快递位于广州白云国际机场的全新亚太区转运中心开始投入运营。该转运中心投资 1.5 亿美元，每小时最多可处理 3.5 万个包裹和文件，据中国发展研究委员会与美国坎贝尔-希尔航空集团联合开展的研究估计，到 2020 年，联邦快递亚太区转运中心对中国经济的直接影响将达到 630 亿美元，同时还将带动周边物流行业的整体发展。

2010 年 1 月，联邦快递将其首架 777 货机在中国上海投入运营，首次将上海与联邦快递位于孟菲斯的超级转运中心直接相连。同年 11 月，联邦快递开通第二条使用 777 货机的航线，首次将深圳与位于孟菲斯的超级转运中心直接相连。

2011 年 1 月，联邦快递开通一条全新直飞航线，连接印度和位于广州白云国际机场的联邦快递亚太区转运中心。同年，联邦快递与上海机场集团签署战略性合作备忘录。

天地国际运输代理(中国)有限公司(TNT)

一、TNT概况

TNT快递是全球最大的快递公司之一,每天派递近百万件包裹、文件和托盘货物。TNT快递在欧洲、中东、非洲、亚太和美洲地区都设有航空与道路运输网络。集团拥有7.7万名员工,并拥有一支约3万部车辆及46架飞机的运输队伍。TNT快递在2011年的营业收益为72亿欧元。

TNT与中国市场的渊源始于1988年。当年,TNT与中国对外贸易运输集团(SINOTRANS)成立国际快递合资公司。2003年6月,协议到期,双方同意不再续签协议。1999年11月,TNT与中国邮政签署战略结盟协议,以发展中国国内的快递和货运市场。2006年9月,TNT同华宇集团在上海签署了资产转让协议。次年3月,正式完成收购。

TNT快递大中国区是TNT快递的分支机构,涵盖中国内地、香港和台湾市场。在中国内地,TNT快递提供国际快递和国内公路货运服务。在国际快递方面,它拥有36家国际快递分公司和5个国际快递口岸,分别位于北京、广州、上海、香港和深圳。

二、基础建设

在国内公路快运方面,TNT通过其在华全资子公司天地华宇,运营着国内覆盖面最广的私营公路递送网络,下辖57个运转枢纽及1600多个运营网点,服务覆盖中国600多个城市。2009年2月,天地华宇推出了中国公路快运市场首个全国定日快运产品——“定日达”,目前已将这一产品推广至200多个主要城市和1200多个运营网点。2010年3月,天地华宇集团宣布,其在中国建成首个全国公路定日快运递送网络。2010年9月,天地华宇获得了TNT在未来几年内追加的15亿元投资,以持续加大对“定日达”全国网络建设、服务品质升级以及人才发展等方面的投入,全方位提升整体服务实力。2011年9月,TNT快递旗下的两大定日公路快运网络——天地华宇定日达全国公路快运网络和TNT亚洲陆运网(ARN)实现全面对接,从而在亚洲成功打造起唯一的定日公路快运网络,为中国和东南亚六个国家的客户提供“门到门”进出口陆运递送解决方案。

三、人才队伍

目前,TNT在中国内地拥有近2.1万名专业员工,是业内首家获得“投资于人”国际人力资源认证的企业。这是对TNT中国长期致力于培养杰出员工以提供高服务品质这一企业理念的重要肯定和表彰。

四、社会责任

TNT把碳减排定为公司的一项重要可持续发展战略。通过“心系我星”(Planet Me)这一全球战略举措,TNT携手各方合作伙伴和员工,致力于不断减少其日常运营的碳排放,表现了TNT在碳减排放方面的远见和领导力。TNT设定的企业减排目标是在2020年前将日常运营中的碳效率较2007年提高45%。凭借出色的企业公民项目的组织和实施,TNT成为全球企业可持续发展领域的领导者。2010年,TNT连续第四年荣获道琼斯可持续发展指数(DJSI)评估的“超级行业领袖”。

2002年,TNT和联合国世界粮食计划署达成了合作伙伴关系,踏上了实践自己企业社会责任承诺的征程。这一全球性项目的根本目标是帮助世界贫困地区的人们抗击饥饿。作为世界最大的人道主义机构的最大企业合作伙伴,TNT致力于以自己的人力、技能和资产资源的组合来支持联合国世界粮食计划署，并帮助他们迎接艰巨的物流挑战。活动开展至今，来自全球200多万人加入“行走天地间”慈善义走的行列，募集的善款资助了20多万名世界贫困地区的儿童。

TNT中国的企业公民项目“橙爱天地间”救助艾滋孤儿项目于2006年3月正式在中国启动。TNT同中方合作伙伴中国青年基金会一起，成立了TNT救助艾滋孤儿特别公共基金，用于资助云南德宏州的1000名艾滋孤儿的教育和基本生活需要。

2010年11月25日，由TNT快递捐资援建的“TNT未来之星希望小学”在四川省广元市元坝区正式落成启用。援建TNT未来之星希望小学是“TNT未来之星灾后教育援助项目”的一部分。“TNT未来之星灾后教育援助项目”是TNT携手其长期合作伙伴中国青少年发展基金会开展的企业公益项目。其他援助项目还包括在四川省的30所中小学设立“TNT未来之星”图书室；通过“未来之星”奖学金，资助甘肃受灾地区300名高中学生完成学业等。

五、企业荣誉

2008年11月，TNT中国获《物流管理》杂志以及英国碳披露项目（CDP）共同颁发的“绿色中国企业社会责任大奖”。

2008年12月，TNT中国在“2008首届华夏公益慈善论坛”上获“2008年度中国公益五十强”。

2009－2010年，TNT中国国际快递摘得由ICMI（美国呼叫中心管理学院）和国内权威的客户联络中心标准委员会（CCCS）联合颁发的“2009中国最佳呼叫中心奖”。

2009年8月，TNT中国被《商务周刊》杂志评为“中国50绿公司”。

2009年9月，天地华宇在“第三届中国（苏州）国际物流与供应链合作发展峰会”中获“中国最具竞争力的物流企业”称号。

2009年10月，TNT获由国内领先的人力资源服务商前程无忧（51job）“人气雇主”奖。

2010年10月，天地华宇“定日达”获第六届中国品牌价值管理论坛“中国最佳国际品牌建设案例”大奖。

2011年6月，TNT中国国际快递获“怡安翰威特2011年中国最佳雇主”称号。

2011年10月，TNT快递大中国区被中国扶贫基金会（CFPA）授予“2011年度公益爱心奖”。

2011年12月，天地华宇获由中国物流与采购联合会颁发的“2011中国物流管理创新型企业”大奖。

上海希伊艾斯快递有限公司(CCES)

一、基础建设

(一)网络和分拨中心建设

CCES全国网络2007年3月建立,到2011年底,经营范围涉及快递、物流、资本与电子商务服务等领域。公司先后在上海、北京、广州、福建等地投资建立了45个省级大型区域快递分拨中心,总面积12万平方米,省级分拨中普遍使用电脑、有线和蓝牙扫描仪、场地叉车和其他作业车,厂房及设备利用率达88.83%。全网可统一调配的车辆达10000多辆,一线服务人员20000多人,使用仓储面积达50多万平方米。

2007年7月,公司第一批萧山、无锡分拨中心建成并于当月完成搬迁,投入正式运营。此后100天时间内,南京和嘉兴2处新分拨中心又快速建成投入运营。为组建更快的递送网络,公司逐年加大对分拨中心的投资力度。2008年2月28日,广州公司、郑州公司、武汉公司和长沙公司经理们在总部共同确定开通公司京广快件班车专线。CCES京广快件专线贯通华北、华东、华中、华南,全线共计2500公里,年总投资费用1000万元左右,主要经过北京、河南、河北、湖北、湖南、广东等省份,全线高速运行。2008年3月15日,公司京广快件班车专线正式开通,有力推进了网络外围区域发展战略的实施。

随着公司投资力度的不断加大,至2011年底,二级市以下的297处分拨中心承担全部快件末端派送前的中转任务。公司网络与分拨中心的整体功能趋于完善,已基本覆盖全国的一二三线城市,并透过全国1792个网点辐射到乡镇、村。

(二)客服中心建设

客服中心是公司运营核心业务机构之一,仅隶属客服中心的查询部就有20名工作人员,每天有完备的工作记录。2009年6月2日,公司成为上海第一批快递服务行业标准达标企业,客服中心起到了重要作用。

二、业务发展

2007年,公司先后承接了华硕、联强国际等大型快递项目,扩大了业务范围。2008年8月,公司在杭州建立为网购、电视购物及目录购物提供全国物流配送及代收货款业务的大型配送中心。2008年12月,公司与“百度有啊”签订合作协议,成为“百度有啊”网络购物平台推荐的物流服务商,服务质量有较大提升。截至2011年,公司主要快递服务产品逐步完善,主要有:国内次晨达、国内次日达、全国隔日达、全国代取件业务、运费到付、保险理赔。

自2007年以来,公司业务量逐年稳步增长,至2010年,年均增长17.31%,2011年的业务量比历年业务量最高的2010年再增长48.94%,年快件总量突破5000万件。

三、人才队伍

(一)强化入职培训及校企合作

公司制订了详尽的《岗前培训方案》,招聘的每一批人员进行为期40天左右的职业强化培训,通过入职考核后上岗的,享受每年一次加薪。通过人事部每两月组织一次的晋级晋升考试考核,优秀员工还将得到更好的升职升薪空间。

长期有效的校企合作成为公司人力资源的最强力支撑。从2008年6月至2011年7月,先后有四川省宜宾市商业职业中等专业学校、陕西省凤翔科域计算机专业学校、安徽新华学校,以及河海大学、东南大学等与公司密切合作,先后15批次输送285名优秀学生到公司带薪实习以及就业。

（二）建设学习型公司

公司专设培训部，自2007年3月至2011年底，共举行156场内部培训，每场2课时；培训内容中，客服质量培训占46%，专业技能培训占20%，规章制度与职业道德培训占15%，中高层管理决策能力培训占19%。各项培训共计实施432课时，参训总量达到15000人次以上。在师资来源方面，建立了以部门经理和业务骨干为主体的50人左右的常规内训师队伍。

（三）职业技能鉴定情况

在国家职业资格《快递业务员》技能鉴定方面，公司制定《CCES快递业务员职业技能鉴定（初级）相关事宜试行办法》，在报考费用、专项奖金和提职提薪，以及给予特别福利等方面，制定了较完整的奖励激励制度。截至2011年底，参加考试5批200多人，通过考试获取国家快递员资格证书的160余人。2011年12月11日参加上海市邮政局组织的鉴定考试中，参加考试29人，100%合格。

四、企业文化

公司成立之初，特别组建了CCES企业文化建设项目团队，以更好地将母公司元泰集团在资本、人力、文化、制度、管理等诸多方面的优势资源移植到新成立的CCES中去，进一步塑造和提升CCES的品牌形象，为此专门制定了《CCES企业文化规划方案》，提倡始终如一地坚持“重任在肩不言弃，忠诚勤恳直向前”的企业龙马精神，以这种特有的企业文化融会内外部的价值观。

五、社会责任

据不完全统计，自2007年3月至2011年底，公司共举办各种形式的捐赠活动20余次，走访慰问敬老院、希望小学送奶粉和日常用品等10余次，走访贫困大学生、中小学生、五保户、下岗失业及贫困职工等近20人次，捐助各类慈善资金累计230余万元。

2008年5月12日汶川特大地震、2010年4月14日青海玉树地震，公司员工在董事长方里元带动下，两次现场捐款总计达12.6万多元。

六、荣誉与成果

2008年4月，被中国市场品牌战略论坛组委会授予“中国快递行业十大领军品牌”荣誉称号。

2008年11月，被2008中国国际物流节暨第七届中国国际运输与物流博览会授予“最佳快递公司国内快递业务十佳企业”和“最佳快递公司国际快递业务十佳企业”称号。

2008年11月，经过上海市快递行业协会和上海市“企业诚信创建”活动组委会联合评审，被授予上海市“诚信创建企业”称号。

2010年5月，在上海市信息服务业行业协会、上海市新闻工作者协会、中国上海门户网站、上海热线、市民信箱等单位联合有关政府机构、行业协会和媒体举办的“迎世博上海城市公众满意度调查活动”中，获得快递行业公众满意度银榜奖。

2011年1月，被上海市邮政管理局授予2010年上海世博会邮路安全保卫工作“先进单位”称号。

2011年5月，获得上海市总工会颁发的“工人先锋号”荣誉称号。

2011年11月，被上海市快递行业协会和上海市“企业诚信创建”活动组委会联合评审为上海市“三星级诚信创建企业”。

港中能达速递公司

港中能达速递（又称“能达速递”，简称“能达”）创立于1999年10月，2002年8月组建广东区域网络，2009年5月以华南、华东、华北三大地区网络为基础，成立港中能达速递全国网络，现已成为集国内航空货运、铁路、公路运输、电子商务配送、速递等物流相关业务为一体的网络化、全国性速递公司。

能达拥有普通快件、时效快件、商务配送、到付件、代收货款、仓储等一系列服务产品，并为客户量身定制快递、配送方案，提供个性化、一站式服务。同时，专业的高素质人员、规范的操作流程、完善的数据管控系统、精准的扫描记录查询、先进的GPS车辆定位系统、全方位的监控体系等，确保服务的准确、高效、安全、周到。

一、基础建设

2009年5月29日，港中能达速递全国网络正式运营；

2010年6月，能达启用斥巨资研发的K8信息管理系统；

2010年10月，因发展需要，能达总部搬迁至上海市青浦区；

2010年12月，能达与福田欧曼汽车开展战略合作，为促进快递企业与运输车辆生产商的合作拉开了帷幕；

2011年3月，完善K8信息管理系统，实现了K8与淘宝方面的成功对接，并逐步开发完成全国结算系统、财务管理系统；

2011年5月，能达正式筹建400呼叫中心，启用4006201111全国统一服务热线。

截至2011年，能达以华东、华南、华北为基础，在全国建立了8大区域管理中心、31个省级管理中心，在全国范围内拥有总操作面积达十万余平方米的24个大型直营分拨中心、1867个营业网点、10410名专业员工、128辆网络干线运输车、专线协作运输车556辆，服务范围覆盖国内外众多地区。

截至2011年，能达形成了由58条航空线路和72条汽运线路组成的立体化运输体系。其中，航空日吞吐量达16吨，汽运日吞吐量达800吨，基本形成了以长三角、珠三角、环渤海湾地区为核心的纵横于全国各主要城市之间的汽运航空网络服务体系，并在全国各主要城市设立了航空部，加大了航空运输对快件转运、派送时效的支持力度，努力实现航空、汽运和派送的无缝对接。

截至2011年，建设了由物流业务管理系统、视频监控系统和GPS定位系统组成的能达全方位物流监控管理体系，实时监控全国网络的快件安全和时效。

二、业务发展

2011年，能达全网递送快件数量达到8000余万件，总营业额约为12亿元人民币，最高快件量达到30万件/日。2007－2011年能达速递日平均业务量发展情况如图6-1所示。

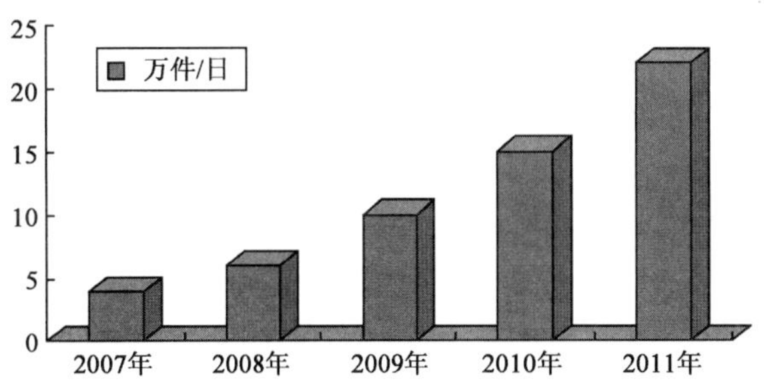

图6-1 能达速递日平均业务量发展情况（2007－2011年）

截至2011年，能达服务范围覆盖国内100%的省会级城市、80%的地级城市、70%的县级城市。2007－2011年能达速递营业网点发展情况如图6-2所示。

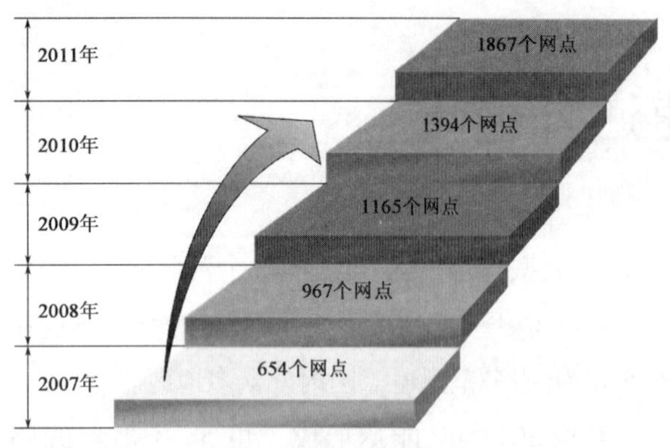

图6-2　能达速递营业网点发展情况(2007－2011年)

能达在做好全国普通快件及航空时效件的基础上,积极优化产品结构,发展到付、代收货款、签单返还等增值产品。同时,继续在商务配送、精品物流等领域大展拳脚,努力发展电子商务业务。港中能达速递立足服务根本,将客户利益和需求放在首要位置。

2010年7月,能达开展"服务质量提升月"活动,提升全网服务水平,规范运作,受到广大客户的一致好评;

2010年11月,能达开展"抓签收"工作,签收率稳步上升,较去年同期上涨五个百分点,全网范围内客户满意度取得显著上升;

2010年12月,能达通过国家邮政局"快递业务经营许可"审核;

2011年3月28日,能达正式成为淘宝网"推荐物流",成功上线;

2011年7月29日,能达全国质控管理体系工作会议召开,标志着港中能达速递质量管控工作进入全新阶段;

2011年11月3日,能达正式开通深圳"同城当天件"业务;

截至2011年,能达在广东、北京地区已开通二次派送服务。

为提高网络的服务水平,截至2011年,港中能达速递江浙沪、广东、北京、江西、湖北、湖南、福建等重要城市和地区已由总部直营管理,以统一规范的标准服务于广大客户。

三、人才队伍

能达全国网络现有员工万余人,其中总部和各分拨中心共有员工千余人。能达建立了全国网络的人员招聘和储备体系、员工工资体系和绩效考核体系,重视通过内部培养、提拔各类人才,并积极组织各项培训,全面提高员工素质,推动员工和公司一起成长。

2010年9月14日,能达与四川省遂宁市民进中等专业学校签订了《联合办学协议》,并与多所院校保持着良好的合作关系,积极开展校园招聘,深化校企合作。

截至2011年,能达已开展了五个批次的快递业务员职业技能鉴定考试组织工作,全网持证上岗率达到70%以上。

四、兼并重组

为推动企业做大做强,2008年,能达首先入股"金驰启良",同年10月投资2000万元,收购上海、北京长宇快递网络,实现了"走出华南,发展华东、华北,进军全国"的战略发展目标。

2011年7月,成功并购北京加盟公司,成立北京管理中心。

能达重视从企业文化、管理理念等方面,培养并购网点、员工的企业认同感,促进企业进行良性融合。通过成功的兼并重组,公司网络的硬件配置、服务范围、管理水平、人才引进、品牌知名度及业务量均受益良多,实现了跨越式的发展。

五、社会责任

公司发展的同时,在促进就业、帮困助学、支持地方经济建设、支援灾区建设等方面积极奉献爱心。

2008年,向汶川地震灾区捐款10万元人民币;

2010年4月,组织"玉树地震"献爱心捐款活动;

2011 年 4 月，携手“爱国者”开展“废旧电池回收”环保公益活动。

六、企业荣誉

2003－2008 年，连续六年获得广州市企业评价协会颁发的“中国广州最具诚信度百强企业”。

2006 年，获得中国物流行业发展年会组委会颁发的“2006 年度中国十佳快运快递企业”、中国国际物流口岸年会组委会颁发的“2006 中国物流功勋单位”。

2007 年，获得广州市企业评价协会颁发的“2006－2007 年中国广州客户服务优质单位”、中国诚信单位评审中心颁发的“2007 中国物流诚信企业”、广东省企业文化研究会颁发的“广东省管理创新优秀企业”、广东省消费者委员会颁发的“广东省诚信单位”。

2008 年，获得中国广州竞争力论坛组委会颁发的“2008 年中国广州最具竞争力物流企业 10 强品牌”。

2010 年，获得中国快递咨询网颁发的“2010 年度中国民营快递前十强企业”、上海城市公众满意度调查办公室颁发的“上海城市公众满意度调查活动”金奖、中国快递咨询网颁发的“中国国内快递最具竞争力 20 强企业”、上海市“企业诚信创建”活动组委会颁发的上海市“诚信创建企业”、上海市邮政管理局颁发的上海“世博会”邮路安全保卫工作先进单位。

优速物流有限公司

优速物流有限公司（以下简称“优速”）成立于2009年11月，2010年在国家工商总局注册，注册资金5000万元，总部设在上海青浦。

一、基础建设

优速自成立以来，逐步构建了覆盖华南、华东、华北、华中、西南、西北等地区各大中城市的快递网络，在全国各省会城市及其他大中城市建立直营一、二级分拨中心60个，配备半自动传输设备和自动分拣设备，拥有营业网点近2000个、员工3万多人、运输派送车辆5000多辆。引入现代的运营管理模式，研发了拥有自主知识产权的软件操作系统，包括物流管理信息系统、全国金融平台资金结算系统、无线扫描即时传输系统，真正实现了物流、资金流、信息流一体化操作管理。

优速业务遍布各省（区、市）及港澳台等地，以优化华南、打造华东、铸就华北为总思路，打造了辐射全国的大型网络体系，各省际间全部开通了汽运干线，并开通了主要城市间的空运业务。

二、业务发展

业务量逐年成倍递增。2010年，优速全国业务量累计完成1253万票，2002万件；2011年，全国业务量累计完成2688万票，3874万件；同比增长1434万票、1872万件，票数增长率达到114.43%。

（一）服务产品品种丰富

优速为客户提供面向全国各大、中城市的半日达、次日达、隔日达快递物流服务，同时可提供国际业务、省际代收货款、签单返还、高价值业务、网购配送等增值服务，并提供大陆与港台之间专业快件进出口服务。

（二）加强服务质量监管

为强化网点服务终端的规范运营和执行力度，优速设立质量监控部门，分别对快件的录单率、到件扫描率、派件扫描率、及时签收率、业务增长率、快件延误率及服务态度等各方面情况进行监督，以统一规范的快件操作流程为客户提供服务，提升客户满意度。

三、兼并重组

2009年11月，收购已运作12年的广东奇速快运有限公司；同年，收购上海越丰快递和原山东速尔快递公司。

2009年12月，收购原北京中铁飞豹快运有限公司。

2010年9月，收购四川当大快递和原重庆速尔快递。

2010年11月，收购原江西快捷快运。

四、人才队伍

优速采取“内育外引”的人才队伍建设方案，通过内部培养、外部引进、实践锻炼等多种方式，培育德才兼备的快递物流行业精英。

首先，在员工素质提升方面，系统性地安排高层、中层管理人员以及各类业务人员参加针对性的培训。2011年8－12月，共投入培训费用约35万元，举办30余场培训，培训员工近3000人次。

其次，通过校企合作方式方式吸纳快递物流行业人才。2010年7月28日，与广东女子职业技术学院签订首次校企合作协议。其后，陆续与长春金融高等专科学校、四川交通职业技术学院、湖南涉外经济学院、杭州电子科技大学等全国多家高校合作，满足企业快速发展对应的人才需求。2011年8月6日，优速商学院正式成立，翻开了公司人才培养战略的新篇章。

同时,努力营造事业留人、待遇留人、文化留人的良好环境,积极开展快递业务员职业技能鉴定工作,提升终端派送人员综合服务素质。

五、企业荣誉

2010 年 1 月,被快递咨询网评为“2009 年中国国内快递最具竞争力 20 强企业”。

2010 年 1 月,被中国联合商报社、品牌杂志社等单位评选为第七届“中国快递行业十大影响力品牌”。

2011 年 1 月,被快递咨询网评为“2010 年度中国民营快递前十强企业”。

2011 年 1 月,被中国联合商报社、品牌杂志社等单位评选为第八届“中国快递行业安全、快捷、诚信服务十大满意品牌”。

2011 年 9 月,被广东省邮政管理局授予“广东省深圳大运会邮政服务与邮路安保工作先进集体”称号。

广东快捷快物流有限公司

一、企业概况

广东快捷快物流有限公司（以下简称“快捷”）成立于 1997 年 10 月 1 日，在国内注册的主体公司是“广东快捷快物流有限公司”和“广州市快捷快货运服务有限公司”。快捷是以服务生产生活、服务社会大众、服务商业流通为基础的速递、物流服务供应商。

历经 14 年的创业与发展，快捷形成了辐射全国 30 个省（区、市）、香港和澳门特别行政区的速递网络，业务范围遍布城乡，分支机构（网点）1200 多个、规模型的快件处理中心 30 多个、自有运输车辆 1300 多辆、员工逾万人。

二、基础建设

2008 年，快捷在广州市南沙区兴建了占地总面积达 2 万多平方米的办公大楼、分拨中心以及员工生活区并投入使用；2011 年，快捷又先后投入巨资在东莞大岭山、福建晋江、上海、深圳、广州、浙江萧山、江苏无锡等地兴建或改造大型的快件转运中心；2011 年 11 月，快捷总部由广东省广州市南沙区进驻上海市青浦区。2011 年以来，快捷大力推进科技发展，相继开发、推广和使用全新的 OA 管理系统，大大提高了整体管理水平和品牌形象。

三、业务发展

快捷早期主要立足于香港和华南地区，从 2005 年起开始进军华东地区，并依托强大的公路运输、航空运输体系，逐步向全国拓展。以不断完善的全国网络来实现快捷速度，在国内大部分地区已拓展了二、三级城市以及下属区、镇的快递服务；省内快件、粤港快件互寄“今发今至”，省际快件互寄，大部分一级城市“今发明至”、二级城市“今发后至”。

目前，快捷的服务项目主要有国内快递、物流配送，为了满足客户不断增长的需求，快捷在产品和服务上不断创新，积极开拓电子商务配送、代收货款、代签回单、报价服务等增值业务，实现了全网络住宅配送。

近年来，快捷平均年业务增长幅度超过 35%。2011 年，全网快件收派量突破 9000 万件。

四、整合兼并

近年来，快捷相继在全国范围内注册成立了多家主体公司。除“广东快捷快物流有限公司”和“广州市快捷快货运服务有限公司”外，目前快捷在国内成立的主体企业主要有：深圳市快捷快货运代理有限公司、东莞市快捷速递有限公司、上海快捷快递有限公司、武汉市快顺捷物流有限公司、北京市快顺捷货运有限公司、晋江市快准达物流有限公司等。这些公司及其下属分支机构，均已依照国家邮政监管部门规定取得了快递业务经营许可证，共同经营快捷速递品牌。

2011 年以来，快捷先后兼并了青岛扬帆、南京同城 100、北京鑫飞鸿等数家企业，加快了对行业内的各类资源整合，有效推动了公司的发展壮大。

五、人才队伍

人力资源是企业的第一资源。多年来，快捷积极实施人才强企战略，在人才培养、引进、选用和激励等方面创新办法，以竞争甄选人才，以激励鼓舞人才，以淘汰优化人才，为公司改革发展提供了强大的人才保证和智力支持。

快捷拥有专业的、经验丰富的快递行业管理人才队伍，整体综合素质较高，70% 以上的管理干部具备大专以上学历(其中本科以上学历的占40%)。

快捷有完善的培训体系,拥有一支自己的专、兼职讲师队伍,可按照公司发展战略的要求,针对不同岗位的员工实施有针对性的培训课程,满足员工入职后不同发展阶段的学习需求,伴随着员工的成长及职业发展,适时提供各种类别的培训学习。

六、社会责任

作为一家有着远大抱负的企业,快捷速递常怀抱感恩之心反哺社会。在创造企业商业价值的同时,致力于承担社会责任,积极参与各项社会公益事业。多次参与由邮政监管部门和地方政府组织的“扶贫捐资”和“献爱心系列活动”;快捷还发起成立了“员工志愿者协会”,广泛组织开展各类志愿者系列活动,深受社会各界的好评。

七、企业荣誉

2008年1月,快捷速递被中国联合商报社、购物导报社、品牌杂志社、中国国际品牌学会等媒体评为“中国快递服务行业十大影响力品牌”。

2009年,快捷速递总部客服部被广州市团委评为“青年文明号”单位。

2010年5月,快捷速递被中国产业报协会、中国企业报社和中国国际交流促进会评为“全国速递服务公众满意最佳典范品牌”。同年,被中国快递咨询网评为“2010年度中国区域性民营快递前十强企业”,公司总裁黄子杰也被评为“2010年度中国区域性民营快递前十大杰出CEO”。

2011年4月,快捷速递被《经济》杂志社等多家媒体评为“中国速递行业最具竞争力品牌”;9月,快捷速递被《经济》杂志社、中国贸易报和中国产业协会等媒体组织授予“全国物流行业公众满意最佳典范金牌服务奖”,总裁黄子杰被评为“开创中国快递服务新时代·年度领军人物”;10月,快捷速递被G&G(香港)物流运输过程透明管理研究院评为“2011年度运输过程透明管理示范企业”。

广东龙邦物流有限公司

广东龙邦物流有限公司(以下简称“龙邦”)成立于2002年10月,是一家专业大型快递、物流公司,目前注册有“龙邦速递”和“龙邦物流”两个品牌。

目前,龙邦速递拥有企业客户10万余家,客户群体遍及电子产品、医药产业、高科技IT产业、货代企业、贸易公司、电子商务、进出口制造等多个领域,并成为三星电子、招商银行、京东商城、携程网、联想、海尔、美的、格力等国内外知名企业的指定服务商。

一、基础建设

龙邦速递在全国拥有从业人员1万余人,工种达20多个,岗位精细,职责明确;自建有华东、华南、华北等8大区域性一级分拨中心,40多个二、三级货物分拨中心。一级分拨中心均配备有半自动化的流水线,实行半机械化运作;所有分拨中心均安装有高清监控器,实行场地全范围无盲区监控操作;在公司总部可以随时通过远程监控网络调取各分拨中心实时情况。

龙邦速递使用K8系统,实现了客户收货、配载运输、门到门、签收上传等全程跟踪服务,各个业务环节全部电子化操作。公司K8系统全部通过Internet直接互联,实现物流信息的实时共享传递,日均处理18万件货物的近80万次交接及操作记录。

龙邦速递总部及一级分拨中心设有客服中心,二级分拨中心设立客服部,通过K8系统和内部IMO联络平台处理每日快件查询等业务,实现了收件调度、快件查询、问题件处理、服务质量监控、网点事务仲裁等全方位多功能服务。

二、业务发展

龙邦自2002年10月成立以来,立足广东发展珠三角市场,迅速成为区域性快递知名品牌;率先引入华南地区中班件操作模式,实行二频次派送,客户满意度不断提高,在局域网里一直排名前三位。截至2008年底,全网日均流通快件量在7.5万票左右。

2009年3月,公司在福建成立网络管理中心,开通广东至福建的汽运专线,业务辐射到外围省区,品牌影响力进一步扩大;全国日均业务量增长到8.5万票左右。

2011年9月,华东管理中心成立,开始全面拓展长三角,发展环渤海湾地区。

2011年12月,开始巩固华东市场,拓展华中、华北、东北地区。

目前,龙邦速递拥有广东、福建、北京、上海、苏州、无锡、南京、杭州、东莞、武汉、长沙等20家分公司,1200余家加盟企业,40多个集散中心,2300多个网点,网络遍布国内1200多个城市,形成了以长江三角洲、珠江三角洲、环渤海地区为重点的快递网络布局。在广东省实现了全境通达,在华东和华北地区实现了县级城市通达,在其他各省区则实现了地级城市通达,成为全国性快递网络公司之一。拥有各种快件提送车辆5500多辆,主干线班车运输线路近200条,日运能超过18万件、2600多吨,国内航空快件业务全线实行直达,为广大客户提供国内标准化快递、COD配送、仓储服务以及快递增值服务。

三、人才队伍

龙邦引入了现代化的运营管理模式,聚集了一大批优秀的物流行业精英。龙邦平台为专业的管理人才、技术人才提供广阔的发展机会。现拥有物流、快递行业专业管理人才200多名,大专以上文化水平的占65%,管理层平均年龄28岁,是一支充满活力和创新能力的管理团队。

龙邦在招聘上不拘一格,形式多样。公司人力资源部设立专人负责建立人才库,做到定期对职介、部队、职业院校进行回访,收集人员资料,完善人才库。当公司有岗位需要招聘时,能做到准确定位,找到合适人员。

在培训机制上,设立有岗前培训、岗位轮调、专职培训、拓展训练等。特别是在业务素质的培训上,按照工种岗位不同、轻重缓急不同以及员工掌握工作标准、业务素质程度不同等,从实际出发,采取灵活多样的形式,开展各工种、各岗位的业务技能培训、业务技能比武等,同时积极参加邮政管理局组织的快递业务员职业技能考试,已有40%的员工通过初级快递业务员考试,10%的员工通过中级快递业务员考试。

四、品牌建设

2011年底,龙邦速递对企业文化进行了重新定位,具体内容包括:

品牌诠释:龙行天下,助业兴邦。

企业愿景:建设领先的物流资源整合平台,致力于成为卓越的现代化、科技化、信息化物流服务解决方案提供商,打造一站式、多元化综合物流服务第一品牌。

企业使命:创导一站式、多元化智能物流新模式,创造快捷、轻松、简单的生活体验。

企业核心价值观:学习、超越、创造、共享。

4H服务体系:高品质(HIGH - QUALITY)、高速度(HIGH - SPEED)、高效率(HIGH - EFFICIENCY)、高满意度(HIGH - SATISFACTION)。

远景规划:逐步打造一个整合航空、陆运、铁运、国内城际配送、仓储以及国际快递于一体的集团公司,做中国城市配送的标杆企业。

五、兼并重组

龙邦立足于华南,其愿景目标一直是致力于成为一家全国性的快递企业。从成立以来,在同城配送、多频次派送和代收货款方面业绩斐然,尤其是代收货款业务,其管理模式成为业内很多企业学习的样板;但由于一直没有形成全国性的网络,发展遇到瓶颈,一直在寻求突破。2011年9月,龙邦快递低调重组,重新布局全国网络,李军庆出任董事长,饶国荣出任龙邦速递网络全国总裁。

经过重组后的龙邦呈现出全新的活力,网络发展迅猛。短短半年的时间,网络已经覆盖到全国,形成全国性的快递网络。通过资源整合,龙邦速递在快速开通福建、湖南、湖北、四川以及北京等直营省区外,以加盟的方式,迅速开通了海南、云南、河南和甘肃、新疆以及东三省和华北区的快递网络,在华东、华北、华中同时铺设了转运中心40余个,干线班车通达了全国大部分省会城市,公司整体业绩一直稳步上升。

六、社会责任

2008年,四川汶川大地震发生后,龙邦组织企业员工和加盟网点,先后捐款捐物达60多万元,履行了企业应尽的社会责任,获得广东省红十字会的表彰。

2012年1月,公司总部组织成立企业爱心基金会,从日常运单销售中提取1分钱作为爱心基金,用以扶危济困,以帮助那些突遭不幸的员工和网点公司渡过难关。

同时,组织全网同仁加入"全国网络义务打击拐卖妇女儿童"的行动,借助自身网络资源,将这一公益活动作为企业回报社会的公益事业,由总部领导带头长期参与。

七、企业荣誉

2010年12月,被快递咨询网等机构评为"中国区域性民营快递十强企业"。

2011年3月,被广东省邮政管理局评为"2010年度广东省邮政业统计工作先进单位"。

联昊通速递有限公司

一、基本情况

联昊通速递（以下简称“联昊通”）于1999年11月经工商行政管理局批准设立。10余年来，联昊通秉承公司、客户、员工三赢理念，专业从事国内物流、速递业务等。

联昊通采取“直营+加盟”的经营模式，在广东省内设有网点170余个，服务范围覆盖广东、福建、香港、四川、江苏、浙江等地，下设5个分拨中转中心，拥有一个丰富经验的物流速递管理团队，具有强大的物流速递操作能力。

在企业文化与品牌建设方面，联昊通的服务宗旨是“联昊通——用服务赢得客户”，企业愿景是“超越自我——创速递银行，塑行业标榜”，企业精神是“沟通创造效益，成功在于团队”。

二、基础建设

联昊通拥有从业人员5000余人，运营车辆1000余辆；下设华南处理中心、深圳处理中心、番禺处理中心、广州处理中心、大朗处理中心等5个分拨中转中心，均配备有半自动化流水线，并安装有高清晰监控器，实现无盲区监控操作，在公司总部可以随时通过远程监控网络调取各分拨中心实时情况。

联昊通应用E3系统，实现客户收货、配载运输，门到门、签收上传等全程跟踪服务，各个业务环节全部电脑化操作。目前在全国各地有加盟公司172家，各公司E3系统全部通过网络互联，实现快递信息的实时共享传递，日均处理10万多件快件近30多万次交接及操作记录。

联昊通总部设有客服中心，各分公司设立客服部，通过E3系统联络平台处理每日快件查询等客户服务，实现了收件调度、快件查询、问题件处理、服务质量监控、网点事务仲裁等全方位多功能服务。

三、业务发展

1999年成立之初，联昊通就以代收货款作为主打业务切入快递市场。十多年来，经过不懈努力，联昊通的代收货款取得了长足发展，并以专业、快捷、安全的代收服务在行内占有举足轻重的地位。

2004年，随着业务发展，联昊通斥资修建的流水线运营，有效提高了快件的质量和时效。2010年4－6月，业务持续增长，为了缓解分拨压力，增设番禺处理中心、大朗同城处理中心并接手管理深圳同城处理中心，实现东西线货物分流，有效提高了东西线快件的分拨质量及快件到达时效。

2011年4月，联昊通与淘宝网签订合作协议，成为淘宝网络购物平台推荐的物流服务商，服务质量有较大提升。同年12月，与浦发银行形成战略联盟，共同推出联名卡。联名卡的诞生，标志着公司向“速递银行”战略目标更近了一步。

自2004年以来，联昊通业务量逐年稳步增长，2011年单日快件近10万件，代收货款单日近3000万元。

四、人才建设

联昊通自成立以来，一直秉持着“联昊通！联昊通！伴您事业更成功”的用人理念。一贯宗旨是培养自己的专业人才，还定期对员工进行培训，通过内部竞聘形式为员工提供晋升平台，为员工的发展提供空间，为员工创造了良好的文化氛围，为有上进心的人提供很多学习和提升的机会。

五、社会责任

2008年5月14日，汶川大地震后，组织员工筹得善款174236元,用于购买救灾物资,并组织车队运往灾区。其余善款于5月17日捐给红十字会。

2010年4月22日,发动全网络人员对玉树地震灾区开展捐款活动,共筹得善款106829.54元,于4月30日捐入红十字会。

2010年5月27日,与广东连山县吉田镇旺南村村委会签订帮扶项目,出资帮扶旺南村改善农田灌溉条件。

六、企业荣誉

2009年,被快递咨询网评为“中国国内快递最具竞争力20强企业”。

2010年11月,被国家邮政局评为“邮政业统计工作先进单位”。

2011年9月,获广东省邮政局颁发“广东深圳大运会邮政服务与邮路安保工作先进集体”称号。

七、企业大事记

1999年11月18日,联昊通的前身——联通快运公司由工商行政管理局正式批准设立,正式进入速递行业。

2003年12月1日,联通快运公司快递业务统一使用“巴枪”扫描。打破了传统的登记方式,保证了快件的运营信息准确、迅速、安全。

2004年1月1日,属于联通快运公司自有的E3系统全面上线,由人工转到智能系统应用,有效提高了工作效率;同时公司网站开通,客户可通过网站查询快件信息与咨询服务。

2004年5月,联通快运斥资修建的流水线正式运营,之前的人工分拣作业转化为简单快捷的流水线作业,有效提高了快件的质量和时效。

2004年9月,联通快运正式更名为“联昊通”,并成立网管中心,相继出台了各项快件管理制度,通过网管中心的有效监督,对企业发展起到关键的推进作用。

2005年9月,联昊通与农业银行虎门支行达成协议,在网管中心设立电子银行,对网络内流通的货款可通过电子银行进行转账。此举有效降低了代收货款遇到的时效问题及风险,有效提高了联昊通代收货款项目在客户心目中的地位。

2008年6月,联昊通商标正式通过国家商标局审核。由此,带有联昊通标志的车辆驰骋在珠三角的大街小巷。

2009年9月,广东省邮政管理局和广东省快递协会开展“快递服务标准”检查验收项目,联昊通顺利通过,并获得“快递服务标准”达标企业称号。

2009年,联昊通与湖南怀化学院合作,正式成为其物流专业实习基地。

2010年1月,联昊通获得广东省邮政管理局颁发的第一个快递业务经营许可证,联昊通在快递市场上业务涵盖范围逐渐扩大。

2010年4月,为了满足业务的持续增长,联昊通增设大朗处理中心,开通东莞同城快件服务,有效提高了同城寄递时效。

2010年6月,联昊通业务持续增长,为了缓解分拨压力,增设番禺处理中心,实现东西线货物分流,有效提高了东西线快件的分拨质量及快件到达时效。

2010年8月,联昊通深圳处理中心迁址并由总部接管,总部通过标准化的管理,对深圳处理中心进行整改,加强了深圳同城快件操作的规范化。

2011年4月,联昊通正式进驻淘宝网,成为淘宝商城的速递供应商之一。

2011年4月,联昊通成立客服呼叫中心。

2011年10月,联昊通与浦发银行形成战略联盟关系,并成功开发拥有联昊通标识的银行卡,开创了速递行业与银行系统形成战略联盟的先河,为联昊通实现“创速递银行,塑行业标榜”战略目标迈出了坚实的一步。

2011年11月,联昊通进行品牌升级,对网络内的各项VI标识进行升级,全新的Logo体现出了联昊通不断前进的步伐;在品牌升级的同时,对网络内快件操作进行标准化管理,借此提升联昊通形象与品牌信誉度。

第七篇　协 会 活 动

服务政府　服务企业　服务客户
——中国快递协会成立以来工作综述

2009年2月11日，我国快递领域的全国性协会组织——中国快递协会在北京正式成立，这是我国第一次在快递领域建立起代表企业、联系政府、服务用户的行业组织。在中国快递协会的成立大会上，中共中央政治局委员、国务院副总理张德江致信祝贺，万国邮联国际局总局长爱德华·达扬发来贺信，交通运输部高宏峰副部长、国家邮政局马军胜局长共同为中国快递协会揭牌。中国快递协会第一次会员大会也同时在北京召开。大会选出中国快递协会第一届理事会理事及协会领导成员，原交通部副部长洪善祥当选会长，协会秘书长由达瓦副会长兼任。大会审议并通过了《中国快递协会章程》、《中国快递协会会费缴纳办法》、《中国快递协会会员守则》和《中国快递协会第一次会员大会选举办法》；发布了《中国快递协会企业自律公约》。快递协会的成立，完善了行业自律、社会监督和政府监管三位一体的监管体系。

经过近三年的发展，中国快递协会在协助政府部门、服务快递企业、促进行业发展方面做了大量扎扎实实的工作，发挥了重要作用。

一、围绕中心工作　服务发展大局

受国家邮政局的委托，近几年中国快递协会承接了推动《快递服务》标准的达标工作，《快件信息跟踪查询规范》、《快递企业等级评定实施细则》等相关规定的调研制定，并组织了各类研讨活动。

认真组织企业开展《快递服务》标准达标工作。按照国家邮政局对此项工作指导意见的要求，中国快递协会及各省(区、市)快递协会都成立了达标工作领导机构，制定了切实可行的达标工作方案。

上海市快递协会在市邮政管理局的指导下，制定达标检查细则和计划，量化达标活动的各项指标，指导企业开展自查，制定制度，落实相关措施。截至2011年底，先后有33家快递企业通过达标检查验收。

江苏省快递协会以开展企业达标工作为契机，贯彻落实《快递服务》标准，帮助企业查找不足，促使企业对照标准建立健全相关制度，促进企业规范作业流程，完善基础制度，推进快递行业标准化建设。截至2011年1月，共有98家快递企业通过达标验收。

吉林省快递行业协会下发了《吉林省快递行业协会关于开展〈快递服务〉标准达标工作实施方案》，联合吉林省邮政管理局举办了两期快递企业负责人及企业管理人员参加的培训班，并先后组织开展了三批《快递服务》标准达标评定验收工作。吉林省16家网络型品牌快递企业中，有15家网络型快递企业通过评定验收，进入达标企业，占应达标企业的94%。协会向达标企业颁发了"《快递服务》标准达标企业"牌匾和"达标企业证书"，并在省、市报纸公布。

江西省快递行业协会经过宣传发动、自愿申报、自查整改、申报评定四个阶段，按照国家邮政局要求的抽查比例，分别对40个机构网点进行了检查验收，评出省内全网达标企业8个，省内单点达标企业10个，共94个快递服务组织达标。

新疆快递协会在开展《快递服务》标准达标工作中，成立了达标工作领导小组和达标评审工作领导小组，制定了工作原则和工作标准，从资料准备、企业形象、标准掌握、自查整改等环节给予企业辅导，截至目前，新疆全区共有31家快递企业获得《快递服务》标准达标企业称号。

安徽省快递协会制定了《安徽省〈快递服务〉标准达标工作实施方案》和评定工作细则，各快递企业也建立了以企业负责人为主的达标工作班子。经过各级快递协会的努力，全国18家网络型快递企业共抽查网点数1725个，达标率为73.86%。

2010年陕西省快递协会又继续在《快递服务》标准达标企业中开展了快递服务质量信誉等级评定活动。已达标企业积极以质量信誉等级评定活动为契机，对照等级标准，抓检查、抓整改，把改善硬件条件和提升软件基础结合起来，参评的24家企业除去不具备条件的3家外，21家企业中：获得AAA级16家，AA级5家。

2010年初，广东DDS快递公司因代收货款引发企业倒闭，在社会上造成了一定的负面影响。中国快递协会根据国家邮政局要求，于3月4日召开了代收货款业务安全问题研讨会。代收货款是快递服务中一项增值业务，关系服务社会、服务民生、服务就业，应按照国家加快发展、转变发展方式的精神，支持企业加强管理、规范有序地发展，确保资金安全。会议建议，相关部门应尽快论证出台《快递服务质量保证金制度》，进一步规范快递市场，确保快递业务健康有序地发展。

2010年10月21日，中国快递协会邀请中国消费者协会、各地消费者协会、各省快递协会以及快递公司的代表、相关专家、学者、律师参加了“快递服务热点问题研讨会”。会上，代表们就如何依法理顺快递业务在电子商务活动中的法律关系，如何加强快递企业自律，如何改进快递服务水平，促进快递业务健康发展，更好地服务经济社会，更好地保护消费者的利益问题进行了充分研讨。

2011年11月22日，中国快递协会与《快递》杂志、国家邮政局发展研究中心共同举办的首届“中国快递论坛”在北京召开。在国家邮政局精心安排和组织下，中国快递协会组织会员企业、协会等方面的代表以“改革创新、转型升级”为主题，对如何促进我国快递业大发展、上水平、更好地服务民生进行了深入地交流探讨，在论坛上，副会长达瓦发布了《中国快递十大发展趋势》的演讲，引起与会代表高度关注。河南、吉林等省（区、市）快递协会也组织会员企业围绕推进企业改革、加快企业发展开展研讨活动。其中河南省快递协会先后举办了两届高层理论研讨活动，共征集43篇论文，评选出32篇优秀论文，其中有五篇优秀论文被“中国快递论坛”编入优秀论文集中。吉林省快递行业协会于2008年9月组织召开了《吉林省快递市场发展理论研讨会》，研讨会共征集论文20篇，通过大会发表共评出优秀论文9篇。

2011年中国快递协会还先后承担了《快递服务和电子商务信息交换标准化指南》、《快件信息跟踪查询规范》、《快递企业等级评定实施细则》、《快递行业严重违规人员信息查询系统》等文件的研究工作。

二、争取政府支持　优化发展环境

2010年，中国快递协会大力宣传贯彻落实修订后的《邮政法》，积极配合国家邮政局，着力优化发展环境，以落实国务院关于《物流业调整和振兴规划》为工作目标，先后启动了十一项工作：解决快递车辆进城难、停靠难的问题；加强快递行业自律，防止低价竞争；建立机场快递绿色通道，积极推进快递物流园区建设；加快快递人才培养等。

快递运输车辆进城难、停靠难是长期以来困扰企业的一个难点问题，它直接影响了快递服务的时限和服务质量。以广东省率先突破这一瓶颈为起点，各省快递协会积极配合、协助当地的邮政管理局，与公安、交通、城管等部门协商、沟通。到2011年底，已有广东、天津、浙江、贵州等20多个省（区、市）制订了快递车辆进城通行政策，先后解决了这个问题。其中，天津市快递协会会同市邮政管理局与地方相关部门沟通，争取理解与支持，最终以天津市邮政管理局名义核发机动车《快递专用证》。广东省快递行业协会、陕西省快递协会经过努力，促成了行业主管部门与地方政府多个部门联合发布了《关于保障快递企业运输车辆便捷通行的通知》，通过为快递车辆发放通行证的方式，解决了车辆进城难、停靠难的问题，仅广东省就为全省快递企业核发了5000多个快递车辆通行证。2011年5月，深圳市禁止电动车在市区上路，影响了快递服务“最后一公里”快件派送。广东省快递行业协会及时向省行业主管部门反映情况，并接受中央电视台的专访，中央电视台“财经频道”作了专题报道，引起深圳市政府的重视，将快递服务列入特殊行业，并作出“电动车只限不禁，快递电动车贴专用标志通行”的决定，使深圳市每天超过50万的快件收派免受影响。吉林省快递行业协会也根据企业诉求，与当地政府部门共同努力，解决了长春市区快递企业运营车辆通行难、停靠难的问题。

中国快递协会还多次与国家发改委、国土资源部等部门进行沟通，及时反映会员企业的诉求。通过国家邮政局和快递协会不懈的努力，快递已被列入国家鼓励发展的产业目录，这为快递业又好又快地发展营造了更加宽松的发展环境。

2011年，中国快递协会积极参与《邮政业发展“十二五”规划》编制，并组织开展了“十二五”规划的培训工作。2011年3月5日，国家邮政局副局长王渝次参加了中国快递协会在广州召开的一届二次会员大会，并专题讲授了(《邮政业发展“十二五”规划》草案)。会后，中国快递协会切实开展了为会员企业做好决策参考、管理咨询、行业自律工作。河南省快递协会积极参与《河南省快递业“十二五”发展规划》编制工作，协助省邮政管理局完成了《河南省快递业“十二五”发展规划》初稿和定稿。并协调省发改委“十二五”现代物流业发展规划编制部门听取快递行业对编制“十二五”现代物流业发展规划的意见，推动快递业“十二五”发展规划与河南省邮政业发展规划、现代物流综合交通体系规划的衔接。积极推进河南全国快递集散交换中心建设，促使建设项目列入河南省政府2012年第一批重点建设项目。

三、加强企业调研　助力政府决策

2010年6月10－23日，中国快递协会与交通运输部部长政策咨询组部分成员一起，先后赴北京、上海、广东等地区，深入邮政速递物流企业和民营快递企业，分别召开了六个不同层面的座谈会，详细了解快递企业与民航业衔接配合方面亟待解决的政策、法规、标准、规划等问题。在调研活动中，通过协调民航管理部门和航空企业，为邮政企业和快递解决了航空运输中遇到的一些困难和问题，并认真整理调研资料，形成相关政策建议，报送各有关部门。

2011年，中国快递协会积极配合、协助国家邮政局制订《快递企业等级评定管理办法》，并根据《办法》制定和颁布了《快递企业等级评定实施细则》。为了引导企业转型升级，加强诚信建设，全面推动企业发展，国家邮政局遵照“按规模分等，按服务分级”的原则，于同年9月上旬颁布了《快递企业等级评定管理办法》。为了把这项重要的工作落到实处，中国快递协会配合国家邮政局制定了《快递企业等级评定实施细则》。在这个细则的制定过程中，协会先后邀请相关领导、专家、企业和消费者代表等方面的人士，多次征求和倾听他们的意见和建议，力求使这个细则达到公开、公平、公正。

各省（区、市）快递协会也立足当地实际，积极参与政府管理部门组织的有关政策调研，参与制订和修订行业发展规划和行业标准,反映企业诉求,为政府决策提供咨询服务。

其中,上海市快递协会参加了多部门开展的“如何解决制约上海快递行业发展的瓶颈问题”联合调研,积极反映快递企业发展中的问题和诉求,呼吁完善法律法规,出台相应政策,促进快递业的发展。在2011年8－11月,先后5次参加市立法研究所组织的对《上海市实施中华人民共和国邮政法办法》(草案)的讨论,并根据上海快递行业的实际情况提出修改意见和建议。

2011年,江苏省快递协会参与了《长江三角洲地区快递服务发展规划》和《江苏省快递服务业发展规划(2010－2012)》的制定,为出台这些政府规划反映了企业的意见。

广东省快递行业协会作为全国首家成立的省级协会,接受了国家邮政局委托的“快递行业协会管理制度研究”项目,最终形成了包括23个制度文件的《快递行业协会管理制度》(试行本)全国范本。

四、服务会员企业 帮助企业排忧

全心全意为会员企业服务是中国快递协会工作的出发点和落脚点。

2010年年初,中国快递协会针对网购与快递服务中存在的问题,副会长达瓦专程赴杭州与阿里巴巴进行沟通交流,就快递与网购互相合作、互相支持、信息共享等问题达成了共识。

2010年,圆通、汇通公司在杭州、上海的分拨中心遇到建设用地方面的困难时,中国快递协会及时与国土资源部沟通。通过土地主管部门出面处理,帮助企业解决了实际困难。

2010年3月,中国快递协会接到快递企业反映,有个别媒体以曝光消费者投诉材料为由,要企业出钱做广告。中国快递协会立即派人与媒体相关负责人进行了沟通,较好地解决了问题,保护了会员企业的合法权益。

2010年8月,上海中通快递公司出现了网点公司与总部发生矛盾冲突的情况,事态的发展很可能影响中通快递网络的稳定。中国快递协会多次在北京、上海召集中通公司相关人员进行协调,确保了中通公司的正常运营,也维护了消费者的利益。

根据快递企业在经营许可及工商登记注册等方面的需要,中国快递协会于2011年11月下旬召集骨干企业召开座谈会,倾听和征求企业意见,并正式立项拨付专款,开展了快递企业多级分支机构登记注册调研。

各省快递协会也通过召开宣贯会,举办培训班,组织调研等方式,深入了解企业需求,服务快递企业发展。2011年,为解决快递服务“进校难”的问题,天津市快递协会会同天津市教育委员会、天津市邮政管理局召开了由各大专院校主管部门负责人参加的对接会议,提出解决问题的意见和建议,得到院校方的理解与支持,由院校提供专用场地,供快递企业提供服务,使得进校难的问题得以初步解决。

广东省快递行业协会一方面多次协助行业主管部门召开了宣贯会、辅导讲座、研讨会等,另一方面深入省内7个地市26家品牌网络企业总部和130多个站点,协助120多家企业办理了快递业务经营许可证。

2008－2011年,江苏省快递协会举办多期快递企业管理人员培训班,培训业务骨干近千人。培训内容涵盖修订后的《邮政法》解读、电子商务、快递发展趋势等。

为帮助企业加强人才队伍建设,做好快递业务员国家职业技能培训考核工作,中国快递协会及各省(区、市)协会积极配合快递业务员职业技能鉴定考试工作,2010年1月至2011年12月间,上海市快递协会受管局委托,协助组织了174场职业技能鉴定考试,上海地区20940名快递业务员报名参加,16336人取得鉴定合格证书,考试合格率达78%。广西快递协会受广西邮政管理局委托,先后举办了6期快递业务知识技能学习培训班，进行授课辅导。全区共有74家快递企业参加了培训，6期培训总人数350多人。2009年，河南省快递协会联合河南省邮政行业职业技能鉴定指导中心举办了河南省第1期快递业务员培训班。全省重点网络快递企业共269名业务员参加了此次培训。截至2011年，河南省快递协会配合省职业技能鉴定指导中心已完成初级、中级业务员培训班21期，培训4500人次。

五、采取多种措施 保障旺季服务

2011年，中国快递协会根据国家邮政局《关于做好快递业务旺季服务保障工作的意见》（国邮发〔2011〕30号）的文件精神，起草了《关于做好快递业务旺季服务保障工作的承诺书》，先后两次征求骨干企业的意见和建议。到7月底，申通、圆通、汇通、中通、韵达、希伊艾斯、海航天天等7家企业先后在《承诺书》上签字、盖章。

为了确保《承诺书》上的措施落到实处，中国快递协会在中秋节、国庆节以及“双11”等节假日建立值班制度，与骨干企业建立联系和沟通机制，及时指导企业处理快件积压，突发事件和消费者申诉问题。

2011年“双11”前夕，中国快递协会与国家邮政局市场监管司在上海召开了由淘宝和骨干快递企业参加的会议，为保障“双11”网购促销活动期间快递网络平稳运行，要求企业把《承诺书》上的措施落到实处，保障了网络的畅通、运营的平稳。

在国家邮政局的领导下，在各地协会的大力配合下，2011年的快递业务旺季期间，快递企业广大干部员工做到旺季坚守在岗位，节假日不放假，确保为广大人民群众提供迅速、准确、安全、方便的良好服务。

2011年底，吉林省快递行业协会为增进媒体与企业，企业与消费者之间的沟通，争取媒体对快递企业的理解和支持，与吉林省邮政管理局联合召开了“吉林省快递业务旺季服务保障工作落实情况交流会”，邮政速递物流、吉林省顺丰、长春申通、吉林省圆通等8家网络型快递企业负责人和《吉林日报》、《新文化报》、《长春晚报》等六家当地主要新闻媒体的代表参加了会议。

六、加强自身建设 职能逐步完善

经过近三年的发展，中国快递协会组织建设得到进一步完善，吸纳协会新成员，不断发展和壮大协会队伍，组建了常务理事会，会员总数达181个。

为了维护用户权益，维护会员企业合法利益，积极引导行业健康发展，2010年4月中国快递协会第一届二次理事会决定成立快递与电子商务专业委员会。同月，又成立了信息化专业委员会和标准化专业委员会。各专业委员会积极开展工作，为行业信息化、标准化，为维护行业利益，争取了话语权，发挥了很好的作用。

中国快递协会为加强与外资企业的交流、协调，建立了常态化的工作机制，成立了外资工作委员会。针对外资会员企业反映的车辆进城通行问题、标识问题、办理行政许可遇到的困难和快递服务标准制定等方面的问题，及时与政府主管部门沟通，取得了积极效果，发挥了桥梁纽带作用。

2011年，中国快递协会加强了党的组织建设，党支部围绕国家邮政局党组的中心任务展开了一系列具体工作。2011年12月份，成立了快递法律事务专业委员会。同时，强化了基础工作和管理，各项工作逐步进入了程序化、规范化和制度化的新阶段，进一步发挥了协会与企业、协会与政府的桥梁和纽带作用，起到了加强行业自律，维护公平竞争，推动快递业健康发展的作用。

各省（区、市）快递协会也通过完善内部运作机制，建立健全组织、会议、联络和工作程序等各项规章制度，加强行业自律。如2008年1月，江苏省快递协会第一届理事会二次会议讨论通过《江苏省快递协会会员自律公约》，后又制定了《江苏省快递协会会员开除违法员工信息管理约定》，协助处置违纪开除人员录用问题，推进行业自律。

2011 年 3 月，广东省快递行业协会与广东省行业主管部门、广东省银联共同搭建了代收货款第三方结算平台。同时起草了《广东省快递行业代收货款服务公约》，组织了全省 48 家快递企业签订了服务公约，加强了协会对企业自律行为的监督。

七、授牌“快递之乡” 凝聚民营企业

2010 年，中国快递协会应浙江省桐庐县政府要求，委托北京社会系统工程研究院，形成了《中国民营快递之乡》论证报告，并召开了“中国民营快递之乡”论证会，完成了论证工作。经请示国家邮政局党组后，全体理事投票表决通过，并于 10 月 21 日召开的中国快递协会年会上向桐庐县人民政府颁发了牌匾。极大地鼓舞了桐庐籍六家大型快递企业的发展热情，为民族快递服务业又好又快发展起到了积极的推动作用。

八、加强宣传工作 服务行业发展

中国快递协会编发的中国快递信息，受到会员单位的欢迎。已刊出信息 26 期。发表在《中国交通报》、《快递》杂志、《现代物流报》、《经济日报》、《物流时代》、中央人民广播电台、中央电视台等主流媒体的文章 24 篇。中国快递协会网站建设工作进展顺利。2010 年 6 月中国快递协会网站正式开通（域名 www. cea. org. cn）。

各省（区、市）快递协会也积极办好本地会刊，为会员企业服务。上海市快递协会除利用会刊《上海快递》定期向上级主管部门和会员单位报道协会工作，宣传快递行业法律法规，传递行业动态，反映会员情况，介绍行业前沿信息外，还经过市邮政管理局牵线，在上海《解放日报》开辟每月一期的“两新星空快递专版”，报道快递企业服务和发展情况，提升快递企业的社会关注度和快递品牌的知名度。江苏省快递协会以会刊《江苏快递》和江苏快递网（www. jskdw. com）为平台，集中就政策信息、管理动态、安全监管、信息广场、企业活动、经济观察、行业说法、服务热点等快递行业的信息进行及时的反映和报道。安徽省快递协会会刊《安徽快递》，构建了会员单位联络员网络体系，增强了协会的凝聚力。吉林省快递协会会刊《吉林快递》，以“服务社会，服务企业，服务政府”为宗旨，截至 2011 年底，共发行 26 期。江西省快递行业协会于 2009 年组建了《江西快递》会刊报道组，每年举办一期全省快递宣传报道通讯员培训班，截至目前已开展 3 期共培训通讯员 72 人。陕西省快递协会创办的《陕西快递》季刊，四年来共发刊 18 期，对联系内外，沟通信息起到了较好的作用。新疆快递行业协会创办了会刊《天山快递》，组建新疆快递行业信息员队伍，切实发挥了内刊的信息交流作用，为会员单位之间、会员单位与政府之间的信息交流提供了平台。

第八篇　人　物　志

陈德军:大胜靠真

曾经,他每晚流连于沪杭之间的火车上,客户还没上班,他就已经等候在办公楼前送件。在他的印象中,已经记不清翻烂了多少张上海和杭州的地图——这是1993年,陈德军兄妹在杭州注册成立申通快递有限公司时的工作状态。

当时的陈德军或许不曾想到,申通会是如今的这番景象:截至目前,公司全网络共有从业人员约10万人,拥有独立网点及分公司830家;服务网点及门店5000余家,中转部62个,占地1240亩。各中转部在2011年年底全部实现半自动化分拣,且所有中转部和90%以上的网点公司已配备监控设备。一个以苏、浙、沪、粤、鄂、京为核心的强大的全国中转体系基本形成。

2009年末,陈德军在接受《快递》杂志记者采访时透露他对企业未来发展的谋划:未来几年,申通快递将持续强化在土地、运力、信息系统、人力资源等基础领域的投入,不断提升服务标准和服务品质,综合运用产业发展、资本运作、品牌建设三位一体的战略手段,在激烈的市场竞争中做大做强,实现全体申通人的产业理想,打造中国的民族快递品牌,成为国内最具影响力的快递企业之一。

从50元到8元

1993年,沪杭快递的价格是一票50元。当时的冰棍2毛钱一根,彩电1000元一台。也就是说,做1票快递能吃上250根冰棍,做20票就能买上一台彩电,这是一个简单而又极具诱惑力的换算。

陈德军兄妹没能禁得住诱惑,抱着梦想加入到快递队伍当中,以杭州作为起点,主攻沪杭快递。最初的艰辛可想而知,付出也得到意外的收获——凡是收到他快件的客户,都对他的憨厚、勤勉留下了深刻的印象,当他们需要往外发快件时,不约而同成了陈德军的回头客。

随着往返客户的增加,陈德军经营的区域范围也在扩大。杭州和上海这两个毗邻的大城市,长期以来经济联系就十分密切,随着两地快件数量的增长,陈德军决定到上海建立快递网点公司,开辟新的业务"根据地"。

正是这种到处建立据点的需要,激发了后来申通加盟制的萌芽。当许多老乡发现快递领域的商机,央求陈德军带着自己一起发展的时候,陈德军抱着能让家乡人都挣点钱的朴素想法,开始了最初加盟制度的设计。

随着网点的逐渐铺开,一票快件的价格却逐渐回落,如今从上海到杭州,一票快件的价格只有8元左右。快递服务从最初的暴利神秘,到微利普及,收益被越来越多的从业主体稀释。利润虽然降低,但申通的业务网络和业务量却发展迅猛,华东华南覆盖无盲区。上海和杭州并驾齐驱,形成了以上海为中心,向全国各大城市辐射的局面,使"申通"快递遍布全国,织就了一张庞大的"申通网络"。

从28%到50%

以加盟和承包的方式,申通快递的网点迅速

扩张。但2008年随之而来的金融危机,对制造业和外贸企业产生了极大的影响,快递订单数量减少,传统快件票数开始萎缩。

陈德军在对当时的申通业务量进行数据分析时,一个数据引起了他的注意:电子商务快件占到了申通总快件数量的28.7%,比例超过了四分之一。早在2007年8月,申通E物流部门已正式成立,采用网上下单、业务员取件、陆运+空运的快递模式,和淘宝网合作,进入淘宝网的推荐快递物流平台。E物流采用了与传统的申通快递公司服务标准相区别的客服体系,独立的售后服务,其目标是全面进入电子商务配送领域,建立中国最大的C2C个人用户配送体系。

陈德军同时也注意到另一个现象,快递公司的网点针对传统票件的需求,都建立在一些商务区附近,而C2C的很多客户却来自于社区或者学校。能不能更贴近网购客户,围绕电子商务做更大的文章呢?

2009年,申通启动"四进"战略,在全国开门店,进学校、进小区、写字楼、园区,把快递网点开到网民身边,更方便快捷地收派件。同时为了方便客户掌握快件进程,促进买家、卖家和快递公司的有效沟通,申通也提供到件短信服务。

当然,陈德军也没有忽视阵容正在逐渐庞大的B2C客户,面对越来越多的开始使用网上交易平台的制造商,他们推出了"仓储加配送"的服务,为中小型企业提供完整的电子商务物流供应链服务产品,推进中小企业快速成长。

一年以后,申通在C2C平台上基本每天会接到55万~60万单的业务,电子商务快件占业务量的比重由28.7%提高到50%以上。

2011年,申通加快了直营步伐。陈德军把各省会城市的具有中转功能的网点公司都变为直营公司,实现内部整合。过去几年中,申通已经开始将一些具有中转地位的省会城市加盟点改制为直营点。在陈德军看来,在总部掌控好中转平台、地面平台和信息平台,掌握好航空和陆路网络之后,再去掌控好几千个加盟网点就一点也不难了。对全网而言,陈德军坚持"直营+加盟"的模式,他说,加盟网点可以走到今天,说明加盟制有其成功的一面,未来国内市场也并非直营模式是唯一出路,可能最优的模式是'直营+加盟'的组合模式。

从送得快到送得好

在与快递服务相伴而行的18年中,陈德军一直在思考、摸索让企业壮大的途径。

如果说最初快递的概念只是在比谁跑得快的话,那么时代的发展已经给快递服务带来了更多的前沿技术和新的要求,不仅是跑得快,而是跑得迅速、安全、便捷。陈德军发现,没有网络查询系统,管理工作量大而且缺乏科学性。于是他多次寻找合作伙伴,委托开发能够适合申通快递管理的软件。

提升整体网络水平也是近些年申通的重点。由于最初没有加盟门槛限制,申通各地网点的自身条件和管理水平参差不齐,对于经济利益的过分追逐,影响了申通的品牌建设。在2002年,陈德军开始制定《加盟手册》,与各加盟商签署正式协议,逐步使加盟管理走向法制化、正规化。到2006年底,申通的整个网络基本上覆盖到全国各县、乡镇,初步实现了品牌标识、服务标准的同一。当年处理快件1.3亿票,总销售额达到36亿元。

硬件的不断投入带来了快件投递速度的提升,但售后服务成为面临的新问题。快件的延误、丢失、破损成为一个大的困扰,快递业务员的服务质量和客户的感受直接影响企业口碑。如何提升售后服务?做什么事情都一定要用心的陈德军,选择了"用心成就你我"作为申通的服务理念,在培训员工时,申通一方面培训专业,一方面培养做人。一方面要发扬创业时期的"打包精神"、"单车精神",每个新员工要"沉下去、沉到底、并融合进去";一方面强调用心做事,用心做人。他坚持,"不管任何时候做任何事情都一定要用心,关注客户的感受。申通的发展就是从派件开始的。派就等于是付出。从去年开始我们才做有偿派送。在收跟派之间，不管怎么样都要以派为主。派件才是你真正要做的事情，你只有给别人服务好了，你才能得到回报。”

今天的件明天到

陈德军说，他有一个梦想，有一天，在任何一个地方，快递都能在一天内到达。他搓着自己的双手，微眯着双眼，憧憬着美好的明天，眼前，似乎又闪现出 2008 年 10 月在参观美国孟菲斯的物流基地时，头顶一架架飞机像回巢的鸟一样整齐地飞回的情景。他相信，不久的将来，中国也会有这样一个现代化的物流基地，有一条从空中到地面再到末端配送，品牌优势资源互补的高端快递物流产业链，来吸引全球企业入驻。

在陈德军的办公室里挂着一幅字，“小胜靠智，大胜靠真”。这可能也代表了这个称自己是“一个蛮好的人”的男子汉的多年感悟：付出自然也就会有很多的回报，做生意不能靠耍一些小聪明，而是要靠很多的真诚和品格去成就。做事情你可以高调一点，但做人你一定要低调一点，做人是靠长期做出来的，有品格和品德，才有真正的管理和发展。

喻渭蛟:不走寻常路

做过木匠,干过装修,以5万元的资本“撞进”快递领域,他用十年的时间,让圆通“从外围走到了核心”。

提及喻渭蛟,大家都习惯性称他为“行业大佬”。出现在公众面前时,他总是西装革履,皮鞋擦得锃亮,那一头梳得顺溜的发型,显示着他与别人的不一样——果断、远见、注重形象。

“不一样”的财富故事

2000年,上海市长宁区镇宁路545弄44号。喻渭蛟把圆通速递的总部设在了这里。这个只有150平方米的总部,集办公、住宿、作业于一体。彼时的圆通速递,只在苏浙两省和上海、北京两座城市设立了12个城市网点,快件运输全部依赖于铁路。“浙AD0769”车牌是喻渭蛟一辈子忘不了的数字,当时,他最值钱的家当就是做装修项目时仅存的“果实”——一辆“浙AD0769”桑塔纳轿车。

当喻渭蛟东挪西借凑齐5万元投身快递领域的时候,他或许没有想到,圆通速递会成为日后国内具有较大影响力的知名品牌。截至2011年,圆通速递已经拥有8个管理区、59个转运中心,5000余个配送网点,7万余名员工,服务范围覆盖国内1300余个城市,公司开通了港澳台、中东和东南亚专线服务,并在香港注册了Cats Alliance Express (CAE)公司,开展国际快递业务。

回顾来时路,喻渭蛟的每一步,都显得与众不同:圆通是第一个实行双休日服务、进而“五一”、“十一”长假不停运,再到全年运行的快递企业;第一个在行业中拥有自主产权的、现代化的、大规模的总部基地;第一个成为淘宝网的签约配送服务商;第一个成立网络管委会,努力实现全国网络“由点到面”的集中管理;第一个取得《中国民用航空国内运输业务许可销售代理人》资格证书;第一个成立自己的电子商务公司;第一个在加盟制快递企业中进行变革,率先坚持走直营与加盟相结合的发展道路的快递企业。

诸多第一的摸索,成就了圆通快递,从十年前(2000年)以负债为起点,到如今身家数十亿。有媒体记者在采访喻渭蛟后这样写道:喻渭蛟的发迹史,是一个“不一样的财富故事”,这是一个过程,路虽不远,但个中艰辛,只有他在周围的喧嚣归于平静时才独自品评。

一直以来,如同随时会注意自己衣着一样,喻渭蛟是众多快递掌舵者中最看重企业品牌形象的一位,他希望圆通的品牌可以深入人心。喻渭蛟说,他的目标是要真正实现“圆通速递 中国人的快递”。如果说别人在大功告成之时给自己一个总结,而喻渭蛟却偏爱在未雨绸缪之时给自己一个信念,用更超前、更远大的目标来激励自己。

喻渭蛟对记者表示,他未来的目标,是通过3~5年时间的努力,使圆通成为具有国内较大影响力的快递企业集团;通过5~10年时间的努力,使圆通成为具有国际较大影响力的快递跨国集团公司,名列国内行业前三甲。他接下来要做三件事:一是加强管理,摆脱家族企业模式,向现代企业转变;二是加强人才引进,创造一个公平竞争的环境;三是提升网络建设,增强凝聚力。

“饱受非议”的决策者

2009年前后,在业内流传着这样一种声音:“做圆通的加盟商,千万别做好,做好了总公司就收走了。”流言的产生,源自于喻渭蛟当时力推的一项决策:当快递企业的加盟模式开展得如火如荼之时,喻渭蛟逆向而动,开始收紧网络,收编北京队伍。这一动作,在业内引起轩然大波,被人认为是喻渭蛟的“摘果行动”。

在2010年接受《快递》杂志记者专访时，喻渭蛟称自己被误解了，其实并不像大家想象的那样，他摘取了加盟商的胜利果实。他认为，企业采取纯粹的加盟制会很危险，一定要直营和加盟相结合，圆通总部2007年就收回了广州，去年收回了北京和天津，这在行业中超前一步。收回北京引起轩然大波，经历了三番五次的谈判，但其实是按合约行事。

而在当时，喻渭蛟也在不同场合透露了他的想法：总公司是对一些影响网络发展的、管理滞后的分公司加快直营化改造，鼓励有条件的加盟公司做大做强，同时淘汰一些服务差的公司，转为总公司直营，或者收编换股，或者把原负责人挪位其他地区继续经营，总部给予加盟商一定的补偿。

所谓的“摘果行动”在业内的争议声中强力推进，喻渭蛟则以收网后的业绩回应了大家的质疑：广州调整之后成立的华南管理区，经过三年多的建设和发展，已经从最初只负责中转分拨的单一职能发展到集中转、管理、研发为一体大型现代化管理中心；北京地区在华北管理区的带领下，紧跟总部步伐，业务量直线上升，管理水平不断提高，发展步伐加快。调整后的第一年，北京地区的业务量由原来的每天2万票达上升到6万票，遗失率、破损率、延误率也大大降低。最新的数据显示，广东和北京网点已经走在圆通全网的前面，成为推动圆通网络发展的先锋队，它们和上海网点一起，成为圆通发展的“三驾马车”。

喻渭蛟说，他在决策时常常会去咨询业内专家的意见，专家们的想法往往能让他更加理性地对待“非议”：公司要强调总部的决策能力和调控能力，但也要在前进中保持它的队形。如果认为自己的决定正确，但公司的人都跟不上，说明决定存在问题。一个决策不仅要方向对，而且推出时机也要正确。

喻渭蛟的管理理念不是每一个人都能接受。在别人抱怨他的步子太快太急的时候，喻渭蛟也会苦恼：大家不了解，留给我们民营快递企业发展追赶外部对手的时间有多么的短暂。喻渭蛟说，中国要实现快递大国的理想，不是单纯某个企业的问题，需要我们全体把它当做事业来经营。我们的目标是要打造出中国的快递品牌。虽然圆通是民营企业，但并不介意由谁先做大，重要的是中国人要创出自己的民族品牌。

“不走寻常路”的掌门人

当其他快递企业认为淘宝价格太低，送件困难时，喻渭蛟看中先机，和淘宝展开合作，并在2006年率先成为与淘宝网签约的第一家合作快递企业；当电子商务件对圆通的业务拉动已经达到六七成时，喻渭蛟又开始盘算“通过多样化、个性化的产品满足市场的需求，增强企业的竞争力，为客户定制8小时、12小时的快件服务，赢得新的市场”；当2011年“双11”电商促销把快递企业业务量推向一个新高时，喻渭蛟又开始在不同的场合表态：电商促销，快递企业应掌握定价的主动权。

在企业发展的关键点上，正是喻渭蛟这种“不走寻常路”、敢想敢干的做派促进了圆通的飞速发展。

2008年，喻渭蛟给圆通提出了2010“三大目标”：每天业务量达到100万票；全网络配送网点达到4800个；快件遗失率同比下降50%，客服投诉率下降50%，延误率下降50%，信息上传率达到99.5%以上。

这些目标，基本上都已经逐一实现了。在喻渭蛟看来，圆通速递要完成“突围”的使命：实现全网的网络铺设、业务种类的搭建和直营模式的推广。为此，圆通加大了对转运中心新建和扩建项目的投入，加强了网络主干线和支线车辆的投入和管理，提升全网运能。重点推进操作的规范化和标准化以及信息化技术的应用，提升圆通的服务质量。

这条路径的正确性，市场用数据表示了认可。2009年11月底，圆通的日快件量突破100万件；2010年4月下旬开始，100万件的日快件量开始保持稳定;2011 年下半年,平均日揽件量达到 200 万件。

2011 年,在喻渭蛟的心中有着特殊的地位。在他看来,从 2011 年开始,圆通要进入决胜之年。喻渭蛟表示,2011 年是圆通的大转折、大发展、大提升之年。圆通将朝向管理标准化、操作规范化的方向发展。

2011 年,圆通实施“六战略”和“六化”,在快递业务整体产业链上实现了一次大的提升。“六战略”即安全时效战略、品牌形象战略、市场定位战略、规范服务战略、降低成本战略、创新和谐战略,“六化”则是指网络信息化、操作规范化、服务诚信化、中转合理化、管理程序化、发展国际化。喻渭蛟告诉记者,圆通要用一体化观念提升全网价值,让企业实现跨越式发展,让行业看到美好前景。

有人评价说,喻渭蛟以“创新求变”贯穿了圆通速递发展的第一季。下一季的主题,将依旧是“创新求变”。

聂腾云:大道至简

他出生于浙江桐庐的一个小山村。在那个绿竹滴翠、山道蜿蜒的小村庄,大半的人都在从事快递。而聂腾云,作为韵达快递的董事长,无疑是他们心中的骄傲。

走出大山已经多年,但在聂腾云的内心深处。仍有着浓郁的乡村情结,对那个鸡犬之声相闻的小村庄,依旧魂牵梦萦。也许正是这种对家乡的惦念,聂腾云在企业的管理上,一直致力于培养一种“村庄文化”:员工生活上像村庄一样融洽,衣食无忧;工作上企业化管理,共同谋划未来的发展方向。

加与减

1999 年,聂腾云创立韵达快递。和任何一个白手起家的快递企业一样,经历了创业和发展的潮起潮落,曾经有很缺钱、很缺人、网点不稳定的纷纭乱象,但聂腾云没有慌过,他一直把自己放到最平静的状态,这样无论在哪个阶段都能平静沉着地去应对。聂腾云把韵达 12 年的发展史,划分为两个时期:前五年是打基础,主要着力于做大规模;后七年重管理,主要是创品牌。

用聂腾云的话来说,做好企业需要练好内功再出拳。只有天天锻炼的人,出拳才有力,有内功的公司才有出拳的话语权。为此,聂腾云采取了两步走的战略,一方面快马加鞭飞速建设,一方面粮草先行做好保障,一张一弛间,波澜不惊中,铺就了韵达的健康发展之路。

第一个加速策略是汇聚人才,密布网点。以上海为龙头,牢牢扎根长三角,以省会城市和经济发达城市为中心,辐射到周边地区,层层递进,初步形成网络框架。1999 － 2005 年,聂腾云以最快的速度完成了网络的初级布局。这一时期,很多一线城市,都是他亲自出马,寻找到一批志同道合的优秀创业者。这些人,如今都成为了韵达快速发展的中坚力量。

第二个加速策略是聚成管理、通道领先。聂腾云引进科技手段,投资成立 IT 部,研发快件操作软件和财务结算软件,为韵达高速发展装备了新一代引擎,极大地改进了管理效益。通道建设则是聂腾云整个战略决策中的长效目标,打造强大的地面运输体系,是他的目标和手段。从大构架到密集终端车线,强化终端派送能力;从车线带动网点发展,到根据业务量引导车线发展,韵达经常组织车线和仓位的调整,汽运部门、转运操作部门和承运商,全力配合,达到最理想的衔接。截至 2011 年底,韵达在全国建设了 56 个分拨中心,在全网络铺设了 860 条陆运主干线,1050 台运营车辆,360 条陆运支干线,380 台运营车辆;根据客户需求,采取灵活多样的合作方式,设立航空直发线路 350 条。在全国 34 个省区市(含港澳台地区)设立了服务网点,服务范围覆盖 2200 个县级以上城市。在长三角、珠三角和京津冀地区,韵达快递的网络已经延伸至乡镇、农村。2011 年,韵达快递全网络递送快件超过 3 亿件,单日最高峰业务量超过 200 万件。

第三个加速策略是开拓市场、扶持终端。聂腾云在完成了网点布局和通道建设之后,把战略的重心向市场转移。对经济落后地区,以补贴派送费和班车费的方式,增强小弱网点的派送实力,培育他们开拓市场的能力。根据对各地区快件流通的业务总量进行监测,要求各加盟公司做出细致规划和业务提升计划,细分市场,在保证文件、包裹、小件货样等传统服务产品外,大力推广保价物品,设置不同的保险理赔,为广大客户提供高价值物品运输保障,同时也拓宽了网点的经营领域,服务更有竞争力。

聂腾云说,必须走的路要先走、赶快走,走到一定程度要回过头来看一看,用实践来验证你所选择的路。这是他的实践心得和行动纲领。他没有一味地加速,而是不断地回头看,校正自己的前进方向。

减速策略之一是疏与导。聂腾云在公司网络发展到一定规模的时候,提升网点的终端派送能力,加快快件的流通,让网点有更多的精力发展新业务,稳住市场。在疏导的同时,进行合理的围堵,控制超大、超长、超重物品进入网络,调控内部价格,控制局部地区低价竞争,主导服务产品向高端市场倾斜,开发时效产品,保持网点的竞争优势。

减速策略之二是切块与分包。网点公司可以自行制定行销地图,将自己的区域划分为若干个服务点,吸引有实力的从业者加盟,鼓励业务员承包经营,投资买车,提升终端派送能力。一方面提高员工积极性,一方面减轻网点压力。

下一步,韵达重在转型。聂腾云说,为客户推出更多更丰富的产品,为客户提供使用产品更便捷的方式,我们练了多年的内功,是该出拳的时候了。

10:29 与 11:59

提及韵达快递,业内人士总会对两个时间节点津津乐道:10:29 和 11:59。

10:29 前,全国网络的快件送到收件客户手中;11:59 前,签收信息全部上传。聂腾云介绍说,这两个时间节点,目前在全网的实现率达到了90%以上。之所以提出这个标准,就是为了增强网点的执行力。如何能够让总部的既定方针上行下效,不折不扣地执行,是加盟企业最为头疼的一点。

聂腾云一直认为,快递企业发展的要害,就是正点运营,只有正点抓好了,才能保证快件的稳定。这个正点,就是源于班车的每天跟踪和日常维护,重在平时,贵在坚持。

要实现站站准点,必须要求全国网络一起发展。在聂腾云看来,总部支持网点的发展,网点必须跟着总部的既定方针走。建立以客户为导向、利益考核为目标的全网体系,才会有生命力。一个有利润的公司,客户才能觉得有安全的保障。成功的案例最有号召力,现在基本都能跟得上步伐。三线城市跟不上,可以慢慢来,不能一蹴而就。

在韵达快递发展的 13 年里,聂腾云在公司住了 10 年。有一天,他突然发现,每天都沉浸在事务当中,每天都陷于公司的管理当中,自己反倒成了身在庐山之人。他要自己拔出来,让公司的人才独当一面,自己有更多的精力去观瞻、去思考。

聂腾云对所有下属定下一条铁规。工作汇报,工作计划,一律推行表格化。一张表格,汇总所有信息,这样就把复杂的事情简单化。但简单的前提,是必须做足细致的功夫,由大项目到小项目,大指标到小指标,必须细化到每一天,每一件事,每一个责任人,追求事情最后结果化,一目了然。每一个改进项目都有责任人,都有预计完成时间和实际完成时间,谁也逃脱不了。他倡导的四个最:最少精力、最高效率、最低成本、最高收益,一直是韵达奉行的管理法宝。他教导属下最简单的做事原则:不是想要做什么,现在就做。能解决的先做起来,没有 100% 完美的,0 到 1 做起来,1 到 10000 就快了。

细与微

聂腾云给记者画出的"未来图表"中,最早落笔的是他的理想:五年内,将韵达编织成一张网点最多、最盈利的快递网络。但令人意外的是,这个远大理想却将以韵达全网的"细微"战略来作为支撑。

2011 年是韵达五年规划的起点之年。提升服务质量,推行"细"、"微"战略是韵达今后发展的主旋律。

“细”战略主要体现在管理方式上的变化，从粗放式的经营管理转变为精细化管理，从各细节上提高效率、质量和效益。在质控体系的完善方面。韵达对班车准时出发；班车在途；航空出港；及时提货；中转站拉货；中转站错发、丢失、延误；违禁品；准时签收上传；二频次派送率；不合格服务和客户投诉；签收后短少等进行全程监控。聂腾云告诉记者，与质控体系相配套的是对员工服务质量的新的绩效考核方式，它将包括以快递的数量为标准的操作考核体系和以利润为中心考核的两大体系。

聂腾云的“微”战略，则是将实用型技术（尤其IT手段）应用到操作和管理中去，提高操作和管理效率，提升服务质量，满足客户的需求。在他的计划中，韵达将引进OA（办公自动化）和SOA（面向服务的体系结构）系统，逐步规范内部办公流程，提升办公效率，SOA系统将实现跨平台信息系统的全网贯通。聂腾云表示，未来5年内，韵达预计总投资将达20亿元，其中IT一项的投资便达到4亿元，以大力提升公司的信息技术水平。5年中，要实现两地三中心灾备体系（CA）、可视化物联实时管理平台（GIS/RFID）、全国统一呼叫中心（CALLCENTER）、企业资源再计划系统（ERP）、数据仓库（DW）与物流优化（DM）、流程重组（BPM）与软件服务平台（SOA）等。

聂腾云说自己的未来蓝图分为三个板块，一个是客户的市场份额，一个是员工的团结和积极性，一个是网络的覆盖面和运作能力。他希望员工、企业在为自身创造价值的同时，更要为社会，为客户创造价值。让每一个员工在衣食无忧当中工作，带领自己的团队一起致富，这就是他未来的目标。

第九篇　各 地 纵 览

第一章　各省(区、市)快递市场发展及管理情况

北京快递市场发展及管理情况

一、快递行业总体发展情况

“十一五”期间,北京市快递服务市场需求旺盛、规模扩大,竞争激烈、发展迅速,业务量和业务收入快速增长,年均增长率均在20%以上。

2011年,北京市规模以上快递服务企业业务量累计完成3.37亿件,占全国快递业务量的9.2%,排名第5位,业务量同比增长87.0%;业务收入累计完成62.55亿元,占全国快递业务收入的8.5%,排名第5位,业务收入同比增长44.2%。其中,同城业务收入累计完成6.87亿元,同比增长102.3%;异地业务收入累计完成39.81亿元,同比增长55.8%;国际及港澳台业务收入累计完成11.42亿元,同比增长5.3%。

市场主体多元。目前,北京快递市场已经形成了以邮政速递物流、民航快递、中铁快运为代表的国有快递企业,以顺丰、申通、宅急送等为代表的民营快递企业和以DHL、TNT、FedEx、UPS等为代表的外资快递企业多元共存、竞争发展的局面。

服务领域拓展。业务种类从常规快递基本业务扩大到收件人付费、代收货款、代客报关、代客仓储、代上保险、代发广告、签单返回等各种附加功能和增值服务。服务领域已经向制造业渗透和延伸,电子商务、生产性快递服务持续增长。快递和物流相互渗透,发展综合快递物流成为快递企业战略选择、变革创新、做强做大的重要方向。

二、行业管理思路及成效

在快递业务迅速发展,市场结构日趋合理稳定,业务规模日益扩大的同时,也存在一些突出问题:快递企业管理制度不健全、安全隐患突出、快递服务品质有所下降、申诉量异常迅速增长等。针对存在的问题,北京市邮政管理局以“清底子、建机制、上层次”为目标,快递市场规范管理工作有效加强。

优化市场发展环境。根据北京市政府2011年立法工作计划,北京市邮政管理局积极推进邮政地方立法调研工作,与北京市政府法制办联合,组织完成了快递市场、邮路安全等多次专题调研活动,摸清行业发展中存在的问题,为邮政条例修订奠定了坚实基础。在此基础上,进一步强化与安全、公安、工商等部门的联合工作机制,规范快递市场秩序,优化市场发展环境。根据北京市反恐办的要求组织制定的《北京市邮政业反恐怖防范标准》(试行)已通过专家审定;与市公安局、市交通委、市商委和市工商局等五部门联合印发了《北京市物流企业单位内部治安保卫工作规定》;与市公安局、市国家安全局联合印发了《关于加强全市寄递

渠道治安管理工作的意见》；会同市国家安全局完成了邮路安全监管课题研究。

强化实施市场准入。2011年共受理快递业务经营许可申请117件，批准经营快递业务企业121家（含2010年部分申请企业），办理分支机构备案162家，受理1家已许可的快递企业提交的注销申请。截至2011年底，北京市取得《快递业务经营许可证》的快递企业总数已达285家，备案企业达204家。进一步加强对许可工作的管理，通过对北京市工商局提供的2333家快递企业名录进行研究，进一步筛查分析其中的655家未经许可经营快递业务的企业，确定121家企业仍在经营快递业务，督促其尽快完善资质，办理快递业务经营许可证。

加大市场检查力度。北京市邮政管理局2011年共进行市场检查244次，检查快递企业230家，出动检查人员1060人次，做出行政处罚61个，其中发出《责令改正通知书》57份，《行政处罚决定书》4份，罚款金额共计8.5万元。此外，还组织开展了“两会”期间、“快递市场治理整顿规范月”、“夏季汛期”期间、“中秋节生产旺季”、“十一”国庆节期间等专项执法检查活动。“快递市场治理整顿规范月”活动期间，与北京市国家安全局联合执法，共出动人员348人次，车辆52车次，行程5790公里，检查企业77家，下发整改通知书52份。

保障通信信息安全。2011年北京市邮政管理局全面贯彻《邮政行业安全监督管理办法》，坚持依法强化对寄递渠道的安全监管，认真抓好相关法律法规的宣贯工作，有效落实安全管理责任，要求企业严格执行收寄验视制度，建立起切实可行的邮政行业突发事件应对机制，推动首都快递服务稳定健康发展。

促进行业科学发展。北京市邮政管理局深入解读《邮政业发展“十二五”规划》内涵，在编制完成《北京市邮政业发展“十二五”规划》的基础上，推动“整合邮政设施资源，优化网络结构，着力打造布局合理、分类设置、功能完善、城乡覆盖的现代化邮政设施网络，服务能力与水平达到国内领先、国际先进，为市民提供便利”的主要目标和措施纳入《北京市国民经济和社会发展“十二五”规划》。同时，积极推进将机场、车站等重点工程邮政配套设施建设和邮政、快递车辆通行等纳入《北京市交通运输发展“十二五”规划》；将邮政、物流设施建设发展作为基础性服务业纳入《北京市“十二五”时期基础设施发展规划》，将快递物流发展纳入《北京市“十二五”时期物流业发展规划》。

加强人才队伍建设。2011年，“北京市邮政行业职业技能鉴定中心”正式成立，全面推进北京市快递业务员职业鉴定各项工作。针对即将开展的中级鉴定工作的新特点、新要求，邀请院校老师、企业代表召开研讨会，分别从快递专业理论、快递从业经验等不同角度丰富和完善了开展中级鉴定的工作思路。

天津快递市场发展及管理情况

一、快递行业总体发展情况

市场规模快速发展。截至2011年末，天津市共有取得快递业务经营许可的企业193家，其中175家独立法人企业，28家分支机构备案企业；快递从业人员9300余人；2011年全年业务量完成5345万件，同比增长36.8%。按业务种类划分，国际及港澳台快递业务量完成182.09万件，占快递业务量3.4%；国内异地快递业务量3970.43万件，占快递业务量74.3%；同城快递业务量1192.47万件，占快递业务量22.3%。按企业性质划分，国有企业完成业务量2105.4万件，占总业务量的39.39%；外资、合资企业完成业务量

467.38万件，占总业务量的8.74%；民营企业完成业务量2772.21万件，占总业务量的51.87%。

2011年，全市快递服务企业业务收入完成13.2亿元，同比增长13.56%。其中，国际业务收入完成3.66亿元，占快递业务收入的27.79%；国内异地业务收入完成7.94亿元，占快递业务收入的60.26%；同城业务收入完成1.22亿元，占快递业务收入的9.29%；其他收入0.35亿元，占快递业务收入的2.66%。

服务能力稳步提升。2011年，天津市快递业新增注册资本5900万元，投入用于改善、维护生产场地、购买手持终端、车辆等设备的资金1752.65万元，新增就业704人。以上近亿元的资金全部为中小民营企业投入，大大提升了民营企业的服务能力。

快递企业基础设施进一步完善。天津市规模以上快递企业设立了国际国内和区域等不同规模的转运中心。海航快递在西青赛达产业园建立全网呼叫中心，中通快递华北片在天津市津南区建立了快件中转分拨中心。按照天津市快递服务业的发展规划，结合环渤海经济圈建设，天津市邮政管理局已决定筹建快递产业园区，促进地区快递服务业进入新一轮发展阶段。同时，天津还将加快建设快递服务设施，包括中心城区、滨海新区核心区及城乡结合部的基础设施，形成天津西站、滨海新区、天津站、第二邮政枢纽等四大快件处理中心。

二、行业管理思路及成效

自天津市邮政管理局成立以来，面对快递业发展结构不合理、人力物资投入不足、资源整合能力不高、安全意识淡薄、从业人员整体素质低、政府监管力量不足等问题和挑战，天津市邮政管理局积极履行政府监管职能，大力规范快递市场秩序，净化快递市场环境，服务快递企业发展，维护快递用户利益。仅2011年，全局共开展市场检查、督促指导、协调服务595次，检查、走访单位173个，纠正和查处违法违规行为75件，下达行政处罚和整改通知75份，罚款23.4万元，取缔无证经营企业23家。

规范快递市场秩序。2011年，天津市邮政管理局组织开展了“规范市场秩序 维护用户权益”专项执法检查活动，共查处未经许可经营快递业务24次，侵犯用户合法权益5次，冒领、私拆用户快件4次。

促进产权结构调整。天津市邮政管理局力促加盟式快递企业总部加快直营化步伐，目前，中通、韵达、圆通公司天津总部已实现直营化管理，申通公司下属网点收归直营的达42%，“散小弱差”状况有了一定的改进，企业的“集中度”不断提高，执行力、管控能力明显增强。

加强人才队伍培训。3年来，天津市邮政管理局职业技能鉴定中心共开展快递职业技能鉴定培训9次，考核9次，其中初级考核8次，中级考核1次，3000余人获得初级快递职业资格，142人获得中级快递职业资格。2011年还开办了为期4个月的快递企业高级管理人员培训班，有40余人参加了培训。

指导企业健全机制。通过近4年的努力，目前天津市规模以上企业内部管理体制基本完善，通过“公司治理结构调整”，申通、中通、圆通、韵达等企业在邮政管理局的指导下，不断完善各职能部门的设置、人员配置，严格按照国家相关法律法规设置了人力、财务、统计、网管、操作和安全保障等职能部门，通过职能部门的建立健全，各项管理制度得到进一步充实、完善。

推进信息技术化程度。快递技术迅猛发展。目前天津市各快递企业已经开始使用手持终端、车辆GPS定位技术，广泛使用电子条码、无线巴枪等高速扫描录单等服务，升级优化IT信息网，进一步提升信息网对快递业务的管理支持能力。

加快农村地区设网布点。目前，天津市快递网络已覆盖11个新城、30个中心镇以及各级开发区，不仅满足了农村居民多样化的寄递需求，而且解决了部分农民工就业问题。

河北快递市场发展及管理情况

一、快递行业总体发展情况

2011年，河北省快递业务量达到8660万件，在全国排名第9位，比2010年前进一位，同比增长89.35%，增幅为全国第二位；快递业务收入达到16.24亿元，同比增长33.33%。国内异地快递业务量完成12.26万件，同比增长46.6%，占全部快递业务量的88.23%；同城快递业务量完成909万件，同比增长63.7%，占全部快递业务量的10.5%；国际及港澳台快递业务量完成110.2万件，同比增长5.7%，占全部快递业务量的1.27%。

截至2011年底，全省共有473家合法经营快递业务的企业及分支机构，其中依法取得河北省邮政管理局颁发的快递业务经营许可证的企业有204家，省内许可企业依法设立分支机构214家，国家邮政局许可企业在河北备案分支机构55家，占全省市场份额95%以上的快递企业纳入了许可范围。目前，全省快递市场已经形成国有、民营、外资多种所有制经济共同发展的新格局。

二、行业管理思路及成效

在快速发展中，河北省快递服务能力与社会需求之间的矛盾仍然突出，前进中还面临许多困难：快递服务的发展还处在原始积累阶段，“短板”现象严重，同质化竞争短期内难以改变，企业管理人员的整体素质还远不能满足行业发展需要，转变发展方式任务艰巨，市场发展秩序和发展环境需要进一步改善。面对存在的问题，河北省邮政管理局主要做了以下几方面工作：

稳步推进许可工作。结合国家邮政局《快递业务经营许可条件审核规范》、《快递业务经营许可证变更办理指南》、《快递业务经营许可年度报告规定》等规范性文件，建立了《河北省快递业务经营许可申请、备案、注销、补办、变更审批流程》，对快递业务经营许可实行从严审查和标准化管理，引导企业进行兼并重组直营化改造，培育壮大本土快递企业，提高服务能力和服务质量。

依法开展市场检查。成立了“规范市场秩序，维护用户权益”专项执法检查行动领导小组，通过整理实地检查、网上搜索、受理举报和申诉中发现的违法违规企业，建立了河北省无证经营快递企业“黑名单”；与省工商局联系沟通，商定建立了部门执法合作机制。专项执法检查行动期间共检查邮政、快递企业250家，查处违法违规行为80起，下达整改通知书29份，约谈违法违规企业16家，责令停业整顿1家，立案查处9家违法企业，依法做出行政处罚9次。同时，坚持开展综合执法检查，提高执法效率。2011年共开展综合执法检查359次，查处违法违规经营行为100起，有效规范了全省邮政市场秩序。

创新市场监管方法。从2006年至今，河北省邮政管理局逐步建立并完善了快递企业联络员制度，形成了由品牌联络员、城市联络员和快递企业组成的网状结构，并在2010至2011年开展织网行动，形成了对快递企业的高效监管体系。建立了快递监管工作QQ群，使政企之间有了长效沟通的桥梁。特别针对统计数据不准的问题，每月通过QQ群对企业进行网上在线指导，提高了统计工作覆盖率和准确率。

畅通用户申诉渠道。2011年共受理申诉1804件，接受咨询31件。申诉中涉及快递业务问题的1655件，占申诉量的91.7%。已处理申诉中有效申诉1268件。经调解，消费者申诉已全部妥善处理，消费者对申诉处理满意率为96.11%，为消费者挽回损失6.85万元，维护了广大用户的合法权益。

保障通信信息安全。河北省邮政管理局会同省公安厅、省国家安全厅联合印发了《转发公安部国家安全部国家邮政局关于加强寄递渠道治安管理工作的通知》,建立了三方联系制度。联合省公安厅、省国家安全厅印发了经河北省法制办合法性审查通过的《河北省邮政行业安全管理规定》,从收寄安全、组织体系、制度体系、防控体系、应急体系等方面对全省邮政行业从业主体提出了具体要求。组织省邮政公司和全省许可、备案快递企业签订了《2011 年度河北省寄递企业服务和安全承诺书》。

加强部门沟通合作。2011 年,河北省邮政管理局与河北省工业和信息化厅、农业厅、商务厅、交通厅、旅游局等部门和衡水等市政府签署或意向达成了一批合作框架协议,解决了邮政业与工业制造业、农产品加工业、电子商务、商贸流通业、旅游业接轨的问题。为推进快递企业与航空部门的合作,组织驻石家庄 7 家快递企业、分拨中心与河北空港物流公司召开了航空货运经营合作座谈会,确定了快递与机场货运相关合作项目。

山西快递市场发展及管理情况

一、快递行业总体发展情况

快递规模显著增长。2011 年,山西省快递业发展速度大幅提高,规模以上快递服务企业的快递业务量达 2179 万件,同比增长 36.1%,快递业务收入达 4.7 亿元,同比增长 25.6%。截至 2011 年底,山西省许可备案企业共计 298 家,其中颁发快递业务经营许可证 122 家,省内分公司备案 152 家,完成跨省经营分公司属地备案管理 24 家。太原中通、汇通、韵达等企业均重新租赁了生产场地,给作业流程优化和现场管理等创造了有利条件。一些企业配置了快件分拣传送带等生产设备设施,采取不同融资方式购置车辆,开通了省内和省际部分干线班车,加快了出口快件频次,缩短了传递时限。多数企业及时升级改造生产作业和管理信息系统,为一线揽收人员增配了无线扫描枪。

服务水平稳中有升。目前全省有 12 家企业成为快递服务达标企业。各企业加大快件内部处理主要环节的跟踪检查,通过企业负责人和业务主管带班、抽检监控录像等方式,及时发现并整改快件内部处理出现的问题。对全国部分城市规模以上快递企业快递服务满意度进行调查显示:2008 和 2009 两年,山西省太原市快递服务总体满意度均在全国平均水平以上;2009 年太原在被测试的 23 个城市中快递服务总体满意度排名第十一,公众满意度排名第四。

依法经营意识普遍增强。企业采取集中学习、观看讲座等形式对员工进行培训,利用多种形式宣传快递法律法规知识。企业招聘员工,按照《快递业务员培训教材》进行技能培训,组织参加快递业务员职业技能鉴定考试。

管理水平不断提高。各企业以快递许可为契机将原加盟体制变为现在的直营式。太原申通、圆通、中通、韵达等规模以上企业,通过定期召开本品牌全省网络会议,宣传政府部门和企业总部有关快递服务与安全管理的要求,提出工作措施并认真贯彻落实。

二、行业管理思路及成效

2007 年以来,山西省邮政管理局把快递市场监管作为重点工作,不断加大市场监管力度,认真履行职责,完善监管制度,市场秩序得到进一步规范,市场监管工作取得显著成效。

争取政策优化发展环境。加强立法,规范快递发展。《山西省邮政条例》于2010年7月7日通过省政府常委会审议，7月12日通过省人大一审，11月26日经省人大十一届常委会第二十次会议通过，2011年1月1日正式实施。《条例》进一步明确了山西省快递业务经营许可制度，细化了快递市场监管措施，补充、完善了寄递渠道安全监管的制度和措施。在山西省邮政管理局的沟通协调下，省政府把邮政业发展纳入服务业重点发展领域，并出台了《关于引导扶持多种所有制快递服务业发展实施意见》，明确了政府部门在金融、税收、交通等方面对快递企业的扶持政策，较好地解决了快递车辆进城难的问题，在全省范围内统一了快递营业税税收政策，有效地降低了快递企业的实际税负。

加强执法检查，规范市场秩序。组建邮政执法队伍，与多部门建立和完善联合执法协作机制，坚持日常执法检查和重点专项检查相结合，2007年以来共检查市场635次，下达行政处罚和整改通知297份。2011年，执法队对地级市检查覆盖率达到100%，县（市）检查覆盖率达到39%，共检查快递企业369人次，下发整改通知书11份，取缔无证经营快递企业4家，罚款11000元。

维护消费者合法权益。完成了12305申诉中心的建设，畅通了用户申诉渠道，妥善解决了用户反映的服务问题。截至2011年底，共受理用户申诉1175件，其中受理省内申诉316件，转办国家邮政局申诉859件，申诉处理用户满意率达92.1%。

推广职业技能鉴定。督促企业按照《快递业务员培训教材》对员工进行技能培训，参加快递业务员职业技能鉴定考试。截至2011年底，省邮政管理局共组织了5批2600多人次的职业技能鉴定考试，考试合格率约70%。

确保寄递渠道安全。健全安全责任制和各项安全管理制度，完善多部门联合工作机制，加强应急管理体系建设。2011年12月21日，山西省人民政府应急管理办公室组织会议通过了对《山西省邮政业突发事件应急预案》的评审。督促各企业认真履行责任，确保奥运会、国庆60周年庆典、上海世博会、广州亚运会期间山西省寄递渠道安全畅通，认真做好禁毒、“反恐”、“扫黄打非”以及其他重大节日、重要事件和会议期间的邮政业安保工作。

内蒙古快递市场发展及管理情况

一、快递行业总体发展情况

在2000年以前，内蒙古快递企业除邮政EMS外，只有民航快递、中铁快运、中外运、鼎力通、德美等8家从事快递业务的企业。2000年以后，一些民营快递企业开始进入内蒙古地区。2003年以后，快递企业在内蒙古进入一个快速发展期，到了2007年，内蒙古快递企业已经达到了85家。依托内蒙古地区经济快速发展的机遇，快递公司纷纷抓住时机，在经济较发达的盟市所在地分设网点，组建自己的营运网络。截止到2011年底，内蒙古取得《快递业务经营许可证》的快递企业达到124家，营业网点174处，从业人员约4000人。2010－2011年内蒙古快递企业参加职业技能鉴定考试的有1501人，其中1031人取得合格证书，合格率为69%。

2007年，内蒙古快递服务企业收入约2.5亿元，其中内蒙古邮政速递业务收入近1亿元，其他快递企业收入约1.5亿元。到2008年，快递业务量达到970万件，业务收入达到3亿元，比上年增长20%。2010年内蒙古快递业务总量为1432.11万件，实现收入3.85亿元，同比增长23%。2011年全区快递业务总量达到1994.95万件，实现收入4.53亿元,同比增长21.54%。

二、行业管理思路及成效

2007年2月28日,内蒙古自治区邮政管理局正式挂牌成立以来,面对快递企业多数经营规模偏小、企业生产场地相对简陋、经营管理水平低、用户投诉多、从业人员的素质普遍不高等问题,在快递市场监管工作中,主要抓了以下几个方面的工作:

积极做好立法工作。2007年、2010年均把《内蒙古自治区邮政条例》列入当年自治区人大立法调研项目。2011年列入审议项目,11月16日经自治区人大常委会第二十五次会议审议通过,《内蒙古自治区邮政条例》于2012年1月1日起正式实施,为快递业健康发展提供了法律保障。

提供了良好政策环境。抓住自治区争取国务院出台促进内蒙古经济社会改革发展政策的有利时机,积极协调将"扶持内蒙古快递业规模化发展"的政策措施纳入《国务院关于进一步促进内蒙古经济社会又好又快发展的若干意见》中,为促进快递业务科学发展提供了良好的政策环境。与相关部门协调,在全区范围内统一了快递营业税率,有效降低了快递企业的实际税负。联合自治区公安厅、工商局等部门出台文件,程度不同地解决了企业快递车辆进城通行、工商登记注册、治安案件处置等问题。

大力加强执法力度。组建了邮政执法队伍,与多部门建立和完善联合执法协作机制,坚持日常检查和重点检查相结合,"十一五"期间共开展市场检查220次,检查企业687个(次),纠正和查处违法行为38起,下达行政处罚和整改通知182份。在2011年"规范市场秩序、维护用户权益"专项执法检查活动中,分别对全区所属12个盟市和44个旗县进行了专项执法检查,盟市覆盖率达到100%,旗县覆盖率达到53%。共出动检查人员346人次,动用车辆46台次,行程66000余公里,共检查快递企业或分支机构173家。对检查中发现的问题,依法分别作出相应行政处罚:对79家快递企业或分支机构下达了整改通知书,对30家快递企业进行了经济处罚,罚款13.6万元,依法取缔了11家严重违法违规的企业或分支机构。稳妥处置暴力抗法事件1起。

维护消费者合法权益。实现邮政业消费者申诉电话"12305"与自治区消费者投诉电话"12315"的对接和信息共享。畅通用户申诉渠道,妥善解决用户反映的服务问题。2011年共受理消费者服务申诉1037件,全部申诉均得到妥善解决。

注重抓好热点问题。自2007年以来,与国家安全、公安、反恐办等部门建立联系协作机制,联合自治区反恐办组织反恐安全检查。注重行业运营的预警、预测,及时掌握市场运营动态。加大对收寄验视制度执行情况的监督检查。2011年8月和12月两次组织开展旺季服务检查调研,与邮政、快递企业签订旺季快递服务承诺书,组织召开专门会议进行部署,确保旺季快递服务工作平稳有序运行,有效解决了旺季快件"爆仓"问题。

依法实施市场准入。按照严格规范程序、依法有序推进快递业务经营许可。2010年,按照建立服务型政府的要求,在快递经营许可办理的初期,采取"一对一"指导服务,有68家快递企业依法获得经营许可。2011年,行政许可逐步进入常态化管理,到年底全区有124家快递企业依法获得经营许可。

辽宁快递市场发展及管理情况

一、快递行业总体发展情况

市场规模不断扩大。"十一五"期间,辽宁省快递业务稳步增长,业务收入年均增长超过20%,为支撑和促进辽宁经济发展发挥了重要作用。城市网点覆盖率达到100%，部分经营快递业务的企业已将服务网点覆盖到乡村。市场规模逐年扩大，2011年，辽宁省快递业务总量累计完成6211.5万件，同比增长35.5%，业务收入完成15.1亿元，同比增长13.4%。

经营主体多元化。在全省249家许可和备案快递服务企业中，民营企业占88%。国有企业占4%，外资企业占8%。快件量向规模以上快递企业聚集，规模以上快递企业的网点数量及市场份额逐步扩大。全省经营网点751个，从业人员总数8478人。外资及中外合资快递公司主营国际快递业务，国有企业兼营国内国际业务，民营企业则主营国内同城或城际间业务，实现了经营优势互补。

二、行业管理思路及成效

优化发展环境。辽宁省邮政管理局与省交通运输管理局制作《快递服务车辆专用标识》174张，发放给顺丰、宅急送等4家快递企业，缓解了快递企业服务车辆的通行难题，提高了快件传递时效。

规范市场秩序。按照国家邮政局的总体要求及工作部署，开展了“规范市场秩序，维护用户权益”第二、三阶段专项执法检查活动。并针对第一阶段检查中发现的问题，进行重点复查。检查活动共检查611人次，290家（次）企业，下发整改通知书3份，行政处罚3份，罚款1.8万元。发挥邮政特邀监督员作用，开展各类监督活动1423人次，监督邮政网点985个，监督快递企业累计438次，走访消费者1323人，提出建议91件。完善消费者诉求解决机制，出台了《邮政、快递企业服务质量责任人约谈制度》，明确邮政、快递企业负责人为服务质量第一责任人。

维护用户权益。辽宁省邮政管理局申诉中心通过“12305”邮政业消费者申诉电话、辽宁省邮政管理局门户网站和国家邮政局转办、辽宁省政府纠风办转办共受理消费者申诉1666件，全年申诉全部得到及时处理，为消费者挽回经济损失144922元，消费者对申诉处理和咨询的满意率为99.22%。

保障通信安全。印制《邮政行业安全监督管理办法》单行本2000册，下发全省邮政企业、快递企业，与企业签订了《快递业务旺季服务保障工作承诺书》，保障了快递业务旺季期间生产正常运行；制定了《辽宁省邮政业反恐怖防范工作标准（试行）》，并下发到省邮政公司及各快递企业，建立健全了反恐怖防范工作的长效机制，保障了全省邮路寄递渠道的安全。

加强人才队伍建设。与辽宁省职业能力建设协会、沈阳广播电视大学、辽宁技师学院等11所高、中等职业院校建立合作关系，搭建职业院校、快递企业合作桥梁，首批快递企业订单生入校就读。建立了中级快递业务员职鉴师资骨干队伍。组织了3批、1201人次的快递业务员鉴定考试，990名快递业务员成绩合格，全省持证快递业务员达到3547人。

吉林快递市场发展及管理情况

一、快递行业总体发展情况

市场规模逐年扩大。“十一五”期间，随着吉林省经济快速平稳健康发展，快递服务呈现出快速增长势头，业务收入年均增长超过15%，快递网络已覆盖县级以上城市，部分已经深入到农村乡镇，市场规模逐年扩大。2011年，吉林省快递服务继续保持快速平稳增长，快递业务量达到2647.29万件，同比增长42.71%；实现业务收入6.31亿元，同比增长31.42%。

服务种类日趋丰富。快递服务正由传统的寄递服务,向电子商务配送、供应链服务转变,各快递企业在提高快件运递速度的同时,丰富了服务品种,提升了服务水平。快递服务范围涵盖了政府机关、金融电子、医药卫生、汽车制造等多个部门和行业,开发出了省内当日递、次晨达、次日递等多项服务,部分企业还提供代收货款等增值服务,满足了不同层次的需求。

市场主体多元化。截止到2011年底,吉林省共有快递业务经营许可企业170家,营业网点1200余处,从业人员6100余人,快递从业人员中持证人数达到2952人,约占从业人员总数的48%。15家网络型企业全部达到了《快递服务标准》要求,已基本形成了以邮政速递物流、民航快递等国有企业为主导,顺丰、申通、韵达、中通、圆通等民营企业以及联邦快递、中外运敦豪等外资企业并存,兼容"加盟制"、"直营制"、"代理制"等多种经营模式,差异化竞争、各具特色、共同发展的多元化格局。

基础设施建设逐步加强。快递服务业在固定资产上投资数额较大,特别是邮政速递物流按照专业化经营的要求,在邮航直飞、生产场地、运输车辆以及信息化建设等软硬件方面投资力度加大,顺丰、申通、中通、圆通、韵达等民营企业在网络建设、组织、优化以及改善运输设施上的投入力度也呈逐年增长态势。基础设施的改善、网络的迅速扩张,机械化、信息化程度的逐步提高,使快递企业在上门揽收、跟踪查询、限时送达、投递到户等服务功能上日趋完善。

二、行业管理思路及成效

快递市场在快速发展中也遇到各种问题,融资难、用地难、配套政策不够完备、大部分民营快递企业技术装备陈旧、经营管理水平较低、竞争主体仍需壮大、市场秩序亟待规范。为解决这些问题,吉林省邮政管理局加强了行政监管措施:

出台行业发展政策。吉林省邮政管理局先后协调地方政府出台多项政策措施,支持行业发展。内容涉及快递车辆便捷通行、航空邮(快)件绿色通道建设、农村速递物流网络建设、快递市场监管机制建设、快递物流园区建设以及快递税收优惠等多个方面。

发布多项行业规划。吉林省邮政管理局先后完成了《吉林省邮政业2008－2010年滚动规划》和《吉林省邮政速递物流发展规划(2009－2014年)》的编制发布工作。2011年,完成了《吉林省邮政业发展"十二五"规划》、《吉林省快递服务"十二五"规划》的编制发布工作。

规范快递市场秩序。建立健全与公安、安全、工商等部门长效协作工作机制,先后通过开展联合检查、综合检查、专项检查等方式,加大对违法违规行为的查处力度,加强快递市场监管,有效规范市场秩序。2011年共出动检查168天,出检1177人次,检查单位367家,查处违法违规经营行为8起,下达责令限期整改通知书84份,行政处罚决定6份,依法取缔快递企业2家,累计罚款4.4万元。

实施许可常态管理。严格执行快递经营许可的各项法律规定,做好许可的受理、审核、变更以及备案工作,逐步健全"层层把关、分级负责"的快递许可常态化工作模式。2011年共向50家企业下发了快递业务经营许可证,对38家企业办理了许可证变更,完成对2010年93家许可快递企业的年度报告审核工作,全省取得许可的企业已达到142家,备案企业28家。

强化行业安全监管。深入贯彻实施《邮政行业安全监督管理办法》,开展邮政行业安全大检查,对12家安全生产管理不合格企业下达了整改通知。修订完善《吉林省邮政业突发事件应急预案》,加强行业安全应急体系建设和制度建设。

加强行业队伍建设。发布《吉林省快递行业人才队伍建设中长期规划(2010－2020年)》,启动快递人才培养“12345”工程，初步建立了政府为主导、企业为主体、院校为支撑的快递行业人才教育培养体系。授予长春职业技术学院为吉林省首家邮政业人才培养基地；开展了全省邮政业从业人员情况调查，摸清了行业人力资源真实情况。2011年共组织大规模培训3次，培训人员800余人次，实施本省快递业务员初级职业技能鉴定2次，中级职业技能鉴定1次，鉴定人数722人。

妥善受理用户申诉。2011年共受理消费者申诉660起。其中，国家局转办542起，省局受理103起，其他省局转办15起。妥善处理566起，尚有94起申诉正在处理当中，处理率85.8%。为消费者挽回经济损失近10万元，消费者对申诉处理满意率为98%。

加强快递企业自律。吉林省快递行业协会积极配合政府监管，充分发挥“服务、协调、自律”职能，制定了《吉林省快递企业自律公约》，推进快递行业诚信建设，规范企业经营行为，提高自律水平。完成了对全省三批73家快递企业《快递服务标准》达标验收和复查巩固工作，并与省消费者协会联合举办了“吉林省快递行业消费者评议活动”。

黑龙江快递市场发展及管理情况

一、快递行业总体发展情况

根据国务院邮政体制改革方案的要求和国家邮政局的部署，黑龙江省邮政管理局于2006年9月11日组建成立，实现了政企分开。近年来，随着黑龙江省邮政体制改革的逐步深入，邮政业发展环境明显优化，体制机制的变化促使发展明显加速。虽然经历了全球金融危机的冲击，黑龙江省邮政业依然保持了平稳较快发展，邮政企业、快递服务企业的业务规模持续扩大，业务结构不断改善，行业整体实力进一步增强，呈现出健康发展态势。2007年以来，黑龙江省邮政业业务收入年均增长8.7%，其中快递业务收入年均增长10.1%。

2011年，黑龙江省邮政业务总量完成30.1亿元，同比增长2.5%；实现业务收入34.8亿元，同比增长9.7%；2011年，黑龙江省快递服务企业业务量累计完成3066.0万件，同比增长32.8%；实现快递业务收入71495.1万元，同比增长18.7%。其中，同城、异地、国际及港澳台快递业务量分别完成358.6万件、2672.0万件和35.4万件，同城快递业务量同比增长37.9%，异地快递业务量同比增长32.8%；国际及港澳台快递业务量同比下降2.7%；同城业务收入完成2276.8万元，同比增长32.0%、异地业务收入完成59339.6万元，同比增长21.4%、国际及港澳台快递业务收入完成4452.8万元，同比增长2.0%。

黑龙江省内，经国家邮政局和省邮政管理局许可从事快递业务经营的各类企业及分支机构共计280家。其中在黑龙江省取得《快递业务经营许可证》的企业187家，企业分支机构72家，在国家邮政局取得《快递业务经营许可证》的企业及分支机构21家。各主要品牌快递网络基本覆盖了全省所有地市和主要县市，并在发展中不断完善，各网点的服务能力和水平不断提高。全省快递市场国有、民营、外资、合资等多种所有制企业快速发展、竞争有序的格局已经基本形成。

二、行业管理思路及成效

针对黑龙江省快递市场存在的快递企业运营成本压力较大、技术装备投入不足、科技含量低、发展不均衡、行业服务水平参差不齐等问题，黑龙江省邮政管理局采取了一系列切实有效的监管措施，取得了显著效果。

地方立法取得突破。继 2009 年 4 月 24 日《中华人民共和国邮政法》颁布后，《邮政普遍服务标准》、《快递市场管理办法》、《快递服务》标准和《邮政行业安全监督管理办法》等法规陆续出台。2011 年 8 月 12 日，黑龙江省第十一届人大常委会第二十六次会议全票通过了新修订的《黑龙江省邮政条例》（以下简称《条例》）。《条例》于 2011 年 10 月 1 日起正式实施。《条例》对推动黑龙江省邮政业科学发展，建立健全政府监管、行业自律、社会监督三位一体的邮政监管体系，规范快递市场经营秩序有着重要深远的意义。一系列法律法规的颁布，为黑龙江省快递业健康发展营造了良好的法律环境。

加强经营许可管理。2011 年，黑龙江省邮政管理局深入到 20 余个地市、县，对申报经营快递业务的企业进行了实地核查。2011 年，全省收到《快递业务经营许可证》变更申请 11 家，受理 9 家，为 8 家符合条件的快递企业的 36 项变更事项办理了变更手续，新增快递企业分支机构 19 家。

加大市场监管力度。按照国家邮政局的要求，2011 年 3 月 1 日至 8 月 31 日，黑龙江省邮政管理局在全省范围内开展了“规范市场秩序，维护用户权益”的专项执法检查工作。共检查 5 个地市、10 个县（市）的快递企业 140 余家次，出动检查人员 212 人次，对检查中发现的 18 家快递企业存在的 24 项违法经营行为进行了行政处罚，对 49 家存在问题的快递企业下达了责令整改通知书。

提升应急应变能力。针对 2011 年初出现的旺季快递服务能力不足的问题，积极建立健全快递服务保障应急机制，提高快递业务旺季的应对能力。通过印发通知，明确邮政管理部门、快递协会、快递企业的有关职责、工作要求和责任追究措施。通过召开旺季工作座谈会，对快递企业做好春节、国庆、中秋、“双 11”期间的快递服务工作提出明确要求，确保旺季服务工作有序开展，平稳度过业务高峰期，快递的基础产业地位更加凸显。

强化行业安全监督。积极开展《邮政行业安全监督管理办法》宣贯工作，向企业发放宣传材料 300 册。完成世界大学生运动会、亚欧博览会等重大活动寄递渠道安全保卫的指导与协调工作。

上海快递市场发展及管理情况

一、快递行业总体发展情况

2007－2011 年，上海快递业持续快速发展，总体规模不断增长。市场秩序进一步规范，服务能力和服务水平显著提高。上海作为国际化大都市，市场开放，主体多元，战略地位日益突出，已经发展成为全国快递服务的竞争高地和市场风向标。

市场发展势头较快。自 2006 年 9 月 6 日建局以来，上海快递服务一直以年均增长率 25% 以上的速度飞速发展。截止到“十一五”末，上海快递业务收入实现 135 亿，比 2006 年翻两番，占上海邮政业业务收入（不含邮政储蓄银行直接营业收入）的比重为 68%，占上海 GDP 的比重约为 0.8%。各大快递企业近年来的业务保持了 35% ~ 40% 的年高速增长率，申通快递、圆通快递的日业务量峰值分别超过 350 万件和 250 万件。2011 年，快递服务继续以 30% 以上的速度增长。2011

年，上海规模以上快递服务企业业务量达到4.09亿件，按照上海2300万人口计算，上海人均年用快递件达到17.8件，在全国处于领先水平。规模快递企业五年间更有3~5倍的增幅。例如，申通快递在邮政改革“政企分开”后业务量年增长率近40%，日业务量最高峰达到260万件。圆通以每年35%的增长速度迅猛发展，2011年底全网完成5亿快件的派送。其中，电子商务业务已经占据申通、圆通、韵达、中通等快递企业业务量的50%~60%。

总部经济效应日益凸显。上海作为亚太区域重要门户、长三角区域的核心城市，战略地位日益突出，吸引了众多快递企业驻足，上海已经发展成为全国快递企业总部聚集最多的城市。申通快递、圆通速递、韵达快运、中通快递、汇通快递、希伊艾斯快递等多家民营快递企业的全国总部以及FedEx、UPS、TNT、DHL、OCS等国际快递公司的中国区或华东区总部均设在上海，快递总部经济带来的产业聚集效应日益显现。各类快递企业通过立足上海、辐射长三角、服务全国、对接国际，推进了全市快递服务协调较快发展。

企业综合实力不断增强。通过加大基础设施投入，上海规模以上快递企业形成了较为健全的网络体系，建立了18个国际、国内和区域等不同规模的集散中心。分拣作业机械化和自动化操作程度广泛普及，手持终端、影像监控、车辆跟踪定位等信息化设施应用水平逐年提升。规模以上快递企业拥有汽车5773辆、摩托车1610辆、计算机9086台、手持终端7910台、从业人数达5.1万人。各大快递企业在上海起降的全货机航班每周超过60架次。规模以上快递企业的服务、中转处理网点共4491处，已经覆盖整个市区，部分快递企业的服务深入乡镇、村。规模以上快递企业普遍提供“次日达”、“隔日达”、“次晨达”、“当日达”、“限时达”、“即时送”等服务，部分企业提供代收货款、快件保险等增值服务，并涉足电子商务配送、供应链管理等服务领域，满足了不同层次的市场需求。

二、行业管理思路及成效

创造良好发展环境。针对上海快递业的特征，上海市邮政管理局从建局起，始终奉行艰苦创业，大胆创新，不断为开创更好地行业发展环境提供政府服务和政策支持。2007年，组织指导上海快递协会成立运作，行业自律机制基本形成。2008年，受国家邮政局委托，牵头组织制定实施了《长三角快递服务规划》及制定实施了《上海市快递服务发展规划》。2009年，积极配合国家邮政局做好《邮政法》的修订、宣贯工作，做好相关法规、标准的宣贯工作。2011年，在立法、规划、政策上均取得了突破。一是地方立法获得突破性进展，经与相关部门密切沟通联系、全面反复协调，《上海市实施〈中华人民共和国邮政法〉办法》（草案）被列入2012年市人大常委会正式立法项目。二是结合全面宣贯《邮政法》、《邮政业十二五规划》，与上海市城乡建设和交通委员会、上海市发展和改革委员会联合发布了“上海邮政业十二五规划”。三是全面协调营造了有利于行业发展的政策环境。上海市邮政管理局就快递服务发展中的问题多方呼吁协调，争取到中央有关领导、市委市府主要领导的关心支持、亲自批示，市领导召集会议对本市快递服务发展专题研究并形成了一系列意见，大大推动了制约影响本市快递业发展瓶颈问题的破解。积极协调争取为快递保持了良好的税收政策，地税部门暂不将快递服务纳入增值税扩围范畴。

坚持经营许可制度。积极贯彻落实《邮政法》和《快递业务经营许可管理办法》，开展快递许可常规申请审查、变更事项审查等方面工作，对无证经营快递业务情况进行梳理调查，加强对许可经营快递业务企业的监管。2011年全年共向273家在沪经营快递业务的法人企业核发了《快递业务经营许可证》,累计为837家快递企业发放了经营许可。圆满完成了2011年快递业务经营许可年度报告审核工作,全市需提交年度报告的快递企业有574家,其中559家通过了审核,占总数的97.4%,并利用局网站将审核通过的企业向社会做了通报。

着力规范市场秩序。2011年,围绕"促能力、强服务"有效开展了工作。积极配合国家邮政局开展安全监管信息系统二期建设,进一步加强了对快递企业生产运营的实时监管。加大执法检查力度,坚决依法查处扰乱市场经营秩序、侵犯消费者合法权益等违法违规行为,重点解决积压延误、丢失损毁、投诉赔偿难等重点问题。开展了专项执法第二阶段检查。全年共出检1661人次,检查企业372家,查处无证经营企业56家、其他不规范行为的企业2家,并对104家企业下达了整改通知书。

全面培育总部经济。推动能力升级,加快做大做强快递企业。由打基础、重规范向抓落实、促升级转变,推动企业"发展上规模、服务上水平、管理上层次、能力上等级",引导企业诚信创业、合法经营、优质服务。一是鼓励引导企业完善网络体系,加强全网管理,优化作业流程。二是鼓励引导有条件的企业加强航空运力、揽投能力建设和门店形象建设。三是实施好快递企业兼并重组的指导意见,加快企业兼并重组步伐。着力培育若干家"品牌优、规模大、实力强、后劲足"的网络型内资快递企业。如申通公司全网快递服务网点及门店已扩展至5000余家,从业人员约10万人;圆通快递实现了覆盖全网3800多个网点的核心业务"金刚"系统成功上线;中通快递通过实施内部"有偿派费"制度强化了内部管理效率和效益;顺丰速运组建了自己的航空公司并自主研发了具备行业领先水平的信息系统。

加强旺季服务监管。妥善应对快件"爆仓"现象,组织企业做好旺季服务工作。认真贯彻落实国家邮政局部署要求和马局长在沪视察重要讲话精神,启动应急预案,健全组织领导体系,指导企业加强内部调度、保障留守人员配备、切实执行服务承诺、坚持安全生产。加强服务监管,实施24小时值班,局领导带队对企业检查,局"12305"电话热线保持24小时电话受理,确保了旺季服务工作有序开展,社会反应良好,快递的基础产业地位更加凸显。

服务保障重大活动。贯彻落实《邮政行业安全监督管理办法》,通过加强与有关部门的协调配合、制定实施寄递物品四项"基本制度"(寄递企业申请登记制度、数据预先申报制度、专人持证上岗制度、核对登记寄件人证件和全面核实填写"面单"制度),精心组织协调,圆满完成12届世界夏季特奥会、十七大、奥运、世博等重大活动的邮政服务和安保工作;积极应对雨雪冰冻灾害、汶川、玉树大地震,企业积极做好灾区员工救援和重建工作,上海邮政业各界累计捐款、捐物和提供运输服务超过2000万元。

强化行业队伍建设。全面推进邮政业人才队伍建设,实现校企合作的突破,指导韵达快运公司与上海经济管理学校实现合作;2011年全年完成4179名快递业务员的职业技能鉴定考试工作,合格率达84%,至今近2万名从业者参加了快递业务员职业技能鉴定考试。

提升行业统计能力。全面开展统计、调研、信息收集工作,了解情况、掌握行业动态。实施了邮政业统计制度,被纳入统计范围的企业从最初的200家上升至800余家。

妥善处理用户申诉。建立与市工商部门"12315网上处理系统"联网机制,贯彻落实《邮政业消费者申诉处理办法》,启用"12305"邮政业消费者申诉特服号并开通网上申诉受理系统,年受理消费者近5000件。

强化沟通和宣传。进一步完善邮政业安全监管工作配套制度和寄递渠道安全保障机制。建立了与安全、防恐、禁毒等相关部门的联系工作制度。指导组建行业协会,加强行业服务引导。实施舆情监控和反应制度,积极开展新闻宣传,强化“一网(局网站)、一报(《解放日报》)、一刊(快递协会会刊)”的新闻宣传模式，效果良好。

江苏快递市场发展及管理情况

一、快递行业总体发展情况

2011 年江苏省全年完成快递业务量 3.85 亿件,同比增长 61.83%,完成快递业务收入 70.87 亿元,同比增长 26.54%(表 9-1)。据统计,自 2007 年至 2011 年五年间,江苏省规模以上快递服务企业完成的快递业务量从 9279.33 万件猛增至 38508.96 万件,年均增幅达到 43.27%;快递业务收入也从 28.45 亿元翻番达到 70.87 亿元,年均增幅 25.65%。同时,快递业务收入占江苏省 GDP 的比重也以每年 0.01 个百分点的速度上升,从 2007 年的 0.11% 上升至 2011 年的 0.15%。其中规模以上快递服务企业完成的快递业务量占全国快递业务量的比重,从 2007 年的 7.72% 上升到 2011 年的 10.48%,完成的业务收入占比从 2007 年的 8.3% 上升到 2011 年的 9.35%。2011 年江苏省日均受理快递业务量突破了 100 万件,快递日均消费进入“百万”时代。

表 9-1　2011 年江苏省快递业务占比对照表

业务种类	业务量（万件）	同比（%）	占全省业务量比（%）	业务收入（亿元）	同比（%）	占全省业务收入比（%）
国际及港澳台	1261.02	-10.07	3.27	19.26	-3.28	27.18
国内异地	30195.98	+61.38	78.41	44.65	+40.21	63
国内同城	7051.96	+91.48	18.31	5.22	+80.89	7.37

截至 2011 年底,江苏省规模以上快递服务企业完成的业务量中,国有占 23.3%,民营占 73.87%,外资占 2.83%。业务收入中,国有占 31.49%,民营占 48.02%,外资占 20.5%。年营收超过 10 亿元的企业有 2 家,超过 5 亿元的企业有 5 家,年营收在 1 亿至 5 亿元之间的有 8 家,在 5000 万元至 1 亿元之间的有 2 家。目前江苏快递市场已经形成国有、民营、外资多种所有制经济共同发展的新格局。同时,快递服务企业经营模式兼纳“加盟制”、“直营制”、“混合制”等多种模式,形成了各施所长、竞相发展的市场格局。

二、行业管理思路及成效

江苏省邮政管理局总体监管思路为,以转变快递服务发展方式为主线,着力加快行业转型升级步伐,坚持监管和发展并重的原则,针对快递服务企业网络建设不平衡、安全意识淡薄、生产条件简陋、部分企业守法经营意识和社会责任意识薄弱、从业人员整体素质偏低等问题,积极创新监管手段,不断提升监管能力,优化行业发展环境,规范行业市场秩序,维护用户合法权益,确保行业安全稳定运行,促进行业科学发展。

许可工作稳步推进。2011 年江苏省共颁发快递业务经营许可证书 70 件,为 140 家企业办理了许可变更,为 136 家企业分支机构办理备案手续。截至 2011 年底,全省依法取得快递业务经营许可证的企业 569 家。办理国家局发证企业在全省内分支机构备案 102 家,办理全省发证企业分支机构备案 34 家。2011 年通过许可年报审核的企业共 499 家,依法注销快递业务经营许可证的企业共 6 家。

市场检查有序进行。2011 年江苏省邮政管理局根据《邮政法》、《快递市场管理办法》、《快递业务经营许可管理办法》,严格执行禁寄、收寄验视、公示、备案等制度。依法规范日常检查内容和程序，并针对邮政市场的热点、难点、重点问题进行专项检查。2011年累计出动1676人次，对546家快递服务企业进行了检查，下达整改通知书36份，行政处罚决定书5份，处罚金额4万元。

监管方式不断创新。江苏省邮政管理局与省国家安全、公安、海关等部门建立了邮路寄递安全联合工作机制；与省工商行政管理部门建立了快递业务经营许可工商注册登记联动机制；与省国家安全部门建立了快递业务经营许可安全审查工作机制等，通过建立多层面联合执法机制，加强快递市场的监管，保障通信信息安全。同时积极推动监管信息化建设，2011年底基于网络通信、短信、电话会议、视频功能的“协同通信快递企业综合管理平台”已初步建成，按照分地区、分品牌、分规模、分层次的要求，全省已有503家（包括分支机构）获得快递经营许可的企业纳入该系统。

用户权益得到保障。快递服务业放心消费创建活动取得阶段性成效，全省先后有11家快递企业成为创建示范单位、13家企业成为创建先进单位，全省参创企业数量从2010年的75家发展为2011年的258家，涵盖国有、民营、外资各种类型，并覆盖至县（市）一级。快递服务满意度调查指数上升，2010年江苏省快递服务总体满意度为71.1分，首次突破70分，达到基本满意水平，高于中国公共服务指数，进入中等公共服务行列。2011年，江苏省邮政管理局通过“12305”邮政业消费者申诉电话、网站共处理消费者申诉与咨询7175件，同比增加4462件，增长164.46%。经调解，7175件申诉已全部妥善处理，为消费者挽回直接经济损失595396.39元，消费者对申诉处理的满意率为99.125%。2011年度，江苏省邮政管理局12305邮政业消费者申诉中心被国家邮政局评为申诉处理工作先进单位。

旺季保障不断加强。针对2011年“中秋、国庆、双11、圣诞节”等网购量激增情况，江苏省邮政管理局成立“快递业务旺季服务保障工作领导小组”，制订具体的工作方案，从提早安排部署、加强宣传引导、做好科学预测、强化监督检查等七个方面做好服务保障。旺季服务期间，监测信息显示民营快递企业业务量增长50%左右，外资企业业务量增长30%左右。江苏省邮政管理局共派出356人次，对省内的168家企业进行了旺季服务检查，基本实现业务量猛增而快递服务平稳有序、社会和消费者较为满意的工作目标。

浙江快递市场发展及管理情况

一、快递行业总体发展情况

快递行业持续高速发展。2011年，浙江省快递行业业务量和业务收入在全国均排在前列。其中业务量排名全国第2位，业务收入排名全国第3位。2011年，全省规模以上快递服务企业业务量累计完成49660.8万件，同比增长99.5%，增速比全国高42.5个百分点；业务收入累计完成844874.2万元，同比增长59.6%，增速比全国高27.7个百分点。与去年同期相比，同城快递业务收入的比重上升1.8个百分点，异地快递业务收入的比重上升7.3个百分点，国际及港澳台业务收入的比重下降了9.0个百分点。

快递行业服务模式不断创新。快递企业积极利用信息化手段，适应电子商务、网络购物的快速发展，形成电子商务企业下单，快递企业包装、配送的双赢模式。2011年，全省快递行业电子商务类业务量14033.52万件，同比增长233.28%，超过同期业务量增长速度133.82个百分点。

快递从业人员规模不断扩大。随着近年来快递行业迅猛发展，员工队伍迅速扩大。2011年末，浙江省快递从业人员5万人，比上年增长25%。从全省邮政行业"十二五"规划看，未来几年快递从业人员仍将保持快速增长势头。

快递基础设施建设稳步提升。浙江省快递基础设施投资力度逐步加大，截至2011年末，浙江省的快递独立分拣中心达到109个，总面积33.17万平方米。目前，省内快递企业经营车辆达到1.04万辆。快递服务网络已通达省内县级以上城市和绝大部分的农村地区。

二、行业管理思路及成效

浙江省快递市场规模明显加大，但仍然存在企业规模偏小、服务能力不足、服务水平不高、快递车辆进城难、发展融资难、企业用地难、空运租仓难，以及从业人员整体素质偏低、安全工作需要持续加强等方面的问题。对此，浙江省邮政管理局积极完善制度建设，切实加强市场监管，优化发展环境，促进快递行业平稳加速发展。

促进行业科学发展。制定行业发展规划。按照"把握时代特征，融入省情特色，充分调查研究，实现引导发展"的编制思路，制定发布了《浙江省邮政业发展"十二五"规划》。积极将行业规划与浙江省国民经济和社会发展第十二个五年规划纲要和省内各专项规划进行了有效衔接。其中"服务业重点发展快递服务"等具体内容，纳入了浙江省"十二五"规划纲要。为引导和促进浙江省邮政业实现可持续、跨越式发展描绘了宏伟蓝图。与浙江省发展和改革委员会加强衔接，把浙江省快递发展情况纳入《浙江服务业季度分析报告》，充分展现浙江省快递行业在服务民生、促进经济发展中的重要作用。

有序施行市场准入。严格落实《中华人民共和国邮政法》、《快递业务经营许可管理办法》等法律法规和国家邮政局关于许可过渡期后"注重质量，严格标准"的要求，按照"优质、高效、规范、廉洁"和"公开、公平、公正"的原则，完善公开、公平、规范的行业准入制度，科学制定工作流程。有序推进快递业务经营许可工作，把好市场准入关。截至2011年底，全省共发放快递业务经营许可证831张。经过近几年的快速发展，2011年全年快递业务收入超过亿元的企业10家，其中超过10亿元的2家。

依法开展市场检查。以抓服务、保秩序、促发展为工作立足点，加强对全省快递市场的监督检查。坚持日常执法检查和重点检查相结合，把企业合法、合规经营和安全保障能力建设作为执法检查的重点。认真梳理国家关于快递市场的法律、法规，积极加强对执法人员的培训，提高执法人员法律意识。认真开展"规范市场秩序，保障用户权益"专项执法检查活动。一年来，共出动执法检查人员1647人次，检查企业586家次，下达整改通知书19份，立案查处违法行为为16起，罚款94000元。

创新市场监管方法。切实加强调查研究，探索有浙江特色的监管手段。积极与浙江省内有关部门在市场准入、执法检查、安全监管等方面进行衔接，加强信息互通和工作交流，提高工作效率。建立浙江省邮政行业监管信息系统，为市场准入、监督检查、安全监管等工作提供信息化支撑。

做好旺季服务保障。成立浙江省快递业务旺季服务保障工作领导小组，出台专门保障工作方案，组织企业签订《浙江省快递旺季服务安全保障承诺书》。有效提高了快递企业旺季服务保障能力。

畅通用户申诉渠道。充分发挥浙江省12305邮政业消费者申诉受理中心的作用，及时通过浙江省邮政管理局官方网站发布省内邮政业申诉情况通告，扩大社会监督力度。2011年共处理涉及快递业务申诉625件，为消费者挽回经济损失101074元，消费者对申诉处理满意率为88.74%。2011年，浙江省邮政管理局申诉受理中心被国家邮政局邮政业消费者申诉受理中心授予“2011年度先进集体”荣誉称号。

保障通信信息安全。加强安全教育培训，做好《邮政行业安全监督管理办法》的宣贯工作。印发《浙江省邮政管理局〈邮政行业安全监督管理办法〉宣贯工作实施方案》。编印《浙江省邮政行业安全监督资料汇编》5000册，发放各寄递企业，组织学习。浙江省内各快递企业积极加大安全培训投入和安全设备投入。2011年浙江省内快递企业共在安全培训中投入176.3万元，培训人员10.9万人次；安全设备投入297.8万元。依法履行安全监管职责，就企业在执行收寄验视制度方面专门发出通知，要求企业采用加盖验视章的方式对验视工作进行确认。2011年，在安全专项检查中，共检查快递企业117家/次，召开座谈会25次，发出责令整改通知书5份，查处涉及安全违法行为4起。

安徽快递市场发展及管理情况

一、快递行业总体发展情况

市场持续高速发展。2011年，安徽省快递业务收入达到11.2亿元，同比增长36.6%，接近GDP增长(13.5%)的3倍，是第三产业的增长速度(10.5%)的3倍以上；业务收入占全省GDP总值的0.07%，占第三产业总值的0.23%，较2006年增长近2倍。快递业务量达到6628.3万件，同比增长83.9%，较2006年翻了两番多；日处理快件量(日收寄和投递快件的合计)突破64万余件，单日收寄、投递快件最高分别达26万和38万余件，全行业得到快速发展。

服务能力稳步提升。截至2011年底，全省取得快递业务经营许可的企业247家，快递业从业人员7300余人，持证快递业务员3015人。基础设施建设和信息化支撑迈上新台阶，邮政速递物流、顺丰速运、申通快递、圆通速递、中通速递、韵达快运等在合肥、蚌埠、芜湖、宣城等地相继建成快件分拣转运中心；营运能力得到长足发展，全省运输邮件、快件的汽车达到2338辆，快递网络遍布全省，部分快递企业服务深入乡镇；快递信息化水平持续提高，全省近3000个无线手持终端用于快递收投处理，部分企业使用GPS全球定位管理运输邮件、快件的网络班车，使用远程视频监控加强对网点的管理，一些企业还投入使用了电话集中呼叫、高速扫描录单等服务系统。

区域性市场发展显著。近年，安徽确立了发展合肥为特大型城市的战略，提出要把合肥建设成为一个辐射全省、崛起中部、承东启西的重要的区域性中心城市。加快合肥发展的战略布局极大带动了省会区域快递的发展，2011年合肥快递企业总共收寄快件2108.94万件，占全省快递业务量的31.8%，实现快递收入2.6亿元，占全省快递收入的32.1%。与2010年相比，合肥快递业务量增长了33.5%，快递业务收入增长了38.2%。

二、行业管理工作和成效

健全法规体系。推动《安徽省邮政条例》列入省人大常委会和省政府2011年地方立法计划调研论证项目，经省政府法制办立项论证和专家评审，《安徽省邮政条例》正式草案上报省政府。

加大政策扶持。积极协调相关部门，相继出台了保障快递车辆通行、快递业和民航业联动发展、营业税优惠政策落实和快递园区建设等系列政策支持。加强规划的引领和衔接，发布了《安徽省邮政业发展“十二五”规划》，并将快递和邮政服务先后纳入《安徽省国民经济和社会发展第十二个五年规划纲要》、《安徽省“十二五”综合交通运输体系发展规划》等专项规划，为邮政业发展规划的落地实施创造了条件，一些重点工程项目在2011年启动实施。

许可工作成效显著。截至2011年，全省取得快递业务经营许可的企业达247家，依法设立快递企业分支机构45个，省内持证非邮快递企业范围已覆盖全省16个市，54个县，市级非邮快递服务已实现全覆盖，县级非邮快递服务覆盖率已达84.4%，依法有序的快递市场竞争格局进一步稳定。2011年，继续依法推进快递许可及后续管理工作，监督推动非法经营向合法企业转化，全年共审核受理快递业务经营许可申请96件，经实地核查，批准企业快递业务经营许可申请33件，核准快递企业新设分支机构18个，对58件企业申请做出了不予许可决定。

加强快递市场监管。认真推进"规范市场秩序，维护用户权益"专项执法检查活动，清理取缔了一批无证经营企业，依法从重查处野蛮分拣违规作业、拒绝投递等侵害用户权益的行为。积极探索依据一般法规加强行业管理的思路，在全国率先援引国务院《无照经营查处取缔办法》依法查处为无证快递经营活动提供支持行为。2011年，对快递市场共出动检查344次，纠正违规经营行为85起，下发25份整改通知，查处4起严重违法案件，行政处罚8.1万元。

推进安全管理长效化。完善安全监管制度，制定了《安徽省邮政行业突发事件应急预案》，指导企业制订突发事件应急预案，初步建立了快递业应急工作体系。协助相关部门，打击利用寄递渠道开展违法犯罪活动的行为，保障寄递渠道安全。2011年，全省查获利用寄递渠道寄递非法出版物和毒品案各2起，收缴非法出版物及音像制品736件，非法宣传器材540台，发现仿真武器10支，各类管制刀具29把，其他违禁物品2100余件。

畅通用户申诉渠道。不断拓宽申诉渠道，通过政府网站定期发布邮政业申诉情况通告，加大社会监督力度。2011年，共受理快递业务有效申诉1200件，为用户挽回经济损失10.8万元。

推动人才队伍建设。积极推进政府为主导，企业为主体，院校为支撑的邮政行业人才教育培养体系建设，加快快递专业人才培养，推进院校开设快递专业或增加快递课程，建立实训基地，搭建校企合作平台，人才培养初显成效。截至2011年底，全省有4所院校，采取多种形式培养中职、高职等不同层次的专业人才。认真组织开展快递业务员职业技能鉴定考试，截至2011年，组织鉴定考试8批次，4501人次参加，3015人通过考试。

有效引导行业自律。制定发布《安徽省快递协会会员自律公约》、《安徽快递企业诚信经营、文明服务倡议》，督促企业加强自律，规范经营行为，引导企业共同抵制扣件、"卖件"、低于成本揽收快件、违规收寄等恶意竞争行为，自觉维护市场秩序，全面推动快递业健康有序发展。

福建快递市场发展及管理情况

一、快递行业总体发展情况

"十一五"期间，福建省规模以上快递企业业务收入从2006年的11亿元增加到2010年的25.86亿元，具有法人资质的快递服务企业由2007年的156家增加到2009年的546家。2010年全省共有216家快递服务企业取得经营许可证，快递服务从业人数达1.38万人。2011年全省规模以上快递服务企业业务量完成16141.54万件，同比增长60.31%；实现收入31.49亿元，同比增长21.33%，全行业呈现稳步提高、加速发展的良好态势。

二、行业管理思路及成效

2011 年,国家邮政局出台了快递企业兼并重组指导意见,福建省人民政府出台了促进总部经济发展意见,鼓励扶持省内外企业在闽设总部。针对福建省快递市场存在的行业整体实力不强,缺乏总部企业和本土品牌,多数快递企业没有建立业务和技能培训制度,专业化、技能型人才紧缺,服务水平、服务模式、产业层次等方面不能满足海峡西岸经济区发展需要的现状,福建省邮政管理局加大了对快递市场扶持、监管力度,为全省快递业发展创造了良好机遇。

积极改善政策环境。按照"质量优先,凸显特色"的思路,稳步推进地方立法。快递服务发展首次纳入《福建省"十二五"现代物流业发展专项规划》,"海西福州快件处理中心"、"海西泉州快件处理中心"、"厦门北站邮件处理中心"和"顺丰东南快件处理中心"等四个工程被列为福建省"十二五"现代物流业重点规划建设项目,快递服务首次纳入享受物流业全方位优惠政策范畴,民营快递企业首次列入全省 20 家重点培育扶持物流企业、首次入选 2010 年度全省物流企业十五强、首次获得地方政府专项补助、首次获评邮政业价格诚信示范单位。

编制发布行业规划。《福建省邮政业发展"十二五"规划》正式发布实施,《海峡西岸经济区快递服务发展规划(2011 —2015 年)》由国家邮政局发布实施。两个规划结合福建省"十二五"规划纲要、《海峡西岸经济区发展规划》,以"规划引领行业发展"为出发点,做到政策衔接、凸显特色、先行先试、落地实施的"四个务求"。两个规划分别与《福建省"十二五"综合交通运输体系发展专项规划》、《福建省"十二五"服务业发展专项规划》等 20 余个规划取得有效衔接。

推进许可工作常态化。积极贯彻落实《邮政法》和《快递业务经营许可管理办法》,开展快递许可常规申请审查、变更事项审查等方面工作,对无证经营快递业务情况进行梳理调查,加强对许可企业的监管。2011 年受理快递许可申请 94 份,许可证变更申请 448 项,颁发《快递业务经营许可证》79 件,新批准设立快递企业分支机构 100 家。2011 年,全省共有 757 家快递企业及网点取得了合法经营资质。

丰富安全监管手段。开展《邮政行业安全监督管理办法》宣贯,联合福建省公安厅、安全厅下发《关于加强寄递渠道治安管理工作的通知》,组织企业签订《寄递渠道邮路安全生产运营责任书》,制定《福建省重大活动邮路安保工作实施方案》,协同省安全、公安部门形成重大活动邮路安保工作常态化机制。开展邮路寄递物品安全生产大检查,全力做好第 26 届世界大学生夏季运动会和首届中国—亚欧博览会期间寄递渠道安全生产工作。下发《福建省快递业务旺季服务保障工作方案》,召开快递企业旺季服务保障工作会议,重点对福州、泉州地区重点品牌快递企业及快件处理中心旺季服务保障工作落实情况进行监督检查和调研。完成省级安全监管平台上线运行,选取福州申通、圆通、韵达、汇通等 4 家品牌快递企业进行远程视频监控系统试点等。

提升行业统计能力。结合快递业务经营许可情况,扩大统计覆盖范围,由原来 93 家企业调整至 245 家(注销 3 家,新增 155 家),其中法人企业 217 家、分公司 27 家、非法人企业 1 家。制作《福建省邮政行业统计资料》,定期编写季度、年度统计分析报告,准确分析全行业、普遍服务业务、快递业务、分地市分品牌规模以上快递企业的详细情况,为预测行业发展提供依据。

强化行业队伍建设。校企战略合作平台初步搭建,厦门华厦学院与顺丰签订校企合作协议,企业首家快递专业人才培养基地落成。与泉州理工职业学院合作,组织首批在校大学生参加职鉴考试。派员赴山东工程技师学院参加中级考试观摩，添置实操器材，组织中级师资骨干和考评员培训等。全年举办3期快递业务员培训班，累计培训293人，组织2批初级快递业务员职业技能鉴定考试，参考1680人，通过1198人，通过率为71.3%。组织首次中级考试，参考159人，通过111人，通过率为69.8%。

妥善处理用户申诉。申诉中心引进多功能电话和录音集成设备，畅通消费申诉渠道。组织全省快递企业客服人员业务能力和沟通技巧培训，促进企业提升快递服务品质。指定专人负责处理公众对快递服务质量的申诉、举报和建议，提高用户满意度，增强申诉中心社会影响力。全年申诉中心受理消费者申诉2431件，答复咨询170件，消费者满意率为88.18%，为用户挽回经济损失80051元。

江西快递市场发展及管理情况

一、快递行业总体发展情况

“十一五”期间，江西省快递服务发展步伐显著加快。江西省经济总量实现新跨越，经济结构持续优化，带动了江西省快递服务需求增长，推动江西快递服务进入新的发展期。

2011年，江西省已纳入行业统计范围的138家法人快递企业完成业务量3716万件，同比增长43.14%，增长速度列全国第8位，其中：国有企业占53.42%；民营企业占46.49 %；外资及港澳台企业占0.18 %。全年实现快递业务收入6.66亿元，同比增长30.08%，增长速度列全国第11位，其中：国有企业占61.6%；民营企业占36.91 %；外资及港澳台企业占1.49%。

截至2011年底，江西省有28个快递品牌，198家法人企业经营快递业务，分支机构431个（不含邮政速递物流分之机构）。其中：民营企业192家、国有企业3家（邮政速递物流、民航、中外运）、外资及港澳台投资企业3家（联邦快递、敦豪、嘉里大通）。快递从业人员约7000人，其中：民营企业占54.2%、国有企业占45.4% 、外资及港澳台企业占0.4% 。全省2489人通过快递业务员初级职业技能鉴定。

规模以上快递企业普遍在南昌、赣州设立分拨中心，分拣处理场地面积达3.5万平方米，拥有汽车742辆，手持终端1468部。2010年底，快递服务从业人员达5164人（含EMS），全省1439人通过快递业务员职业技能鉴定。

二、行业管理思路及成效

快递服务是一个新兴的、迅猛发展、潜力巨大的服务领域，发展中不可避免地存在各种问题：品牌数量多、规模小、基础设施普遍落后、服务手段单一、低价位竞争激烈、整体服务能力不足、服务水平不高等等。为促进江西省快递服务发展规模不断壮大，江西省邮政管理局采取了一系列对行业发展具有一定影响力的行政措施：

编制快递服务发展规划。结合江西快递服务发展实际，站在全省国民经济和社会发展的高度，编制并发布了《江西省快递服务发展规划》（2011—2015）；加强了与各级地方党委、政府和相关部门的联系沟通，为江西邮政快递服务健康持续发展争取政策支持。

为企业创造良好发展环境。先后两次组成调研组深入快递企业调研，探讨研究当前发展面临的问题及解决办法，听取“十二五”期间快递服务发展建议；江西省邮政管理局与江西省公安厅交通警察总队、江西省公路运输管理局联合下发《关于保障快递企业运输车辆便捷通行的通知》，解决快递企业车辆道路运输问题。

推进经营许可常态化管理。制定了《江西省快递业务经营许可审批程序》，有序施行市场准入。

加强快递市场执法检查。开展"规范市场秩序，维护用户权益"专项执法检查活动，执法检查覆盖11个设区市30多个县市，共检查企业200余家，下达整改通知书90份，立案24起，下达处罚决定书23份，罚款8.6万元，打击了违法经营行为，推动江西省快递服务规范发展。

创新市场监管机制。先后与工商、国安等部门建立快递服务经营许可工作联动机制，联合江西省公安、国家安全部门联合出台《关于加强全省寄递渠道治安管理工作的实施办法》。

开展快递服务满意度调查。对省内11个设区市的10家重点快递企业进行用户满意度调查和服务质量测试，对调查结果予以通报，促进企业提升服务水平。

加强通信安全管理。举办了两期《邮政行业安全监督管理办法》宣贯培训班，圆满完成大学生运动会、亚博会、全国第七届城运会、第七届泛珠会和国庆期间邮路安全保障工作；成功应对和处置了5起快递领域突发事件，保障了通信畅通和运行安全。

山东快递市场发展及管理情况

一、快递行业总体发展情况

市场规模逐年扩大。"十一五"期间，山东省规模以上快递服务企业业务量、业务收入从2008年的6226.72万件、16.35亿元，增长到2010年的11783.5万件、25.97亿元，业务量增幅89.2%，业务收入增长58.8%。

2011年，全省快递业呈现加速发展态势，实现了"十二五"的良好开局。规模以上快递企业业务量累计完成18439万件，同比增长56.5%；业务收入完成33.57亿元，同比增长29.3 %；业务量和业务收入由原来的全国第七位上升到第六位。全省经营快递服务的法人企业达504家，快递从业人员超过2万人。主要快递网络服务网点全部覆盖地级城市，基本覆盖县级城市，部分企业的服务深入乡镇村庄。

快递服务领域不断扩展。业务种类已从快递基本服务扩大到收件人付款、代收货款、签单返回等多种增值服务，丰富了用户选择，方便了社会生产和人民生活。部分企业涉足供应链管理等服务领域，在电子产品和电子商务配送方面发挥主力军作用，满足了不同层次的需求。快递服务正由传统的寄递服务，向电子商务配送、供应链服务转变。

行业管理机制初步建立。2007年2月5日，山东省邮政管理局揭牌，同年山东省快递协会成立，随后省邮政业12305申诉受理中心和省职业技能鉴定中心相继成立。快递企业经营许可、快递统计报表制度发布实施，百余名社会特邀监督员受聘监督邮政行业，快递企业达标、快递服务评价、消费维权等活动相继开展，快递市场环境明显改善，"政府监管、行业自律、社会监督"的行业管理机制初步建立。

二、行业管理思路及成效

随着快递市场的快速发展，各种问题也随之显露出来。快递企业融资难、用地难、车辆通行难；行业缺乏统一规划；管理水平、从业人员素质整体偏低；部分企业存在安全隐患；快递市场无序、低价竞争等问题突出，这些问题阻碍了快递市场的健康发展。为解决这些问题，山东省邮政管理局采取了以下几方面措施：

积极制定行业政策。山东省邮政管理局先后协调地方政府出台多项政策措施，支持行业发展。2009 年 6 月 21 日，协调省政府办公厅正式印发了《关于扶持邮政业发展有关问题的通知》（鲁政办发〔2009〕48 号），对扶持邮政业发展的有关政策作出了明确规定。2010 年 6 月份，联合省交通运输厅、公安厅、工商行政管理局下发《关于邮件和快（运）递车辆通行问题的通知》，并与工商行政管理局联合下发了《关于规范快递业务经营许可审批和工商登记有关事项的通知》，从政策层面解决了长期以来困扰快递企业的快递车辆城区通行难、分支机构注册登记难问题。

出台规划引导发展。山东省邮政管理局在广泛征求意见的基础上，先后完成了《山东省邮政业 2007 — 2009 年滚动规划》，充分发挥规划对行业发展的政策指导作用；2011 年 11 月份，经国家邮政局和山东省政府批准，省邮政管理局对外发布了《山东省邮政业"十二五"发展规划》。

大力规范市场秩序。建立健全与公安、安全、安监、海关等部门长效协作工作机制，先后通过开展联合检查、综合检查、专项检查等方式，加大对违法违规行为的查处力度。2007 年以查处违规经营为重点，下达行政处罚决定书 25 份。2008 年以查处无照经营和违法经营为重点，组织执法检查活动 100 余次，累计检查快递企业 315 家次，下达处罚决定书 11 份，累计罚款金额 19500 元。2011 年开展了"规范市场秩序、维护用户权益"专项执法检查活动，全年累计监督检查 1453 人次。

经营许可常态管理。严格执行快递许可的各项法律规定，依法开展行政审批和备案。2011 年新发放快递经营许可证 88 个，全省累计有 504 家快递企业取得快递业务经营许可证，全省总共为 91 家企业办理了备案。

加强行业安全监管。加强寄递企业安全生产管理，与各快递企业签订年度安全责任书，初步建立邮政业安全生产责任人制度，并适时组织企业开展了邮路安保实战演练，提高企业安全生产能力；与省公安厅、国家安全厅、省安全生产监督管理局、青岛海关等部门联合下发《关于建立山东省邮政行业安全监管工作协调机制的意见》，行业安全和应急管理能力得到显著提升。

强化行业队伍建设。截至 2011 年底，全省累计组织 11074 名快递业务员参加职业技能鉴定考试，鉴定合格 8856 人，并在全国率先开展了中级快递业务员职业技能鉴定考试，目前全省有 239 人获得中级快递业务员职业资格证。积极推进校企合作，山东工程技师学院、淄博职业学院分别挂牌成立"山东省邮政行业技能人才培养基地"、"山东省快递人才培养基地"。山东工程技师学院先后为山东 D 速快递公司、顺丰速运济南公司以"冠名班"的形式，为企业输送 200 名学生。专业申报取得重大突破，淄博职业学院、山东职业学院快递专业设置获教育部门批准，成为全国目前仅有的两所具备对外招收快递专业学生资格的院校。

维护用户合法权益。12305 邮政业消费者申诉中心充分发挥维权作用，2011 年度共受理申诉 5047 件，涉及快递服务问题的 3510 件，已全部妥善处理。为消费者挽回经济损失 223986.8 元，消费者满意率为 89.93%。

行业自律作用充分发挥。省快递协会充分发挥桥梁纽带作用，大力开展行业自律。《快递服务》标准达标评审全面完成。开展了"山东省十佳快递企业"和"快递服务之星"评选活动。编写推广了"快递服务规范用语"和"快递服务忌语"，使山东省成为首个在快递领域有了行业指导性规范用语的省份。

河南快递市场发展及监管情况

一、快递行业总体发展情况

目前,河南省有快递法人企业 172 家,经国家邮政局许可在河南备案的分公司 12 家,归属于 30 个快递品牌,其中国有企业 5 家,民营企业 21 家,外资企业 4 家。登记备案分支机构共 940 家。2011 年河南省快递业务收入完成 14.18 亿元,同比增长 28.99%,快递业务量完成 8489 万件,同比增长 42.28%。

二、行业管理思路及成效

河南省邮政管理局自 2006 年 9 月成立以来,按照国家邮政局的部署,坚持依法行政,从建章立制入手,针对快递业务发展中的难点和制约快递发展的瓶颈问题,采取一系列措施,保证河南快递市场健康有序的发展。

完善监管体系,规范执法行为。2006 年 12 月,按照市场监管分工,制定出台了《河南省邮政市场监督体系管理办法》,初步建立了 14 个基础工作制度,形成了政府监管、行业自律、同业监督、社会监督"四位一体"的邮政市场监督管理体系。

严格执法程序,实行分类管理。依据《邮政法》、《快递市场管理办法》和《快递服务》标准,制定了《河南省邮政市场监督检查管理办法》,将过去随机性检查变为常态化的制式检查;修订完善了《河南省邮政行政处罚工作程序》,制定了《河南省邮政行政处罚裁量标准适用规则》、《河南省邮政行政处罚预先法律审核制度》等规范性文件,规范了行政执法项目,严密了执法程序;探索建立了"分类分级"管理体制,明确"四个重点",即重点城市、重点区域、重点企业、重点内容,依法开展检查活动。

建立联合执法,加强安全监管。河南省邮政管理局联合河南省法制办等十多个部门联合下发了《关于贯彻实施(邮政法)、建立联合执法协调工作机制的通知》,建立了河南省联合推进《邮政法》执法工作协调机制。加强了邮路寄递安全监管,开展安全生产大检查活动,与禁毒、反恐、公安、安全等部门合作,做好历次重大活动期间的邮路寄递安全。制定了《河南省邮政业突发事件应急预案》,在全省基本建成了上下衔接的河南省邮政业应急管理体系。完成了《河南省邮政业反恐怖工作等级防范标准》的草拟工作,建立健全了全省邮政业反恐怖防范工作的长效管理机制。河南省邮政管理局连续两年获得"河南省反恐工作先进单位"和"河南省禁毒工作先进单位"。

依法开展快递业务经营许可。根据《邮政法》、《快递业务经营许可管理办法》等法律法规,相继制订了《河南省快递业务经营许可工作实施方案》、《快递业务经营许可申请与审批流程》、《快递业务经营许可变更操作指南》等规范性文件。截至 2011 年底,经河南省邮政管理局许可的法人企业 174 家,登记备案分支机构共 940 家。2011 年 10 月,河南局首次完成了 2010 年度《快递业务经营许可证》年度报告审核工作,并依法公告了年度报告审核情况。

切实落实快递服务标准。河南省邮政管理局按照《快递服务》国家标准,突出重点,细化内容,组织开展了以"落实快递服务标准,加强快递行风建设,提高快递服务质量"为主要内容的系列活动。2010 年开始,河南省邮政管理局在全省快递行业开展了"创先争优、转型升级"竞赛活动,对快递企业实行分级管理,每年组织一次评定,实行优胜劣汰，动态管理。

加强快递行风建设。河南省邮政管理局重视行风建设，2011年8月，河南省邮政管理局下发了《关于进一步深入推进行风建设 全面提升邮政、快递服务质量的通知》。开展了加强行风建设、提升服务质量满意度专项活动，与快递企业签订了《快递业服务质量保证书》，收到较好效果。

加强行业自律，推进诚信建设。2007年，河南省邮政管理局制定了《河南省快递行业自律公约》，制定《河南省快递企业自律公约监督维护办法》，引导快递企业规范经营行为，推进行业诚信建设。河南省邮政管理局于2007年7月创办了综合刊物《快递信息》，加强对快递行业的指导。2007年6月，开始试行河南快递企业统计报表制度，对全省重点快递企业的快递业务量、收入、投递快件数量进行统计和对比分析，并在《快递信息》上按月公布。

提升快递服务满意度。2008年4月，河南省邮政业消费者申诉受理中心成立。2011年12月，正式印发了《河南省邮政管理局加强寄递企业投（申）诉管理工作的若干规定》。申诉中心自成立至2011年底，共受理邮政业消费者申诉3437件，为消费者挽回经济损失144676元，申诉受理率和回访率均达到100%，消费者满意率达到85%以上。

加快基础设施建设。2009年开始着手编制《河南省快递业"十二五"发展规划》，重点提出了河南快递要完成"一个中心"和"三大网络"建设。"一个中心"就是在郑州建设全国性快件集散交换中心，形成日交换处理600万件快件的能力；"三大网络"就是面向全国布局建设连接国内各大中心城市和周边六省省会城市的省际干线运输网；面向河南省内布局建设18个省辖市的快件分拨场、站，建设紧密连接郑州—省内区域快件分拣处理中心—省辖市快件分拣场、站—县作业点的快捷高效的省内干线运输网；建设以郑州为中心，紧密连接周边城市"一小时交通圈"的大同城网。逐步完善省、市、县三级营业、揽收、投递网。

湖北快递市场发展及管理情况

一、快递行业总体发展情况

2011年湖北省规模以上快递服务企业业务收入达到13.76亿元，同比增长38.5%，快递业务收入增速在全国排名第11位，是湖北GDP增速（13.8%）的2.8倍。快递业务量达到8282.1万件，同比增长51.2%。截至2011年底，湖北省依法取得快递经营业务许可证的企业399家，备案企业152家，湖北地区有19家重点品牌企业，其中8家品牌所属分支机构的数量占全省许可和备案企业总数的70.8%。

快递服务网络逐步健全。各企业总部对基础设施投资的力度不断加强，个别快递企业的服务触角已延伸到部分发达地区的农村乡镇。武汉作为承接国家战略转移的重点城市，各快递公司总部纷纷在武汉成立华中管理区并加大武汉的投资力度。部分快递公司总部相继在武汉及周边二级地市购地设区域性分拨中心，购买货机落地武汉，开通进口直航业务。

快递企业加强信息化建设。湖北地区快递企业特别是品牌型网络企业干线车辆基本实现了GPS定位，其中，邮政速递物流和顺丰公司安装了远程视频监控系统，对快件进行实时跟踪查询。地市以上城市快递企业快件收寄实现了便携扫描仪全区域覆盖。

仓储配送一体化创新服务。随着电子商务、网络购物的发展,快递服务企业适应时代发展,整合资源将仓储、配送、代收货款等各个环节进行有机整合,实现一条龙服务。嘉里大通公司在东西湖物流园区已建设3000平方米仓储中心,百世汇通在建面积达2400平方米的武汉淘宝仓储中心准备投入使用,邮政速递物流已展开同雅芳、七匹狼等品牌企业合作,提供仓储、配送、代收货款等一体化服务。

二、行业管理思路及成效

针对快递业在发展中出现的生产设施及服务手段的技术含量普遍偏低、经营管理水平低位徘徊、服务产品和市场竞争手段单一、对企业文化建设的重视度不高等问题,湖北省邮政管理局采取了一系列切实有效的监管措施。

积极推动地方立法。结合湖北省邮政业发展实际,组织起草了《湖北省邮政条例(送审稿)》(以下简称《条例》),已报送湖北省政府和省人大,并被列为2012年省人大一类立法项目。《条例》中就进一步规范快递市场秩序,支持快递业务发展作出了具体规定。

加大政策扶持力度。积极配合湖北省政府调研组组织开展邮政速递物流发展专项调研活动,帮助企业协调解决车辆进城难、城区路边停靠难等问题。在省发改委等有关部门的重视下,解决了顺丰公司两架全货机落地武汉、投产建设顺丰全国性陆运中心和组建华中物流快件中转中心过程中所遇到的难题。为武汉圆通物流有限公司进驻黄陂区快递物流园争取政策优惠同有关部门进行协调。目前,湖北省邮政管理局正为中通、韵达、优速等企业建立华中管理区征地问题同有关部门进行积极协调沟通。争取湖北省政府出台《湖北省关于规范和加快发展快递服务业的意见》。

大力加强制度建设。湖北省邮政管理局结合实际,出台了《湖北邮政行业违规违纪约谈暂行办法》、《快递企业负责人离汉实行请假报告制度》、《快递业务许可审批和登记管理有关事宜的通知》、《关于规范使用快递业务经营许可证和快递企业分支机构备案证的通知》等制度,拟定了《邮政法》行政执法协调机制意见,建立了《邮政法》执法联席会议制度、日常工作和信息制度、联合联动执法检查制度。

加强市场执法监管。湖北省邮政管理局贯彻落实湖北省委治庸问责活动的有关要求,优化了行政办事流程,将快递业务经营许可项目审查申请材料的工作时限由原来的45天缩减为40天。加强快递市场执法检查和服务质量监督,在快递专项执法检查活动中,检查了全省22个品牌快递企业所属共457家(次)快递企业,地级城市和省直管市检查覆盖率为100%,县级城市检查覆盖率为87%。充分发挥省邮政业12305申诉处理平台作用,2011年累计受理各类申诉2541件,为消费者挽回经济损失65630元。

湖南快递市场发展及管理情况

一、快递行业总体发展情况

2011年,湖南省快递业务收入达到11.5亿元,同比增长34.3%,快递业务量达到6342.72万件,同比增长49.9%,较2007年翻了1番多。快递业务收入排全国第14位,增幅排第12位,业务量排全国第13位,增幅排第15位。截至2011年底,全省依法取得快递业务经营许可证的法人企业266家，分支机构543家，占市场份额95%以上的快递企业纳入了许可范围。快递从业人员达1万余人，比上年增长56.7%。重点品牌企业20家。2011年全年快递业务收入近7亿元的企业1家，近2亿元的企业1家，5千万元的企业2家。

截至2011年底，全省独立快件分拣中心达到53个，总面积5.76万平方米，营业网点达809处，比上年增长61.8%。运输、投递快件汽车1698辆，摩托车1895辆，电动车3580辆，分别比上年增加45.7%，53.5%，56%。快递服务网络已经通达县级以上城市，省内主要快递服务企业服务网点已经覆盖95%以上的县级城市和100%的市级城市，部分快递服务企业的服务网点已延伸至广大的农村乡镇。快递服务企业广泛使用GPS全球定位、远程视频监控和高速扫描录单等服务系统，至2011年底配置的手持终端达4674台，进一步提升信息网络对快递业务的管理支持能力。

二、行业管理思路及成效

目前，湖南省快递业务高速发展与服务能力、配套管理相对滞后之间的矛盾突出：产业整体转型升级速度慢、企业规模总量不大、集中度不高、同质恶性竞争现象突出、技术水平不高、现代化设施设备应用不多、地区业务发展不平衡、服务质量参差不齐、快递服务总体满意度较低、少数经营单位依法经营意识淡薄、社会责任和诚信意识薄弱等等。为保证快递市场健康发展，湖南省邮政管理局创新手段、强化措施，依法依规积极开展市场监管工作。

优化快递发展环境。运用已出台的《湖南省人民政府办公厅关于加快发展快递服务业的意见》，积极与相关部门沟通，加大对快递企业政策扶持，切实解决快递服务发展的各种难题。根据湖南省政府《关于快递服务车辆通行问题的复函》，与各地协调解决城市"禁摩限电"后快递服务车辆通行问题。依据与湖南省地方税务局发布的《关于加强快递企业税收政策支持的意见》，指导快递企业向当地税务部门申办按邮政通信业税率征收快递业税收事宜。根据与湖南省公安厅联合印发的《关于依法处置邮政快递业治安案件的意见》，协调公安机关介入处置快件丢失、扣押等案件。

依法施行市场准入。按照《快递业务经营许可条件审核规范》，依法施行市场准入。2011年，全省共收到快递业务经营许可申请208件，受理106件，依法核准法人企业104家，分支机构206家。按照国家局制定的《快递业务经营许可变更办理指南》，有序跟进后续管理，全年收到变更申请126件，受理76件，办理71件。依法实施了快递业务经营许可年度报告制度，2010年度，全省需提交年度报告的快递企业共165家。其中，158家符合继续经营的基本要求；3家因停止经营快递业务已注销许可证；4家因各种原因没有按时提交2010年年度报告。

开展市场执法检查。积极履行市场监管职能，2011年在全省范围内共开展检查608人次，检查企业404个（次），纠正和查处违法违规行为137起，下达行政处罚决定和整改通知书95份，立案调查27起，全年总计罚款79000元。依法注销3家停业快递企业许可证。

维护用户合法权益。湖南省12305申诉中心全年共受理关于快递服务的有效申诉841件，占全年邮政业有效申诉的94.18%，较2010年增加了711件，增长546.15%，共挽回经济损失54207元。申诉反映的问题主要集中在快件延误（470件）、服务态度问题（219件）、快件丢失及短少（124件）、快件损毁（60件）四个方面，分别占申诉量的52.63%、24.52%、13.89%、6.72%。

创新市场监管方法。在与湖南省国家安全、公安、海关、工商、反恐、禁毒等部门建立邮路联合监管工作机制的基础上,进一步建立了与省国家安全部门的快递业务经营许可安全联合审查工作机制,坚持许可发证前征求省国家安全部门意见,将许可企业纳入安全监管范围。根据市州及以下无监管机构的现状,探索与市州政府及安全、公安、工商、税务、交通、交警等部门沟通协作共同维护快递市场经营秩序的管理方法。

积极引导行业自律。根据《快递企业等级评定管理办法(试行)》有关规定,成立了湖南省快递企业等级评定指导委员会和快递企业等级评定委员会,部署和宣贯了等级评定相关事项。充分发挥行业协会作用,组织并监督各会员单位执行《中国快递协会企业自律公约》。

完善安全监管制度。根据公安部、国家安全部、国家邮政局三部局印发的《关于加强寄递渠道治安管理工作的通知》精神,大力强化寄递企业内部安全管理,依法建立并严格执行快件收寄验视制度,着力开展宣传教育和组织专项整治工作,并通过与寄递企业签订《安全生产保卫责任书》强化安全意识和安全责任。

引领行业科学发展。依据邮政业“十二五”规划框架,认真编制了《长株潭城市群快递服务发展规划(2011 — 2015)》,提出了未来五年快递发展的目标和主要任务。

广东快递市场发展及管理情况

一、快递行业总体发展情况

广东省快递市场规模大、网点多,业务增长速度快,现已形成多种所有制并存、多样化产品互补、多层次服务共生共赢的产业格局,珠三角地区已成为我国快递网点分布最为密集、辐射能力最强的地区之一,省内行业龙头企业的服务范围不断向全国其他区域以及周边国家(地区)辐射,初步呈现出区域化和国际化的发展趋势。

2011 年,广东省规模以上快递服务企业实现快递业务量 8.64 亿件,同比增长 37.6%,占全国快递业务量的 23.5%。实现业务收入 178.14 亿元,同比增长 27.6%,占全国快递业务收入近四分之一,快递服务业规模呈现加速增长趋势。

截至 2011 年底,广东省依法取得快递业务经营许可证的企业 1782 家。经过近几年的快速发展,广东省已初步形成以 49 家网络型企业为“龙头”的快递企业群。2011 年快递从业人员超过 10 万人。2011 年,邮政速递物流、顺丰、FedEx 和 DHL 等 4 家企业快递业务收入超过 10 亿元。

珠三角地区成为重要的快递枢纽。近年来,国内外快递企业纷纷进驻珠三角地区,各大快递公司在珠三角地区均设有转运中心,大型跨国公司 FedEx 在广州白云机场兴建亚太地区规模最大的航空货物转运中心,TNT 将其位于香港的处理中心移至广州, UPS 将其位于菲律宾的泛亚航空转运中心转移至深圳机场。特殊的地理位置和经济活动的日益频繁使珠三角地区逐渐成为全国乃至世界重要的物流集散地和快递枢纽。

快递网点多,布局趋于合理。广东是我国快递网点分布最密集的地区之一,截止到 2010 年末,全省有快递网点 7300 多个,分布最密集的地区为深圳、广州、东莞和佛山。

二、行业管理思路及成效

快递服务高速发展的新形势产生的热点和难点问题,为行业监管工作带来了新问题。主要表现在快递市场经营主体多,特许加盟经营所占比重大，特许经营快递企业网络管理难；企业在兼并重组中因经济纠纷围堵站点、扣押快件，损害消费者合法权益、影响社会稳定等事件时有发生；少数快递企业开办代收货款业务存在经营风险；有的快递企业未严格执行收寄验视制度，违法收寄禁寄物品，为快递行业埋下安全隐患。针对快递市场现状，广东省邮政管理局多措并举，规范市场秩序，加强基础管理，优化行业环境，促进快递业健康快速发展。

创新市场监管方法。针对热点难点问题，广东省邮政管理局创新监管方法，加强制度建设，规范市场秩序。建立违规企业约谈制度，发布了《广东省邮政业违规企业约谈规定（暂行）》，将十三种违法违规行为纳入约谈范围。强化加盟企业管理责任，率全国之先出台了《关于规范快递行业加盟行为的暂行规定》。探索市场联合执法新机制，与省公安厅联合印发《关于依法处置邮政业治安案件的意见》，与公安部门建立起行政法规与刑事法规相结合的监管执法工作机制。

规范市场经营秩序。有序实行市场准入，依法做好新申请企业的受理、审核和颁证等工作，把好市场准入关，2011 年累计通过新发证的企业 516 家。2011 年底全省已获得快递业务经营许可证的企业达到 1782 家。依法开展市场检查，坚持常抓不懈，采取建立工作制度，加强日常检查；联合各方力量，开展重点检查；结合阶段重点，开展专项检查等方法，不断强化市场检查工作，全年开展快递行业执法检查 1341 人次，检查企业 590 家，发现违法违规经营行为 197 件，下达书面整改通知书 89 份，立案调查并作出行政处罚 19 起，没收违法所得 810.5 元，执行罚款 26.5 万元。

维护用户合法权益。充分发挥 12305 邮政业申诉中心的作用，为促进快递服务的健康发展把好质量关，为用户把好维护合法权益关。2011 年共受理邮政业消费者申诉 11506 件，比上年增加 8411 件，处理有效申诉 8706 件，比上年增加 6702 件，为消费者挽回经济损失 140 万元，用户满意度 91.50%。其中，快递服务 8618 件，占有效申诉量 98.85%，与上年同比增加 6689 件，增长率为346.76%，申诉量呈高速增长的趋势。做好快递业务旺季服务保障工作，中秋、国庆和“双十一”、“双十二”等快递业务旺季期间，各快递企业安全和服务保障情况良好，各企业运作基本正常。充分发挥行业自律作用，通过各种措施提升自律水平，全面推动快递业健康有序发展。

保障通信信息安全。贯彻落实《邮政行业安全监督管理办法》，推进行业安全各项措施的落实。做好突发事件应急处置，建立健全突发事件处置工作流程制度，妥善处置了企业因经营不善等原因引起的 7 起扣件事件；追回放射性超标邮件；协调处置广东丰达速递有限公司因股权纠纷导致企业濒临倒闭的紧急事件，维护了用户利益和社会稳定。保障深圳大运会邮路安全，与省国家安全厅、省公安厅、海关总署广东分署联合印发《关于加强深圳大运会期间寄递物品安全监管工作的通告》，组织业内近百家快递企业签订安全保障承诺书，开展大运会邮件安全检查，成功实现“平安大运”目标。

促进行业科学发展。完善行业人才培养机制，积极搭建校企合作平台，组织院校与企业签订校企合作框架协议，完成深圳技师学院、广东省邮政培训中心、广东省邮电职业技术学院、顺丰速运有限公司华南培训基地四所院校为“广东省快递人才培养基地”的建设任务，完成 3 批次共 9070 名快递业务员（初级）鉴定考试工作，完成首次 782 名快递从业人员中级业务技能鉴定考试工作。加大政策扶持，积极办理快递车辆专用证明，为 43 家企业办理快递车辆专用证的发证、换证共 5011 车次，有效协调了深圳地区禁止电动车问题，确保深圳地区快件收派正常秩序。

广西快递市场发展及管理情况

一、快递行业总体发展情况

2011年,广西快递业务发展迅速,快递业务量完成3507.7万件,同比增长38.21%。其中,国内同城快递业务量占6.3%,达到221.0万件;国内异地快递业务量占76.9%,达到2697.4万件,国际及港澳台快递业务量占11.5%,达到403.4万件。完成快递业务收入7.32亿元,同比增长33.09%。其中国内同城快递收入占14.2%,达到1.04亿元;国内异地快递收入占84.6%,达到6.19亿元;国际及港澳台快递收入占1.2%,达到0.09亿元。

截至2011年底,广西现有在自治区邮政管理局依法取得《快递业务经营许可证》的法人企业119家,分支机构204家;办理了在国家邮政局申请许可后备案的法人快递企业4家,分支机构25家。按企业登记注册类型划分,全区快递企业登记注册类型主要以有限责任公司为主,现有法人企业有123家,其中,国有企业5家,占4.07%;民营企业118家,占95.93%。按业务范围划分,经营国内业务的企业共119家,占法人企业的96.75%;经营国际业务的企业共6家,占法人企业的4.88%。

二、行业管理思路及成效

广西快递市场在发展中也存在诸多问题:政策法规建设需要加强、交通运输体系仍不通畅、企业用地困难、快递服务产品过于单一、设备水平较为落后、从业人员素质有待提高。面对问题,广西壮族自治区邮政管理局不断加大行政监管力度,使广西快递市场逐步走上规范的发展轨道。

健全法规体系,加大普法力度。邮政立法普法工作不断推进,为邮政业发展创造了良好的法制环境。2011年10月13日,自治区十一届人民政府第93次常务会议通过了《广西壮族自治区邮政条例(草案审查稿)》,并提请自治区人大常委会审议。目前,自治区人大常委会已经进行了第一次审议。同时,《邮政法》被自治区依法治桂领导小组列入全区"六五"普法2011年度依法治理工作要点。

与广西壮族自治区工商行政管理局联合制定下发了《关于经营快递业务企业办理快递业务经营许可及登记注册有关问题的通知》,制定下发了《广西壮族自治区邮政业突发事件应急预案》,建立了与自治区公安厅、国家安全厅等多部门联合执法制度等,与公安、安全部门成立了"广西壮族自治区邮路寄递物品安全监管领导小组"。

加大政策扶持,解决企业难题。《广西壮族自治区国民经济和社会发展第十二个五年规划纲要》中,提出了多项支持快递发展的措施,包括:加快发展物流快递现代流通方式;重点建设南宁、桂林机场空港物流(快递)园区等。广西壮族自治区邮政管理局、交通运输厅、公安厅交通管理局、安全生产监督管理局、工商行政管理局联合下发了《关于保障快递运输车辆便捷通行的通知》,解决快递车辆城市通行、停靠难的问题,为快递业务发展提供了强有力支持。

加强人才建设,促进服务提升。截至2011年底,广西累计组织2700名快递业务员参加职业鉴定考试,合格1788人。通过职业鉴定考试,提升快递业务员的服务意识及业务素质,促进快递企业整体服务水平的提升。

依法实施市场准入。2011年度共收到快递业务经营许可申请26家,受理26家,向23家企业颁发了《快递业务经营许可证》,向3家企业做出了不予许可的批复。2011年准予快递企业变更申请设立的分支机构39家。广西壮族自治区邮政管理局对2010年12月31日前取得《快递业务经营许可证》需办理年度报告工作的96家快递企业进行审核，对其中3家快递企业依法办理快递业务经营许可注销手续。

大力加强市场检查。2011年累计出动执法人员917人次，检查企业333个次，下达《责令改正通知书》18个，做出行政处罚决定13起，行政罚款共计9.9万元人民币，其中对无证经营的桂林韵韵达物流服务有限公司处以行政罚款人民币5万元整。

维护用户合法权益。2011年，“12305”邮政业消费者申诉受理中心累计受理申诉401件，其中有效申诉339件，占申诉量的84.54%。从申诉类别看，快件延误147件，占申诉量的36.66%；快件丢失及内件短少72件，占申诉量的17.96%；快件损毁47件，占申诉量的11.72%；服务态度121件，占申诉量的30.17%；违规收费6件，占申诉量的1.50%；代收货款2件，占申诉量的0.50%；其他6件，占申诉量的1.50%。2011年广西消费者申诉的主要问题是快件延误、快件丢失及短少、损毁、服务态度，占申诉量的96.51%

保障通信信息安全。为落实国家邮政局相关文件精神，营造安全的寄递服务环境，2011年度广西邮政管理局先后下发《关于做好2011年“两会”期间邮政、快递服务有关工作的通知》、《关于做好我区邮政行业安全生产工作的实施意见》、《关于做好第26届世界大学生夏季运动会和首届中国—亚欧博览会期间寄递渠道安全工作的通知》、《关于严防违规收寄国家管制精神类药品的通知》、《关于做好寄递渠道恐怖防范工作的紧急通知》、《转发公安部 国家安全部 国家邮政局“关于加强寄递渠道治安管理工作的通知”》、《关于近期几起邮政行业安全事件的通报》、《关于严格执行收寄验视制度的紧急通知》等安全监管文件8份。并以明察结合暗访的方式，提高安全检查成效。在西安园博会、新疆亚欧博览会、深圳大运会等重大活动期间，开展大规模的重点区域快件实名登记监督检查。

海南快递市场发展及管理情况

一、快递行业总体发展情况

2011年，海南省快递业务量完成953.5万件，同比增长40%，比2007年的450万件增长112%；快递业务收入完成20164.6万元，同比增长12.1%，比2007年的7900万元增长155%。其中，国内异地业务量完成731.2万件，同比增长54.0%，业务收入完成16378.6万元，同比增长14.5%；同城业务量完成214.8万件，同比增长8.5%，业务收入完成2094.1万元，同比增长8.4%；国际及港澳台业务量完成7.5万件，同比增长－12.0%，业务收入完成1035.4万元，同比增长－11.3%。2011年度快递业务收入占海南省GDP的0.8‰，占海南省第三产业增加值的1.8‰。2011年海南省快件日均处理量突破10万件。其中，进口业务量是出口业务量的3倍。全年进口业务量2700多万件，同比增长73%，比2007年的890万件增长203%。

截至2011年底，依法在海南省邮政管理局取得快递业务经营许可证的快递企业有34家（其中1家停止经营快递业务已注销），经海南省邮政管理局核准设立的快递企业分支机构共73家；依法在海南省邮政管理局进行备案登记的快递企业分支机构12家。目前，海南省快递市场已形成国有、民营、外资多种所有制共同发展、多元化主体有序竞争的格局。

到2011年底,海南省快递从业人员共2306人(不含邮政公司代办邮政速递物流业务的人员),同比增长65%,比2007年的680人增长239%。

二、行业管理思路及成效

海南省快递行业发展中存在的主要问题是快递企业规模偏小、企业制度建设滞后、企业扩大生产规模资金投入紧缺、员工流动性大、快递专业人才培养机制亟须建立。针对上述问题,海南省邮政管理局加强市场监管工作,保障快递业健康快速发展 。

强化市场执法检查。形成日常检查与开展专项检查活动相结合的执法检查工作模式。2007年至2011年,日常执法检查和三次专项执法检查活动,共出检3500多人次,检查企业1200多家次,下达整改通知87份,取缔无证经营企业1家,作出9起行政罚款处罚决定,罚款金额共32000元。

依法开展经营许可。2008年下半年开展快递企业备案登记工作,2009年完善备案制度的各项管理工作,海南省内71家备案企业的信息,全部录入国家邮政局备案管理系统。2010年开展快递业务经营许可工作,截至2011年12月31日止,共受理快递业务经营许可申请37家,批准颁证34家;受理快递业务经营许可证变更申请13家(次),审查核准变更12家(次),核准变更事项62项。完成国家邮政局委托核查在海南省快递企业分支机构的核查和报送核查材料的工作。组织开展了2011年快递业务经营许可年度报告工作,完成20家快递企业2010年度报告的审核,并按要求进行公示。

加强服务质量管理。2009年,联合海南省快递行业协会开展《快递服务》标准达标评定工作,有18家快递企业经评定达标。2010年和2011年开展快递业务旺季服务保障工作,制定工作方案,与各快递企业签订《海南省快递业务旺季服务和安全责任书》,加大了对企业的检查频次,保障了快递业务旺季生产和安全。

开展寄递安全监管。2008年3月,海南省邮政管理局与海南省国家安全厅联合成立"海南省邮路寄递物品安全监管领导小组",建立海南省邮路寄递物品安全监管联合工作机制。2010年,海南省公安厅加入该联合工作机制;制定了《海南省邮政业突发事件应急预案》,初步建立起海南省邮政业突发事件应急预案和应急工作体系;开展国家或地区重大活动期间邮路寄递安全监管工作,做好每年博鳌亚洲论坛年会期间的邮路寄递安全监管工作。

做好消费者申诉处理。2008年7月,海南省建成"12305"邮政业消费者申诉平台,截至2011年12月31日,通过"12305"邮政业消费者申诉电话和国家邮政局网站共受理消费者申诉598件。经调解,消费者申诉已全部妥善处理,为消费者挽回经济损失399263元。

重庆快递市场发展及管理情况

一、快递行业总体发展情况

"十一五"期间,重庆市快递业务量增长速度十分迅猛,2011年达到4068万件,同比增长43.8%。完成业务收入7.68亿元,同比增长27.5%,接近重庆市GDP增长速度(16.4%)的1.7倍,是第三产业增长速度(10.8%)的2.5倍。业务收入占全市GDP总值(10011.13亿元)的0.07%,占第三产业总值的0.21%。

截至2011年底,依法取得快递业务经营许可证的企业73家(含跨省经营和经营国际业务的企业),各类快递营业网点582家,已形成国有、民营、外资多种所有制经济共同发展的格局。

二、行业管理思路及成效

加大政策扶持力度。重庆市邮政管理局积极与相关部门沟通并建立了良好的协作关系，出台了一系列有利于快递市场发展的政策和措施，切实解决了快递发展中存在的快递服务车辆加油难和快递运输车辆通行难等问题。为落实《邮政业发展"十二五"规划》，解决快递企业征地难，场地建设难的问题，重庆市邮政管理局与重庆市发展改革委一道，结合两江新区的发展战略，深入研究快递集散中心位置选择、功能设计、运营机制等问题，积极推动快递园区建设，打造西南快递中心。

加强邮路安全监管。以政府规范性文件下发了《寄递服务企业收寄物品安全管理规定（试行）》，明确了重庆公安、国安、海关、检疫检验、工商、机场公安等部门的安全监管职责。创新邮路安全监管新体制、新模式，通过不断深化、总结，市邮政管理局与市国安局分别在重庆万州、永川、涪陵、黔江成立了邮路安全监管办公室，进一步缩小了邮路安全监管工作的盲区，建立了邮路安全监管的长效机制。

有序推进快递经营许可。按照"优质、高效、规范、廉洁"和"公开、公平、公正"的原则，重庆市邮政管理局依法有序推进快递业务经营许可工作，严格执行国家邮政局制订的《快递业务经营许可条件审核规范》，把好市场准入关。截至2011年12月，获得快递业务经营许可证的企业56家。

依法开展市场检查。坚持以"规范市场秩序，维护用户权益"为原则，以"创造良好发展环境"为目的，完善禁寄、收寄验视、公示、备案等制度。依法规范日常检查内容和程序，并针对热点、难点、重点问题进行专项检查，把企业合法、合规经营作为执法检查的重点，快递市场得到有效规范。

开展快递服务评价。制定了《重庆市快递行业综合评价体系管理办法》，以重庆市内开展经营快递服务的品牌公司作为评价对象，根据12305邮政业申诉受理中心按月通报申诉受理情况和每月快递执法检查情况及《快递服务标准》贯彻执行情况进行打分。同时特约社会监督员对快递企业进行日常监督走访，并对相关快递企业进行快递试寄测试。

畅通用户申诉渠道。充分发挥12305邮政业消费者申诉受理中心的作用，及时协调妥善解决消费者反映的快递服务问题。2009年至2011年，重庆市邮政管理局通过"12305"邮政业消费者申诉电话、局长信箱、政府网站以及国家局申诉网站转办共受理消费者关于快递服务的申诉3390件，经调解，受理的消费者申诉和咨询问题已全部妥善处理，有效申诉得到了件件落实，电话回访消费者对申诉处理满意率为100%。

完善安全监管制度。结合行业安全监管工作实际，深入贯彻落实《邮政法》、《邮政行业安全监督管理办法》。对邮政行业安全监督管理工作原则、内容、方式、程序等进行了细化，认真落实禁寄、收寄验视、重大事件报告、信息报送等涉及企业安全管理责任的内容。将安全检查纳入日常检查的范围，督促主要快递企业建立日常运营实时监管信息系统，为行业安全提供有力的制度保障。

建立联动工作机制。加强与公安、安全等部门的工作联系，共同做好国家重大活动的邮路安全保障工作；指导快递企业层层建立邮路安全责任制，完善安保预案，加强安全防范工作。组织邮路反恐和消防安全演练；加强邮件、快件的安全检查，对收寄的快件做到100%验视，确保邮件和快件的安全。

制定行业发展规划。经重庆市政府同意，市邮政管理局正式颁布了《重庆市国民经济和社会发展第十二个五年规划邮政业专项规划》。在市邮政管理局的积极推动下，快递服务发展被正式纳入《重庆市国民经济和社会发展第十二个五年规划纲要》。

推进人才队伍建设。建立组织机构,做好人才发展指标与企业分级管理等制度的衔接,不断完善人才培养工作的体制机制。截至2011年底,共计完成快递业务员职业技能鉴定2309人次,其中合格1773人。

四川快递市场发展及管理情况

一、快递行业总体发展情况

“十一五”期间,四川省快递业务发展迅速,全省快递业务量和快递业务收入年均增长率分别达到43%和43.3%。2011年,四川省快递业务量达到1.1亿件,同比增长60%;快递业务收入达到18.3亿元,同比增长40.1%。截至2011年底,全省依法取得快递业务经营许可证的企业共271家,设立分支机构653家,覆盖全省所有地级市和大部分县,初步形成了多种所有制并存,多种经营模式共生,各市场主体互相竞争合作的市场格局。

二、行业管理思路及成效

四川省快递市场监管坚持“鼓励竞争,促进发展”的原则,全面贯彻实施《中华人民共和国邮政法》和《四川省邮政条例》,以科学发展观为主题、以加快转变行业发展方式为主线,加强市场监督管理,维护通信信息安全,维护用户合法权益,促进快递市场的健康发展。目前,全省快递市场的竞争发展格局初步形成,市场规模不断扩大,服务质量稳步提升,安全保障能力增强,快递服务的基础性作用日益明显,为促进四川省经济社会发展和服务人民生活做出了积极贡献。

健全法规体系。在快递企业中广泛开展《中华人民共和国邮政法》、《四川省邮政条例》、《快递市场管理办法》、《快递业务经营许可管理办法》、《快递服务标准》等一系列法律法规和标准的宣传贯彻工作。2011年3月,《四川省邮政业发展“十二五”规划》经国家邮政局批准,正式发布实施。《规划》确立了“十二五”期间四川省邮政业发展的指导思想和目标,明确了五大任务和五项重点工程,提出了十项保障措施。

四川省邮政管理局与四川省工商行政管理局联合制定下发了《关于快递业务经营许可审批和登记管理有关事项的通知》,制定下发了《四川省邮政业突发事件应急预案》,建立了与四川省公安厅、国家安全厅、中国民用航空四川省安全生产监督管理局等多部门联合执法制度等,与公安、安全部门联合成立四川省邮路寄递物品安全监管领导小组,协同开展安全监管工作,为促进全省快递服务发展和强化快递市场监管提供了重要保障。

加大政策扶持。组织调研并向四川省政府提交了《四川省邮政管理局关于请求解决我省快递企业车辆通行问题的请示》,受到四川省政府相关领导的高度重视。与省公安厅协调解决了部分市(州)快递企业在市区使用摩托车、电瓶车投递收寄快件时,在禁行路段的通行和停靠问题。协调落实快递业务营业税收政策,减轻企业负担。协调解决了部分市(州)快递企业缴存安全生产风险抵押金问题。同时,四川省邮政管理局还会同四川省政府物流办公室,开展全省快递发展情况调查,形成了《关于四川快递业发展情况的调查报告》。

推动人才建设。截至2011年底,全省累计参加职业鉴定的快递业务员共5283人,其中参加初级快递业务员职业鉴定统考的共有5137人,合格3869人。参加中级快递业务员职业鉴定统考的共有146人,合格103人。

实施准入制度。四川省邮政管理局与省工商行政管理局等部门建立许可协调机制，规范经营许可登记工作，全面推进快递企业经营许可工作。截至2011年底，经四川省邮政管理局核准取得快递业务经营许可的公司271家，下属分支机构653家。对2010年12月31日前全省228家取得许可证的快递企业进行了年度报告审核和实地核查，对符合规定的219家办理了年度报告手续。对不符合年度报告规定的3家快递企业，提出了整改和延缓办理年度报告手续，对6家企业依法办理了快递业务经营许可注销手续。

加强市场检查。开展"规范市场秩序，维护用户权益"专项执法检查。2011年共出动执法人员1734人次，出检207天，检查391次，检查企业175家。查出违法违规邮政通信行政案件21起，发出《责令(限期)改正通知书》15份，做出行政处罚决定6起，罚款2.4万元。加强全省快递企业旺季生产保障工作，与省邮政公司和全省30家重点网络企业签订了保障旺季生产责任书，30家重点网络企业按照省局要求与其加盟企业签订保障旺季生产责任书。

维护用户权益。2008年4月，四川省开通了"12305"邮政业消费者申诉热线，建立了"四川省邮政业消费者申诉受理中心"。2011年，四川省邮政管理局共处理邮政业消费者申诉2035件，全部进行了妥善处理，结案率100%。2011年，对用户反映快递企业快件延误等情况约谈了2家快递企业负责人，提出整改措施，改进服务质量。

保障信息安全。开展《邮政行业安全监督管理办法》宣贯活动和实施情况检查，对18家重点规模以上的网络性企业实施《邮政行业安全监督管理办法》进行了安全检查，对快递企业在安全生产中的违法行为，做出了2起行政处罚。落实收寄验视制度情况。对违规收寄禁寄物品的2家企业，按照相关法律法规和行政处罚程序，进行了严肃的处理，共计罚款人民币2万元。

云南快递市场发展及管理情况

一、快递行业总体发展情况

修订后的《邮政法》颁布实施以来，云南省快递业初步形成了政府监管、行业自律、社会监督的良好发展局面。2011年全省快递业务量累计3045.74万件，同比增长34.82%，业务收入累计7.05亿元，同比增长18.53%。其中，国内同城快递业务量累计580.13万件，同比增长32.94%，业务收入0.78亿元，同比增长20.93%；国内异地快递业务量累计2448.78万件，同比增长35.73%，业务收入5.54亿元，同比增长24.91%；国际及港澳台快递业务量累计16.83万件，同比下降8.88%，业务收入0.42亿元，同比下降16.77%。

快递企业不断通过技术创新提高自身的服务水平，从提供单一型的快递服务，逐步向包括普通运输、仓储与配送、进出口代理、通关服务、物流咨询及代收货款等相关增值业务多元化发展，服务层次向高端延伸。快递企业在上门揽收、投递到户、限时送达等服务功能上日趋完善，先进的信息跟踪技术使跟踪查询服务更加及时、方便。计算机、手持终端设备投入增长迅猛，有效提升了快递企业的服务能力。

二、行业管理思路及成效

快递市场的快速发展中也存在融资难、用地难、配套政策不够完备、大部分民营快递企业技术装备陈旧、经营管理水平较低、竞争主体仍需壮大、市场秩序亟待规范等问题，这些问题阻碍了快

递市场的成熟和发展。为解决这些问题,云南省邮政管理局采取了以下几方面措施:

出台支持发展政策。云南省邮政管理局先后协调地方政府出台多项政策措施,支持行业发展。内容涉及快递车辆便捷通行、快递市场监管机制建设、快递物流园区建设以及快递税收优惠等多个方面。2011 年 11 月 30 日,《云南省邮政条例(修订草案)》讨论通过,下一步将提请云南省人大常委会审议。条例草案将涉及快递车辆便捷通行、消费者投诉申诉等内容,有利于保障消费者利益及云南省快递业的整体发展。云南省邮政管理局先后完成了《云南省邮政业"十二五"规划》、《昆明市快递业"十二五"发展规划》的编制发布工作。

规范快递市场秩序。建立健全与公安、安全、工商长效协作工作机制,先后通过开展联合检查、综合检查、专项检查等方式,加大对违法违规行为的查处力度,加强快递市场监管,有效规范市场秩序。2011 年对云南省邮政市场检查 378 次,出检 137 天,检查单位 362 个,出检人次 1044 人次,查处违法违规行为 49 次,下达整改通知 42 份,有效地维护了云南省邮政市场经营秩序。

实施许可常态管理。严格执行快递经营许可的各项法律规定,做好经营许可的受理、审核、变更以及备案工作。本着"依法准入,许可条件严格执行法定条件"的指导方针,2011 年共向 44 家企业下发了《快递业务经营许可证》,对 180 余份快递企业设立分支机构申请进行了备案审批,对 25 家企业办理了许可证变更,完成对 2010 年 138 家许可快递企业的年度报告审核工作,全省取得许可的企业已达 182 家,备案企业 235 家。

强化行业安全监管。深入贯彻实施《邮政行业安全监督管理办法》,对快递市场经营主体现场培训安全知识,与全省 138 家获得许可证的企业签订《云南省邮政业安全责任书》、《云南省邮政业快递业务旺季服务责任书》。修订完善《云南省邮政业突发事件应急预案》,加强行业安全应急体系建设和制度建设。

加强行业队伍建设。2011 年,实施云南省快递业务员初级鉴定考试 2 次,鉴定人数 554 人。

妥善受理用户申诉。2011 年,协调处理快递服务申诉 358 件,对有效申诉案件进行及时沟通、了解和调查,妥善处理,件件落实。经调解申诉事件全部妥善处理,为消费者挽回经济损失 28604 元,申诉处理满意率为 100%。

加强快递企业自律。云南省快递行业协会积极配合政府监管,充分发挥"服务、协调、自律"职能,拟制了《云南省快递市场参考价格》,制订了《云南省快递企业自律公约》和《云南省快递服务承诺》,拟制了"《云南省快递企业自律公约》监督实施办法",推进快递行业诚信建设,规范企业经营行为,提高自律水平。完成了对全省第一批 11 家达标快递企业复查评定工作。

贵州快递市场发展及管理情况

一、快递行业总体发展情况

贵州省地处西部偏远山区,其地理位置和环境因素对于快递业务的发展存在着制约和局限,尽管如此,贵州省快递市场和快递业务仍连续多年以 20% 以上的速度迅速发展。2011 年,贵州省快递业务量达到了 1533.9 万件,同比增长36.8%,业务收入 36576.8 万元,同比增长 23.8%。目前,贵州省已有备案快递企业 52 家,包括分支机构共计 286 家,基本覆盖贵州省各县。

二、行业管理思路及成效

贵州省民营快递企业存在的主要问题是起步晚、底子薄、基础差，抗击风险能力弱。对此，贵州省邮政管理局在市场监管工作上一直坚持以“打基础、重规范”为重点，坚持服务与规范并重，切实加强行业监督管理。

大力加强邮政监管能力建设。高度重视，统筹安排，多管齐下，下大力气扎扎实实提升服务能力，切实缓解供需矛盾，满足日益增长的经济社会发展和人民群众对快递服务的需要。

着力推进快递市场服务升级。落实好《快递服务标准》，做好快递服务满意度调查和时限测试，持续做好快递市场专项检查，完善以“公众满意度、时限准时率、用户申诉率”三项指标为核心的快递服务评价体系，积极推进快递诚信体系建设。

扶持快递企业良性发展。贵州省邮政管理局努力做好邮政监管工作，不断对贵州省快递市场加以分析，深入企业帮助查找问题，解决困难。在市场监管工作中，培养快递骨干企业，引导和帮助企业加强基础建设和品牌建设。支持有条件的快递企业走出去，开拓国际市场。更好地落实《快递行业特许经营（加盟）合同（示范文本）》，规范企业加盟行为。目前，贵州省各快递企业包括分支机构的数量已达到286家，企业规模由家庭手工式作坊到初具现代化企业雏形，企业服务质量和水平大幅提升。通过努力，一直困扰快递企业的快递车辆进城通行难、停靠难等问题得到解决，企业用地难、用工难、融资难等问题正逐步突破；持续不断地与快递企业总部加强联系和沟通，为贵州省各民营快递企业争取到相关支持和扶助政策。

规范快递市场秩序。坚持严格标准，注重质量，加强审核，依法做好经营许可常态化管理工作。加大执法检查力度，坚决依法查处扰乱市场经营秩序、侵犯消费者合法权益等违法违规行为，重点解决积压延误、丢失损毁、投诉赔偿难等重点问题。

强化安全监管工作。不断完善邮政业安全监管配套制度和寄递渠道安全保障机制。加大寄递渠道反恐、禁毒、“扫黄打非”等重点工作力度。落实安全生产责任制，着力加强行业安全生产监管。修订《邮政业突发事件应急预案》，深入推进行业应急预案体系建设，规范突发事件处置流程，做好各类大型活动的寄递渠道安全保障工作。

切实保障旺季服务。随着快递市场的发展，人民群众对快递的需求量也在持续增长，贵州省邮政管理局努力建立健全快递业务旺季服务保障应急机制，提高旺季服务的应变能力。研究拟订旺季服务的应急标准，使旺季服务保障工作规范化、标准化、制度化。落实好旺季服务保障工作方案。全面加强对快递行业的运行监控。加强对贵州省各快递企业的指导、协调、监督和服务，督促企业加强组织管理，合理调配资源，做好旺季服务保障工作。针对日益增长的快递业务量，通过增加人员和车辆以及改进作业环节等方法和措施，贵州省各民营快递企业从之前的无法应对爆仓情况到现在平稳过渡黄金周等旺季，各快递企业的服务能力得到迅速增长。

西藏快递市场发展及管理情况

一、快递行业总体发展情况

2007－2011年期间，随着西藏快递市场需求的不断增长，快递企业直营模式与加盟模式互相渗透、互相结合，在数量、经营规模、从业人数等方面都发生了很大变化。截至2011年底，提供快递服务的企业达到14家；快递业务量累计完成284.32万件，同比增长41.61%；业务收入累计完成1.18亿元，同比增长32.70%。

随着快递服务企业在营业网点、作业设施、运输设备等方面的大幅投入，国有企业发展迅速，初步形成遍及西藏的配送、分销网络体系；民营和外资快递企业经营地域也从以拉萨市区提供同城快递为主，逐步向部分地区提供异地快递服务拓展。快递服务企业计算机、手持终端设备投入较2007前不断提高，上门揽收、投递到户、限时送达、跟踪查询等服务功能日趋完善。部分企业加大了品牌建设力度，通过强化统一服务标准和统一运作方式，树立了良好的企业形象。快递从业人员不断增加，到2011年底达497人。初步形成以国有企业为主体，民营、外资企业日益壮大的发展局面。

二、行业管理思路及成效

西藏快递行业在持续快速发展的同时，也存在一些突出问题。一是快递企业普遍规模小实力弱、从业人员流动性大、管理人才缺口大、人员素质不能适应发展的需要，持续发展能力不足；二是个别企业变动较频繁，服务中的热点难点问题不少，安全隐患较大，违法违规经营现象时有发生，政府监管难度大。三是由于地区无邮政监管机构，地区快递服务监管缺位。面对西藏快递产业发展的新形势、新任务，2007－2011年，西藏邮政管理部门不断创新监管办法，提高监管能力，构建“便捷高效、竞争有序，技术先进，服务优质”的快递服务体系，采取有力措施，提升快递服务质量，确保快递产业运行安全。

出台支持快递的优惠政策。在积极做好《中华人民共和国邮政法》宣传贯彻工作同时，将快递服务纳入《西藏自治区邮政条例》地方立法工作内容。完成快递企业优惠税率的落实工作，减轻了企业发展负担。

监管能力逐步增强。建立了西藏邮政管理部门与自治区工商、海关、公安等部门的联合执法和协调机制。

建立快递市场准入及退出机制。开展快递市场准入工作。2011年共受理企业提交的快递业务经营许可申请4件，审批发证4家；举办两批快递从业人员职业技能鉴定考试，实现市场经营者合法入市、依法经营、有序退出。

规范市场秩序确保消费者权益。进一步以“公众满意度、时限准时率、用户申诉率”为核心指标，认真落实《国内快递服务合同》示范文本实施工作，充分发挥12305申诉中心的维权作用。有针对性地开展快递执法检查工作。重点督促解决快件丢失、损毁和延时问题，落实各类市场主体服务承诺，保护消费者合法权益。

开展服务达标工作。发挥快递协会的自律作用，组织企业开展《快递服务》标准达标工作，通过评选和达标活动，促进企业提高管理水平，提升服务质量。

加强行业安全监管。建立应急保障机制，提高邮政业处置突发事件能力，督促企业严格执行收寄验视制度，配合有关部门做好北京奥运会、上海世博会以及庆祝西藏和平解放60周年等重大活动期间的禁毒、反恐、危险品管理等快递产业安全监管工作。

陕西快递市场发展及管理情况

一、快递行业总体发展情况

快递市场持续快速发展。在陕西省经济高速发展的形势下，陕西省快递服务需求强劲、电子商务发展迅猛，快递市场快速扩容。2011年全省快递服务企业业务量累计完成3941.55万件，同比增长52.63%；实现快递业务收入83741.11万元，同比增长26.55%。快递业务收入占全省国民收入的0.07%、占全省第三产业增加值0.19%。其中，同城、异地、国际及港澳台快递业务量分别完成490.05万件、3409.7万件和41.8万件，同城快递业务量同比增45.63%，异地快递业务量同比增长55.39%；国际及港澳台快递业务量同比增长-19.12%；同城业务收入完成4664.47万元，同比增长77.77%、异地业务收入完成63446.62万元，同比增长28.26%、国际及港澳台快递业务收入完成10896.93万元，同比增长5.91%，其他业务收入累计完成4733.07万元，同比增24.78%。

依法实行市场准入制度。陕西省邮政管理局按照《邮政法》和《快递业务经营许可管理办法》的规定，依法对经营快递业务的企业实行市场准入制度，并按照"鼓励竞争，促进发展"的原则对经营快递业务的企业进行监管。截至2011年底，陕西省经国家邮政局和省邮政管理局许可，从事快递业务经营的各类企业及分支机构共计416家。其中在陕西省取得《快递业务经营许可证》的企业116家，向省邮政管理局提出停止经营快递业务的企业1家；在国家局取得《快递业务经营许可证》的企业3家；全省快递服务企业中，国有企业及其分支机构42家，外商投资快递企业8家，各类民营企业及其分支机构366家。各主要品牌快递网络基本覆盖了全省所有地市和主要的县市。全省快递市场国有、民营、外资、合资等多种所有制企业快速发展、竞争有秩的格局已经基本形成。

从业人员规模进一步扩大。由于快递业务量的不断增长，陕西省快递服务行业的从业人员进一步增加。截至2011年底，全省快递从业人员超过8000名，同比增长15%。

服务能力进一步提高。为适应快递市场快速发展的需要，逐步完善自身的服务能力和水平，陕西省圆通、申通、中通、韵达、陕西聚信、西安城联、陕西飞远等多家快递公司分别投资新建或扩租办公和分拣场所，建立职工宿舍和食堂，有效改善了企业的快件处理环境，提升了快件处理能力，提高了企业员工的工作效率。

二、行业管理思路及成效

在快递市场迅速发展的同时，陕西省快递行业还存在市场规模偏小、企业竞争力不强、发展方式比较粗放、资源调配不科学、人员素质尚不理想、服务水平有待提高、企业发展资金短缺、同质化恶性竞争、经营状况亟待改善等问题。陕西省邮政管理局立足于"监管仅是手段、发展才是目的"的理念，按照"鼓励竞争，促进发展"和"公开、公平、公正"的原则，不断优化发展环境，扩大产业整体规模，增强服务能力，提升服务水平，提高竞争能力，取得了良好的效果。

加强安全监管信息化建设。按国家邮政局安排，建立安全监管信息系统，实现了对主要快递企业运行数据的实时监控，督导企业配备必要的安全检测设备和安全检查人员，自行开展检查工作。加快推进信息系统的连接工作。充分利用技术手段，加强监测预警，强化行业安全监管。

完善突发事件应对机制。认真贯彻落实《国家邮政业突发事件应急预案》、《陕西邮政业突发事件应急预案》，进一步完善突发事件应急管理机制，落实应急体系建设规划，细化突发事件应急预案，切实加强应急管理工作。抓紧研究建设应急管理平台系统，深入开展应急管理体系建设，加强应急管理综合评估，提高全行业应对突发事件的能力。

强化邮路安全监管。坚持每月与公安、安全部门的例会制度，加强部门协作，与公安、国家安全等部门建立了联动工作制度，完善"关口前移、预防为主"的工作机制。督导邮政、快递企业落实邮件、快件收寄验视制度，建立安全责任制，完善安保预案，加强安全防范工作。

不断优化快递市场发展环境。2011年年初，在陕西省“两会”期间，陕西省邮政管理局以提案方式向省政协提交了《关于建设陕西快递物流园区的建议》提案，引起社会各界广泛关注。

健全快递车辆管理制度。快递企业运输快件的车辆经省邮政部门核定，喷涂企业专用标志，依法办理道路运输证。带有快递专用标志的车辆在城区运递快件，凭公安机关交通管理部门核发的通行证，在确保安全和不影响交通的情况下，不受禁行路线、禁停地段的限制。

开展快递市场检查工作。联合工商部门，深入推进快递执法检查活动，加大市场整治力度，对未经许可经营快递业务进行严格执法检查。对未经审批开办经营快递业务的，坚决依法取缔，切实维护市场经营秩序。对消费者反映强烈的快件延误、损毁、丢失和赔偿等热点问题，认真排查，对严重损害消费者利益的行为，坚决依法进行查处。

完善申诉中心功能。做好消费者申诉中心网络系统日常维护工作，畅通申诉渠道，认真受理消费者申诉，促进企业提高服务质量；落实12305与消协12315的沟通机制，使消费者投诉有回音，申诉有渠道，维护消费者的合法权益。2011年消费者申诉中心共处理各类用户申诉1556件，办理结案1450件，同比增长272%。其中有效申诉1411件，占申诉的97.31%，为消费者挽回经济损失8865元。有效申诉中涉及快递服务问题1351件，占有效申诉量的95.75%。

甘肃快递市场发展及管理情况

一、快递行业总体发展情况

2011年，甘肃省快递业务量完成1135.21万件，同比增长12.1%。其中，国内同城快递业务量166.7万件，同比减少2.8%；完成国内异地快递业务量963.8万件，同比增长15.3%；国际及港澳台快递业务量4.7万件，同比减少16.2%。完成业务收入2.8亿元，同比增长14.1%。其中，国内同城快递业务收入1.13亿元，同比增长1.6%；国内异地快递业务收入2.21亿元，同比增长17%；国际及港澳台快递业务收入0.08亿元，同比减少21.6%；其他快递业务收入0.38亿元，同比增长12.8%。

甘肃省电子商务类快件业务发展迅速，2011年完成电子商务类快件业务量23.21万件，其中，同城电子商务类快件业务量0.56万件，异地电子商务类快件业务量22.65万件。

截至2011年底，甘肃省取得《快递业务经营许可证》的法人企业81家，在省内设立分支机构106家，办理了属地备案手续的全国网络型快递公司分支机构7家。甘肃省快递行业2011年末从业人员2456人，取得快递业务员资格证书1246人，快递企业营业场所建筑面积5.46万平方米，机动车568辆，计算机1120台，手持终端1130台。

二、行业管理思路及成效

甘肃省快递业存在的主要问题是：企业规模普遍较小、扶持政策不到位、员工队伍不稳定、快递车辆进城难通行难、企业用地难制约企业发展。对此，甘肃省邮政管理局加大行政监管力度，促使全省快递业呈现快速发展的态势。

协调解决发展难题。甘肃省邮政管理局积极协调地方税务部门、交通管理部门、劳动和社会保障部门协调解决制约快递业发展的税收、车辆通行、不定时用工等瓶颈问题，为快递企业发展争取和创造扶持政策，不断优化发展环境。

规范快递市场秩序。2007－2011年共开展各类检查活动1150次，出动执法人员2000多人次，检查快递企业600多家，查处和纠正违法违规行为150余件，下发责令改正通知书96份，罚款17000元整。依法取缔9家无证经营快递业务的企业，并在当地主要媒体上发布了取缔公告，通过开展卓有成效的市场监管工作，全省快递市场秩序井然，服务质量进一步提升。

狠抓行业安全生产。2007－2011年间，甘肃省邮政管理局每年同全省邮政企业和快递企业签订《邮政行业安全生产责任书》、《邮政行业维护社会稳定及社会治安综治管理责任书》、《邮政行业禁毒工作责任书》。2010年3月，甘肃省邮政管理局制定了《甘肃省邮政行业突发事件应急预案》，并成立了甘肃省邮政行业突发事件应急领导小组。2008－2011年，连续四年开展邮件安全验视实物寄递测试，测试全省邮政支局(所)160家，快递公司100家。先后出色完成了北京奥运会、北京残奥会、国庆60周年庆典、上海世博会、广州亚运会、广州亚残会的邮路安保工作。

快递业务经营许可常态化管理。严格按照《邮政法》、《快递业务经营许可管理办法》，做好快递业务经营许可的受理、审核、场地验收及发证、备案管理工作，并实施开展许可企业复查复检工作，实现快递业务经营许可及常态化管理。截止2011年底，甘肃省取得《快递业务经营许可证》的法人企业81家，在省内设立分支机构106家，办理了属地备案手续的全国网络型快递公司分支机构7家。

建立行业人才培养长效机制。甘肃省邮政管理局注重行业人才的培养，通过开展快递业务员职业技能培训、校企合作等多种方式，为全省快递行业培养人才，截至2011年底，甘肃省邮政管理局同甘肃省快递协会累计培训快递企业员工2600多人次，取得快递业务员资格证书1246人。甘肃省邮政管理局同甘肃联合大学、兰州交通职业技术学院建立了人才培养合作机制，积极为快递企业培养和输送人才。

青海快递市场发展及管理情况

一、快递行业总体发展情况

“十一五”期间，青海省快递行业从无到有，从小到大，不断发展，目前全省有许可企业17家，经国家局许可在青海省备案的快递企业4家，共计21家，从业人员500多人。五年多来，青海省邮政管理局紧密结合青海实际，深入贯彻实施《邮政法》，不断优化发展环境，健全监督保障机制，规范快递市场秩序，加强依法行政能力建设，圆满完成了各项目标任务，到2011年，全省快递业务收入8713万元，同比增长17.4%。快递业务总量达到738万件，同比增长74.9%。

二、行业管理思路及成效

强化行业监督检查。以“规范市场秩序、维护用户权益”专项执法检查行动为中心，建立健全与省公安、安全、工商等部门的协作机制，积极开展联合检查、综合检查、专项检查等监督检查活动。2011年共出检309人次，纠正违规违法行为14起，下达整改通知7件，行政处罚2起。同时通过聘请快递业务特邀监督员开展社会监督，通过快递服务公众满意度调查进行舆论监督，有效规范了快递市场秩序。

实施许可常态管理。严格执行快递许可的各项法律规定,加大实地核查力度,逐步健全了快递许可常态化管理工作模式。2011 年共受理 11 家企业递交的许可申请,颁发快递业务经营许可证 6 件。截至 2011 年底,全省共有 17 家企业取得《快递业务经营许可证》。做好快递业务经营许可年度报告工作,通过规范流程、畅通渠道和实地审核等方式,完成了 2010 年 8 家许可快递企业的年度报告审核工作。

加强旺季服务保障。印发《青海省快递业务旺季服务保障工作方案》,明确了政府、协会、企业三方职责要求和追责措施,引导快递企业制定应对方案,互相帮助共同发展。通过召开旺季工作保障会、签订服务承诺责任书以及现场督导检查等方式,建立健全责任落实和追责制度,有序开展服务保障工作,快递服务平稳度过了中秋、国庆、圣诞、元旦等快递业务高峰时段。

强化行业安全监管。深入贯彻实施《邮政业安全监督管理办法》,印发单行本及宣传单,举办培训班,督促企业严格收寄验视制度,落实安全管理责任,完善安全管理制度,健全安全管理体系。修订完善《青海省邮政业突发事件应急预案》,在全国范围内率先制定出台《青海邮政业反恐防范标准》,加强行业安全体系建设和制度建设,深入开展隐患排查治理大检查,圆满完成重大活动、节日期间邮路安保工作,全省邮政业没有发生较大的安全生产事故。

妥善处理用户申诉。深入宣传贯彻《邮政业消费者申诉处理办法》,加大申诉处理情况检查及考核力度,督促企业改善服务,全年受理消费者申诉 124 起,较上年增长 235%,为消费者挽回经济损失 13380 元,充分发挥了 12305 申诉中心的维权作用,维护了消费者的合法权益,化解了大量矛盾,促进了行业的和谐发展。

宁夏快递市场发展及管理情况

一、快递行业总体发展情况

2011 年,宁夏快递服务企业实现业务量 678.96万件,同比增长 45.97%,其中:同城快递 47.4 万件,同比增长 4.9%;国内异地快递 630 万件,同比增长 47.1%;国际快递 1.6 万件,同比增长 0.3%。宁夏快递实现业务收入 1.51 亿元,同比增长 38.97%元,其中:同城快递 534 万元,同比增长 15.4%;国内异地快递 1.33 亿元,同比增长 42.8%;国际快递 397.7 万元,同比增长 9.3%;其他营业收入 818.3 万元,同比增长 18.5%。

截至 2011 年底,宁夏全区共有 31 家快递服务企业取得快递业务经营许可证,完成备案的快递企业分公司及其经营网点共计 48 处。全部快递服务企业中,国有企业 31 家,民营企业 47 家,外资企业 1 家。宁夏快递从业人员共 1186 人,从业人员中快递业务员 886 人,其中持证快递业务员 480 人,持证人员比例为 54.2%。

二、行业管理思路及成效

宁夏快递市场在发展中逐步暴露出快递企业规模小、基础设施薄弱、网点覆盖率低、各项制度不健全、从业人员素质偏低、配送服务水平参差不齐、恶性竞争显现、经营管理水平有待提高等诸多问题,对此宁夏邮政管理局不断推出治理措施:

加强行业法制建设。一是认真做好《宁夏邮政条例》修订工作,条例已被宁夏回族自治区人大、人民政府列为 2012 年一类立法项目。二是完成了宁夏邮政业(快递服务)“十二五”规划的编制工作。三是启动了邮政行业“六五”普法宣传教育工作。

大力优化发展环境。宁夏邮政管理局围绕建设服务型政府，优化行业发展环境，进一步落实促进快递与民航业协同发展、协调解决民航机场“快件绿色通道”建设的相关问题；在解决快递企业营业税率的基础上，配合税务部门做好进一步规范快递企业统一使用“邮政业专用发票”相关工作。为争取快递企业的优惠扶持政策，与自治区公安厅、国家安全厅、工商局、银川海关等部门就车辆通行等问题开展联合调研，制定保障快递企业运输车辆便捷通行的有关政策。有关快递业扶持政策已经写入《宁夏邮政条例（修订）》送审稿，并报自治区政府常务会议审议。

努力规范市场秩序。目前，宁夏取得快递业务经营许可证的企业共计31家。宁夏的快递业务经营许可工作已经步入常态化、日常化轨道。相继开展了“规范市场秩序、维护用户权益”专项执法检查活动、快递服务旺季生产检查、快递企业安全生产检查、快递业务经营许可工作检查、快递企业统计工作检查等专项检查。全年累计检查快递企业经营网点237处，出动人员500余人次，行程3000余公里，下发限期整改通知28份，12305邮政业消费者申诉中心转办服务态度恶劣5件，其他违法或违规行为12件，共计处罚金额人民币5000元。

维护用户合法权益。2011年，12305宁夏邮政业消费者申诉中心共受理消费者申诉291件，同比增加108件，增长59.02%。申诉中涉及快递业务问题的278件，同比增加114件，增长69.51%。全年共处理有效申诉217件，同比增加107件，增长97.27%。消费者申诉已经全部妥善处理，全年为消费者挽回经济损失27819元。消费者对申诉处理满意率为97.25%。

保障通信信息安全。为了深入贯彻《邮政行业安全监督管理办法》，促进宁夏邮政行业安全、持续发展，宁夏邮政管理局组织开展了多期全区快递企业负责人和管理人员的《邮政行业安全监督管理办法》培训班。自治区邮路寄递安全工作领导小组相关同志和各企业代表也分别就邮政行业安全工作进行了座谈，提出了很好的意见和建议。

促进行业科学发展。完成了《宁夏邮政行业“十二五”规划》中快递服务部分的起草及修订工作，并针对规划内容向自治区相关单位和企业征求了意见。2011年，宁夏邮政行业职业技能鉴定中心组织了两次快递业务员职业技能考试，并组织部分快递企业负责人参加国家邮政局职鉴中心组织的快递业务员中级考试培训师培训，顺利取得培训师资格，为快递行业的持续健康发展打下坚实基础。

新疆快递市场发展及管理情况

一、快递行业总体发展情况

2011年，新疆维吾尔自治区规模以上快递服务企业业务量完成1919.6万件，同比增长44.2%。业务收入57706.2万元，同比增长34.8%，新疆快递市场呈现持续快速发展的良好态势。截至2011年底，新疆维吾尔自治区取得快递业务经营许可证的企业76家，设立分支机构210家，覆盖全区所有地州及80%的县（市），快递网络日趋完善。独立快件处理中心达到10个，总面积近30000平方米，快件处理能力大幅提高。全区快递从业人员3200余人，比上年增长20%，从业人员素质逐步提高。各类快件运输车辆达到682辆，除开展城市派送业务外，主要用于自治区内的快件运输，开辟了乌鲁木齐至重点地州之间的陆路运输线路，保证了快递时效和网络的通达。

中央新疆工作座谈会后，各省市对口援疆工作全面推进，中央企业安排大量资金投资新疆，全社会固定资产投资高速增长，借助新疆跨越式发展的历史机遇，带动快递等服务业实现了快速发展。随着《邮政法》、《新疆邮政条例》、《新疆快递服务"十二五"规划》等法律法规、规划的贯彻落实，快递业发展环境进一步优化，支持快递发展的政策体系逐步完善，极大地激发了市场的活力和效率，规范的市场竞争机制逐步形成。

二、行业管理思路及成效

新疆地处西北边陲，自然条件比较恶劣，经济发展相对落后，快递业的发展也存在严重依赖航空，旺季期间运力严重不足；企业规模小，守法经营意识和社会责任意识薄弱，管理能力有待提高；人员整体素质偏低，专业人才不足等方面的问题，成为制约新疆快递业发展的瓶颈。对此，新疆邮政管理局采取了以下监管措施。

完善法制体系，优化发展环境。《邮政法》颁布实施后，积极推动地方立法，在新疆维吾尔自治区政府的支持下，制订了《新疆邮政条例》，于2011年3月25日经自治区第十一届人民代表大会常务委员会第二十六次会议审议通过，自2011年7月1日起实施，新疆快递业法制体系趋于完善。制订《新疆维吾尔自治区邮政业发展"十二五"规划》，以及配套的《新疆快递服务"十二五"规划》，对2011－2015年全区快递发展做出安排。

依法开展快递许可工作。按照"优质、高效、规范、廉洁"和"公开、公平、公正"的原则，依法有序推进快递业务经营许可工作，严把市场准入关。2011年，共受理许可申请15件，经审核合格颁发许可证15件。

积极开展市场检查工作。以"规范市场秩序，维护用户权益"为检查重点，对快递服务中存在的热点、难点、重点问题进行检查，督促整改，对违法违规行为进行查处。2011年，执法检查人员共出检171天，2307人次，检查企业901家次，查处违法违规行为80件，下发整改通知书76件，对2家违法企业予以取缔，下达行政处罚4件，罚款金额8万元。

建立联合执法检查机制。与国家安全、公安、禁毒等部门建立了寄递渠道安全联合工作机制，根据需要开展安全联合检查；与工商行政管理部门建立了快递许可工作联动机制，加强对快递企业的监督管理；与国家安全部门建立了快递业务经营许可安全审查工作机制，新申请许可的企业均向国家安全部门征求意见，加强快递市场安全监管。

开展业务旺季快递服务保障工作。成立新疆快递业务旺季服务保障工作领导小组，切实加强组织领导，统一指挥部署，确保快递业务旺季服务保障工作的有序推进。召开新疆快递业务旺季服务保障工作会议，要求企业制订切实有效的计划，签订服务保障责任书。开展旺季服务保障专项检查，了解企业运营态势，协调处理用户投诉申诉案件，督促企业落实旺季服务保障措施。

加强安全监管，保障邮路安全。开展落实《邮政行业安全监督管理办法》专项检查，确保安全管理制度和措施落实到位。做好邮路禁毒、反恐等相关工作，加强部门协作，强化联动工作制度。2011年，开展禁毒宣传并向邮政、快递企业发放禁毒知识宣传品8342份(件)，指导邮政、快递企业协助公安机关查获贩毒案件9起，抓获犯罪嫌疑人19人，查缴各类毒品1524克。

第二章　桐庐:中国民营快递之乡

2010年10月20日,“中国民营快递之乡”授牌仪式在北京举行,位于中国浙江省西北部,风景秀丽的桐庐县正式被中国快递协会授予“中国民营快递之乡”称号。拥有40万人口的桐庐能在全国打响“快递名片”,是靠历史背景和发展实力做支撑的。

一、桐庐是中国民营快递的发祥地

1992年,邓小平同志的“南巡”讲话,犹如一股强劲的春风,迅速吹遍了祖国的大江南北,也给广大农民兄弟进城创业带来了千载难逢的好机遇。1993年初,梦想可以赚到5万元钱,回到桐庐当个“万元户”的陈小英夫妇和陈德军,在杭州注册成立了申通快递有限公司,创立了国内第一家加盟制的民营快递企业。

此时的快递,对于普通老百姓来讲,还是一个陌生的概念,很少有人从事这个行业,很少有公司可以一对一地为客户提供送货服务。陈德军、陈小英兄妹以杭州为起点,主攻沪杭快递,以火车为承载工具,每天携带快件乘车往返于沪杭之间。

随着往返客户的增加,陈德军经营的区域也在扩大,陈德军与妹妹、妹夫商量决定,由他到上海建立网点公司,开辟新的业务“根据地”。正是这种到处建立据点的需要,激发了后来申通加盟制的萌芽,当许多老乡发现快递领域的商机,央求陈德军带着自己一起发展的时候,陈德军抱着能让家乡人都挣点钱的朴素想法,开始了最初加盟制度的设计。在老乡的帮助下,加盟网点逐渐壮大,家乡人从事快递开始升温。除了申通自身的扩大之外,其他桐庐籍的快递企业迅速萌生并发展壮大。

随后,1999年,韵达快递成立;2000年,圆通快递成立;2002年,中通快递成立;2003年,汇通公司成立;2007年,希伊艾斯成立。申通董事长陈德军、圆通董事长喻渭蛟、韵达董事长聂腾云、中通董事长赖梅松、汇通董事长徐建荣、希伊艾斯董事长方里元,六位桐庐人,因为向往外面的精彩世界,选择了一条与祖辈坚守的面朝黄土背朝天的生活不一样的道路,把自己裹挟进了中国经济大发展的历史潮流之中,成为中国快递领域的一支生力军。

二、桐庐人在快递领域的地位和作用日渐凸显

相关调查数据显示,截至2009年底,全国规模以上快递服务企业业务收入完成479亿元,桐庐籍的6家快递企业收入达到215亿元;全国从业人员40万人,6家快递企业从业人员21.6万人,其中桐庐籍员工就有近10万人。无论从快件业务收入还是就业人员层面来看,六家桐庐籍的快递企业都占据了“半壁江山”的地位。

2009年底,桐庐县人民政府向中国快递协会提出申请,要求授予桐庐县“中国民营快递之乡”称号,受中国快递协会和桐庐县政府委托,北京实现者社会系统工程研究院就桐庐县申请成为“中国民营快递之乡”称号的可行性,进行了全面研究和评估。在2010年4月召开的论证会上,专家组一致认为,桐庐人创办的民营快递企业,发展之迅猛,范围之广阔,业务之总量,就业人员之多,都具备了区域经济的重要特征,特别是桐庐人传统的家乡观念和民营快递企业的家族式经营,授予桐庐县“中国民营快递之乡”荣誉称号,不仅可以激发桐庐人民的自豪感和荣誉感,还会增强本土企业的凝聚力和自信心,为快递服务的规范发展注入活力。

“中国民营快递之乡”颁牌仪式上,圆通速递董事长喻渭蛟代表桐庐快递企业发言,表达了将

不负“中国民营快递之乡”的称号，将与桐庐籍的企业家们一道，把民族快递企业做大做强，回报国家邮政局和行业协会的关心与支持。

2010年4月，《快递》杂志的记者专程赴桐庐进行采访，探寻中国民营快递的发祥地，希望可以解密桐庐快递经济的崛起之谜，解构中国民营快递发展的点点滴滴。在6位老板生活的家乡，他们采访了6位老板的家人、亲人、朋友、同学，谈起这6个人，家乡人的言语中充满着热情和骄傲。除了对他们创业成功的褒奖，还有对他们反哺社会的赞扬。他们帮助家乡的方式，一是促进家乡人就业，二是参与社会各种公益事业和慈善活动，这使得桐庐从事快递的人数日渐壮大，极大地提高了当地劳动就业率，提高了百姓的生活水平，为桐庐经济的发展做出了贡献。

三、桐庐快递的崛起已经具备区域经济的重要特征

是什么原因催生了这种非常独特的经济现象？梳理这段从1993年开启的桐庐人的快递生涯，我们可以发现什么？

从开疆创业到基业拓展，6家桐庐籍快递企业形成了各自的经营风格，这群来自边远“山沟沟”里的小人物，在一个拥有13亿人口的大国里，尝试用“门到门”、“家到家”的递送方式，将快递服务演绎为寻常百姓生活中的一部分，并借助政策的东风和电子商务崛起的良机，以不可逆转的姿态，成就了如今的中国民营快递经济。

有人说，追踪桐庐籍快递企业的成功，外因在于政策的东风和市场的促进，内因则在于桐庐人骨子里的勤奋、精明、坚韧。曾任浙江省委书记的张德江副总理曾将浙江企业的发展归结为“历尽千辛万苦、走遍千山万水、说尽千言万语、想尽千方百计”的浙江精神，作为浙江民营经济的重要组成部分，桐庐帮民营快递企业身上具备了所有的“浙江元素”。

而在桐庐县副县长童明看来，除了“四千精神”外，桐庐人的吃苦耐劳、敢打敢拼和诚实守信是浙江民营快递迅速发展的真正动力。6家企业的6位老板，他们的家，都在大山深处。他们每个人的创业过程，都有着一个异常艰难的传奇故事。陈德军初到上海的时候，不知道穿破了多少双胶鞋，用破了多少张上海地图，而陈小英夫妇因为租不起房子，睡到楼道下面，每一件快件上面，凝结的都是汗水和泪水，正是这种勤奋和坚韧，才缔造出了今天不一样的成绩。

民营快递的历史性大发展，是在国家邮政局政企分开之后。2007年1月，新的国家邮政局正式成立；2009年10月，《中华人民共和国邮政法》施行，快递企业的法律地位得以明确，快递企业的发展活力大大释放，快递企业新建分拨中心，上马新的流水线，改善内部管理，推动校企合作培养人才，企业增强处理能力的同时，为长效发展储备着力量。《邮政法》实施一年后，6家桐庐籍快递企业无论从发展速度还是服务质量上，都出现了前所未有的强劲的发展态势。数据调查显示，《邮政法》实施一年后，新增员工36500人，新增快递运输车辆15200辆，新建分拨中心103个，6家企业总投资达到215亿元，快件业务量增长50%。

如何让“中国民营快递之乡”这块招牌发挥效应，为桐庐县经济发展做出进一步贡献，也是桐庐县委县政府努力的方向。县委县政府一方面全力配合快递企业，给政策给资源，将快递产业链上的生产企业引入桐庐；一方面酝酿将快递企业的“后勤总部”拉到桐庐，在桐庐设立快递行业员工培训基地；并让桐庐籍快递企业家参与到桐庐县城市化建设和新农村建设的进程中来，促使快递企业与桐庐经济社会发展相结合，同心协力，共促发展。

第十篇　行 业 展 望

中国快递市场发展趋势

一、兼并重组更加频繁

2011年快递行业兼并重组风起云涌，继星晨急便与鑫飞鸿合并后，广东一邦速递联姻CCES重组广东市场，深圳市友和道通实业有限公司在收购速尔快递后再度出手，收购了中外运敦豪所持有的上海全宜快递有限公司、北京中外运速递有限公司和香港金果快递有限公司三家公司的全部股权。2011年6月，国家邮政局发布了《关于快递企业兼并重组的指导意见》，提出以“市场化、产业化、现代化”为方向，鼓励行业内以及跨行业、跨地区、跨所有制的兼并重组，做强做大快递企业，提升快递产业综合竞争实力。

2011年7月，国家邮政局发布了《快递企业等级评定管理办法（试行）》，对快递企业进行按规模分等和服务分级，快递企业兼并重组步伐加快。2012年，国外资本将进入国内快递市场，行业内的兼并重组将更为频繁。

二、产业协同日趋紧密

随着我国快递服务的发展，快递服务对相关产业的支撑作用显著增强，与相关产业（特别是与电子商务、制造业、交通运输等产业）协同发展趋势日趋明显。

国家邮政局对快递服务与相关产业协同发展提出了指导意见。2009年，国家邮政局联合中国民用航空局出台了《关于促进快递与民航产业协同发展的意见》，阐述了促进快递与民航协同发展的重要意义，提出了工作指导原则，并从建立行业协调机制、加强“快件绿色通道”建设、推动信息互联互通、支持机场快递设施建设、提升航空货运能力、规范快件航空运输市场等六个方面，提出了具体的政策措施。长期以来，民航对快递产业的发展起到了重要支撑作用。航空运输是快递产业保障远程快递产品寄递时限、维系运营能力、提高服务水平、提升竞争实力的关键环节和重要领域。因此，加强邮政和民航部门的合作，强化快递与民航产业优势互补，促进两产业协同发展对快递的行业提升具有重要意义。

随着快递业务的不断发展，快递还将于诸多行业建立起协同发展的关系，尤其是与电子商务以及大型制造业的合作正日益加强，鼓励快递企业与电子商务、制造业等关联企业、上下游企业加强联合，建立战略联盟，开展一体化经营，积极融入产业链、供应链和服务链，构建快递企业与大型制造企业、电子商务企业合作发展平台，越来越成为快递发展的新趋势。快递行业将大力发展生产性快递物流服务，鼓励快递企业与世界著名企业和国内大型制造企业建立长期稳定的战略合作关系；建设适应制造业和电子商务发展的快递配送体系，形成若干具有区域优势、网络覆盖全国的电子商务快递服务联合体。

三、产品种类日益丰富

为适应多层次、多样化的市场需求，快递企业适时推出个性化服务。限时达、当日递、次晨达、次日递等服务项目不断涌现，满足了消费者对于快递服务的差异化需求。快递企业适时开办网上下单、代收货款等增值服务，适应了电子商务、网络购物快速发展的需求。

作为服务生活、服务生产的基础性服务业，主动适应市场，主动细分市场，主动创新服务，提供多层次多样化的增值服务，必将成为快递业发展的趋势。市场竞争将由价格竞争为主，逐渐转向以增值服务和承诺服务为主的高附加值竞争，服务产品不断细分，保价服务、代收货款、代收保险、代理报关、代售火车票飞机票演出票等增值服务将不断推广，快递企业提供的产品种类将更加丰富。

四、信息化水平不断提升

在加快转变发展方式，促进产业转型升级方面，信息化建设将起到至关重要的作用。特别是我国快递服务经历多年高速发展之后，快递服务将逐步由劳动密集型向资本密集型和技术密集型转变，信息技术将在行业科学发展中扮演极为重要的角色。

先进的分拣传输设备和车辆定位系统的广泛使用，将会大大提高快件处理效率；快件跟踪查询、自动识别、全球定位、电子数据交换等先进技术的推广使用，将大大提升快递企业的信息化水平；环保技术和节能技术的采用，将有助于企业绿色环保低碳运营，快递企业的自动化机械化信息化水平将大幅提升。

五、服务质量逐步改善

快递企业的服务质量一直广受关注。为提升快递服务水平，改善服务质量，2011 年国家邮政局研究制定了多项规章制度，如《快递业务操作指导规范》、《关于做好快递业务旺季服务保障工作的意见》、《快递企业等级评定管理办法（试行）》、《快递服务》系列国家标准等，对快递企业的经营活动进行规范，鼓励引导快递企业改善服务质量，提高服务水平。

六、行业安全引起重视

快递服务安全问题受到国家各有关部门高度重视。2011 年 7 月 19 日，公安部、国家安全部、国家邮政局联合发出《关于加强寄递渠道治安管理工作的通知》，要求快递企业要在快件收寄、分拣、运输、投递等环节安装监控设备。

2011 年末，国家质量监督检验检疫总局、国家标准化管理委员会联合发布了《快递服务》系列国家标准，对收寄验视做出明确规定。2012 年，国家邮政局将建立、健全邮政业安全监管配套制度，积极推进行业应急预案体系建设，制定《邮政行业反恐怖防范工作规范》，加强与国家反恐办等部门的沟通合作，做好反恐和扫黄打非工作。行业安全监管信息系统的投入运用，将进一步加强安全监管的力度。

七、上市融资步伐加快

2011 年，国家邮政局发布《关于快递企业兼并重组的指导意见》，鼓励快递企业利用资本市场开展兼并重组，支持符合条件的快递企业通过发行股票、债券、可转换债等方式为兼并重组融资，也鼓励上市快递企业以股权、现金及其他金融创新方式作为兼并重组的支付手段。

2009 年，由中国邮政集团联合各省邮政公司共同发起设立的国有股份制公司——中国邮政速递物流股份有限公司开始筹备，进行股份制改革。2010 年 6 月中国邮政速递物流股份有限公司正式挂牌成立，注册资本 80 亿元。2011 年 6 月该公司启动 IPO（首次公开募股），并开始在各地申请上市环保核查。这意味着，这家拥有 EMS 和 CNPL 两大品牌的国内最大的快递物流企业，有望成为国内快递行业第一股。中国邮政速递物流股份有限公司完成上市融资之后，随着国家一列利好政策的陆续出台，民营快递企业也将加快上市融资步伐。

八、旺季服务得到改善

2010年以来，快递旺季服务成为社会关注的焦点问题之一，由旺季服务所引起的"爆仓"、"野蛮分拣"、快递服务质量下降等一系列问题成为行业发展的难点。2011年11月11日，全国快递业务量突破1600万件，12月12日业务量突破1800万件，比去年同期增加了80%。为改善旺季服务，政府、协会和企业三管齐下，按照国家邮政局《关于做好快递业务旺季服务保障工作的意见》要求，认真落实有关职责，有针对性地提出了防范措施，一改往年被动局面，快递运递时效基本得到保证，没有出现全网性快件积压现象。

随着我国快递市场的发展，快递企业应对旺季服务的经验日益丰富，能力不断提高。在国家邮政管理部门、快递协会及各快递企业的共同努力下，快递服务旺季保障难题将有望逐步解决。

九、监管力度不断增强

2011年，国家邮政局启动了《快递市场管理办法》修订工作，完善了《邮政业消费者申诉处理办法》，与国家工商总局联合制定了《快递行业特许经营（加盟）合同（示范文本）》，为加强快递市场监管提供了有力抓手。

《快递市场管理办法》对政府部门依法行政，对快递企业依法经营，都作了较为详细的规定，它对快递市场的发展将起到规范的作用。《快递市场管理办法》对如何规范服务、如何规范质量、如何保障用户合法权益、规范格式合同等方面，都作了较为具体的规定。用户的合法权益在《快递市场管理办法》中也得到了充分的体现。当用户合法权益受到侵害时，用户可以依法提出赔偿，企业要按照快递服务标准中的赔偿标准给予赔偿。

十、快递价格理性回归

"十一五"期间，人工成本、成品油价格等不断上涨，快递利润从30%下降到目前的5%左右，部分快递企业甚至更低。2011年，成品油价格两次上涨，加大了快递企业的成本压力。与较高的燃油成本相比，人力成本的增加更显压力。由于目前快递企业竞争激烈，从业人员流动性比较大，快递企业需要通过提高工资等方式留住、招募员工，此外，对外来务工人员社保等"四金"缴纳逐步规范，也是人力成本增加的主要原因。2011年，全国CPI长期高位运行，全年居民消费价格比上年上涨5.4%，给快递企业造成了很大的成本压力。自2011年9月份以来，圆通、中通、汇通、申通和韵达等纷纷提价，这对于长期低价运营的快递企业来讲，是一种价格理性回归的表现。

2012年，我国经济运行将面临较大的通胀压力，用人成本将不断增加等诸多因素将引起新一轮的快递调价潮，快递价格将会理性回归。

（国家邮政局发展研究中心）

附　　录

相关文件

国务院推出8项配套措施推动物流业发展

2011年6月8日，温家宝主持召开国务院常务会议，研究部署促进物流业健康发展工作，推出了推动物流业发展的8项配套措施。这8项措施被业界称为物流业的“国八条”，是继2009年3月国务院颁布实施《物流业调整和振兴计划》（以下简称《规划》）之后的又一重大政策调整。会议指出，必须制定完善配套政策措施，促进物流业健康发展。

会议指出，自2009年3月国务院印发《规划》以来，物流业快速发展，产业发展水平不断提升。但随着《规划》的深入实施，一些不适应物流业发展的政策问题进一步显现，制约了产业发展，必须制定完善配套政策措施，促进物流业健康发展。

1. 减轻物流企业税收负担

完善物流企业营业税差额纳税试点办法，扩大试点范围，尽快全面推广。研究解决仓储、配送和货运代理等环节与运输环节营业税税率不统一问题。完善大宗商品仓储设施用地的土地使用税政策。

2. 加大土地政策支持力度

科学制定物流园区发展规划，对纳入规划的物流园区用地给予重点保障。支持将工业企业旧厂房、仓库和存量土地资源用于发展物流业。

3. 促进物流车辆便利通行

降低过路过桥收费，大力推行不停车收费系统。加强城市配送管理，解决城市中转配送难、配送货车停靠难等问题。

4. 改进对物流企业的管理

放宽对物流企业资质的行政许可和审批条件，逐步减少行政审批，提高审批效率。

5. 鼓励整合物流设施资源

支持大型优势物流企业对分散的物流设施资源进行整合，鼓励中小物流企业加强联盟合作。引导行业系统内的仓储和运输设施开展社会化物流服务，支持商贸流通企业发展共同配送。

6. 推物流技术创新和应用

加强物流新技术自主研发，加快先进物流设备研制，制定和推广物流标准，适时启动物联网的应用示范。推进物流信息资源开放共享。

7. 加大对物流业的投入

各级政府要加大对物流基础设施的投资扶持，积极引导银行业金融机构加大对物流企业的信贷支持，拓宽融资渠道。

8. 促进农产品物流业发展

大力发展农超对接、农校对接、农企对接。完善农产品增值税政策，鼓励大型企业从事农产品物流业。加快建立主要品种和重点地区的冷链物流体系。加大对农产品批发市场、农贸市场的政府投入和政策扶持。严格执行鲜活农产品绿色通道政策和配送车辆24小时进城通行、便利停靠政策。加快发展粮食和棉花现代物流。会议要求各地区、各有关部门加强组织协调，细化政策措施，认真抓好落实。

国务院关于印发物流业调整和振兴规划的通知

国发〔2009〕8号

各省、自治区、直辖市人民政府，国务院各部委、各直属机构：

现将《物流业调整和振兴规划》（以下简称《规划》）印发给你们，请结合本地区、本部门实际，认真贯彻执行。

当前，国际金融危机对我国实体经济造成了较大冲击，物流业作为重要的服务产业，也受到较为严重的影响。制定实施物流业调整和振兴规划，不仅是促进物流业自身平稳较快发展和产业调整升级的需要，也是服务和支撑其他产业的调整与发展、扩大消费和吸收就业的需要，对于促进产业结构调整、转变经济发展方式和增强国民经济竞争力具有重要意义。

各地区、各部门要把思想和行动统一到党中央、国务院的决策部署上来，以邓小平理论和“三个代表”重要思想为指导，深入贯彻落实科学发展观，进一步增强大局意识、责任意识，加强领导，密切配合，切实按照《规划》要求，做好统筹协调、改革体制、完善政策、企业重组、优化布局、工程建设等各项工作，确保《规划》目标的实现，促进物流业健康发展。

各地区要按照《规划》确定的目标、任务和政策措施，结合当地实际抓紧制定具体工作方案，切实抓好组织实施，确保取得实效。国务院各有关部门要根据《规划》明确的任务分工和工作要求，做到责任到位、措施到位，加强调查研究，尽快制定和完善各项配套政策措施，切实加强对《规划》实施的指导和支持。

国务院

二〇〇九年三月十日

物流业调整和振兴规划

物流业是融合运输业、仓储业、货代业和信息业等的复合型服务产业，是国民经济的重要组成部分，涉及领域广，吸纳就业人数多，促进生产、拉动消费作用大，在促进产业结构调整、转变经济发展方式和增强国民经济竞争力等方面发挥着重要作用。

为应对国际金融危机的影响，落实党中央、国务院保增长、扩内需、调结构的总体要求，促进物流业平稳较快发展，培育新的经济增长点，特制定《物流业调整和振兴规划》（以下简称《规划》），作为物流产业综合性应对措施的行动方案。规划期为2009－2011年。

一、发展现状与面临的形势

（一）发展现状

进入21世纪以来，我国物流业总体规模快速增长，服务水平显著提高，发展的环境和条件不断改善，为进一步加快发展奠定了坚实基础。

1. 物流业规模快速增长。2008年，全国社会物流总额达89.9万亿元，比2000年增长4.2倍，年均增长23%；物流业实现增加值2.0万亿元，比2000年增长1.9倍，年均增长14%。2008年，物流业增加值占全部服务业增加值的比重为16.5%，占GDP的比重为6.6%。

2. 物流业发展水平显著提高。一些制造企业、商贸企业开始采用现代物流管理理念、方法和技术，实施流程再造和服务外包；传统运输、仓储、货代企业实行功能整合和服务延伸，加快向现代物流企业转型；一批新型的物流企业迅速成长，形成了多种所有制、多种服务模式、多层次的物流企业群体。全社会物流总费用与GDP的比率，由2000年的19.4%下降到2008年的18.3%，物流费用成本呈下降趋势，促进了经济运行质量的提高。

3. 物流基础设施条件逐步完善。交通设施规模迅速扩大，为物流业发展提供了良好的设施条件。截至2008年底，全国铁路营业里程8.0万公里，高速公路通车里程6.03万公里，港口泊位3.64万个，其中沿海万吨级以上泊位1167个，拥有民用机场160个。物流园区建设开始起步，仓储、配送设施现代化水平不断提高，一批区域性物流中心正在形成。物流技术设备加快更新换代，物流信息化建设有了突破性进展。

4. 物流业发展环境明显好转。国家“十一五”规划纲要明确提出“大力发展现代物流业”，中央和地方政府相继建立了推进现代物流业发展的综合协调机制，出台了支持现代物流业发展的规划和政策。物流统计核算和标准化工作，以及人才培养和技术创新等行业基础性工作取得明显成效。

但是，我国物流业的总体水平仍然偏低，还存在一些突出问题。一是全社会物流运行效率偏低，社会物流总费用与GDP的比率高出发达国家1倍左右。二是社会化物流需求不足和专业化物流供给能力不足的问题同时存在，“大而全”、“小而全”的企业物流运作模式还相当普遍。三是物流基础设施能力不足，尚未建立布局合理、衔接顺畅、能力充分、高效便捷的综合交通运输体系，物流园区、物流技术装备等能力有待加强。四是地方封锁和行业垄断对资源整合和一体化运作形成障碍，物流市场还不够规范。五是物流技术、人才培养和物流标准还不能完全满足需要，物流服务的组织化和集约化程度不高。

2008年下半年以来，随着国际金融危机对我国实体经济的影响逐步加深，物流业作为重要的服务产业也受到了严重冲击。物流市场需求急剧萎缩，运输和仓储等收费价格及利润大幅度下跌，一大批中小物流企业经营出现困难，提供运输、仓储等单一服务的传统物流企业受到严重冲击。整体来看，国际金融危机不但造成物流产业自身发展的剧烈波动，而且对其他产业的物流服务供给也产生了不利影响。

（二）面临的形势

应该看到，实施物流业的调整和振兴、实现传统物流业向现代物流业的转变，不仅是物流业自身结构调整和产业升级的需要，也是整个国民经济发展的必然要求。

1. 调整和振兴物流业是应对国际金融危机的迫切需要。一是要解决当前物流企业面临的困难，需要加快企业重组步伐，做强做大，提高产业集中度和抗风险能力，保持产业的平稳发展。二是物流业自身需要转变发展模式，向以信息技术和供应链管理为核心的现代物流业发展，通过提供低成本、高效率、多样化、专业化的物流服务，适应复杂多变的市场环境，提高自身竞争力。三是物流业对其他产业的调整具有服务和支撑作用，发展第三方物流可以促进制造业和商贸业优化内部分工、专注核心业务、降低物流费用，提高这些产业的竞争力，增强其应对国际金融危机的能力。

2. 调整和振兴物流业是适应经济全球化趋势的客观要求。一是随着经济全球化的发展和我国融入世界经济的步伐加快，全球采购、全球生产和全球销售的发展模式要求加快发展现代物流业，优化资源配置，提高市场响应速度和产品供给时效，降低企业物流成本，增强国民经济的竞争力。二是为了适应国际产业分工的变化，要求加快发展现代物流业，完善物流服务体系，改善投资环境，抓住国际产业向我国转移的机遇，吸引国际投资，促进我国制造业和高技术产业的发展。三是随着全球服务贸易的迅猛发展，要求加快发展现代物流业，培育国内现代物流服务企业，提高物流服务能力，应对日益激烈的全球物流企业竞争。

3. 调整和振兴物流业是国民经济持续快速发展的必要保证。根据全面建设小康社会的新要求，我国经济规模将进一步扩大，居民消费水平将进一步提高，货物运输量、社会商品零售额、对外贸易额等将大幅度增长，农产品、工业品、能源、原材料和进出口商品的流通规模将显著增加，对全社会物流服务能力和物流效率提出了更高的要求。同时，中西部地区要求改善物流条件，缩小与东部地区的物流成本差距，承接东部沿海地区产业梯度转移，促进区域间协调和可持续发展。

4. 调整和振兴物流业是贯彻落实科学发展观和构建社会主义和谐社会的重要举措。调整和振兴物流业，有利于加快商品流通和资金周转，降低社会物流成本，优化资源配置，提高国民经济的运行质量；有利于提高服务业比重，优化产业结构，促进经济发展方式的转变；有利于增加城乡就业岗位，扩大社会就业；有利于提高运输效率，降低能源消耗和废气排放，缓解交通拥堵，实现经济和社会的协调发展；有利于促进国内外、城乡和地区间商品流通，满足人民群众对多样化、高质量的物流服务需求，扩大居民消费；有利于国家救灾应急、处理突发性事件，保障经济稳定和社会安全。

二、指导思想、原则和目标

（一）指导思想

以邓小平理论和“三个代表”重要思想为指导，深入贯彻落实科学发展观，按照保增长、扩内需、调结构的总体部署，以应对国际金融危机对我国经济的影响为切入点，以改革开放为动力，以先进技术为支撑，以物流一体化和信息化为主线，积极营造有利于物流业发展的政策环境，加快发展现代物流业，建立现代物流服务体系，以物流服务促进其他产业发展，为全面建设小康社会提供坚实的物流体系保障。

（二）基本原则

1. 立足应对危机，着眼长远发展。既要应对国际金融危机，解决当前物流业发展面临的突出问题，保先进生产力，保重点骨干企业，促进企业平稳发展；又要从产业长远发展的角度出发，解决制约物流产业振兴的体制、政策和设施瓶颈，促进产业升级，提高产业竞争力。

2. 市场配置资源，政府营造环境。充分发挥市场配置资源的作用，调动企业的积极性，从满足物流需求的实际出发，注重投资的经济效益。政府要为物流业的发展营造良好的政策环境，扶持重要的物流基础设施项目建设。

3. 加强规划指导，注重协调联动。统筹国内与国际、全国与区域、城市与农村物流协调发展，做好地区之间、行业之间和部门之间物流基础设施建设与发展的协调和衔接，走市场化、专业化、社会化的发展道路，合理布局重大项目。各地区要从本地区经济发展的实际出发，因地制宜，统筹规划，科学引导物流业的发展，防止盲目攀比和重复建设。

4. 打破分割封锁，整合现有资源。改革现行物流业相关行业管理体制，打破部门间和地区间的分割和封锁，创造公平的竞争环境，促进物流服务的社会化和资源利用的市场化，优先整合和利用现有物流资源，提高物流设施的利用率。

5. 建立技术标准，推进一体化运作。按照现代物流理念，加快技术标准体系建设，综合集成仓储、运输、货代、包装、装卸、搬运、流通加工、配送、信息处理等多种功能，推进物流一体化运作，提高物流效率。

6. 创新服务方式，坚持科学发展。以满足生产者和消费者不断增长的物流需求为出发点，不断创新物流服务方式，提升服务水平。积极推进物流服务的信息化、现代化、合理化和企业社会责任建设，坚持最严格的节约用地制度，注重节约能源，保护环境，减少废气污染和交通拥堵，保证交通安全，实现经济和社会可持续协调发展。

（三）规划目标

力争在2009年改善物流企业经营困难的状况，保持产业的稳定发展。到2011年，培育一批具有国际竞争力的大型综合物流企业集团，初步建立起布局合理、技术先进、节能环保、便捷高效、安全有序并具有一定国际竞争力的现代物流服务体系，物流服务能力进一步增强；物流的社会化、专业化水平明显提高，第三方物流的比重有所增加，物流业规模进一步扩大，物流业增加值年均递增10%以上；物流整体运行效率显著提高，全社会物流总费用与GDP的比率比目前的水平有所下降。

三、主要任务

（一）积极扩大物流市场需求

进一步推广现代物流管理，努力扩大物流市场需求。运用供应链管理与现代物流理念、技术与方法，实施采购、生产、销售和物品回收物流的一体化运作。鼓励生产企业改造物流流程，提高对市场的响应速度，降低库存，加速周转。合理布局城乡商业设施，完善流通网络，积极发展连锁经营、物流配送和电子商务等现代流通方式，促进流通企业的现代化。在农村广泛应用现代物流管理技术，发展农产品从产地到销地的直销和配送，以及农资和农村日用消费品的统一配送。

（二）大力推进物流服务的社会化和专业化

鼓励生产和商贸企业按照分工协作的原则，剥离或外包物流功能，整合物流资源，促进企业内部物流社会化。推动物流企业与生产、商贸企业互动发展，促进供应链各环节有机结合。鼓励现有运输、仓储、货代、联运、快递企业的功能整合和服务延伸，加快向现代物流企业转型。积极发展多式联运、集装箱、特种货物、厢式货车运输以及重点物资的散装运输等现代运输方式，加强各种运输方式运输企业的相互协调，建立高效、安全、低成本的运输系统。加强运输与物流服务的融合，为物流一体化运作与管理提供条件。鼓励邮政企业深化改革，做大做强快递物流业务。大力发展第三方物流，提高企业的竞争力。

（三）加快物流企业兼并重组

鼓励中小物流企业加强信息沟通，创新物流服务模式，加强资源整合，满足多样性的物流需要。加大国家对物流企业兼并重组的政策支持力度，缓解当前物流企业面临的困难，鼓励物流企业通过参股、控股、兼并、联合、合资、合作等多种形式进行资产重组，培育一批服务水平高、国际竞争力强的大型现代物流企业。

（四）推动重点领域物流发展

加强石油、煤炭、重要矿产品及相关产品物流设施建设，建立石油、煤炭、重要矿产品物流体系。加快发展粮食、棉花现代物流，推广散粮运输和棉花大包运输。加强农产品质量标准体系建设，发展农产品冷链物流。完善农资和农村日用消费品连锁经营网络，建立农村物流体系。发展城市统一配送，提高食品、食盐、烟草和出版物等的物流配送效率。实行医药集中采购和统一配送，推动医药物流发展。加强对化学危险品物流的跟踪与监控，规范化学危险品物流的安全管理。推动汽车和零配件物流发展，建立科学合理的汽车综合物流服务体系。鼓励企业加快发展产品与包装物回收物流和废弃物物流，促进资源节约与循环利用。鼓励和支持物流业节能减排，发展绿色物流。发挥邮政现有的网络优势，大力发展邮政物流，加快建立快递物流体系，方便生产生活。加强应急物流体系建设，提高应对战争、灾害、重大疫情等突发性事件的能力。

（五）加快国际物流和保税物流发展

加强主要港口、国际海运陆运集装箱中转站、多功能国际货运站、国际机场等物流节点的多式联运物流设施建设，加快发展铁海联运，提高国际货物的中转能力，加快发展适应国际中转、国际采购、国际配送、国际转口贸易业务要求的国际物流，逐步建成一批适应国际贸易发展需要的大型国际物流港，并不断增强其配套功能。在有效监管的前提下，各有关部门要简化审批手续，优化口岸通关作业流程，实行申办手续电子化和“一站式”服务，提高通关效率。充分发挥口岸联络协调机制的作用，加快“电子口岸”建设，积极推进大通关信息资源整合。统筹规划、合理布局，积极推进海关特殊监管区域整合发展和保税监管场所建设，建立既适应跨国公司全球化运作又适应加工制造业多元化发展需求的新型保税物流监管体系。积极促进口岸物流向内地物流节点城市顺畅延伸，促进内地现代物流业的发展。

（六）优化物流业发展的区域布局

根据市场需求、产业布局、商品流向、资源环境、交通条件、区域规划等因素，重点发展九大物流区域，建设十大物流通道和一批物流节点城市，优化物流业的区域布局。

九大物流区域分布为：以北京、天津为中心的华北物流区域，以沈阳、大连为中心的东北物流区域，以青岛为中心的山东半岛物流区域，以上海、南京、宁波为中心的长江三角洲物流区域，以厦门为中心的东南沿海物流区域，以广州、深圳为中心的珠江三角洲物流区域，以武汉、郑州为中心的中部物流区域，以西安、兰州、乌鲁木齐为中心的西北物流区域，以重庆、成都、南宁为中心的西南物流区域。十大物流通道为：东北地区与关内地区物流通道，东部地区南北物流通道，中部地区南北物流通道，东部沿海与西北地区物流通道，东部沿海与西南地区物流通道，西北与西南地区物流通道，西南地区出海物流通道，长江与运河物流通道，煤炭物流通道，进出口物流通道。

要打破行政区划的界限，按照经济区划和物流业发展的客观规律，促进物流区域发展。积极推进和加深不同地区之间物流领域的合作，引导物流资源的跨区域整合，逐步形成区域一体化的物流服务格局。长江三角洲、珠江三角洲物流区域和华北、山东半岛、东北、东南沿海物流区域，要加强技术自主创新，加快发展制造业物流、国际物流和商贸物流，培育一批具有国际竞争力的现代物流企业，在全国率先做强。中部物流区域要充分发挥中部地区承东启西、贯通南北的区位优势，加快培育第三方物流企业，提升物流产业发展水平，形成与东部物流区域的有机衔接。西北、西南物流区域要加快改革步伐，进一步推广现代物流管理理念和技术，按照本区域承接产业转移和发挥资源优势的需要，加快物流基础设施建设，改善区域物流环境，缩小与东中部地区差距。

物流节点城市分为全国性物流节点城市、区域性物流节点城市和地区性物流节点城市。全国性和区域性物流节点城市由国家确定，地区性物流节点城市由地方确定。全国性物流节点城市包括：北京、天津、沈阳、大连、青岛、济南、上海、南京、宁波、杭州、厦门、广州、深圳、郑州、武汉、重庆、成都、南宁、西安、兰州、乌鲁木齐共21个城市。区域性物流节点城市包括：哈尔滨、长春、包头、呼和浩特、石家庄、唐山、太原、合肥、福州、南昌、长沙、昆明、贵阳、海口、西宁、银川、拉萨共17个城市。物流节点城市要根据本地的产业特点、发展水平、设施状况、市场需求、功能定位等，完善城市物流设施，加强物流园区规划布局，有针对性地建设货运服务型、生产服务型、商业服务型、国际贸易服务型和综合服务型的物流园区，优化城市交通、生态环境，促进产业集聚，努力提高城市的物流服务水平，带动周边所辐射区域物流业的发展，形成全国性、区域性和地区性物流中心和三级物流节点城市网络，促进大中小城市物流业的协调发展。

(七)加强物流基础设施建设的衔接与协调

按照全国货物的主要流向及物流发展的需要，依据《综合交通网中长期发展规划》、《中长期铁路网规划》、《国家高速公路网规划》、《全国沿海港口布局规划》、《全国内河航道与港口布局规划》及《全国民用机场布局规划》，加强交通运输设施建设，完善综合运输网络布局，促进各种运输方式的衔接和配套，提高资源使用效率和物流运行效率。发展多式联运，加强集疏运体系建设，使铁路、港口码头、机场及公路实现“无缝对接”，着力提高物流设施的系统性、兼容性。充分发挥市场机制的作用，整合现有运输、仓储等物流基础设施，加快盘活存量资产，通过资源的整合、功能的拓展和服务的提升，满足物流组织与管理服务的需要。加强新建铁路、港口、公路和机场转运设施的统一规划和建设，合理布局物流园区，完善中转联运设施，防止产生新的分割和不衔接。加强仓储设施建设，在大中城市周边和制造业基地附近合理规划、改造和建设一批现代化的配送中心。

(八)提高物流信息化水平

积极推进企业物流管理信息化，促进信息技术的广泛应用。尽快制订物流信息技术标准和信息资源标准，建立物流信息采集、处理和服务的交换共享机制。加快行业物流公共信息平台建设，建立全国性公路运输信息网络和航空货运公共信息系统，以及其他运输与服务方式的信息网络。推动区域物流信息平台建设，鼓励城市间物流平台的信息共享。加快构建商务、金融、税务、海关、邮政、检验检疫、交通运输、铁路运输、航空运输和工商管理等政府部门的物流管理与服务公共信息平台，扶持一批物流信息服务企业成长。

(九)完善物流标准化体系

根据物流标准编制规划，加快制订、修订物流通用基础类、物流技术类、物流信息类、物流管理类、物流服务类等标准，完善物流标准化体系。密切关注国际发展趋势，加强重大基础标准研究。要对标准制订实施改革，加强物流标准工作的协调配合，充分发挥企业在制订物流标准中的主体作用。加快物流管理、技术和服务标准的推广，鼓励企业和有关方面采用标准化的物流计量、货物分类、物品标识、物流装备设施、工具器具、信息系统和作业流程等，提高物流的标准化程度。

(十)加强物流新技术的开发和应用

大力推广集装技术和单元化装载技术，推行托盘化单元装载运输方式，大力发展大吨位厢式货车和甩挂运输组织方式，推广网络化运输。完善并推广物品编码体系，广泛应用条形码、智能标签、无线射频识别(RFID)等自动识别、标识技术以及电子数据交换(EDI)技术，发展可视化技术、货物跟踪技术和货物快速分拣技术，加大对RFID和移动物流信息服务技术、标准的研发和应用的投入。积极开发和利用全球定位系统(GNSS)、地理信息系统(GIS)、道路交通信息通信系统(VICS)、不停车自动交费系统(ETC)、智能交通系统(ITS)等运输领域新技术，加强物流信息系统安全体系研究。加强物流技术装备的研发与生产，鼓励企业采用仓储运输、装卸搬运、分拣包装、条码印刷等专用物流技术装备。

四、重点工程

(一)多式联运、转运设施工程

依托已有的港口、铁路和公路货站、机场等交通运输设施，选择重点地区和综合交通枢纽，建设一批集装箱多式联运中转设施和连接两种以上运输方式的转运设施，提高铁路集装箱运输能力，重点解决港口与铁路、铁路与公路、民用航空与地面交通等枢纽不衔接以及各种交通枢纽相互分离带来的货物在运输过程中多次搬倒、拆装等问题，促进物流基础设施协调配套运行，实现多种运输方式“无缝衔接”，提高运输效率。

（二）物流园区工程

在重要物流节点城市、制造业基地和综合交通枢纽，在土地利用总体规划、城市总体规划确定的城镇建设用地范围内，按照符合城市发展规划、城乡规划的要求，充分利用已有运输场站、仓储基地等基础设施，统筹规划建设一批以布局集中、用地节约、产业集聚、功能集成、经营集约为特征的物流园区，完善专业化物流组织服务，实现长途运输与短途运输的合理衔接，优化城市配送，提高物流运作的规模效益，节约土地占用，缓解城市交通压力。物流园区建设要严格按规划进行，充分发挥铁路运输优势，综合利用已有、规划和在建的物流基础设施，完善配套设施，防止盲目投资和重复建设。

（三）城市配送工程

鼓励企业应用现代物流管理技术，适应电子商务和连锁经营发展的需要，在大中城市发展面向流通企业和消费者的社会化共同配送，促进流通的现代化，扩大居民消费。加快建设城市物流配送项目，鼓励专业运输企业开展城市配送，提高城市配送的专业化水平，解决城市快递、配送车辆进城通行、停靠和装卸作业问题，完善城市物流配送网络。

（四）大宗商品和农村物流工程

加快煤炭物流通道建设，以山西、内蒙古、陕西煤炭外运为重点，形成若干个煤电路港一体化工程，完善煤炭物流系统。加强油气码头和运输管网建设，提高油气物流能力。加强重要矿产品港口物流设施建设，改善大型装备物流设施条件。加快粮食现代物流设施建设，建设跨省粮食物流通道和重要物流节点。加大投资力度，加快建设“北粮南运”和“西煤东运”工程。加强城乡统筹，推进农村物流工程。进一步加强农副产品批发市场建设，完善鲜活农产品储藏、加工、运输和配送等冷链物流设施，提高鲜活农产品冷藏运输比例，支持发展农资和农村消费品物流配送中心。

（五）制造业与物流业联动发展工程

加强对制造业物流分离外包的指导和促进，支持制造企业改造现有业务流程，促进物流业务分离外包，提高核心竞争力。培育一批适应现代制造业物流需求的第三方物流企业，提升物流业为制造业服务的能力和水平。制定鼓励制造业与物流业联动发展的相关政策，组织实施一批制造业与物流业联动发展的示范工程和重点项目，促进现代制造业与物流业有机融合、联动发展。

（六）物流标准和技术推广工程

加快对现有仓储、转运设施和运输工具的标准化改造，鼓励企业采用标准化的物流设施和设备，实现物流设施、设备的标准化。推广实施托盘系列国家标准，鼓励企业采用标准化托盘，支持专业化企业在全国建设托盘共用系统，开展托盘的租赁回收业务，实现托盘标准化、社会化运作。鼓励企业采用集装单元、射频识别、货物跟踪、自动分拣、立体仓库、配送中心信息系统、冷链等物流新技术，提高物流运作管理水平。实施物流标准化服务示范工程，选择大型物流企业、物流园区开展物流标准化试点工作并逐步推广。

（七）物流公共信息平台工程

加快建设有利于信息资源共享的行业和区域物流公共信息平台项目，重点建设电子口岸、综合运输信息平台、物流资源交易平台和大宗商品交易平台。鼓励企业开展信息发布和信息系统外包等服务业务，建设面向中小企业的物流信息服务平台。

（八）物流科技攻关工程

加强物流新技术的自主研发，重点支持货物跟踪定位、智能交通、物流管理软件、移动物流信息服务等关键技术攻关，提高物流技术的自主创新能力。适应物流业与互联网融合发展的趋势，启动物联网的前瞻性研究工作。加快先进物流设备的研制，提高物流装备的现代化水平。

（九）应急物流工程

建立应急生产、流通、运输和物流企业信息系统，以便在突发事件发生时能够紧急调用。建立多层次的政府应急物资储备体系，保证应急调控的需要。加强应急物流设施设备建设，提高应急反应能力。选择和培育一批具有应急能力的物流企业，建立应急物流体系。

五、政策措施

（一）加强组织和协调

现代物流业是新型服务业，涉及面广。要加强对现代物流业发展的组织和协调，在相关部门各司其职、各负其责的基础上，发挥由发展改革委牵头、有关部门参加的全国现代物流工作部际联席会议的作用，研究协调现代物流业发展的有关重大问题和政策。各省、自治区、直辖市政府也要建立相应的协调机制，加强对地方现代物流业发展有关问题的研究和协调。

（二）改革物流管理体制

继续深化铁路、公路、水运、民航、邮政、货代等领域的体制改革，按照精简、统一、高效的原则和决策、执行、监督相协调的要求，建立政企分开、决策科学、权责对等、分工合理、执行顺畅、监督有力的物流综合管理体系，完善政府的公共服务职能，进一步规范运输、货代等行业的管理，促进物流服务的规范化、市场化和国际化。改革仓储企业经营体制，推进仓储设施和业务的社会化。打破行业垄断，消除地区封锁，依法制止和查处滥用行政权力阻碍或限制跨地区、跨行业物流服务的行为，逐步建立统一开放、竞争有序的全国物流服务市场，促进物流资源的规范、公平、有序和高效流动。加强监管，规范物流市场秩序，强化物流环节质量安全管理。进一步完善对物流企业的交通安全监管机制，督促企业定期对车辆技术状况、驾驶人资质进行检查，从源头上消除安全隐患，落实企业的安全生产主体责任。

（三）完善物流政策法规体系

在贯彻落实好现有推动现代物流业发展有关政策的基础上，进一步研究制定促进现代物流业发展的有关政策。加大政策支持力度，抓紧解决影响当前物流业发展的土地、税收、收费、融资和交通管理等方面的问题。引导和鼓励物流企业加强管理创新，完善公司治理结构，实施兼并重组，尽快做强做大。针对当前产业发展中出现的新情况和新问题，研究制定系统的物流产业政策。清理有关物流的行政法规，加强对物流领域的立法研究，完善物流的法律法规体系，促进物流业健康发展。

（四）制订落实专项规划

有关部门要制订专项规划，积极引导和推动重点领域和区域物流业的发展。发展改革委会同有关部门制订煤炭、粮食、农产品冷链、物流园区、应急物流等专项规划，商务部会同供销总社等有关部门制订商贸物流专项规划，国家标准委会同有关部门制订物流标准专项规划。物流业发展的重点地区，各级地方政府也要制订本地区物流业规划，指导本地区物流业的发展。

（五）多渠道增加对物流业的投入

物流业的发展，主要依靠企业自身的投入。要加快发展民营物流企业，扩大对外开放步伐，多渠道增加对物流业的投入。对列入国家和地方规划的物流基础设施建设项目，鼓励其通过银行贷款、股票上市、发行债券、增资扩股、企业兼并、中外合资等途径筹集建设资金。银行业金融机构要积极给予信贷支持。对涉及全国性、区域性重大物流基础设施项目，中央和地方政府可根据项目情况和财力状况适当安排中央和地方预算内建设投资，以投资补助、资本金注入或贷款贴息等方式给予支持，由企业进行市场化运作。

（六）完善物流统计指标体系

2 进一步完善物流业统计调查制度和信息管理制度，建立科学的物流业统计调查方法和指标体系。加强物流统计基础工作，开展物流统计理论和方法研究。认真贯彻实施社会物流统计核算与报表制度。积极推动地方物流统计工作，充分发挥行业组织的作用和力量，促进物流业统计信息交流，建立健全共享机制，提高统计数据的准确性和及时性。

（七）继续推进物流业对外开放和国际合作

充分利用世界贸易组织、自由贸易区和区域经济合作机制等平台，与有关国家和地区相互进一步开放与物流相关的分销、运输、仓储、货代等领域，特别是加强与日韩、东盟和中亚国家的双边和区域物流合作，开展物流方面的政策协调和技术合作，推动物流业“引进来”和“走出去”。加强国内物流企业同国际先进物流企业的合资、合作与交流，引进和吸收国外促进现代物流发展的先进经验和管理方法，提高物流业的全球化与区域化程度。加强国际物流“软环境”建设，包括鼓励运用国际惯例、推动与国际贸易规则及货代物流规则接轨、统一单证、加强风险控制和风险转移体系建设等。建立产业安全保障机制，完善物流业外资并购安全审查制度。

（八）加快物流人才培养

要采取多种形式，加快物流人才的培养。加强物流人才需求预测和调查，制订科学的培养目标和规划，发展多层次教育体系和在职人员培训体系。利用社会资源，鼓励企业与大学、科研机构合作，编写精品教材，提高实际操作能力，强化职业技能教育，开展物流领域的职业资质培训与认证工作。加强与国外物流教育与培训机构的联合与合作。

（九）发挥行业社团组织的作用

物流业社团组织应履行行业服务、自律、协调的职能，发挥在物流规划制订、政策建议、规范市场行为、统计与信息、技术合作、人才培训、咨询服务等方面的中介作用，成为政府与企业联系的桥梁和纽带。

六、规划实施

国务院各有关部门要按照《规划》的工作分工，加强沟通协商，密切配合，尽快制定和完善各项配套政策措施，明确政策措施的实施范围和进度，并加强指导和监督，确保实现物流业调整和振兴目标。有关部门要适时开展《规划》的后评价工作，及时提出评价意见。

各地区要按照《规划》确定的目标、任务和政策措施，结合当地实际抓紧制订具体工作方案，细化落实，确保取得实效。各省、自治区、直辖市要将具体工作方案和实施过程中出现的新情况、新问题及时报送发展改革委和交通运输、商务等有关部门。

快递被纳入国家鼓励发展的产业目录

据国家发展和改革委员会颁布的《产业结构调整指导目录（2011 年本）》（以下简称《目录》），包括快递在内的邮政业被纳入国家鼓励发展的产业目录。至此，快递服务发展过程中遇到的用地难、通行难、融资难等各类难题，有望得到逐步解决。该《目录》于 2011 年 6 月 1 日起施行。邮政业的相关条目原文附录如下：

鼓励类

三十五、邮政业

1. 邮政储蓄网络建设；

2. 邮政综合业务网建设；

3. 邮件处理自动化工程；

4. 邮政普遍服务基础设施台账、快递企业备案许可、邮（快）件时限监测、消费者申诉、满意度调查与公示、邮编及行业资费查询等公共服务和市场监管功能等邮政业公共服务信息平台建设；

5. 城乡快递营业网点、门店等快递服务网点建设；

6. 城市、区域内和区域间的快件分拣中心、转运中心、集散中心、处理枢纽等快递处理设施建设；

7. 快件跟踪查询、自动分拣、运递调度、快递客服呼叫中心等快递信息系统开发与应用；

8. 快件分拣处理、数据采集、集装容器等快递技术、装备开发与应用；

9. 邮件、快件运输与交通运输网络融合技术开发。

各省(区、市)快递行业政策文件名录

一、促进快递业发展的综合性政策

地　区	文 件 号	文 件 名
河北	办字〔2009〕128 号	河北省人民政府办公厅关于加快发展快递服务业的通知
	冀公交字〔2009〕107 号	关于贯彻落实省政府支持邮政业发展政策有关事项的通知
	冀邮管〔2011〕94 号	关于全省邮政业“转方式”、调结构、促发展的指导意见
内蒙古	内政发〔2009〕28 号	内蒙古自治区人民政府关于加快自治区电信和邮政业发展的意见
吉林	吉政办明电〔2009〕42 号	吉林省人民政府办公厅关于进一步支持邮政业发展的通知
山东	鲁政办发〔2009〕48 号	山东省人民政府办公厅关于扶持邮政业发展有关问题的通知
云南	昆政发〔2009〕34 号	昆明市人民政府关于进一步加快邮政业发展的若干意见
福建	〔2010〕48 号	关于研究邮政事业发展有关工作的会议纪要
安徽	皖政办〔2011〕76 号	安徽省人民政府办公厅关于促进物流业健康发展的实施意见
江苏	苏政办发〔2011〕168 号	省政府办公厅转发省邮政管理局关于规范和加快发展快递服务业意见的通知

二、促进民航快递协同发展

地　区	文 件 号	文 件 名
河北	〔2010〕1 号	关于促进河北快递与民航产业协同发展的会议纪要
吉林	吉邮管联〔2010〕10 号	关于促进我省快递与民航产业协同发展的实施意见
江苏	苏邮管〔2010〕46 号	关于促进快递与民航产业协同发展的实施意见
安徽	皖邮管〔2010〕83 号	关于促进快递与民航产业协同发展的实施意见
福建	闽邮管联〔2010〕1 号	关于落实促进快递与民航产业协同发展意见的通知
江西	赣邮管〔2010〕20 号	关于促进我省快递与民航产业协同发展的实施意见
河南	豫邮管联〔2010〕8 号	关于印发促进邮政业与民航业协同发展的指导意见的通知
	豫邮管联〔2010〕9 号	关于印发促进邮政业与民航业协同发展的若干措施的通知
广东	粤邮管联〔2010〕1 号	关于促进快递民航产业协同发展的意见
广西	桂邮管〔2010〕51 号	关于促进我区快递与民航产业协同发展的实施意见
宁夏	宁邮管〔2010〕24 号	关于落实促进我区快递与民航产业协同发展意见的通知
海南	琼邮管〔2011〕77 号	关于促进海南快递与民航产业协同发展的通知

三、保障邮政快递车辆通行

地　区	文 件 号	文 件 名
内蒙古自治区	内邮管联〔2009〕12 号	关于保障快递企业运输车辆便捷通行的通知
辽宁省	辽交运法字〔2009〕50 号	关于印发《辽宁快递服务车辆运行管理办法（试行）》的通知
河南	豫政办〔2009〕156 号	河南省人民政府办公厅转发省邮政管理局等部门关于解决快递服务车辆通行问题意见的通知
湖南	湘政办函〔2009〕122 号	湖南省人民政府办公厅关于快递服务车辆通行问题的复函
广东	湘邮管联〔2009〕2 号	关于保障快递企业运输车辆便捷通行的通知
云南	云公交〔2009〕159 号	关于保障快递企业运输车辆便捷通行的通知
陕西	陕邮管〔2009〕4 号	转发陕西省交通厅关于邮政专用车辆缴纳车辆通行费等有关问题的通知
	陕邮管〔2010〕10 号	关于保障快递企业运输车辆便捷通行的通知
山西	晋交综运〔2010〕672 号	关于道路运政稽查有关问题的通知
黑龙江	黑邮管联〔2010〕27 号	关于解决黑龙江省邮政业快递服务车辆通行问题的通知
安徽	皖邮管〔2010〕30 号	关于快递车辆通行有关问题的通知
福建	闽交警安〔2010〕4 号	关于做好全省快递企业运输车辆便捷通行保障工作的通知
江西	赣邮管〔2010〕54 号	关于保障快递企业运输车辆便捷通行的通知
山东	鲁邮管〔2010〕30 号	关于邮件和快（运）递车辆通行问题的通知
湖北	鄂邮管〔2010〕20 号	关于保障武汉市城区快递企业运输车辆便捷通行的通知
湖南	湘邮管联字〔2010〕1 号	关于进一步做好快递服务车辆通行运输工作的通知
广西	桂邮管〔2011〕12 号	关于保障快递运输车辆便捷通行的通知
重庆	渝交委〔2010〕259 号	关于保障快递企业运输车辆便捷通行的通知
贵州	黔邮管〔2011〕33 号	关于快递运输专用车辆审核认定工作的通知
新疆	新政办函〔2010〕238 号	关于解决我区快递服务车辆通行有关问题的复函
青海	宁公交〔2011〕195 号	关于加强快递企业运输车辆管理工作的通知

四、快递企业税收支持政策

地　区	文 件 号	文 件 名
湖南	湘地税〔2009〕8 号	湖南省地方税务局 湖南省邮政管理局关于加强快递企业税收政策支持的意见
河北	冀邮管〔2010〕44 号	关于落实税收政策促进快递服务业发展的通知

国家邮政局主要职责及组织机构

一、主要职责

(1)拟订邮政行业的发展战略、规划、政策和标准,提出深化邮政体制改革和促进邮政与交通运输统筹发展的政策建议,起草邮政行业法律法规和部门规章草案。

(2)承担邮政监管责任,推动建立覆盖城乡的邮政普遍服务体系,推进建立和完善普遍服务和特殊服务保障机制,提出邮政行业服务价格政策和基本邮政业务价格建议,并监督执行。

(3)负责快递等邮政业务的市场准入,维护信件寄递业务专营权,依法监管邮政市场。

(4)负责监督检查机要通信工作,保障机要通信安全。

(5)负责邮政行业安全生产监管,负责邮政行业运行安全的监测、预警和应急管理,保障邮政通信与信息安全。

(6)负责邮政行业统计、经济运行分析及信息服务,依法监督邮政行业服务质量。

(7)负责纪念邮票的选题和图案审查,负责审定纪念邮票和特种邮票年度计划。

(8)代表国家参加国际邮政组织,处理政府间邮政事务,拟订邮政对外合作与交流政策并组织实施,处理邮政外事工作,按照规定管理涉及港澳台工作。

(9)垂直管理各省(自治区、直辖市)邮政管理局。

(10)承办国务院及交通运输部交办的其他事项。

二、机构设置

1. 办公室(外事司)

负责机关文电、会务、机要、档案等机关日常运转工作以及信息、安全保密、新闻发布、信访、政务公开、系统财务管理等工作;承担重要课题调研,起草重要报告和综合性文稿;承办邮政外事工作和政府间合作事务,组织开展对外合作与交流,按照规定管理涉及港澳台工作。

2. 政策法规司

提出邮政行业的发展战略、规划、标准和政策;起草邮政行业法律法规和部门规章草案,指导行业法制建设;提出深化邮政体制改革建议;拟订邮政资源规划;提出促进邮政与交通运输统筹发展的政策建议;推进行业科技工作;承担邮政行业统计、经济运行分析及信息服务;承办相关行政复议和行政应诉工作;承办机关有关规范性文件的合法性审核工作。

3. 普遍服务司(机要通信司)

提出普遍服务、特殊服务的标准;推动建立覆盖城乡的邮政普遍服务体系,依法监督邮政普遍服务义务的履行;提出邮政行业价格服务政策和基本邮政业务价格建议并监督执行;拟订普遍服务和保障机要通信、义务兵通信、党报党刊发行、盲人读物寄递等特殊服务的政策并监督实施;监督检查机要通信工作,保障机要通信安全,研究协调解决有关机要通信安全的重大问题;承办纪念邮票的选题和图案审查;承办纪念邮票和特种邮票年度计划审定。

4. 市场监管司

依法监管邮政市场，维护信件寄递业务的专营权；依法实行快递等邮政业务的市场准入制度；依法监管集邮市场；指导邮政行业安全生产管理工作，承担邮政行业运行安全的监测、预警和应急管理工作；拟订保障邮政通信与信息安全的政策并监督实施。

5. 人事司

拟订机关人事、教育、培训、劳动工资管理制度并组织实施，指导邮政行业人才队伍建设，承办国家邮政局系统机构、人员编制和干部管理工作。

6. 机关党委

承担局机关和在京直属单位的党群工作。

获得《快递业务经营许可证》企业名录

（截至2011年12月31日）

一、跨省（区、市）经营国内快递业务并经营国际快递业务的企业

企业名称	许可证号	有效期限
民航快递有限责任公司	国邮20100001A/C	2010.09.29－2015.09.28
内蒙古德美多式联运有限责任公司	国邮20100004A/C	2010.09.29－2015.09.28
中国邮政速递物流股份有限公司	国邮20100028A/C	2010.06.10－2015.06.09
顺丰速运（集团）有限公司	国邮20100031A/C	2010.09.29－2015.09.28
北京顺丰速运有限公司	国邮20100031－2A/C	2010.09.29－2015.09.28
吉林省顺丰速递有限公司	国邮20100031－18A/C	2010.09.29－2015.09.28
广州顺丰速运有限公司	国邮20100031－56A/C	2010.09.29－2015.09.28
深圳市原飞航物流有限公司	国邮20100067A/C	2010.09.29－2015.09.28
中外运—敦豪国际航空快件有限公司	国邮20100146A/C	2010.09.29－2015.09.28
上海圆通速递有限公司	国邮20100209A/C	2010.09.29－2015.09.28
深圳市亚风速递有限公司	国邮20100215A/C	2010.09.29－2015.09.28
捷特亨达货运代理（上海）有限公司	国邮20100278A/C	2010.12.24－2015.12.23
广东港中能达物流有限公司	国邮20100306A/C	2010.12.24－2015.12.23
上海圆通速递物流（集团）有限公司	国邮20100307A/C	2010.12.24－2015.12.23
上海林道国际货运代理有限公司	国邮20110337A/C	2011.01.25－2016.01.24

二、跨省（区、市）经营国内快递业务的企业

企业名称	许可证号	有效期限
江苏京东信息技术有限公司	国邮20100206A	2010.09.29－2015.09.28
上海希伊艾斯快递有限公司	国邮20100207A	2010.09.29－2015.09.28
北京宅急送快运股份有限公司	国邮20100208A	2010.09.29－2015.09.28
上海韵达货运有限公司	国邮20100210A	2010.09.29－2015.09.28
上海增洲实业有限公司（汇通）	国邮20100211A	2010.09.29－2015.09.28
上海中通吉速递服务有限公司	国邮20100212A	2010.09.29－2015.09.28
申通快递有限公司	国邮20100213A	2010.09.29－2015.09.28
上海全毅快递有限公司	国邮20100214A	2010.09.29－2015.09.28
北京星晨急便速递有限公司	国邮20100218A	2010.09.29－2015.09.28
北京世纪卓越信息技术有限公司	国邮20100219A	2010.09.29－2015.09.28
北京世纪卓越快递服务有限公司	国邮20100220A	2010.09.29－2015.09.28
杭州爱彼西商务配送有限公司	国邮20100223A	2010.09.29－2015.09.28
中运蓝宇联合（北京）快递有限责任公司	国邮20100237A	2010.09.29－2015.09.28
北京日益通速递有限责任公司	国邮20100239A	2010.09.29－2015.09.28

续上表

企业名称	许可证号	有效期限
东莞市鸿鹏快递有限公司	国邮20100246A	2010.09.29—2015.09.28
重庆华宇物流有限公司	国邮20100248A	2010.09.29—2015.09.28
北京乐畅快递有限公司	国邮20100251A	2010.09.29—2015.09.28
广东快捷快物流有限公司	国邮20100255A	2010.09.29—2015.09.28
广州宅急送快运有限公司	国邮20100264A	2010.09.29—2015.09.28
上海宅急送物流有限公司	国邮20100265A	2010.09.29—2015.09.28
沈阳宅急送快运有限公司	国邮20100266A	2010.09.29—2015.09.28
武汉宅急送快运有限公司	国邮20100267A	2010.09.29—2015.09.28
西安宅急送快运有限公司	国邮20100268A	2010.09.29—2015.09.28
成都宅急送快运有限公司	国邮20100269A	2010.09.29—2015.09.28
海航天天快递有限公司	国邮20100270A	2010.09.29—2015.09.28
优速物流有限公司	国邮20100272A	2010.11.25—2015.11.24
深圳速尔物流有限公司	国邮20100279A	2010.12.24—2015.12.23
上海特能市场推广有限公司	国邮20100290A	2010.12.24—2015.12.23
哈尔滨市尼尔物流发展有限公司	国邮20110316A	2011.01.25—2016.01.24
上海飞羚速递有限公司	国邮20110321A	2011.01.25—2016.01.24
深圳市鑫飞鸿快递有限公司	国邮20110322A	2011.01.25—2016.01.24
北京安信达快递服务有限公司	国邮20110323A	2011.01.25—2016.01.24
北京飞康达物流服务有限公司	国邮20110327A	2011.01.25—2016.01.24
广州市快捷快货运服务有限公司	国邮20110331A	2011.01.25—2016.01.24
北京中通大盈物流有限公司	国邮20110332A	2011.01.25—2016.01.24
沈阳冠达快递有限公司	国邮20110349A	2011.01.25—2016.01.24
杭州百世网络技术有限公司	国邮20110354A	2011.08.30—2016.08.29
德邦物流股份有限公司	国邮20120378A	2012.01.18—2017.01.17

三、经营国际快递业务的企业

企业名称	许可证号	有效期限
大连民航快递有限公司	国邮20100001－1C	2010.06.21—2015.06.20
中外运空运发展股份有限公司	国邮20090002－0C	2010.01.01—2014.12.31
河南东方商贸国际货运代理有限公司	国邮20090003C	2010.01.01—2014.12.31
宁德市彼岸国际货运代理有限公司	国邮20100005C	2010.01.15—2015.01.14
珠海市隆运国际货运代理有限公司	国邮20100006C	2010.01.15—2015.01.14
深圳均辉华惠国际货运有限公司	国邮20100007C	2010.01.15—2015.01.14
汉高货运代理(深圳)有限公司	国邮20100008C	2010.01.15—2015.01.14
东莞市天峰快递有限公司	国邮20100009C	2010.01.15—2015.01.14
优比速包裹运送(广东)有限公司	国邮20100010C	2010.05.17—2015.05.16
北京时代瑞丰进出口服务有限公司	国邮20100011C	2010.05.17—2015.05.16
成岳国际货物运输代理(上海)有限公司	国邮20100012C	2010.05.17—2015.05.16
友航(中国)国际货代有限公司	国邮20100013C	2010.05.17—2015.05.16

续上表

企业名称	许可证号	有效期限
东莞市常安国际货物运输代理有限公司	国邮 20100014C	2010.05.17－2015.05.16
北京明邦运通运输服务有限公司	国邮 20100015C	2010.05.17－2015.05.16
安徽东方国际物流有限公司	国邮 20100016C	2010.05.17－2015.05.16
东莞市正东国际货物运输代理有限公司	国邮 20100017C	2010.05.17－2015.05.16
深圳市递四方速递有限公司	国邮 20100018C	2010.05.17－2015.05.16
芜湖恒诚国际货运代理有限公司	国邮 20100019C	2010.05.17－2015.05.16
广东永邦经贸国际货运代理有限公司	国邮 20100020C	2010.05.17－2015.05.16
杭州泛远国际物流有限公司	国邮 20100021C	2010.05.17－2015.05.16
广东易连国际货物运输代理有限公司	国邮 20100022C	2010.05.17－2015.05.16
联合包裹物流(上海)有限公司	国邮 20100023C	2010.05.17－2015.05.16
保利佐川物流有限公司	国邮 20100024C	2010.05.17－2015.05.16
呼和浩特市君立国际货运代理有限责任公司	国邮 20100025C	2010.05.17－2015.05.16
厦门东港国际运输有限公司	国邮 20100026C	2010.05.17－2015.05.16
福建联运国际货运代理有限公司	国邮 20100027C	2010.05.17－2015.05.16
嘉里大通物流有限公司	国邮 20100029－0C	2010.06.21－2015.06.20
惠州市联捷国际货运代理有限公司	国邮 20100032C	2010.06.21－2015.06.20
福建泰航国际物流有限公司	国邮 20100033C	2010.06.21－2015.06.20
东莞市晖翔国际货运代理有限公司	国邮 20100034C	2010.06.21－2015.06.20
日通国际物流(中国)有限公司	国邮 20100035C	2010.06.21－2015.06.20
深圳港中旅供应链贸易有限公司	国邮 20100036C	2010.06.21－2015.06.20
重庆安捷国际运输代理有限公司	国邮 20100037C	2010.06.21－2015.06.20
宁波雅戈尔国际贸易运输有限公司	国邮 20100039C	2010.06.21－2015.06.20
深圳市迅达国际货运代理有限公司	国邮 20100040C	2010.06.21－2015.06.20
江西中迅国际货运代理有限公司	国邮 20100041C	2010.06.21－2015.06.20
上海迪比翼国际快件有限公司	国邮 20100042C	2010.06.21－2015.06.20
威海通达货运代理有限责任公司	国邮 20100043C	2010.06.21－2015.06.20
上海雅仕国际物流有限公司	国邮 20100044C	2010.06.21－2015.06.20
珠海庞志国际货运代理有限公司	国邮 20100045C	2010.06.21－2015.06.20
江苏弘业国际物流有限公司	国邮 20100046C	2010.06.21－2015.06.20
北京中外运速递有限公司	国邮 20100047C	2010.06.21－2015.06.20
中国外运秦皇岛公司	国邮 20100049C	2010.06.21－2015.06.20
上海亚东国际货运有限公司	国邮 20100050C	2010.06.21－2015.06.20
运必送物流(深圳)有限公司	国邮 20100051C	2010.06.21－2015.06.20
德莎国际货运代理(上海)有限公司	国邮 20100052C	2010.06.21－2015.06.20
中国外运股份有限公司	国邮 20100053C	2010.06.21－2015.06.20
青岛经汉物流服务有限公司	国邮 20100054C	2010.06.21－2015.06.20
大连周水子国际机场集团公司	国邮 20100055C	2010.06.21－2015.06.20
江门市中岸国际船舶货物运输代理有限公司	国邮 20100056C	2010.06.21－2015.06.20
深圳市华信国际货运有限公司	国邮 20100057C	2010.06.21－2015.06.20
北京燕文物流有限公司	国邮 20100058C	2010.06.21－2015.06.20

续上表

企业名称	许可证号	有效期限
上海天霖星洲国际货运有限公司	国邮 20100059C	2010.06.21 —2015.06.20
武汉中贸发国际货运代理有限公司	国邮 20100060C	2010.06.21 —2015.06.20
杭州日晟国际货运代理有限公司	国邮 20100061C	2010.06.21 —2015.06.20
中外运湖北有限责任公司	国邮 20100062C	2010.06.21 —2015.06.20
深圳市和安国际货运代理有限公司	国邮 20100063C	2010.06.21 —2015.06.20
广东秀驿物流有限公司	国邮 20100064C	2010.06.21 —2015.06.20
饶平县泰昌快递有限公司	国邮 20100065C	2010.06.21 —2015.06.20
饶平铠信速递有限公司	国邮 20100066C	2010.06.21 —2015.06.20
威时沛运货运（广州）有限公司	国邮 20100068C	2010.06.21 —2015.06.20
厦门雅顺达国际物流有限公司	国邮 20100069C	2010.06.21 —2015.06.20
上海东方福达运输服务有限公司	国邮 20100070C	2010.06.21 —2015.06.20
上海华兴国际货运公司	国邮 20100071C	2010.06.21 —2015.06.20
饶平县达邦快件有限公司	国邮 20100072C	2010.06.21 —2015.06.20
饶平万丰快件有限公司	国邮 20100073C	2010.06.21 —2015.06.20
浙江中外运有限公司	国邮 20100074C	2010.06.21 —2015.06.20
青岛中远国际航空货运代理有限公司	国邮 20100075C	2010.06.21 —2015.06.20
深圳市利航国际货运代理有限公司	国邮 20100076C	2010.06.21 —2015.06.20
亨达国际货运代理有限公司	国邮 20100080C	2010.07.16 —2015.07.15
深圳棋洋国际货运代理有限公司	国邮 20100081C	2010.07.16 —2015.07.15
福建金诚国际物流有限公司	国邮 20100082C	2010.07.16 —2015.07.15
中航技国际储运厦门有限责任公司	国邮 20100083C	2010.07.16 —2015.07.15
深圳华世达国际货运代理有限公司	国邮 20100084C	2010.07.16 —2015.07.15
伟光达国际货运代理（深圳）有限公司	国邮 20100085C	2010.07.16 —2015.07.15
佛山中新创业国际货运代理有限公司	国邮 20100086C	2010.07.16 —2015.07.15
深圳市安达顺国际物流有限公司	国邮 20100087C	2010.07.16 —2015.07.15
深圳市意顺达国际货运有限公司	国邮 20100088C	2010.07.16 —2015.07.15
中外运速递有限公司	国邮 20100090C	2010.07.16 —2015.07.15
广州中远国际航空货运代理有限公司	国邮 20100091C	2010.07.16 —2015.07.15
东莞市南翔国际货运代理有限公司	国邮 20100092C	2010.07.16 —2015.07.15
海程邦达国际货运代理有限公司	国邮 20100093C	2010.07.16 —2015.07.15
厦门东方环球货运代理有限公司	国邮 20100094C	2010.07.16 —2015.07.15
东莞市东港国际货运代理有限公司	国邮 20100095C	2010.07.16 —2015.07.15
江苏苏迈克斯国际货运有限公司	国邮 20100096C	2010.07.16 —2015.07.15
饶平县润东快件有限公司	国邮 20100097C	2010.07.16 —2015.07.15
饶平县龙骏快递有限公司	国邮 20100098C	2010.07.16 —2015.07.15
潮州市佳奇物流有限公司	国邮 20100099C	2010.07.16 —2015.07.15
饶平县捷诚快件有限公司	国邮 20100100C	2010.07.16 —2015.07.15
饶平县新科港快件有限公司	国邮 20100101C	2010.07.16 —2015.07.15
东莞市中亚联发运输有限公司	国邮 20100102C	2010.07.16 —2015.07.15
东莞市骅达国际货运代理有限公司	国邮 20100103C	2010.07.16 —2015.07.15

续上表

企业名称	许可证号	有效期限
佛山市冠鸿国际货运代理有限公司	国邮 20100104C	2010.07.16－2015.07.15
深圳市海捷运物流管理有限公司	国邮 20100105C	2010.07.16－2015.07.15
广州番禺中新国际货物运输代理有限公司	国邮 20100106C	2010.07.16－2015.07.15
深圳万邦国际物流运输有限责任公司	国邮 20100107C	2010.07.16－2015.07.15
汕头市三驰国际货运代理有限公司	国邮 20100108C	2010.07.16－2015.07.15
汕头市友华快递有限公司	国邮 20100109C	2010.07.16－2015.07.15
汕头市捷铭国际货运代理有限公司	国邮 20100110C	2010.07.16－2015.07.15
汕头市恒利国际货运代理有限公司	国邮 20100111C	2010.07.16－2015.07.15
中外运—日新国际货运有限公司	国邮 20100112C	2010.07.16－2015.07.15
广东全顺国际货运代理有限公司	国邮 20100113C	2010.07.16－2015.07.15
青岛大亚空运有限公司	国邮 20100114C	2010.07.16－2015.07.15
烟台德鸿国际货运代理有限公司	国邮 20100115C	2010.07.16－2015.07.15
深圳市亿翔国际货运代理有限公司	国邮 20100116C	2010.07.16－2015.07.15
东莞市迅达国际货运有限公司	国邮 20100117C	2010.07.16－2015.07.15
武汉市邮政速递有限公司	国邮 20100118C	2010.07.16－2015.07.15
中山市金洋国际货运代理有限公司	国邮 20100119C	2010.07.16－2015.07.15
青岛金王国际运输有限公司	国邮 20100120C	2010.07.16－2015.07.15
东莞市日安国际货运代理有限公司	国邮 20100121C	2010.07.16－2015.07.15
嘉里大通物流(深圳)有限公司	国邮 20100122C	2010.07.16－2015.07.15
南阳春龙国际货运代理有限公司	国邮 20100124C	2010.07.16－2015.07.15
梅县荣嘉国际远洋货运有限公司	国邮 20100125C	2010.07.16－2015.07.15
深圳市恒立达国际货运代理有限公司	国邮 20100126C	2010.07.16－2015.07.15
德莎国际货运代理(深圳)有限公司	国邮 20100127C	2010.07.16－2015.07.15
福建中旅国际客货运代理有限公司	国邮 20100128C	2010.07.16－2015.07.15
招商局物流集团有限公司	国邮 20100129C	2010.07.16－2015.07.15
招商局物流深圳有限公司	国邮 20100130C	2010.07.16－2015.07.15
中国外运山东有限公司	国邮 20100131C	2010.07.16－2015.07.15
瀚洋国际货运代理(深圳)有限公司	国邮 20100132C	2010.07.16－2015.07.15
饶平县长新快件有限公司	国邮 20100133C	2010.07.16－2015.07.15
山东盛欣国际货运代理有限公司	国邮 20100134C	2010.07.16－2015.07.15
南通新干线国际货运代理有限公司	国邮 20100135C	2010.07.16－2015.07.15
江门市邮政速递服务有限公司	国邮 20100136C	2010.07.16－2015.07.15
深圳市华惠国际货运有限公司	国邮 20100137C	2010.07.16－2015.07.15
中远国际航空货运代理有限公司	国邮 20100138C	2010.07.16－2015.07.15
汕头市天嘉快件有限公司	国邮 20100139C	2010.07.16－2015.07.15
深圳市文辰国际货运代理有限公司	国邮 20100140C	2010.07.16－2015.07.15
汕头经济特区平野对外运输有限公司	国邮 20100141C	2010.07.16－2015.07.15
深圳市平宇物流有限公司	国邮 20100142C	2010.07.16－2015.07.15
北京华惠国际货运有限公司	国邮 20100143C	2010.07.16－2015.07.15
深圳市凯鑫国际货运代理有限公司	国邮 20100144C	2010.07.16－2015.07.15

续上表

企业名称	许可证号	有效期限
天地国际运输代理(中国)有限公司	国邮20100145C	2010.08.03—2015.08.02
联邦快递(中国)有限公司	国邮20100147C	2010.08.25—2015.08.24
深圳迈豪国际货运代理有限公司	国邮20100148C	2010.09.27—2015.09.26
青岛宏洋国际货运代理有限公司	国邮20100149C	2010.09.27—2015.09.26
江苏亨通海晨物流有限公司	国邮20100150C	2010.09.27—2015.09.26
上海优益喜国际货物运输代理有限公司	国邮20100151C	2010.09.27—2015.09.26
山东盛世海丰国际货运代理有限公司	国邮20100152C	2010.09.27—2015.09.26
广州派亚物流有限公司	国邮20100154C	2010.09.27—2015.09.26
青岛翔通国际运输代理有限公司	国邮20100155C	2010.09.27—2015.09.26
上海翼速国际物流有限公司	国邮20100156C	2010.09.27—2015.09.26
莆田市航鹏货运有限公司	国邮20100157C	2010.09.27—2015.09.26
广州市赛时多式国际货运代理有限公司	国邮20100158C	2010.09.27—2015.09.26
北京天霖骐骥国际货运代理有限公司	国邮20100159C	2010.09.27—2015.09.26
北海海志船舶代理有限责任公司	国邮20100160C	2010.09.27—2015.09.26
汕头市乐递快件有限公司	国邮20100161C	2010.09.27—2015.09.26
上海恒荣国际货运有限公司	国邮20100162C	2010.09.27—2015.09.26
青岛中迅国际物流有限公司	国邮20100163C	2010.09.27—2015.09.26
东莞金泰辉国际货运代理有限公司	国邮20100165C	2010.09.27—2015.09.26
上海空海货运代理有限公司	国邮20100166C	2010.09.27—2015.09.26
杭州佳成国际货运代理有限公司	国邮20100167C	2010.09.27—2015.09.26
东莞一辉货运服务有限公司	国邮20100168C	2010.09.27—2015.09.26
珠海崇宏货运代理有限公司	国邮20100169C	2010.09.27—2015.09.26
中国外运河南公司	国邮20100170C	2010.09.27—2015.09.26
佛山市快图仕国际货运代理有限公司	国邮20100171C	2010.09.27—2015.09.26
中国外运长江有限公司	国邮20100172C	2010.09.27—2015.09.26
江阴中外运物流有限公司	国邮20100172-1C	2010.09.27—2015.09.26
昆山中外运物流有限公司	国邮20100172-2C	2010.09.27—2015.09.26
南京出口加工区中外运物流有限公司	国邮20100172-3C	2010.09.27—2015.09.26
宁波外运国际集装箱货运有限公司	国邮20100173C	2010.09.27—2015.09.26
安徽宇环储运有限公司	国邮20100174C	2010.09.27—2015.09.26
宁波泛洋国际货运代理有限公司	国邮20100175C	2010.09.27—2015.09.26
宁波外运国际货运代理有限公司	国邮20100176C	2010.09.27—2015.09.26
苏州国信集团太仓港东润物流有限公司	国邮20100177C	2010.09.27—2015.09.26
福建华夏货运有限公司	国邮20100178C	2010.09.27—2015.09.26
上海华惠国际货运有限公司	国邮20100179C	2010.09.27—2015.09.26
汕头市龙骑士快件有限公司	国邮20100180C	2010.09.27—2015.09.26
浙江外运台州有限公司	国邮20100181C	2010.09.27—2015.09.26
湖州新元国际货运有限公司	国邮20100182C	2010.09.27—2015.09.26
上海百福东方国际物流有限责任公司	国邮20100183C	2010.09.27—2015.09.26
上海长发国际货运有限公司	国邮20100184C	2010.09.27—2015.09.26

续上表

企业名称	许可证号	有效期限
汕头中外运有限公司	国邮20100185C	2010.09.27－2015.09.26
中国外运广东有限公司	国邮20100186C	2010.09.27－2015.09.26
招商局物流集团江苏有限公司	国邮20100187C	2010.09.27－2015.09.26
深圳市百千联盟国际货运代理有限公司	国邮20100188C	2010.09.27－2015.09.26
大连乾瀚国际物流有限公司	国邮20100189C	2010.09.27－2015.09.26
中国外运山西公司	国邮20100190C	2010.09.27－2015.09.26
大连双雄国际货运代理有限公司	国邮20100191C	2010.09.27－2015.09.26
大连迪比翼爱克斯快递有限公司	国邮20100192C	2010.09.27－2015.09.26
昆明荣建国际货运有限公司	国邮20100193C	2010.09.27－2015.09.26
义乌天虎国际货运代理有限公司	国邮20100194C	2010.09.27－2015.09.26
上海泓丰国际货物运输代理有限公司	国邮20100196C	2010.09.27－2015.09.26
上海翔运国际货运有限公司	国邮20100197C	2010.09.27－2015.09.26
包头开源鸿瑞国际货运代理有限责任公司	国邮20100198C	2010.09.27－2015.09.26
大庆国际货物运输代理有限公司	国邮20100199C	2010.09.27－2015.09.26
黄石中外运国际货运代理有限公司	国邮20100200C	2010.09.27－2015.09.26
珠海市中景国际货物运输代理有限公司	国邮20100201C	2010.09.27－2015.09.26
杭州百福东方国际货运代理有限公司	国邮20100202C	2010.09.27－2015.09.26
天津泛艺国际货运代理服务有限公司	国邮20100203C	2010.09.27－2015.09.26
河北外运廊坊公司	国邮20100204C	2010.09.27－2015.09.26
黑龙江省乾瀚国际货物运输代理有限公司	国邮20100205C	2010.09.27－2015.09.26
雅玛多(中国)运输有限公司	国邮20100216C	2010.09.29－2015.09.28
欧西爱司物流(上海)有限公司	国邮20100217C	2010.09.29－2015.09.28
郑州市程驰速递有限公司	国邮20100221C	2010.09.29－2015.09.28
深圳市国鑫快递有限公司	国邮20100222C	2010.09.29－2015.09.28
南通三佳快运代理有限公司	国邮20100224C	2010.09.29－2015.09.28
河北佳通物流有限公司	国邮20100225C	2010.09.29－2015.09.28
亚诺士物流(厦门)有限公司	国邮20100226C	2010.09.29－2015.09.28
菏泽市通世运送服务有限公司	国邮20100227C	2010.09.29－2015.09.28
深圳市盈安达国际货运代理有限公司	国邮20100228C	2010.09.29－2015.09.28
南通恒丰国际货运代理有限公司	国邮20100229C	2010.09.29－2015.09.28
合肥圣捷快运有限公司	国邮20100230C	2010.09.29－2015.09.28
惠州市辉宇天地货物运输有限公司	国邮20100231C	2010.09.29－2015.09.28
湖南迪比翼快递服务有限公司	国邮20100232C	2010.09.29－2015.09.28
珠海市宇立物流有限公司	国邮20100233C	2010.09.29－2015.09.28
东莞市亚世国际货运代理有限公司	国邮20100234C	2010.09.29－2015.09.28
东莞市东急捷运有限公司	国邮20100235C	2010.09.29－2015.09.28
嘉兴市乍浦百通速递服务有限公司	国邮20100236C	2010.09.29－2015.09.28
嘉兴环洋国际货运代理有限公司	国邮20100238C	2010.09.29－2015.09.28
偌亚奥国际货运代理(深圳)有限公司	国邮20100240C	2010.09.29－2015.09.28
天津泰利宝国际货运代理有限公司	国邮20100241C	2010.09.29－2015.09.28

续上表

企业名称	许可证号	有效期限
北京网易速达国际货运代理有限公司	国邮20100242C	2010.09.29－2015.09.28
金华中外运国际物流有限公司	国邮20100243C	2010.09.29－2015.09.28
潮州市外运有限公司	国邮20100244C	2010.09.29－2015.09.28
中山市康力国际货运代理有限公司	国邮20100245C	2010.09.29－2015.09.28
广州市快时递快递有限公司	国邮20100247C	2010.09.29－2015.09.28
中山市祥运通快递有限公司	国邮20100249C	2010.09.29－2015.09.28
饶平县联港快件有限公司	国邮20100250C	2010.09.29－2015.09.28
浙江旭日国际货运代理有限公司	国邮20100252C	2010.09.29－2015.09.28
中山市龙盛达速递有限公司	国邮20100253C	2010.09.29－2015.09.28
金华市天达国际货运代理有限公司	国邮20100254C	2010.09.29－2015.09.28
威海田园凯鸽快递有限公司	国邮20100256C	2010.09.29－2015.09.28
丹阳市海尚国际商务有限公司	国邮20100257C	2010.09.29－2015.09.28
深圳市三态速递有限公司	国邮20100258C	2010.09.29－2015.09.28
潍坊联捷国际物流有限公司	国邮20100259C	2010.09.29－2015.09.28
吉林市飞虎快递有限公司	国邮20100260C	2010.09.29－2015.09.28
中国外运广西桂林公司	国邮20100261C	2010.09.29－2015.09.28
吉林省华虎快递有限公司	国邮20100262C	2010.09.29－2015.09.28
东莞市华茂国际货运代理有限公司	国邮20100263C	2010.09.29－2015.09.28
青岛金驿路国际物流有限公司	国邮20100273C	2010.11.25－2015.11.24
浩通国际货运代理有限公司	国邮20100274C	2010.11.25－2015.11.24
一三九快递(北京)有限公司	国邮20100275C	2010.11.25－2015.11.24
东莞市天地通速递有限公司	国邮20100276C	2010.11.25－2015.11.24
常熟外贸运输有限责任公司	国邮20100277C	2010.12.24－2015.12.23
天津美亚集运国际货运代理有限公司	国邮20100280C	2010.12.24－2015.12.23
温州天翔货运服务有限公司	国邮20100281C	2010.12.24－2015.12.23
福州中贸英联航空国际货运代理有限公司	国邮20100282C	2010.12.24－2015.12.23
包头市中天国际货运代理有限公司	国邮20100283C	2010.12.24－2015.12.23
深圳市秀驿国际物流有限公司	国邮20100284C	2010.12.24－2015.12.23
昆山外服迪比翼国际货运代理公司	国邮20100285C	2010.12.24－2015.12.23
深圳市东方联球国际货运代理有限公司	国邮20100286C	2010.12.24－2015.12.23
常州市奥翔物流有限公司	国邮20100287C	2010.12.24－2015.12.23
湖南东讯速递有限公司	国邮20100288C	2010.12.24－2015.12.23
中国外运广西梧州有限公司	国邮20100289C	2010.12.24－2015.12.23
川妮(厦门)国际货运代理有限公司	国邮20100291C	2010.12.24－2015.12.23
无锡城晓国际货运代理有限公司	国邮20100292C	2010.12.24－2015.12.23
青岛昊坤达国际物流有限公司	国邮20100293C	2010.12.24－2015.12.23
辽宁天地国际物流有限公司	国邮20100294C	2010.12.24－2015.12.23
宁波睿达国际物流有限公司	国邮20100295C	2010.12.24－2015.12.23
泉州顺鑫快递有限公司	国邮20100296C	2010.12.24－2015.12.23
厦门安世通国际快递物流有限公司	国邮20100297C	2010.12.24－2015.12.23

续上表

企业名称	许可证号	有效期限
上海伟邦快递服务有限公司	国邮 20100298C	2010.12.24－2015.12.23
宁波富成国际货运代理有限公司	国邮 20100299C	2010.12.24－2015.12.23
天津易运物流有限公司	国邮 20100300C	2010.12.24－2015.12.23
厦门宸迅物流有限公司	国邮 20100301C	2010.12.24－2015.12.23
温州金邦盛德国际货运代理有限公司	国邮 20100302C	2010.12.24－2015.12.23
广西柳州外运有限责任公司	国邮 20100303C	2010.12.24－2015.12.23
张家港顺捷国际货运代理有限公司	国邮 20100304C	2010.12.24－2015.12.23
上海义达国际物流有限公司	国邮 20100305C	2010.12.24－2015.12.23
包头鼎力通国际货物运输代理有限公司	国邮 20110308C	2011.01.14－2016.01.15
上海中外运钱塘有限公司	国邮 20110309C	2011.01.14－2016.01.15
上海柯莱国际货运有限公司	国邮 20110310C	2011.01.14－2016.01.15
苏州百福东方国际物流有限责任公司	国邮 20110311C	2011.01.14－2016.01.15
福建鼎佳国际货运代理有限公司	国邮 20110312C	2011.01.14－2016.01.15
山东中外运弘志物流有限公司	国邮 20110313C	2011.01.14－2016.01.15
宁波中亚国际航空货运代理服务有限公司	国邮 20110314C	2011.01.14－2016.01.15
中国外运江苏集团公司扬州公司	国邮 20110315C	2011.01.25－2016.01.24
青岛翔通报关行有限公司	国邮 20110317C	2011.01.25－2016.01.24
绍兴希凯易国际货运代理有限公司	国邮 20110318C	2011.01.25－2016.01.24
深圳福霖冠宇国际货运代理有限公司	国邮 20110319C	2011.01.25－2016.01.24
浙江亲和货运代理有限公司	国邮 20110320C	2011.01.25－2016.01.24
长春天地快件有限公司	国邮 20110324C	2011.01.25－2016.01.24
大连通商急便国际物流有限公司	国邮 20110325C	2011.01.25－2016.01.24
深圳市快迅捷运输服务有限公司	国邮 20110326C	2011.01.25－2016.01.24
大连通达货运有限公司	国邮 20110328C	2011.01.25－2016.01.24
绍兴天越货运有限公司	国邮 20110329C	2011.01.25－2016.01.24
湖南省华通国际货运代理有限公司	国邮 20110330C	2011.01.25－2016.01.24
深圳市迪比翼贸易发展有限公司	国邮 20110333C	2011.01.25－2016.01.24
襄樊亚樊敦豪航空快件有限公司	国邮 20110334C	2011.01.25－2016.01.24
宁波金腾国际货运代理有限公司	国邮 20110335C	2011.01.25－2016.01.24
宁波长运国际物流有限公司	国邮 20110336C	2011.01.25－2016.01.24
上海经贸和光旅运有限公司	国邮 20110338C	2011.01.25－2016.01.24
宜昌市联合国际货运代理有限公司	国邮 20110339C	2011.01.25－2016.01.24
嘉兴市锦剑物流有限公司	国邮 20110340C	2011.01.25－2016.01.24
山东资通国际货运代理有限公司	国邮 20110341C	2011.01.25－2016.01.24
宁波华迅甬通航空货运代理有限公司	国邮 20110342C	2011.01.25－2016.01.24
杭州荣城国际货运有限公司	国邮 20110343C	2011.01.25－2016.01.24
中国外运黑龙江齐齐哈尔公司	国邮 20110344C	2011.01.25－2016.01.24
安徽亚太航空代理有限公司	国邮 20110345C	2011.01.25－2016.01.24
深圳市汇通天下国际货运代理有限公司	国邮 20110346C	2011.01.25－2016.01.24
长春顺捷速递有限公司	国邮 20110347C	2011.01.25－2016.01.24

续上表

企业名称	许可证号	有效期限
黄石天海物流有限公司	国邮20110348C	2011.01.25—2016.01.24
杭州七逸国际货运代理有限公司	国邮20110350C	2011.01.25—2016.01.24
广州霆宇国际货运代理有限公司	国邮20110351C	2011.01.25—2016.01.24
中国货运航空有限公司	国邮20110352C	2011.01.25—2016.01.24
宁波万邦速运有限公司	国邮20110353C	2011.01.25—2016.01.24
北京冠捷国际物流有限公司	国邮20110355C	2011.8.30—2016.8.29
深圳市久荣物流有限公司	国邮20110356C	2011.8.30—2016.8.29
溧阳溧金速达物流有限公司	国邮20110357C	2011.8.30—2016.8.29
中国对外贸易运输总公司浙江嘉兴支公司	国邮20110358C	2011.8.30—2016.8.29
中国外运陆桥运输有限公司	国邮20110359C	2011.8.30—2016.8.29
浙江云豹国际货运代理有限公司	国邮20110360C	2011.8.30—2016.8.29
上海服友速递有限公司	国邮20110361C	2011.8.30—2016.8.29
建德市宏强货运中介有限公司	国邮20110362C	2011.8.30—2016.8.29
山东天泽航国际货运代理有限公司	国邮20110363C	2011.8.30—2016.8.29
东莞市创运国际货运代理有限公司	国邮20110364C	2011.10.18—2016.10.17
厦门通宇报关有限公司	国邮20110365C	2011.10.18—2016.10.17
延边多源快运有限公司	国邮20110366C	2011.10.18—2016.10.17
安阳市敦豪货运代理有限公司	国邮20110367C	2011.10.18—2016.10.17
濮阳市敦豪货运代理有限公司	国邮20110368C	2011.10.18—2016.10.17
DHL空运服务(上海)有限公司	国邮20110369C	2011.12.01—2016.11.30
上海合久成越国际货运代理有限公司	国邮20110370C	2011.10.18—2016.10.17
深圳市升蓝物流有限公司	国邮20110371C	2011.10.18—2016.10.17
中外运安迈世(上海)国际航空快递有限公司	国邮20110372C	2011.11.04—2016.11.03
义乌市联信国际货运代理有限公司	国邮20110373C	2011.12.01—2016.11.30
佛山市兆航国际货运代理有限公司	国邮20110374C	2011.12.01—2016.11.30
龙口亚航船务代理有限公司	国邮20110375C	2011.12.01—2016.11.30
华世达物流(福建)有限公司	国邮20110376C	2011.12.01—2016.11.30
常州市美亚国际货运代理有限公司	国邮20110377C	2011.12.01—2016.11.30
嘉兴市天地迅捷国际货运代理有限公司	国邮20110379C	2011.10.18—2011.10.17
杭州天豹国际货运代理有限公司	国邮20120380C	2012.01.18—2017.01.17
杭州旭泽报关有限公司	国邮20120381C	2012.01.18—2017.01.17
宇航国际物流(大连)有限公司	国邮20120382C	2012.01.18—2017.01.17
浏阳市东豪仓储咨询服务有限公司	国邮20120383C	2012.01.18—2017.01.17
青岛世进国际物流有限公司	国邮20120384C	2012.01.18—2017.01.17
北京快达国际物流服务有限公司	国邮20120385C	2012.01.18—2017.01.17
深圳市中技物流有限公司	国邮20120386C	2012.01.18—2017.01.17
上海印华国际货运代理有限公司	国邮20120387C	2012.01.18—2017.01.17
常州华彩国际货运代理有限公司	国邮20120388C	2012.01.18—2017.01.17
广州晨阳国际货运代理有限公司	国邮20120389C	2012.01.18—2017.01.17
北京群航国际货运代理有限公司	国邮20120390C	2012.01.18—2017.01.17

续上表

企业名称	许可证号	有效期限
上海美鹰国际货物运输代理有限公司	国邮20120391C	2012.01.18—2017.01.17
东莞市泛亚国际货运代理有限公司	国邮20120392C	2012.03.22—2017.03.21
东莞市启盛国际货运服务有限公司	国邮20120393C	2012.03.22—2017.03.21
东莞市泽盈国际货运代理有限公司	国邮20120394C	2012.03.22—2017.03.21
苏州昊盛国际货运代理有限公司	国邮20120395C	2012.03.22—2017.03.21
上海马风达快递服务有限公司	国邮20120396C	2012.03.22—2017.03.21
厦门琳龙物流有限公司	国邮20120397C	2012.03.22—2017.03.21
东莞市怡和国际货运代理有限公司	国邮20120398C	2012.03.22—2017.03.21
中山市中泰国际货运代理有限公司	国邮20120399C	2012.03.22—2017.03.21
深圳市康力国际货运代理有限公司	国邮20120400C	2012.03.22—2017.03.21
东莞市康力国际货运代理有限公司	国邮20120401C	2012.03.22—2017.03.21
徐州丸全外运有限公司	国邮20120402C	2012.03.22—2017.03.21

四、中国邮政速递物流股份有限公司31家子公司

企业名称	许可证号	有效期限
北京市邮政速递物流有限公司	国邮20100028-1C	2010.09.27—2015.09.26
天津市邮政速递物流有限公司	国邮20100028-2C	2010.09.27—2015.09.26
河北省邮政速递物流有限公司	国邮20100028-3C	2010.09.27—2015.09.26
山西省邮政速递物流有限公司	国邮20100028-4C	2010.09.27—2015.09.26
内蒙古邮政速递物流有限公司	国邮20100028-5C	2010.09.27—2015.09.26
辽宁省邮政速递物流有限公司	国邮20100028-6C	2010.09.27—2015.09.26
吉林省邮政速递物流有限公司	国邮20100028-7C	2010.09.27—2015.09.26
黑龙江省邮政速递物流有限公司	国邮20100028-8C	2010.09.27—2015.09.26
江苏省邮政速递物流有限公司	国邮20100028-9C	2010.09.27—2015.09.26
浙江省邮政速递物流有限公司	国邮20100028-10C	2010.09.27—2015.09.26
安徽省邮政速递物流有限公司	国邮20100028-11C	2010.09.27—2015.09.26
上海市邮政速递物流有限公司	国邮20100028-12C	2010.09.27—2015.09.26
福建省邮政速递物流有限公司	国邮20100028-13C	2010.09.27—2015.09.26
江西省邮政速递物流有限公司	国邮20100028-14C	2010.09.27—2015.09.26
山东省邮政速递物流有限公司	国邮20100028-15C	2010.09.27—2015.09.26
河南省邮政速递物流有限公司	国邮20100028-16C	2010.09.27—2015.09.26
湖北省邮政速递物流有限公司	国邮20100028-17C	2010.09.27—2015.09.26
湖南省邮政速递物流有限公司	国邮20100028-18C	2010.09.27—2015.09.26
广东省邮政速递物流有限公司	国邮20100028-19C	2010.09.27—2015.09.26
广西壮族自治区邮政速递物流有限公司	国邮20100028-20C	2010.09.27—2015.09.26
海南省邮政速递物流有限公司	国邮20100028-21C	2010.09.27—2015.09.26
重庆市邮政速递物流有限公司	国邮20100028-22C	2010.09.27—2015.09.26
四川省邮政速递物流有限公司	国邮20100028-23C	2010.09.27—2015.09.26
贵州省邮政速递物流有限公司	国邮20100028-24C	2010.09.27—2015.09.26

续上表

企业名称	许可证号	有效期限
云南省邮政速递物流有限公司	国邮 20100028 - 25C	2010.09.27—2015.09.26
西藏自治区邮政速递物流有限公司	国邮 20100028 - 26C	2010.09.27—2015.09.26
陕西省邮政速递物流有限公司	国邮 20100028 - 27C	2010.09.27—2015.09.26
甘肃省邮政速递物流有限公司	国邮 20100028 - 28C	2010.09.27—2015.09.26
青海省邮政速递物流有限公司	国邮 20100028 - 29C	2010.09.27—2015.09.26
宁夏回族自治区邮政速递物流有限公司	国邮 20100028 - 30C	2010.09.27—2015.09.26
新疆维吾尔自治区邮政速递物流有限公司	国邮 20100028 - 31C	2010.09.27—2015.09.26

五、顺丰速运(集团)有限公司 77 家子公司

企业名称	许可证号	有效期限
安徽顺丰速运有限公司	国邮 20100031 - 1C	2010.09.29—2015.09.28
顺丰运输(常州)有限公司	国邮 20100031 - 3C	2010.09.29—2015.09.28
大连顺丰速运有限公司	国邮 20100031 - 4C	2010.09.29—2015.09.28
顺丰速运(东莞)有限公司	国邮 20100031 - 5C	2010.09.29—2015.09.28
福州顺丰速运有限公司	国邮 20100031 - 6C	2010.09.29—2015.09.28
贵州顺丰速运有限公司	国邮 20100031 - 7C	2010.09.29—2015.09.28
海南顺丰速运有限公司	国邮 20100031 - 8C	2010.09.29—2015.09.28
浙江顺丰速运有限公司	国邮 20100031 - 9C	2010.09.29—2015.09.28
河北顺丰速运有限公司	国邮 20100031 - 10C	2010.09.29—2015.09.28
河南省顺丰速运有限公司	国邮 20100031 - 11C	2010.09.29—2015.09.28
黑龙江省顺丰速运有限公司	国邮 20100031 - 12C	2010.09.29—2015.09.28
武汉顺丰速运有限公司	国邮 20100031 - 13C	2010.09.29—2015.09.28
湖南顺丰速运有限公司	国邮 20100031 - 14C	2010.09.29—2015.09.28
顺丰速运(湖州)有限公司	国邮 20100031 - 15C	2010.09.29—2015.09.28
淮安顺丰速运有限公司	国邮 20100031 - 16C	2010.09.29—2015.09.28
顺丰速运(惠州)有限公司	国邮 20100031 - 17C	2010.09.29—2015.09.28
顺丰速运(济南)有限公司	国邮 20100031 - 19C	2010.09.29—2015.09.28
嘉兴顺丰运输有限公司	国邮 20100031 - 20C	2010.09.29—2015.09.28
江西顺丰速运有限公司	国邮 20100031 - 21C	2010.09.29—2015.09.28
顺丰运输(金华)有限公司	国邮 20100031 - 22C	2010.09.29—2015.09.28
云南顺丰速运有限公司	国邮 20100031 - 23C	2010.09.29—2015.09.28
丽水市顺丰速运有限公司	国邮 20100031 - 24C	2010.09.29—2015.09.28
连云港顺丰速运有限公司	国邮 20100031 - 25C	2010.09.29—2015.09.28
辽宁顺丰速运有限公司	国邮 20100031 - 26C	2010.09.29—2015.09.28
顺丰运输(南京)有限公司	国邮 20100031 - 27C	2010.09.29—2015.09.28
南平市顺丰速运有限公司	国邮 20100031 - 28C	2010.09.29—2015.09.28
南通顺丰速递有限公司	国邮 20100031 - 29C	2010.09.29—2015.09.28
宁波顺丰速运有限公司	国邮 20100031 - 30C	2010.09.29—2015.09.28
宁德市顺丰速运有限公司	国邮 20100031 - 31C	2010.09.29—2015.09.28

续上表

企业名称	许可证号	有效期限
顺丰速运(宁夏)有限公司	国邮20100031－32C	2010.09.29－2015.09.28
莆田市顺丰速运有限公司	国邮20100031－33C	2010.09.29－2015.09.28
青岛顺丰速运有限公司	国邮20100031－34C	2010.09.29－2015.09.28
顺丰集团衢州运输有限公司	国邮20100031－35C	2010.09.29－2015.09.28
泉州顺丰运输有限公司	国邮20100031－36C	2010.09.29－2015.09.28
三明市顺丰速运有限公司	国邮20100031－37C	2010.09.29－2015.09.28
绍兴顺丰速运有限公司	国邮20100031－38C	2010.09.29－2015.09.28
四川顺丰速运有限公司	国邮20100031－39C	2010.09.29－2015.09.28
苏州工业园区顺丰速运有限公司	国邮20100031－40C	2010.09.29－2015.09.28
台州顺丰速运有限公司	国邮20100031－41C	2010.09.29－2015.09.28
泰州顺丰运输有限公司	国邮20100031－42C	2010.09.29－2015.09.28
顺丰速运(天津)有限公司	国邮20100031－43C	2010.09.29－2015.09.28
温州顺衡速运有限公司	国邮20100031－44C	2010.09.29－2015.09.28
无锡市顺丰速运有限公司	国邮20100031－45C	2010.09.29－2015.09.28
西安顺丰速运有限公司	国邮20100031－46C	2010.09.29－2015.09.28
厦门市顺丰速运有限公司	国邮20100031－47C	2010.09.29－2015.09.28
徐州顺衡速运有限公司	国邮20100031－48C	2010.09.29－2015.09.28
盐城顺丰速运有限公司	国邮20100031－49C	2010.09.29－2015.09.28
扬州顺丰速运有限公司	国邮20100031－50C	2010.09.29－2015.09.28
湛江顺丰速运有限公司	国邮20100031－51C	2010.09.29－2015.09.28
顺丰运输(漳州)有限公司	国邮20100031－52C	2010.09.29－2015.09.28
肇庆市顺丰速运有限公司	国邮20100031－53C	2010.09.29－2015.09.28
镇江市顺丰速运有限公司	国邮20100031－54C	2010.09.29－2015.09.28
中山顺丰速运有限公司	国邮20100031－55C	2010.09.29－2015.09.28
佛山顺丰速运有限公司	国邮20100031－57C	2010.09.29－2015.09.28
江门顺丰速运有限公司	国邮20100031－58C	2010.09.29－2015.09.28
珠海顺丰速运有限公司	国邮20100031－59C	2010.09.29－2015.09.28
舟山顺丰速运有限公司	国邮20100031－60C	2010.09.29－2015.09.28
顺丰速运重庆有限公司	国邮20100031－61C	2010.09.29－2015.09.28
潍坊顺丰速运有限公司	国邮20100031－62C	2010.09.29－2015.09.28
上海顺意丰速运有限公司	国邮20100031－63C	2010.09.29－2015.09.28
上海顺啸丰运输有限公司	国邮20100031－64C	2010.09.29－2015.09.28
上海顺衡物流有限公司	国邮20100031－65C	2010.09.29－2015.09.28
顺丰速运集团(上海)速运有限公司	国邮20100031－66C	2010.09.29－2015.09.28
汕头市顺丰速运有限公司	国邮20100031－67C	2010.09.29－2015.09.28
汕头市澄海区顺丰快递服务有限公司	国邮20100031－68C	2010.09.29－2015.09.28
山西顺丰速运有限公司	国邮20100031－69C	2010.09.29－2015.09.28
内蒙古顺丰速运有限公司	国邮20100031－70C	2010.09.29－2015.09.28
龙岩顺丰速运有限公司	国邮20100031－71C	2010.09.29－2015.09.28
顺丰速运(沈阳)有限公司	国邮20100031－72C	2010.09.29－2015.09.28

续上表

企 业 名 称	许 可 证 号	有 效 期 限
揭阳市顺丰速运有限公司	国邮 20100031 －73C	2010.09.29 －2015.09.28
广西顺丰速运有限公司	国邮 20100031 －74C	2010.09.29 －2015.09.28
潮州市顺丰速运有限公司	国邮 20100031 －75C	2010.09.29 －2015.09.28
梅州市顺丰速运有限公司	国邮 20100031 －76C	2010.09.29 －2015.09.28
南京顺衡运输有限公司	国邮 20100031 －77C	2010.09.29 －2015.09.28

“2011 中国快递论坛”论文集目录

作者:赵玉洲(石家庄邮电职业技术学院)

5.《加盟制快递企业如何走转型之道》

作者: 吴文鹏(圆通速递服务有限公司)

第五部分　比较分析

1.《中美快递产业对比分析研究》

作者:徐勇(上海朗策企业管理咨询有限公司)

2.《海峡两岸快递业交流合作探讨》

作者:曾秋阳(福建省快递行业协会)

第六部分　法律实务

1.《快递管理法律制度研究》

作者:贾玉平　张毅(河北经贸大学邮政法研究中心)

2.《快递服务运单格式条款研究》

作者:贾玉平　张毅(河北经贸大学邮政法研究中心)

3.《试论民营快递企业的管理权与所有权之争》

作者:王群(江苏省邮政管理局)

4.《对物流企业营业税改增值税的建议》

作者:曲倍(北京物资学院)

第七部分　信息应用

1.《快递业信息在征信体系中的有效应用》

作者:陈榕(中国国际电子商务中心国富泰企业征信有限公司)

2.《基于 AHP 的 EMS 员工与管理信息系统结合程度评价》

作者:刘涛(石家庄邮电职业技术学院速递物流系)

3.《电子商务环境下城市快递业的运营与监控模式研究》

作者:段李杰(湖北经济学院网络与教育技术中心)

初叶萍(湖北经济学院物流与工程学院)

第八部分　发展趋势

1.《推进快递服务发展方式转变的浅见》

作者:江明发(福建省邮政管理局)

2.《民营快递企业转变发展方式浅见》

作者:陶伯刚(江苏省快递协会)

3.《浅析我国快递企业发展第三方物流的路径与对策》

作者:王庆元(国家邮政局发展研究中心)

4.《四川省民营快递企业发展现状和对策措施》

作者:邓绍连(四川省邮政管理局)

5.《快递业人力资源支撑体系研究》

作者:周宁武(湖州职业技术学院)

6.《电子商务大潮下国内速递企业发展对策探讨》

作者:刘福义(黑龙江省邮政公司)

7.《贯彻邮政法　推动快递服务提升》

作者:于国峰(黑龙江省顺丰服务有限公司)

8.《浅谈民营快递企业的发展过程和前景》

作者:王飞镝(哈尔滨龙邦运输服务有限公司)

NEOLIX 新石器
快递行业信息化专家
NEOLIX
NEOLIX
新石器科技
WWW.NEOLIX.CN